管 | 理 | 学 | 系 | 列 | 教 | 材

管理学原理 【第五版】

PRINCIPLES OF MANAGEMENT

林志扬 陈福添 木志荣◎编著

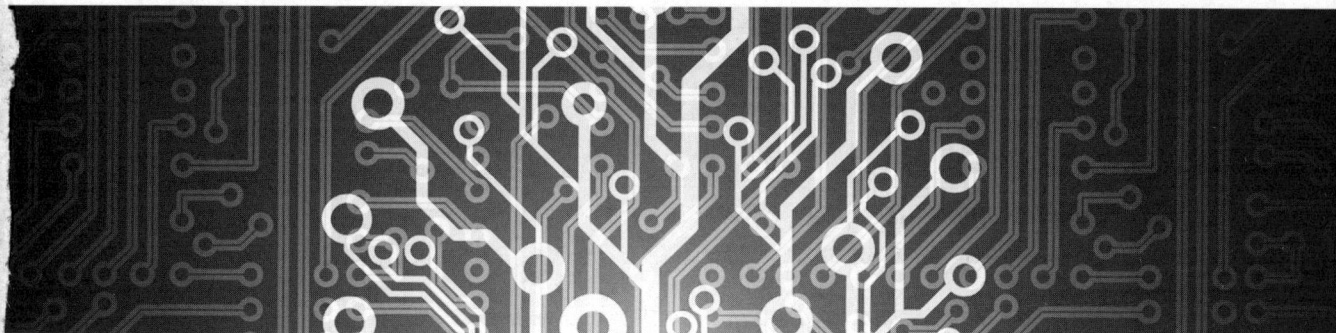

厦门大学出版社
XIAMEN UNIVERSITY PRESS
国家一级出版社
全国百佳图书出版单位

图书在版编目(CIP)数据

管理学原理/林志扬,陈福添,木志荣编著.—5 版.—厦门:厦门大学出版社,2018.4
(2022.8 重印)

ISBN 978-7-5615-5892-8

Ⅰ.①管…　Ⅱ.①林…②陈…③木…　Ⅲ.①管理学-高等学校-教材　Ⅳ.①C93

中国版本图书馆 CIP 数据核字(2018)第 051430 号

出 版 人	郑文礼
责任编辑	许红兵
封面设计	李夏凌
技术编辑	许克华

出版发行　厦门大学出版社

社　　址	厦门市软件园二期望海路 39 号
邮政编码	361008
总 编 办	0592-2182177　0592-2181406(传真)
营销中心	0592-2184458　0592-2181365
网　　址	http://www.xmupress.com
邮　　箱	xmupress@126.com
印　　刷	厦门市明亮彩印有限公司

开本	787mm×1092mm　1/16
印张	26.25
字数	639 千字
印数	7 001~8 000 册
版次	2018 年 4 月第 5 版
印次	2022 年 8 月第 4 次印刷
定价	65.00 元

厦门大学出版社
微信二维码

厦门大学出版社
微博二维码

第五版修订说明

　　新时代背景下,技术创新与制度变革突飞猛进,新的管理技巧和管理方法层出不穷。在这种背景下,从历史与现实相结合角度出发,把握管理理论演进逻辑,认识管理实践发展前沿,两者缺一不可。《管理学原理》(第五版)再续本书特色,坚持理论探讨与实践教学相结合,既重视管理基础和管理职能的阐述,亦重视管理思想和管理理论的诠释,目的是使读者更好地了解管理学和管理学科的发展历程,掌握管理思想和管理理论的演进逻辑,认识管理职能和管理实践的发展趋势,从而更好地思考管理真谛,更好地从事管理实践。

　　为了更好地实现上述目的,本书在原有第四版基础上,进行了如下更新:

　　内容方面,将教材内容调整为三大模块,分别是基础篇、理论篇和实践篇。基础篇阐述管理学导论,理论篇诠释西方管理理论的发展,实践篇探讨管理的职能。延续本教材重视管理理论导读的特点,补充、更新和调整了各章内容,从而更好地展示管理理论演进,更好地反映管理实践前沿。在主体内容中以小栏目(导读)形式,增加了管理典故、管理争鸣、管理常识、管理视野、管理案例、管理思考、人物介绍、补充阅读、概念解析、历史事件等,提高内容经典性、前沿性和可读性。

　　体例方面,遵循理论结合实践原则,每章设置学习目标、本章导航、章前案例、主体内容、本章小结、复习思考题、技能练习和课外阅读。"本章导航"栏目旨在阐述本章的主要内容框架及其内在逻辑体系,起到提纲挈领的作用。"本章小结"栏目旨在对章前的学习目标逐一解说。"复习思考题"栏目旨在帮助读者深入理解各章内容知识。"技能练习"栏目旨在培养读者的管理技能,提高其管理实践能力。"课外阅读"栏目旨在引导读者将本章内容知识运用于管理实践。全书注重学术严谨性,在书中内容引用之处,都明确标明文献来源。

　　大学毕业后,我一直在厦门大学从事管理学原理这门课程的教学及相关的科研工作,《管理学原理》这本教材从 1996 年出版到现在也已经有二十多年了,期间经历了多次的修改与再版。我的研究生俞满娇、郑文坚、高琼琳、陈福添、石冠峰等为以前几版的修订做了大量的工作。在我退休离开教学工作第一线之后,应出版社的要求,对本书又进行了第五版的修订工作。这次的修订工作主要是由陈福添和木志荣两位博士完成的,他们都是我的研究生,年富力强,有扎实的理论基础,又有很强的科研能力,现在也都在从事《管理学原理》这门课程的教学工作。相信他们的努力能使本书以更好的形式和内容显现给广大的读者。本书是我近四十年教学工作凝炼的结果,尽管有些不舍,但是已经到了该交接棒的时候了,这将会是我最后一次对本书所做修订工作,以后的工作将由年轻的一代来做。也相信年轻的一代一定能做得更好,

感谢二十多年来为本书的出版与再版付出大量心血的许红兵编辑,感谢我的同仁多年来对我的支持与帮助,感谢我的研究生们为本书的完善所做的努力与工作。也感谢广大的读者,读者们的阅读是我能多次地修订与再版本书的信心来源。

林志扬

2018 年 4 月

目　录

第一篇　管理学导论

第二篇　西方管理理论的发展

第三篇　管理的职能

管理学导论

　　管理是人类起源很早的一项社会实践活动,是人类各种社会活动中最重要的活动之一。人不是独居动物,人类必须组成群体来实现个人无法完成的目标,人类在共同劳动中会结成各种社会关系和社会组织,为了保证群体活动和社会组织的效果、效率与和谐,必须依靠管理功能来有效地协调个体努力。

　　本篇旨在帮助学习管理学的入门者了解有关管理学的一些最基本的概念,认识管理活动的概貌;明确管理(活动)与管理学的内涵与区别,管理者与非管理者的区别;认识与了解作为管理对象的各种类型的组织;明确管理的目的是使组织目标有效实现;认识组织与外部环境之间存在着双行道式的关系,即组织既要适应环境,更要为自身选择与创造一个良好的外部环境;作为一个管理者,要遵循良好的管理道德伦理,要使自己管理的企业,成为一家有社会责任感的企业。

第一章　管理与管理者

1. 定义管理和管理者
2. 明确管理活动的必要性
3. 区分管理成效和组织成效
4. 正确认识"管理万能论"与"管理象征论"
5. 认识不同层次管理者的工作内容和技能差异
6. 了解管理学及管理学的知识体系
7. 理解管理的科学性与艺术性

本章导航

当前,管理领域正经历着一场革命,这场革命要求管理者超越传统管理学理论、观念和方法的束缚。传统管理理论所关注的是如何设计一个自上而下的等级制度,通过不同的管理层级来控制和束缚员工,从而实现组织目标。新的管理理论要求我们有新的思维和新的管理方法,管理的目的是激发员工的工作热情与创造性,发现共同的愿景、准则与价值观,分享信息与决策的权力;管理者的任务是促进组织和员工的发展,而不再是控制员工的行为。团队精神、协作、参与和学习,成为管理者与员工携手应对复杂多变的外部环境的主要途径和指导原则。在今天的现实世界中,这两种管理理论都在指导着组织的管理实践。

管理是一种在正式组织内由一个或更多的人来协调其他人活动的过程。由于资源的有限性,要求任何一个组织要有效地实现组织的目标,都必须进行有效的管理。即便如此,我们还必须认识到,管理成效并不等于组织成效,管理并不是促进组织目标有效实现的唯一作用力,组织成效还受到其他一些因素的影响。

对管理成效和组织成效的正确认识和理解,有助于认识与理解"管理万能论"和"管理象征论"的含义,从而正确评价管理者与组织成效的关系。明确管理活动与业务活动的区别是为了让每个管理者明确自己的管理职责。不同层次的管理者所需要具备的管理技能有不同的侧重,任何管理者的管理工作能否有效开展,取决于他们是否真正具备了管理工作所需的相应的管理技能。但成功的管理者并不等同于有效的管理者,社交和施展政治技巧对于在组织中获得更快的提升起着重要作用。

本章将在深入阐述管理的内涵与性质的基础上,进一步阐明不同的学者对管理者与管理实践的认识、不同类型的管理者所需的相应的管理技能、如何衡量有效的管理者,最后说明管理学科的性质和特点。通过学习本章,需要掌握的主要知识点有:管理的定义、管理成效与组织成效、管理活动与业务活动、管理者的技能结构、有效的管理者与成功的管理者以及管理的科学性与艺术性等。希望通过本章的学习,能够深入地理解管理的内涵,并为深入学习管理理论奠定基础。

章前案例

使日本航空起死回生的"稻盛哲学"与"阿米巴经营"

日本著名大企业家稻盛和夫一生培育了两个世界500强企业——京瓷公司和日本第二电话电信公司,是日本唯一在世的"经营之圣",被誉称为当代的松下幸之助。2010年1月,日本航空(JAL)以23 000亿日元这一战后最大公司负债额申请适用"公司重建法",即事实上的破产。为了使日本航空得以重建,稻盛答应了政府的再三请求,就任日本航空的会长。尽管周围的人都强烈反对,稻盛还是接受了这个艰巨的挑战。其原因是下面3项社会责任:一是为了防止二次破产对日本整体经济的恶劣影响;二是为保住留任日航员工的工作;三是为了维护合理的竞争环境,确保国民的利益。刚破产的日本航空公司,对于公司倒闭的危机感和责任感都十分欠缺,员工们更是一盘散沙。舆论都认为重建是不可能的事。在这样的情况下,稻盛带着"稻盛哲学"与"阿米巴经营"来到日航。"稻盛哲学"是指稻盛和夫在长期的经营实践中,总结出的一套独特的哲学理念。他的经营哲学集中到一点就是:"敬天爱人"。所谓"敬天",就是按事物的本性做事。这里的"天"是指客观规律,也就是事物的本性。他坚持将正确的事情用正确的方式贯彻到底为准则,提出了十二条经营原则,即:①明确事业的目的与意义;②设立具体目标;③胸中怀有强烈愿望;④付出不逊于任何人的努力;⑤追求销售最大化和经费最小化;⑥定价为经营之本;⑦经营取决于坚强的意志;⑧燃起斗志;⑨拿出勇气做事;⑩不断从事创造性的工作;⑪要以关怀坦诚之心待人;⑫始终抱有乐观、向上的心态,抱有梦想和希望,以诚挚之心处世。这十二条都是事物的本性要求,按这些本性要求去做事,则无往而不胜。所谓"爱人",就是按人的本性做人。这里的"爱人"就是"利他","利他"是做人的基本出发点,利他者自利。要从"自我本位"转向"他人本位",以"他人"为主体,自己是服务于他人,辅助于他人的。对于企业来说就是"利他经营",这个"他"是指客户。广义的客户包括顾客、员工、社会和利益相关者。要从"企业本位"转向"客户本位",全心全意为客户服务。"阿米巴"(Amoeba)在拉丁语中是单个原生体的意思,"阿米巴经营"是指将组织分成许多个被称为阿米巴的小型组织,通过与市场直接联系的独立核算制进行运营,培养具有管理意识的领导,让全体员工参与经营管理,从而实现"全员参与"的经营方式。通过制定"日航哲学",不但诞生了日本航空共有的价值观,同时也推进了全体员工的意识改革。此外,通过导入阿米巴经营,使每一位员工都萌生了经营者的意识,全体员工开始思考如何提高自己部门的销售额,如何削减经费。其结果是,此前一直亏损的日本航空公司,重建开始后的第二年就取得了1884亿日元的营业利润,变身为世界航空领域收益最高的企业。2012年9月,日航在宣布破产后仅仅用了2年零8个月就实现了重新上市。

资料来源:稻盛和夫官方网站,http://www.kyocera.com.cn

第一节　管理

一、什么叫管理

　　管理是起源很早的一项人类社会实践活动,是人类各种社会活动中最重要的活动之一。人类必须组成群体来实现个人无法完成的目标,人类在共同劳动中会结成各种社会关系和社会组织,为了保证群体活动和社会组织的效果、效率与和谐,必须依靠管理功能来有效地协调个体努力。因此,每个组织都需要管理,管理是一种普遍存在于人类实践之中的一种社会活动。但是,到底什么叫管理,人们并没有取得一致的认识。在管理理论发展的不同时期,人们对"管理"这一概念的认识往往也有所不同。在古典管理理论、人际关系学说和现代管理理论中,对管理概念的定义就有所区别。而这种对管理概念的认识上的差异正是造成许多学者对管理理论认识上的差异的一个重要原因。下面列举一些不同时代、不同学派的管理学者所阐述的管理的概念:

　　1."科学管理之父"弗雷德里克·泰罗(1911年)认为:"管理就是确切地知道你要别人干什么,并使他用最好的方法去干。"[1]

　　2.法国学者法约尔(1916年)认为:"管理是所有的人类组织都有的一种活动,这种活动由五项要素组成:计划、组织、指挥、协调和控制。"[2]

　　3.美国学者亨利·西斯克(1977年)认为:"管理的定义可以这样来表述:管理是通过计划工作、组织工作、领导工作和控制工作的诸过程来协调所有的资源,以便达到既定的目标。"[3]

　　4.美国管理学家小詹姆斯·H.唐纳利等人(1978年)认为:"管理就是由一个或更多的人来协调他人活动,以便收到个人单独活动所不能收到的效果而进行的各种活动。"[4]

　　5.美国学者弗里蒙特·H.卡斯特和詹姆斯·H.罗森茨韦克(1970年)对管理是这样定义的:"管理就是计划、组织、控制等活动的过程。……管理者可以将人、机器、材料、金钱、时间、场地等各种资源转变成一个有用的企业。从根本上说,管理就是将上述这些互不相关的资源组合成一个达到目标的总系统的过程。"[5]

　　6.美国著名管理学家哈罗德·孔茨(1993年)给管理下的定义是:"管理就是设计并保持一种良好环境,使人在群体里高效率地完成既定目标的过程。这一定义需要展开为:(1)作为管理人员,需完成计划、组织、人事、领导、控制等管理职能;(2)管理适用于任何一个组

---

　　① [美]F.W.泰罗:《科学管理原理》,韩放译,团结出版社1999年版,第7页。

　　② [法]H.法约尔著:《工业管理与一般管理》,迟力耕、张璇译,机械工业出版社2007年版,第6页。

　　③ [美]亨利·西斯克著:《工业管理与组织》,段文燕等译,中国社会科学出版社1985年版,第13页。

　　④ [美]小詹姆斯·H.唐纳利等著:《管理学基础》,李柱流、苏沃涛、徐吉贵、黄世积译,中国人民大学出版社1982年版,第18页。

　　⑤ [美]弗里蒙特·E.卡斯特、詹姆斯·H.罗森茨韦克:《组织与管理》,傅严、李柱流等译,中国社会科学出版社2000年版,第5～6页。

织机构;(3)管理适用于各级组织的管理人员;(4)所有管理人员都有一个共同的目标:创造盈余;(5)管理关系到生产率,意指成效(effectiveness)和效率(efficiency)。"①

7.著名经济学家赫伯特·西蒙(1960 年):"管理即制定决策。"②

8.当代管理大师彼得·德鲁克(1973 年)给管理下的定义是:"管理是一种工作,它有自己的技巧、工具和方法;管理是一种器官,是赋予组织以生命的、能动的、动态的器官;管理是一门科学,一种系统化的并到处适用的知识;同时管理也是一种文化。"③

以上各种各样的不同定义方法,实际上可以归纳成两种基本的方法:一类是功能定义法,这种方法通过具体罗列管理活动的内容来给管理这个概念下定义。法约尔、西斯克、卡斯特和罗森茨韦克等就是采用这种定义方法。而第二种定义方法是逻辑定义法,采用"属概念+种差"的方法给管理这个概念下定义的。小詹姆斯和孔茨等就是采用这种定义方法。

我们认为,第一种定义方法有助于人们直观地认识什么叫管理,但是却不能揭示管理这个概念的本质特征。因为人们对管理活动的具体内容的分类和归纳的方法不同,使得人们对管理应包括哪些内容存在着各种各样的分歧,也使人们对什么是管理有各种各样的不同看法。而第二种定义方法即"属概念+种差"的方法,是逻辑学上给被定义概念下定义的基本方法。按照这种方法,被定义概念=邻近的属概念+种差。被定义概念就是我们要给予定义的概念,邻近的属概念就是邻近被定义概念的属概念,种差就是被定义概念与跟它并列的其他概念间的本质属性的差别。按照这种定义方法,可以看出,管理是人类各种各样的社会活动中的一种活动,因此,它的属概念是人类的社会活动,而作为人类的社会活动的一种,管理活动与人类的其他社会活动之间的本质差别是"一种协调其他人活动的活动"。这种定义揭示了管理这个概念的本质特征,把管理活动与人类的其他活动区分开来。

本书采用逻辑定义的管理概念,认为管理是一种在正式组织内由一个或更多的人来协调其他人活动的活动过程。对此概念的理解需要关注以下三个关键点:第一,管理存在于正式组织内,在其他范围内协调他人活动的活动不在本书的研究范围内。第二,管理工作的中心是协调其他人的工作,管理工作是通过协调其他人的活动来进行的。第三,管理人员必须同时考虑两个方面:(1)其他人的活动,即被管理者的工作;(2)其他人,即被管理者。

二、管理的特性

管理是人类社会最根本、最普遍的行为,作为一种协调其他人活动的社会活动,它具有许多特性。

(一)管理的必要性和重要性

任何一个组织要有效地实现组织的目标,都必须进行有效的管理。为什么任何一个组织都需要管理呢?管理是不是每一个组织的一种必要的活动?这就是管理的必要性的问

---

① [美]哈罗德·孔茨、海因茨·韦里克著:《管理学》,张晓君等译,经济科学出版社 1998 年第 10 版,第 37 页。

② [美]赫伯特·A.西蒙著:《管理决策新科学》,李柱流、汤俊澄等译,中国社会科学出版社 1982 年版,第 37 页。

③ [美]彼得·德鲁克著:《管理——任务、责任、实践》,余向华等译,华夏出版社 2008 年版。

题。资源的稀缺性决定了管理的必要性,管理过程本质上是对组织所拥有的资源合理配置和有效利用的过程。因为人类社会、某个具体社会及每个社会组织能投入生产过程的资源都是有限的,就必须通过有效的管理来提高资源的利用率,以可用的资源尽可能多地实现某种想要完成的任务或目标。

换句话说,如果整个社会能投入生产的资源是无限的,或者说如果企业能投入生产过程的资源是无限的,那么,社会或是企业就无须追求效率,管理就会失去它的必要性。正如美国著名学者萨缪尔森在《经济学》一书中说的:"如果资源是无限的,生产什么、如何生产和为谁生产就不会成为问题。如果能够无限量地生产每一种物品,或者,如果人类的需要已经完全满足,那么,某一种物品是否生产得过多是无关紧要的事情。劳动与原料是否配合得恰当也是无关紧要的事情。……在上述的情况下,就不存在经济物品。这就是说,没有任何相对稀缺的物品,研究经济学或节约就会没有什么必要。"①

管理的必要性还基于社会及其组织分工协作、共同劳动的需要,这也是人类管理实践起源很早的原因。随着社会的发展,社会分工更加细致,人与人之间、组织与组织之间的互动与合作范围更加广阔,这个时候就越需要管理。现实世界普遍存在各种各样的组织,这些组织都需要协作活动,因而管理才存在和必要。马克思说:"一切规模较大的直接社会劳动或共同劳动,都或多或少地需要指挥,以协调个人的活动,并执行生产总体的运动——不同于这一生产总体的独立器官的运动——所产生的各种一般职能。一个单独的提琴手是自己指挥自己,一个乐队就需要一个乐队指挥。"②

管理不仅是组织内部协调个体努力必不可少的因素,而且对组织目标的实现非常重要。管理被称为社会配置资源的第三只手。管理也是一种生产力,因为管理使劳动者、劳动资料和劳动对象三个生产力要素按照适当的比例结合起来,使各要素协调一致,实现最佳配置,以最小的投入获得最大的产出,从而形成协调运转的总体性的生产力。改革开放总设计师邓小平指出:"各方面的新情况都要研究,各方面的新问题都要解决,尤其要注意和解决管理方法、管理制度、经济政策这三个方面的问题。"③美国阿波罗号登月工程项目负责人韦伯博士在总结时说:"我们没有使用一项别人没有的技术,我们的技术就是科学地组织管理。"

(二)管理的普遍性和特殊性

正因为管理活动对社会生活的必要性和重要性,对于所有的组织,管理都是普遍的。无论组织规模的大小,无论在组织的哪个层次上,无论组织的工作领域是什么,无论组织的类型,管理都是不可缺少的,这就是管理的普遍性(图1-1)。

当然,并不是说管理在上述任何情况下都采用同样的方式。在不同规模和类型的组织中,在组织不同层次和领域中,管理人员面对的内部环境和外部环境不同,管理活动必须对这些具体因素做出分析,并采取针对性的措施。因此,管理活动又具有特殊性。

(三)管理的系统性和权变性

管理活动的载体是组织,而组织是一个开放系统,动态地与它所处的环境发生相互作用,管理工作的对象也是一个系统。管理工作的系统性意味着在组织的某个部分所采取的

---

① [美]萨缪尔森:《经济学》(上册),高鸿业译,商务印书馆1981年版,第27～28页。
② 中央编译局:《马克思恩格斯全集》第23卷,人民出版社2006年版,第367页。
③ 中央文献编辑委员会:《邓小平文选》第2卷,人民出版社1994年版,第149页。

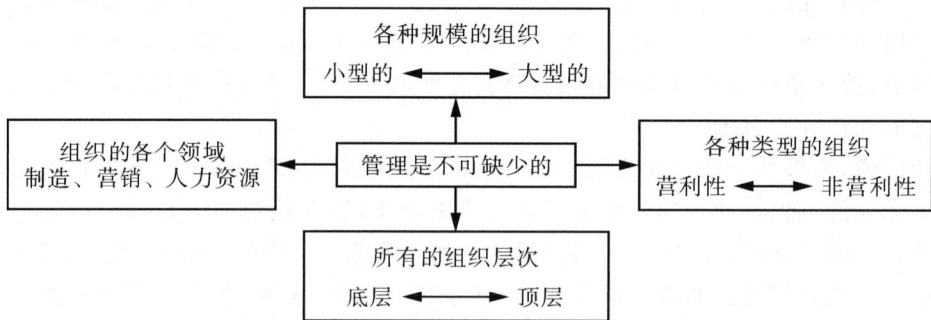

图 1-1　管理的普遍性

决策和行动会影响组织的其他部分。如,一个组织中生产部门即使非常高效,如果市场部门不能预测消费者需求口味的变化,以及不能与生产部门合作开发出消费者需要的产品,则组织的整体绩效就会受到损害。因此,管理者要用系统的观点来认识和理解组织内部与外部各种因素的关系,以及各种管理对象的相互制约关系,而不是孤立地、片面地分析问题与解决问题。

　　系统观为人们认识管理活动规律提供了认识基础。但如何有效地解决各种复杂多变的管理问题,权变观为我们解决管理问题提供了正确的方法论。管理的权变观认为,不同的和变化的情境要求管理者运用不同的方法和技术。管理者要能针对不同的组织、不同的情境采用不同的管理方式。这是因为组织甚至组织中的工作单元是多种多样的,无论规模、目标,还是所从事的工作方面都是多样化的。有效的管理并没有什么最优的,或者是唯一的方法与模式。

　　研究人员至今已经辨认了超过 100 个不同的影响管理方法与管理模式的情境变量,其中有 4 种变量代表了最普遍应用的权变变量(见表 1-1)。

表 1-1　四种普遍的管理情境变量

情境变量	管理方法
组织规模	组织成员的数量对管理者做什么是一个重要的影响因素。随着规模的增长,需要协调的问题数量也相应增长。例如,适合拥有 50 000 雇员的组织结构就不适合于仅有 50 个雇员的组织。
任务技术的例行程度	组织通过技术达到其目的,即组织从事的是将输入转化为输出的活动。常规技术要求的组织结构、领导风格与控制系统与客户化的、非例行的技术所要求的不同。
环境的不确定性	由于政治、技术、社会和经济的变化引起的不确定性影响着管理过程。那些在稳定的和可预见的环境中有效的方法,对于快速变化的和不可预见的环境来说可能不适用。
个体差异	个体在成长的愿望、自主性、对模糊的承受能力,以及期望方面存在明显差异。这些差异对管理者选择激励方法、领导风格和职位设计有重要影响。

　　总之,管理工作的权变性强调了不存在简单的和普遍适用的管理原则,相反,管理者的工作包含着不同方法、不同的制度与不同的管理模式,管理者所采取的行动应当适合所处的情境。

管理典故

有七个人曾经住在一起,开始时每天随意地共同分享一大桶粥。这样一来吃得快的人吃得稍微饱一些,慢的人则吃不饱。为了解决抢粥喝的问题,他们想出了平均分配的办法。但由谁来分粥?他们决定通过轮流的方式来分粥,即每天轮一个。于是乎每周下来,每个人只有一天是饱的,就是自己分粥的那一天。即每个人都会利用自己分粥的机会为自己谋利益。显然轮流分粥也不是好办法。后来就他们推选出一个道德高尚的人出来分粥。但是,时间一长,这个分粥的办法又产生问题了,强权就会产生腐败,其他的六个人开始挖空心思去讨好他,贿赂他,搞得整个小团体乌烟瘴气。于是大家又重新考虑新的分粥办法。新的分粥办法是组成三人的分粥委员会及四人的评选委员会,每次分粥时,先由分粥委员会分粥,再由评审委员会评审,这个办法确实保证了分粥的公平,但是却造成了分粥的时间长,使粥吃到嘴里全是凉的,又影响了劳动的时间。最后想出来一个方法是:同样是轮流分粥,但分粥的人要等其他人都挑完后拿剩下的最后一碗。为了不让自己吃到最少的,每人都尽量分得平均,就算不平,也只能认了。这个办法让每个人的心里都感觉非常舒服,大家都感到十分的公平。这个分粥的办法也就一直沿用到七个人分开的那天。

同样是七个人,不同的分配制度,就会有不同的风气。所以一个单位如果有不好的工作习气,一定是机制问题,一定是没有完全公平公正公开的分配制度,没有有效的奖勤罚懒的机制。如何制定这样一套有效的制度,这是每个领导需要考虑的问题。

资料来源:《经典 MBA 管理故事集萃》,世界培训网,http://train.icxo.com/htmlnews/2005/10/17/688483_10.htm,下载日期:2009 年 4 月 10 日。

三、管理活动与业务活动的区别

管理活动是一种协调他人活动的活动,我们把由管理活动进行协调的他人活动称为具有组织特点的业务活动。之所以称为具有组织特点的业务活动,是因为对不同的组织来说,有不同的业务活动,而这些业务都具有很鲜明的组织特征。如对一个电商来说就是线上销售,对一个物流公司来说就是快递服务,对工厂来说是加工制造,对学校来说是授课批改作业,对医院来说是看病和护理。管理活动与具有组织特点的业务活动有以下几个方面的区别:

(一)活动主体的不同

管理活动的主体是管理者,如企业中的经理、学校中的校长、医院中的院长以及各种组织中的各个职能管理部门的管理人员。而具有组织特点的业务活动的主体对于不同的组织来说是不一样的,如工厂中的工人、学校中的教师、医院中的医生和护士等。对于业务活动的主体,我们简称为业务活动者。

当然,按活动主体的不同对这两类活动进行区分,是就其性质不同进行的区分。在实践中,同一个人有可能既是管理者又是业务活动者,如一个校长在给学生授课时是业务活动者,而在进行学校教学管理工作时却是管理者。

(二)活动内容的不同

管理活动与业务活动在活动内容方面的区别主要表现在两个方面。一是管理活动具有普遍性,而业务活动具有特殊性。不同的组织有不同的业务活动,如学校的业务活动是讲课批改作业,企业的业务活动是生产和销售产品或服务,医院的业务活动是治病和护理病人。而管理活动相对具有普遍性。尽管不同组织的管理活动有不同的特点,但是,各个组织的管理活动所遵循的基本原理却是一样的。正是从这个意义上来说,管理活动具有普遍性。二是管理活动具有全局性,而业务活动具有局部性。作为组织中的业务活动者,他在从事业务活动时可以不考虑自身的活动与组织中其他业务活动相互之间的关系,只考虑按上级管理者的要求把自身的工作做好。而管理活动正相反,管理者所要考虑的不是某个局部的业务活动如何进行,而是各个业务活动相互之间的联系和协调。如一个互联网公司的程序员,他在工作时可以不考虑自身的工作与其他工作之间的关系,而作为企业的管理者,如公司的产品经理,他所要考虑的就不是产品生产的某个技术环节,而是要通过对各个岗位之间的配合和协调,全权负责产品的最终完成。

(三)活动的直接目标不同

应该说,组织中的一切活动都是围绕组织目标的实现而展开的。但是,管理活动与业务活动两者所追求的直接目标不同。业务活动的直接目标是实现组织目标,而管理活动的直接目标是协调业务活动,提高业务活动的成效。管理活动是通过协调业务活动来实现组织目标的,这种关系如图1-2。

```
┌──────┐  协调   ┌──────┐  实现   ┌──────┐
│ 管理活动 │ ──────→ │ 业务活动 │ ──────→ │ 组织目标 │
└──────┘         └──────┘         └──────┘
```

图1-2　管理活动、业务活动与组织目标关系图

明确管理活动与具有组织特点的业务活动的区别的意义,是为了让每个管理者明确自己作为管理者的管理职责,不要把自己的工作与业务活动者的工作混淆起来。

四、管理成效与组织成效

虽然管理活动在组织中具有必要性和重要性,管理活动能促进组织目标的有效实现,但我们必须认识到,管理并不是促进组织目标有效实现的唯一作用力。为了了解这一点,有必要理解两个不同的概念——管理成效和组织成效。

管理成效是指管理活动的效果。管理活动是组织为了实现组织的目标而开展的许多种活动中的一种,因此就产生了管理活动本身的效率高低和效果好坏的问题。例如,计划是管理活动的一个重要内容,如果组织的计划能反映客观实际情况,并且是科学的、合理的,那就可以说组织的计划活动是有成效的。又如,指挥是管理活动的一个内容,如果说组织的领导者瞎指挥,造成组织的人力和物力的浪费,那就可以说这种指挥活动的成效是低下的。

所谓组织成效是指组织目标实现的程度。我们在第二章会学习到,任何一个组织都不能没有目标而存在,目标说明了组织存在的必要性。而目标又是组织活动所追求的东西。组织的各种活动就是为了使所追求的目标能有效实现。因此,我们要用组织成效来衡量组织目标的实现程度。例如,组织计划实现目标利润1亿元,如果组织实际实现的利润超过了

1 亿元,则可以说组织成效是高的;如果组织没有完成预定的目标,则可以说组织成效是低的。总的来讲,如果组织能有效地适应外部环境从而使组织能很好地生存与发展,就可以说组织成效是高的;如果组织不能适应外部环境,比如说企业亏损甚至倒闭,则组织成效就是低的。

在管理成效与组织成效之间,并没有存在必然的线性相关的关系,即高的管理成效并不一定能导致高的组织成效;反之,低的管理成效也不一定必然导致低的组织成效。这种关系如图 1-3 所示。

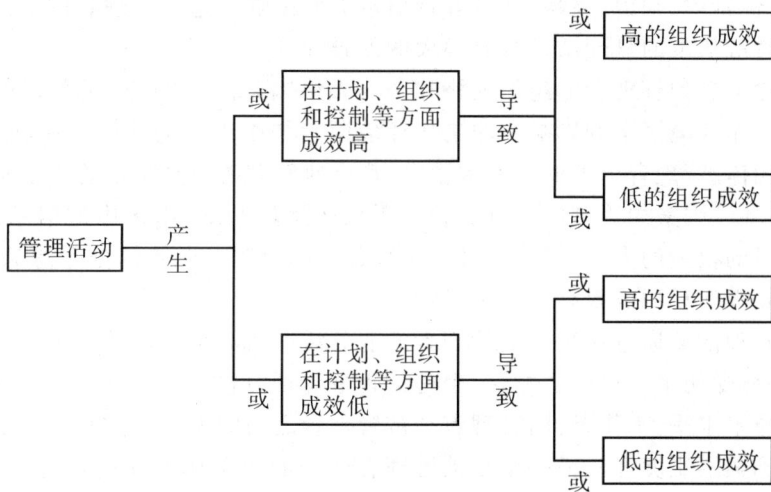

图 1-3　管理成效与组织成效关系图

资料来源:[美]小詹姆斯·H.唐纳利等著:《管理学基础》,李柱流、苏沃涛、徐吉贵、黄世积译,中国人民大学出版社 1982 年版,第 28 页。

管理成效与组织成效之间之所以不存在线性相关的关系,是因为管理活动对组织目标的实现起间接作用,管理活动是通过协调业务活动来实现组织目标的。组织成效的高低,除了受管理成效的影响外,还受到其他一些因素的影响。影响管理成效和组织成效的因素见图 1-4。

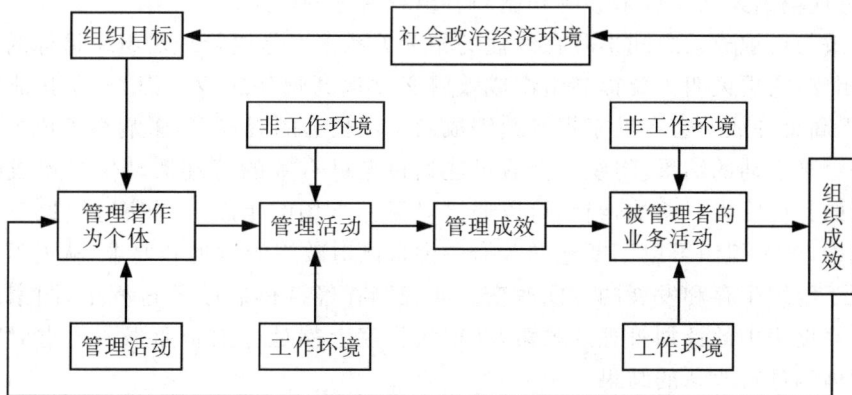

图 1-4　影响管理成效和组织成效因素图

从图 1-4 中可以看出,组织成效和管理成效的高低首先取决于管理者的个人因素。在组织中,管理者是作为个人从事管理活动的,但是,管理者作为个人从事管理活动要受到组织目标的约束和个人特点的影响。也就是说,管理者在组织中是具有双重人格的。一方面是组织人格,即管理者在组织中的行为必须以有利于组织目标的实现为基本的准则,在从事管理活动时必须按组织目标的要求去做。这意味着管理者要对组织的生存和发展负责。管理者的这种组织人格的特点使得不同的管理者所从事的管理活动具有延续性和相似性。另一方面是个人人格,即管理者在组织中的所作所为又受管理者个人因素的影响,包括个人所追求的目标,个性特质、知识、兴趣、爱好和价值观等的影响。这种管理者的个人人格特点使得不同的管理者所从事的管理活动具有很大的差异性。

管理成效除了受到管理者的组织人格和个人人格因素的影响外,还受管理活动中非工作环境因素和工作环境因素的影响。非工作环境因素如组织中的人际关系状况、管理者个人所属的利益团体、管理者个人的家庭因素等,都会对管理者所从事的管理活动的成效高低产生影响;工作环境因素如管理的工具和管理手段的运用情况、组织中的信息沟通情况、管理者本身被授予的权力的大小、组织中各个管理部门的分工及职责的分派情况等,也会对管理者所从事的管理活动的成效高低产生影响。

管理者的管理活动通过作用于被管理者的业务活动而对组织成效产生影响。被管理者的业务活动,同样受两个因素的影响:一个是被管理者所处的工作方面的环境因素,比如被管理者的工艺技术水平、工作条件,管理者与被管理者之间的关系,组织中的规章制度,组织中的分配制度和奖励制度等。另一个是被管理者所处的非工作方面的环境因素,如组织所处的地理位置,组织的外部政治环境、经济环境,组织的外部资源条件等。

正因为管理者的管理活动在协调被管理者的业务活动从而影响组织成效的过程中要受到工作方面和非工作方面的因素的影响,所以高的管理成效有可能导致低的组织成效,而低的管理成效却有可能导致高的组织成效。比如一个管理得很好的企业可能由于工艺技术的落后而很难在激烈的竞争中取得胜利,而一个管理水平很低的个体企业(甚至是小作坊)却可能由于其有利的资源条件,或者利用优惠的政策条件,如依靠垄断,而能够在竞争的环境中取得胜利。

从图 1-4 中我们还可以看出,各个组织的组织成效会影响(形成)整个社会的政治、经济环境,而这种环境因素又反过来影响和制约着组织目标的确定。

管理成效与组织成效之间不存在线性的相关关系并不是说管理对组织目标的实现是无关紧要的,相反,它更说明了要提高组织成效就必须提高管理成效。因为,在其他因素不变的情况下,提高管理成效会有助于提高组织成效。从长远的观点看,影响组织成效高低的其他因素也是管理活动的结果,组织完全有可能通过自己有效的管理活动使之形成有利于组织目标实现的其他因素。例如,组织可以通过对目标市场的重新选择使组织处于一个良好的外部环境中,各个组织可以不断地向政府游说自己对政策的意见和要求,从而促使政府的政策朝有利于组织生存和发展的方向改变。如我国在经济体制改革过程中,国家改变过去对企业实行高度集中的计划管理的政策,在很大程度上就是广大企业强烈要求对高度集中的计划管理体制进行改革的结果。

对管理成效和组织成效的正确认识和理解,有助于了解在实践中的"管理万能论"和"管理象征论"各自的不足和偏颇之处,从而正确评价管理者与组织成效的关系。"管理万能论"

认为管理者对组织的成败起决定作用,组织的最高管理者是组织的中流砥柱,能够克服任何障碍去实现组织的目标。而"管理象征论"的观点则是:管理者对组织的成败所起的实际作用是很小的,组织成效的高低受到大量管理当局无法控制的因素的影响,这些因素包括经济状况、政府政策、竞争对手、特定产业的状况、对专有技术的控制以及组织前任管理者的决策;管理者对组织成效的影响是极其有限的,管理者真正能够影响的大部分是象征性的成果。在现实中,管理者既不是软弱无能的,也不是万能的,管理者的管理成效与组织成效之间是互动的。

第二节　管理者

在本节中,我们将讨论谁是管理者,管理者的类别和技能结构,同时对有效的管理者的特点和如何成为一个有效的管理者进行分析,并比较有效的和成功的管理者在管理时间分布上的差异。

一、谁是管理者

(一)管理者的特征

组织目标的实现是由组织的所有成员所从事的各种不同的活动的结果。企业经营目标的实现,就需要有工人的加工制造活动、采购供应人员的购买活动、营销人员的销售活动、财务人员的财务管理活动、行政人员的后勤保障活动、计划管理人员的管理活动等。在所有的这些活动中,我们可以简单地把这些活动抽象为两大类活动,即业务活动和管理活动。所谓业务活动就是直接关系到组织目标实现的活动。管理是正式组织中一种由一个或更多的人来协调其他人活动的活动过程。这个定义涉及了组织中的两种基本活动,一是管理活动,即协调他人活动的活动;二是业务活动,即直接关系到组织目标实现的活动。从事业务活动的人我们称之为业务活动者,而从事管理活动的人,我们则称之为管理者。管理者以各种各样的头衔在各类组织中履行着自己的管理职能。一般而言,管理者具有如下特征:

1.管理者所从事的是协调组织中业务活动者活动的活动。这些活动主要有计划、组织、领导、人事和控制等。这些活动又被称为管理的职能。

2.管理者对组织目标的实现是起间接贡献作用。管理者通过履行各种管理的职能,使被管理者的活动能更有效地进行,使组织投入生产过程的资源得到更有效的使用,从而使组织目标能更有效地实现。

3.管理者在组织中的行为,是受双重人格身份的影响和作用的。一方面,作为组织的管理者,管理者在履行各种管理职能时,要根据组织的目标要求来规范自己的行为。另一方面,管理者在履行各种管理职能时,又受管理者本身的知识与能力、个性与偏好、个人目标与利益追求等个人因素的影响。

4.管理者在履行各种管理职能时,考虑问题的出发点是组织整体的利益追求及组织中各个方面相互之间的联系。

(二)不同学派对管理者的认识

对管理者的认识,尤其是对管理者在实践中做什么,不同的管理学派各有不同的认识,以下选择其中的几个学派做个简要介绍。

1.管理职能学派认为管理是一个过程,在这个过程中管理者履行各种管理职能。其中最典型的就是有关管理者职责的七职能论,即计划(planning)、组织(organizing)、人事(staffing)、指导(directing)、协调(coordinating)、报告(reporting)、预算(budgeting),简称为POSDCRB。

2.决策理论学派认为管理的本质就是决策,管理者在管理中最基本的活动是在不确定环境下做决策,管理者就是决策者。在决策中,由于外部环境的不确定、信息的不充分和管理者自身知识、经验与能力的限制,管理者只能以满意化为原则,而不能以最优化为原则。

3.经理角色学派通过对经理人员从事的各种活动的研究,认为管理者在他的工作过程中实际上充当着各种角色。这些角色可以分成三类共十种角色,即人际关系方面的三种角色:挂名首脑、领导者和联络者;信息方面的三种角色:监听者、传播者和发言人;决策方面的四种角色:企业家、故障排除者、资源分配者和谈判者。

4.经验学派的代表人物彼得·德鲁克(Peter Drucker)指出,管理者在实际的管理工作中有两项特殊的任务:一是为组织创造出一个真正的整体。这个整体要大于它的各个组成部分的总和;二是管理者在做出每项决定和采取每项行动时必须在组织的眼前利益与长远利益之间取得平衡。为了完成这两个基本任务,管理者在组织中有四个具体工作:

(1)确立目标。管理者要在对过去和现在的资料进行分析和对未来的发展进行估计的基础上,为组织确立发展目标。通过确立目标,使组织的所有成员能明确自己行动的方向。在确立组织目标时,要处理好局部利益与整体利益的关系、眼前利益与长远利益的关系。

(2)对组织的各种资源进行组织与安排。为了实现组织的目标,管理者要对组织投入生产过程的各种资源进行组织与安排,使组织能以最少的投入获得最多的产出。在对各种资源进行组织与安排时,最重要的是对人力资源进行安排与利用。彼得·德鲁克说:"卓有成效的管理者在聘用和提升有关人选时,考虑的是这个人能干些什么。他在做这种人事决策时,考虑的是如何充分发挥他们的长处,而不是短处。"[①]因此,德鲁克提出了有效的管理者用人之所长的四条原则:

其一,他们首先要明确,职务不是由上帝创造的,而是由那些难免有错误的人设计的。因此,有效的管理者不是去搜罗"天才"来担任只有"天才"才能担任的职务,而是努力使平常人能取得不平常的成绩。

其二,每项职务的设计在职务高低和范围大小上都应有伸缩性,使担任职务的人能尽量发挥他的长处,能取得有意义的成果。

其三,用人时必须首先了解某个人能干什么,而不是先看某个职务要求什么。

其四,要用人之所长,必须能容忍人之不足。有效的管理者要把注意力集中在机会上,而不是问题上。他所要考虑的是某人能干什么,而不是某人有什么不足。

(3)调动组织成员工作的积极性。管理者要通过各种理性的与非理性的办法、物质的与精神的刺激、诱因的与威慑的手段来充分地调动组织所有成员的工作积极性。只有把组织成员的积极性充分地调动起来,才有可能为组织创造出一个大于各个组成部分总和的整体。

(4)在组织中创造一个良好的工作环境。管理者要使组织形成一种团结向上的风气、开

① [美]彼得·德鲁克著:《卓有成效的管理者》,孙康琦译,上海译文出版社1999年版,第73页。

拓创新的作风、积极进取的精神,要使组织形成一种由有效的激励机制与约束机制组成的运行机制,使组织成员能在一个健康、高效的组织环境中为实现组织的目标而努力工作,使组织成员在实现组织目标的同时,也能实现个人目标。

管理争鸣

管理工作的四种传说与事实

如果你问一位管理者平时他都做些什么,他极有可能这样回答:计划、组织、协调和控制。尔后,如果你去考察他们所做的事,而你的考察结果与其回答截然不同,请不要对此感到惊奇。

如果管理者被告知一个工厂刚刚被烧毁,管理者立即建议对方去看看是否需要什么临时性安排,如通过国外分公司向客户供货,这位管理者所做的是否就是所谓的计划、组织、协调和控制呢? 如果他或她送给某雇员一只金表,或在参加贸易研讨会后带回有关新产品的有趣观点以供员工们思考,对此又应如何定性呢?

由法国实业家亨利·法约尔(Henri Fayol)于 1916 年首次引进的,目前已主宰管理学词汇的这 4 个词汇,实际上未能告诉我们管理者真正在做些什么。至多,它们也只是表明了管理者工作过程中某些含混的目标。

极为关注进程和变革的管理界人士,已经有半个多世纪没有认真地探究以下这些最基本的问题了:管理者都做些什么? 如果对此没有确切的答案,我们该如何教授管理学呢? 我们又该如何为管理者设计计划和信息系统呢? 进而,我们又该如何改进管理实践呢?

在现代组织中,对于管理工作性质的忽略,可从不同的角度体现出来——从某些成功的管理者对其从未在管理培训方面花过一天时间的吹嘘中;从那些从未真正理解管理者究竟想要什么的公司主要设计者的身上;从塞满垃圾信息的计算机数据库中——管理者从未使用过某些分析家们认为必要和有趣的在线管理信息系统(MIS)。而最重要的也许是:我们的大型公共组织无力真正解决它们最严重的政策问题,由此揭穿了我们的愚昧无知(见下文中的"文章点评")。

在一窝蜂地追求生产自动化、在市场营销和金融领域使用管理科学、利用行为科学的技巧解决雇员动机问题等等的过程中,管理者(这一组织或其从属单位的负责人)却被遗忘了。

在这里,我宁愿将读者从法约尔的著述上拉开,向其介绍一些更有力度且更为实用的有关管理工作的描述。这些描述来源于我本人的观点,以及关于不同的管理者如何使用时间的调查结果。

在上述调查研究中,有些是对管理者进行近距离的观察;有些是对其富于细节性的日记进行分析;还有些是对其履历进行的考察。各种各样的管理者都被包含在内——领班、工厂主管、人事经理、医院管理者、地区销售经理、公司总裁、国家总统,甚至街头流浪者的头目。他们分属于不同的国家,包括美国、加拿大、瑞典和英国等(见下文中"关于管理工作的研究状况")。

把这些研究结果综合起来,便构成了一幅有趣的图画,一幅与法约尔古典观点的立体主义抽象画不同的、类似于文艺复兴时代的图画。从某种角度来说,这幅画对于任何一位曾在管理者办公室里待过一天的人,不管他是站在办公桌前面还是坐在办公桌后面,都是一清二楚的。与此同时,这幅画也会使我们对许多早已接受的有关管理工作的传说产生疑问。

关于管理者的工作究竟是什么,存在着四种经不起实践检验的传说。

传说一:管理者是深思熟虑的、系统的计划者。有关这一论点的证据铺天盖地,但没有一个能够真正地证明这一点。

事实一:无数的研究表明,管理者以一种不松懈的态度对待工作,简洁、多样化和连续性构成其行为特征。与此同时,管理者有着强烈的付诸行动而非深思熟虑的倾向。请看以下的证明:

在我所研究的 5 位首席执行官的活动中,活动持续时间不超过 9 分钟的占了 50%,超过 1 小时的仅占 10%。一项对 56 位美国领班的调查表明,他们每 8 小时平均从事 583 项活动,每项活动的时间平均仅为 48 秒。无论是首席执行官还是领班,其工作节奏都是毫不松懈的。从早晨上班直至晚上下班,首席执行官们面临着不间断的电话和邮件,中间小憩和中饭也不可避免地与工作有关,下属们似乎要夺走他们的每一分钟。

一项对 160 名英国中、高级管理者的日记调查显示,他们不被打断地工作半小时或半小时以上的机会,每两天中只有一次。

在我所研究的首席执行官中,他们与他人的会面有 93% 是基于特定的安排,而不限时间的参观考察只占其全部时间的 1%。平均每 368 次会面中,总会有一次与特定的议题无关,被称为泛泛的规划。而另一位研究人员发现,在不止一个的案例中,管理者声称,他们曾通过泛泛的交谈或非特定安排的人际交往获得了重要的外部信息。

这是古典观点所描述的计划者吗?看来很难得出这样的结论。管理者往往只对工作的压力有所反应。我所研究的首席执行官们,往往会停下手头的工作,在会议未完时离开会场,或放下案头的工作而召见某一下属。其中还有一位总裁,不仅其办公桌位于能够一览整个大厅的位置上,而且每当只有他一人在办公室时便敞开屋门,以方便下属进来"打扰"他。

显然,这些管理者意在鼓励信息的流动。而尤其值得注意的是,管理者似乎被其工作所累,他们十分珍惜时间的机会成本。同时,他们也时刻意识到自己的职责——信件需要回复,电话应予答复,如此等等。看来,管理者似乎总是被可以做什么和必须做什么的选择所烦恼。

当管理者必须做计划时,他们也只是对绝对具体的日常活动而非不着边际的想法(如两周以后公司的山地休养)进行计划。首席执行官的计划似乎只存在于他们自己的头脑中——作为一种灵活的,同时又往往是具体的倾向存在。尽管存在着传统的描述,通过以上分析我们还是不难看出,管理工作不会产生深思熟虑的计划者。管理者对激励产生回应,他们受制于自身的工作,不喜欢工作被延误。

传说二：富有成效的管理者不存在常规工作。管理者们总是被告知应在计划和授权方面多花时间，而在访问消费者和谈判方面少花时间。然而，这并不是管理者真正的工作。引用一个流行的比喻，一个好的管理者就像是一个好的指挥员，要在事前精心安排好每件事，然后坐下来处理偶发的意外事件。然而，令人遗憾的是，事实似乎并非如此。

事实二：管理工作涉及一系列日常工作的处理，包括仪式、庆典、谈判，以及对把组织同其环境联系起来的软信息的处理。请看有关的研究论证。

一项对小型公司总裁的调查表明，他们经常从事事务性工作。其原因在于，他们无力支付专门人士的费用，而且业务部门的人手太少，一旦有人缺席，总裁就必须顶上去。

对销售经理和首席执行官的有关研究显示，只要他们想留住客户，那么访问重要的客户就会成为其正常工作的一部分。

有人曾半开玩笑地说，管理者的工作就是接待来宾，从而使他人能够正常工作。我在研究过程中也发现，参加某些特定的仪式，如会见社会显要、赠送金表、主持圣诞晚餐等等，全都是首席执行官分内的工作。

有关管理者信息流的研究表明，管理者在获得外部"软"信息（鉴于管理者的地位，许多外部信息只有他们才能得到）并将其传递给下属方面，扮演着重要的角色。

传说三：高级主管最需要由正规的管理信息系统提供的综合信息。就在不久以前，管理信息系统（MIS）这一名词在管理学论证中还随处可见。按照古典的观点，正规的、处于层级系统最高位的管理者，将通过一个巨大的、综合的 MIS 取得其所需的全部信息。然而，近期以来，这些巨型的 MIS 趋于失灵——管理者们不肯使用它们，以往的热情已经消失。为什么会变成这样？我们看一看管理者处理信息的过程就会明白。

事实三：比照文件类信息，管理者极为推崇口头交流、电话和会议。请看以下数据：

英国的两项调查显示，经理们工作时间的 66%～80% 花在口头交流上。在我对美国的 5 位首席执行官的研究中，这一比例为 8%。

这 5 位首席执行官将处理邮件视为负担。其中的一位在星期六的早晨，仅以 3 小时便处理完他所谓的"垃圾"——142 封邮件。他将那一周收到的第一封邮件（一份标准的成本报告）扔到一旁，并且说："我永远也不会看这种东西！"

在我进行调查的 5 周里，5 位首席执行官对 40 份常规报告中的 2 份、104 份期刊中的 4 份立即做出了回应，而对其他绝大部分邮件则仅仅是例行公事地浏览一下。而且，这 5 位首席执行官（其领导的组织均具备一定规模）所关注的也主要限于自身，也就是说，他们及时回复的不是别的，其中的 25 封是我在这 25 天中寄给他们的调查问卷。

上述分析显示了这样一种有趣的现象：全部邮件中，只有 13% 是具体的、能够即时发挥作用的。进而我们又发现，多数的邮件并没有提供当前的、有价值的信息，如竞争者的活动、政府立法人员的取向、昨晚电视节目的收视率等等。然而，正是这些信息，牵扯着管理者的精力，打断他们的会议，改写着他们的日程安排。

现在，让我们来看另一个有趣的发现。管理者们似乎颇为青睐那些"软"信息，尤其像传说、小道消息、猜测等等。为什么会这样呢？原因就在于它的时间性。今天的传说，明天则可能成为现实。如果某位错过了一个重要电话的管理者，事后发现其公司的

最大客户正与自己的主要竞争者一起打高尔夫球,那么,他便会预见到下一个季度报告中销售量的锐减,但是已经为时太晚

如果打算评估传统的、整合的、"硬"的 MIS 的信息的价值,首先就应弄清这一信息对于管理者的两个基本用途:确定问题的所在及机会的大小;构建心理模式(如组织的预算系统如何有效运作,消费者怎样购买自己的产品,经济中的变化如何影响组织等)。数据表明,管理者确认决策环境、构建模式,并不是以 MIS 中的整合信息为依据,事实上,他们所依据的往往是某些特定的极少量的信息。

请听一听曾研究过罗斯福总统、杜鲁门总统和艾森豪威尔总统的信息收集习惯的理查德·诺伊施塔特(Richard Neustadt)说过的话:帮助总统决策的不是那些泛泛的信息,不是总结,不是综述,不是淡而无味的信息混合。帮助总统决策的,是那些在其头脑中切实存在的、细节性的点滴事实的综合,是它们在其头脑中勾勒出的相关的图画。作为总统,他们必须尽可能宽泛地了解与其有关的事实、观点、说法等方方面面,他们必须成为自己头脑的主宰。

管理者对于口头信息的看重,使以下两点显得更为重要:(1)口头信息存储于人们的大脑之中,只有当人们将其写下来以后,才有可能被存储于组织的档案——文件袋或磁盘中。显然,管理者不可能将其听到的大多数内容写下来,因而,组织的战略数据库不是在计算机中,而是在人脑中。(2)对于口头媒介的广泛使用,说明了为什么管理者对于工作的下放如此为难。将一项工作的全部资料交给下属,并不像看起来的那样容易,管理者必须花费时间将其"挖掘"出来,然后再告诉下属,这一过程是如此漫长,甚至还不如自己做。于是,管理者被自己的信息系统推入了一种工作下放的"两难"境地:要么自己做得太多,要么不怕费时费事将工作交给下属。

传说四:管理乃是或者至少是正在迅速地演变成一种科学和一门专业。任何一种关于科学或专业的定义都可以表明,这种说法是错误的。只要对管理者进行简短的观察,就能发现这一点。任何一门科学都将涉及系统的、经过分析决策而成的程序或步骤的制定,如果我们连管理者使用的程序究竟是什么都不甚明了的话,我们又怎能将其描述成科学呢?同时,在我们不能界定管理者应该学些什么的时候,我们又怎能称其为一门专业呢?总而言之,任何一门专业都将涉及"某门学科或科学的知识"。

事实四:管理者的工作计划(时间安排、信息处理、决策制定等)都是在大脑深处进行的,因而,在描述这些过程的时候,我们往往使用"判断"、"直觉"等字眼,而很少意识到这正意味着我们在这方面的无知。

正因为如此,当我开始从事这项研究时,对得出的结果感到十分震惊。我所研究的每一位首席执行官(他们个个精明强干)都与 100 年前(或者说 1 000 年前)的类似角色没有根本区别。尽管他们需要的信息可能有所不同,但他们获取信息的方式是相同的,都是通过口头交流。当前,管理者的决策本身可能涉及现代科技,而其用以决策的程序却与 19 世纪的没有什么两样。即使是对组织的某些特殊工作至关重要的计算机,对于总经理的工作程序也没有什么明显的影响。事实上,管理者置身于这样一个怪圈中:其工作压力越来越大,而来自管理科学的帮助却少而又少。

　　我们看一看管理工作的现实就不难发现,管理工作是极为复杂和艰难的,负有众多责任的管理者不堪重负,却又难以将工作下放。其结果就是,管理者超负荷工作,且承担众多的特定任务。简洁、断续、口头交流构成其工作的特点,而恰恰又是这些特点,成了进一步改善管理的障碍。如此的结果就是,管理学家们将精力集中于研究组织的特殊功能,因为这样就可以使对于程序的分析和相关信息的评估变得容易些。

　　与此同时,管理者面临的压力越来越大,原来只需向所有者和上级主管报告的事情,目前则扩展到了下属(他们打着"民主"的旗号,不断削减管理者不加解释便可发号施令的权限),以及各种外部势力(包括消费者群体、政府代表等)。对此,管理者求助无门。实际上,能够对此提供帮助的,首先就是弄清管理者的工作究竟是什么。

　　资料来源:节选自亨利·明茨伯格《经理人的工作》,最初发表于 1975 年 7/8 月号的《哈佛商业评论》。

二、管理者的类别

　　管理者是对从事管理活动的人的一般称呼,在一个组织中往往不止一个,而是一个群体。以一定的标准对这个群体进行划分,有助于确定不同类型管理者的职责、技能要求以及对他们的培训和激励等。一般来说,管理者群体可以以不同的划分标准形成不同的管理者类别:

(一)按管理者所处的管理层次,可以划分为高层管理者、中层管理者和基层管理者

　　每一个组织都按纵向形成了若干个管理层次。对于大型组织来说,管理的层次会比较多,而对于小型组织来说,所形成的管理层次就会比较少。我们可以把各种不同的管理层次抽象为三个基本的管理层次,与此相应,就可以把管理者分成三个不同的类别,即高层管理者、中层管理者和基层管理者。

　　1.高层管理者

　　这是指处于组织最高管理层次的管理者,如工厂的厂长、副厂长,公司的 CEO、总经理、副总经理,学校的校长、副校长等等。组织的高层管理者负责制定组织的发展目标、发展战略;代表组织与外部环境发生各种联系;就组织的生存与发展问题对组织的所有者负责;建立和掌握组织的大政方针;对组织内部的各项活动进行协调与管理,以保证组织目标的有效实现。

　　在高层管理者中,总有一个管理者作为组织的法定代表对组织的生存与发展全权负责,如工厂的厂长、公司的董事长或总经理、学校的校长等。就组织的法定代表与其他高层管理者的关系来说,其他高层管理者是组织法人代表的助手,他们协助法人代表对整个组织进行管理。

　　2.中层管理者

　　这是指在组织层次中处于中间范围的管理者,中层管理者在管理等级中不只涵盖一个层次,而是包括处于基层和高层之间的各个管理层次。如企业中财务或者人力资源部门的管理者、质量管理部门的管理者及生产车间的管理者等。中层管理者的职责就是落实高层管理者的计划与决策,并协调和监督基层管理者的活动。中层管理者既包括业务部门的管

理人员,又包括参谋部门的管理人员,其中参谋部门的管理者还要作为组织高层管理者的参谋为组织的决策出谋献策,而业务部门的管理者则是直接落实高层管理者的计划,以保证组织目标的实现。

有一点要注意的是,人们往往会把中层管理者与中层领导者混为一谈,认为中层管理者就是中层领导者。其实这两者之间是有区别的。中层领导者是指组织和等级系列中处于中间层次的领导者。他们都是组织中某个部门的负责人。而中层管理者包括两个部分。一部分是职能部门的管理人员,他们是高层管理者的参谋人员,从而也是作为整个组织的参谋人员发挥作用的。这部分人员既包括各职能部门的一般管理人员,也包括这些部门的负责人。中层管理者的另一部分是直线部门的管理人员。这些管理人员负责把高层管理者的计划变成自己所管理的部门的全体人员的具体行动计划,协调整个直线部门人员的行动。工厂中的车间主任和车间一级的管理人员就属这一类。

3.基层管理者

基层管理者是指组织中把中层管理者的计划更加具体化地分派给组织中的业务活动者,并对业务活动者的活动进行协调的管理人员,如企业中的基层主管,学校里的教研室主任等。这一层次的管理人员在组织中起着连接中层管理者和业务活动者的作用。他们是组织层次中最基层的管理者,给下属作业人员分派具体任务,直接指挥和监督现场作业活动,是操作人员或专业人员的监督者。

管理常识

企业高管头衔 CXO

CEO:是 Chief Executive Officer 的缩写,即首席执行官,是在一个企业中负责日常经营管理的最高级管理人员。

COO:是 Chief Operation Officer 的缩写,即首席营运官,是公司团体里负责监督管理每日活动的高阶官员。

CFO:是 Chief Finance Officer 的缩写,即首席财务官,企业内负责财务的最高负责人。

CIO:是 Chief Information Officer 的缩写,即首席信息官,是负责一个公司信息技术和系统所有领域的高级官员。

CTO:是 Chief Technology Officer 的缩写,即首席技术官,企业内负责技术的最高负责人。

CKO:是 Chief Knowledge Officer 的缩写,即首席知识官,掌管企业内所有知识管理相关的工作。

CMO:是 Chief Marketing Officer 的缩写,即首席市场官,企业营销工作的最高负责人。

资料来源:作者自行整理。

(二)按管理者所从事的管理活动的范围及专业性质,可以将管理者划分为综合管理者、职能管理者和项目管理者

综合型管理者是指对整个组织或组织中某个事业部负责的管理者。小型组织通常只有一个综合型管理者,即组织的首脑,如总经理等。但是目前许多组织,尤其是跨国公司,都会按产品或地区分设若干分部(亦称事业部),每个分部包含若干职能领域,从事相对独立的生产经营活动,这些分部的领导者也是综合型管理者。如跨国公司的区域负责人。

职能型管理者是按特定的、专业化领域(一般称为职能领域)划分的,主要管理该专业领域经过训练而有专长的人员。如市场营销、生产、研究开发、财务会计以及人事等,就是工业或企业一般都具有的职能领域,按这些领域分设部门(单位),其负责人就是职能型管理者。对这些部门的管理者可以泛称为营销经理、生产经理、研发经理、财务经理和人事经理等。

项目管理者最早出现在建筑、国防和航天等少数领域,随后被其他如高科技企业等普遍采用。这些企业往往为特定产品的开发和生产设置项目组,集中有关职能领域的人员协作攻关,项目组的领导人员就称为项目管理者。项目管理者实际上也是综合型管理者,只不过其负责的项目组比上述分部、工厂乃至整个组织要小型些。

(三)按职权关系可以把管理者分成直线部门的管理者和参谋部门的管理者

前文指出,组织中的活动包括业务活动与管理活动。因此,在组织中就相应形成了两类部门,即业务部门与管理部门,这两类部门又分别称为直线部门与参谋部门。从组织的发展史看,是先有组织中的直线部门,然后才有组织中的参谋部门。直线部门的建立直接反映了组织所要实现的目标的需要。而参谋部门则是为了协助直线领导者的工作而建立的部门,它的建立是为了使组织目标能更有效地实现。

在不同的组织中,由于组织的目标不同,从而组织工作的性质与特点不同,组织规模的大小不同,组织内部专业化分工的程度不同,组织中的直线部门与参谋部门的设置也就不同。但不管怎样,直线部门的直接任务就是为了实现组织的目标。因此,直线部门的管理者需要具备更多的与组织特点有关的工艺技术方面的知识。如工厂中的车间主任必须了解、熟悉和掌握有关生产方面的知识,而医院的科室主任就要掌握丰富的专业医学知识。对于参谋部门的管理人员来说,由于参谋部门是作为组织的高层管理者的参谋部而设立的,所以参谋部门的管理人员就应该具备某一方面的专门管理知识。如计划部的管理者应具备较丰富的计划管理知识,质管部的管理者应具备较丰富的质量管理知识。

三、管理者的技能结构

不管是哪种类别的管理者,他们的管理工作能否有效开展,能否达到预期目标,就其自身而言取决于他们是否真正具备了管理工作所需的相应的管理技能。不同的管理者所面临的环境、所拥有的权力范围、要处理的问题、职责等方面千差万别,成功的管理者也有各种各样的特质。但是,管理人员在履行管理职能时应具备一些基本的管理技能。我们可以把管理者所需掌握的管理技能简单地概括为以下几种:

(一)技术技能

技术技能是指对某一特殊技能(特别是包含方法、过程、程序或技术的技能)的理解和熟练运用。它包括与实现组织目标有关的专门知识、在专业范围内的分析能力以及灵活地运用该专业的工具和技巧。技术技能主要是涉及"物"的工作。管理者并不一定要成为某一领域的技术专家,但要了解和初步掌握与其管辖的业务范围相关的基本技能。

（二）人际技能

人际技能是"管理者与他人一起工作和作为一名小组成员而有效工作的能力,其中包括激励、帮助、协调、领导、沟通和解决冲突的能力"①。具有人际技能的管理者能够在他所领导的小组中营造一种合作的氛围,以使员工能够自由地、无所顾忌地表达个人的观点,发挥个人的能力。人际技能涉及与人协作。这项技能对于各个层次的管理者都很重要,因为任何管理者都要与上下左右各种关系进行有效沟通,相互合作。

（三）思想技能

思想技能也称为概念技能或者理性想象技能,指能够纵观全局、判断出重要因素并了解这些因素之间的关系、协调和整合组织内所有利益与行为的能力,也就是洞察企业与环境相互影响之复杂性的能力。理查德·L.达夫特认为思想技能是把组织作为一个整体进行考察和考虑各个构成部分之间关系的认知能力,它包括管理者的思维、信息处理和计划能力,包括对某个部门如何适合整个组织和组织如何适合所在产业、社区与广泛的经营和社会环境的认知能力,体现了用广泛而长远的眼光进行战略思维的能力。

由于不同层次管理者的管理活动内容和性质不同,对不同层次管理者的素质和能力的要求也就不同,与此相应,不同层次的管理者所需要具备的管理技能也应有所侧重。技术技能的重要性依据管理者所处的管理层次从低到高逐渐下降,而思想技能和人际技能则相反。对基层管理者来说,技术技能是最为重要的,人际技能在同下属的频繁交往中也非常有帮助。当管理者在组织中的管理层次从基层往中层、高层发展时,对技术技能的要求逐渐下降,而对思想技能的要求逐渐上升,同时具备人际技能仍然很重要。但对于高层管理者而言,思想技能特别重要,而对技术技能的要求相对来说则很低,人际技能对高层管理者来说也是很重要的,只是与基层管理者相比,高层管理者所处的人际网络不再局限于本组织之内,而是包括更为丰富的内容,如与其他组织高层管理者的联系,与政府相关部门的交往等。

当然,管理技能和管理层次的联系并不是绝对的,组织规模大小等一些因素对此也会产生一定的影响。具体见图1-5。

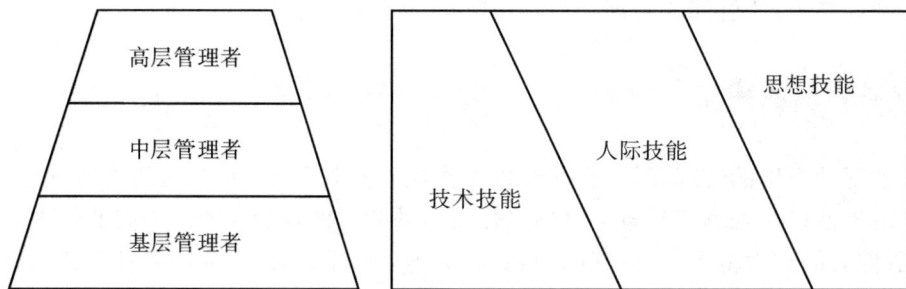

图1-5　不同层次管理者的技能结构

---

① 　[美]理查德·L.达夫特著:《管理学》,韩经纶、韦福祥等译,机械工业出版社2003年版,第12页。

管理视野

陈春花：如何正确区分基层、中层和高层的目标责任

企业跟人一样是有机体，所以在它成长的过程中，也有着无法克服的三对矛盾：长期与短期、变化与稳定，效率与效益。这三对永远克服不了的矛盾，维持着企业的生命力，使得企业可以循环往复，以至无穷。

那么如何面对这三对矛盾呢？计划管理的职能正好解决这个问题。

计划管理是通过建立目标的方法，使得三对矛盾统一协调起来。计划管理认为，高层管理者需要对策略性的目标负责，这些策略性的目标包括公司长期的发展、投资回报以及市场占有率的增长。

由此我们可以看到，高层管理者要对长期和变化负责。换个角度说，公司是否有未来，是否能够不断地变化，取决于高层管理者。

计划管理认为，中层管理者要对功能性目标负责，包括中期的发展、生产力水平以及人力资源的发展。由此我们知道中层管理者需要对企业的稳定和效率负责，也就是说，公司是否具有高的效率，是否拥有合适的人才队伍，取决于中层管理者的水平。

计划管理认为，基层管理者要对日常操作性的目标负责，包括短期的发展、工作安排（任务为主的）、销售定额、成本控制以及生产力标准。由此我们可以得出结论，基层管理者对短期和效益负责，也就是说，公司是否具有盈利的能力，是否可以降低成本、保证质量，取决于基层管理者的能力和水平。

一、基层管理者对短期和效益负责

为什么很多企业平衡不了长期与短期、变化与稳定、效率和效益的关系，主要原因就是没有发挥计划管理的职能，让高层管理者负担所有的责任，无论是成本的问题、质量的问题、盈利的问题，还是人力资源管理的问题、效率的问题，统统都归为高层管理者的责任，并没有清楚地划分不同层次的管理者应该承担的责任和追逐的目标。

我们甚至犯了一个极其大的错误但是并不自知，这个错误就是，我们给高层管理者很高的待遇和权力，支付很高的薪资，却让他们做着中层管理者甚至基层管理者的事情，不断地为成本、品质和效率花费精力，他们并没有去促动变化、关注投资回报以及企业的未来，这就是中国目前的管理状态。

二、中层管理者负责公司的稳定和效率

我经常和很多高层管理者甚至是企业老板沟通，但是很多时候我被问到的话题是管理效率和人力资源的问题，甚至还会探讨组织内耗的问题。

其实企业是否能够培养人，发挥人力资源管理的效用，保持企业的稳定，需要中层管理者的努力和付出，可以更直接地理解为人力资源工作应该是所有中层管理者的职责，而不是人力资源部门的职责，人力资源部门的职责是业务分工，而培养人和选拔人的工作是中层管理者自身的工作。

关于人的这个部分，也就是人力资源的管理，不是由人力资源部做的，是由企业所有的中层管理者做的。为什么人力资源的工作是中层管理者负责而不是高层管理者负

责,因为只有中层管理者才会面对企业所有的员工,高层管理者能够接触的员工很有限,只有中层才会广泛地面对所有的员工,而人力资源管理主要职能就是发挥所有人的能力,培养人和任用人。如果一个公司的中层管理者能够培养很多人,可以肯定这个公司是稳定的,所以,中层管理者最重要的贡献就是公司的稳定和效率。

同样的情况也表现在质量、成本定额完成的情况中,当我们出现品质不行、成本失控、定额不能完成的情况,肯定是基层管理者有问题,要么就是基层管理者能力不够,要么就是基层管理者的精力不够,所以我们需要在这个时候,关注基层管理者的培养和提升。但是在日常管理中,这里问题最多,很多时候质量的问题都是由高层提出。

成本的要求和标准也是公司高层管理者提出。公司会把成本和质量作为重要的管理内容,这一点并没有错误,错误在于作为公司最重要的管理工作——成本和质量控制,必须是由基层管理者来承担,而不是由高层管理者来承担,因为高层管理者在这两个问题上无能为力,无论高层管理者多有能力,决定质量和成本的都是基层管理者,只有让基层管理者自己关注到这两个问题,并愿意为此付出努力,成本和质量才可以得到控制。

但是在现实管理中,我看到的情形刚好相反,具有成本和质量意识的往往是高层管理者,而基层管理者反而没有成本和质量意识。

我就看到过这样一个有趣的现象,有一次与一家企业老板聊天,他给我几页纸看,我很有感慨,因为老板用废纸打印出来给我,并告诉我反面的文件没有用了,这样可以节约用纸,我很欣赏这个老板的做法。到了下午,恰巧我需要打印一些文件给这个老板看,需要他的秘书帮助打字并打印出来,结果我看到相反的现象,秘书是一个每天都要打字和打印的人,但是我看到她只要打错一点,就会把整张纸废掉,重新拿出一张纸打印。

我惊讶于这个现象,一个很少自己打印的老板非常珍惜每一张纸,一个每天都要打印的人却毫不珍惜纸张。

因此,问题的关键是有关成本、质量的管理一定要基层管理者承担起来,否则不管公司多么强调,不管高层管理者如何身体力行,效果都不会太好,只要基层管理者发挥作用,成本和质量一定能够控制。

所以作为一个高层的管理者,虽然很注重成本和质量,但是没有直接的意义,因为高层管理者对于成本和质量没有直接贡献,对成本和质量有直接贡献的是基层管理者,所以必须培养基层管理者的成本和质量意识,如果发现成本失控,品质不够,利润无法完成,一定是基层管理者不合格。

三、高层管理者负责企业的成长和长期发展

高层管理者对企业的成长和长期发展做出贡献,中层管理者对企业的稳定和效率做出贡献,而基层管理者对企业的成本、质量和短期效益做出贡献。当所有的管理者都能够做出贡献的时候,企业发展的三对矛盾就得以统一协调,企业就可以获得稳定持续的成长,这就是计划管理的好处。

我经常和学生们讲,不要晋升得太快,一旦晋升到总裁的位置,就很危险了,因为"总裁,就是总是可以被裁掉的人"。这虽然是一句开玩笑的话,但的确讲了一个道理,

总裁总是可以被裁掉的,因为总裁对短期盈利没有直接的贡献,因此可以被裁掉。正向的理解就是,我们需要给予基层管理者足够的重视,因为基层管理者决定产品的质量、成本和盈利。但是,我们这一点做得并不好。我也常常反对末位淘汰,我并不是反对末位淘汰本身,而是反对末位淘汰的方法运用在基层管理者身上,因为这样导致的结果是质量和成本受到影响,如果一定要使用末位淘汰的管理方法,我建议在高层管理者和中层管理者层面运用。

计划管理职能的发挥是极其重要的,在实际运用中,高层、中层、基层管理者的职责不能相互替代,更加不能让高层管理者承担所有的职责,表面上看是高层管理者非常负责任,事实上是对企业的伤害。

我们最容易犯的错误就是:高管人员承担着所有的目标达成,包括成本、培养人才、质量、管理效率等,导致了中层管理人员和基层管理人员变成员工,拿的却是中层和基层管理者的工资,而在这种情况下中层和基层管理人员也觉得很郁闷,他们没有什么成就感,好像什么都没有做,甚至需要他们做什么都不知道,真是得不偿失。

来源:微信公众号"春暖花开"(ID:CCH_chunnuanhuakai)

四、有效的管理者

(一)有效管理者的特点

管理者在组织中通过计划、组织、领导、人事、控制等各种职能作用的发挥,使投入组织的各种资源,包括人力、物力、财力和信息资源得到有效的运用,从而使组织目标能有效地实现。我们把这种在组织中充分发挥其权力,切实履行其职责,实现其岗位目标的管理者称为有效的管理者。有效的管理者是一个组织生存和发展的基本的人才条件,是社会和组织成员对管理者的共同期望,也是管理者自身努力的方向。管理大师德鲁克认为,有效管理者具有以下四个特点:[①]

1.善于利用和调配各种资源,重视资源组合的效率和整体效益;

2.善于分析和把握外部环境的变化,努力实现组织目标、资源、活动与外部环境的动态平衡;

3.善于处理长期利益与短期利益的平衡;

4.善于不断学习,从书本中学习,从实践中学习,向他人(包括员工、上级、同事、客户、竞争对手等)学习,在学习中成长,在成长中学习。

(二)怎样才能成为一个有效的管理者

怎样才能使自己成为一个有效的管理者,使自己的管理活动有利于组织目标的有效实现呢? 对此,不同的人从不同的角度思考往往有不同的认识。彼得·德鲁克在对有效管理者的管理活动进行观察和研究后认为,要想成为一个卓有成效的管理者,必须在思想上养成如下五种习惯:

---

① 　[美]彼得·德鲁克著:《卓有成效的管理者》,孙康琦译,上海译文出版社1999年版,第23~24页。

1.卓有成效的管理者必须懂得如何有效地利用他们的时间。他们会利用自己所能控制的点点滴滴时间开展有条不紊的工作。

2.卓有成效的管理者重视外界的贡献。他们不满足于埋头工作，更注意如何使自己的努力产生必要的成果。他们接手工作后，不是立刻钻进工作里去，也不是马上考虑工作的办法和手段，而是首先自问道："别人希望我做出什么样的成果来？"

3.卓有成效的管理者善于利用长处，不光善于利用他们自己的长处，而且也善于利用上司、同事及下属的长处。他们还善于抓住机会做他们想做的事。他们不会把工作建立在自己的短处和弱点上面，也绝不会去做自己做不了的事情。

4.卓有成效的管理者知道如何将自己的精力集中在一些重要的领域里，这样一来，上佳的表现便能结出丰硕的成果。他们会按照工作的轻重缓急，制订出先后次序，重要的事情先做，不重要的事暂时放一放。

5.卓有成效的管理者善于做出有效的决策。他们知道，首先要解决条理和秩序问题，也就是如何按正确的次序采取正确的步骤。他们也知道，有效的决策总是在不同意见的讨论的基础上做出的一种判断，它绝不会是"大家意见一致"的产物。他们认为在很短的时间内做出很多决策，就难免会出现错误。机构真正需要的只是数量不多的却是些根本性的决策。组织真正需要的是正确的战略。

德鲁克的观点对管理者从事管理活动是很有启发意义的。我们认为，从更一般的角度讲，要成为一个有效的管理者应该把握两个方面：一是要研究管理活动的规律性，学习管理的科学理论，掌握新的管理方法；二是要在管理实践中不断提高自己的管理艺术水平。这两方面是相辅相成的，只强调其中一方面都会影响到管理者管理活动的有效程度。本书主要研究管理活动的基本规律，因而对管理的艺术问题不作深入研究。

管理视野

你是否具有管理者思维？

凯蒂·泰南（MindBridge Partners 的顾问和创世合伙人）

朱莉·朗是一家软件公司的高级软件开发工程师，是经理眼中的明星员工。当她被指派去协调一个由三名初级软件开发人员组成的小团队时，她非常兴奋，因为自己终于有机会成为管理层的一员。但是她很快就感到挫败和沮丧。因为那些对她来说易如反掌的任务，她的团队却无法按时完成。

转变角色仅仅几周后，她在审阅团队成员写的代码时，开始考虑要不要把这三个人努力的结果扔出去，然后自己重新写一个。她知道，如果自己稍微加加班，就能抵得上这三个下属的成果。

当人们从专家一跃成为管理者时，往往会遇到这种情况，特别是当有人被指派去领导自己同事的时候。但是一头跳进杂草里，试图一切亲力亲为的做法，即便刚开始能得到成效，也终非长久之计。一个管理者需要努力成为一个好的老师和指导者，帮助自己团队的成员提高和成长，最终提升整个团队的能力。

但是，这需要管理者在思想上完成巨大的转变，而这点对许多刚刚获得晋升的人来说非常困难。因为，指导和协调其他人跟你自己单打独斗不一样，你很难抛弃旧的思维习惯。

你要时时跟进直接下属自我提高的情况，你要把他们的现在和过去进行纵向对比，而不是拿他们的工作产出和能力跟你比。如果你对他们进行个性化评估，他们的才能就会逐渐显现——他们的进步也会成为衡量你成功与否的标杆。

在转变思维方式时，有几点是你需要记住的。其中一些建议似乎是老生常谈，但当你面对新的责任和压力时，这些基本要点却会被你抛诸脑后。

1.眼光放长远

当个体工作者埋头苦干，将注意力全部放在完成手头工作时，管理者需要向前看。优秀的管理者会花大量的时间预测挑战、协调大局、绘制蓝图，将每个团队成员的独立工作联系到一起。你还需要跳出理想状态，思考一切有可能出现的情况，做到未雨绸缪。

如果你想要树立大局观，需要做好两件事情。第一，你要清楚自己的部门，乃至整个企业的需求和目标。你需要了解团队运作时所处的环境，这将帮助你更准确地预测高层管理者的期望。第二，你需要了解团队成员的能力。确认团队能力，将使你更好地预见到团队何时会捉襟见肘，何时会遭遇瓶颈，你可以根据相应的情况设定预期目标。

2.多问问题

当团队成员开始挠头的时候，你很自然会想要直接给他答案（或像朱莉一样直接替他完成工作）。毕竟，你可能知道应该做什么，并能够快速拿出解决方案，将工作尽快完成。但是，如果你养成了直接授人以鱼的习惯，你的团队将永远不会有机会学会自己打渔。

提问，是帮助团队成员解决问题的一个非常好的方法。让他们描述自己因何挫败——如果可以的话，你可以写在白板上——然后从各个角度对其进行全面分析。很多情况下，仅仅通过描述问题就能够轻松找出解决的办法。即使这样有难度，你的提问也会启发、指导员工从新的角度审视问题，或者揭示另一种可能。

3.懂得放权

作为个体工作者，你可能会因为完成任务的方法精妙而获得奖赏。你可能会有很棒的点子提高自己的效率，全力以赴地完成工作。但是，适用于你自己的方法不一定对其他人也有效，而且其他人或许也有你想不到的新想法或技巧。因此，在制定团队目标的时候，你最好把精力集中在能够取得怎样的成果，以及何时能够完成任务上，然后将具体的操作细节留给团队成员自己去把握。

当然也有例外。当有人求助，或者你看到团队成员抓耳挠腮、不得其解的时候，你就需要出手了。此时，你要先看一看他们的工作方法。然后，即便在这种情况下，你也不要直接命令他们去做任何事情，而是应该用开放的思维，帮助他们渡过难关。

将重点放在结果而不是过程还有另外一个原因，那就是避免微观管理。没人喜欢领导在自己背后指手画脚，告诉自己应该怎样完成工作。如果管理者这样做的话，不仅不会让工作完成得更好更快，反而会令团队很快泄气。

4.相信直觉

突然间转换角色会令你手足无措。你很努力地在学习新的思维方式和表现，但很多时候你觉得自己做错了。要相信，你的直觉依然具有参考价值。如果你感到一个项目已经脱轨，那么不要犹豫，不要等到一切都晚了才做出反应。你可能会不停思索如何成为一个好领导,但你对工作进展是否顺利的直觉很可能是正确的——特别是当你自己也曾经做过相同工作的时候。

许多新上手的管理者不愿意面对团队中没能按时完成任务或纠结于工作的成员,因为他们怀疑自己的直觉,或者不确定如何有效处理这样的问题。可是,与其坐等问题恶化,不如双方坐下来聊一聊。你需要确保自己知晓下属的工作方法,并定期跟他们确认。当你感觉事态不对的时候,现实或许正是如此。

5.保持耐心

从个体工作者日复一日的职责理念转变为管理者、领导者的大眼界,并非一朝一夕就能实现的。思维方式的改变需要时间。别指望你能一夜之间掌握这些技巧。你在完成任务和指导团队之间寻求平衡时,也不要感到挫败或气馁。大多数人都不是天生的管理者,管理者的思维方式是可以学习并且熟能生巧的。

当你感到沉重的压力(必然如此)或对新角色不堪重负时,请停下脚步问问自己:

(1)我是否清楚发掘出了下属的优势和弱势,或者拿他们跟我自己做比较?

(2)我是否在用长远的眼光预测团队的能力、挑战和期望?

(3)我的提问是否好过直接给出答案?

(4)我是否设定了明确的截止日期和期望成果,而将具体操作交由团队掌控?

(5)我是否在质疑自己的直觉?(不要这么做)

(6)作为管理者,我是否对自己的成长具有耐心?

来自:哈佛商业评论 2015-10-30.http://www.hbrchina.org/2015-10-30/3534.html

第三节　管理学

本节我们将讨论什么叫管理学,管理学的研究对象是什么,管理学的学科体系及管理是一门科学还是一种艺术等几个问题。

一、什么叫管理学

上一节我们已阐明,所谓管理,是指一种"协调他人活动的活动"。而管理学是一门研究管理活动内在规律性的科学,所以它以组织中的管理活动作为自己研究的对象,通过对管理活动的研究,以探讨其内在的规律性,然后上升为理论,形成一个理论体系。管理学的理论体系,是由一系列反映管理活动内在规律性的概念、原理、原则、制度、程序、方法等组成的。这个理论体系来源于实践,又能用于指导管理的实践。

管理学的领域十分广阔。"因为它是把自然科学和社会科学探索的成果加以改造而融为我们时代最高成就的唯一的科学。"[①]管理学与社会科学、自然科学两大领域的多种学科

---

① ［美］卡·海耶尔主编:《管理百科全书》,上海辞书出版社 1991 年版,第 1 页。

有着广泛而密切的联系,它是以社会学中的经济学理论为主导,以生产的技术为基础的一门边缘学科。它具有社会科学与自然科学相互渗透的特点。

二、管理学既是一门科学又是一种艺术

所谓科学是指能反映事物内在规律性的理论体系。所谓艺术是指以个人的经验和熟练程度为基础的技艺和技巧。管理要成为一门科学,有两个条件:一是管理活动有其内在的规律性;二是人类已经能对管理活动的内在规律性进行科学的认识,并已形成科学的理论体系。在 20 世纪初泰罗的科学管理理论产生之前,人类的管理还没有形成完整的、能用于指导管理实践的理论体系。因此,人类的管理靠的是个人的经验、知识和运气。这时,管理作为一门科学还没有形成。

自从泰罗提出科学管理理论之后,人类已经形成了能反映管理活动内在规律性的理论体系,这个理论体系在此后的岁月里,一方面用于指导人们的管理实践,使人们的管理水平得到不断的提高,另一方面又随着人们管理实践的不断丰富而得到不断的发展。因此,泰罗科学管理理论的提出,标志着管理作为一门科学已经形成。

但是,管理学又是一门不精确的科学。管理对象具有复杂性、多变性和不确定性,管理人员要处理的许多变量是极其复杂的。管理学在认识管理活动的内在规律性的过程中所形成的概念、原则、原理、方法和制度等不可能像自然科学的原理和定理那样通过实验加以提炼和验证。因此,人们在将这门不精确的科学运用于管理实践时,还需要有个人的技巧、经验和智慧,发挥创造性的艺术,灵活运用管理理论。

管理活动是一种协调被管理者的业务活动的活动。在这里,两种不同的活动的主体都是人,人是有思想有感情的社会动物,当管理者应用管理理论指导管理实践时,不可能像自然科学应用其定理和原理去指导自然科学实践那样严谨、刻板和一丝不苟,而是要求管理者在管理过程中灵活地运用管理理论进行具体问题具体分析,这也要求管理者有丰富的经验和技巧。管理的艺术性强调的是其实践性。管理人员要从实践知识的积累中寻求有益的指导。

可见,管理既是一门科学又是一种艺术。一个管理者要能成为一个有效的管理者,不但要学好管理理论,还要掌握管理的艺术。前者需要的是系统的理论学习,而后者则需要个人的智慧和经验。正如法约尔所说的:"原则是灵活的,适用于任何事情,重要的是应知道如何运用它。这是一门艰辛的艺术,它苛求智慧,需要经验,要求判断力并要注意方法。经验和机智孕育了权衡评估事物的能力,它是管理者需要具备的基本素质之一。"[①]

科学与艺术并不是相互排斥和对立的,而是相互补充的。最有成效的艺术总是以对它所依据的科学的理解为基础的,科学的发展有利于艺术水平的提高,而艺术水平的提高又能促进科学的更进一步发展。对一个管理者来说,如果他不懂得管理的科学理论,他在管理的过程中就只能靠碰运气,靠直观或过去的经验办事;而如果管理者掌握了管理的科学理论,他就有可能对他所要解决的问题找出切实可行的解决办法。当然,管理者也不能空谈管理理论,必须不断通过实践来丰富自己的经验,提高自己掌握尺度的能力。总之,作为一个有

---

① [法]H.法约尔著:《工业管理与一般管理》,迟力耕、张璇译,机械工业出版社 2007 年版,第 21 页。

效的管理者,既要学习和掌握科学的管理理论,又要有丰富的管理经验和高超的管理艺术。

三、管理学的学科体系

对于管理学的学科体系,我们可以从以下三个方面进行讨论:

(一)管理学是一个包括许多分支学科的学科体系

在整个人类社会中,人们会按照专业化分工的原则从事各种各样的工作,社会也因此形成各种各样的部门或行业,这样也就有各个部门或行业的管理活动,也就形成了以不同的部门或行业的管理活动的内在规律性作为自己研究对象的不同部门或行业的管理学,即形成了许多以不同的管理活动作为自己的研究对象的管理学的分支学科,诸如经济管理学、军队管理学、行政管理学、教育管理学和体育管理学等。而在每一个分支学科中,又形成了许多更细的分支学科。如经济管理学又可以再分成宏观(国民)经济管理学、中观(部门)经济管理学、微观(企业)管理学等。企业管理学又可以按企业的类型不同分成工业企业管理学、农业企业管理学、商业企业管理学等;企业管理学可以按管理职能的不同分成生产管理学、财务管理学、质量管理学、技术管理学、营销管理学、劳动管理学和设备管理学等。这种情况可用图 1-6 表示。

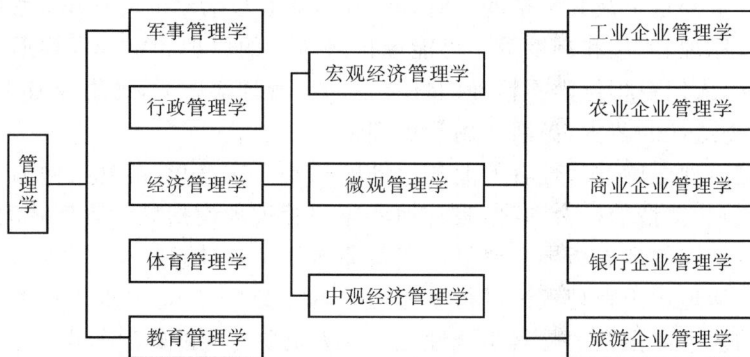

图 1-6　管理学学科体系图

(二)管理学是一门吸收许多其他学科知识的交叉学科

对于人类的各种社会活动来说,要想取得有效的活动效果,就需要进行有效的管理。而人类所从事的各种社会活动各有其自身的内在规律性。作为协调他人活动的管理活动,要想取得有效的管理成效,就必须对自己的管理对象的活动规律性有清楚的了解。例如,要对科研活动进行有效的管理,就必须了解科研活动的内在规律性;要想提高教育管理工作的成效,就必须了解教育活动的内在规律性。因此,以管理活动的规律性作为自己的研究对象的管理学就必然要吸收其他各门学科的知识来充实自己,才能使管理的理论对管理的实践有真正的指导意义。这是一个方面。

另一个方面,管理活动要想有效地解决社会活动的协调问题,本身也需要有各个方面的知识。例如,在企业管理中的决策问题,就需要决策者具有有关工艺技术方面的知识,使决策者对决策问题本身的内在规律性有清楚的了解;需要决策者具有有关决策方法的知识,如数学、运筹学、统计学等方面的知识,使决策者能掌握科学的决策方法;需要决策者具有有关会计和财务管理方面的知识,使决策者在决策时有明确的经济效益的观点;需要决策者具有有关心理学方面的知识,使决策者在决策时能了解组织中员工的心理活动规律,充分地调动员工的工作积极性。

因此,以管理活动的内在规律性作为自己研究对象的管理学,就必须吸收其他各门学科如经济学、政治学、社会学、心理学、工艺技术学、数学、运筹学、会计学等的知识来充实自己。

但是,管理学在吸收其他学科的知识来充实自己的时候,并不是把各门学科的知识进行简单的加总,而是以管理学的核心知识为基础,吸收其他各门学科中的有用知识,形成管理学的学科理论体系。管理学的核心知识包括管理过程理论、管理职能理论、管理决策理论等。管理学正是以这些核心知识为基础,吸收其他各门学科的知识来充实自己,形成管理学的理论体系。这种关系如图1-7。

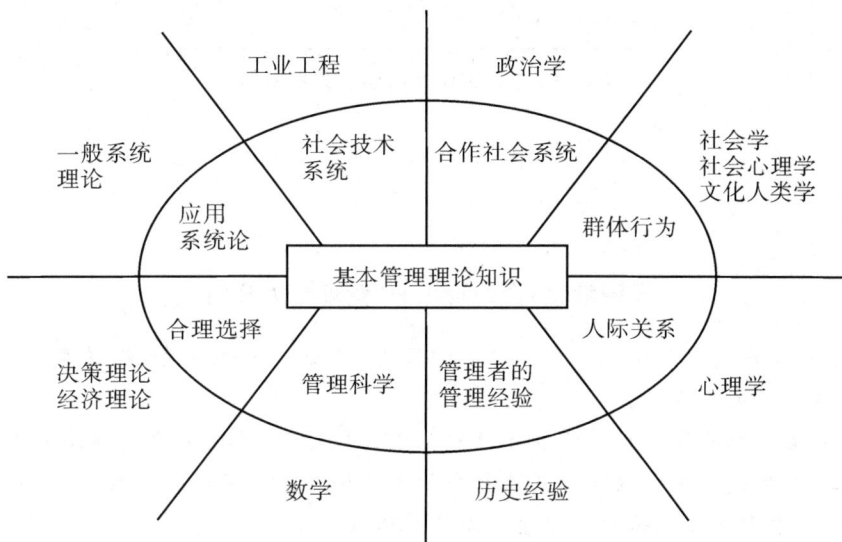

图 1-7 管理学的学科知识图

在吸收其他学科的知识来充实管理学的同时,要注意把管理学与其他学科区分开来。管理学仅仅是吸收其他学科的有用知识来充实自己,其他学科并不能取代管理学。因此,要在管理学与其他学科之间划分界限,其他学科的知识在管理学上的应用可能对管理思想、管理方法、管理工具和管理手段等的形成和发展会有所帮助,但它们并不能代替管理学本身。

(三)管理学是一门包括多个知识层次的综合性的学科体系

管理学是以管理活动的内在规律性作为自己的研究对象的。尽管不同组织的管理活动有自己不同的特点,有自己活动的规律性,但是,在各种组织之间,管理活动仍然有普遍性的规律。以这共同的普遍性的管理活动的内在规律性作为自己的研究对象,就形成了基础理论层次(即第一层次)的管理学,也就是本书所研究的管理学原理,提供基本的管理理论知识。

以管理学基本理论为指导,管理学要研究能适用于各种组织的管理方法、管理工具和管理手段,这就形成了管理学学科体系中的第二个层次的管理科学理论,即有关管理的方法、工具和手段的理论,如数量化管理方法,电子计算机在管理中的应用,管理信息系统,管理系统工程等。由于不同领域和不同组织的管理活动有不同的规律性,因此在管理学的学科体系中就形成了以不同组织或不同的管理活动领域为研究对象的管理学理论,这就是属于专门领域(即第三层次)的管理学理论,如工业企业管理学、商业企业管理学、旅游企业管理学、财务管理学、生产管理学、质量管理学、劳动管理学和营销管理学等等。管理学的这种多层次的学科体系关系如图1-8所示。

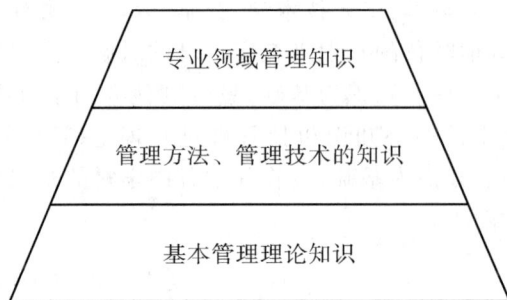

图 1-8　管理学学科层次关系图

管理视野

吴晓波:中国为何没有"管理学大师"?

"越来越多的中国企业从一个落后的学习者,变成一个领先者,应该有情境与发展相结合的理论",吴晓波说。

这位到访伦敦的浙江大学管理学院院长坐在我对面,访谈中他强调最多的是,理性思想和制度架构建设对于教育和商业社会的重要性。他肯定地告诉我,当下的中国,正处在一个"基于中国实践的管理理念大发展的前夜"。

眼下,似乎正是中国商学院的最好时代:全社会对于经济建设的昂扬热情,已经支撑这个国家的商学教育走出了一条持续二十几年的向上曲线。从成熟的行业精英到新兴的创业阶层,庞大而广泛的求知群体在源源不断地发展累积。与此同时,众多急于扩展版图的国际顶尖商学院,也早已把吸引中国学子、和中国院校建立合作项目列为"必修课"。

访谈实录:

——作为一个有多年工作经验的中国大学管理学院的院长,您怎么描述自己的工作和职责?

吴晓波:首先是培养社会所需要的人才。我是学工科的,第一个学位是电机工程。我很幸运,是"文革"之后第一批大学生,77级。当时就是抱着实业救国的思想,认为中国最需要的就是科技。但慢慢觉得当时中国需要的,其实是一种整体体制上的变革。意识到管理对于社会的发展有很大的意义,这也引申出我后来的整个职业轨迹。

我有幸能成为一个管理教育者。中国社会从来不乏激情,但是缺少理性的制度架构建设。中国人看问题总喜欢谈"转变观念",但是光有观念上的转变,没有制度上的架构是远远不够的。

——最近中国教育部对高校 EMBA 招生标准的规范,引发很多争论。从过去完全放任招生标准和培养标准,到现在要求一刀切式的考试,中国的 EMBA 教育一直伴随争议,背后的根本问题出在了哪里?

吴晓波:这反映出中国的体制机制建设方面还不完善,还处在进步的过程中。一个具体表现就是很多事情"一放就乱、一收就死"。

目前这种行政命令式的方式肯定有问题,有违市场经济逻辑。商学院之间应该鼓励多样化的竞争,但是底线应该是清晰的。中国社会的传统问题在于:底线往往模糊,底线之上的要求却或松或紧。当底线不保,同时上面又提出很紧的要求,就会导致学校经历比较扭曲的过程。

——现在很多高校的 EMBA 项目都是中外合办模式,今后这种模式会受到影响吗?

吴晓波:如果按最近新的教育部文件严格执行,那么肯定影响会很大。中外合作办学对提升中国企业家领导能力的国际水准,并进而提升中国企业的全球竞争力有着特殊作用。问题是,统一考试能不能筛选出合格的人才?商学院教育的规律是:层次越高越多样化,就越应该有一些自主空间,而越是底层则越应当有规范化的执行。现在高端教育层面也用统一标准去卡,那种多样化和创造力就没了。

我给企业家精神的定义是:超出他现有的能力去做他梦想的事情。按照现有的资源和能力去做事情的,那是职业经理人。显然,统一标准之后,企业家学员受到的影响是最大的。

——和这个争论有关的另外一个热点事件,是现在中国的互联网企业家开始自己创办学校。阿里巴巴的湖畔大学和京东的众创学院都面向社会招收学员,也吸引了不少关注。您如何评价这种新出现的"商学院"模式?

吴晓波:我个人的观点是,企业办学,特别是创办商学院,是全球化的趋势。但企业创办的商学院最后若想为社会培养一流人才并走向国际,就一定要从企业当中独立出来,而不是一直受企业和企业家的控制。

企业大学往往最初是为企业自己培养量身定做的人才,有一定的合理性。但大学教育的不同在于,它是以整个社会的理想和责任驱动的。教育的根本目的是培养理性和有责任的人才,这个工作一定需要独立的第三方来完成。湖畔大学为商学教育领域带来了新鲜的活力,同时也提供了一面镜子:原本的传统教育体系是刻板的,计划痕迹很重,培养手段和目标之间往往是背离的。企业从实际出发,创办自己的学校,就是对这种刻板体制提出一个很好的提醒。

——有观点说,湖畔大学这种办学方式不仅能提供更接地气的课程内容,同时也将商学教育更紧密地纳入进一个更大的企业组织的生态系统中,变成了一个资源的入口。对于商学教育和商业社会而言,这是一种理想关系吗?

吴晓波:(最理想的关系)肯定还是独立第三方的模式,教育是对整个社会产生影响的。湖畔大学最典型的特点,是不仅为企业自身培养人才,同时也为社会培养人才。我的个人观点是,如果马云真的想让湖畔大学成为一个一流的培养人才的地方,他就应该退出大学的管理和运行,让真正具有教育思想的人去运作。以公司内部的人做校长、做教务长,其实还是有局限的,无法从根本上摆脱企业的功利性和局限性。

——如今企业或组织所处理的问题越来越复杂,动态性和碎片性也越来越强,商业世界对于人才的综合性素质也越来越高,这个背景下,今天衡量一家商学院价值的标准变了吗?

吴晓波:变化非常大。

第三次产业革命兴起后,社会对跨功能人才的需求越来越大。现在很多企业内部,是以项目制为基础来运行的。所谓项目制,就是以任务为目标,由来自不同专业领域的人组合在一起。对于一个项目领导人的要求,一定是跨功能的。

现在的脱节也来自于此,很多商学院依旧在采用单一功能的方式教育学生,但是企业越来越需要的是跨组织跨领域的创新性人才。这是一个全球商学院共同面对的问题。

所以现在衡量一个商学院的标准,主要看三个方面:第一、社会责任感;第二、和产业界无缝对接;第三、要有自主开发的与时俱进的理论研究与教学相结合。

——那么为今天的商界培育人才,商学院是否也会面临资源和结构上的局限性?

吴晓波:越来越多的学校开始寻求跨学科的培养模式,这就让综合性大学的商学院变得更具优势,尤其是有理工科资源的商学院优势就更大。

——今天中国很多企业已经在国际舞台上取得了很高的影响力,甚至看到一些"中国模式"也在被世界各地的企业和机构关注和学习。但是中国的商学院教育却没有得到同样水平的认可,中国也没有诞生所谓的管理学大师,造成这种落差背后的原因是什么?

吴晓波:这个问题是这样的。中国这样的国家,在市场经济当中属于"late comer",其优点是学习很快、不确定性很低、不用去做尝试性开拓。但是管理学的问题,是和情境密切相关的。发达国家的很多管理理论,就是在长期成熟的市场经济背景下发展而来的,与中国情境还是有很大差异。

传统思想和西方的主流认识是:中国是落后的,还要好好学。但是在中国学者看来,并不完全如此。中国企业如何从一个落后的学习者、追赶者,变成一个超越被追赶者的领先者,应该有一定特定的情境与发展相结合的理论。

——今天的中国商业世界中,有很多很流行的模式,一些所谓"企业家语录"也很容易传播。

吴晓波:现在有很多很炫的概念,但其实是完全经不起推敲的。归根结底,是其背后缺乏科学性。

中国几千年来,都喜欢讲概念,理性程度不太高。过去中国的管理理论,就是很典型地基于"孙子兵法"、"三十六计"这样的管理经验的总结和应用,即使到今天,还是有很多人在讲这些东西。但这些理论很明显的缺陷就是缺少科学精神,不能说没有科学,而是更多基于一些说不清道不明的道理,很玄妙,靠悟,缺少现实指导意义。越是喜欢走捷径的企业,越是对这种东西感兴趣,总是想通过奇巧的计谋,尽快获得商业利益。

——中国其他学科的学术发展,都会经历一个本土文化逐渐溶解融合外来文化的过程。您认为管理学同样适应这一过程吗?现在经历到了哪一阶段?

吴晓波：我认为中国正处在一个基于中国实践的管理理论大发展的前夜。三四十年前，日本的崛起，伴随着很多的企业管理模式和理论，比如"丰田模式"、"Z理论"等等。但是中国现在的理论在哪里？好在有一批学者正在认真研究这些问题。

——以中国的浙商为例，在他们身上，有值得今天世界各国学习的东西吗？

吴晓波：浙江企业家很典型的特点，不是靠思想政治工作提升竞争力，而是靠市场竞争提升竞争力。其实看英国社会，也经历了类似的过程。市场经济早期可能会经历混沌，但长期看一定会越来越趋于理性，越来越趋好。

——最后一个问题，从一个中国高校的管理学院院长角度，您如何评价中国当下所处的时代？

吴晓波：中国正处在一个大变革时代，这是一种原有规则和价值观体系被打破，新价值观还未完全建立起来的阶段。

我们身边充斥着很多极好的事物，但也有很多极坏的事物，而且这些好与坏的事情都在高频度地发生着，从心理学角度看，人们会对坏的事物印象更深刻。这也是让人感到不安的地方，因为那会产生一种暴戾之气。从一个知识分子和教育机构的角度看问题，要有批判的理性，但前提是要有批判的能力。这就需要我们在认真学习借鉴前人理论和经验的同时，深入中国的企业，以国际的视野，用科学的方法研究事物的规律。相信以中国同仁的智慧和努力，一定会涌现出一批影响世界的管理理论和管理大师。

从一些政策来看，目前商学院和教育机构的价值还未被足够重视，应有的作用也没有完全发挥出来。商学院的确存在一些问题，但是不能把它硬性地推出门外、硬性地管理起来，这样就把"好孩子和脏水"一起泼出去了。对于商业领袖而言，因为他们商业的成功，其作用就被无限地夸大，把他们个人的经历、经验和对于社会的认知，理解成能够引导社会发展的认识。这个是不对的，也应该看到他们的局限性。

资料来源：http://www.ftchinese.com，2016年5月13日06:26 FT中文网，编辑朱振。

本章小结

管理是一种正式组织中由一个或更多的人来协调其他人活动的活动，以取得个人单独活动所无法取得的效果。组织中存在管理活动是为了提高组织效率，这种源于资源稀缺性的对效率的追求也是管理活动得以存在的前提。但是，并不是所有高效的管理活动都能带来组织目标的实现，因为管理成效与组织成效之间还有其他的影响变量存在。

管理者是组织中从事管理活动的主体。我们可以按管理层次把管理者分为高层、中层和基层管理者，不同层次的管理者的活动内容有所不同，所需具备的管理技能也应有所侧重。有效的管理者是可以培养的，但有效的管理者并不等同于成功的管理者。

源于人类管理实践的管理学是研究管理活动内在规律性的一门科学，在管理理论指导下的管理既是一门科学又是一种艺术。管理学吸收了社会科学和自然科学的知识，形成了具有特色的知识体系。

复习思考题

1. 什么叫管理?
2. 为什么说管理的必要性在于资源的有限性?
3. 为什么说管理成效与组织成效之间不存在线性相关关系?
4. 管理活动与具有组织特点的业务活动之间有什么不同?
5. 组织中的管理者应该是谁? 他有哪些特点?
6. 不同层次管理者在管理技能上的侧重点有什么不同? 应该如何理解?
7. 你认为如何才能成为一个有效的管理者?
8. 为什么说管理既是一门科学又是一种艺术?
9. 如何正确理解管理科学与其他学科之间的关系?
10. 请谈谈你所经历的或体验过的管理故事。
11. 请你举例说明企业界卓越管理者所具备的素质和个性。

技能练习

1. 采访一个管理者,总结其管理工作的特点,并概括被采访管理者的素质和个性。
2. 查阅相关官网,了解《福布斯》、《财富》、《金融时报》、《商业周刊》最近 2 年各种商业人物排行榜。
3. 找出一家组织的结构图,在图中标出高层、中层和基层管理者,并指出管理者的头衔。

课外阅读

海尔吃螃蟹:张瑞敏的最新管理思想实践

在互联网改造传统行业的浪潮之下,在当今商业领袖中有个人显得比较奇葩,他就是海尔集团首席执行官张瑞敏。

一方面,张瑞敏主动出击,这两三年来,他陆续提出了自己的管理解决方案,引起巨大反响,当然也有人认为张瑞敏走进了玩管理概念的歧路;另一方面,张瑞敏老当益壮,敢与年轻人比高,对互联网行业,40 岁已经显老了,而 1949 年 1 月 5 日出生的张瑞敏已经 66 岁了,还行不行?

张瑞敏认为海尔能有今天的成就,靠的就是踏准了传统时代的节拍,但现在已经进入互联网时代,所以海尔必须踏准互联网时代的节拍,否则就会逐渐落伍。在传统时代,海尔找准了大风口:中国经济和家电行业野蛮大发展,从而乘势而起;而在互联网时代,现在恰是转型的关键时期,张瑞敏也敢吃螃蟹,以求超越竞争者。

从经营上看,海尔还没有遇到危机。在 2013 年度,海尔集团实现全球营业收入 1803 亿元,利润总额首次突破百亿大关,达到 108 亿元,同比增长 20%。

海尔集团的核心资产是旗下的两家上市公司:青岛海尔(600690)和海尔电器(01169.HK),我们可以从青岛海尔的业绩看出海尔集团面临的挑战。

青岛海尔 2013 年营业收入为 864.88 亿元,同比增长 8.3%,净利润为 41.68 亿元,同比增长 43.87%,海尔的电冰箱、洗衣机、热水器市场份额居第一;冰箱业务营业收入 253.29 亿元,同比增长 0.63%,市场份额为 25.18%;洗衣机业务营业收入 141.78 亿元,同比增长 6.82%,市场份额为 28.06%;热水器业务营业收入 43.53 亿元,同比下降 2.96%,市场份额为 18.25%。空调业务的市场份额位居第三,为 12.64%,营业收入为 179.25 亿元,同比增长 21.37%。装备部品业务(产品涉及模具、注塑、钣金冲压、电脑板、电机、彩色钢板、改性塑料、粉末、印刷包装等)营业收入 58.24 亿元,同比下降 18.79%;渠道综合服务业务及其他方面营业收入 163.06 亿元,同比增长 29.46%。

很明显,海尔的核心业务增长缓慢,竞争压力很大,因而产品创新的欲望大,降低运营成本的要求迫切,对海尔集团这个大块头进行系列新变革,不是张瑞敏主动冒险,而是企业发展所迫。海尔集团的业务包括白电运营集团(冰箱、洗衣机、空调)、黑电运营集团(彩电、AV 产品等)、数码及个人产品运营中心(电脑、mp3 等)、金融运营中心、整体厨房、地产等,非上市公司的业务板块还成不了支柱。

张瑞敏的互联网思维和管理创新就是"三化",即:企业平台化、员工创客化、用户个性化。

企业平台化是张瑞敏下定决心的借鉴,鼻祖是苹果公司,已经耳熟能详了,张瑞敏的理解是:在"零距离"和"网络化"的现实下,企业要实现"平台化",即从过去的"垂直一体化"转型成为"开放的商业生态圈",另外,要让创客所需要的一切生产资料,包括制造资源、研发资源、资金资源、甚至用户和消费者资源等,都可以通过海尔搭建的开放平台来获得。

员工创客化是张瑞敏非常看重的。"创客"被称为第三次工业革命,是"桌面设计+开源创新+数字制造",简单说就是任何人只要有想法,可以使用桌面工具自行制造,开启了一个零门槛的创业时代。张瑞敏想通过员工创客化,让每位员工都成为创客,在海尔这个大平台上实现内部创业,扶持这些小微企业成长壮大,并解决部分产品创新问题。

用户个性化是张瑞敏对海尔的要求,过去企业只需要大规模制造标准化的产品,现在用户获得了空前的权力,他们开始反向定义产品、定制产品。张瑞敏认为现在在以用户为中心的趋势下,企业必须满足用户的个性化需求才能持续成长。

张瑞敏对正在展开的管理创新有把握吗?风险肯定有。所以,他用了一个词:试错。

当然,试错是有限度的:"海尔有几万人,下到谷底,这些人怎么办?吃饭都没有办法。再爬上去时没有人去爬了。所以,我们是边破边立。"

一直以来,在企业家中张瑞敏是"以深通中国文化并用于管理实践之中"著称,而在最新的管理变革中,他引用最多的反而是西方前沿的管理思想,包括保罗·纽恩斯、拉里·唐斯的《大爆炸式创新》,格哈拉杰达基的《系统思维》,经济学家赫尔维茨,查克·马丁的《决胜移动终端》,《连线》杂志创刊主编凯文·凯利,克里斯·安德森的《创客》等等,当然,张瑞敏同样也展示了《易经》的思想。

为什么这样?张瑞敏的回答是:到现在为止,中国还没有自己的管理思想,没有自己的管理模式,现有的管理模式都不适应互联网时代的要求,所以海尔要探索一种新的管理模式,而因为没有现成的指南或模式可供参考,所以只能探索试错。

张瑞敏在管理上强调"去中心化",实质就是去领导,要把中层都要去掉,也可以说是某种形式的裁员,毕竟以海尔为代表的国内家电企业,在互联网转型的浪潮中,裁员已经成为降低成本的必要手段,当然,推进生产制造机器人化在海尔也开始起步了。

其实,所有这一切,就是为了让企业充满活力,这是张瑞敏管理变革想要达到的效果。

海尔能成为一个活力企业吗?让我们拭目以待!

资料来源:www.sino-manager.com,杨俊杰,2015-3-16.

第二章　组织与组织目标

1.了解组织的定义、要素和特征
2.划分组织的类型
3.了解组织目标的类型和目标—手段链
4.理解组织目标的作用
5.理解组织目标如何制定和有效实现

本 章 导 航

　　组织是人们有意识地形成的各种职务或职位的系统,是现代社会人们从事各种社会活动的载体。对于不同类型的组织来说,由于其构成的要素不同,组织的特点也不同,因此,促使组织目标有效实现的管理方法、管理手段也不同。但是,不管什么样的组织,总是由人、目标、资源和组织规范等基本要素构成的。组织目标是组织存在的依据,是组织中一切活动的起点,也是组织中一切活动的终点,所以目标原则是管理的基本原则之一。

　　组织通过自身的活动所追求的未来状况有多种多样,因此就有各种各样的目标,而组织目标通过分解形成的目标—手段链形成了组织的目标体系。组织目标的确定要考虑到所有者的利益、组织中成员个人的目标和组织的社会责任。在这个目标的制定和实现过程中,管理起着协调、激励和调整的作用。组织通过有效的管理,能够使组织的有限资源得到最充分的运用,使组织的目标得到有效的实现。

　　在本章中,我们先讨论作为一个实体的组织的基本含义。在深入阐述组织的内涵、类型和构成要素的基础上,分析了组织目标对管理的重要性,以及在组织目标的制定和实现过程中,管理所起的关键作用。通过本章学习,你将会了解到组织的定义、要素和特征,了解各种不同类型组织的特点及管理的不同特点;理解管理的目标原则、目标—手段链的意义;并理解组织管理与组织目标之间的关系。

章 前 案 例

阿里参谋长曾鸣:《重新定义公司:谷歌是如何运营的》序言

　　我把我们正在面临的时代大变更称为第四次革命,即"创意革命"(creative revolution)。

在创意革命的时代,创意者最主要的驱动力是创造带来的成就感和社会价值,自激励是他们的特征。虽然未来的组织会演变成什么样,现在还很难看清楚,但未来组织最重要的功能已经越来越清楚,那就是赋能,而不再是管理或激励。

未来的组织需要超越传统的公司运作方式。这个挑战阿里巴巴集团在2008年提出"新商业文明"的时候就意识到了。当信息文明全面取代工业文明的时候,公司这个工业时代最重要的组织创新,也必须被超越。

然而,什么才是互联网时代的创新组织模式?过去的七八年,阿里巴巴进行了众多的尝试。从内部建设共享平台,到"赛马"的创新机制,再到用自己开发的基于网络的内部协同软件替换掉传统的ERP(企业资源计划)。我们虽然积累了不少经验,但感觉还没有找到未来明确的方向。回答这个问题比我们想象的要困难得多。

《重新定义公司:谷歌是如何运营的》记录了谷歌在这方面的尝试和思考,很有启发。书的核心观点简单明了:未来企业的成功之道,是聚集一群聪明的创意精英(书中称为 smart creative),营造合适的氛围和支持环境,充分发挥他们的创造力,快速感知客户的需求,愉快地创造相应的产品和服务。这意味着组织的逻辑必须发生变化。传统的公司管理理念不适用于这群人,甚至适得其反。书中丰富的例子和经验总结,常常让人掩卷思考。

为了帮助大家更好地理解未来组织面临的挑战,结合谷歌、阿里巴巴的经验和我所观察到的其他组织创新,我在这里试图梳理出一个基本的理论框架,供大家对比阅读,深入思考自己的组织创新,因为这是未来竞争力的源泉。

工业时代最深刻的观察者彼得·德鲁克,把过去200年的组织创新总结为三次革命。第一次是工业革命(industrial revolution),核心是机器取代了体力,技术(technology)超越了技能(skills)。第二次是生产力革命(productivity revolution),大致从1880年到第二次世界大战,核心是以泰勒制为代表的科学管理的普及,工作被知识化,强调的是标准化、可度量等概念。公司这种新组织正是随着科学管理思想的发展而兴起。第三次是管理革命(management revolution),知识成为超越资本和劳动力的最重要的生产要素。和体力劳动相比,知识工作者是否努力工作很难被直接观察和测量,相应地,管理的重心转向激励,特别是动机的匹配(incentive alignment)。期权激励是这20多年高科技企业大发展最主要的组织创新。

沿着这个思路,我把我们正在面临的时代大变更称为第四次革命,即"创意革命"(creative revolution)。从互联网到移动互联网,再到物联网,从云计算到大数据,未来商业的一个基本特征已经非常清楚,那就是基于机器学习的人工智能将成为未来商业的基础。虽然对于人工智能的未来有着巨大的争议,特别是机器能否超越人脑,甚至是否会反人类,但一个基本的共识是,在可见的未来,机械性的、可重复的脑力劳动,甚至较为复杂的分析任务,都会被机器智能取代。这是德鲁克所说的知识经济的进一步发展。但人的直觉,对知识的综合升华能力,是机器暂时难以超越的。相对应的,未来社会最有价值的人,是以创造力、洞察力、对客户的感知力为核心特征的。他们就是《重新定义公司:谷歌是如何运营的》中提到的"创意精英"。

在创意革命的时代,创意者最主要的驱动力是创造带来的成就感和社会价值,自激励是他们的特征。这个时候他们最需要的不是激励,而是赋能,也就是提供他能更高效创造的环境和工具。以科层制为特征、以管理为核心职能的公司,面临着前所未有的挑战。

赋能的原则如何体现呢?

第一，激励偏向的是事成之后的利益分享，而赋能强调的，是激起创意人的兴趣与动力，给予挑战。唯有发自内心的志趣，才能激发持续的创造。命令不适用于他们。因此，组织的职能不再是分派任务和监工，而更多是让员工的专长、兴趣和客户的问题有更好的匹配，这往往要求更多的员工自主性、更高的流动性和更灵活的组织。我们甚至可以说，是员工使用了组织的公共服务，而不是公司雇用了员工。两者的根本关系发生了颠倒。

第二，赋能比激励更依赖文化。文化才能让志同道合的人走到一起。创意精英再也不能用传统的方法去考核、激励，公司的文化氛围本身就是奖励。本质上他们都是自驱动、自组织的，对文化的认同非常较真。为了享受适合自己的文化，创意精英愿意付出、拥护、共创。一个和他们的价值观、使命感吻合的文化才能让他们慕名而来，聚在一起，奋发进取，因而组织的核心职能将演变成文化与价值观的营造。

第三，激励聚焦在个人，而赋能特别强调组织本身的设计、人和人的互动。随着互联网的发展，组织内部人和人的联系也更紧密。新兴学科，例如复杂网络和社会物理学的研究，都指出人和人之间的互动机制的设计对于组织的有效性可能远大于对于个体的激励。谷歌那些声名远扬的免费服务，不仅仅是提供员工福利，提高员工的生产力，很大的一个目的是增加他们的互动。2009年我参观谷歌的时候，他们介绍到餐厅等待的时间基本控制在4分钟，正好让人可以简单寒暄和交流（大于4分钟就很可能拿出手机干自己的事了）。良苦用心，让人深思。创造是很难规划的。只有提供他们各自独立时无法得到的资源和环境（其中最重要的就是他们之间的充分互动），有更多自发碰撞的机会，才能创造最大的价值。谷歌AdWords广告体系的突破就是5个员工在玩桌球的时候，看到拉里·佩奇对广告质量的挑战，一个周末就把AdWords广告体系的算法搭建完成。而且这五个人没有一个人是广告部门的。这个传奇背后依然是一系列配套的机制设计，例如每周员工大会的透明沟通、员工的自主权、跨部门调动资源的能力等。所以，促进协同的机制设计，这是未来组织创新最重要的领域。

德鲁克在《21世纪的管理挑战》中提到，预测未来的最好方法是参与创造。我相信，未来10年将出现比谷歌更让我们兴奋的新型组织。让我们不辜负这个时代，全力以赴，共同创造赋能的组织。

来源：CEOworld（公号），作者系阿里巴巴集团总参谋长曾鸣，本文是他为《重新定义公司：谷歌是如何运营的》所作序言。

第一节　组织

管理学原理研究一般组织的管理活动的内在规律性，探讨如何通过有效的管理使组织目标有效地实现。对于不同类型的组织来说，由于其构成的要素不同，组织的特点也不同，因此，促使组织目标有效实现的管理方法、管理手段也不同。

一、什么叫组织

对于组织，我们可以从两个方面来理解：一个是作为一个实体的组织（organization），另一个是作为一个过程的组织（organize）。前者是名词意义上的组织，即组织是一个机构实体。后者是动词意义上的组织,即组织是一个管理活动的过程。在本章中,我们先讨论作为一个实体的组织。关于作为一个管理活动过程或者管理职能的组织,我们将在"管理的组织职能"这一章中再进行讨论。

作为一个实体机构的组织,组织是"两个或两个以上的个人为了实现特定目标而形成的一个有分工又有合作的有机整体"。或者说,组织是"人们有意识地形成的各种职务或职位的系统"。在这个定义中,有下面几个要点必须注意。第一,组织是由各种职务或职位所形成的系统。它说明了组织是一个由人所形成的社会系统,一种刻意设计的角色或职位结构。在这个系统中,人们按照工作分工,担任着各种各样的职务,这些职务或职位又相互联系地形成一个系统,为了实现一个共同目标而分工、协作地工作着。第二,组织系统是人们为了实现某一个目标而有意识地形成的。当人们认识到单独的个人不可能实现某个目标而需要有多个人进行协作时,就会产生组织。因此可以说,组织是人们实现某个目标的手段。例如,人们为了培养人才,就创立了学校;为了生产物质产品,就开办了工厂;为了治病救人,就设立了医院等等。

组织是现代社会人们从事各种社会活动的载体。它对人们如何有效地开展各种社会活动会产生直接的影响。但是,作为人们实现某个目标的手段,组织的设立又必须服从于人们实现目标的具体需要。人们根据所要实现的目标的需要设立了各种各样的组织。

美国学者弗里蒙特·E.卡斯特(F.E.Kast)和詹姆斯·E.罗森茨韦克(J.E.Rosenzweig)提出了组织的一个概念模型(见图 2-1)。他们认为组织是一个属于更广泛的环境超系统,并包括:目标与价值分系统(组织内有怀有目的、价值而为目标奋斗的人们)、技术分系统(组织内有人们使用的知识、技术、装备和设施)、结构分系统(组织内人们在一起进行整体活动)、社会心理分系统(组织内处于社会关系中的人们具有不同的社会心理,他们又相互作用)、管理分系统(负责协调各分系统,计划与控制全面的活动)。[①]

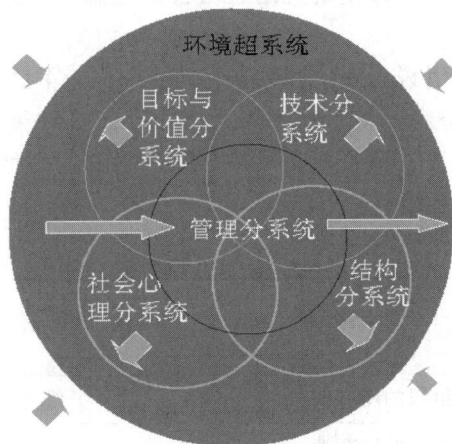

图 2-1　组织概念模型

———

①　[美]弗里蒙特·E.卡斯特、詹姆斯·H.罗森茨韦克:《组织与管理》,傅严、李柱流等译,中国社会科学出版社 2000 年版,第 19 页。

二、组织的类型

从不同的角度划分,就有不同的组织类型。如按组织追求的目标,可以把组织分为营利性组织和非营利性组织。本书按照组织活动的受惠者不同,可以把组织分成以下四种类型:

(一)互利组织

若一个组织的一般成员都可以通过组织的活动而受益,则这个组织就是互利组织,如俱乐部、工会、政党、宗教团体等。这些组织都是为了其成员的利益而自愿组织起来的。在这种组织中,所有成员的地位都是平等的,组织的成员由于自愿地参加组织的活动自己也得到利益。对于这种组织来说,一个重要的管理问题就是如何在组织中维持民主秩序。因为这种组织往往会因为组织的大多数成员缺乏热情从而不积极参加组织的活动,组织的控制权很容易落在少数人的手中。

(二)经济组织

这是一种通过经济活动和经济交往使参与组织的活动者得到利益的组织,如各种工商企业组织。在这种组织中,主要的受惠者是组织的所有者,但是组织中的其他成员也通过组织的活动受益。如企业中的职工通过参加企业的活动获得工资或者其他方面的报酬。对于这种组织来说,所有者的利益不能被剥夺,否则组织就不能长久地生存下去。在这种组织中,主要的问题是如何最大限度地降低成本和提高生产效率。

(三)服务组织

这是一种为某些有关的社会公众服务的组织,如学校为学生服务,医院为病人服务等。对于这种组织来说,主要的管理问题是如何为这些公众提供良好的服务。因为有时候组织中的工作人员会为了个人的利益而忽视甚至损害公众的利益。如医院的宗旨是治病救人,但医院要求先办理登记手续再给诊治的规定有时会使危急的病人因贻误时机而死亡。

(四)公益组织

是指为广大社会公众或者说为整个社会服务的组织,如军队、警察、消防队和各种行政机构等。在这种组织中,受益者是整个社会的所有公众。这种类型的组织面临的主要管理问题是如何使之接受外部的民主监督,纠正组织的官僚作风,为整个社会提供卓越的服务。

表 2-1 是对上述说明的总结。

表 2-1 组织类型

类型 \ 项目	组织的受惠者	组织管理的主要问题
互利组织	组织的所有成员	维持民主秩序
经济组织	组织的所有者	降低成本和提高生产率
服务组织	某些社会公众	提供良好的服务
公益组织	所有社会公众	防止官僚作风

三、构成组织的基本要素

虽然组织形态千千万万,各有特点,但组织总是由以下四个基本要素构成:

(一)人

对于社会组织来说,人是构成组织的最基本的要素。由于工作分工的不同,组织中形成了各种不同的工作岗位,这些工作岗位是由人来担任的。由各种工作岗位形成的系统就形成了不同的组织形式。

(二)目标

组织是人们实现某个目标的手段。也就是说,组织目标是组织存在的依据。没有了组织的目标,组织也就失去了存在的必要。目标决定了组织中的工作内容和工作分工,从而决定了组织中的岗位设置及组织的具体的结构形式。

(三)资源

组织没有资源就无法完成组织目标,组织需要人力、财务、物质和信息等必要资源。

(四)组织规范

每个组织都有约束组织中成员行为和组织行为的组织规范,它表现为组织结构、管理层次、规章制度、人员配备、信息交流平台等。组织通过组织规范使组织成员和组织整体的行为能有利于组织目标的实现。一个组织,如果没有组织行为规范,就会像一盘散沙,组织就不成为组织,组织目标也就不能实现。

四、组织的特征

组织表现出四个特征。

(一)结构性

任何组织都是多重层次和结构的复杂系统。组织的结构性是指组织中诸要素相互联系、相互作用的方式,包括要素间一定的比例、一定的秩序、一定的结合方式。组织的功能和性质不仅决定于构成要素的性质与功能,而且决定于要素之间的结构。合理的组织结构促进系统功能的优化,不合理的组织结构造成系统功能的内耗。因此,在管理中要重视对组织结构的研究,通过组织结构的调整和优化,实现组织系统功能的优化。

(二)层次性

组织系统的层次性指系统中整体与部分在依次隶属的关系中所形成的等级。每一个组织系统都是一个从属于更大的组织系统的子系统,而这个子系统又是由更小的系统所组成。认识组织系统的层次性的重要意义,在于要研究和发现不同层次的组织系统的特殊运动规律,才能根据不同层次的组织系统的运动规律采取管理措施,从而增强组织整体的活力,保证其运转的稳定性和秩序。

(三)开放性

系统理论认为,系统可以分为孤立系统、封闭系统和开放系统。但孤立系统和封闭系统必然导致系统趋向于死亡状态的平衡。对于一个社会组织系统,要能实现持续稳定的发展,即实现动态平衡,就必须对外部环境开放,即成为开放系统。系统的开放性,指的是系统与周围环境之间的相互联系、相互作用。前文指出了,组织是一个属于更广泛环境的分系统,开放性是维持组织系统自身存在和不断发展的必要条件。任何一个组织系统必须与周围环境进行物质、能量和信息的交换,才能维持自身结构并不断发展。如果组织系统不能正常与外界进行物质、能量和信息交换,将不可避免地导致组织结构的混乱无序和消亡。

(四)整体性

组织是由若干相互联系的要素按一定的方式构成的统一整体,整体性是组织的显著特征。组织作为一个高效协同的有机整体,其整体性并不是各孤立部分或个人的性质和功能的简单相加,而是通过组织内部成员有效的分工合作,实现组织整体性能大于各孤立部分总和的效果。

总之,管理活动要使投入组织的一切要素达到最佳状态,就必须注重组织的整体性、结构性、层次性和开放性等特征。

课外阅读

汤姆·彼得斯和罗伯特·沃特曼在1982年出版的《追求卓越》(In Search of Excellence)被誉为世界最畅销的工商管理书籍,美国优秀企业的管理圣经,《福布斯》20世纪最具影响力的工商书籍。书中推举出了他们认为最佳的43家公司,这些最佳企业具有以下8个特征:(1)以行动为导向;(2)善于了解客户的需求;(3)促进管理的自主性和创业精神;(4)通过密切关注员工的需求来提高生产率;(5)以基于企业领导人价值观而建立起的公司价值理念为动力;(6)集中精力于自己最擅长的行业;(7)采用人员精干而又简单的组织结构;(8)因地制宜,集权与分权并举。

吉姆·柯林斯和杰里·波拉斯1994年出版的《基业长青—企业永续经营的准则》(Built to Last:Successful Habits of Visionary Companies)被誉为20世纪90年代选出的两本最重要的管理书籍之一 ,《福布斯》20世纪20本最佳商业畅销书。柯林斯和波拉斯在斯坦福大学为期6年的研究项目中,选取了18个卓越非凡、长盛不衰的公司,并研究了这18个基业长青公司的成功经验。这本书主要讲述了一些真正杰出、历经岁月考验的百年企业从创业之初发展至今的情况,并总结了这些公司基业长青的秘密:做造钟师,而不是报时员;利润之上的追求;保存核心,刺激进步;胆大包天的目标;教派般的文化;择强汰弱的进化;自家成长的经理人;永不止步;构建愿景。

第二节　组织的目标

组织的目标是组织意图实现的一种未来状态或目的。组织目标是组织存在的依据,是构成组织的基本要素之一,是组织中一切活动的起点,也是组织中一切活动的终点。

一、管理的目标原则

所谓管理的目标原则,可以表述为:"任何管理过程,都必须始于目标。"就是说,管理者

从事任何管理活动,都必须从明确和确定目标开始。在管理过程中,之所以要坚持管理的目标原则,是因为:

1.目标指明了组织发展的方向,从而为组织成员提供了统一行动的方向。组织目标确定以后,实际上就已经决定了组织该干什么和如何干的问题。如果组织目标不明确,管理者就不可能明确应如何去从事自己的管理工作使之有利于组织的生存和发展。

2.目标决定了管理活动的过程。组织目标确定以后,管理活动要根据目标的要求来进行,管理的计划、组织、指挥、协调和控制等职能的发挥完全取决于组织目标的类型、难度、要求和时间的安排等。目标是组织从事各项管理的起点,各项管理活动应根据组织目标的具体要求来制订自己的工作计划。同时目标创造了有效的评估和控制机制。

3.目标能成为一种激励因素。按照行为科学理论,那些还没达到的东西,包括各种需求、愿望、欲望、目标,都能够成为一种激励因素,能使人们产生采取某种行为的动机。组织目标确定以后,它表明对于组织或者对于组织中的个人来说,希望达到的东西与实际已经达到的东西之间存在着差异,这种差异的存在就会产生一种驱动力,促使人们通过有效的工作和活动去消除这种差异,使组织目标能够有效地实现。

4.目标为控制提供了根据。为了保证组织能按预定的目标有效运行,必须有个管理职能——控制。控制职能可以消除组织运行过程中可能发生的偏差,确定组织目标的有效实现。而偏差是指组织实际运行的结果与预先确定的目标的差距。没有目标,就无所谓偏差,也就无所谓控制。因此,目标为管理的控制提供了根据。

管理常识

SMART 原则

所谓 SMART 原则,即是:

1.目标要具体(specific)

"做一个勤奋学习的人"不是一个具体的目标。"学习更多管理知识"更具体一些,"学习更多人力资源管理知识"又更具体一些。

2.目标要可衡量(measurable)

可衡量的目标才是真正具体的。"读三本人力资源管理的经典著作"就更具体了,因为它有数字,可衡量。

3.目标要可行动(actionable)

怎样才算读? 读了 10 页算不算读? 匆匆翻了一遍算不算读? 还可以继续细化为更具体、更可衡量的行动,比如"读三本人力资源管理的经典著作,并就收获和体会写出三篇读书笔记"。

4.目标要现实(realistic)

如果你从来没有读过任何一本管理著作,或者从来没有写过读书笔记,或者你是个对人力资源管理突然产生了一定兴趣的 IT 经理,上面的目标很可能对你不现实。也许现实的目标是先读三篇人力资源管理的文章。

5.目标要有时间限制(time-limited)

多长时间内读完三本书? 对我来说,最多不超过三个星期。根据你的实际情况,可以是三个月,可以是六个月。因此,加上时间限制后,这个目标最后变成:"在未来三个月内,读三本人力资源管理的经典著作,每月一本;并就收获和体会写出三篇读书笔记,每月一篇。"

二、目标的类型

组织目标是组织努力争取达到的未来状况。组织通过自身的活动所追求的未来状况有多种多样,因此就有各种各样的目标,形成目标体系。有时候,目标的确定是用来说明组织存在的合法性的,如学校的目标是培养人才,医院的目标是治病救人;有时又是用来为组织的活动提供动力的,如工厂制定所要达到的利润目标。因此,对目标可以从不同的角度进行分类。

(一)按实现目标的时间长度不同划分

1.长期目标:组织在一个比较长的时间内要达到的目标,一般是指五年以上的目标。

2.短期目标:组织在一个比较短的时间内要达到的目标。

3.中期目标:介于长期目标和短期目标之间。

实际上长期目标与短期目标是相对而言的,长期目标是短期目标的指导,而短期目标是长期目标的具体化。

(二)按目标的具体化程度不同划分

1.基本目标。这是一个组织所要达到的总的、长期的目标。这种目标的表述往往是抽象的,表现为组织的使命、宗旨。很难加以具体的定量的描述,如学校的基本目标是培养人才,军队的基本目标是保卫国家,医院的基本目标是救死扶伤等等。这种目标的确定说明了组织发展的方向和组织的资源的取得、使用和分配的基本策略。

2.次要目标。每个组织除了基本目标外,还有许多次要目标。实际上,每个组织都存在着一个目标体系。在这个体系中,处于最上层最顶端的目标就是基本目标。而在这个基本目标的下面,则是由各种目标等级系列组成的目标网络。这些目标等级系列都是以基本目标为根据来分解确定的,次要目标是对基本目标在组织目标体系中的分解。如一个组织可以根据基本目标的要求,按时间系列把组织的目标展开,确定组织的长期目标、中期目标和短期目标等。也可以按组织层次的不同把目标展开,确定组织中各个管理层次的目标,即高层管理目标、中层管理目标和基层管理目标。在这个目标体系中,越是长期、高层的目标,就越是抽象,而越是短期、基层的目标,就越是具体。

(三)按目标是否可以定量化表示划分

1.定量目标。指可以用数量表示的目标,如"增加产量 100 万件","市场占有率达50％","实现利润 50 万元"等。

2.定性目标。指不能用数字,只能用文字来表述的目标,如"提高人民的生活水平","提高企业产品的竞争能力"等等。

(四)按目标的涵盖层次划分

1.使命。又称为宗旨。企业使命是关于企业为什么要运营的宣言或描述,其目的是明确企业的业务是什么,它是一家企业在其整个寿命周期内所追求的目标,它阐述了企业存在的理由和根据,它提供了战略制定的框架和背景。一个企业并不是由它的名字、章程和公司条例来定义的,而是由它的使命和目标来定义的。一个好的企业使命陈述可以起到集中企业资源、统一企业意志以及振奋企业精神的作用,从而引导、激励企业取得出色的业绩。

2.战略目标。指企业在实施其组织战略期间所追求的目标。它规定了组织在其战略计划期间行动的方向和要达到的目标。战略目标的确定具有长期性、整体性和全局性。

3.战术目标。由中层管理者制定和为中层管理者设定的目标,是战略目标在组织部门和子单位中的分解。他们的重点是如何采取必要的作业行动来实现目标。

4.作业目标。由基层管理者制定和为基层管理者设定的目标。他们的重点是与战术目标相关的、短期的、局部领域的目标。

管理案例

地区性快餐连锁店的组织目标的种类

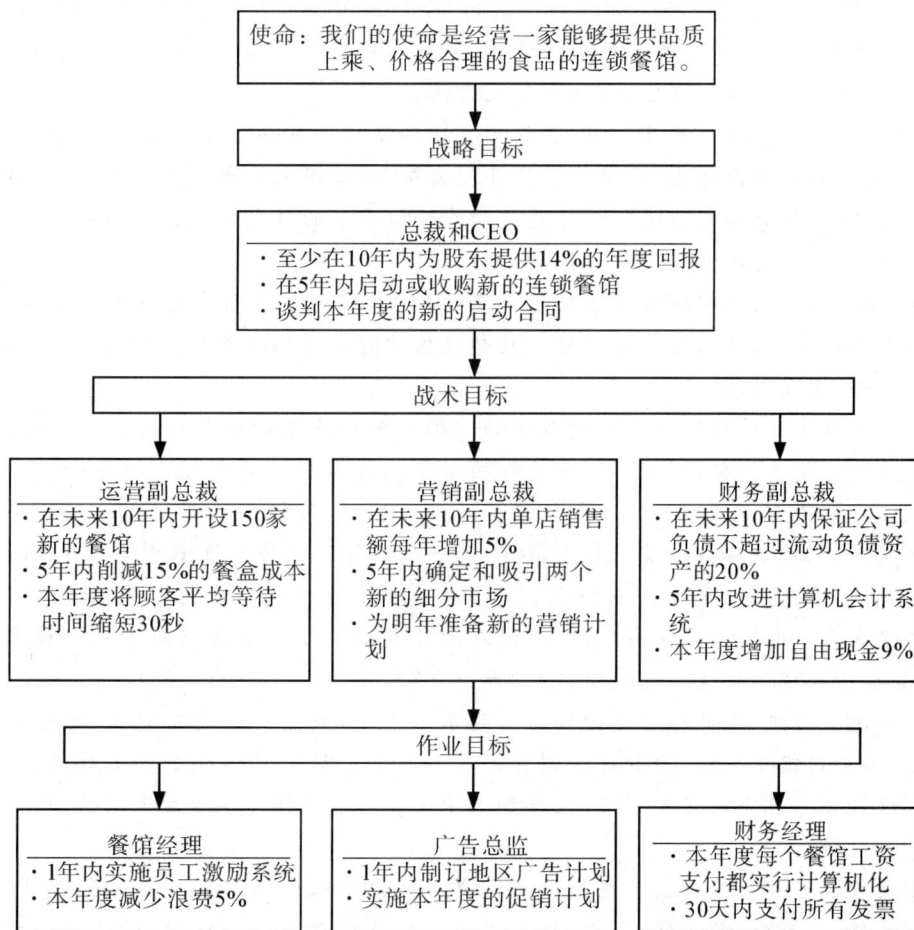

使命:我们的使命是经营一家能够提供品质上乘、价格合理的食品的连锁餐馆。

战略目标

总裁和CEO
· 至少在10年内为股东提供14%的年度回报
· 在5年内启动或收购新的连锁餐馆
· 谈判本年度的新的启动合同

战术目标

运营副总裁	营销副总裁	财务副总裁
· 在未来10年内开设150家新的餐馆 · 5年内削减15%的餐盒成本 · 本年度将顾客平均等待时间缩短30秒	· 在未来10年内单店销售额每年增加5% · 5年内确定和吸引两个新的细分市场 · 为明年准备新的营销计划	· 在未来10年内保证公司负债不超过流动负债资产的20% · 5年内改进计算机会计系统 · 本年度增加自由现金9%

作业目标

餐馆经理	广告总监	财务经理
· 1年内实施员工激励系统 · 本年度减少浪费5%	· 1年内制订地区广告计划 · 实施本年度的促销计划	· 本年度每个餐馆工资支付都实行计算机化 · 30天内支付所有发票

资料来源:里基·W.格里芬著:《管理学》,刘伟译,中国市场出版社2008年版,第153页。

管理案例

王健林的小目标——1 个亿是如何实现的?

2016 年万达董事长王健林着实当了一回网红,王健林在一个节目里曝光了他的办公室、他的收藏王国和商业理想。在访谈环节,他耐心教导年轻人说:"有自己的目标、奋斗的方向,比如想做首富,这是对的,但是最好先定一个小目标,比方说,我先挣它一个亿,你看看能用几年挣到一个亿。你是规划五年还是三年。到了以后,下一个目标,我再奔 10 亿、100 亿!"

王健林的一个亿小目标如何实现的?

公开资料显示,王健林 1954 年生于四川农村,是家里 5 个孩子中的长子。其父从事森林管理工作,因家庭生活贫困,他在 13 岁就辍学帮助父亲干活。他 15 岁自愿入伍,曾打算一辈子当一名军人。

但是,80 年代市场经济浪潮涌动。认为"今后经济会变得重要"的王健林,在 1983 年以军人身份进入辽宁大学学习经济管理,获得学位后的 1986 年他很快转业到地方政府,并做到办公室主任。随后,他迎来了最大的转机。

当时政策宽容,政府官员下海,王健林也抓住了机会下海。当地市政府进行房地产开发后,麾下的房地产企业"西岗区房屋开发公司"设立不久就负债数百万元。"谁能把欠债还清了,就把公司交给谁",一筹莫展的市政府干部的这句话,被王健林视为千载难逢的机遇,他毛遂自荐干起了房地产。

在一次访谈中,王健林透露了自己下海的初心,其实也并不是想当中国首富,就是想获得更多财富,让家人生活得更好。最初做生意时的理想就是奋斗到拥有一栋楼,起码可以出租,吃喝不愁。

不过王健林成功得连自己也没有想到。那块旧城改造的地是老城区,改造成本算下来 1 200 块钱一平方米,当时大连最好的房子只能卖到一千零几十块每平方米。王健林就搞了几条创新:第一,当时大陆的房子没有明厅,他做一个明厅;第二,每户都配了卫生间,还把木头窗换成了铝合金窗,再加一扇防盗门。房子推出来均价 1 580 元每平方米。1 000 套房子一个月一扫光。这一单就赚到近 1 000 万元!并且找到了一个盈利的模式——旧城改造很有钱赚,于是在大连就搞开了。当其他同行回过神来的时候,王健林已经成了改造大连旧城区的"专业户"。

在一次采访中,王健林这样谈到自己的第一个亿:做生意一段时间后,目标逐渐扩大,他就给公司定下目标,争取奋斗到资产达一个亿。那个时候很多员工就不相信,一个亿太遥远了。那个时候大家努力,再加上中国整个经济处于快速成长当中,所以很快就到一个亿啦。

创业初期最重要是什么?王健林是这样说的:第一,敢闯敢试。不管你做什么,一定要有梦想,有目标,敢去做;第二,创新求变。凡是跟别人做一样的事情,获得的肯定是平均利润率;只有做跟别人完全不一样的事,才能获得超额利润;第三,坚持到底。过去讲不到黄河心不死,不撞南墙不回头,我不一样,我到了黄河心也不死,我可能搭一个桥就过去了;撞了南墙也不回头,我找个梯子就爬过去了。

首富之路:慢慢奔到 100 亿、1 000 亿

　　1993 年,王健林带领万达走出大连,布局广州,1998 年已经成功进入成都、长春等多个城市,成为一家全国性房地产企业,2000 年正式进军商业地产。

　　很快,一种新的商业地产模式在他手里出现了:先找沃尔玛等商家签租赁合同,然后再盖商场,以降低商业风险。王健林自己给它起了个名字,叫做"订单商业地产"。

　　万达在一年之内让沃尔玛在全国 6 个城市试了六次,结果美国百胜、新加坡百胜等10 多家全球连锁企业也加入了"合约",万达"订单商业地产"模式正式形成。

　　如今,万达已经成为中国商业地产的领军企业。总结经验,王健林将公司的成功归结于三点:傍大款、产业链和标准化。

　　一个商业项目能不能成功,关键在于招商。如何抓住商户,王健林的看法一针见血,"让他们赚钱,他们自然会跟着你。"

　　2011 年,万达集团奔过了 100 亿和 1 000 亿目标,驶向更远的目标。

　　摘自:搜狐财经。

三、目标—手段链

　　组织目标通过分解所形成的目标体系在组织中形成了一个目标—手段链。组织目标是组织各项活动的起点,组织通过采取各种措施和手段来实现组织的目标。从组织的目标体系来看,组织的基本目标是由高层管理者制定的。组织的最高层管理者为了实现组织的目标,就要采取一定的手段。而这个手段就会成为组织中下一个管理层次的管理目标。对于下一个管理层次来说,为了完成本层次的管理目标,又要采取一定的手段,这个手段又成为再下一个管理层次的管理目标。

　　这样以此类推,在组织中就会形成一个目标—手段链,一直持续到整个组织的目标能够实现为止。目标—手段链的形成过程实际上也是组织目标的分解和组织目标体系的形成过程。通过这个过程,就为组织纵向地和横向地确定组织的工作提供了根据。

　　从上面关于目标—手段链的形成过程可以看出,下一个管理层次的管理目标是上一个管理层次实现其目标的手段,因此,下一个管理层次目标的确定要根据上一个管理层次实现管理目标的要求来进行,也就是说,要根据上一个管理层次管理目标的要求来确定下一个管理层次的工作任务和工作职责。这样,整个组织就通过组织目标的分解和目标—手段链的形成确定了组织中各个管理层次和各个管理部门的工作分工和工作任务。

四、组织目标的确定

　　组织在确定目标时,一方面要考虑到各方面利益主体的利益要求,另一方面要制定科学有效的目标。

(一)满足各方利益主体的利益要求

　　组织本身是一种工具,一种手段,它是组织的创造者为了实现一定的目标而设立的。从这个意义上说,组织目标的确定首先是服从于组织所有者的利益的。但是,由于现代组织规

模庞大,它是由许多个个人所组成的一个社会系统,组织目标的实现也要依靠这许多个个人的共同努力。因此,在确定组织目标时,就不能不考虑到组织成员个人目标的实现。组织成员之所以参加一个组织,总是带有其个人的目标。如果组织成员个人的目标不能实现,组织成员就不能产生共同协作劳动的意愿,组织就不能调动组织成员为实现组织的共同目标而共同努力的积极性。这就是说,确定组织目标时,除了要考虑组织所有者的利益外,还应考虑组织成员个人的利益。同时,每个组织都是生存在一定的社会环境中的,每个组织都要从外部环境中输入各种要素,并向外部环境输出各种要素,这要求每个组织必须适应环境,才能有效地生存和发展。这就提出了组织的社会责任的问题。每个组织对自己所处的外部环境,对自己所处的社会,都应该负有一定的责任,这样组织才能在有利的外部环境中获得有效的生存和发展。

从以上的讨论可以看出,组织目标的确定要考虑到三个方面利益主体的利益要求,即所有者的利益、组织成员个人的目标和社会公众的利益要求。对于一个企业来说,在制定目标时,不能只考虑到企业的利润目标,即不能只考虑组织所有者的利益而忽视了组织成员个人的利益和组织的社会责任问题。

这三方的利益关系具有对立统一关系。统一性表现在各方的利益都必须通过组织目标的实现而得到实现,对立性表现在有时他们之间的利益是此消彼长的,这就需要通过管理者的有效协调。

美国著名的管理学家德鲁克指出:"光是强调利润就会使经理人迷失方向,以至于危及企业的生存……管理企业就是要在各种各样的需要和目标之间求得平衡……由于企业的性质本身,需要有多重目标……在不同的企业中,关键的领域也完全不同,其区别之大,使得任何理论都不可能普遍适用于它们。的确,不同的关键领域在不同的企业中要求有不同的重点,而且同一个企业的不同发展阶段也要有不同的着重点。但是,不管是什么企业,经济条件如何,企业的规模怎样,发展阶段怎样,关键的领域都是一样的。有八个领域是必须定出绩效和成果的目标来的。这八个领域是:市场地位、创新、生产率、物质和财力资源、可盈利性、管理者的工作成效和发展、工人的工作成效和工作态度、公共责任。"[①]

(二)制定科学有效的目标

一个有效的目标,必须符合以下要求:

第一,目标具体、可测度。含糊不清的目标没有管理意义,起不到激励和计划作用。如有可能,目标应该量化,如果是定性的目标也要精确定义,具有可测度。

第二,目标有挑战性但切实可行。不切实际、难以企及的目标没有管理意义,但目标太容易也没有管理意义。弹性目标要求既有挑战性又有客观实在。

第三,时限明确:应该明确规定实现目标的时间范围。

第四,与奖赏挂钩:基于目标的实现情况来决定加薪、晋升和奖励。

---

① [美]德鲁克著:《管理实践》,帅鹏、刘幼兰、丁敬泽译,工人出版社 1989 年版,第 74~76 页。

第三节　组织管理与组织目标

在组织目标的制定和实现过程中,管理起着协调、激励和调整的作用。组织通过有效的管理,能够使组织的有限资源得到充分运用,使组织目标得到有效实现。

一、制定平衡的目标

管理者在制定目标时,要注意两个方面的平衡:一方面是在组织目标体系中各类、各级目标的平衡。因为组织目标具有层次性和多样性,层次性指的是组织目标从顶层的战略性目标,到底层的具体目标,整个目标体系具有层次性;多样性指的是组织并不只有单一目标,企业中的目标是多重的,例如利润目标、市场目标、福利目标等。因此,管理者在制定目标时,在不同层次和不同类型的目标之间要平衡。

另一方面,管理者制定的目标还需要在不同的利益方之间平衡。组织是人们寻求实现某种目标的手段,各种各样的人通过参与组织的活动而使自己的目标得到了实现。因此,目标必须反映组织的各种参与者的利益要求。而各种参与者的利益要求有时是统一的,有时又是矛盾的。统一的一面表现在各种参与者的利益通过组织目标的实现而得到实现,矛盾的一面是各种参与者的利益有时又是此消彼长的。因此,要通过有效的管理,协调组织各种参与者的利益要求,制定出既能满足各方利益要求,又能有利于组织的生存和发展的组织目标。

二、调动组织成员实现组织目标的积极性

组织目标是通过组织的所有成员的共同努力而实现的,因此,组织目标确定以后,必须通过有效的管理来调动组织所有成员实现组织目标的积极性,才能使组织目标有效地实现。为了能充分地调动组织成员的积极性,在管理过程中,要把组织目标与组织成员个人的目标结合起来,使组织成员感觉到在组织目标实现的同时,个人的目标也能得到实现,这样,组织成员才愿意为组织目标的实现做出个人的努力和贡献。

三、控制组织目标的实现过程

目标实现的结果可能与预先制定的计划目标存在着差异,这种差异现象我们称之为目标差。产生目标差的原因可能是原来制定的目标偏高,或者是制定目标时所确定的前提条件发生了变化,使得目标的执行产生了困难;也可能是在目标的实现过程中,由于组织管理的原因使得目标不能有效地实现。但不管怎样,都必须对目标实现过程中产生的这种差异进行分析和调整,确保组织目标的有效实现。当目标不能有效实现是因为目标的制定偏高或者制定目标的前提条件发生了变化时,就应该重新调整目标。组织目标的确定应该是既有一定的难度又确实可行,太高的组织目标不但不可能实现,而且还会给组织成员造成不应有的心理压力和负担,影响他们实现目标的积极性。

当然,组织目标的确定也不能太低,太低的组织目标不需经过努力就能达到,结果使组织成员的潜力不能得到充分的发挥,而且也会给组织成员的心理造成负面的作用。当目标差的产生是由于管理不当造成时,则要重新调整管理,重新调整输入组织的各种要素,使目标差不断缩小,确保组织目标的有效实现。

本章小结

组织是指为两个或两个以上的个人为了实现特定目标而按一定结构和协作形式共同工作而形成的有机整体。组织是从属于大环境的一个分系统,在这个分系统里,人们有意识地形成各种职务或职位。从组织受惠者的角度来划分,存在着互利组织、经济组织、服务组织和公益组织,这几种类型的组织的管理活动各有侧重。

组织有四个基本要素:人、目标、资源和组织规范。组织具有结构性、层次性、开放性和整体性四个特征。

目标是集体或者组织设立的原因,同时也是管理活动的起点。在组织中,为了达到目标,就有必要通过总目标在组织层次中的层层分解和落实,从而形成完整的目标系统。一个有效的目标系统,是在平衡组织的相关利益者——所有者、组织成员、组织的社会责任的基础上确定的。管理者要制定有效的目标。有效的组织管理可以使组织的目标得到有效的实现。

复习思考题

1.什么是组织的定义?组织有哪些类型?不同类型的组织的管理问题是什么?
2.构成组织的要素有哪些?
3.组织的四个特征有哪些?这些特征有什么管理意义?
4.什么是管理的目标原则?为什么要贯彻管理的目标原则?
5.目标—手段链的含义是什么?请举例说明。
6.组织目标的确定要考虑哪些因素?为什么?
7.组织管理对组织目标的实现有什么作用?

技能练习

1.采访一个企业,了解这个企业的发展历史和现状。
2.查阅官网,了解《福布斯》和《财富》最近 2 年各种排行榜,并了解排榜的标准。

课外阅读

海尔从制造产品的企业转型为孵化创客的平台

张瑞敏

互联网＋制造,这是全世界目前所有传统制造业在努力去转型时遇到的一个议题——像德国提出的工业 4.0,美国随后提出的先进制造业,中国提出的中国制造 2025。所有这一切都说明,如果制造业不能互联网化,制造业就没有出路。

我们自己把"互联网＋制造"具体化,叫做互联工厂。而互联工厂不是一个工厂的转型,而是一个生态系统,整个企业全系统全流程都要进行颠覆。

企业、顾客、员工都将被颠覆

最近哈佛商学院把海尔案例写成哈佛商学院案例,前几天我听说这个案例已经受到了师生好评。原因在什么地方？原因并不是我们做得多么好,而是它就是一个方向,在这个方向上——大企业的转型——全世界都在探索。真正做好的其实还没有。

我们也没有做好,我们也是在探索过程当中。所以在今天我想简单说一下,不能把它局限的看作一个工厂,特别不能说是"机器换人",也不是一个智能工厂。

重要的是全系统的颠覆

我们现在聚焦在三个方面的颠覆:对企业的颠覆、对顾客概念的颠覆、对员工的颠覆。

首先说对企业的颠覆。

全世界的所有企业都是金字塔形的,这是工业革命开始的时候,德国人马克斯·韦伯提出来的科层制,一层一层下来,也叫做官僚制,到今天全世界企业还适用。今天互联网时代首先要颠覆它,把一个企业颠覆成平台。

其次说对顾客概念的颠覆。

所有企业原来面对的就是顾客,我有多少产品,我有多少顾客。但是现在要把顾客颠覆成用户。为什么呢？因为用户,他是有个性化需求的。

最后说对员工的颠覆。

原来企业的员工就是执行者,让他干什么就干什么,原来日本企业执行力非常强,在全世界竞争力很强。但是现在在企业要把员工变成创客。

所以我们现在聚焦颠覆的就是三化:企业平台化、用户个性化、员工创客化。

企业平台化

互联网时代的企业,不仅要打破传统的科层制,更重要的是要变成平台,为什么？并不是你这一个企业想不想变,而是互联网一定让你变。

互联网是平台型的企业。因为传统时代全是单边市场,互联网时代是双边市场,单边市场我出产品有人买,买走了回款就结束了。现在是双边市场,我要的不是顾客给我钱,我要的是用户流量,有了用户流量就可以赚钱。我可能允许用户免费上我的平台,但是流量多了我就有地方收钱。

你看现在总结出来全世界有多少种平台？三类。

第一是聚合平台。聚合平台是什么？就是交易平台。比方说淘宝就是聚合平台。淘宝不向用户直接收钱,用户上淘宝非常频繁。因为什么？因为淘宝销售的商品价格低,它可以从广告商那里收钱。

第二类平台叫做社交平台。社交平台是什么？就是交流平台,像美国的脸书,中国的腾讯。脸书、腾讯都可以从第三方收钱。

第三类是移动平台。移动平台是什么？就是你自己一家不能够完成的,比方说供应链,比方说配送物流这一类的。

当然,现在全世界肯定期待会有第四种平台出来,这三种平台不可能满足所有需求,但是不管怎么说,就是一条:你要么是平台的创立者,要么就只能在平台上面运行。

现在对企业来讲,第一步要做的就是把你内部的结构先颠覆成适应这个平台时代所要求的样子。怎么颠覆呢?像海尔就把科层制压扁了。前两年很多人质疑,你怎么一万多人都去掉了,一万多的管理人员没有了?

要适应互联网时代,企业必须要做到去两化:第一去中心化,第二去中介化。

所谓去中心化就是你没有中心。原来的企业有很多中心,所有的领导都是中心,每个员工都有他的上级,上级就是他的中心——甚至多中心,有很多的上级。去中介化,不仅仅是社会的中介,也要去企业内部的中介。过去我们有一千多人专门评价内部员工做得怎么样,现在不需要了。为什么不需要?让用户直接评价就完了。比如我们的物流配送,给用户承诺按约送达,超时免单,七点送,七点五分送到,超过七点所有送的货不要钱。何必要那么多人了解用户意见再来评价呢?没有必要。

去两化之后企业有什么变化?原来企业有很多很多层次,现在变成了只有三种人。这三种人互相不是领导被领导的关系,而是创业范围不同的关系。

第一种人叫做平台主。所谓平台主就是说你本来管了很多工厂,很多车间,但你现在是管理一个平台。平台主不是管理车间,而是通过这些平台来产生创业团队。第二种人我们叫做小微主,微小的企业。小微主是什么?就是一个创业团队。第三种人是普通员工,平台要把他们变成创客。

开始弄的时候,大家可能会想,这个企业不就乱套了,谁来管理?其实没有关系。每个人都是创业者,他要创造的是价值。美国人说了一句话很好,"世界最大的问题就等于最大的商机"。所以你到网上看,到底什么问题多呢?问题就可能成为你的商机。

我们有一些年轻员工在网上看到很多孕妇的抱怨,孕妇怀孕之后坐在沙发上看电视非常不方便,如果可以躺在那里看天花板就好。他们想这是一个商机,没有由集团决定,他们自己来创意。谁有这个技术?找美国硅谷,他们说有这个技术,可以提供。关键零部件谁有?找到了美国德州仪器。谁来制造?不用海尔制造,找外面的资源,找到了武汉光谷。这样就把所有的资源凑起来了。

创业者觉得有这个市场要求就可以创业,创业这个项目不是集团决定的,是自己做。做了之后钱从哪儿来?网上众筹,我还不是全部众筹,只拿出30%的股份,结果用户蜂拥而至。

众筹没有问题了,再往前发展谁来投资?风投,就做起来了。到现在风投已经投资,而且他们的产品已经迭代到第三代,不仅仅是给孕妇用了,可能商务用,甚至它的目标是将来替代电视。因为1 900多块钱放出来的屏幕可以达到100寸,买一个电视恐怕做不到。另外还可以和互联网连接起来。

这是我所说的企业平台化。平台的目的是什么?目的是叫每个人都来创业,每个人都来体现自身价值。当然这里头有一个问题,你想创造的价值要注意一点,到底能不能发现用户需求?所以用户非常重要,我想说的第二点就是用户个性化。

用户个性化

谈到用户的个性化,首先你要改变一个观念:顾客和用户是不一样的。

我们内部有一句话:付款就是销售的结束,顾客给你付款,和你就没有关系了。但是现在付款应该是销售的开始,有了付款就有信息可以跟他联系。甚至在付款之前就要介入。用户不是买你的东西,而是参与你的前端设计。

想做到这一点,工厂要改变,变成互联工厂,工厂满足用户个性化需求。互联工厂有两个条件,第一必须先变成黑灯工厂,我们现在四个工厂可以变成黑灯工厂,没有电灯,不需要取暖设备,这意味着根本没有人,整个工厂是智能化的。

社会个性化需求来了之后,需要虚拟设计,加上智能化制造,而不是你在车间里头来导入这些事儿。比如我们收购新西兰的斐雪派克,在青岛建立一个电梯厂,它的设计在新西兰,设计通过网络传过来,生产线接收它的设计来制造。

我看有很多省提出来,用机器换人。机器换人可以实现高效率,但是互联工厂要的不仅仅是高效率,要的是高精度,到底给谁来干? 社会的个性化需求太重要了。我们现在正在做的就是寻找把用户个性化需求在互联工厂实现的方式,也就是从大规模制造变成大规模定制。

这带来一个问题,我们现在有很多的用户个性化需求来了之后,我给你制造,是把全过程,从设计、制造到包装,发到你的手机上,用户必须要参与进来。有人说这是透明工厂,其实就是这样。

现在这个量还不大,因为有十万个用户提出十万个需求,我总归不能给你做十万个不同的产品,因此用户圈应该是互相交互的,交互到最后实现一个比较集中的型号,哪怕成了新产品也没有关系。

所以德国人提出来,说工业4.0有一个检测的标准,并不是说自动化高就行,什么检测标准? 叫做两维战略。纵横两个维度。一个维度是企业价值,我这个企业效率高了之后,我的财务报表到底可以提升多少。第二个维度是全价值链都要得益。

我们现在把这个两维改了一下,企业价值没有问题,我的效率高,效益也会高,但是全价值链的得益,我们改成"一定要有用户的个性化价值"。体现不了用户的个性化价值,这个互联工厂真的没有用,那么高效率没有用户的个性化价值怎么可以呢?

所以我觉得这是整个世界的互联网发展的一个方向。就是哲学上所说的否定之否定。工业革命开始的时候有很多工业小作坊,小作坊一定是自产自销。后来变成大生产,大生产一定是产销分离。但是互联网时代又回到自产自销。

每个互联工厂最后的目标一定是自产自销。也就是用户的需求来了之后,我马上就给你制造。有人说大家都实现互联工厂可能就颠覆电商了,因为我不需要再经过电商这一道程序,工厂直接实现了用户的需求。这是不是终极目标?

我认为不是,终极目标其实就应该是美国人里夫金写的《第三次工业革命》。他认为将来的互联网社会就是协同共享,协同共享就是每个人都是产销者,比如3D打印机,我既是生产者也是消费者。比方说太阳能发电,我家里面太阳能发电,我既是生产者也是消费者。

这里面颠覆了一个什么问题? 市场经济一定是讲交换价值,经济学告诉我们没有交换就没有价值。我们交换才有价值,但是到未来,一定是共享价值。大家来共享一件事儿,所以说很有可能GDP不增长,但是社会还会发展,为什么? 因为大家在共享,不再要求个人的所有权,只要求使用权。一辆汽车不一定买它,只要每天八点到九点用它,它来了就行。

所以说我的意思就是互联工厂现在的目标要做到自产自销,满足用户的个性化体验,但是将来可能还要再往前发展。这是我想说的第二点,就是用户的个性化。

员工创客化

第三,所有这些的完成都要靠员工,所以就是员工创客化。员工创客化要做什么? 海尔目前做的就是把员工从雇佣者、执行者转变成创业者、合伙人。

每一个员工过去就是雇佣者,我提出来我要雇佣一百个员工,而且告诉你是什么样的岗位。很多人会奔着这个岗位来,因为这个岗位有更好的薪酬。到了这个岗位,只要执行上级命令,做到万无一失,做好了就可以得到这个薪酬。

但是,现在你变成创业者,你自己来创业,你能够做到多么好就可以得到多么好的价值。而且你要成为合伙人,我刚才举的那个家庭投影仪的例子,别人来投资之后,你自己必须要跟投,跟着投进去,把你的身家利益也打到里面去。所以说这个和过去完全是不一样的。

这里头最明显的不同点是什么? 过去是企业付酬,到这儿来干好了企业付薪。现在用户付酬,给客户创造多大价值就可以得到多大的利益,否则的话就没有钱。

我们这么做之后,马上就有很多人感到不适应,为什么? 你让我跟投,我投上钱之后万一不行我都搭进去了。有个快递柜项目,创始人凑 90 万投进去了。但是风投告诉他们,B轮再做时,如果你们达不到目标,这 90 万全没有了,搭到里面去。

每个人创业都是这样,一定是利益和风险共担。这就和传统经济完全不一样,传统经济是所有人绑在科层制上,所有人绑在流水线上。所以马克思对这个有一个非常精辟的论断,他说不是工人使用劳动工具,而是劳动工具使用人。

你想是不是这样? 就是这样。大家都被那个流水线困住,不只是工人,所有科层人员也都要为它服务。现在不是,你要为自己服务,你要创业就要全部自己来负担,创业成功可以得到很多收益,但创业不成功全搭进去。

我刚才说的平台主和小微主的关系,平台主不是领导,不是管理他的,是服务于他的。举一个例子,我们有一个小微主,他在创业过程当中有问题——我们平台上所有的小微主在创业过程中采用的都是用户付薪的模式——小微主这个月没有做起来。他的工资,出差费用,所有的费用都没有了。他给平台主提出能不能通融,企业这个月先借给他钱。这个是不可能的,最后平台主说我们现在研究,你下个月可能能够做上去。

好了,我赌一把。他自己从家里掏了二十万给他们发钱。但前提是你向个人借钱,这个压力是非常大的。对所有人压力都很大,对于他自己来讲这个钱借了,他们干不起来这个钱打水漂了,对那些人来讲借的是个人的钱必须要还上。实际上还有一层,对于这一个借钱人来讲,他老婆压力也够大。他得了钱拿回家老婆非常高兴,但是往外拿还有可能拿不回来,这个压力就大了。

但如果你不能把利益和风险共担,其实所谓创业就是一句空话,根本不可能。所以我前面说这三化,还有很重要的两点。

第一点是企业能不能把所有的权力下放给工人,所以哈佛商学院调研时觉得这个很奇怪,全世界企业没有说把权力都下放的。我们现在内部叫做让渡三权,三个权力包括所有的权力。第一是决策权,第二是用人权,第三是分配权。决策自己决定,财权,人权也说了算,还有什么权力? 所有权力都给你了,前提是能不能拿这些权力创造出价值来。

对于企业来讲马上改变了,企业不再管理这些人,只是一个创业平台,都在上面创业就可以了。但是有一个问题,我权力都给你了,会不会造成非常大的混乱? 我们就把所有原来所谓的职能部门取消掉了。形成了一个平台,包括财务部门、人力部门、信息部门、法律部门,变成统一的。

美国有一个非常大的国际化大企业来了之后对我说,你这个做法真是我们想都不敢想的一件事儿。他说你们先做吧,做不成我们就不能做了,如果做成我们就搬到美国。

我们现在把职能部门拆掉之后变成两个平台,第一个叫做共享平台,比如财务共享平台,所以在全国所有大企业包括央企中,我们的财务人员占全体职工的比例最低,只有一个财务共享平台,不需要财务人员天天算账。这是一个共享平台。共享平台的目的是做什么?就是四个字,活而不乱,这个平台上每个人都可以自由行动,但不会让平台乱。

第二个平台我们叫做驱动平台,驱动平台就是四个字:事先赌赢。现在我们企业所做都是事后算账,其实事后应该叫做死后验尸,不管好坏没有办法。

现在事先赌赢,这个项目能不能行? 如果行必须有路径,要做到行必须开放。我们这些职能部门,比如财务,人力,就要把定位改变,过去这些部门是什么? 我形象地说,他们就是温度计,真的不起作用。

为什么? 像房间的温度计一样,拿出来一看告诉你现在房间 30 度、35 度。现在要的是不超过 36 度,要的是必须不低于 27 度。所以我要求这些部门从温度计变成恒温器。高于 35 度了你必须要降下来,低于 27 度给我升上来。

要变成恒温器不是告诉我数的问题,而是有一套机构在里面运转,出现问题就要改变,我们给它定位四个字,要显差关差,随时显示出来现在有什么问题是显差,关差是有办法可以关掉。

简单跟大家汇报这些,最后我想用中国古文化当中的一句话结束今天的汇报,就是"得时无怠、时不再来"。得到这个时机不要懈怠,马上行动起来,因为时不再来。

(本文是 2015 年 8 月 20 日山东省"互联网+制造"会议上,海尔集团董事会主席张瑞敏的演讲内容。)

第三章　组织环境

学习目的

1. 理解组织效能模型
2. 认识组织外部环境
3. 认识组织内部环境
4. 理解组织文化的含义和层次
5. 理解组织边界及其意义
6. 认识组织与外部环境的关系

本章导航

管理对于任何一个组织而言都具有极其重要的现实意义。因此,管理者对于组织运行通常都具有决定性的影响力,但管理者也并非无所不能,许多存在于管理部门控制之外的约束力量也同样影响着组织的生存与发展。外部的约束力量来源于组织所处的外部环境,它约束着管理当局斟酌决定的权限。与此同时,组织生存与发展是组织内部环境与组织外部环境耦合的结果,组织不能仅仅追求对外部环境的适应,还应该同时变革内部环境,使得内部环境能够与外部环境相匹配,从而能动地适应外部环境的变化。因此,环境适应能力对组织而言非常重要,组织效能模型就是衡量组织的这种环境适应力的综合模型。

所谓组织外部环境,是指组织界限以外的一切事物。按外部环境的性质不同,可以把组织的外部环境分为自然环境和社会环境。按外部环境对组织影响的程度不同,可以把外部环境分为一般环境和具体环境。外部环境是组织赖以生存和发展的基础,影响了组织目标的确定、组织目标的实现过程以及组织系统的形成。

所谓组织内部环境,是指组织的制度、工艺技术、组织结构和组织文化等,是组织能够主动加以调整和控制以适应外部环境的资源。组织生存与发展,是受到组织外部环境和组织内部环境共同作用的结果。

组织是一个开放系统,组织要通过组织界限把自己与外部环境相对地分隔开来,组织界限对组织的生存和发展起到过滤作用和保护作用。组织依赖外部环境而生存,而外部环境又不是游离于组织之外的,且每个社会组织都是互为环境的,每个组织都可以通过自身的活动而对自身的环境产生影响。因此,一方面,组织必须适应环境;另一方面,组织要为自身创造和选择一个良好的外部环境。

通过本章学习,你将会明确组织的外部环境、组织的内部环境和组织边界;以及了解组织内外部环境对组织运行的影响作用,理解组织效能模型的内涵及其应用。

企业转型焦虑任正非 20 年,成就华为的"与环境共生"

中国企业已经进入了全面转型时代,但让人倍感尴尬的是,往往所谓的"成功转型"也只是阶段式的,如果不能高瞻远瞩,锁定长远目标,逐步制定分步变革的策略,在市场环境瞬息万变的当下,任何一个"天花板"的到来都可能随时宣告企业生命的终结。

大概从 20 年前开始,任正非就开始为这件事焦虑了。华为能够从 30 年前的一家小作坊最终成长为全球通信领域的领导者,诚然要归功于其中数次重大的市场战略更新和业务变革。但笔者关注的重点是:华为转型的种种举措,均折射着企业战略的调整思路,以任正非为代表的华为领导层发生的"思维模式巨变"才是这一切转型创新背后的灵魂与源泉:即华为"与环境共生"的理念。

对待客户:从"赚你的钱"到"为你省钱"

华为是一个讲求使命、愿景和核心价值观的企业。华为企业文化的第一条,就是"以客户为中心"。华为无线网络产品线营销运作总裁邱恒曾经举了一个例子:在通讯产业中,由于技术标准、频率波段不同,会衍生出不同的产品。有的电信商为了满足消费者需求,就需要用到几种技术标准,采购若干套不同的机台。而安装和后续的维修费用,甚至会高于买机台本身。从制造商的角度来说,当然希望客户买多套产品,越多越好,因为越多,后期的服务费就越高。

但是华为却没有选择走这条路,而是采用逆向思维,站在电信商的角度,主动研究出一种设备,能够把这些不同技术标准整合到一个机台上,最终帮助客户节省了 50% 的成本。

"你觉得华为这么做是亏还是赚呢?"邱恒表示,从短期来看,这似乎是条自毁财路的"败家之举",但如果从长远来看,如果客户一直在支付高昂的成本,失去了持续发展的基础,企业的钱又要从哪里来? 反之,如果企业帮助客户节约成本,省下了钱,客户就能将这笔钱用于其他投资和研发,推出更新的产品,从消费者端赚来更多的钱。客户有了更多的钱,自然会回过头继续跟企业合作,促进双方的共同成长。邱恒算了一笔账:当客户只能赚一块钱的时候,他无法拿出一块五分给予他合作的企业。但是如果客户能赚到五块钱,企业就有机会分到两块甚至三块钱。这是一个非常简单的商业互利逻辑,产业链上下游,原本就是互利共生的关系,但能看破这一层,真正专注于从客户角度出发的企业并不多。一些公司虽然表面上说在维护客户的利益,可一旦到了与自身利益冲突的关键时刻,就会将这种"共生逻辑"抛诸脑后,唯求自保。

转换思路,将客户服务做深做透,就是华为制胜的关键点之一。

"脑袋对着客户,屁股对着领导,客户才是你的衣食父母",这是任正非经常对员工说的一句话。在他看来,大多数公司的腐败,就源于员工都在讨好上司,而没有把注意力放在客户需求上。

对待员工:从"雇你打工"到"你当老板"

早从 1990 年起,华为就第一次提出内部融资、员工持股的概念。这是由于当时华为的市场拓展和规模扩大需要大量资金,且与竞争对手在市场争夺中需要大量科研投入。而身为民营企业,华为也避免不了融资难的尴尬。优先选择内部融资对于当时的华为及其员工来说,是一种互助互惠的合作:对于华为来说,内部融资不需要支付利息,避免了财务困境风险,也不需要向外部股东支付较高的回报率;对于员工来说,增强了归属感,工作更有动力,而且对于年度奖金不够购买股票的员工,公司还会协助其申请贷款来购买股权。

今年,英国市场产业咨询公司 Brand Finance 公布了"2017 年度全球最具价值品牌500强排行榜",华为凭借 252.3 亿美元的品牌价值位列榜单第 40 名,名次较上一年提升了 7位。此外,在 Interbrand"最佳全球品牌"、BrandZ 发布的"全球最具价值品牌百强"中,华为的排名也在不断突破,大幅上升。

华为一直没有上市,但据各大投资机构估测,如果华为上市,市值将在 1 000 亿以上。对于当初那些以股权代奖金,陪伴华为度过艰难融资期的员工们来说,潜在的巨大收益也必然将进一步强化他们对华为的黏性。

华为的股权策略是:将 98.6% 的股权开放给员工,创始人任正非只拥有公司 1.4% 的股权。除了不能表决、出售、拥有股票之外,股东可以享受分红与股票增值的利润。并且,每年所赚取的净利,几乎是百分之百分配给股东。这意味着公司的利益与员工利益紧密的捆绑在一起:在华为,工作 2~3 年,就具备配股分红资格。华为施行"1+1+1"的模式,即工资、奖金、分红比例相同。随着年资与绩效增长,分红与奖金的比例将会大幅超过工资。

华为还有另一套"赔偿金"制度:在华为,只要自愿提辞呈,就可获得与年资相对应的赔偿金,最低人民币 20 万元起跳。辞职后如愿意继续留在公司,华为也会再次聘用,虽然既有股份不变,但职位与年资均按照该年的绩效重新计算。这一制度曾引发华为的集体辞职,舆论一片哗然。但最终华为员工辞职再回任的比率高达 9 成。

很多人好奇,华为为什么不上市?任正非的官方解释是:因为华为是在为理想和目标而奋斗,把利益看得不重。但反过来思考,华为的理想和目标是一面旗帜,真正能够让华为"将士们"不顾一切冲锋陷阵的,实际上正是企业交托的巨大利益。在员工福利制度上,做到华为这种程度的企业,实不多见。

对待竞争对手:从"干掉你"到"合作共赢"

华为早期是典型的本土狼,总是强调自己的中国特色。华为过去的竞争思维是"赢者通吃",早期和华为合作过的企业都尝过苦头:不是被挖人才,就是被挖技术。这让华为在成长中取得了一些优势,却也失去了很多合作伙伴和机会。

在中国的移动市场,华为有一个老冤家——爱立信,华为和爱立信的仗打了有 20 年,但华为一直处于下风。这和两家企业的业务模式有关:爱立信着眼于为通信运营商制定业务规划,提供运营解决方案,而华为的定位还停留在卖产品。所以华为即便当时对爱立信恨得"牙痒痒",也无法撼动其市场位置。

后来,任正非转换了思路,他指出:企业与企业之间的竞争,不是竞争对手之间的竞争,而是生态环境之间的竞争。恐龙为什么灭绝?熊猫为什么濒危?就是因为无法适应生态环境的变化,企业生态与自然生态一样,都是共生共赢。

然后才有了 2016 年华为与爱立信续签专利交叉协议一事。当时业界有一个未经官方证实的数据:按照爱立信专利费标准为签署方销售额的 1% 来算,如果协议签订时长为 5年,按任正非 5 年终端营收达到 1 000 亿美元的目标算,华为届时可能要付 50 亿美元给爱立信。综合折算,华为或须拿出 30 亿美元。

华为当时之所以决定以 30 亿美元作为代价来签订该项协议,实际上是与其全球化进程的战略相关。

任正非力求改变华为的本土狼作风,要求全球卓越,提出公司需要建立全球性的商业生态系统才能生生不息的观点。自此,华为的思维模式才逐渐从"管理中国"走到了"管理世界",为成为一家真正的全球化企业奠定了思想基础。

要走向全球化,就需要突破美国、欧洲、日本等市场,走向中高端品牌竞争行列。而爱立信多年来在全球市场积淀的技术专利成果,是华为绕不过去的门槛。

华为最终之所以决定与爱立信合作,签订专利交叉授权协议,就是为了在布局欧美市场之际,将最大市场风险——专利风险消除于萌芽之中。

对待企业战略:从"卖产品"到"卖平台"

"我们要把华为打造成一艘航空母舰,甲板上全是各种战斗机,大家互相依存,共荣共生。"华为企业 BG 总裁阎力大表示,华为要从一个卖产品的公司,转型做"业务驱动的 ICT 基础架构"。

华为选择的突破口是进军公共安全市场,推出"平安城市":警方、指挥官可以在指挥中心,远程维护城市安全。无论是道路救援、意外事件、自然灾害,指挥官将通过这一科技,在第一时间做出最贴近现场的决策,给予最恰当的协助。

指挥中心背后,是华为搭建的云平台,它能计算,存储,同时也是通讯平台。在这里,视频信息,电话报警的信息,报警人的位置信息,全部能够接入到同一个系统上。

这样的平台融合了三大要素:远端抓取信息的摄像头,信息传输管道,以及在背后执行计算的云平台。阎力大称之为:端、管、云。

"平安城市"当然仅仅只是一个开始。阎力大称,华为转型做"业务驱动的 ICT 平台",是想告诉所有做应用的公司,只要通过华为的基础设施平台,就能省去底层部署的心力,专心实现自己的核心业务。不管是制造,还是金融、能源等行业,大家都需要一个 ICT 基础架构的平台,而且这个平台应该是端、管、云协同的。

"如果航空母舰上没有飞机,它就是废铁,没有任何战斗力。我把华为的平台比喻成航空母舰,飞机就是我的合作伙伴,如果我的甲板上停满各式各样的飞机,我一艘航空母舰开出去,它就是一个生态,它就有战斗力。"阎力大对媒体如是说。

结语

30 年间,华为经历了数次的重大业务变革,最终从产品走向了解决方案,从国内市场走向全球,从运营商走向了终端消费者,如今仍在孜孜以求数字化转型。这其中的曲折与成功,都离不开华为对于企业自身、客户、员工、竞争对手的战略定位。其中"与环境共生"的理念值得转型中的企业思索:一个企业无论看似多么强大,都离不开它生存和发展的环境。华为能从当年老外口中调侃的"who are we"变成全球瞩目的闪亮"HUAWEI",正是在于它突破了自身的"狼性"和本土化的局限性。

资料来源:2017 年 05 月 05 日,经理人网,http://www.sino-manager.com/49754.html.

第一节　环境与组织效能

在第一章中,我们提过组织成效(或者组织效能)的概念,所谓组织成效是指组织目标实现的程度。在第二章中我们也提到组织具有开放性的特征,任何一个组织都处在某种内外环境中,组织运行必须适应于组织的内外部环境。考虑到组织与环境的这种互动关系,组织效能最终取决于组织如何理解、应对和影响它们的环境。

组织效能模型就是衡量组织的这种环境适应能力的综合模型。理论上,可以把提高组织效能的模型分为四种,分别是系统资源模型、内部流程模型、目标模型和战略支持者模型。实际上,上述四种基本效能模型之间并不存在冲突现象,只是所关心的方向有所不同。系统资源模型专注于投入,衡量组织获取所需要的资源的能力,强调从环境中获得组织所需资源;内部流程模型专注于转化,衡量组织的内部机制,强调以员工高满意度和士气以及有效率的方式进行组合和加工;目标模型专注于产出,衡量组织实现目标的程度,强调协助达成组织目标;战略支持者模型专注于反馈,衡量在组织中拥有权益的群体的关系,强调满足环境中战略支持者的需要。

组织效能模型具有综合性和多样化的特点,位于这一系统核心的是组织系统,包括投入、转化、产出和反馈四个成分。组织要提升其运行效率,需要同时关注投入、转化、产出和反馈。因此,有效的组织运行,应该同时强调内部环境和外部环境,在此基础上达成组织目标。组织效能是组织内部环境和外部环境耦合作用的结果(如图 3-1 所示)。

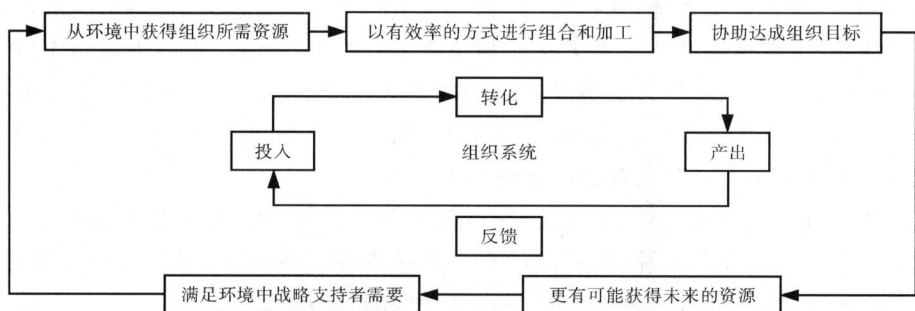

图 3-1　组织效能综合模型图

资料来源:里基·W.格里芬著:《管理学》,刘伟译,中国市场出版社 2008 年版,第 72 页。

管理常识

世界四大商业杂志排行榜

《财富》(*Fortune Magazine*)是一本由美国人亨利·鲁斯创办于 1930 年,主要刊登经济问题研究文章的杂志。现隶属时代华纳集团旗下的时代公司。《财富》杂志自 1954 年推出全球 500 强排行榜,历来都成为经济界关注的焦点,影响巨大。《财富》的其他排行榜还有改变世界的公司、全球最受赞赏的公司、100 家增长最快的公司、公司责任排行榜、中国 500 强等。

《福布斯》(*Forbes*)是美国福布斯公司的一本商业杂志,由苏格兰人 B.C.福布斯于 1917 年创办。该杂志每两周发行一次,以金融、工业、投资和营销等主题的原创文章著称。《福布斯》每年发布如富豪榜、公司榜、城市榜、投资榜、人物榜、体育榜的各种榜单。

《商业周刊》(*Business Week*)创刊于 1929 年,由麦格劳·希尔出版公司出版,创始人名为盾姆斯·麦格劳。为世界各地的商业精英提供商业报道和解析,帮助专业人士在商业、财务及事业发展方面做出更明智的决定。《商业周刊》有 50 强排名、全球企业 1 200 强、全球 IT 百大、年度最佳雇主排名、全球 1 000 大公司排行等排行榜。

《金融时报》(*Financial Times*)是一份国际性大开型报章,于 1888 年 1 月 9 日创刊,当时名为《伦敦金融指南》(*London Financial Guide*),至同年 2 月 8 日改名维持至今。总部设于伦敦,在世界各地设有分社。《金融时报》发布全球前 500 强企业、全球 MBA 排名等排行榜。

第二节　组织界限

对于每个组织来说,组织要想在一定的环境中获得生存和发展,就必须与外部环境进行各种要素的交换,即组织必须是一个开放系统。

比利时著名的化学家普利高津提出的耗散结构理论认为,对于一个封闭的热力系统来说,系统内部运动的结果总是使系统由温度高的热源向温度低的地方移动,一直到整个系统内部处处温度一样为止,这个过程就是使系统内部的熵达到最大化的过程,即系统从有序变成无序的过程,整个系统内部变成处处均匀的、无序的状态。当系统内部的熵达到最大时,系统就实现平衡和稳定。但这是一种低状态的平衡。为了使系统能实现动态的平衡,系统必须与外部环境进行各种要素的交换,通过交换,使系统能取得负熵流以抵消系统运转中产生的正熵流,当负熵流大于正熵流时,系统就成为耗散结构,从而系统就能取得动态平衡。

如果把这个理论运用到管理学中来,我们就可以看出,要使一个社会组织获得发展,取得动态平衡,就必须与外部环境进行各种要素的交换。如果社会组织把自己封闭起来,不与外部环境进行各种要素的交换,组织就不能生存和发展。但是,组织成为一个开放系统并与外部环境进行各种要素的交换是组织能生存和发展的必要条件,而不是充分条件,即组织不但要与外部环境进行各种要素的交换,还必须使这种交换能有效地进行。

所以,组织对外部环境的开放是相对的,即组织不能绝对地对外部环境开放,当然也不能把自己封闭起来。组织要通过组织界限把自己与外部环境相对地分隔开来。这个组织界限既不是使组织成为一个封闭系统,也不是使组织对外部环境绝对地开放。通过这个组织界限,组织建立起一个自己活动的领域,外部环境与组织系统进行交换的各种要素需要通过这个界限,从而确保组织系统的运转能有效地进行。

一、组织界限的概念

所谓组织界限,是指把组织系统与外部环境分隔开来的东西。对于一个物理系统或者生物系统来说,组织界限是有形的、可见的。但是对于一个社会系统来说,组织界限却是无形的、不可见的。社会组织的组织界限是由决定组织与外部环境进行各种要素交换的东西所组成的,包括决定组织与外部环境进行各种要素交换的规定、程序、方法、制度、标准等。外部环境向组织输入的各种要素通过由以上这些东西组成的组织界限才能进入到组织内部,这些要素经过组织系统的运转后同样要经过这些组织界限才能向外部环境输出。例如,在我国,一个高中毕业生要成为一名大学生,必须按照高考制度的要求,参加入学考试,然后按一定的标准、程序、方法、原则等才能被录取为大学生,而这里所有的这些制度、标准、程序、方法和原则等就是把中学学校与大学学校区分开的组织界限。

二、组织界限的作用

组织界限对组织的生存和发展所起的作用是:

(一)过滤(渗透)作用

组织是通过组织界限从而向外部环境开放的,但这种开放是相对的,既不是绝对的开放,也不是绝对的封闭。因此,组织界限既是起过滤作用,又是起渗透作用。通过组织界限的过滤作用的发挥,把外部环境中某些因素排斥阻挡在组织之外,即它使组织对外部环境不是绝对的开放。通过渗透作用的发挥,外部环境的各种要素能通过组织界限输入到组织系统内部,使组织系统对外部环境不是绝对的封闭。对于不同的组织来说,由于组织的目标不同,组织对从外部环境中输入的要素的要求也不同,因此,不同组织的组织界限所起的过滤作用和渗透作用的程度也就不同。例如,高等学校招生,重点大学为了保证学校的教学质量,规定了比普通高校更高的录取分数线。一般来说,组织所追求的目标越高,所规定的组织界限所起的过滤作用就越大。

(二)保护作用

这是组织界限所起的第二个作用,即保护组织的相对独立性,使组织不会遭受外来因素的干扰和影响。例如,《中华人民共和国公司法》(2014年3月1日起实施)第一章第3条规定:公司是企业法人,有独立的法人财产,享有法人财产权。公司以其全部财产对公司的债务承担责任。有限责任公司的股东以其认缴的出资额为限对公司承担责任;股份有限公司的股东以其认购的股份为限对公司承担责任。我国公司法中的这些规定,实际上也是决定企业与外部环境进行各种要素交换的组织界限的一个部分。它确认了企业的法人财产权,使企业能依法享有法人财产的占有、使用、收益和处分权,以独立的财产对自己的经营活动负责,使自负盈亏的责任落实到企业,促使企业必须根据市场供求关系和价值规律支配、使用、处理、运作自己的资产,由此割断政企职责不分的脐带,为企业摆脱政府行政机构附属物的地位奠定了基础。也就是说,公司法的这些规定,保护了企业的相对独立性,使企业能独立自主地开展生产经营活动,避免政府机构和其他单位组织对企业生产经营活动的不必要的干预。

(三)区分(凝聚)作用

通过组织界限,把不同组织的成员区分开来。同时,也把同一组织内的成员聚集在一起。这便于组织促进成员的分工与协作,通过有效的管理来调动成员工作的积极性,提高组织成员的凝聚力与向心力。

三、组织界限的确定

对一个组织,必须研究组织界限的确定,即要研究如何正确地确定组织界限,使之更好地发挥作用,促进组织的生存和发展。不同的组织有不同的组织界限,这主要与组织的性质、组织所追求的目标等有关。因此,组织界限的确定要考虑以下几个因素:

(一)组织的类型

组织的类型不同,组织要从外部环境输入和向外部环境输出的要素也就不同,这样,形成组织界限的有关制度、方法、程序、规定和标准等的内容也就不同。例如,学校和工厂都要从外部环境输入人才,但是由于学校与工厂的组织类型,或者说组织的性质不同,所以对如何从外部环境输入人才的组织界限的确定也就不同。学校必须着重于人才的专业知识和理论知识方面的衡量,而工厂却要根据工厂的操作要求,着重于操作技能和身体素质的衡量。

(二)组织所追求的目标

组织所追求的目标不同,组织界限的确定也会不同。对于同类型的组织来说,组织所追求的目标水平越高,对于从外部环境输入的要素的质量要求就会越高,因此,就要求组织界限有越高程度的过滤作用。例如,同样是学校,重点大学的组织界限就比普通大学的组织界限有更高程度的过滤作用。又如,共产党组织的组织界限的过滤程度就比工会组织的组织界限的过滤程度高。因为共产党是工人阶级的先锋队,共产党员必须时时处处起先锋模范带头作用,因此对于要求加入共产党组织的人来说,就必须在各个方面比一般的人要求更高,才有可能发挥共产党组织的作用。而工会却是职工群众的自治组织,职工只要承认工会组织的章程,就可以成为工会组织的会员,因此,工会组织的组织界限的过滤程度比较低。

(三)组织系统有效运转的要求

为了实现组织的目标,组织必须从外部环境输入各种要素。组织既不能对外部环境完全地封闭,也不可能对外部环境完全地开放。组织必须通过对外部环境的开放促使组织系统有效地运转,使输入系统的各个要素能产生协同力,以保证组织目标的有效实现。这就要通过组织界限的确定来决定组织从外部环境输入什么样的要素。如高等学校录取新生,目前我国的做法是基于以下假设,即假设学生文化课程的成绩越高,其素质就会越高,就越有可能通过高等学校的培养成为优秀的人才,因此,目前高等学校录取新生主要的根据就是高考的成绩,由高分到低分,采取"择优录取"的方法。但实际上这种做法的基本假设存在一些问题。首先,文化课程成绩高的学生并不一定表明其有较高的素质和较好的培养潜力,往往有些学生靠死记硬背而取得了文化课程考试的高分,而实际的分析问题和解决问题的能力却很差。其次,人的素质和培养前途并不是单纯由文化课程的考试成绩所决定的,文化课程考试的成绩并不能全面地反映一个人的情况。最后,一个人一时或一次的文化课程的考试成绩并不能全面地说明一个人全部的学习情况。近几年高校纷纷采用自主招生等政策,某种程度上就是通过这些政策来重新确定组织界限,克服单纯依靠"分数录取"的弊端。

因此,组织必须认真考虑,为了实现组织的目标,应从外部环境输入什么因素,然后来确定组织界限的形成。要认真地考虑如何确定组织界限,才能使组织从外部环境输入的各种要素能有利于组织的生存和发展。

(四)组织适应外部环境的要求

组织界限的确定除了考虑组织内部的要求外,还要考虑组织所处的外部环境。因为外部环境决定了能提供给组织什么样的生产要素,也决定了需要从组织输出什么样的要素。外部环境能提供给组织什么样的生产要素,决定了组织能生产什么。而外部环境需要组织输出什么要素,决定了组织要生产什么。所以组织界限的确定必须适应外部环境的要求。

第三节　组织的外部环境

在第二章讨论组织的概念时,我们指出,组织是属于一个更大的环境系统的一个子系统。每个组织要生存和发展,都必须与外部环境进行各种要素的交换。因此,组织的生存和发展要受组织所处的外部环境的影响。在这一节,我们将先讨论外部环境的概念与类型,然后再讨论外部环境对组织的生存和发展的影响。

一、外部环境的概念与分类

组织的外部环境是指能够对组织绩效造成潜在影响的外部机构或力量,它是组织赖以生存和发展的基础。组织从外部环境输入组织系统生存和发展所必要的各种要素,并向外部环境输出组织系统运转后产生的结果。对于组织的外部环境,可以从不同的角度进行分类。

(一)按外部环境的性质分

按外部环境的性质不同,可以把组织的外部环境分为自然环境和社会环境。

所谓自然环境,是指组织所处的外部自然条件状况。它包括组织所处的地理位置、气候条件及资源状况等。自然环境是自然界客观存在的,它主要是对组织中物的因素产生影响。

所谓社会环境,是指组织外部一切人类劳动的产物。人类来自于自然,但人类通过自身的劳动改造自然,就使自然环境中存留了人类劳动的史迹,这种人类劳动史迹的总和就是人类的社会环境。人类又在一定的社会环境中改造自然,从而形成新的社会环境。整个人类社会的发展史就是人类不断地改造自然、认识自然,不断地建设与形成新的社会环境的过程。组织的社会环境又包括物的环境和精神的环境两个方面,也就是我们经常说的硬环境和软环境两个方面。硬环境指组织所处的外部属于人类劳动产物的物的东西,如基础设施建设、交通通信条件等;软环境是指组织所处的外部属于人类劳动产物的精神的东西,如社会制度、政党制度、社会意识形态、社会生活方式等。

(二)按外部环境对组织的影响程度分

按外部环境对组织影响的程度不同,可以把外部环境分为一般环境和具体环境。

所谓一般环境是指对某一特定社会的所有组织都可能产生影响的环境。对于一般环境,还可以再细分为以下几个环境因素:(1)社会方面的环境。这是指狭义的社会环境,包括社会制度、阶级阶层结构、世界观、人口情况、居民教育和文化水平、宗教信仰、风俗习惯、审美观念、价值观、流行时尚等。(2)政治方面的环境。是指反映一定社会中的公共权力或阶级关系的国家政治制度、政治秩序,社会的经济体制、管理体制、政党制度、国家的方针政策、法规法令以及社会的政治指导思想等。(3)经济方面的环境。经济环境是指构成组织生存和发展的社会经济状况和国家经济政策。包括经济结构、宏观经济政策、经济体制、经济发展水平。经济结构包括产业结构、分配结构、交换结构、消费结构和技术结构。经济政策包括国家经济发展战略、产业政策、分配政策、价格政策、金融货币政策、劳动工资政策、对外贸易政策等。经济发展水平包括国民生产总值、人均收入、购买力、失业率等。(4)教育方面的环境。是指一定社会的教育制度、教育方针,居民的教育水平,受过高等教育训练与专业训练的人所占的比重等。(5)科学技术方面的环境。是指一定社会的科学技术管理制度、社会科技水平、科技力量、应用程度、科技体制、科技政策和科技立法等。(6)自然方面的环境。是指一定社会的自然资源的性质、数量和可利用的程度。

一般环境因素是对所有组织都产生影响的环境因素,它往往通过组织的具体工作环境对组织的生存和发展产生影响,所以它的影响作用比较含糊,对某个组织的影响程度也比较低,故而组织也不会对一般环境因素的变化直接做出反应。与具体环境相比,一般环境领域的变化对组织的影响通常更小,但管理者在管理过程中仍要考虑这些因素。

对宏观环境因素作分析,不同行业和企业根据自身特点和经营需要,分析的具体内容会有差异,但一般都应对政治(political)、经济(economic)、社会(social)和技术(technological)这四大类影响企业的主要外部环境因素进行分析。简单而言,称之为 PEST 分析法。

具体环境,又称为任务环境或工作环境。是指对某些具体组织的决策和行动产生直接影响的环境。具体环境对实现组织目标直接相关,相比一般环境,具体环境对组织的影响直接而明显,影响程度也较高。对每个组织而言,具体环境都是不同的,并随条件的变化而变化。

如我国的政党制度是中国共产党领导下的多党合作制。这是对我国所有组织都产生影响作用的环境,因此是一般环境。但是这个一般环境反映在不同行业,就表现为不同行业组织的不同领导体制形式。对于企业,实行的是董事会领导下的经理负责制,对于高等院校,实行的是党委领导下的校长负责制。这种不同行业的不同领导体制形式就是具体环境,它对相应行业的组织产生直接的影响作用。

哈佛商学院著名教授迈克尔·波特提出的分析企业竞争态势的五力模型[①],为分析企业的竞争态势提供了简明、实用且具有理论基础的强有力的分析工具。五力模型中的这五个因素就是影响企业的具体环境因素。五种力量模型如图 3-2 所示。

竞争者威胁是指行业中主要竞争者之间的竞争关系及其性质。行业中现有企业之间的竞争是最直观、最直接也是最重要的威胁因素。企业间的竞争一般采取两种方式:价格竞争和非价格竞争。价格竞争通过降低价格,减小毛利率而侵蚀利润,导致大多数企业盈利下降甚至亏损,是最惨烈的竞争形式。非价格竞争,如树立品牌、加快新产品开发、提高产品质量和性能、增加服务内容等,通过提高成本而减少利润。由于高成本往往可能通过高价格的方式转嫁到顾客身上,非价格竞争侵蚀利润的程度一般不及价格竞争。

---

① 迈克尔·波特:《竞争战略》,陈小悦译,华夏出版社 1997 年版,第 3 页。

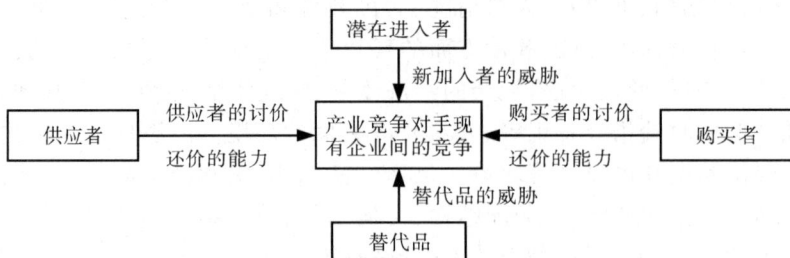

图 3-2 行业环境威胁的五种力量模型

资料来源:迈克尔·波特:《竞争战略》,陈小悦译,华夏出版社 1997 年版。

潜在进入者威胁是指新的竞争者进入特定行业或很有可能即将进入一个行业的难易程度。新进入者会带来新的生产能力,瓜分现有企业的市场份额,减少市场集中度,从而加剧行业竞争,降低行业利润。进入威胁取决于进入成本,而进入成本又取决于进入壁垒的高低和行业中现有企业对进入者的预期反应。进入壁垒是结构性的进入障碍,由行业结构特征所决定。现有企业的预期反应是战略性的,是现有企业针对进入所采取的行动和反应。常见的进入壁垒有规模经济、产品差异、资源要求、与规模无关的成本优势、政府管制等。进入会对现有企业的竞争地位和盈利水平造成损害,现有企业势必会对此做出反应。如果预期现有企业会容忍进入,或者只对进入进行消极抵抗,将会鼓励进入。如果预期现有企业很可能会迅速采取报复手段,如降价、加大广告力度、推出新产品、改善服务等,则潜在进入者将会慎重考虑,甚至决定不进入。

供应者威胁是指供方对潜在买方可能影响的程度。供应商是一个企业生产经营所需投入品的提供者。供应商议价能力越强,对生产企业的威胁就越大。供应商力量的强弱取决于供应商所在行业的市场条件和所提供产品的重要性。如果供应品市场是完全竞争市场,供应商的力量就很弱,反之,供应商的力量就强。

购买者的力量指某行业中产品和服务的买方对供方所能产生的影响程度。比如,生产汽车零配件的厂家众多,而整车生产厂的数量要少得多,配件厂往往不得不屈从于整车厂所提出的苛刻条件。

替代品威胁指的是那些可能取代或减少现有产品和服务需求的替代物所造成威胁的严重程度。替代品是以另外的方式去满足与现有产品大致相同的顾客需求的产品。比如,作为汽车燃料,天然气是汽油的替代品。替代品的威胁程度主要取决于三个方面的因素:第一,替代品在价格上是否具有吸引力;第二,替代品在质量、性能和其他一些重要特性方面的满意程度;第三,购买者转换成本的高低。例如,如果汽油价格上涨超过一定限度,顾客就会觉得购买双动力汽车的一次性投资与加高价油的日常运行费用相比是划算的,就会改用天然气。同时,由于有利可图,会出现更多的加气站,加气会变得更加方便。

具体环境对企业的影响是直接的,因此它对企业的生存与发展的影响作用比较大,而一般环境对企业的影响是间接的,可以说,它是通过具体环境来对企业的经营活动产生影响作用,因此,对企业的生存与发展的影响作用就比较小。

二、外部环境因素对组织的影响作用

每个组织都是生存在一定的环境中的,它必须与环境进行各种要素的交换,才能有效地生存和发展。环境因素对组织的影响主要有以下几个方面:

(一)外部环境影响了组织目标的确定和实现

任何组织在树立目标时,首先要考虑外部环境需要什么、能向组织提供什么、政治和法律是不是允许、经济环境是不是可行等等。比如,工厂要根据外部环境能提供什么原材料和市场需要什么产品来决定自己的生产;学校要根据外部环境能提供什么样的办学条件和社会需要什么样的人才来决定培养什么样的学生。

在组织目标的实现过程中,组织要不断地与外部环境进行各种要素的交换,组织还面临外部环境的竞争和扰动,因此,外部环境的任何变化都会对组织目标的实现产生影响。比如,在目标实现的过程中,企业经营活动所需要的一切要素从环境中获取。外部环境对企业的投入要素包括人员、资金、技术、知识、原材料等,这些要素的数量和质量等特性会影响管理者对投入要素转化加工从而实现目标的过程。

(二)外部环境影响了组织系统的形成

在第二章关于组织的概念的讨论中,我们指出,组织是从属于环境大系统的一个子系统。这个子系统又包括结构分系统、技术分系统、心理分系统、目标与价值分系统和管理分系统等。组织这个子系统以及各个分系统的形成一方面是组织内各个分系统相互作用和影响的结果,另一方面又受外部环境的影响。如技术分系统的形成在很大程度上取决于社会的科学技术的发展水平和应用情况;心理分系统的形成受人们的需求、价值观、生活方式、社会中人与人之间的关系等的影响。一个教育水平十分落后的国家,是很难为各种组织提供高素质的人才的;同样,一个科学技术水平十分落后的国家,是不可能为企业的生产提供先进的技术装备的。由于组织是人们实现一定目标的工具,因此,组织系统素质的高低直接影响了组织目标的实现程度。

(三)外部环境对组织内部管理的影响

科学技术、供应商、市场竞争、劳动力因素、政策环境、资本市场等外部环境的任何变化都会影响组织目标的实现过程,从而影响组织的管理活动。比如,科学技术的发展为管理提供了新的手段和方法;市场竞争的加剧和市场变化的日益复杂促使企业组织结构向扁平化、网络化发展;社会文化教育等因素影响了组织中人的思想、价值观,从而促使管理者改变激励措施;资本市场的发展和变化也足以影响一个企业的财务管理。

(四)外部环境对组织管理特色的影响

由于环境因素的不同,传统文化价值观不同,不同国家、地区的企业也形成了自己的特色。如中国历史上的晋商、徽商,现代的浙商、粤商、闽商,温州模式、苏南模式等,都受环境因素的影响。从国际上看,美国和日本企业的资金来源不同,形成了各自的经营特色。美国企业资金主要来于私人集资和资本市场,来源不稳定。因而在经营中侧重资金利润率,在工资制度上侧重员工的当期表现,在企业文化上强调个性、重视个人。日本企业资金主要来源于银行贷款,来源比较稳定。因而在经营中侧重较长期的利益,新产品采用低价策略,重视市场渗透和市场占有率,在人事工资制度上注重职工长期表现,采用年功序列工资制,在企业文化上强调团队精神。

管理视野

人工智能时代,如何当好企业经理人?随着新技术不断刷新人类认知,拓展各种可能性边界,我们如今越发关注以人工智能为代表的科技革命对于管理者角色意味着什么:相较于以往任何时刻,能自主学习、理解认知,并付诸行动的智能机器是否或将取代各类组织机构中的管理层?终有一天,办公室格子间坐着一位机器人同事,再或者,自己的老板是一台智能机器?

世界范围内,部分企业已经在内部部署智能机器系统,除了让其承担常规的、只需履行基本规则的工作之外,也开始解决一些较为复杂且需创造力的问题。涵盖了多种技术的认知计算正在被运用到各类智能解决方案之中,其经济效益和商业潜力已获得企业的普遍重视,因而高管们对管理层面上的人机合作前景十分看好:拥有更强大的员工团队、更具创造力的组织、更快更好的决策能力、并能先于竞争者捕捉新的增长机会。

例如,埃森哲已经在全球推出了一套智能自动化平台,以期实现更智能、创新和高效的系统集成和软件应用开发。该平台创造出一系列应用了机器认知学习技术的虚拟人物(数据科学家、测试工程师等),与人类员工一起分析数据、管理项目,帮助后者做出更好决策。

因此,对于企业所有者和管理者来说,与其陷入机器是否会取代人类的担忧之中,更现实的问题是,肩负着管理重任的经理们是否做好准备,最大化地利用智能系统来提升工作表现?基于最新行业调研和观察,埃森哲认为企业管理层需要做出积极努力,在完善管理者技能的同时,凝聚人心,发挥智能机器和人类能力的乘数效应。

拥抱智能机器,欲迎还拒

埃森哲在针对来自14个国家的1 700余名经理的调研后发现,有84%的经理认为,智能机器将使他们的工作更有效、更有趣。在未来,有着认知和深度学习能力的机器将"接管"消耗着经理们大量时间、精力的工作职责,这些职责包括:计划和协调、信息处理、跟踪绩效表现、常规的、重复性工作以及资源分配等。

在管理层面,智能机器崛起的最大意义可能在于,被"解放"的经理有更多的时间和精力来从事更具战略意义和创造性的工作。通过人机协作,认知计算在增强人类工作能力的同时,还能确保他们发挥独特的思维、感觉和沟通优势。

但是,经理们认同之余存在着普遍的抗拒心理。有超过1/3的经理担心智能机器可能使得他们饭碗不保。不同行业对于其态度也存在差异,比如,在电子和高科技行业,有一半的经理强烈或部分认同,智能系统将威胁到他们的工作;而在交通运输行业,只有约25%的受访者这样认为。与之相对应的,来自高科技行业的经理们对于认知计算的表现有着最高的预期。

相比于他们的老板,一线经理们普遍缺乏对于智能系统的信任。在被问及是否会信任智能系统所做的决定时,只有14%的一线经理回答"十分认同",中层经理的比例稍高(24%),而高级经理最为认可这个说法(46%)。

埃森哲调研发现,相较欧洲、美洲的同行,来自中国的企业经理更信任认知计算。有超过 60% 的中国经理认可由智能系统来执行工作监督和评估,并有超过一半的中国经理表示会信任智能机器所给出的建议,而这两个比例在发达国家只有18%。除了表明智能机器在中国尚未引发大量关于隐私的担忧之外,这也意味着,国内企业有着更开放的心态拥抱认知计算,并准备通过这方面的投入帮助企业运营、流程管理乃至创新等各个方面。

在经理们在对待智能机器欲迎还拒、尚没有终南捷径的时候,企业领导层需要站出来,做出表率。

开风气之先,立管理之本

技术除了带来颠覆,更将推动员工、项目乃至整个企业转型,成为能够不断适应环境及自我调整的灵变组织。领导者会发现,捏合智能机器和人类员工的能力,打造柔性劳动力团队和在线工作管理方案将成为企业新的竞争优势。

但在这之前,企业要帮助经理培养技能并树立信心。通过调研,我们发现许多经理并不确定自身技能是否会帮助他们应对未来发展并获得成功,而且他们中的很多人低估了自己有别于机器的人际交流能力。具体而言,我们认为,企业领导层在如下三方面做出的努力,能更好地打造未来管理团队。

知人善任:经理们不必盲目自信,当然也无须妄自菲薄。有超过 40% 的经理将数字技能视为未来五年最能使其获得成功的必要技能,但只有五分之一的受访经理认为人际技能,诸如社交技能和交流合作等,将帮助其在职场上成功。其实,除了分析推理、数字技术以及洞察力等基本技能储备外,企业经理往往需要依赖独有的人际交往能力来磨合团队,驱动创新并鼓励使用全新工作方式。

如此一来,企业势必要在运营组织上做出改变,建立新的培训系统、使用新的绩效评估方式等。如果一部分现任经理不能完成转型,企业就需要放眼外部,寻找能够胜任人机协作的人选。这也往往意味着人才招募、发展和激励等一系列的机制调整和变革。

绝大多数的中国企业已经意识到,需要给予员工培训和智能设备培训同等程度的重视。为了更好地培训员工队伍,中国企业正在普及虚拟世界(virtual worlds)、自适应性学习(adaptive learning solutions)、增强技术(augmentation technology)以及众筹(crowdsourcing)等技术手段用以培训。

鼓舞士气:变革时代让这句老生常谈有了新的意义。企业决策层不仅要看准技术方向,也要鼓励经理们以新方式开展工作。高管需要做好沟通并运用自身的影响力,让经理们信服智能机器的价值和能力。简而言之,决策者首先要树立起变革者的形象,从开始阶段就做好清晰且坦诚的沟通工作。埃森哲在经过对 150 多家组织机构及其 250 项变革决策的调研后发现,员工越信任领导,企业越能实施和加速变化过程。这也就意味着,当决策层能解答经理的担忧,获取他们信任的时候,经理们将更能接受认知计算,这会有利于技术的普及。企业高管也要在变革的每一阶段鼓励经理们分享各自的洞见、建议,甚至对机器的畏惧之情。

不断尝试:让智能机器承担某些特定工作只是众多商业应用的冰山一角,还存在不少的未知。因此企业高管和经理们需要着手进行一系列有针对性的尝试,来厘定那些对于团队最有效的智能机器功能,由此挖掘更具价值的机会。对于企业 CEO 来说,经理和机器的协作体系并不仅仅是指完成自动化工作或是单一地增强经理的绩效,也不能依赖机器来指明前行道路,而是要凭借不断地尝试、过去的经验和直觉来做出最重要的判断决策,这样才能让经理—机器创造的价值成倍放大。

中国企业这方面走在前列。超过七成的中国企业表示在考虑应用软件自动化和认知计算强化其员工队伍的能力,高于全球范围的 51%。结合智能系统的超大数据应用,对于目前中国企业乃至中国经济的转型升级,可以发挥巨大作用。依托机器学习和自动决策等技术,中国企业和组织能够加快知识形成与积累,对内在管理运营方面实现更高的智能水平,对外有效利用数据分析结果发现更多创新机遇。

谷歌 CEO 拉里·佩奇(Larry Page)曾表示:认知计算和人工智能解决方案是人机协作的最佳方式。机器正在向人学习,与此同时,人也在从机器那里学到东西。可以预期到的是,在未来的工作环境中,机器将实现自我组织、自我管理,交付各种自动化工作。另外,人依然不可或缺——富有创意的领导者和思想者将发挥他们的智慧来构想所有流程和程序,并在实践中与机器互动,提升企业整体表现。

尽管不可能像机器那样进行快速训练,人类的学习可以从不同层面来弥补。事实证明,计算机能胜任定义清楚的单一价值工作,但我们生活的世界并不是凡事都有清楚的界定,人与机器间的深层次交流协作尚待时日。

企业需要坚持"技术为人"的理念,打造并驾驭技术来拓展人的能力,适应各种变革,并在企业上下建立起尝试——信任——协作的文化氛围,也只有在这样的环境中,人和机器的潜能或将得到充分释放。

资料来源:哈佛商业评论,http://www.hbrchina.org/2017-02-20/4989.html.

三、外部环境对组织影响程度的衡量

每个组织都要受一般环境和具体工作环境的各种环境因素的影响。但是如何分析环境因素对组织的影响程度呢?美国著名的组织理论家汤姆森(J.D.Thompson)认为可以从外部环境的变化程度和外部环境的复杂程度这两个方面来衡量外部环境对组织的影响(如图3-3所示),从而形成了四种不同性质的外部环境类型。

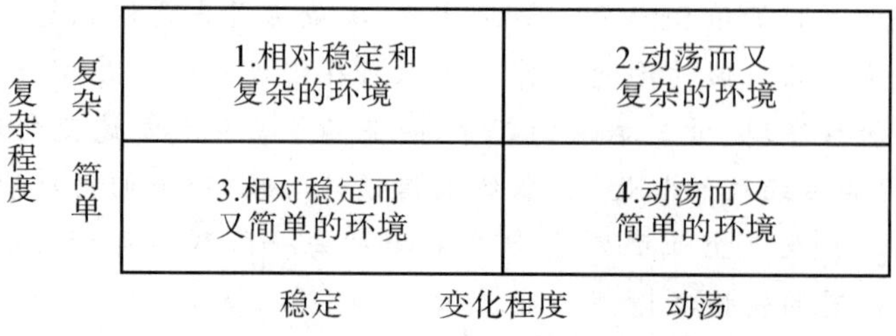

复杂程度	复杂	1.相对稳定和复杂的环境	2.动荡而又复杂的环境
	简单	3.相对稳定而又简单的环境	4.动荡而又简单的环境
		稳定　　变化程度　　动荡	

图 3-3　衡量外部环境对组织的影响程度

(一)相对稳定和复杂的环境

有些组织的外部环境构成比较复杂,但相对比较稳定。这些组织的一般环境和具体环境的影响因素比较多,但变化的速度比较缓慢。如对于一个汽车或者飞机制造公司来说,不管是一般环境还是具体环境,影响的因素都比较多,可以说是处在一个复杂的环境中,但这些环境对于汽车公司的影响来说,可能是比较稳定的,在一定时期内不会有太大的急剧变化。处在这种环境中的组织为了使组织适应环境,一般采用分权的组织形式,同时也要加强组织内部各个方面的配合和协调。

(二)相对稳定而又简单的环境

有些组织的外部环境比较简单,且相对比较稳定,因此这种组织可以通过集中的控制和严格的纪律与规章制度及采用标准化和程序化的方式来使组织正常运转。

(三)动荡而又复杂的环境

有些组织的外部环境比较复杂,且经常发生急剧的变化。如生产电子产品的企业,各种互联网应用企业,就可能处在这种动荡而又复杂的外部环境之中。在这种企业中,应采用分权的组织形式,充分发挥各个方面的积极性与主动性。

(四)动荡而又简单的环境

有些组织的外部环境比较简单,但却经常发生变化。如服装企业的外部环境比较简单,它不像汽车厂或者电子厂那样受各种复杂的环境因素的影响,但是却面临着一个多变的外部环境,因为生产服装的面料发展变化很快,且人们对服装的式样和款式等时尚要求也经常发生变化。在这种组织中,一方面要加强组织内的规范化管理,另一方面又要使组织在某一方面能有较强的适应能力。如要求服装厂在服装式样的设计上能根据消费者需求的变化及时地做出反应。

第四节 组织的内部环境

良好的宏观环境和行业环境,对于企业的生存与发展,取得优越绩效是非常重要的。但是,我们也看到,在同一个行业中,不同企业的绩效常常呈现很大的差异性。这种同样外部环境下的绩效差异的原因不能简单地用外部环境来解释,而必须从企业内部去寻找根源。不同的企业拥有不同的资源和能力,有些资源和能力使企业能够选择并实施可以创造价值的战略,形成竞争优势。企业内部环境分析的目的就是通过对企业资源和能力的分析,找准自身优势和弱点,明确作为企业竞争优势根源和基础的异质能力。以下将简要介绍组织内部环境的概念、分类和分析框架。至于组织内部的情景要素和结构要素等,将在第十章"管理的组织职能"中予以分析。

一、内部环境的概念与分类

组织的内部环境,是指存在于组织边界以内、能够为组织所控制的各种有形资源和无形资源,包括硬件资源、工艺技术、组织结构和组织文化等。其中,硬件资源是有形资源,是组织开展各项具体活动的基础设施;工艺技术服务于组织的生产或服务工作,可能是有形的,如工艺图纸等,也可能是无形的,如技术诀窍等;组织结构和组织文化则是无形资源,是组织有效运转的软件支持。这些组织的有形或无形资源,既是组织运行和发展所必需的,又能通过管理活动的配置和整合能够增值的,为组织存在与发展提供基础与保障。

(一)按内部环境资源的内容划分

1.人力资源。从组织角度来看,人力资源是那些属于组织成员、为组织工作的各种人员的总和,亦即组织成员所蕴藏的知识、能力、技能以及他们的协作力和创造力。

2.关系资源。关系资源是组织与其他各类公众良好而广泛的联系以及组织内部各部门、各成员之间的关系。组织的关系资源也决定了组织的舆论状态和形象状态,它们构成了组织最重要的无形资源。

3.信息资源。从信息的流向来看,信息资源可以分为"外部内向"和"内部外向"信息资源两种。"外部内向"信息资源是指组织所了解和掌握的、对组织有用的各种外部环境信息。"内部外向"信息资源是指组织的历史、传统、社会贡献、核心竞争能力和信用等信息。这些信息为外界所了解,就会转化为组织谋求发展的重要条件。

4.金融资源。金融资源是指拥有的资本、资金、债券等金融资产。金融资源最直接地显示了组织的实力,其最大的特点在于它能够方便地转化为其他资源,也就是说它可以被用来购买物质资源和人力资源等。

5.形象资源。组织形象是社会公众对组织的总看法和总评价。组织形象有其内涵和外显两大方面,良好的组织形象应该是内外统一的。

6.物质资源。物质资源包括组织拥有的土地、建筑物、设施、机器、原材料、产成品和办公用品等。

(二)按内部环境资源的表现形态划分

1.有形资源。有形资源通常是指那些具有一定实物、实体形态的资源。如组织赖以存在和发展的自然资源以及建筑物、机器设备、实物产品、办公设施、资金等。任何组织的存在,都需要以存在一定有形资源为前提。特别是传统的制造型企业,有形资源更是组织的重要组成部分。即使是在服务型组织中,有形资源仍然重要。例如,虚拟组织的运转,仍然需要有一定的沟通平台,而保证沟通能够有效运行的各种硬件设施,如 WIFI 路由器、电脑、电话、小型办公场所和网络服务器等,是保证组织运转所不可缺少的有形资源。

2.无形资源。无形资源是指那些不具有实物、实体形态的资源。组织赖以存在和发展的社会人文资源就是无形资源。典型的无形资源包括组织文化、信息资源、关系资源、权利资源和人际关系等。在所有这些要素中,组织文化因素对实现组织目标有重要意义,因而我们在这里主要分析组织文化环境。

二、组织文化

(一)组织文化的定义

文化(culture)一词源于拉丁语,指人类为了获取生活资料,对土地的耕作、栽培。在当代社会,对文化概念的定义众说纷纭,莫衷一是。但一般认为文化有狭义和广义之分。狭义的文化是指价值观等思想观念的东西;广义的文化是指整个人类所创造的物质财富和精神财富的总和。

组织文化是一种群体文化,是指组织长期培育和贯彻主张的一组共同的价值观、信念、习惯、态度和行为。组织内部的这套价值和信念体系在很大程度上决定了组织成员的行为方式,并影响他们如何对问题进行概念化、定义、分析和解决。组织成员在工作中不断学习、认同这种价值观和行为模式,并将其作为正确的认知、思维和感知方式传递给新员工。优秀的组织围绕着核心理念,创造、发展和保持一种像教派般的文化,强力向员工灌输信仰。当然,组织内部不同部门的文化可能大不相同,比如销售和营销部门的文化与其他部门的文化大不相同,不同部门会有自己部门文化的特点,但是它们都服从于组织的共同文化。

(二)组织文化的层次

组织文化由 3 个层次构成:

第一个层次是文化表层可视的人造物品,包括着装、有形标志、办公室布局、符号、标语等在组织中可看到、听到的东西,向组织成员传递和灌输价值观。

第二个层次是文化深层次不可视的价值观和信仰,这些价值观通过传奇故事、语言、仪式、英雄人物、行为等途径和手段来感知它们的存在。

第三层是深深地根植于组织文化之中的潜在的假定和崇高的信念,组织宣扬的价值观已经流淌在组织成员的血液里面。

总之,组织文化所要表达的是全体员工所认同的价值观、信念、行为规范和共识,它们通过符号、传奇故事、英雄人物、标语口号和仪式等多种形式和层次彰显出来。管理者的任务就是要界定这些重要的符号、传奇故事和英雄人物,潜移默化地宣扬和灌输这种价值观。

(三)优秀组织文化的意义

组织文化对管理者履行计划、组织、领导和控制等职能过程的决策产生影响。它像一个自动过滤器,制约着管理者的知觉、思想、感觉和行动。文化是组织内的一种强大力量,决定企业的整体效率和长期成功。优秀的组织文化具有重要的管理意义:

第一,具有约束功能,能提高管理效率。在文化氛围中,组织成员愿意自觉遵守由企业文化形成的价值准则和行为规范,比靠强制命令有更好的工作效率。企业不能只靠制度约束人的行为,还需要有温情的企业文化。

第二,具有凝聚和激励功能。有良好的工作氛围,使人心情舒畅、充满生气,激发人积极进取,能保持员工的生产效率、质量和士气。

第三,具有导向功能,是企业生存和发展壮大的灵魂。文化价值观注重人,以人为本,创造了能充分发挥积极性、创造性的文化和工作环境。

三、内部环境的分析框架

(一)巴尼的 VRIO 分析框架

杰伊·巴尼(Jay B. Barney,1991)以资源基础理论为依据,建立了一个实用的内部分析框架——VRIO 框架。[①] VRIO 框架针对企业所拥有的某种资源或能力,提出四个问题:

第一,价值(value)问题:企业的资源和能力能使企业对环境威胁或机会做出反应吗?

---

① 杰伊·巴尼、威廉·赫斯特里:《战略管理》,李新春、张书军译,机械工业出版社 2008 年版,第 65~66页。

第二,稀缺性(rareness)问题:有多少企业拥有某种有价值的资源和能力?

第三,可模仿性(imitability)问题:现在不具备这种资源和能力的企业在获取它时与已经拥有它的企业相比是否处于成本劣势?

第四,组织(organization)问题:企业的组织架构能充分利用所拥有资源和能力的竞争潜力吗?

这四个问题的答案决定了该资源或能力是企业的一项优势或是弱点。如果对以上四个问题的回答都为是,那么这种资源和能力就有可能成为企业可持续竞争优势的一个来源。

在20世纪60年代,施乐公司在加州硅谷的中心帕罗奥托建立了施乐帕罗奥托研究中心,招募了一流的科学家和工程师在那里工作。他们研发出了一系列令人吃惊的技术产品,包括个人计算机、鼠标、视窗型软件、激光打印机、无纸办公室、以太网等。现在看来,抓住其中任何一种产品都会为施乐带来巨大的竞争优势。但是,遗憾的是,虽然施乐在该中心所研发的技术上拥有非常有价值、稀有且模仿昂贵的资源和能力,却缺乏有效的组织来利用这些资源。施乐的报告结构使高级经理们直到70年代中期都不知道这些技术进展的存在。即使他们最终知道了,也只有极少数技术能通过施乐高度官僚化的新产品开发与评估过程,幸存下来的创新也未被施乐的经理们利用,因为施乐管理人员的报酬几乎唯一取决于当前收入最大化,他们没有必要关心为将来盈利而进行的产品和市场开发。不恰当的组织妨碍了施乐利用任何一种这些持续竞争优势的来源。(见表3-1)。

表3-1 施乐公司 VRIO 分析模型

	价值性 (value)	稀缺性 (rareness)	难以模仿性 (imitability)	组织性 (organization)
新产品开发能力	√	√	√	×

(二)波特的价值链模型

VRIO框架分析了一种资源或能力的收益潜力,但并未指明应对何种资源或能力进行分析。价值链分析能够帮助确定应当进行VRIO分析的资源和能力的清单及其在整个企业活动中所处的位置。

由美国哈佛商学院著名战略学家迈克尔·波特提出的"价值链分析法",把企业内外价值增加的活动分为基本活动和支持性活动,基本活动涉及企业生产、销售、进料后勤、发货后勤、售后服务。支持性活动涉及人事、财务、计划、研究与开发、采购等,基本活动和支持性活动构成了企业的价值链。不同的企业参与的价值活动中,并不是每个环节都创造价值,实际上只有某些特定的价值活动才真正创造价值,这些真正创造价值的经营活动,就是价值链上的"战略环节"。企业要保持竞争优势,就需要发挥企业在价值链某些特定的战略环节上的优势。

运用价值链的分析方法来确定核心竞争力,就是要求企业密切关注组织的资源状态,要求企业特别关注和培养在价值链的关键环节上获得重要的核心竞争力,以形成和巩固企业在行业内的竞争优势。企业的优势既可以来源于价值活动所涉及的市场范围的调整,也可来源于企业间协调或合用价值链所带来的最优化效益。

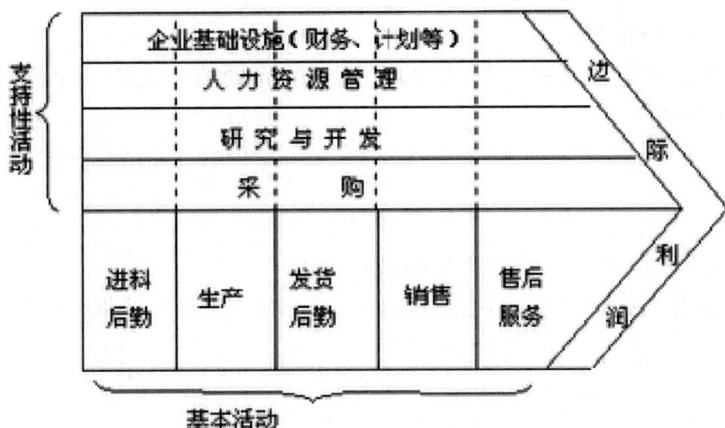

图 3-4 迈克尔·波特提出的价值链分析法

本章小结

管理者在复杂的环境中从事管理工作,他们受环境的约束,同时又在某种程度上影响着环境。在当今日益多元化的社会中,管理者必须考虑企业各相关集团的利益。

组织效能模型是衡量组织环境适应能力的综合模型。理论上,可以把提高组织效能的模型分为四种,分别是系统资源模型、内部流程模型、目标模型和战略支持者模型。

组织界限是把组织与外部环境区分开来的东西。组织内部的各种因素制约着管理者的管理活动,而组织的外部环境也在影响着管理者的决策。对外部环境分类,有利于加深对它的认知。外部环境按其性质分,存在着自然环境、社会环境;按其对组织影响的程度分,有一般环境和具体环境。

每个组织都是生存在一定的环境中的,它必须与环境进行各种要素的交换,才能生存和发展。外部环境影响了组织目标的确定和实现,影响了组织系统的形成,对组织内部管理特色也产生了影响。

组织的内部环境是指存在于组织边界以内、能够为组织所控制的各种有形资源和无形资源,内部环境可以按照资源的内容和表现形态进行分类。组织文化是组织内部环境中的重要因素,组织文化由 3 个层次构成,优秀的组织文化具有重要的管理意义。巴尼的 VRIO 分析框架和波特的价值链模型是内部环境的两种重要分析框架。

组织与外部环境进行各种要素交换的规定、程序、方法、制度、标准等组成了社会组织的组织界限,它对组织的生存和发展起到过滤与保护作用。组织界限的确定要考虑组织的类型、组织所追求的目标、组织系统有效运转的要求以及组织适应外部环境的要求等因素。

复习思考题

1.对一个企业来说,一般环境与具体环境哪个更为重要?为什么?

2.请举例说明外部环境对组织系统形成过程的影响。

3.请讲述一个卓越企业的发展历程,并说明环境是如何影响这个企业成长的。

4.根据企业文化的表现手段总结和讲述一个企业的文化特征。

5.什么叫组织界限？组织界限有什么作用？

6.请举例说明如何确定组织界限。

7.为什么说使组织适应环境是一种被动式的管理,而创造和选择一个良好的外部环境则是一种主动式的管理?

技能练习

1.参访一家企业,说说这个企业的文化特征。

2.采访 3 个创业者,总结他(她)们是如何在外部环境的变化中捕捉商机的。

课外阅读

诺基亚:巨人之死

诺基亚不是一夜之间倒下的。当它领导群雄的那一刻,衰败便开始悄无声息地发生了。

成立于 1865 年的诺基亚,还有两年就迎来 150 周岁的生日,但它等不到这天了——当诺基亚被微软收购的消息传来的时候,人们终于可以确信:又一头巨人被"肢解"了。

这是一个充满悲剧色彩的故事。历代领导者用了 100 多年,才把这个不起眼的木材厂经营成手机通讯产业的王者。不过风光了几个年头,他们的接班人就将之送入年轻了 90 岁的微软囊中。

很多人曾期待诺基亚东山再起。但它没有。抛弃 Megoo、关停 Symbian、屏蔽 Android,拥抱微软。诺基亚签下"生死状",不是为了从苹果、三星手中夺回失去的江山,而是希望死得慢一些。

但死亡不可避免。正如星巴克创始人舒尔茨说:"衰败发生得安静而平缓,就像脱线的毛衣一样,从松动的那一针开始,一点点脱线。"等到终于察觉的那一刻,一切已经晚了。

诺基亚、索尼、柯达……翻开这些企业巨人的历史,我们似乎可以发现某些共同之处:一旦企业成长为行业"领头羊",伴随目标感的消失,倦怠之情油然而生,如果不能突破自我,重塑自身,建立清晰的战略规划和正确的发展方向,就不可避免地陷入"领先者的迷茫"。一点点丧失进取的雄心和锐气,变得平庸、低效。这时候,靠着既有的成功和行业的惯性,它也许还能维持几年的辉煌,造成领先的假象,而事实上,它的竞争力正在加速衰退,变得大而无当,脆弱不堪。即便一个不在同一重量级的竞争者,都可能把它打垮。

值得深思的是——诺基亚这样的巨人,究竟是被对手摧毁,还是被既有的成功扼杀?

并不生产手机的苹果公司凭借 iPhone 横空出世,一举颠覆了手机行业的游戏规则,瓦解了既有的竞争格局。Android 系统带来新的可能,它的开放性助长了行业混战,使得三星异军突起,HTC、小米这样年轻的品牌有机会脱颖而出,而二三线厂商和山寨工厂也可以从中分一杯羹。

所谓"乱拳打死老师傅",低端产品和高端产品的两头夹击,将诺基亚推入生存困境。

进入 21 世纪,全球采购和供应链的成熟,降低了产品制造的门槛,使得硬件不再是一个问题。而 Android 系统的出现,则解决了软件障碍,从而为"快品牌"塑造创造了可能。

恰恰是这两点,攻破了诺基亚的"护城河"。在 IOS、Android 系统出现之前,诺基亚已经在手机通信行业历练 20 余年，磨炼出强大的硬件生产能力和工艺水平，其产品以结实耐用闻名。搭载 Symbian 智能系统，诺基亚足以傲视群雄，一度占据 40％的市场份额，把摩托罗拉推下行业制高点，微软 windows 系统也只有看戏的份儿。但诺基亚又因何衰落到被微软收购的境地？

是因为不够重视研发吗？——诺基亚 2010 年的研发费用高达 58 亿欧元，是苹果的四倍以上。它可以在一年之内推出 50 款以上的新产品，多数手机厂商一年只能研发数款新品。

然而令人费解的是，早在 2004 年，诺基亚就开发出触控技术，这时候苹果还没有介入手机行业。但直到 2008 年，iPhone 问世一年后，诺基亚才亦步亦趋地推出触控手机；诺基亚也不缺乏商业意识，它的网络商店 OVI，比苹果 App Store 还要提早一年问世。

诺基亚是工业时代的王者，它遵循精益生产的法则，它拥有全球最精密的采购链，每个环节都必须精确控制风险与成本，力求在成本与质量之间达到某种动态平衡。这使其获得早期的成功，但是另一方面，也限制了它的后续发展。成本思维制约了诺基亚的前进，管理者总是在权衡利弊中倾向保守，不愿将研发转化为产品，而既有的成功又让其丧失了推进全面创新的动力。

然而，"机会成本才是最大的成本"，错过了某次机会，就可能永远地告别了舞台。

在互联网时代的急剧变化中，变革才是生存之道。诺基亚的商业基因，仍停留在工业时代的制造思维和成本思维，没有与时俱进地进化，因而被时代淘汰。这何尝不是那些工业巨人衰落的原因？

资料来源：财富中文网，杜博奇，2013 年 09 月 04 日。

第四章　组织与环境的关系

1.认识组织应对环境的策略

2.认识利益相关者、社会责任与管理道德

3.了解支持和反对企业承担社会责任的理由

4.了解企业社会责任的表现

5.掌握决定企业道德规范的因素

6.了解提高管理者管理道德素质的途径

任何一个组织都在一定的环境中生存和发展,每个组织又可以通过自身的活动而对自身的环境产生影响。在组织与环境的关系中,利益相关者、社会责任与管理道德是管理学研究的新课题。利益相关者是能直接或间接地影响企业活动或被企业活动所影响的人或团体。利益相关者概念的提出,对企业的管理理论与实践产生了巨大的影响,在很大程度上改变了关于企业性质和使命的传统观念,使企业必须承担起超越经济目标的更广泛的社会义务和责任。随着人们对社会责任认识的发展,管理道德问题也逐渐成为关注热点。

本章首先提出了组织适应环境的策略,然后在深入阐述利益相关者内涵的基础上,首先,系统分析社会责任的内涵、支持和反对企业承担社会责任的理由、社会责任与经营绩效的关系、组织的社会责任管理等问题,并说明企业社会责任的具体体现。其次,阐明管理道德的内涵与层次及决定企业道德规范的因素。最后,本章将探讨提高管理者的社会责任感与管理道德水平的途径。

通过本章学习,你将会了解利益相关者、社会责任与管理道德的内涵,了解影响管理者道德素质的因素,管理者以及组织如何在有组织的环境中履行他们对利益相关者所负的社会责任。大量证据表明,企业的社会责任与其长期利润之间有着正相关性。在衡量一个企业的社会责任时,通常要看它是否真正以及在多大程度上对有关各方负起了责任。因此,如何提高管理者的道德素质就成为企业能否有效履行社会责任的关键因素。

揭秘：德国大众汽车的"排放门"丑闻

2015 年 9 月 18 日，美国环境保护署指控大众汽车所售部分柴油车安装了专门应对尾气排放检测的软件，可以识别汽车是否处于被检测状态，继而在车检时秘密启动，从而使汽车能够在车检时以"高环保标准"过关，而在平时行驶时，这些汽车却大量排放污染物，最大可达美国法定标准的 40 倍。

这一消息令美国监管部门、环保组织和消费者等各界人士感到震惊。美国已暂停了大众品牌的柴油汽车的新车销售。美国环境保护署和空气治理委员会宣布立即介入调查，美国司法部也宣布展开刑事调查，据称美国国会计划在几周内宣布对大众的排放检测丑闻进行听证。根据美国《清洁空气法》，每辆违规排放的汽车可能会被处以最高 3.75 万美元的罚款，大众面临的罚款总额可高达 180 亿美元。

"排放门"丑闻不断发酵，其影响迅速在全球蔓延。卷入违规排放的大众柴油汽车数量预计为 1100 万辆，主要为搭载 EA189 型柴油发动机的车型，涉及大众、奥迪、斯柯达、西亚特四个品牌。其中，德国市场约 280 万辆，美国市场约 48.2 万辆，瑞士市场约 18 万辆。

据英国《每日电讯报》网站报道，大众的这一丑闻首先是由两名环保人士揭露的。为了在欧洲证明清洁的柴油燃料是可以生产出来的，清洁交通人士彼得·莫克和约翰·杰曼 2014 年初开始检测美国汽车排放量。在一次从圣迭戈开往西雅图的检测中，他们意外地发现，尽管通过了实验室检测，但是大众品牌汽车排出的有毒物质却达到了危险的水平。原来，大众并没有生产出清洁的汽车，而是利用软件造假通过官方测试。这也解释了为什么美国的汽车可以毫不费力地通过比欧洲更为严格的污染检测。

报道称，杰曼是总部设在柏林的国际清洁运输委员会的工作人员，他将发现的相关情况提供给了加州空气资源委员会和美国环境保护署。他们随后遭到了大众公司长达数月的阻拦。直到上述两家监管机构拒绝为大众 2016 年柴油车颁发合格证书时，大众公司才在 9 月初承认犯下了错误。

2017 年 3 月，大众汽车集团正式就"排放门"事件向美国司法部门"自首认罪"，承认"妨碍司法、合谋诈骗和虚假陈述"三项罪名，此举让持续 20 个月的大众尾气排放造假事件暂时告一段落。认罪协议包括 28 亿美元的刑事罚款，15 亿美元的民事罚款，以了结美国的其他调查。而之前，大众已和消费者、监管机构、经销商和美国一些州的检察长达成逾 200 亿美元的民事和解协议。这意味着大众在美国市场总共需要掏出超过 240 亿美元的罚金。

德国大众汽车公司曝出的汽车尾气检测造假丑闻令人震惊。这一汽车行业近年来最大的丑闻之一不仅促使多国展开对大众汽车的调查，还波及其他汽车制造商，甚至引发人们对德国制造行业以及整个清洁柴油车辆技术的信任危机。

资料来源：作者根据新华网、凤凰网、腾讯网等网络媒体报道整理。

第一节 组织应对环境的策略

我们在第三章描述了组织环境的各个要素,组织环境中充满了各种不确定性因素,这些因素可能给组织的未来发展带来机会和威胁,组织如何应对环境是管理工作的重要内容之一。组织与环境之间存在着一种双行道式的关系。因此,组织应对环境的基本策略是:一方面,组织必须适应环境,另一方面,组织要为自身创造和选择一个良好的环境。

一、组织必须适应环境

每个组织都是生存在一定的环境之中,要从外部环境输入各种要素,并向外部环境输出各种要素。从这个意义上说,对于已经形成的外部环境,组织必须适应之。组织必须根据外部环境能提供什么要素以及外部环境需要组织提供些什么来决定自己能为社会"生产什么"和"要生产什么"。比如企业要根据外部环境能提供什么生产要素和市场需要什么来决定自己要生产什么产品。对一个组织来说,只有适应已经形成的外部环境,组织才能生存和发展,否则,组织就会被环境所淘汰。

外部环境诸如社会风气、价值观等对组织中的每个人的思想和行为都会产生影响。对一所学校来说,就应根据外部环境如社会风气、价值观等对组织中人的思想和行为的影响来决定如何对学校中的学生进行培养,还应根据社会对人才的需求情况来决定学校要培养出什么样的有用人才。总之,对一个组织来说,只有适应已经形成的外部环境,组织才能生存和发展,否则,组织就会被环境所淘汰。

为了使组织能适应外部环境,组织就必须认识环境和了解环境,特别是要研究未来环境的变化趋势和变化规律,以提高组织对未来环境变化的适应能力和应变能力。具体来说,组织适应环境有如下方法:

1.信息管理。组织必须时刻关注和监督外部环境变化的信息,收集并利用这些信息。因此,管理者要通过环境扫描,通过观察、阅读、社会交往等多种形式积极地监督环境。如今,很多组织可以通过便捷的互联网和计算机信息系统,收集与组织相关的信息,并通过归纳分析这些信息确保组织对环境保持敏感性。

2.战略反应。组织可以根据环境的变化和复杂程度做出维持战略、改动战略或者采用新战略等战略反应。例如,企业发现市场在萎缩的信号,或者缺乏能够保持潜在增长的证据,那么企业就要做出战略反应,削减投入。

3.兼并、收购和联盟。兼并是两家或更多的企业合并成为一家新的企业,收购是一家企业购买另一家企业,联盟是不同的企业合作建立新的公司。企业常常用兼并、收购和联盟等方法来适应环境,如很多外资企业到中国来发展,由于对中国各个方面的环境不熟悉,常常会采用这种兼并、收购或者联盟的方法来规避风险。

4.组织设计和灵活性。组织可以通过在组织结构设计中提高灵活性来适应环境。我们将在以后的章节中学习到,如果组织面对的环境不确定性较低,可以采用机械式的组织设计,即组织采用更多正式和严格的规则、控制和标准作业程序;如果组织面对的环境不确定性较高,可以采用有机式的组织设计,即组织采用更多的可以自主判断的灵活性做法。

5.履行社会责任。社会责任(Corporate Social Responsibility,CSR)是组织在其运营的社会环境中必须履行的保护和改善社会的义务。社会组织是环境的产物,组织可以通过主动承担社会责任的方式去主动适应环境的要求。组织社会责任运动发展到今天,组织社会责任的领域越来越广泛,组织承担社会责任的重要对象包括利益相关者、自然环境和一般社会福利。

二、组织要为自身创造和选择一个良好的外部环境

外部环境并不是一个游离于组织之外的超然之物,就社会环境来说,实际上也是人类劳动的产物。人类通过自身的劳动改造自然,创造了人类赖以生存的社会环境,这个社会环境又作用于人类的社会劳动过程,使人类又创造出新的社会环境。在人类改造自然、创造人类社会文明的过程中,人类一方面要适应已经形成的外部环境,另一方面,人类又不断地通过自身的活动改变着外部环境。实际上,每个社会组织都是互为环境的,每个组织都可以通过自身的活动而对自身的环境产生影响。对某一个组织来说,如果能处在一个良好的外部环境之中,则组织就能更好地生存和发展。正因为这样,组织不但要适应环境,而且还要反作用于外部环境,即为自身创造和选择一个良好的外部环境。

所以,组织面对环境并不是无所作为,组织可以直接影响环境。例如,企业可以为自身选择一个良好的原材料供应商,并同供应商签署长期的供货合同来规避价格波动的影响,从而使企业能有一个良好的生产要素输入环境;企业也可以通过对市场的分析,选择一个有利于企业发展的目标市场,使企业能有一个有利的生产要素输出环境。

组织也能为自身创造一个良好的外部环境,如企业在对消费者需求的发展趋势与发展规律了解的基础上,通过开发新产品来引导与诱发消费者的需求,这就为企业创造了一个良好的外部市场环境。苹果公司通过软硬件产品的开发和市场游戏规则的制定,使其利润收入不单是来源于生产手机的利润,还来源于手机软件的收入、配件的收入,甚至还来源于与电信运营商的收入分成。这就为企业创造了一个全新的生态市场环境。这种市场环境的形成,极大地提高了苹果公司的市场竞争能力。

组织还能通过自身的有效活动改变环境,使外部环境更加有利于组织的生存和发展。例如,学校可以通过开展各种公共关系活动来树立自身的良好社会公众形象,使社会各界更能理解和认识学校的工作,从而对学校的发展给予支持和帮助;企业可以通过提高企业产品的质量来改变消费者对企业的印象和认识,提高企业的声誉,从而改善企业的产品输出环境。

按照对组织的影响程度,外部环境可以分为一般环境和具体环境。其中具体环境对组织的生存和发展的影响程度比较高,而一般环境对组织的生存和发展的影响程度比较低。相应地,从组织对外部环境的反作用来看,组织对具体环境的反作用程度比较高,而对一般环境的反作用程度则比较低。也就是说,从短期的观点看,组织可以通过自身的活动为自身改善或者选择和创造一个良好的具体环境,却很难为自身改变或选择一个良好的一般环境。例如,企业可以通过自身的活动为自己重新选择原材料的供应商,或者重新对企业的目标市场进行选择,或者重新调整竞争策略,但却不可能通过自身的活动在一个比较短的时间内为自身重新选择一个政治环境或者经济环境,也不可能在一个比较短的时间内去改变组织所

处的管理体制。因为一般环境的改变和形成是一个缓慢的过程,任何一个组织都不可能在一个比较短的时间内改变它。但是,从长远的观点看,组织仍然可以通过自身的活动改变自身所处的一般环境,使之更有利于组织的生存和发展。例如,组织可以通过行业协会、人大或者政协提案、游说等方式影响政府的管制政策。

总之,组织与外部环境之间的关系说明了管理者的任务所在,即组织要通过有效的管理,使组织能适应外部环境;同时,要通过组织的有效管理,为组织改善、创造和选择一个良好的外部环境。如果说,使组织适应外部环境是一种被动式的管理的话,那么,为组织创造和选择一个良好的外部环境,则是一种主动式的管理。

第二节　利益相关者

一、组织的利益相关者

在组织的内部环境和外部环境中,有许多不同类型的利益相关者,他们对组织提出了不同的利益要求,因此,利益相关者是组织承担社会责任的重要对象。

利益相关者(Stakeholders)这一概念最早由伊戈尔·安索夫(Igor Ansoff)于1965年在他的《公司战略》一书中首次提及。1984年,弗瑞曼(Freeman)的《战略管理—利益相关者方式》出版后,"利益相关者"、"利益相关者管理"、"利益相关者理论"等术语被广泛关注和运用。所谓利益相关者(stakeholders)是从股东(stockholders)一词套用而来的概念。在这里,我们把它定义为能直接或间接地影响企业活动或被企业活动所影响的人或团体。这些利益相关者不仅包括企业的股东、债权人、雇员、消费者、供应商等交易伙伴,也包括政府部门、本地居民、当地社区、媒体、环境保护主义等压力集团,甚至还包括自然环境、人类后代、非人物种等受到企业经营活动直接或间接影响的客体。

企业的利益相关者通常被划分为两个层级:第一级利益相关者被认为是与企业之间拥有正式契约关系的个人和团体,包括雇员、股东、信用机构、政府、供应商、中间商、竞争者和顾客等;而所有其他利益相关者就被划入第二级,包括社会公众、环境保护组织、消费者权益保护组织、所在社区、市场中介组织、新闻媒体等。利益相关者还可以根据是否属于组织划分为外部利益相关者和内部利益相关者。

二、利益相关者的提出对管理理论与实践的影响

利益相关者理论的提出,对企业的管理理论与实践产生了巨大的影响。

(一)管理的目标导向正在转变

传统的企业认为股东是企业的所有者,股东利益高于一切,企业管理是以实现股东价值的最大化为目标导向的;利益相关者理论则认为任何一个公司的发展都离不开各种利益相关者的投入或参与,企业追求的是利益相关者的整体利益,而不仅仅是某个主体的利益。因此,企业管理的目标导向也应该相应的由股东价值最大化转变为利益相关者价值最大化。

(二)管理范畴得以扩展

在传统企业管理理论中,股东、雇员、顾客、供应商、中间商、社区及政府等个人和团体都是从企业环境或外生变量的角度被定义的,因而多被排除在企业管理的视野之外。然而,利益相关者理论则要求把这些个人和团体纳入企业管理的范围,视为企业的构成要素或内生变量,从而扩宽了企业管理的视野。

(三)管理重心发生转移

传统企业被视为一个相对封闭的系统,企业的管理活动也主要局限在如何处理内部人、财、物、产、供、销的关系及如何有效提升生产效率的问题上;而利益相关者理论则把企业当作一个开放的系统,要求管理者的管理活动着眼于企业内部环境与外部环境的协调发展,处理好内部利益相关者与外部利益相关者的利益平衡,协调好各种利益相关者短期利益与长期利益的平衡。

(四)管理理念不断更新

传统企业的管理者从股东的角度来看待企业,实行以物为本的任务管理,公司治理是以股东为主的单边治理;而利益相关者理论则要求企业管理者必须从利益相关者的角度来看待企业,实行以人为本的关系管理,公司治理则是在充分平衡各利益相关者利益基础上的共同治理和相机治理。

(五)管理内容不断丰富

利益相关者理论的提出和不断完善极大地丰富了管理理论的各个分支、各个层面以及管理实践的各个领域。在企业的人力资源管理上,提高员工的满意度和建立多元化员工队伍成为人力资源管理工作的重点;在供应商和中间商管理上,企业开始重视与供应商、中间商建立相互信任的长期合作关系,而不仅仅满足于过去的竞争性市场交易关系;在顾客管理上,顾客关系管理(CRM)逐步受到企业的重视,关系营销方兴未艾;在企业同竞争对手的关系上,从过去的敌对竞争关系转变为竞合关系,最为突出的是企业同竞争对手建立的战略联盟不断出现;在政府和社区方面,企业也开始重视同所在国家的政府及所在地社区建立良好的关系……

可以说,企业与利益相关者存在着多种多样的联系,要使企业活动取得成效,就必须使企业目标与社会目标相协调,企业要求与利益相关者要求相协调,个人目标与组织目标相协调,个人的行动与他人的行动相协调。这既是企业的社会责任要求,也是企业的管理道德标准。

显然,利益相关者概念的提出,在很大程度上改变了关于企业性质和使命的传统观念,使企业必须正视有关个人、社会团体对企业决策和行动的影响,充分考虑到制约企业的多重复杂因素,自觉地实现从传统的生产管理、经营管理向利益相关者管理转变,承担起超越经济目标的更广泛的社会义务、管理道德和公司责任。

第三节　社会责任

社会责任(Social Responsibility)是组织对环境适应性调整的表现,是组织适应环境的一种基本机制。对企业社会责任(Corporate Social Responsibility,CSR)的认识由来已久,但这个问题受到广泛关注并引发持续争论则是在 20 世纪 60 年代以后。企业社会责任是在工业文明带来的经济发展中,伴随着各种社会问题而出现的,表现为:一方面,资源枯竭、环境污染、公平机会以及消费主义蓬勃兴起,日趋成为争论的焦点;另一方面,管理者在管理实践中经常会碰到与社会责任有关的决策,如是否为慈善事业出一份力、如何确定产品的价格、怎样处理好和员工的关系、是否以及怎样保护自然环境、如何保证产品的质量和安全等。而 H.R.鲍恩于 1953 年出版的《工商企业家的社会责任》一书,则大大推动了有关企业的社会责任的讨论。

一、社会责任的内涵

公司社会责任(Corporate Social Responsibility,CSR)指管理层不仅要做出有利于组织的选择和行动,而且还有做出对全社会的利益有好处的选择和行动的义务。也就是说,企业除了对股东应尽经济义务以及法律规定的社会义务外,还要履行保护和改善社会的义务。

社会责任的内涵是随着利益相关者队伍的扩大和这些利益相关者的期望值的变化而发展的,在不同的社会发展时期有不同的认识。迫使企业承担社会责任的力量还包括记者讨伐、政府控制、民权运动、消费者运动、环境保护运动等。

(一)早期观点(20 世纪初之前)

社会责任概念的最早含义是利润最大化。即一个企业的社会责任在于通过有效生产、制造消费者需要的产品并以适宜的价格出售产品从而为股东赢取最大利润。社会责任的内涵和最大利润这个经济目标相重合,企业实现了它的经济目标就被认为满足了社会的需求。一般情况下很少有人支持企业参与社会问题。雅各比把这种观点称为企业的古典市场模式。

(二)近代(20 世纪初至 20 世纪 60 年代)社会责任的内涵

20 世纪初,企业由于垄断等造成了一些社会问题,遭到了工会、消费者、福利主义者等阶层的批评,导致了政府的干预和某些法案的通过。到了 20 世纪 30 年代经济大萧条后,企业逐渐认识到要为公众负责,关心各种公共事务,为慈善团体捐款,支持市政机构和公共机构,改善员工的福利和劳动条件等。这时期企业社会责任的内涵扩展成为既要为股东谋取最大利润,又要承担部分社会责任,如改善工作条件,提高员工福利,增加工作保障,制定公平的价格,生产安全的产品等,以提高员工和社会大众的生活质量。

管理视野

卡内基:慈善原则和管家原则

1899 年,美国钢铁集团公司创始人安德鲁·卡内基(1835—1913)出版了《财富福音》,提出了经典宣言:公司社会责任。卡内基提出社会责任的观点建立在两个原则基础上:慈善原则和管家原则。

慈善原则是指要求社会上比较幸运的个体帮助那些不幸运的个体的社会责任信条,包括残疾人、老年人、患病者等。

管家原则源自圣经教义,指要求商业或财产所有者应视自己为财产的管理人或看护人,为了社会的整体利益以诚信的方式管理他们的财产,可以把钱用在他们认为合法的任何用途上。卡内基和他领导的美国钢铁集团活跃于慈善事业,这在当时还是比较罕见的,因为当时企业承担的社会福利大多是迫于法律规定或劳工运动的压力。

(三)当代(20世纪60年代至今)社会责任的内涵

到了20世纪50年代和60年代,企业社会责任观念普遍被欧美工商界所接受。20世纪80至90年代,公司社会责任已在欧美发达国家成为一种社会运动,这次运动的核心是环保、劳工和人权等方面的内容。进入21世纪以后,随着公司治理运动在国际范围的展开,以及绿色和平、环保、社会责任和人权等非政府组织和舆论的不断呼吁,企业社会责任开始为世界各国所重视,逐步发展为一场全球性的运动。

关于社会责任在当代阶段的特征,目前尚没有统一的意见,在这里给出两种观点:墨菲和雅各比的观点。

墨菲认为这个阶段称作"社会反应阶段"较为合适,因为"许多公司开始对它们的各个对象的要求做出反应"。在这个阶段,公司对于发挥它们的社会作用所做出的反应主要表现在三个主要方面——改革董事会,改善商业道德,通报社会行为。

雅各比则把这个阶段称为"社会环境模型",他考察了企业组织对整个社会环境的反应,即对市场力量和非市场力量的反应。他认为,当代社会中企业组织的行为在一定程度上可以用政治力量来解释,这些政治力量包括公共舆论、立法者的意愿和公共利益集团要求等。

因此,如果企业在承担法律上和经济上的义务(法律上的义务是指企业要遵守有关法律,经济上的义务是指企业要追求经济利益)的前提下,还承担追求对社会有利的长期目标的义务,那么,我们就说该企业是有社会责任感的。

为了更好地理解"社会责任"这一概念,有必要对它和另外两个概念作比较,这两个概念是社会义务和社会响应。如图4-1所示,社会义务是企业参与社会活动的基础。

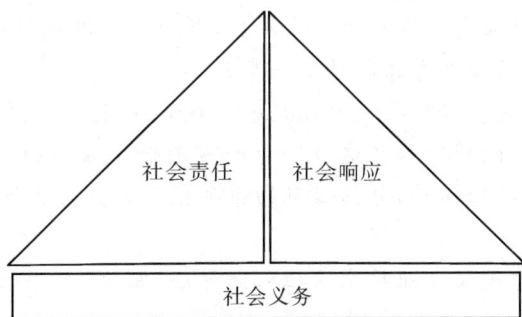

图4-1　参与社会的程度

资料来源:[美]斯蒂芬·P.罗宾斯等著:《管理学》,孙健敏等译,中国人民大学出版社2004年版,第117页。

社会义务(social obligation)是指一个企业承担其经济的和法律的义务,即企业要追求经济利益和遵守有关法律。这是法律对企业最低程度的要求。若只是以社会义务作为对自己的要求,那么企业在追求社会目标时将仅限于有利于其经济目标实现的程度。这种做法是以社会责任的古典观点为基础的,即企业认为自己唯一的社会责任就是对股东的责任。

与社会义务相比较,社会责任(social responsibility)和社会响应(social responsiveness)均超出了基本的经济和法律标准。有社会责任的企业受道德力量的驱动,去做对社会有利的事而不去做对社会不利的事。罗宾斯认为,社会响应(social responsiveness)是指企业适应不断变化的社会状况的能力。[①] 威廉·弗雷德里克(William Frederick)认为企业社会响应指的是企业对社会压力做出反应的能力。组织的机制、程序、安排和行为模式综合作用,决定了组织对社会压力做出反应的能力的大小。[②] 一个具有社会响应能力的组织之所以采取某种行为方式是因为组织希望满足某种普遍的社会需要。

管理常识

企业社会责任的内容

美国学者阿尔奇·卡罗尔(Archie B.Carroll)认为完整企业的社会责任应该包括四个方面:经济责任、法律责任、伦理责任、自主抉择责任(慈善责任)。对组织社会绩效的评价包括对这四个方面责任的履行情况。

经济责任(economic responsibility):企业的基本责任是提供社会需要的产品和服务,并使其股东和所有者的利益最大化。极端说,就是利润最大化。现在许多国家都不再把纯粹的利润最大化作为组织社会责任充分的绩效标准。

法律责任(legal responsibility):指企业必须遵守法律法规,在法律框架内实现经济目标。

企业承担经济责任和法律责任是其最基本的社会义务,是基于企业社会责任的古典观点的,即企业认为自己唯一的社会责任就是对股东的责任。

伦理责任(ethical responsibility):指企业行为必须符合道德准则。道德规范虽然没有明文规定,但违反道德规范的组织行为对社会和他人会造成伤害,最终对组织也不利。伦理责任要求企业明辨是非,决策合乎道德标准,经营活动合乎道德规范。

伦理责任表明了企业对社会压力做出反应,并用社会准则作为活动指导,体现了一种社会响应,比只承担社会义务又推进了一步。

自主抉择责任(慈善责任)(discretionary responsibility):指组织纯粹自愿的、由对社会做贡献的愿望所支配的行为。这种行为并不是受到经济的、法律的或者是道德的约束,而是一种自主的抉择活动,包括慷慨的慈善捐赠等。巴菲特把 370 亿美元捐献给了慈善机构。

自主抉择的责任体现了企业愿意承担社会责任,探索基本的道德真理,企业承担社会责任的程度最高。

伦理责任和自主抉择责任超越了企业只做法律要求必须做的或经济上有利的事情,而做有助于改善社会的事情,从事使社会变得更美好的事情。

---

① [美]斯蒂芬·P.罗宾斯等著:《管理学》,孙健敏等译,中国人民大学出版社 2004 年版,第 117 页。
② 周祖城编著:《企业伦理学》,清华大学出版社 2005 年版,第 59 页。

二、支持和反对企业承担社会责任的理由

目前,对于企业是否应该承担社会责任存在正反两种观点。反对者以获得诺贝尔经济学奖的保守经济学家米尔顿·弗里德曼为代表,认为管理者在经营企业时同时承担社会责任将削弱市场机制的基础。管理者无权把企业资源投入到社会问题中,这是不公平地把负担强加在股东、员工和顾客身上;而社会责任支持者则认为企业不再仅仅是经济机构,企业若要长期生存和发展,则必须承担社会义务以及由此产生的成本。

(一)支持社会责任的论据

1.公众期望。对企业的社会期望自 20 世纪 60 年代以来急剧增长,公众支持企业在追求经济目标时也追求社会目标的主张,现在则更加坚定。

2.长期利润。创造更为良好的社会环境,这有利于社会与企业双方。社会因良好的相互关系和就业机会而获益;企业则由一个良好的社区而得益,这是因为社区既是企业劳动力的来源,又是其产品与服务的消费者的来源。

3.规避政府法规。企业参与社会抑制了额外的政府法规管理和干预,其结果使企业有了更多的自由和灵活性,也减轻了政府条款规定的直接费用和间接费用。

4.变废为宝。这一条论据强调企业在处理社会问题时的潜在利润。如一些废旧物资可以有效地再循环利用,在处理问题时所产生的一些新思路、新方法有可能成为企业新的利润增长点。

5.权利与责任对等。企业拥有大量的权利,企业也是社会公民,有些问题是企业造成的,因此也应相应地承担同等程度的责任。

6.企业拥有各种资源,企业应该运用其有才干的专家和管理者以及资金去解决一些社会问题。

7.预防优于治理。某些社会问题在它们萌生的初期,即在它们刚刚可以辨认出来,还没有发展到严重地步时,可以较为容易地处理。如对长期失业需要救济的人进行帮助比对付社会骚乱更容易。

8.公众形象。企业通过援助社会可改善自己的公众形象,这样公众可能会对企业产生好感,从而有利于企业获得更多的消费者,有助于企业吸引人才,也有助于企业的融资等。

9.股东利益。股票市场将把承担社会责任的公司看作风险更小和愿意接受公众监督的公司,因此,它将使股票获得更高的市盈率。

(二)反对社会责任的论据

1.违反利润最大化原则。企业的所有权与经营权两权分离,管理者必须对所有者负责,企业在社会中的责任是为股东创造利润,企业的社会化有可能降低经济效益。因此,应该由非经济机构来处理社会问题。

2.淡化使命。由于管理者既要考虑经济问题,又要考虑社会问题,从而会使他们分散注意力,失去主要目标,其结果是降低经济效益,增加社会成本。

3.成本。许多社会责任活动不能自负盈亏,企业承担社会责任则意味着吸收这些成本,导致企业经营负担加重或以更高的价格转嫁给消费者。

4.削弱国际收支平衡能力。承担社会责任带来成本增加,企业把产品的价格提高,从而

将导致某一国家的商品价格高于外国商品的价格,失去国际市场,导致贸易不平衡。

5.企业权力过大。企业已经是社会中最有权力的机构之一,再向企业提供社会活动领域的责任和权力,可能导致权力的过分集中,从而威胁社会。

6.缺乏社会技能。企业管理者的培养重点、能力、经验是经济导向的,他们无法胜任处理社会问题的角色。

以上只是简要列举了支持社会责任和反对社会责任的论据,两者最有说服力的论据各有不同:违反利润最大化原则是反对社会责任的最有力依据,而促进企业长期的生存与发展和规避政府法规则是支持社会责任的最有说服力的两条证据。

三、社会责任与经营业绩

组织的社会责任与其经营成果之间的关系引起了管理者和管理学者的关注,学者们通过研究来论证社会责任是否会提高或者降低公司的财务绩效。考察社会责任与经营业绩之间的关系是有必要的,因为有一些人担心企业承担社会责任会有损于其经营业绩。这种担心乍看起来似乎有些道理,因为在大多数情况下,社会责任活动确实不能补偿成本,这意味着有关企业要额外支付成本,从而损害了其短期利益。但在我们看来,企业在力所能及的范围内进行一些社会责任活动相当于投资。虽然短期内这种投资或许牺牲了企业的经营业绩,但从长期看,这种投资由于改善了企业在公众心目中的形象、吸引了大量人才等,可以增加企业未来收益,并且所增加的收益足以抵补企业当初额外支付的成本。从这种意义上讲,企业在利他的同时也在利己。

上述判断已基本上为实证研究所证实。尽管在社会责任和经营业绩的度量方面存在着一些困难,但"大多数研究表明,在公司的社会参与和经营业绩之间存在一种正相关关系"[1]。从而最有意义的结论是:"没有确凿的证据表明,公司的社会责任行动会显著损害其长期经营业绩。"

管理视野

全球主要社会责任指数

社会责任指数是社会责任投资发展的产物。所谓社会责任投资(Social Responsibly Investment,SRI)是一种在经济分析的范围之内考虑投资在社会和环境方面积极和消极后果的投资过程。

SRI 不同于传统的投资理念,即除了要严格考虑被投资对象的经济(财务)绩效外,还要将社会和环境标准纳入到具体的投资决策过程中,并试图实现投资者在经济、社会和环境方面的三重盈余。

社会责任指数是研究机构对企业履行社会责任的管理水平和信息披露等因素进行专业化、量化评价处理,为社会提供企业社会责任履行现状的判断指标。反映社会责任投资回报的全球主要社会指数包括多米尼 400 社会指数(1990)、美国的公民指数(1995

---

[1] [美]斯蒂芬·P.罗宾斯著:《管理学》,黄卫伟等译,中国人民大学出版社 1997 年版,第 99 页。

年)、英国的 NPI 社会指数(1998 年)、道琼斯可持续发展指数(1999 年)、金融时报道德指数(2001 年)、卡尔弗特社会指数及 KLD 社会指数等。

多米尼 400 社会指数:由 KLD 研究和分析公司的社会研究部门于 1989 年后期创立,并于 1990 年 3 月 1 日开始发布该指数的跟踪数据及监测指数的市场表现。该指数跟踪精选的 400 家公司,最初运作的 10 年(1990 年 5 月 1 日到 2000 年 4 月 30 日期间)的平均年收益率为 20.83%,而同期标准普尔 500 指数的平均年收益率仅为 18.7%。

卡尔弗特社会指数:该指数于 2000 年 5 月 1 日由卡尔弗特集团发布。卡尔弗特社会指数是一个基于广泛的、严格构造的市场基准指数,用于衡量美国的社会责任企业的市场表现。该指数是由在纽约证券交易所、纳斯达克和美国证券交易所上市的有代表性的 1 000 家美国上市公司组成的。

金融时报道德指数:该指数于 2001 年 6 月正式发布,以是否符合全球公认的企业责任标准来衡量企业的表现,以帮助人们投资这些企业的一种社会指数。金融时报道德指数采用了企业管理的透明度与金融时报的其他标准。金融时报道德指数系列涵盖了包括全球、欧洲、美国、英国和日本等交易和基准市场的股票指数,即金融时报道德全球指数、金融时报道德美国指数、金融时报道德欧洲指数等基准市场指数,以及金融时报道德全球 100 指数、金融时报道德美国 100 指数等交易指数。

道琼斯可持续发展指数:该指数在 1999 年 9 月 8 日由 SAM 指数公司发布,该系列指数由一组全球、欧洲、北美和美国等道琼斯可持续发展指数组成。其中,道琼斯可持续发展全球指数按照社会、环境和经济标准进行筛选,覆盖了道琼斯世界指数中 2500 家最大公司的约 10% 比重的上市公司。2001 年 10 月 15 日,又发布了道琼斯可持续发展欧洲指数,2005 年 8 月 23 日又引入道琼斯可持续发展北美和美国指数。

四、企业承担社会责任的态度

虽然支持和反对社会责任的论争仍在继续,但承担社会负责已经是一个不可逆转的社会潮流。越来越多的企业正在考虑的是如何对社会负责,在何种程度上对社会负责,而不是要不要负责的问题。按照企业对社会负责的意愿的高低,我们可以把企业对社会负责的方法分为四种(如图 4-2 所示)。

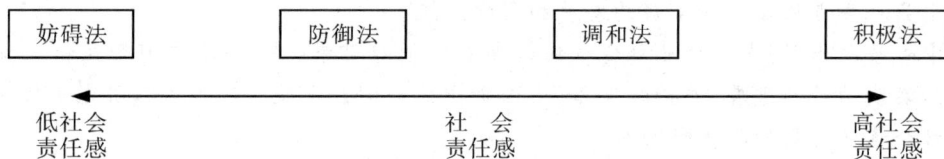

| 妨碍法 | 防御法 | 调和法 | 积极法 |

低社会 社会 高社会
责任感 责任感 责任感

图 4-2 对社会负责的方法

资料来源:加雷思·琼斯、珍妮弗·乔治、查尔斯·希尔著:《当代管理学》,李建伟、严勇、周晖等译,人民邮电出版社 2003 年版,第 105 页。

(一)妨碍法

选择这种方法的管理者不愿对社会负责。这种组织尽可能对社会或环境问题不闻不问,否认或掩盖错误行为,他们的行为往往是不道德甚至违法的,同时,他们还想方设法不让他们的行为被企业其他利益相关者和社会所知。这是一种最被动的方法。

(二)防御(防卫)法

选择这种方法的管理者至少口头承诺不会做出不道德的行为,企业的作为只限于法律的要求,组织会承认错误并采取适当的改正措施。但他们也不会做出任何法律规定以外的对社会负责的行为。

(三)调和(接纳)法

选择这种方法的管理者承认有必要对社会负责,每个企业所有成员的行为都应该合乎法律规定和规范,而且还会有选择地超出这些要求。他们必须平衡不同利益相关者的要求。

(四)积极(主动)法

选择这种方法的管理者将强化社会责任的意见放在心上,积极寻求贡献社会的机会。他们将竭尽全力了解不同利益相关集团的需要,并且很愿意利用组织的资源去扩大股东和其他利益相关者的利益。

当公司在对社会负责时,它也常常要面临社会责任的极大丰富性和公司资源有限性的矛盾。为此,我们认为,一是公司在怎么样承担社会责任方面应该有所侧重,应围绕其所造成的社会问题确定优先次序。如对一个造纸企业来说,应把污水处理摆在首位,而不是资助一场文艺演出。二是公司要善于通过创新,找到社会责任和企业机会的结合点,即把一个社会问题转化成新型的、有利可图的企业机会,使企业在解决社会问题、取得社会效益的同时,也能获得重大的经济效益。这应当是企业承担社会责任的最有效的办法。

管理视野

《中国企业社会责任蓝皮书》

中国社会科学院经济学部企业社会责任研究中心是中国社会科学院主管的非营利性学术研究机构,是中国企业社会责任领域唯一的国家级研究机构和最高理论研究平台。

中心的宗旨是加强企业社会责任的理论研究,提高企业社会责任的理论和应用研究水平,促进我国企业社会责任活动的开展和企业社会责任管理水平的提高,努力推动我国企业社会责任理论和实践的发展和国际交流。

中心每年出版《中国企业社会责任蓝皮书》,跟踪记录上一年度中国企业社会责任理论和实践的最新进展,并持续发布《中国企业社会责任发展指数报告》,研究记录我国企业社会责任发展的阶段性特征。

历年《中国企业社会责任研究报告》,可以关注中国社会科学网:http://www.cssn.cn

第四节　社会责任的具体体现

企业要承担的社会责任清单越来越长,这里重点介绍对环境、员工、顾客、竞争者等重要的利益相关方承担的责任。

一、企业对环境的责任

企业既受环境的影响又影响着环境。从自身的生存和发展角度看,企业有承担保护环境的责任。另外,随着企业和公众一致认为经济发展对自然环境具有破坏,环境保护责任已经成为企业社会责任的一个重要方面。企业对环境的责任主要体现在以下方面。

1.企业要在保护环境方面发挥主导作用,特别要在推动环保技术的应用方面发挥示范作用。有社会责任的企业有着强烈的环境保护意识,它们积极采用生态生产技术。生态生产技术主要是指,利用生态系统的物质循环和能量流动原理,以闭路循环的形式,在生态过程中实现资源充分合理的利用,使整个生产过程保持高度的生态效率和环境的零污染的技术。企业要紧密跟踪生态生产技术的研究进展,在条件许可的情况下,将最新的生态生产技术应用到生产中去,使研究出来的生态生产技术能尽快转化为生产力,造福于人类。在这样做的过程中,企业自身的发展得到了有力的保证。

2.企业要以"绿色产品"为研究和开发的主要对象。企业研制并生产绿色产品既体现了企业的社会责任,推动了"绿色市场"的发育,也推动着环保宣传教育,提高了整个社会的生态意识。

3.企业要治理环境。污染环境的企业要采取切实有效的措施来治理环境,要做到谁污染谁治理,不能推诿,更不能采取转嫁生态危机的不道德行为。

4.企业战略中强调环境主义。到了今天,环境主义已经成为企业战略不可分割的一部分。商业领袖和各行各业的管理者都在赶时髦似的谈论环境问题,并积极倡导"绿色环保"革命。组织与环境激进主义者团体之间的关系已经从对立走向了协作。

因此,对环境负责的企业,需要建立以生态为中心的管理。以生态为中心的管理为所有组织的利益相关者设定的目标是:创造经济的可持续发展,提高全世界的生活质量。可以通过组织各方面的管理决策来追求环境负面影响的最小化。以生态为中心的管理要求使用能耗低、资源占用率低、适应环境的生产技术以及有益于生态和可再生利用的产品包装材料。其不但使浪费和污染降到最低,而且还努力使自然资源可以再生。

二、企业对员工的责任

员工是企业最宝贵的财富。企业对员工的责任主要体现在:

1.不歧视员工。现代企业的一个显著特征是员工队伍的多元化。为了调动各方面的积极性,企业要同等对待所有员工。企业首先应避免招聘选拔中的歧视,如性别歧视、年龄歧视、健康歧视和户籍歧视等。

2.培训员工。决定员工(尤其是高素质员工)去留的一个关键因素是员工能否得到锻炼和发展的机会。承担社会责任的企业不仅会根据员工的综合素质,将其安排在合适的工作岗位上,做到人尽其才,才尽其用,而且在工作过程中也会依据实际情况的需要,对员工进行培训。这样做既能满足员工的需要,也能实现企业的需要,因为在通常情况下,经过培训的员工能够胜任更具挑战性的工作。

3.营造一个良好的工作环境。工作环境的好坏直接影响到员工的身心健康和工作效率。员工进入企业首先面临工作安全问题。对员工工作安全的关注是雇主的基本道德责任之一。企业不仅要为员工营造一个安全、关系融洽、压力适中的工作环境,而且要根据本单位的实际情况为员工配备必要的设施。

4.对员工负责的其他举措。为员工提供合理的薪酬与福利待遇,建立公正的考核与奖罚制度,推行民主管理等是调动员工积极性,使企业长期稳定发展的基本保证。

管理争鸣

关于 SA8000 的争论

社会责任标准"SA8000",是 Social Accountability 8000 International standard 的英文简称,这是一个企业应该如何保护劳工权益的社会道德责任标准。SA8000 是公司社会责任方面的一个认证体系,其依据与 ISO9000 质量管理体系及 ISO14000 环境管理体系一样,皆为一套可被第三方认证机构审核之国际标准。

SA8000 由美国的经济优先权委员会推动制定。1997 年初开始起草并制定社会责任国际标准草案,经过多次协商后,最终定名为社会道德责任标准,简称 SA8000,并在 1997 年 10 月公开发布。

SA8000 是根据国际劳工组织公约、联合国儿童权利公约以及世界人权宣言制定的,主要内容包括童工、强迫劳动、安全卫生、结社自由和集体谈判权、歧视、惩罚性措施、工作时间、工资报酬及管理体系 9 个要素。SA8000 旨在改善劳动条件,保障劳工权益,规范企业的道德行为。SA8000 得到了很多跨国公司的欢迎和推广。这些跨国公司不仅自己公开表示采用 SA8000 标准,而且强制要求供应商和合约工厂也要进行 SA8000 认证。

关于 SA8000 的性质,有不同的观点。有人认为 SA8000 的问世是全球企业社会责任运动发展到一定程度的重要举措,标志着人类社会从只重视资本、技术等经济因素,转到了以人为本、以社会责任为己任的高层发展上来,有助于改善劳动条件,保障劳工权益。也有人认为其具有某种贸易壁垒的特性,有的称之为"蓝色壁垒",即以劳动者劳动环境和生存权利为借口而采取的有关贸易保护措施。因此,SA8000 是某些发达国家向发展中国家构筑的非关税贸易壁垒。

三、企业对顾客的责任

"顾客是上帝",忠诚顾客的数量以及顾客的忠诚程度往往决定着企业的成败得失。企业对顾客的责任主要体现在:

1.提供安全的产品。安全的权利是顾客的一项基本权利,企业不仅要让顾客得到所需的产品,还要让顾客得到可以放心使用的安全产品。产品的安全性越来越受到企业的重视。

2.提供正确的产品信息。卖方有义务告知买方任何影响购买决策的事实。当卖方故意欺骗买方,使后者对产品有错误的认识,便产生误导。企业要想赢得顾客的信赖,就必须提供正确、真实的产品信息,而不应该弄虚作假,欺骗顾客。

3.提供售后服务。企业要重视售后服务,要把售后服务看作对顾客的承诺和责任,要建立与顾客沟通的有效渠道,及时解决顾客在使用产品时遇到的问题和困难。

4.提供必要的指导。在使用产品前或过程中,企业要尽可能为顾客提供培训或指导,帮助他们正确使用本企业的产品。

5.赋予顾客自主选择的权利。在市场经济下,顾客拥有自主选择产品的权利。

四、企业对竞争对手的责任

在市场经济下,公平的经济竞争是创造价值的基本条件之一。因此企业的责任应是促进有利于社会与环境的竞争行为,提倡竞争者之间的相互尊重;制止任何为保持竞争优势而采取的恶意竞争行为。企业要处理好与竞争对手的关系,在竞争中合作,在合作中竞争。

五、企业对投资者的责任

企业首先要为投资者提供公正而又具有竞争性质的投资报酬;其次,要保持、保护业主和投资者的资产,并使之增值;最后,信任、尊重投资者,提供及时、准确的财务信息,正确回应投资者的请求、建议和正式的解决方案。

管理常识

独立董事制度

独立董事是指独立于公司股东且不在公司内部任职,并与公司或公司经营管理者没有重要的业务联系或专业联系,并对公司事务做出独立判断的董事。

独立董事制度最早起源于20世纪30年代,1940年美国颁布的《投资公司法》是其产生的标志。该法规定,投资公司的董事会成员中应该有不少于40%的独立人士。

20世纪六七十年代以后,西方国家尤其是美国各大公众公司的股权越来越分散,董事会逐渐被以CEO为首的经理人员内部人控制的问题日益严重,继而引发了对董事会职能、结构和效率的深入研究。由此独立董事制度逐步发展成为英美公司治理结构的重要组成部分。

独立董事能够客观地监督经理层,维护中小股东权益,防止内部人控制。基于这种考虑,1978年,纽约证交所规定,凡上市公司都得有独立董事。此后,许多国家纷纷仿效,建立独立董事制度,以完善公司治理结构。当股东和管理层发生利益冲突时,独立董事站在中小股东的立场上,对管理层置疑、指责和建议。

独立董事既为公司服务,又维护着中小股民的利益,使公司和股东实现了"双赢"。正因如此,独立董事制很快风靡欧美,有人甚至把它称之为"独立董事革命"。

六、企业对所在社区的责任

企业不仅要为所在社区提供就业机会,而且要与社区一起建立和谐、健康和富足的社区经济共同体,并且积极寻求参与各种社会行动,通过此类活动,不仅可以回报社区和社会,还可为企业树立良好的公众形象,实现企业多样化的社会融合。

延伸案例

组织承担社会责任的决策流程图

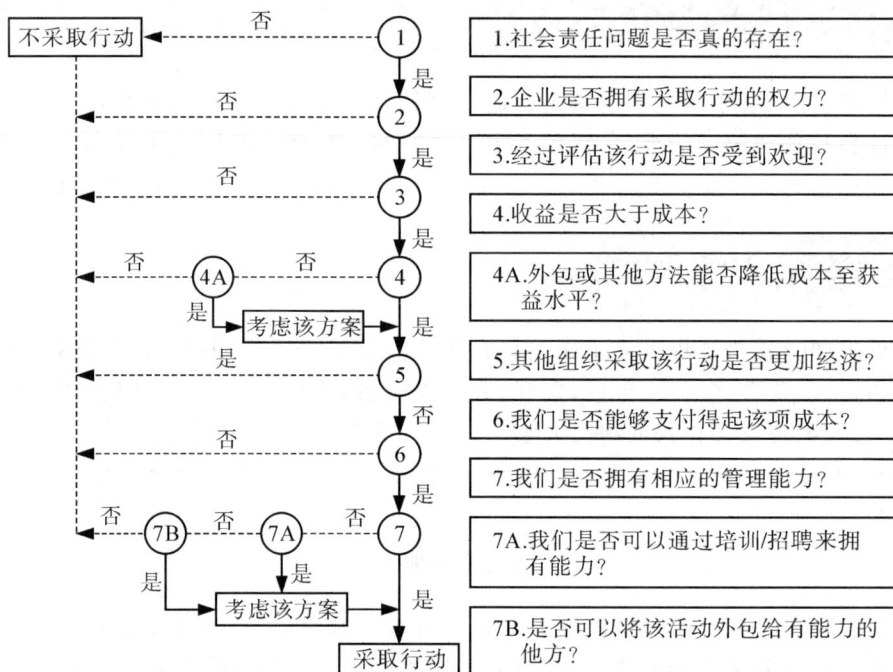

流程判断	问题
1（否→不采取行动；是→2）	1.社会责任问题是否真的存在?
2（否→不采取行动；是→3）	2.企业是否拥有采取行动的权力?
3（否→不采取行动；是→4）	3.经过评估该行动是否受到欢迎?
4（否→4A；是→5）；4A（否→不采取行动；是→考虑该方案）	4.收益是否大于成本?　4A.外包或其他方法能否降低成本至获益水平?
5（否→不采取行动；是→6）	5.其他组织采取该行动是否更加经济?
6（否→不采取行动；是→7）	6.我们是否能够支付得起该项成本?
7（否→7A；是→采取行动）；7A（否→7B；是→考虑该方案）；7B（否→不采取行动；是→考虑该方案）	7.我们是否拥有相应的管理能力?　7A.我们是否可以通过培训/招聘来拥有能力?　7B.是否可以将该活动外包给有能力的他方?

资料来源:引自[美]Samuel C.Certo 著:《现代管理学》(英文第 9 版),清华大学出版社 2003 年版,第 56 页。

第五节　管理道德

随着人们对社会责任的认识的发展,管理道德问题也逐渐成为关注热点。在《财富》杂志的企业排行榜上名列前茅的 500 家企业都有自己的道德行为规范。美国约有 60％和欧洲约有一半的大企业设有专门的企业伦理机构和伦理主管,负责处理各种利益相关者对企业发生的不正当经营行为提出的疑问⋯⋯可以说,企业伦理问题已经引起了全球学术界和企业界的重视。

一、管理道德的内涵与层次

道德的目标是阐明指导人们行为的准则及值得追求的"优秀品质",所以对道德的判断都是由人的价值观所决定的。道德(ethics)是指规定行为是非的规则和原则。道德问题出现在我们生活的方方面面,我们所关注的是组织的管理道德。管理道德,又称为管理伦理,是关于管理决策或管理行为的准确或错误的价值体系或信仰体系,是判断管理行为是非的一种价值标准。

管理道德为管理者确定了标准,根据管理道德可以知道管理者的哪些行为和决策是善的或者好的、哪些是恶的或者坏的。管理伦理与组织的社会责任问题息息相关,因为组织履行和承担社会责任都需要通过管理者来实现。

管理道德所关注的是两个层次:

一是管理者个人的职业道德,所关注的是管理者个人利益及其与企业利益之间的关系。在这方面已具有广泛影响的理论主要是委托代理理论:研究管理者接受所有者委托而代理企业的日常经营管理过程中所产生的道德风险的问题。

在产权高度集中的古典企业制度中,企业经营者同时又是企业财产的所有者和企业剩余的占有者,不存在所有者与经营者之间的代理关系,也就不存在代理风险问题。利润会刺激经理者勇于创新、大胆决策、充分把握市场机会。在股份制企业中,投资者的所有权、法人财产权和经营管理权是相互分离的。作为所有者的股东,是公司剩余的索取者,但他们并不参与公司的经营管理活动;高层经理人员是公司的经营决策者,但他们却不是公司剩余的索取者,而是支薪阶层。

经济学认为,任何理性人的行为都符合效用最大化原则。对拥有公司剩余索取权的股东来说,其投资行为的效用最大化可以简化为公司利润最大化;对高层经理人员来说,其效用的最大化在于通过代理行为取得收入,而这并不等于公司利润的最大化。因此,就存在经理人员追求利润最大化的内在动力不足及为追求自身利益最大化而冒险的可能。如果没有严密的激励与约束,经理人员可能会为了扩大自己的权力基础,提高自己在同行中的地位而追求企业规模扩大;为达到个人享受的目的而增加不必要的非生产性支出等等。

因此,现代企业中由于所有权和经营权分开,委托代理关系中常常存在道德风险。解决代理问题,除了依靠委托代理理论和激励理论外,还需要重视管理道德问题。

二是管理者的组织身份所要求的管理道德,所关注的是企业利益及其与利益相关者乃至整个社会的关系。对此目前已形成四种道德观。这四种道德观既为管理者提供了解决道德问题的思路,也使管理者面临艰难的选择。

第一种是道德的功利观。指按照结果或后果制定道德决策,通过考察如何为绝大多数人提供最大利益这种量化的方法来制定道德决策。比如,为了 80% 雇员福利提升,可以解雇 20% 的员工,因为这将提高效率和生产力。这种观点一方面鼓励效率和生产力,并与企业利益紧密相连,易于衡量和执行;另一方面,它可能牺牲少数人的利益,造成资源配置的不合理,就其本身而言,如何确定某一集团的利益比另一集团利益更重要,如何估量某一行为给不同利益集团带来的利弊也是管理者需要解决的问题。

第二种是道德的权利观。主张所有的人都享有基本权利,这是关注于尊重和保护个人自由和特权的道德观点,包括隐私权、思想自由、言论自由、生命与安全以及法律规定的各种权利。例如,当公司引进一种新的生产工艺时,管理者必须考虑到这种工艺可能对雇员的健康与安全造成的伤害,以及应该如何避免等。这种观点具有尊重和保护个人自由和隐私的积极一面,但可能在组织内造成一种墨守成规的工作气氛,阻碍效率和生产率的提高,就其本身而言,如何在保护一部分人的权利时不损害另一部分人的权利,也是管理者在管理实践中经常要面对的。

第三种是道德的公正理论观。这要求管理者能够在不同的利益相关者之间公平、公正地分配利益与损害的道德观点。例如,工作技能、表现和职能相似的雇员应得到相同的报酬,管理者不能把报酬的分配武断地建立在性别、种族和宗教信仰等差异的基础上。

第四种是社会契约整合理论。这种观点认为应当根据实证因素(是什么)和规范因素(应该是什么)制定道德决策。其基础是两种契约的整合:一种是允许企业处理并确定可接受的基本规则的一般社会契约;另一种是处理社区成员之间可接受的行为方式的更为具体的契约。这种商业道德观与其他三种的区别在于它提倡管理者考察各行业和各公司中的现有道德准则,从而决定是什么构成了正确的和错误的决策和行动。

一些调查表明,很多管理者对道德行为持功利态度。然而,由于管理领域正在发生变化,强调个人权利和社会公正的新趋势日益深入人心,意味着管理者需要以非功利标准为基本的道德准则。这对当今的管理者是一个实实在在的挑战,因为依据个人权利和社会公正等标准来制定决策,要比依据效率和利润的效果等功利标准来制定决策含有更多的模糊性。再加上全球化趋势的发展,不同国家之间伦理标准和法律标准的差异,这给管理者带来更大挑战。

二、决定企业道德规范的因素

一个管理者的行为是否合乎道德规范,是管理者道德发展阶段与个人特征、组织结构设计、组织文化和道德问题强度的调节之间的复杂关系相互作用的结果。缺乏强烈道德责任感的人,如果他们受规则、政策、工作规定或加于行为之上的强文化准则的约束,他们做错事的可能性就小。相反,非常有道德感的人,可能被组织的组织结构和允许或鼓励非道德行为的文化所侵蚀。此外,管理者更可能对道德强度很高的问题做出符合道德的决策。影响管理者行为是否符合道德的因素主要有以下几个方面。

(一)管理者道德发展阶段

实质性的研究表明,道德发展存在三个层次,每个层次包含两个阶段,管理者的道德发展要经历六个阶段。在每一个相继的阶段上,个人的道德判断越来越不受外部因素的影响。道德发展所经历的三个层次和六个阶段如表 4-1 所示。

表 4-1 管理者道德发展阶段

层次	阶段描述
原则	6.遵守自己选择的道德准则,即使这些准则违背了法律 5.尊重他人的权利,无论是否符合大多数人的意见,支持不相关的价值观和权利
习俗	4.通过履行你所赞同的准则的义务来维持传统秩序 3.做你周围的人所期望的事
前习俗	2.只在符合你的直接利益时才遵守规则 1.遵守规则以避免受到物质惩罚

资料来源:转引自[美]斯蒂芬·P.罗宾斯等著:《管理学》,孙健敏等译,中国人民大学出版社 2004 年版,第 127 页。

道德发展的最低层次是前习俗层次。在这一层次,是非选择建立在物质惩罚、报酬或相互帮助等个人后果的基础上。

当道德发展演进到习俗层次时,道德价值表现为不辜负他人期望,维护传统秩序。

道德发展的最高层次是原则层次。在这一层次,个人会尊重他人权利,遵循个人原则,有时不惜违反法律。

有关道德发展阶段的研究表明:第一,人们的道德发展依次通过这六个阶段,而不能跳跃式地前进。第二,道德发展可能中断,可能停留在任何一个阶段上。第三,多数成年人的道德发展处在第四阶段上。第四,一个管理者达到的阶段越高,它就越倾向于采取符合道德的行为。

(二)管理者个人特征

每个人在进入组织时,都有自己的一套相对稳定的价值准则。这些准则是在个人早年从父母、老师、朋友和其他人那里发展起来的,是关于什么是正确、什么是错误的基本信念。由于每个人的生长环境不同,因此,组织的不同管理者通常都有着明显不同的个人准则。研究者发现自我强度和控制中心这两个个性变量影响着每个人的行为。

1.自我强度(ego strength)用来度量一个人的自信心强度。一个人的自我强度越高,克制冲动并遵守其信念的可能性越大。这就是说,自我强度高的人更加可能做他们认为正确的事。我们可以推断,对于自我强度高的管理者,其道德判断和道德行为,会更加一致。

2.控制中心(locus of control)用来衡量人们相信自己能掌握自己命运的程度。具有内在控制中心的人认为他们控制着自己的命运,而具有外在控制中心的人则认为他们生命中发生什么事是由运气或机会决定的。

从道德的角度看,具有外在控制中心的人不大可能对其行为后果负个人责任,更可能依赖外部力量。相反,具有内在控制中心的人则更可能对其行为后果负责,并依据自己内在的是非标准来指导其行为。与具有外在控制中心的管理者相比,具有内在控制中心的管理者的道德判断和道德行为可能更加一致。

(三)组织结构

组织的结构设计有助于管理者道德行为的形成。有些结构提供了有力的指导,而另一些令管理者困惑。模糊程度最低并时刻提醒管理者什么是"道德的"的结构设计有助于促进道德行为的产生。正式的规则和制度可以降低模糊程度。职务说明书和明文规定的道德准则可以促进行为的一致性。人们密切关注管理者在做什么并以此作为可接受行为和期望他们做什么的标准。

一些绩效评估系统仅评估结果,另一些则既评估结果也评估手段。在仅根据结果来评估的地方,人们会不择手段地追求结果。与评估系统密切相关的是报酬的分配方式。奖励或惩罚越依赖于具体的目标成果,管理者实现那些目标和在道德标准上妥协的压力就越大。在不同的结构中,管理者在时间、竞争和成本等方面的压力也不同。压力越大,越可能降低道德标准。

(四)组织文化

组织文化的内容和力量也会影响道德行为。一种可能形成较高道德标准的组织文化,是一种高风险承受力,高度控制,以及对冲突高度宽容的组织文化。处在这种文化中的管理者,具有进取心和创新精神,可以意识到不道德行为,并对他们认为不现实或不喜欢的需要或期望进行自由、公开的挑战。

与弱组织文化相比,强组织文化对管理者的影响更大。如果强组织文化支持高道德标准,那么它就会对管理者的道德行为产生强烈的和积极的影响。在弱组织文化中,管理者更有可能以亚文化准则作为行为的指南。工作群体和部门准则将强烈影响弱文化组织中的道德行为。

(五)道德问题强度

影响管理者道德行为的最后一个因素是道德问题本身的强度,它取决于以下六个因素:

1.某种道德行为对受害者的伤害有多大或对受益者的利益有多大? 例如,使 1 000 人失业的行为比仅使 10 人失业的行为伤害更大。

2.有多少人认为这种行为是邪恶的(或善良的)?

3.行为实际发生并造成实际伤害(或带来实际利益)的可能性有多大? 例如,把枪卖给武装起来的强盗,比卖给守法的公民更有可能带来危害。

4.在行为和其预期后果之间的时间间隔有多久? 例如,减少目前退休人员的退休金,比减少目前年龄在 40~50 岁的雇员的退休金带来的直接后果更加严重。

5.你觉得行为的受害者(或受益者)与你(在社会上、心理上或身体上)挨得多近? 例如,自己工作单位的人被解雇,比远方城市的人被解雇对你内心造成的伤害更大。

6.道德行为对有关人员的影响的集中程度如何? 例如,担保政策的一种改变——拒绝给 10 人提供每人 10 000 元的担保,比担保政策的另一种改变——拒绝给 10 000 人提供每人 10 元的担保——的影响更加集中。

综上所述,受伤害的人数越多,越多的人认为一种行为是邪恶的,行为发生并造成实际伤害的可能性越高,行为的后果出现越早,观察者感到行为的受害者与自己挨得越近,道德行为对有关人员影响的集中度越高,则问题强度就越大。这六个要素决定了道德问题的重要性。道德问题越重要,管理者越有可能采取道德行为。

三、如何提高管理者的管理道德

不同的道德观常使管理者面临两难的境地,承受了巨大的道德压力。但组织还是可以通过多种方式来提高管理者的管理道德。

(一)加强组织文化建设,尤其是道德规范建设

组织文化是组织在长期管理活动中形成的共同的管理理念、思维方式和行为规范的总和。组织文化的内容和力量对道德行为有很强的导向和约束作用,健康活跃的组织文化有助于管理者在道德困境中做出灵活合理的抉择;道德规范是组织文化的重要组成部分,组织应当有一套表明其基本价值观的道德规范。一方面,道德规范应该是具体的,以向组织雇员表明他们应以什么精神和态度从事工作;另一方面,道德规范应当足够宽松,从而允许雇员有判断的自由。

(二)雇员甄选

一个组织在选择其雇员时就应当从其道德规范出发,严格把关,甄选录用高道德标准的人,剔除在道德上不符合要求的求职者。虽然在有限的选拔时间里做到这点是比较困难的,但通过对被选拔对象个人道德水平、个人价值准则等的考察,可以减少选拔到具有不良道德行为的管理者的可能性。

(三)加强道德示范

首先,组织要制定伦理道德规范和决策规则;道德准则是表明一个组织期望雇员遵守的基本价值观和道德规范的正式文件。然后,要求高层管理者在言行上要以身作则,做出道德行为的表率,这为组织良好的道德风气的形成奠定基调;管理者还可以通过奖赏合乎公司道德规范的行为和惩罚背离公司道德规范的行为来强化组织的道德风气。

(四)进行道德培训

组织可能运用多种形式来帮助员工加强道德意识,灌输组织的基本价值观和道德规范。当然道德培训不应当是说教式的,而应当是互动的、民主的,充分尊重和重视员工的积极参与。

(五)制定合理的工作目标

组织成员应该有明确的和现实的目标。如果目标对雇员的要求不现实,明确的目标也能引起道德问题。在不现实的目标压力下,即使有道德的员工也可能会采取不择手段的态度和做法。而当目标清楚且现实时,它会减少员工的迷惑并使之受到激励而不是惩罚。

(六)建立综合绩效评价

当绩效评价仅以经济成果为焦点时,对结果的过分专注很可能导致手段的滥用,从而引发道德问题。一个组织如果想使它的管理者坚持管理道德标准,它必须在绩效评价过程中加入道德标准。

(七)实施独立的社会审计

即通过常规性评价和随机抽查来评价组织的道德,从而发现和制止不道德行为。

本章小结

管理者在复杂的环境中从事管理工作,他们受环境的约束,同时又在某种程度上影响着环境。组织与环境之间存在着一种双行道式的关系。因此,组织应对环境的基本策略是一方面组织必须适应环境,另一方面,组织要为自身创造和选择一个良好的环境。组织适应环境方法有信息管理,战略反应,兼并、收购和联盟,组织设计和灵活性,社会责任等,组织可以

直接影响环境,为自身创造和选择一个良好的外部环境。

在当今日益多元化的社会中,管理者必须考虑企业各相关集团的利益。利益相关者理论的提出是管理学对组织内外部环境的重新认识,它要求管理者的管理活动不仅要考虑股东的利益,也要考虑那些能够直接或间接地影响企业活动或被企业活动所影响的人或团体的利益,进而深刻影响了管理理论的演进与管理实践的开展。

社会责任问题的提出,是外部环境对组织影响的一种表现,也是组织适应环境的一种机制。企业该承担什么样的社会责任,则随着社会责任内涵的发展而有所区别。同时,随着对社会责任问题认识的发展,对于企业是否应承担社会责任也有了正反的观点,赞成者或是反对者都各有论据,但从实践来看,赞成企业承担社会责任似乎是不可逆转的趋势。

社会责任与管理道德问题有着内在的联系,管理道德是判断管理者行为是非的标准。管理者在企业中,既面临着管理者个人道德与组织道德的冲突困境,又面临着组织道德与社会道德的冲突困境。关于管理道德,目前已形成了三种理论。在全球化趋势面前,在社会标准不一的情况下,管理者必须做出艰难的选择。

复习思考题

1.组织适应环境的方式有哪些?

2.什么是利益相关者?请举例说明。

3.你认为利益相关者理论将对管理理论与实践产生哪些重要影响?

4.什么是组织的社会责任?你认为企业应不应该承担社会责任?请说明你的理由。

5.产生管理者的道德困境的原因是什么?你认为管理者应该具备什么样的管理道德?为什么?

6.你认为管理者应该如何承担相应的社会责任,进行相应的道德管理?

技能练习

1.选择一家上市公司,了解其公开发布的社会责任报告。

2.请画出你所在大学的利益相关者。

3.参访一家你所在地区最具社会责任的企业,总结其承担的社会责任。

课外阅读

强生公司的社会责任信条

强生公司于1887年在纽约的新不伦瑞克(New Brunswick)成立,现已成为世界最大的保健品生产商之一,其主要业务范围包括消费品、专业产品和药品。强生是一个高度放权的公司,有强有力的公司文化。公司文化的形成可追溯到约翰逊(Robert Wood Johnson)将军。他是公司一名创始人的儿子,在1932年成为公司的首脑,然后着手改革强生。他成功地创建了一系列独立经营的公司,这些公司具有产品多样化和地理位置多样化的特点。这与传统的明智做法正好相反,传统的做法提倡集权以达到规模经济。他还对公司雇员的福利表现了极大的关心,这与当时的风气也是相抵触的。他公布了一份一览表,列出了业务成功的一些普遍原则,开头是这样声明的:"将以让所有人获得较好的生活作为经营的基本目标。"他于 1944—1945 年间在一份名为"行业信条"的文件中提出了他的一些观念,包括公平对待雇员、权力下放和产品质量方面的观念。最初的信条许多年来已修订了多次。1948 年它被重新命名为"我们的信条",这一标题沿用至今。50 年代对它的修订使语言更加明确。1972 年的公司年度报告中详述了这份文件。公司举行了 4 000 名公司经理的晚餐会,目的是强化他们对该文件的认识。作为指导一家大公司经营的信条,这份文件如此简单,简直令人迷惑。它语言平实,内容涉及的是经理们的日常事务。

70 年代中期,媒体报道了关于企业用于政治的不正当款项的许多内幕。人们提出用公司规范作为约束这种行为的办法。当这个问题在强生公司中提出时,管理者无须制定规范来对付这个问题,因为他们已经有了自己的信条。但是强生在几个事例中发现公司在外国的经营中曾支付不正当款项,并修改了记录以保持清白。这使公司里亮起了红灯,因为公司的信条受到遵守的程度没有达到预期的水平。因此,总裁詹姆斯·伯克决定召开一系列最高管理层会议,确定信条是否依旧有效力。这些会议后被称为"信条挑战会议",会议从1975 年延续到 1978 年,共有 1 200 多名经理先后参加过会议。每次会议参加人不超过 25名经理,历时两天,由伯克主持,后来由接替他出任总裁的戴维·克莱尔(David Clare)主持。主要议题包括信条是否仍旧适用、是否应对它作些更改以及在强生公司的管理中应如何实施它。会议发现,经理们对信条中的原则有强烈的信念,而且经理们普遍认为很难平衡本信条中的责任。会议还有另一个有益的结果:当某位经理怀疑公司是否会真的支持信条中的某条规定时,常常会有来自另一领域的一名经理举出公司支持这条规定的例子。强生某下属公司的总裁有这样一段评论,显示了这些会议的价值:在信条挑战会议中,你听到同事们的发言时就会发现它(即信条)已悄悄融入了每个人的价值观体系了。这点发现确实非常有益。离开会议时你怀着对这份文件及其内容真诚的尊重,然后将这种感觉传达给自己的公司。

有些人说信条表达了一种做生意的方式。詹姆斯·伯克说:"它告诉我们什么是我们的业务。"信条挑战会议已成为一种有规律的公司活动,每年两次为新的高层经理而召开。强生还鼓励各公司的总经理在自己公司的最高管理层内召开信条挑战会议。1979 年,信条再次被修订,目的是使其符合变化的公司现状和社会现状。在纽约召开的强生世界各地经理大会上介绍了修订后的信条。像这样将最高管理层全部集中在一起是很少见的,这更突出了公司对信条的重视。

1986 年,强生公司开始了一次信条调查,目的是确定雇员们如何看待强生信条的作用。公司执行委员会非常认真地对待调查报告、质量审计报告、安全报告和消费者(顾客)投诉报告。在委员会审查这些报告时,各公司总经理也要参加,并且必须准备好对有关自己公司的报告做出说明。公司对违反信条的行为绝不手软。例如,公司发现几名地位很高的主管的开支账目不清,违规行为包括使用经常航行优惠券、将个人消费列入公司开支账目,以及涂改事先批准的个人开支限额。虽然数目不大,但是这几名主管立即被解雇了。公司寄给所有高级经理一封信,指出某些高级管理者做出的一些违规行为,说明了这些行为的性质,并指出这些行为是违反信条的。

虽然强生非常放权,但它培育了强有力的公司文化,通过信条指导管理者的行动。信条是经理们的行为指南。泰拉诺尔危机显示了强生的这一特点。该例中,公共关系部副经理拉里·福斯特(Larry Foster)说他们唯一的选择就是从市场中收回泰拉诺尔,不这样做将违反信条。他说:"无论从最好还是最坏的角度来说,不这样做将是虚伪。"

1995 年 1 月 11 日,强生公司在新泽西州纽瓦克(Newark)的联邦法院承认了对它的指控,指控的理由是妨碍司法公正。引起处罚的情况是这样的:强生 Ortho 制药公司推销一种叫做 Retin-A 的能减少皱纹的药品。这种药的使用尚未获得美国食品药品管理局的批准,因此联邦政府开始就此进行调查。Ortho 制药公司的皮肤病部和公共关系部销毁了关于公司促销 Retin-A 的档案。1992 年,强生公司通知美国司法部它已发现与此案有关的档案是在一年前被销毁的。结果公司解雇了三名高级雇员。

资料来源:David J.Fritzsche 著:《商业伦理学》,杨斌、石坚、郭阅等译,机械工业出版社 2002 年版,第126 页。

第二篇

西方管理理论的发展

　　以史为鉴,可以知兴替。了解管理理论发展历史,有助于我们更好地把握管理思想的内涵精髓及其演化的内在逻辑,从而更好地开展管理实践。管理活动是伴随着人类社会出现而出现的,广义上的管理活动涉及人与自然、人与社会、人与人以及人们内在心灵世界。因此,了解管理发展历史,需要从哲学层面加以理解。哲学的核心要义在于"爱智慧",在于对人与自然、人与社会、人与人以及人们内在心灵世界的思考,这就决定了我们需要将管理思想演化历史置于同一时代哲学历史背景来理解,只有这样才能够准确把握其演化的内在逻辑。

　　在哲学发展历程中,西方哲学史和中国哲学史都是哲学史极其重要的组成部分。中华民族在其灿烂的历史长河中,塑造了优秀的民族文化和优良传统。近代以来,由于西方列强侵略和国内战争,加之新中国成立以来一段时间曲折的发展历程,中华民族文化发展出现停滞局面。这一局面直到改革开放特别是十八大以来才得到扭转。在这一背景下,东方管理思想在改革开放以来得以重新重视,中华文化在最近几年日益得到全球学术界和实践界的关注。中华文化博大精深,其所蕴含的管理思想在一篇教科书章节中难以阐明。本书重点关注西方管理思想发展史,希望能够让读者基本了解西方管理思想发展史,从而更好地将其运用于指导管理实践活动。本书在现代管理理论结尾处,探讨了后现代管理思想及其未来发展趋势,部分涉及中国当前管理实践和管理思想。

管理思想与哲学思想密不可分,本书结合西方哲学思想来阐述西方管理思想发展简史。西方哲学思想博大精深,但概括起来主要是两条线,一是唯心主义与唯物主义,二是形而上学与辩证法。根据马克思唯物辩证法思想,物质基础决定上层建筑,管理思想的产生与发展是物质基础的产物,管理思想作为一种意识形态,是属于上层建筑的,是由物质基础决定的。因此,无论是古典管理思想还是新古典管理思想、现代管理思想和后现代管理思想,都是特定历史条件下物质基础决定的,是人类社会发展的历史必然。

基于以上分析,本书将西方管理思想发展时代划分为五个阶段,分别是前古典管理阶段、古典管理阶段、后古典管理阶段、现代管理阶段和后现代管理阶段。由于后现代管理阶段管理思想出现枝繁叶茂的格局,没有形成统一的理论体系,本书将在现代管理理论这一章中用一节内容来阐述后现代管理思想,不单独设章阐述后现代管理思想。基于此,本书在西方管理思想发展简史部分,将分四章来阐述西方管理思想发展历史:早期的管理思想和管理实践、古典管理理论、人际关系学说和现代管理理论。读者们可以参考如下两篇文献,以进一步了解相关管理学家的管理思想。

(1)Kerim Özcan and Mehmet Barca, The Evolutionary Dynamic of Management Thought: Environmental Determinism or Ideational Development? TODA E's Review of Public Administration, Volume 4 No 1 March 2010, p.1~37.

(2)David D. Van Fleet, Summarizing Management's Notable Individuals, Works, and Concepts in Chart Form, Electronic Copy Available at: http://ssrn.com/abstract=2019911.

第五章　早期的管理思想和管理实践

1.熟悉管理理论的先驱者的贡献
2.理解学习管理历史的重要性

　　管理活动是人类社会活动的内容之一,特别是人类通过协作劳动来实现凭借个人力量无法实现的目标以后,管理就成了不可或缺的重要活动。随着管理实践的日益丰富,人类的管理思想也逐渐形成,而随着管理思想的系统化的归纳和总结,也就形成了管理理论。管理理论在指导实践中得到不断完善与发展。也就是说,在历史长河中,有很长一段时间,人们的管理活动与实践,并没有科学的管理理论作指导,有的只是一些零星的对管理问题的思考。我们把这些零星的对管理问题的思考称为早期的管理思想。了解早期的管理实践和管理思想,是为了追溯现代管理思想的起源,更好地掌握和理解现代的管理理论。从古埃及建造的金字塔、中国修建的长城,直到威尼斯的兵工厂管理,可以看出管理思想的发展轨迹;从古巴比伦的汉穆拉比法典到18、19世纪经济学家的专著,都可以发现管理思想不断深化的过程。

　　这些早期的管理实践和管理思想,为以后人类管理理论体系的形成奠定了重要的思想基础。当人们不断地去探讨和思考他们如何才能干得更好的时候,就使得人类对管理活动的内在规律的认识不断提高;而当人们把对管理活动规律性的认识上升为系统化、条理化的知识体系时,管理作为一门科学才得以诞生。管理作为一门科学诞生之后,就伴随着社会、经济、人文等的变化而得到不断发展,历经了古典管理理论、人际关系学说和现代管理理论等三个重要的发展阶段,而当前则又有着一些新的发展趋势。这些不同阶段的管理理论及其当前发展趋势,将在本书后面章节加以分析说明。

　　通过本章学习,你将会了解到一些著名的中外早期管理实践,以及一些知名的管理理论先驱者及其管理思想,并了解管理历史演变的历史背景。这对于系统全面地认识和把握管理发展规律,具有重要的指导意义。正如丹尼尔·A.雷恩1994年在其《管理思想的演变》的前言中所提到的:"今天的问题在本质上与以往相同,只是由于我们的知识增长,由于我们的研究工具更加精良,由于文化价值产生了变化,我们提出的解决办法有所不同而已"。

第一节　著名的早期管理实践

管理活动是一项历史悠久的人类社会活动,自从有了人类的社会活动,就有了人类的管理活动。管理实践和管理思想的形成是与经济、技术活动密切联系在一起的。例如,16 世纪,意大利的繁荣与其管理实践、管理思想相辅相成;18 世纪,英国工业革命造就了一批对管理理论卓有贡献的思想家;20 世纪,美国的经济成就与其管理理论和实践都为世人所瞩目;20 世纪 80 年代,日本的经济奇迹与世界上对日本管理模式的推崇也是紧密相关的。

一、金字塔的建造

古埃及人建造的金字塔,其宏伟的建筑规模足以证明早期人类的管理能力和组织能力。像齐阿普斯金字塔,建于公元前 2800 年,用 230 万块巨石砌成,平均每块石方约重两吨半。现代著名管理学家 P.德鲁克认为,那些负责修建埃及金字塔的人是历史上最优秀的管理者,因为他们当时在时间短、交通工具落后及科学手段缺乏的情况下组织人们完成了需要许多人有效协作才能完成的工程。

二、古罗马帝国的管理

古罗马帝国的兴盛,在很大程度上归功于其有效的组织。罗马帝国强盛时期的疆域,西起英国,东至叙利亚,包括整个欧洲和北非,人口约 5 000 万。公元 284 年,戴克利即位后,实行了一种把集权与分权很好地结合起来的连续授权制度。他把整个罗马划分为 4 个大区,4 个大区又划分为 13 个省,13 个省又划分为 100 个郡。他自己兼任一个大区的领导,其他 3 个大区分别授权他人管辖。大区的首脑再授权给“总督”管辖各个省,总督授权给“郡长”管辖各郡。但对所属郡长的授权,只以内政方面的权力为限,而驻在各省的兵力由中央统治。

这样,戴克利在原有组织结构即大帝和郡长之间,增设了两个层次,使其原有的郡长的重要性相对地降低,没有足够的力量来反抗中央政权;同时,分布全国的 100 个郡长通过授权来管辖本郡的民政事务,能够较好地适应地方特点,从而使得中央的集权控制和地方的分权管理很好地结合起来。这些做法,用现代的管理理论看,体现了正确处理集权与分权、有效控制与灵活性之间关系的思想。

三、中国长城的修建

万里长城始建于公元前 200 多年,服役者 40 多万人,全长 6 700 公里,蜿蜒于崇山峻岭和戈壁滩上。在当时的建筑条件下,如此浩大的工程,体现了当时高超的组织管理水平和能力。

四、罗马天主教会的组织

罗马天主教会早在第一次工业革命以前就成功地解决了大规模活动的组织问题。罗马天主教设计了一套组织结构,上自教皇,再到主教、神父、教徒,构成一条组织上的指挥链,并在此基础上采用职能式组织,按任务的性质进行授权。同时,在各级组织中配备参谋人员,并进一步推行了一种"强制参谋制"。管理学家哈罗德·孔茨认为罗马天主教的组织是西方文化历史上最为有效的一种正式组织。

五、威尼斯兵工厂的管理实践

16世纪,威尼斯兵工厂是当时最大的工厂,占地60英亩,工人一两千,在管理方面提供了许多有用的经验。例如,部件标准化:所有的弓应制造得适用于所有的箭;所有的索具和甲板用具应该统一;所有的船尾柱应按同一设计建造,以便每一个舵无须特别改装即可适合于船尾柱。在部件标准化的同时,还采用了类似现代流水线生产的制度,各种部件和备件都安排在运河的两岸,并按舰船的安装顺序排列,当舰船在运河中被拖引经过各个仓库时,各种部件和武器等从各仓库的窗户传送出来进行装配。另外,还采用会计和簿记作为一种管理控制的手段。

六、英国索霍工厂的管理实践

蒸汽机发明家詹姆斯·瓦特(James Watt)和马修·博尔顿(Matthew Boulton)在1796年创建了索霍工厂。他们各自的儿子詹姆斯·小瓦特(James Watt Jr)和马修·鲁宾逊·博尔顿(Matthew Robinson Boulton)管理索霍工厂的措施有:进行市场研究和预测,以便为建立新企业提供决策依据;有计划地选择厂址,在水陆交通发达的地方修建工厂;制定了生产工艺程序和机器作业的标准;实行了产品部件的标准化;有很详细的会计制度;进行工作研究;实现计件工资制等等。这些措施都具有不同程度的科学管理特征。

第二节 早期的管理思想

早期的组织主要是家庭、部落、教会、军队和国家,当时占统治地位的价值观,流行的文化、信仰是反对商业,反对获取成就,厌恶追求利润,人们注重的不是改善现世的命运,而是等待来世的幸福。因而,管理在那时并不能发展成为一个自成一体的独立研究领域,管理思想也是零散的、不系统的,主要是从治国角度出发的,专门集中于商业的思想是微乎其微的。而且,管理思想主要集中于如何保持安定、维持现状方面,与现代管理理论追求组织成长和繁荣是有所区别的。这种现象在我国历史上尤其突出。正如丹尼尔·雷恩所说的:"在这种尚未工业化的环境下,很少或者完全没有创立正式的管理思想体系的需要。"

一、古巴比伦王国的汉穆拉比法典

汉穆拉比法典共有 282 条,内容几乎无所不包,其中许多条款都涉及了经济管理思想,如最低工资:"某人租用他人之耕牛、牛车及驶车人者,应每天付给谷物 180KA(当时的重量单位),以为工资。"①

二、尼古拉·马基雅维利的管理四原则

尼古拉·马基雅维利是意大利早期的政治思想家和历史学家,堪称早期管理思想最有贡献者之一。他写作的范围很广,包括政论、历史、剧本和诗等,其中最著名的是《君主论》(又译《霸术》、《罗马史论》、《佛罗伦萨史》)。

在这些著作中,他论述了与管理有关的原则,即管理四原则:

1.群众认可。所有的政府,不论是君主制、贵族制或民主制,要持续存在必须依赖于群众的支持。这事实上就是后来巴纳德所提出的权力接受理论。

2.凝聚力。领导人必须致力于一个组织内部的凝聚力;同时,领导人还必须对他周围的朋友及随从给予奖酬,以维系他们的忠诚。

3.讲究领导方法。凡是领导,必须以身作则,培养博爱、仁慈、正义等品德,作为他人的表率。

4.生存意志。只有具备生存的意志,一个君主才能经常保持警觉,对敢于推翻他的权力的行为采取迅速而有力的反击。当处于存亡关头时,有权采取严酷的措施;在必要时,可以抛开所有的道德借口,背弃任何已不再有用的誓言。

尼古拉·马基雅维利所提出的管理原则是围绕"治国"而提出的,但同样也适用于管理其他组织,所以对管理思想的发展有相当大的影响。

三、早期经济学家对管理思想的贡献

(一)詹姆斯·斯图亚特(James Steuart)

詹姆斯·斯图亚特是英国重商主义的代表之一,他提出了劳动分工的概念,指出了工作方法研究和刺激工资的作用:"如果给一个人每天的劳动规定一定的量,他就会以一种固定的速度工作,永远不想改进他的方法;如果他是计件付酬的,他就会想出一千种办法来增加其产量……我就用这点来解释古代和现代工业之间的差异。"②

(二)亚当·斯密(Adam Smith)

亚当·斯密是英国工场手工业开始向机器大工业过渡时期的经济学家,古典政治经济学的杰出代表和理论体系的建立者。他在其代表作《国富论》中以工人制造大头针为例,详

---

① [美]R.M.Hodgetts 著:《企业管理理论、程序、实务》,许是祥译,陈振尧 校订,(台)中华企业管理发展中心 1981 年 2 月第 14 版,第 6 页。

② 转引自孙耀君著:《西方管理思想史》,山西人民出版社 1987 年 9 月第 1 版,第 30 页。

细阐述了劳动分工的作用:"一个劳动者,如果对这种职业(针的制造由于分工而成为一种专门职业)没有受过相当训练,又不知怎样使用这种职业上的机械(使这种机械有发明的可能的,恐怕也是分工的结果),那么纵使竭力工作,也许一天也制造不出一枚针,要做出二十枚,当然是绝不可能的,但按照现在经营的方法,不但这种作业全部已经成为专门职业,而且这种职业分成若干部门,其中有大多数也同样成为专门职业。一个人抽铁丝,一个人拉直,一个人切截,一个人削尖铁丝的一端,一个人磨另一端,以便装上圆头。做圆头需要有两三种不同的操作。装圆头,涂白色,乃至包装,都是专门的职业。这样,针的制造分为十八种操作。有些工厂,这十八种操作分由十八个专门工人担任。固然,有时一人也兼任两三门。我见过一个小工厂,只雇佣十个工人,因此在这一工厂中有几个工人担任两三种操作。像这样一个小工厂的工人,虽很穷困,必需的机械设备虽很简陋,但他们如果勤勉努力,一日也能成针十二磅。""有了分工,同数劳动者就能完成比过去多得多的工作量。其原因有三:第一,劳动者的技巧因业专而日进;第二,由一种工作转到另一种工作,通常须损失不少时间,有了分工,就可以免除这种损失;第三,许多简化劳动和缩减劳动的机械的发明,使一个人能够做许多人的工作。"[1]

(三)让·巴蒂斯特·萨伊(Jean Baptiste Say)

萨伊是法国庸俗经济学的创始人,他的代表作有《政治经济学概论》、《政治经济学问答》和《政治经济学教程》等。他提出了"供给自行创造需求"(即所谓的萨伊定律)学说,第一个明确地把管理作为生产的第四个要素而同土地、劳动力、资本相提并论。

四、我国早期的管理思想

我国是一个具有几千年文明史的国家,我国古代各族人民以自己的智慧和辛勤劳动创造了许多举世闻名的劳动成果。这些成果的取得正是我国古代各族人民管理思想的应用和管理实践的结果。下面所列举的是我国早期的管理思想的一部分。

(一)我国古代的经营思想

在古代,人们就认识到要以利息和利润作为经营管理的两大法则;要开展竞争,反对国家垄断;要掌握经营的有利时机,善于预测未来的变化;要注意经营短线产品而避开长线产品。西汉时期司马迁在《史记》中透过农工商贾、官吏军士、赌徒歌女、猎人渔夫、医士工匠等从事各种活动的复杂社会现象,得出"天下熙熙,皆为利来;天下攘攘,皆为利往"[2]。他指出:"农不出则乏其食,工不出则乏其事,商不出则三宝绝,虞不出则财匮少。财匮少而山泽不辟矣。此四者民所衣食之原也。"[3]也就是说,农、工、商要顺利发展,就必须获得足够的利润。

明朝年间的丘浚对宋人真德秀的《大学衍义》进行修补,编成《大学衍义补》一书。在此

① 转引自孙耀君著:《西方管理思想史》,山西人民出版社1987年9月第1版,第31～32页。
② 参见何奇、杨道南、伍子杰主编:《中国古代管理思想》,企业管理出版社1986年10月第1版,第156页。
③ 参见何奇、杨道南、伍子杰主编:《中国古代管理思想》,企业管理出版社1986年10月第1版,第159页。

书的开篇《总论朝廷之政》中，丘浚主张商业应当完全由民间去经营。他说："大抵民自为市，则物之良恶，钱之多少，易于通融准折取舍；官与民为市，物必以其良，价必有定数，又有私心诡计百出其间，而欲行之有利而无弊，难矣。"①

春秋时期军事家孙武在其著作《孙子兵法》中提出了许多很有价值的思想，不但对指导军事活动，而且对指导管理活动都具有十分重要的意义。他在"谋攻篇"中说："知彼知己，百战不殆；不知彼而知己者，一胜一负；不知彼，不知己，每战必殆。"他在"虚实篇"中说："水因地而制流，兵因敌而致胜。故兵无常势，水无常形，能因敌变化而取胜者，谓之神。"

(二)古代的用人思想

在用人方面，我国古代人民就注意到要选贤任能，要用人所长，要论功行赏、奖赏分明，要使人能充分发挥其才能。这方面的著述是非常充分的。春秋战国时期，墨子对当时王公大臣重用骨肉之亲而不问德行的做法非常不满，主张用人应当是"尚贤"。他指出国家在用人时应"不辨贫富、贵贱、远近、亲疏，贤者举而尚之，不肖者抑而废之"。而在采用贤哲时，要先"听其言，迹其行，察其所能"，然后才能授予适当的官职，也就是说要根据各人的才能大小来授官，"可使治国者使治国，可使长官者使长官，可使治邑者使治邑"。

唐太宗李世民在位时任用贤能，励精图治，出现了"商旅野次，无复盗贼，图圄常空，马牛布野，外户不闭"的大好形势。他认为"致安之本，惟在得人"，"能安天下者，惟在用得贤才"。对于人才，主张"量才授职，务省官员"，不论出身、经历，不计亲疏恩仇。

(三)古代的专业化分工思想

古人根据自己从事手工业生产的经验，认为专业化分工协作有利于提高人们的工作效率。如战国时期，墨子就提出了劳动分工的思想，主张"各从事其所能"。他说："譬如筑墙然，能筑者筑，能实壤者壤，能欣者欣，然后墙成也。"②

孟子也主张实行社会分工。他反对许行提出的"并耕论"。许行的并耕论认为："贤者与民并耕而食，饔飧而治。今也滕有仓廪府库，则是厉民而以自养也。"③而孟子却认为，务农的人不能同时兼作织布、制帽、冶铁为器、陶土为皿的事情，其生活所需的布、帽、农具、器皿等必须通过交换获取。他认为"如必自为而后用之，是率天下而路（破败）也"。根据这种社会分工的思想，孟子由此进一步推论，治理天下的人更不能同时兼做农业、手工业的事情。最后他得出了"劳心者治人，劳力者治于人，治于人者食人，治人者食于人"的"天下之通义"的结论。④

(四)古代的理财思想

我国古代的理财思想主要有反对甚贫甚富、奢侈浪费，反对对百姓竭泽而渔；主张实行"量入为出"和"量出为入"的财政原则。

荀子认为节用是人们致富斗贫的手段，是人们有远见的经济行为。因此，他认为个人的

---

① 参见何奇、杨道南、伍子杰主编：《中国古代管理思想》，企业管理出版社 1986 年 10 月第 1 版，第 437 页。
② 转引自解恒谦、康锦江、徐明编著：《中国古代管理百例》，辽宁人民出版社 1985 年 11 月第 1 版，第 66 页。
③ 转引自《辞海》(上册)，上海辞书出版社 1979 年版，第 674 页。
④ 参见何奇、杨道南、伍子杰主编：《中国古代管理思想》，企业管理出版社 1986 年 10 月第 1 版，第 86 页。

消费行为应该节约。他说:"今人之生也,方知畜鸡狗猪彘,又畜牛羊,然后食不敢有酒肉。余刀布,有困窭,然后衣不敢有丝帛。约者有筐箧之藏,然后行不敢有舆马。是何也?非不欲也,几不长虑顾后而恐无以继之故也。于是又节用御欲,收敛蓄藏以继之也。"[①]

在处理财政收支平衡的问题上,我国古代有两种不同的看法,一种认为应该坚持"量入为出"的原则,而另一种看法则认为应该坚持"量出为入"的原则。主张实行量入为出者认为,只有根据国家的财政收入情况来决定国家的财政支出,才能节约财政支出,减轻人民的税赋负担。如唐朝的陆贽认为在财富的生产上,"地力之生物有大数,人力之成物有大限,取之有度用之有节则常足,取之无度用之无节则常不足,生物之丰歉由天,用物之多少由人"[②]。因此,提出"是以圣王量入以为出,无量出以为入"[③]。但西汉时期的司马迁则提出"量吏禄,度官用,以赋于民"[④]的量出为入的原则;唐代的杨炎在他所创行的两税法中也主张"凡百役之费,一钱之敛,先充其数而赋于人,量出以制入"[⑤]。

第三节 管理理论的先驱者

在科学管理理论产生之前,开始有人注意从理论的角度来阐述如何提高生产的效率,他们的努力为科学管理理论的形成做出了贡献。我们把他们称为管理理论的先驱者。

(一)查尔斯·巴贝奇

查尔斯·巴贝奇(Charles Babbage,1792—1871年)是管理思想史上的一位重要人物,英国数学家、发明家和科学管理的先驱者。他出生在一个富有的英国银行家家庭,1814年和1817年先后获得文学学士和硕士学位,24岁时就被选为英国皇家学会会员。巴贝奇的数学天赋帮助他发明了著名的"分析机"——数字计算机的前身。其最有影响的著作是《论机器与制造业的经济》。巴贝奇的天赋、数学基础和在工厂进行的10多年考察使他在管理方面提出了许多创见,其贡献主要有以下几点:[⑥]

1.进一步发展了亚当·斯密关于劳动分工的思想。他认为专业化之所以能带来经济效益是因为:

第一,可以缩短学习一种工作所需要的时间。完成一项工作所需的工序越多,工人学会

---

① 参见何奇、杨道南、伍子杰主编:《中国古代管理思想》,企业管理出版社1986年10月第1版,第105页。

② 转引自何奇、杨道南、伍子杰主编:《中国古代管理思想》,企业管理出版社1986年10月第1版,第272页。

③ 转引自何奇、杨道南、伍子杰主编:《中国古代管理思想》,企业管理出版社1986年10月第1版,第272页。

④ 转引自何奇、杨道南、伍子杰主编:《中国古代管理思想》,企业管理出版社1986年10月第1版,第158页。

⑤ 转引自何奇、杨道南、伍子杰主编:《中国古代管理思想》,企业管理出版社1986年10月第1版,第158页。

⑥ 参见[美]丹尼尔·雷恩著:《管理思想的演变》,孙耀君、李柱流、王永逊译,中国社会科学出版社1986年1月第1版,第78~79页。

熟练地运用工作技能所需的时间越长。如果工人只需要学习某一道或几道工序所要求的技能,则学习时间可以大大缩短。"……工序越多,徒工用来掌握它们的时间就越长……但是,以制造大头针为例,如果徒工不去学习掌握各种不同的工序,而只注意学会一种操作,那么白白浪费掉的时间……将是很少的。而其余大部分时间都将给他的主人带来好处……"。

第二,有利于减少学习期间的材料浪费。在学习中,出现差错是难以避免的,因而往往会造成材料的浪费。劳动分工后,工人集中精力学习某一种工作技巧,所需要学习的内容减少了,所耗费的材料也相应地减少。"每一个人在学习掌握一种技术时将……白白浪费或损耗一定数量的原料……如果每一个工人在接连学习掌握每一道工序时都消耗一批原料,那么他消耗的原料将比一个人只注意掌握一种工序所消耗的原料要多得多……"。

第三,能够节省因改换任务或工种所花费的时间。"劳动分工的另一个好处是可以把在变换工作时经常损失的时间节省下来……在长期的习惯动作中,肌肉忍受疲劳的能力要比在其他情况下忍受疲劳的能力大得多","在连续生产的各道工序中,需要使用不同的工具,因而改换操作就是另一个造成时间浪费的原因……在许多技术性的工序中,工具极为精密,在每次使用时都要准确地给以调整,在许多情况下,调整工具所需要的时间将占去整个使用工具时间中的很大一部分……"。

第四,有利于改进工具,节省劳动力。与斯密一样,巴贝奇认为从事专项工作的人才有可能为改进工作而创造发明出相应的工具或机器。"当一个人的全部任务只是从事制造产品的一道工序时,由于他的注意力都放在一个非常有限和简单的操作动作上,这样他考虑改进工具或使用工具的方法的可能性要比他的注意力被更多的不同问题所分散时的可能性大得多。这种对工具的改进一般说来是改进机器的第一步。"

第五,有利于人力和任务的合理分配。劳动专门化使工人的体力及技术水平与工作任务的匹配更为合理。

巴贝奇还提出体力劳动和脑力劳动的分工。他举了个例子,法国桥梁和道路学校校长普隆尼把手下人员分成技术、半技术和非技术三类,把复杂的工作交给能力强的数学家去做,把简单的工作交给只能从事加减运算的人去做,从而大大提高了整个工作的效率。

2.提出了在科学分析的基础上有可能制定出企业管理的一般原则的观点。巴贝奇在《论机器与制造业的经济》一书中指出:"我在过去十年中曾被吸引去访问英国和欧洲大陆的许多工场和工厂,以便熟悉其机械工艺。在这过程中,我不由自主地把我在其他研究中自然形成的各种一般化原则应用到这些工厂和工场中去。"①

3.发明了一种"制造业的方法"。这种方法同后来别人提出的"作业研究的科学的、系统的方法"非常类似。观察者运用一种已规范化的提问表,内容包括原材料、正常耗费、费用、机器设备、工具、价格、最终消费者、工人、工资、所需技术以及工作周期等。

4.提出了"固定工资+利润分享"的报酬制度。巴贝奇强调工厂制度有利于改善工人阶层的生活,工人和工场主存在着一致的利益。他说:"工场主的繁荣和成功对工人的福利是十分重要的……工人作为一个阶级,会因他们雇主的富裕而得到好处,这是千真万确的,但是我并不认为每一个工人分享到的好处将同他为雇主的富裕做出的贡献完全成比例……如果支付报酬的方式能够安排得使每个被雇佣的人都会从整个工厂的成功中得到好处,以及

---

① 转引自孙耀君著:《西方管理思想史》,山西人民出版社 1987 年 9 月第 1 版,第 50 页。

每一个人的收益会因工厂本身获得的利润而增加,而又不必对工资做出任何改变,那么这将是极为重要的。"①巴贝奇认为采取"固定工资+利润分享"的报酬制度存在着以下好处:第一,工人的利益与公司的繁荣与否直接相关;第二,鼓励每一个员工关心浪费和管理不善的问题;第三,促使每一个部门改进工作;第四,有利于提高工人的素质和技术水平;第五,减少工人和雇主之间的矛盾冲突,建立管理人员和工人之间的和谐关系。查尔斯·巴贝奇在工厂制度的问题上取得了重大的进展,但是其贡献却是在弗兰克·吉尔布雷思发现后才得到承认的。

(二)安德鲁·尤尔

安德鲁·尤尔(Andrew Ure,1778—1857 年)在管理思想和管理教育方面做出了贡献。尤尔出生于英国的格拉斯哥,曾在爱丁堡大学和格拉斯哥大学学习过,于 1801 年在格拉斯哥大学获得医学博士,1804 年成为格拉斯哥安德逊学院化学和自然哲学教授,直到 1839 年。他在格拉斯哥大学为工人举办的科普知识的讲座,吸引了大量的工人、职员、仓库管理员、小商人和店主,这些学员遍及联合王国各地,反映了日益发展的工厂制度对管理人员的要求,所以丹尼尔·雷恩认为尤尔是"管理教育的先驱"。《制造业的哲学》是尤尔在管理方面最主要的著作。该书是尤尔为了培训管理人员和职工而创作的。该书系统地阐述了制造业的原则和生产过程。工厂制度的基本原则是以"机械科学"代替"手工技术",即以机器代替人力。尤尔指出,在每一个工厂中都有三种有机的系统——机械系统、道德系统和商业系统。机械系统指的是生产的技术和过程,道德系统指的是人员的状况,商业系统指的是通过销售和筹集资金使组织继续生存下去。尤尔的分析和其从事的管理教育,对后人有相当大的影响。

(三)亨利·普尔

在美国,19 世纪是工厂制度得到发展的时期。随着美国工业的兴起和发展,出现了一些对科学管理理论做出贡献的先驱者。亨利·普尔(Henry Poor,1812—1905 年)就是其中的代表之一。亨利·普尔(1812—1905 年)长期担任《美国铁路杂志》主编,针对当时美国最大行业(铁路业)提出了一些管理原则和方法。其贡献在于:②

1.提出了职业经理阶层观念的雏形。他认为"管理的改革必须通过培养一批专业管理人员来进行,而不是通过抽象的理论家和鼓吹建立国家运输体系的人来进行"。

2.追求系统化的管理。普尔根据他人的研究成果(主要是另一管理先驱者——麦卡勒姆),提出建立健全的管理体系的三条基本原则:①组织原则。"组织是管理的基础,从董事长到普通工人都必须有细致的劳动分工,每人都有具体的职责和责任。每人都直接对他的直接上司负责。"②沟通交往原则。在组织中设计一种报告制度,使最高管理层能不断地、准确地了解业务的进展情况。③信息原则。信息原则就是指对所有信息、情报资料进行汇编,以利于管理部门对有关情况进行分析,并为改进业务提供依据。这是管理文献中"数据库"概念的雏形。

---

① 转引自[美]丹尼尔·雷恩著:《管理思想的演变》,孙耀君、李柱流、王永逊译,中国社会科学出版社 1986 年 1 月第 1 版,第 80 页。

② [美]丹尼尔·雷恩著:《管理思想的演变》,李柱流、赵睿等译,中国社会科学出版社,1997 年 3 月第 1 版,2004 年 10 月第 3 次印刷,第 83 页。

3.关注企业中人的因素,提出了通过有效的领导来消除正式组织的刻板性。普尔去英国访问后,发现工人对刻板的系统管理存在着抵触情绪,于是,开始寻求一些更广泛的原则,以便消除"把人看成仅仅是机器"的危险。普尔认为,如果在任务的执行过程中,没有一定程度的自由灵活性,将无法激励员工的积极性。因此,他认为解决的办法是建立一种能通过向组织灌输团结精神而克服单调无味和照章办事的情绪的领导方式。普尔还提出了统一指挥原则:"最高管理层应成为企业的神经中枢,它能通过每一部门,并应该把知识和服从的精神输送到每个部门。这个神经中枢不应是支离破碎和互不关联的——向头发出一种指示,向手发出另一种指示,与此同时又向脚发出别的指示。凡是没有一致性的地方,就不会有干劲、智慧以及下级对上级的报告责任和服从。"

本章小结

在前工业社会,人们的生活水平相当低下,对有效率并重成效的管理并不特别重视。但即使在轻商、反成就甚至反人性的社会,还是存在着许多著名的管理实践和起指导作用的管理思想。如古埃及的金字塔、古罗马帝国戴克利的有效组织管理、把直线职能和参谋职能完美结合的罗马天主教会的管理,都是成功管理的典范。但在流行的文化观念厌恶追逐利润和静态的社会性质的两大历史背景下,管理作为一门系统的学科并没有得到发展。我国作为一个文明古国,有着悠久的历史和灿烂的民族文化,管理活动和管理实践也是丰富多彩,驰名中外的长城的建成,凝聚着我国古代劳动人民的智慧,体现了当时的管理组织水平;同样,在许多论著中,都可以发现管理思想的萌芽,如我国古代的经营思想、用人思想、专业化分工与理财思想。

詹姆斯·斯图亚特、亚当·斯密和查尔斯·巴贝奇等人都认识到劳动分工所带来的专业化的效益,法国的萨伊第一个把管理列入生产要素范围。针对工业革命带来的工厂制度的问题,查尔斯·巴贝奇、安德鲁·尤尔和亨利·普尔各自从不同的角度提出了一些管理的方法或者原则,他们的思想对科学管理理论的产生做出了很重要的贡献。

复习思考题

1.请列举你所了解的著名的管理实践的实例。
2.你是如何评价历史上的管理实践和管理思想的?
3.请总结我国早期的管理思想,列举我国早期的管理实践,并分析我国管理实践和管理思想之间的内在联系。
4.比较分析中外早期的管理思想,并说明两者异同的原因。

技能练习

1.请与团队成员进行充分沟通,分析每位团队成员在团队任务中所扮演的角色,以及团队成员之间如何通过分工和协作来有效完成团队任务。
2.请分别联系某组织物资管理处和人力资源处的负责人,谈谈他们在管理方法方面存在的差异性。

3.请根据利他主义和利已主义的人性假设,分析在不同人性假设情况下,管理方法是否存在差异。或者联系营利性组织和非营利性组织的负责人,分析他们在管理方法上是否存在差异。

课外阅读

1.吴照云、李晶:《中国古代管理思想的形成轨迹和发展路径》,《经济管理》2012 年第 7 期。

2.David D. Van Fleet,Summarizing Management's Notable Individuals,Works,and Concepts in Chart Form,Electronic Copy Available at:http://ssrn. com/abstract ＝ 2019911.

第六章　古典管理理论

学习目的

1.了解古典管理理论产生的时代背景
2.了解泰罗及其主要贡献
3.了解法约尔及其主要贡献
4.了解韦伯及其主要贡献
5.掌握古典管理理论的主要特征
6.理解古典管理理论的局限性

本章导航

作为管理理论发展的第一个阶段,古典管理理论产生、形成于19世纪末到20世纪30年代。它主要包括由美国的泰罗及其追随者所倡导的"科学管理理论"、法国的法约尔提出的"一般管理理论"及德国的韦伯提出的"官僚集权组织管理理论"。尽管这些不同的管理理论产生于不同的国家,但它们都有一个共同的特征,即强调用"科学"的方法来进行管理,所以人们又把这个时期的管理理论称为"古典管理理论"。古典管理理论的产生标志着管理作为一门科学已经形成。它意味着人类已经从科学层面对管理活动的内在规律性有了认识。从此,人类能够运用科学的管理理论来指导人类的管理活动。

第一节　古典管理理论产生的时代背景

管理理论的产生,总是受当时的社会、政治、文化和经济等因素的影响。一方面,管理理论要反映社会经济的发展对管理的要求,因而管理理论深刻地反映了不同时代的历史特点;另一方面,管理理论的形成和发展又推动了社会的发展和进步。影响古典管理理论产生和形成的社会经济因素有以下几个方面:

(一)经济的迅速发展对管理提出了提高劳动生产率的要求

19世纪末,资本主义世界的经济得到了迅速的发展,始于英国的工业革命带来了工厂制度及其管理问题,资本主义从自由竞争向垄断竞争的过渡已经逐渐完成。随着市场需求的不断膨胀,许多在19世纪中叶还只是处于萌芽时期的工业部门迅速成长壮大,并形成了许多新兴的工业部门,如石油工业、合成纤维工业、飞机制造业、钢铁工业、橡胶工业等。企业的数量迅速增加,规模迅速扩大,形成了许多大型企业。但是在经济迅速发展的同时,由于仍沿用过去传统的和经验的管理方式,企业的劳动生产率水平十分低下,许多工厂的实际产量都远远低于其额定的生产能力,甚至能达到生产能力的 60％的都很少。因此,提高企业的劳动生产率就成了当时的口号。许多长期在生产第一线从事与企业管理工作有关的工程技术人员对这个问题产生了兴趣,并对如何提高企业的劳动生产率这个问题进行了研究,从而形成了古典管理理论。泰罗就是其中最突出的代表人物。

(二)当时社会上流行的唯理主义哲学、实利主义经济学和新教伦理给古典管理理论打上了深深的时代烙印

19 世纪末 20 世纪初,资本主义世界流行的是唯理主义哲学、实利主义经济学和新教伦理。它们对古典管理理论的形成产生了深刻的影响。

在当时,人们的思维方式是以牛顿的经典物理学为依据的,即认为宇宙是一个细致而严密地组织起来的世界图景,所有事物都是精确地、严格地按照规律而发生的,包括人类的社会活动在内的一切现象都是受理性的规律制约的。在这种思想的指导下,人们认为,不管从事什么活动,都应该进行严密的理性分析,不能去从事"不合理"的活动。这种唯理主义的思想对古典管理理论的形成产生了深刻的影响,从而形成了古典管理理论区别于其他时代的管理理论的最基本的特征之一,即理性分析。

古典管理理论特征的形成还来源于另一个方面,即在当时社会上占主导地位的实利主义经济学和新教伦理。实利主义经济学认为,人的行为都是以个人的经济利益为动机的,人们决定是否从事某项活动是以该活动是否有利于个人的经济利益为基本出发点的。而新教伦理对牟取利润做了宗教论证,鼓励个人和团体谋求物质财富,自制、勤奋和节约是人类的一种美德,从而倡导人们通过个人的努力和奋斗去实现个人的理想和目标。

实利主义经济学与新教伦理反映在管理的理论与实践中,形成了古典管理理论的另一个重要的特征,即经济人假设。该假设认为,人都是追求经济利益和物质利益的,要调动人的积极性,就要使人在经济方面的需求得到满足。理性分析与经济人的认识就成了古典管理理论的两个最重要的理论特征。

(三)传统的管理不利于资本家对剩余价值的榨取,这从主观上促进了古典管理理论的产生和发展

在古典管理理论产生以前,人类的管理还是一种经验式的管理,同时也是一种棍棒式的管理,即对工人采取高压的、强制的手段进行管理。这种"血汗工厂制度"不但不能调动工人的劳动积极性,还会引起工人的强烈反抗,工人们会采取罢工、"磨洋工"、破坏机器、破坏厂房等方式来对付资本家。

正如泰罗所指出的:"在整个工业界,雇主的组织也好,雇员的组织也好,大部分是为了斗争,而不是为了和平;任何一方的绝大多数也许都不相信他们的相互关系会有可能协调到利益均等的地步。"[①]"制止各种形式的'磨洋工',调动雇主和雇员之间的关系,使得每个工人愿尽他的最佳能力和最佳速度去干活,加上和经理人员亲密无间的协作,并得到经理人员的帮助(这是工人理应得到的),那么,其结果必将普遍地导致每个人和每部机器的产量翻

---

① [美]F.W.泰罗著:《科学管理原理》,韩放译,团结出版社,1999 年 1 月第 1 版,第 8～9 页。

番。"①正是在这种背景下,泰罗的科学管理理论应运而生。

第二节 泰罗与科学管理理论

一、时代背景

弗雷德里克·泰罗,1856 年出生于美国宾夕法尼亚的杰曼顿,1875 年离开哈佛大学到费城的恩特普里斯水压工厂当模型工和机工学徒工,1878 年进入费城米德维尔钢铁厂当一名普通工人,继而升为职员,后又升为机工、机工班长、车间工长、负责全厂修理和维修的总技师。1884 年,他被升为总工程师。在米德维尔钢铁厂,泰罗对工人"磨洋工"造成产量不高的原因进行了研究和分析。他认为可以把工人"磨洋工"的原因分成"无意的磨洋工"和"有意的磨洋工"两种情况。他说:"'磨洋工'的原因有二。第一,由于人的天性趋向于轻松随便,这可称之为'本性磨洋工'。第二,由于人与人的关系而造成的错综复杂的思想和重重顾虑而引起的,这可称之为'故意磨洋工'。毫无疑问,普通人(无论从事哪种行业)都趋向于慢慢腾腾、不慌不忙地干活,只是在自己经过深思熟虑和仔细观察之后,或者由于学习榜样、良心发现,或者外来压力的结果,才加快自己的步伐。"②

泰罗认为,工人故意"磨洋工"主要有以下两个原因:第一,在当时的工人中,流行着一种"劳动总额"说,即工人们认为,世界上的劳动总量是有限的,如果工人加速劳动会使他人失去劳动机会;第二,当时采用的不完善的、有缺陷的管理制度迫使工人通过"磨洋工"来保护自身的利益。为了消除工人磨洋工的现象,提高工人的劳动生产率,泰罗开始了对科学管理理论的探索。他认为问题的关键是管理部门应该为每一项工作制定出完善而又公正的工作标准,要采用科学方法来确定工人们用他们现有的设备和原料所应完成的工作。所以他开始进行工时研究,为建立工作标准提供可靠的科学根据。同时,泰罗提出了"差别计件工资制",即根据工人完成工作定额的不同情况支付不同的工资,以调动工人的劳动积极性。

1890 年,泰罗离开了米德维尔钢铁厂,担任一家制造业投资公司的总经理。1893 年,泰罗辞去了这家公司的职务,开始从事管理的顾问工作。在担任顾问工作期间,泰罗把他的管理方法应用于实践,并取得了成功,但是也遭到各方面的反对和批评。1901 年,泰罗就转向通过撰写文章和发表演讲来宣传他的科学管理制度。尽管他不太愿意在教室中传授他的科学管理方法,但从 1903 年开始,他每年冬天都去哈佛大学讲课,一直到 1914 年为止。1910 年,美国东部铁路公司由于亏损而向美国州际贸易委员会申请批准提高运费。波士顿律师刘易斯·布兰代斯接受了托运商的诉案委托,并促使当局举行了一系列意见听证会。在这些听证会上,支持泰罗的科学管理方法的刘易斯、吉尔布雷思、甘特等人在进行辩论时以东部铁路公司管理不善造成效率不高为根据,指出如果东部铁路公司能运用泰罗的科学管理

① [美]F.W.泰罗著:《科学管理原理》,韩放译,团结出版社,1999 年 1 月第 1 版,第 12 页。

② [美]F.W.泰罗著:《科学管理原理》,胡隆祖、冼子恩、曹丽顺译,中国社会科学出版社 1984 年 10 月第 1 版,第 39 页。

方法,就能大大提高生产率,就没有必要提高运费。虽然听证会最后认为,现在对科学管理方法的好坏做出最后的判断还为时太早,但听证会仍然做出了不利于东部铁路公司的决定。经过报纸的宣传,泰罗的名字和科学管理这个词大为盛行,引起了社会公众的广泛注意。

1911 年 8 月,实行泰罗制的沃特敦兵工厂发生了工人罢工事件。为此,美国国会召开了国会意见听证会。这次听证会从 1911 年 10 月开始,于 1912 年 2 月结束。泰罗在这次听证会上出庭作证。在证词中,泰罗又进一步阐述了科学管理的原理和思想。但是,由于当局对泰罗的科学管理充满了敌意,所以在整个听证会上充满了恐怖主义的气氛,充满了敌视和尖锐的词句。这次听证会的结果是明确规定在使用拨款法案提供的活动资金时不能采用泰罗制的任何方法。1915 年,泰罗于外出发表演讲的归途中,由于着凉而患了肺炎,在刚刚度过他 59 岁生日后的第二天,病逝在医院里。泰罗死后,人们称他为"科学管理之父"。

二、科学管理理论的主要内容

为了推广科学管理的方法,泰罗不但亲身从事科学管理的实践工作,而且还撰写了许多文章来阐述他的科学管理的思想。他的主要著作有:1895 年出版的《计件工资制》、1903 年出版的《车间管理》、1911 年出版的《科学管理原理》。在 1911 年的国会听证会的证词中,泰罗也充分地阐述了其科学管理的思想。

(一)工时研究——制定科学的工作标准

泰罗认为,造成工人"磨洋工"的一个重要原因就是管理当局缺乏科学的日工作标准,工人每天应该干多少都是凭当局的经验和主观意志确定的,当工人为了多挣钱而努力工作时,当局就随意地提高工人的工作标准。因此,工人就只好通过"磨洋工"来保护自身的利益。为了能充分地调动工人劳动的积极性,泰罗认为首先应制定一个科学的日工作标准。所以泰罗对科学管理的研究就是从工时研究开始的。

工时研究分为两个阶段,即"分析阶段"和"建设阶段"。在"分析阶段",研究人员把工人操作的每个动作都分解成尽可能多的简单动作,然后对这些简单的动作进行分析,把那些无用的动作去掉,并通过对"第一流的工人"的每一个操作动作进行观察,选择出每一个基本动作的最好和最快的操作方法,并把用最好、最快的操作方法来完成每一个基本动作所需要的时间记录下来,加上一定的百分比(休息、准备与结束的时间)。在"建设阶段",建立各种操作方法和时间的档案,以便尽可能把它们用于其他工作或其他类型的操作上。这样,以后不管遇到什么新的工作,只要从工作标准档案中找出各种最基本的操作方法和时间加以组合,就可以使每一种新的工作都有最科学的操作方法。用这种操作方法对工人进行训练,就能提高工人的劳动生产率。

如对工人搬运生铁这一工作,泰罗运用科学的方法进行了分析,并用科学的操作方法对工人进行训练,使每个工人由每天搬运生铁 12.5 吨提高到 47.4 吨。当然,工人的日工资也由 1.15 美元提高到 1.85 美元。泰罗认为:"无论何时,工人只要在规定的时限内正确完成任务,就能在通常的工资之外另加 30%～70%。"[①]他说:"每个工人的工作至少在一天前就由

---

① 〔美〕F.W.泰罗著:《科学管理原理》,胡隆祖、冼子恩、曹丽顺译,中国社会科学出版社 1984 年 10 月第 1 版,第 171 页。

资方完全计划好了,在大多数情况下,每个工人都会收到书面指示,其中详细说明他该完成的任务以及操作方法……这些任务的定额都是精心地计划出来的,要求在完成工作的过程中干得既迅速又仔细,但又决不要求工人以有损于身体健康的速度去干活。其任务是这样规定的:胜任于这种活计的工人常年在这样一种速度下操作,只会有助于他的身体健康,并感到身心愉快、百事兴旺,而不是劳累过分。"①泰罗通过工时研究确定科学的操作方法和操作时间这一做法,发展到今天就是工作定额原理。

(二)把工人的操作方法,使用的工具、机器、材料及作业的环境标准化

为了采用科学的方法来提高工人的劳动生产率,除了通过工时研究制定科学的工作定额外,泰罗认为还应对工人使用的工具、机器及材料等进行改革,使之有个科学的标准。比如说,对一个第一流的铲掘工人来说,他所使用的铲子的负荷量应多大才能使其每天的产量最高且工作起来感到最轻松愉快? 对此,泰罗认为只能通过仔细的实验才能得到解答。他说:"首先要选择 2~3 个头等铲掘工,由于他们干活让人信得过,所以给他们以额外的工资;接着,逐渐改变铲掘的负荷量,让做实验工作的人去仔细观察随着负荷量的增加而引起的一切变化……结果发现一个头等的铲掘工完成一天最大的操作量时,每锹大致为 21 磅……当工人一天在操作中每锹的平均负荷量大致是 21 磅时,他就能干出他最大的操作量……这势必需要准备 8 至 10 种不同类型的铁锹,每种铁锹只适合于铲掘某一种特定的物料……使他们能把任何种类的物料每锹铲 21 磅;例如铲矿石给把小锹,铲灰土给把大锹。"②

(三)实行有差别的计件工资制

泰罗认为造成工人"磨洋工"的原因除了缺乏科学的操作方法外,还因为当时采用的不合理的分配制度。他说:"普通计件工资制引起的雇主与工人之间的永久性的敌对情绪,对每一个达到高效率的工人都是一种处罚。这种制度败坏工人士气的后果是严重的。在这种计件工资制度下,连最好的工人也不停地被迫弄虚作假,拼命地同雇主的迫害作斗争。"③因为在普通的计件工资制度下,雇主当局每"制定一项工作的工资率后,每一个工人都设法用一个费时最短的方法来工作。要么更加苦干,要么改进工作方法来达到目的。这样就可以取得较大的收益。按较高速度进行生产一段时间后,厂主就会降低计件工资率。尽管工人努力工作,也只能获得比原来的计日工资略多一点的收入。……在连续二、三次降低计件工资率,尽管工人努力工作也减少收入后,就算最笨的工人,对这种待遇也会引起反感,也会找办法来补救。这样就会引起工人与管理方面之间一场斗争"④。

因此,泰罗建议实行一种新的工资制度,即差别计件工资制。这种差别计件工资制包括三个方面的内容:

第一,制定科学的日工作标准。由于过去对工人每天应干多少没有科学的标准,完全根

① [美]F.W.泰罗著:《科学管理原理》,胡隆祖、冼子恩、曹丽顺译,中国社会科学出版社 1984 年 10 月第 1 版,第 171 页。

② [美]F.W.泰罗著:《科学管理原理》,胡隆祖、冼子恩、曹丽顺译,中国社会科学出版社 1984 年 10 月第 1 版,第 187 页。

③ [美]F.W.泰罗著:《科学管理原理》,胡隆祖、冼子恩、曹丽顺译,中国社会科学出版社 1984 年 10 月第 1 版,第 3 页。

④ [美]F.W.泰罗著:《科学管理原理》,胡隆祖、冼子恩、曹丽顺译,中国社会科学出版社 1984 年 10 月第 1 版,第 10 页。

据资本家自己的主观经验来确定,当工人为了多挣钱而提高了每天的生产产量时,资本家就提高工人的日工作标准,也就是说降低工人的工资率,从而使工人更加努力工作反而不能增加工资收入。因此,工人只好通过"磨洋工"来保护自身的利益。所以泰罗指出:"最巨大的障碍是工人与管理人员(主要是管理人员方面)缺少完成每件工作最快的时间的知识。……解决这个问题的方法,在于每个工厂都设立一个定额制定机构。这个机构应当具备与工程部门和管理部门同等的威信与权力,并用同样科学的、实际的方式组成和管理。……由制定定额机构取得的、工人亦能接受的、作为标准的完成每项工作的最快时间,却是企业达到最高产量的最主要的步骤。"①

第二,按照工人完成定额的不同情况实行不同的工资率。泰罗指出,差别计件工资制的主要内容是对用最短的时间完成每项工作、每单位工作而又没有缺点的工人,给予比用较长时间才完成同样工作或有毛病的工作的工人以较高的工资,即当工人超额完成工作定额时,就按比正常的工资率还要高的工资率支付给工人工资;当工人不能按定额完成工作任务时,就按比正常的工资率还要低的工资率支付给工人工资。因为泰罗认为:"资方必须了解这样一个根本性的事实:除非工人们能得到额外的收入,不然他们就不会按这些严格的准则办事,也不会更卖力地干活。……只要工资能得到慷慨的增长,就可以找到大量以最快速度干活的工人,但必须向工人保证工资的这种超乎平均的增长是永久性的。"②从这里我们可以看出,差别计件工资制实际上是基于"经济人"的假设而提出的。

第三,把工资给"人"而不是给"职位"。泰罗指出:"每一个工业家都有必要雇用一些不能采用计件工资的计日工资工人。"③但在过去旧的"日工资制"下,是"将工人分成几类,每类规定一个标准工资率,所有工人都按同一个工资率计算,即车工们按一类工资率计算,工程队按另一类工资率计算。每个工人都是按他的职位发工资,而不是按他个人的性格、积极性、技能和可靠性来支付工资。这个制度的结果是明显地影响工人的情绪,产生平均主义。因此,就算最有进取心的工人,不久也会发现努力工作对他没有好处,最好的办法是尽量少做工而仍然能保持他的职位。这种情况,不可避免地将大家的工作拖到中等以下的水平"。④

因此泰罗认为应该按"人"而不是按"职位"来支付工资。他认为雇主应该认识到要"增加一个额外的职员和一个领班,建立一个简单的工人工作记录制度,记录工人的工作成果,并据此调整工人的工资,借以刺激工人的上进心,就可以使一个有 20 至 30 人的工作组增加产量,有时可达一倍之多,而每个工人的工资仅增加一点"⑤。

① 〔美〕F.W.泰罗著:《科学管理原理》,胡隆祖、冼子恩、曹丽顺译,中国社会科学出版社 1984 年 10 月第 1 版,第 14～18 页。

② 〔美〕F.W.泰罗著:《科学管理原理》,胡隆祖、冼子恩、曹丽顺译,中国社会科学出版社 1984 年 10 月第 1 版,第 197～213 页。

③ 〔美〕F.W.泰罗著:《科学管理原理》,胡隆祖、冼子恩、曹丽顺译,中国社会科学出版社 1984 年 10 月第 1 版,第 9 页。

④ 〔美〕F.W.泰罗著:《科学管理原理》,胡隆祖、冼子恩、曹丽顺译,中国社会科学出版社 1984 年 10 月第 1 版,第 8 页。

⑤ 〔美〕F.W.泰罗著:《科学管理原理》,胡隆祖、冼子恩、曹丽顺译,中国社会科学出版社 1984 年 10 月第 1 版,第 9 页。

(四)实行职能工长制

在当时,企业的组织结构形式实行的是"军队式"的组织结构形式,又称"全能工长制"、"直线制"。这是一种在组织中只有直线领导而没有职能分工的组织结构形式。在采用这种组织结构形式的组织中,每一个管理层次的管理者都必须负责本管理层次中所有管理方面的工作。这就要求企业管理者必须"具备多种专门知识以及为完成其全部工作所必需的各方面的智力和道德品质"。泰罗认为这样一种全才"必须具有下列九种品德:脑力;教育;专门知识或技术知识;手艺或体力;机智;充沛的精力;毅力;诚实;判断力或常识;良好的健康状况。具备上述品质中三项的人,只要用普通工人的工资就可以随时雇到很多,但四项加在一起的就得用较高工资才能雇到,而具备五种品质的人便开始不大好找了,至于兼有六、七、八种上述品质的人则几乎是求之不得了"①。

因此,泰罗认为:"在整个管理领域里,必须废除军队式的组织而代之以'职能式'的组织。……职能式管理的最显著特点是肯定一事实,即每个工人不是只通过一个班组长和管理部门接触,而是每天直接从八个不同的头头那里接受指示和得到帮助。"②这八个头头分成两类,"其中四个是在计划室里……他们在不同职务上分别代表计划部门同工人们联系。……计划部门的四个代表是:(1)工序和路线调度员;(2)指示卡办事员;(3)工时和成本管理员;(4)车间纪律检查员"。"还有四人则在车间里亲自帮助工人工作……这四个工长是:(1)班组长,(2)速度管理员,(3)检验员,(4)修配管理员"。泰罗认为,采用职能工长制的"最大好处是在较短的时期内能训练出一批工长"。③

泰罗还认为:"一个大车间采用职能工长制时,所有执行同样职务的工长之上还应该有个首脑。例如,速度领班上面应该有一个速度主任,班组长之上应该有一个总班组长,检验员之上应该有一个主任检验员,等等。这些高级工头的职责有两个。其一是教给下面每个领班以所任职务的确切内容……第二项职责是消除在不同类别的工头之间所发生的麻烦问题,而这些工头又要转而直接去帮助工人。例如,速度领班总要在任何一项工作中跟着班组长去管理工人。这样,他们两人的工作必然有密切接触,而在一开始时,两人之间肯定会或多或少地发生一些摩擦。如果这些工头中有遇到这种困难而自己又不能解决时,就可以去找各自的上级,这些上级一般能把事情处理好。万一上级之间对补救办法仍不能达成协议,就向车间副主任反映,车间副主任的责任,至少在一定时间内,极大部分是用于仲裁这些分歧。"④

从上面的论述可以看出,泰罗提出实行职能工长制是为了提高工长的管理专业化水平,提高管理者的管理效率。同时他也认识到了实行职能工长制后各个职能工长之间可能会发生矛盾与冲突,因此他认为在职能工长之上还应该有一个更高层的管理者来协调各个职能

---

① 〔美〕F.W.泰罗著:《科学管理原理》,胡隆祖、冼子恩、曹丽顺译,中国社会科学出版社 1984 年 10 月第 1 版,第 9 页。

② 〔美〕F.W.泰罗著:《科学管理原理》,胡隆祖、冼子恩、曹丽顺译,中国社会科学出版社 1984 年 10 月第 1 版,第 83 页。

③ 〔美〕F.W.泰罗著:《科学管理原理》,胡隆祖、冼子恩、曹丽顺译,中国社会科学出版社 1984 年 10 月第 1 版,第 83、84、86 页。

④ 〔美〕F.W.泰罗著:《科学管理原理》,胡隆祖、冼子恩、曹丽顺译,中国社会科学出版社 1984 年 10 月第 1 版,第 88 页。

工长之间的矛盾和冲突。实际上,通过实行职能工长制从而提高管理者的管理专业化水平,提高管理者的管理效率,正是泰罗在组织管理理论方面所做出的重大贡献。而实行职能工长制后会造成的各个职能工长之间的矛盾冲突,即出现多头领导和多头指挥的现象,正是职能工长制的致命弱点。也就是说,作为一种思想,即管理专业化的思想,职能工长制对以后的组织管理理论的发展是有重大贡献的。但是,作为一种具体的组织结构形式,职能工长制却是不可行的,因为它违反了管理的"统一领导原则"和"统一指挥原则"。

(五)实行管理的例外原则

在《工厂管理》一文中,泰罗指出:"所谓的'处理例外事件的原则'已经越来越多地应用到管理上来了……在这项原则下,经理只接受那些经过压缩、总结了的,而且总是属于对照性的报告,但这些报告要包括管理上的一切要素在内。即使是总结性的资料,在送给经理之前,也要先经助手仔细看过,把一切同过去的平均数或规定标准不相符合的地方指出来——包括特别好的和特别坏的两种例外情况在内。这样,只要几分钟时间,就可以使经理全面了解事态是进展或是后退,并且腾出时间来考虑更为广泛的大政方针,以及研究手下重要人物的性格和是否称职。"[①]

在这里,泰罗提出了一个重要的管理原则,即"例外原则"。按照例外原则的要求,企业的高层管理者只集中精力处理企业中的那些重大的经营决策的问题,而把那些经常出现、重复出现的"例行问题"的解决办法制度化、标准化,并交给企业中的下级人员去处理。贯彻管理的例外原则,有利于减轻企业中的高层管理者的日常工作事务,使他们能集中精力进行企业的重大问题的经营决策。这个原则与后来著名的管理决策学家西蒙把管理决策分为"程序化决策与非程序化决策"的思想是一致的。

实际上,在企业中贯彻管理的例外原则也有利于贯彻泰罗提出的职能工长制思想。因为按照泰罗的设想,企业中实行职能工长制后,各个职能工长之间可能会发生矛盾与冲突,而这种矛盾和冲突就需要向上一级的管理者即车间副主任反映,由车间副主任来进行协调。所以泰罗在《工厂管理》一文中指出,车间副主任的责任,至少在一定时间内,极大部分是用于仲裁这些分歧的。而泰罗在这里所提出的这种由上一级的管理者来协调下级人员的分歧的做法,实际上就是管理的例外原则的一种应用和贯彻。

(六)把计划职能与执行职能分开

在当时,企业中没有专门的计划管理部门研究工人应当干什么和如何干等问题,一切完全靠工人根据自己的经验来决定,即:"要求每个工人对总的工作程序承担全部职责,包括工作中的每个细节,直到将工作全部完成。……这样,在老体制下,所有工作程序都由工人凭他个人的经验去干。"泰罗指出:"即使工人能十分适应于科学数据的使用,但要他同时在机器和写字桌上工作,实际上是不可能的。在大多数情况下,需要有一种人去预先作计划,而由另一种人去处理工作,这是不言自明的。"[②]

因此,泰罗认为应该把企业中的计划职能与执行职能分开,在企业中要设置专门的计划

---

① 〔美〕F.W.泰罗著:《科学管理原理》,胡隆祖、冼子恩、曹丽顺译,中国社会科学出版社 1984 年 10 月第 1 版,第 99～100 页。

② 〔美〕F.W.泰罗著:《科学管理原理》,胡隆祖、冼子恩、曹丽顺译,中国社会科学出版社 1984 年 10 月第 1 版,第 170－171 页。

部门和计划人员,"在计划室工作的人在计划管理下的专业是预先做出计划……每个工人的工作至少在一天前就由资方完全计划好了,在大多数情况下,每个工人都会收到书面指示,其中详细说明他该完成的任务以及操作方法"①。把计划职能与执行职能分开,其直接意义在于实现了专业化,从而有利于企业工作效率的提高。从深层角度来看,把计划职能与执行职能分开,可以说是从组织结构的角度奠定了科学管理理论形成、推广和应用的基础。因为只有把计划职能与执行职能分开,企业中才有专门的人员和专门的部门从事科学管理理论的研究和应用工作。否则,如果仅凭工人自己的经验来决定干什么和如何干等问题,则科学管理理论就不可能形成和发展。

把计划职能与执行职能分开、实行职能工长制和管理例外原则等,都体现了泰罗在组织管理中的分权思想,这种思想对于以后实行以分权思想为基础的事业部制影响很大。

三、科学管理的基本原理

泰罗及其追随者所倡导的科学管理理论在形成、发展和实践的过程中,一方面受到许多人的支持和拥护,另一方面,也遭受到来自工人、企业所有者、地方政府、工会等各个方面的反对和曲解。例如,一些工人认为实行科学管理方法后,工人工资增加的幅度小于劳动生产率的提高幅度,因此反对实行科学管理方法;一些企业所有者认为,实行科学管理方法会使企业的工资支出增加,因而也反对实行科学管理方法;地方政府当局则担心采用科学管理方法后,会由于企业劳动生产率的提高而造成就业困难等社会问题;工人组织(工会)也反对实行科学管理方法,因为工会组织为了提高自身战斗力,要求工人要统一,要团结,而泰罗所倡导的科学管理方法则要求按照各个工人的不同能力来分配工人的工作,要根据工人的不同工作贡献来支付工资,这种做法恰恰会削弱工会组织与雇主进行斗争的力量,更何况,泰罗还认为实行科学管理方法以后,由于工人收入提高了,工人需要得到了满足,工会作为工人与雇主进行斗争,以争取自己的合法权益的工人组织就没有存在的必要了;而企业中的管理人员反对科学管理理论,则是担心实行科学管理后会使自己的权限和活动范围缩小。

除了遭受到来自各方面的反对外,科学管理理论也受到了一些人的曲解。当时社会上出现了一些自诩为已经掌握了科学管理方法的"效率专家",这些人把科学管理理论看成是一种能提高企业生产效率的方法和措施。他们声称自己已经掌握了提高效率和降低成本的灵丹妙药,向工厂主吹嘘保证能帮助他们提高生产效率。泰罗认为这些人败坏了科学管理的名声,把科学管理的各种方法当成了科学管理本身。他认为这种只取其细节而忽视了科学管理的实质的做法是徒劳无益的。

(一)科学管理的四大基本原理

泰罗认为在旧的体制下,工人们干什么完全根据自己的经验来决定。科学管理制度的贯彻执行就是要通过科学地建立这一制度,把科学的操作方法与精心挑选的一流工人相结合。这其中包含着科学管理的四大基本原理。这四大基本原理是:

1.建立一门严格的科学。在泰罗提出科学管理理论之前,工人的操作及管理人员的管

---

① [美]F.W.泰罗著:《科学管理原理》,胡隆祖、冼子恩、曹丽顺译,中国社会科学出版社1984年10月第1版,第171页。

理都是凭个人的经验进行的,没有建立一门科学,因而影响了企业的生产效率。泰罗认为应该"由管理人员把过去工人们自己通过长期实践积累的大量的所有传统知识、技能和诀窍集中起来,然后将它们概括为规律和守则"①。

2.科学地挑选工人。为了能贯彻下面的第三个原理,即用科学的方法来训练工人,泰罗认为应科学地挑选工人,这样才能用科学的方法对工人进行训练,使工人掌握科学的方法,提高工人的劳动生产率。那么怎样挑选工人呢?泰罗把工人分成两类,即头等工人和二等工人。所谓二等工人"是指那些在身体条件上完全能够胜任工作但十分懒惰的工人。……从身体条件上看他们能够成为头等工人,但是他们顽固地拒绝当'头等'工人"。而所谓的头等工人就是那些能干而又愿干的工人。

泰罗认为应该按照这些头等工人的情况来确定劳动的方法和劳动的时间,而且由于这种劳动定额是按照科学的方法来确定的,所以会使工人在劳动中效率更高、更快乐和更健康。在《科学管理原理》一书中,泰罗对工人的选择做了以下的描述:"我们用了三四天时间仔细观察和研究了这 75 个人,从中挑选了四个人,他们的体力看来每天足能搬运 47 吨生铁。之后,我们又仔细研究了这四个人中的每一个。我们查了他们尽可能远的历史,从详打听了他们每一个人的性格、习惯和抱负。最后,从四个人中挑出了一个,作为我们对之开始研究的最恰当人选。我们观察到,他每天晚上干完活后快步走回离厂一英里左右的家,人还显得挺精神,就像他早上快步走来上工时一模一样。我们发现,他在每天挣 1.15 美元的工资时,仍能买一小块地,于每天清早上工前和晚上下工后,为自己盖幢小房,并赶着垒墙。他还以十分'吝啬'而闻名,也就是说他爱钱如命。"②以上这段论述生动地说明了泰罗是如何挑选"一流的工人"使之掌握科学的操作方法的。

3.对工人进行科学的教育、训练和培养。由于过去的管理还没有形成科学的理论体系,所以工人的操作方法都是采取一代传一代的由师傅带徒弟的方法进行传授的。而在科学管理制度下,泰罗认为应该"把工人一个个地交由一位称职的教师,用新的操作习惯去培训,直到工人能连续而习惯地按科学规律(这是别人设计出来的)去操作","就是把科学和科学地选择、培训出来的工人结合在一起。'将科学与工人相结合'"。③

4.管理部门和工人之间进行亲密无间的友好合作。上面的三个原理讲的是要建立一门科学和如何使这门科学与工人相结合。如何才能真正有效地建立这门科学并使这门科学与工人相结合呢?泰罗认为应该使管理部门与工人之间进行亲密无间的友好合作,而不是双方相互对抗。泰罗认为:"资方和工人的紧密、亲切和个人之间的协作,是现代科学或责任管理的精髓。"④

----

① 〔美〕F.W.泰罗著:《科学管理原理》,胡隆祖、冼子恩、曹丽顺译,中国社会科学出版社 1984 年 10 月第 1 版,第 244 页。

② 〔美〕F.W.泰罗著:《科学管理原理》,胡隆祖、冼子恩、曹丽顺译,中国社会科学出版社 1984 年 10 月第 1 版,第 173～174 页。

③ 〔美〕F.W.泰罗著:《科学管理原理》,胡隆祖、冼子恩、曹丽顺译,中国社会科学出版社 1984 年 10 月第 1 版,第 185、246 页。

④ 〔美〕F.W.泰罗著:《科学管理原理》,胡隆祖、冼子恩、曹丽顺译,中国社会科学出版社 1984 年 10 月第 1 版,第 164 页。

(二)科学管理的实质是一场"心理革命"

由于科学管理理论遭受到来自各个方面的反对、责难和曲解,在1911年10月美国国会关于沃特敦兵工厂由于实行科学管理制度而引起工人罢工所举行的国会听证会上,泰罗为科学管理制度进行了辩护。泰罗在听证会的证词中阐述了科学管理的实质,他说:

"科学管理不是任何一种效率措施,不是一种取得效率的措施;也不是一批或一组取得效率的措施。它不是一种新的成本核算制度;它不是一种新的工资制度;它不是一种计件工资制度;它不是一种分红制度;它不是一种奖金制度;它不是一种报酬职工的方式;它不是时间研究;它不是动作研究,也不是对工人动作的分析……它不是工长分工制,也不是职能工长制;它也不是普通工人在提到科学管理时就会想到的各种措施。……科学管理并不是上述那些措施。我不轻视成本会计制度、时间研究、职能工长制,也不轻视任何一种新的工资方法,也不轻视任何效率措施——如果它们的确是可以提高效率的措施。我相信它们,但我强调指出这些措施都不是科学管理,它们是科学管理的有用附件,因而也是其他管理制度有用的附件。

"科学管理的实质是在一切企业或机构中的工人们的一次完全的思想革命——也就是这些工人,在对待他们的工作责任,对待他们的同事,对待他们的雇主的一次完全的思想革命。同时,也是管理方面的工长、厂长、雇主、董事会,在对他们的同事、他们的工人和对所有的日常工作问题责任上的一次完全的思想革命。没有工人与管理人员双方在思想上的一次完全的革命,科学管理就不会存在。……

"在科学管理中,劳资双方在思想上要发生的大革命是:双方不再把注意力放在盈余分配上,不再把盈余分配看作是最重要的事情。他们将注意力转向增加盈余的数量上,使盈余增加到使如何分配盈余的争论成为不必要。他们将会明白,当他们停止互相对抗,转为向一个方向并肩前进时,他们的共同努力所创造出来的盈利会大得惊人。他们会懂得,当他们用友谊合作、互相帮助来代替敌对情绪时,通过共同努力,就能创造出比过去大得多的盈余。完全可以做到既增加工人工资也增加资方的利润。……

"用这种新的看法、新的观点来代替老的看法、老的观点,正是科学管理的精华所在。如果这些新观点不能成为双方的指导思想,如果不能用合作与和平的新见解来代替旧的对立与斗争的观点,那么就谈不上科学管理。然而,双方对'盈余'的思想态度的改变,只不过是科学管理下的伟大思想革命的一部分而已。……这里,另一个思想转变对科学管理的存在是绝对重要的。那就是:无论工人还是工长,双方都必须承认,对工厂内的一切事情,要用准确的科学研究和知识来代替旧式的个人判断或个人意见。

"因此,在一切企业中,劳资双方必须实现这样的思想态度的改变:双方合作尽到生产最大盈利的责任;必须用科学知识来代替个人的见解或个人的经验知识。否则,就谈不上科学管理。这就是科学管理的两个绝对需要具备的要素。"①

在关于科学管理的实质的阐述中,泰罗强调,工时研究、差别计件工资制、职能工长制等都是科学管理的有用部分,但不是科学管理本身。只有劳资双方的思想发生大的革命,才有可能实行科学管理。泰罗的这种认识是有其历史的和现实的原因的:

---

① [美]F.W.泰罗著:《科学管理原理》,胡隆祖、冼子恩、曹丽顺译,中国社会科学出版社1984年10月第1版,第237~240页。

（1）从历史的原因看。在当时的企业中,工人的工作缺乏科学方法的指导,完全根据工人自己的经验来决定干什么、如何干,并且企业中没有区分计划职能和执行职能。这些都影响了工人生产效率的提高。因此,泰罗认为要提高工人的劳动生产率,那么工时研究、标准化、职能工长制和差别计件工资制等,都是很重要的,但是要实行这些具体的提高生产效率的制度和措施,首先要求劳资双方的思想发生革命,即从过去的互相对抗转变为互相合作;双方要通过共同的合作来形成一门科学,用科学的方法来代替过去的靠个人的知识和经验做事的做法。离开了劳资双方的合作,离开了用科学方法来取代靠个人知识和经验做事的做法,任何制度、方法和措施都不可能提高企业的生产效率。

（2）从当时现实的原因来看。当时出现了一批所谓的"效率专家",这些人自诩为已经掌握了泰罗的科学管理理论,他们把科学管理理论中的这些具体的方法、制度和措施等当成了科学管理本身。而实际上,在当时的企业中,如果劳资双方的思想没有发生变革,这些方法、制度和措施是不可能在企业中得到贯彻的,也不可能真正提高企业的生产效率。正是基于以上这些情况,泰罗在国会的听证会的证词中认为,科学管理理论的实质是劳资双方的一场心理革命。

我们认为,与其说心理革命是科学管理理论的实质,不如说心理革命是科学管理理论得以贯彻实行的一个前提条件。因为在当时的情况下,如果没有劳资双方的思想发生这种变化,要在企业中执行所谓的科学管理的方法、制度和措施,确实是不大可能的。实际上,即使在今天,在我国社会主义条件下,已经不存在劳资之间的对抗性矛盾,但是每一种新的管理方法、管理制度和管理措施的推广和应用,也都需要企业中的管理者与被管理者之间的合作和配合,也需要管理者与被管理者之间的相互支持和理解,否则是很难产生成效的。因此,从这个意义上看,泰罗关于科学管理理论的实质的认识,在今天还是有一定的现实意义的。但泰罗所提出的所谓"心理革命"在当时并没有实现,实际上也不可能实现。这主要是因为在资本主义条件下,劳资双方的矛盾是对抗性的矛盾,劳资双方不可能自发地产生所谓的"心理革命"而使劳资双方的矛盾得到解决。

（三）科学管理理论与"人"的因素

后来的许多管理学者对科学管理理论提出了批评,而最主要的批评集中在科学管理理论对"人"这个因素的认识上。许多批评者批评科学管理理论忽视了"人"的社会属性的方面,把人当成了机器或者说是机器的附属物。例如,科学管理理论要求工人要严格地按照管理人员的要求去工作,管理人员要求工人干什么工人就必须干什么,不许工人回嘴,使得工人像机器一样地按照管理人员的命令去工作。

我们认为,上述批评并不十分恰当。确实,在《科学管理原理》著作中,泰罗曾经描述过让一个搬运生铁的工人按照管理人员的要求去工作。他要求这个工人"要完全照这个人(管理人员)的吩咐,从早到晚地干活。当他叫你拣起一块生铁并走动时,你就拣起来走你的,当他叫你坐下休息时,你就坐下。你一天就这么干。还有,不许你回嘴。一个很值钱的人就是,让他怎么干,他就怎么干,不回嘴"[①]。

从以上论述似乎可以看出泰罗把人当成机器,完全不考虑人在社会和心理方面的需求。

---

① ［美］F.W.泰罗著:《科学管理原理》,胡隆祖、冼子恩、曹丽顺译,中国社会科学出版社 1984 年 10 月第 1 版,第 176 页。

但实际上如果再深入对泰罗的这段论述进行考察的话，就可以发现，在这里，泰罗讲的是如何用已经形成的科学方法对工人进行训练，让工人严格地按照已经形成的科学方法去操作。但是应该指出，由于时代的局限性，由于在泰罗所处的年代，心理学和行为科学理论还没有发展成一门完整的科学，因此在泰罗的科学管理理论中，对于人的本性的认识确实存在着一些不正确的地方，实际上这也正是科学管理理论的局限性所在。科学管理理论对人的认识可以归纳为以下几个方面：

1. "经济人"是科学管理理论对人的本性的基本认识。每一种管理理论，实际上都是基于对人的本性的某种认识而提出的。"经济人"是科学管理理论对人的本性的基本认识。这种认识认为，人在本质上是追求经济利益和物质利益的，因此，要调动人的积极性，就要使人在经济方面和物质方面的需求得到满足。

泰罗的科学管理理论正是基于对人的本性的这种认识提出来的。如泰罗在《科学管理原理》一书中指出："资方必须了解这样一个根本性的事实：除非工人们能得到额外的收入，不然他们就不会按这些严格的准则办事，也不会更卖力地干活。"① 他认为："当每天给予工人们一项作业任务，对工人方面的要求是高速度地工作；那么，只要他们干得出色，就应当保证给予合理的高工资，这是绝对必要的。这不仅包括给每个工人以每天的作业定额，还包括只要他在特定的时间里完成了任务就付给他一大笔奖金。"② 正是基于对人的本性的这一认识，泰罗提出要实行差别计件工资制；要用科学的操作方法训练"一流工人"，使工人能掌握科学的操作方法。而这所谓的"一流工人"就是那些在体力上能胜任工作，而为了多挣钱又愿意拼命工作的工人。

确实，人是追求经济利益和物质利益的。但人又不是单纯追求经济利益和物质利益的。因此，作为管理理论，就不能单纯从人的经济动机出发来研究如何调动人的积极性。而泰罗正是基于对人的"经济人"的认识提出科学管理理论的，这是科学管理理论的一大不足之处。但是，如果再细心地研读泰罗的《科学管理原理》，我们又可以发现，尽管"经济人"是科学管理理论对人的本性的基本认识，但实际上在泰罗的《科学管理原理》中，已经认识到"社会"和"心理"方面的需求对工人劳动积极性的影响。例如，在《科学管理原理》中，泰罗指出："经理人员如果指望从他的工人们那里获得积极性，他就必须给他的工人以一般企业所没有的一些特殊的刺激。要给予这种刺激，可以有若干种不同的方法，例如，快速提拔和晋升，提高工资——形式可以是计件活的优厚报酬或是由于出活好而快而给予津贴或红利，提供比通常情况更好的环境和工作条件，等等；更重要的是，这种刺激还要结合着对他领导的工人以亲切照顾和友好联系一起进行，这只有出于真心实意地关心下属的福利才能办得到。雇主只有给予工人以这类特殊的诱因或'刺激'，才大概能指望赢得他的工人的'积极性'。"③

在《计件工资制》一文中，泰罗又指出："一种管理制度不论怎样好，都不应硬性采用。雇

① ［美］F.W.泰罗著：《科学管理原理》，胡隆祖、冼子恩、曹丽顺译，中国社会科学出版社 1984 年 10 月第 1 版，第 197 页。

② ［美］F.W.泰罗著：《科学管理原理》，胡隆祖、冼子恩、曹丽顺译，中国社会科学出版社 1984 年 10 月第 1 版，第 213 页。

③ ［美］F.W.泰罗著：《科学管理原理》，胡隆祖、冼子恩、曹丽顺译，中国社会科学出版社 1984 年 10 月第 1 版，第 168 页。

主与工人之间，必须保持良好的个人关系……雇主在工作时戴上手套，从来都未听说过他会弄脏手和衣服。对工人谈话时，带着优越感来表示关心，或摆出屈尊俯就的样子，甚至完全不与工人谈话。这种雇主就没有机会了解工人的真实思想和感情。最为可取的莫过于由上级人员用平等的态度同工人谈话，鼓励每一个工人同他的上级讨论他在厂内外所遇到的困难。工人们宁可被他们的上级批评——只要在'大发雷霆'之中带点人情味——也不愿他每天从身边走过而不理不睬，好像他们是机器的一部分。……工人需要或欣赏的并不是慈善事业（如设置图书馆及工人俱乐部等），不论多么慷慨，都不如对工人个人的关心和同情的行动。对工人的关心和同情，能够在工人与雇主之间建立友好的联系。"[1]

从以上泰罗的论述中，我们可以看出，泰罗并没有完全忽视社会和心理方面的需求对工人的劳动积极性的影响。甚至可以说，泰罗已经认识到社会和心理方面需求的满足比物质方面需求的满足更能调动工人的劳动积极性。但是由于时代的局限性，在泰罗所处的时代，心理学和行为科学理论的发展还不成熟，使得泰罗在科学管理理论中对如何使工人在社会和心理方面的需求得到满足以调动工人的劳动积极性，不能做出更为系统的阐述。

2.泰罗认为科学管理的实质是一场心理革命。在前面关于心理革命的分析中，我们知道，泰罗认为科学管理的实质是劳资双方的一场心理革命。他认为科学管理不是提高效率的方法、制度和措施，工时研究、差别计件工资制、职能工长制等都是科学管理的有用部分但不是科学管理理论本身，科学管理的实质是劳资双方的一场心理革命。显然，泰罗认为，人的心理方面因素的变化是最为关键的，离开了心理革命，就谈不上科学管理。从这一点我们也可以看出，泰罗并没有忽视社会和心理方面的需求对人的行为的影响。

3.泰罗强调的是作为"个别"的人而不是作为组织成员的人。为了提高工人的劳动生产率，泰罗认为应该"对每一个工人都设立一个档案，记录其优缺点。每个领班都有责任细心研究每个工人，使每个工人都能得到公平的待遇"，一个工厂的工人应该"都按每人的贡献、按不同的每日工资率支付工资"[2]。他认为，只有按每个工人的能力来安排工人的工作，根据每个工人的努力和贡献来支付工人的工资，才能充分发挥工人的工作潜力，充分调动工人的劳动积极性。

因此，泰罗反对工人成群结伙地工作，他说："当工人们被赶到班组里时，在班组里每个工人的工作效率，要比当工人作为个人时的劲头所受到的刺激差得多；当工人在班组里干活时，他们的个人效率几乎总是降到甚至低于班组里最差劲的工人的水平；把他们赶到一起，就是把他们都拉下去，而不是都提上来。由于这个原因，伯利恒钢铁工厂发布了一项命令，未经工厂总指挥签署的特殊批准（有效期只一周），在一个劳动班组里干活的不得超过4人。尽可能给每个工人个别安排一份他的个人任务。"[3]按照泰罗的观点，当工人成群结伙地工作时，效率高的工人会向效率低的工人看齐，从而会影响工人的整体工作效率。

---

① ［美］F.W.泰罗著：《科学管理原理》，胡隆祖、冼子恩、曹丽顺译，中国社会科学出版社1984年10月第1版，第26页。

② ［美］F.W.泰罗著：《科学管理原理》，胡隆祖、冼子恩、曹丽顺译，中国社会科学出版社1984年10月第1版，第25—26页。

③ ［美］F.W.泰罗著：《科学管理原理》，胡隆祖、冼子恩、曹丽顺译，中国社会科学出版社1984年10月第1版，第191页。

四、对科学管理理论的认识与评价

科学管理理论的提出,标志着管理作为一门科学已经形成。人类的管理理论可以说就是在科学管理理论的基础上形成和发展起来的,所以说科学管理理论对人类的发展和进步做出了杰出的贡献。但是,作为一个时代的管理理论,泰罗的科学管理理论也不可避免地带有其时代的和历史的局限性。

1.提高企业的生产效率是科学管理理论的核心。尽管泰罗认为科学管理理论不是一种提高企业生产效率的方法、制度和措施,但实际上提高企业的生产效率是科学管理理论的目的和核心。当时资本主义社会的发展对管理提出了如何提高企业的生产效率的问题,而泰罗的科学管理理论正是适应这种要求应运而生的。

2.强调用"科学"的方法提高企业生产效率是科学管理理论的基本特征。尽管泰罗的科学管理理论冠以"科学"两个字,但这并不意味着它就是"科学"的管理理论。实际上,"科学"是泰罗的科学管理理论的基本特征,即泰罗强调用"科学"的方法,或者说用理性分析的方法来提高工人的劳动生产率。在泰罗的科学管理理论中,也有不科学的地方,如"职能工长制"就显然地违反了"统一领导原则"和"统一指挥原则"。更重要的是,科学管理的手段并不完善。例如,分别考察同一工作的两个工程师,在确定工人需要多长时间才能完成一个特定的工作周期时,经常会得出不同结论。

3."经济人"的认识是科学管理理论对人的本性的基本认识。科学管理理论是基于对人的本性的"经济人"的认识提出来的。它强调通过满足人在经济和物质方面的需求来调动工人的劳动积极性。对于工人在社会和心理方面需求的满足,泰罗在科学管理理论中虽然也有注意到,但并没有把它也作为科学管理理论的一个基本出发点。

4.科学管理理论强调的是提高企业内部的生产效率。在科学管理理论中,泰罗强调的是如何通过科学的方法来提高企业内部的生产效率,却极少或者说没有考虑如何使企业在与环境的相互影响和作用中获得生存和发展。这或许是因为,当时经济的高速发展使如何通过提高管理水平来提高企业生产效率成了最为重要的问题。另外,在当时,整个市场性质是卖方主导市场,市场上生产出来的产品供不应求。这就使得企业缺少市场压力,反映在管理理论上,就是科学管理理论倾向于强调如何提高企业内部生产效率。

5.科学管理理论系统内在的不一致性。泰罗强调科学管理的实质是一场心理革命,希望通过工人和管理者之间的合作解决利益分配的冲突,即通过工人和管理者之间的合作,找到某一既定工作的理想方法,既增加工人的工资,也增加资方的利润。但是,这种理想的方法一经确定,泰罗就把全部权力交给管理人员,而工人成了不享有任何自由和责任的、消极被动的个人。所以说,虽然他强调管理人员同工人合作的重要性,但他使用的方法实质上还是使工人成为被动的物体,工人们并不参与那些直接影响其工作的组织决策。

五、泰罗的追随者

在科学管理理论的形成和发展过程中,一大批科学管理理论的追随者对科学管理理论的发展和传播起了积极作用。他们主要是:亨利·劳伦斯·甘特(Henri L.Gantt)、弗兰克·吉尔布雷思(Frank Gilbreth)和莉莲·吉尔布雷思(Lillan Gilbreth)夫妇、莫里斯·卢埃林·库克(Morris L.Cooke)等。下面主要介绍甘特和吉尔布雷思夫妇对科学管理理论的贡献。

(一)鼓吹人道主义的甘特

亨利·甘特1861年出生于美国马里兰州的一个富裕的农民家庭。1880年以优异的成绩毕业于约翰·霍布金斯学院,并获文科学士学位。他在1887年进入了米德维尔钢铁厂工作,开始时担任工程部助理,以后成为总工程师泰罗的助理,最后成为铸造部主任。在米德维尔钢铁厂期间,甘特学习和接受了泰罗的科学管理思想。以后在一段很长的时间里,他和泰罗一起共同探索管理中的科学问题。甘特在管理方面的著作主要有:《工作、工资和利润》(1910年)、《工业领导》(1916年)、《工作的组织》(1919年)、《劳动报酬的一种奖金制》(1902年)、《制造业中的一种日平衡图示法》(1903年)、《生产和成本的关系》(1915年)、《效率和民主》(1918年)等。甘特对科学管理思想的贡献主要有以下几个方面:

1.提出实行"工作任务和奖金"的工资制度。1901年,甘特在提交给美国机械工程师学会的论文中,提出了一种"工作任务和奖金"的工资制度。这种工资制度比泰罗提出的"差别计件工资制"更早在米德维尔钢铁厂推行,并取得了成功。与泰罗的"差别计件工资制"不同,在这种工资制度下,如果工人达到或超过了工作定额,就可以得到比正常的工资率还要高的工资率;如果工人由于技术等原因不能完成工作定额,则仍可得到正常的日工资。

甘特还第一次提出把工长(管理者)的经济利益与他手下的工人的劳动成果相结合的分配方法。按照这种方法,假设一个工长手下有10个工人,当这10个工人中的1个完成工作定额标准时,这个工长可以得到一笔奖金,如果这10个工人都能完成工作定额任务,则这个工长还能得到一笔额外的奖金。举个例子:当这10个工人中的3个完成任务时,每个工人可使工长得到10美分的奖金,工长共可得奖金30美分;当该工长所管辖的10个工人都能完成任务时,则每个工人可使工长得到15美分的奖金,即工长共可得到奖金150美分。这种额外的奖金工资制度将促使企业的管理者努力帮助自己的手下人员提高技术操作水平,使工长由"监工"转变为下级工人的"教师"和帮助者。

2.提出用图表来帮助管理。甘特曾经当过教师,所以他特别注重用图表的方法来对问题做出生动的说明。开始时他是用水平线条把每个工人是否达到标准和获得奖金的情况记录下来。达到标准的用黑色加以注明,未达到标准的用红色加以注明。通过这种图表就能使每个工人清楚地看到自己和整个车间的生产进度情况,所以大大提高了工作效率。

在第一次世界大战期间,甘特的这一做法发展成为所谓的甘特图。当时他在美国陆军部帮助管理一家兵工厂。他对工厂庞杂的工作进行了分析和考虑,认为时间的安排是特别重要的,时间应该是制订任何计划的基础,所以他就提出了一张标明计划和实际情况的线条图。在这张图中,用横线条把完成任务所需要的时间和实际完成的进度情况分别标出来。两者对比,就可以清楚地看出各项计划任务的实际完成情况及与计划要求的差异情况。这个图虽然简单,但很有用。现在的许多企业在安排生产计划时都还在使用这种方法。以后人们又在这个方法的基础上发展了计划评审法、关键路线法等一些新的企业管理方法。

3.对工人应是进行指导而不是驱使。甘特认为:"过去的总政策是强迫;但是压力的时代必须让位给知识的时代,今后的政策将是教育和引导,将有利于一切有关的人。"[①]他认为管理当局对工人应是采取指导而不是驱使的政策,当局有责任教育和训练工人,使他们养成一种勤劳和合作的新的工业习惯,提高操作技术水平。

4.强调企业活动的重点是服务而不是追求利润。甘特在晚年,特别是在泰罗去世后,失去了对纯粹工厂问题的兴趣,转而在一个更广泛的领域里进行研究,提出了一些与泰罗不大一样的主张。他对当时社会的企业利润制度进行了抨击,认为企业主要强调的是利润,谋求的是垄断,而忘记了为整个社会的"服务"。他认为对社会来说,如果企业制度不能为社会提供有效的服务,它就没有存在的理由。社会的商业制度必须承担其社会责任,把其主要力量应用于服务社会。甘特的这种思想实际上提出了企业社会责任问题。他要求企业在生产产品创造利润的同时,承担起社会责任。这种思想对管理理论的发展有着巨大贡献。

(二)吉尔布雷思夫妇对科学管理的贡献

弗兰克·吉尔布雷思1868年出生于美国的缅因州。与泰罗一样,他在取得进入麻省理工学院学习的资格后,又决定先不入学而从实际工作开始。1885年他进一家建筑承包公司当学徒工。10年后,他成为公司的总监督。1895年,他在波士顿建立了自己的建筑承包公司。在研究建筑技术的同时,吉尔布雷思对管理科学理论也产生了兴趣。1912年,他放弃建筑业务而转向从事管理科学的研究,成为泰罗科学管理理论的积极倡导者和推广者。他的妻子莉莲·莫勒原来是学习英语的,与吉尔布雷思结婚后,便把研究兴趣转向心理学研究,与丈夫一起从事管理科学的研究。她所撰写的《管理心理学》一书,是最早对工业中人的因素进行研究的管理文献之一。

吉尔布雷思的管理论著主要有:《混凝土制度》(1908年)、《现场制度》(1908年)、《砌砖制度》(1909年)、《动作研究》(1911年)、《科学管理入门》(1912年)、《疲劳研究》(1916年,与莉莲合作)、《应用动作研究》(1917年,与莉莲合作)等。他的许多研究是在妻子的协助与合作下进行的。他俩在管理方面的研究主要有以下几个方面:

1.进行动作研究

这是吉尔布雷思夫妇在管理方面所做出的最大贡献。吉尔布雷思把工人的操作分解成各种最基本的动作。为了对每个动作的基本元素进行分析,他发明了利用电影来分析和改进工人的操作动作。但由于当时的电影摄影机还不是以固定的速度运转,而是用手柄摇转的,因而无法确定一个动作花了多少时间。于是他发明了一种瞬时计。这是一种有长的扫描针的大面盘时钟,它可以记录1/2000分钟的时间。他让工人以瞬时计为背景进行作业,研究人员现场拍摄电影,这样现场拍下的电影就可以确定每个工人的动作基本元素是如何操作的,同时可以确定每个动作基本元素用了多少时间。为了在影片上更清楚地表现出每一种动作的顺序,吉尔布雷思让工人在手上绑一个小电灯泡,这样在工人操作时拍下的影片中就有灯光的轨迹,这种灯光轨迹就表示工人完成某一工作所用的动作模式。

通过对工人操作的分解和利用瞬时计及电影等方法和手段,吉尔布雷思对工人的动作进行了研究。他剔除各种不必要的、无效的动作,合并可以合并的动作,把进行某种作业时的各种最有效的动作基本元素合并成一种最经济的动作。如工人的砌砖工作,经过吉尔布

① 转引自[美]丹尼尔·雷恩著:《管理思想的演变》,李柱流、赵睿等译,中国社会科学出版社,1997年3月第1版,2004年10月第3次印刷,第181页。

雷思的动作研究,工人每砌一块砖由原来的 18 个动作压缩到了 5 个,在有些情况下甚至低到只要 2 个动作。除了对工人的动作进行研究外,吉尔布雷思还对工人在砌砖时每只脚站立的位置进行了精确的设计。他还研究出了搁灰浆箱和堆放砖的最佳高度,设计了一种支架,这种支架随着墙的升高而调高,这样工人在砌砖时就不需再做俯伸的劳累动作了。为了提高工人砌砖的速度,他还由一名工人专门负责把从车上卸下的砖进行仔细的分类,使这些砖块的最佳的一边总是朝上,这样砌砖工人在砌砖时就不必花时间选择砖的哪一面比较好以便砌在墙的外沿。通过采用新的砌砖方法,每个工人每小时能砌砖 350 块,比采用旧的方法每小时只能砌 120 块砖快了许多,大大地提高了工人的劳动生产率。

2.进行疲劳研究

吉尔布雷思认为,即使是最科学最有效的动作,工人操作时也会产生疲劳。为了消除工人在工作中的疲劳,吉尔布雷思对工人工作和休息的合理搭配方法以及工人的工作环境进行了研究。如在手帕厂折叠手帕的女工,工作时间和休息时间的最佳搭配方式是,除了午餐前的 1 小时及下班前的 1 小时外,每小时为:第一个 6 分钟,工作 5 分钟,坐着休息 1 分钟;以后的 18 分钟,重复以上的 3 遍;接下去的 6 分钟,工作 5 分钟,站着休息 1 分钟;以后的 6 分钟,重复以上的 1 遍;接下去的 18 分钟,重复以上的 3 遍,但休息时任意站着或坐着;最后 6 分钟,完全休息、散步或谈话等。至于午餐前或下班前的 1 小时,前面的 54 分钟同上面一样安排,但最后 6 分钟不是完全休息,而是完全工作。因为接下去就是一个长时间的休息。①

吉尔布雷思认为,这种工作时间和休息时间合理搭配的方法,可以使工人的产量提高两倍,而工人的疲劳程度并未增加。除了对工人的工作时间和休息时间进行合理搭配外,吉尔布雷思还对可能影响工人疲劳的环境因素进行了研究。这些因素有:过弱或过强的光线,温度和通风状况,安全措施,个人的工作地,工作椅、工件和工具的放置,工作服等。他向工人、管理当局、政府和公众呼吁,把减除工人的劳动疲劳放到头等重要的地位上来。

3.强调进行制度管理

吉尔布雷思认为应该加强制度管理,制度被制定出来后,人人都应遵守执行。如果制度中有不妥当的地方,可以向上反映,要求修改,但在没有修改以前,还需遵守,不得自行其是。因此他拟定了"混凝土制度"和"砌砖制度"等。在"混凝土制度"中包括一般规则、混凝土的搅拌和运输等。在"砌砖制度"中包括学徒培训、管理方法、脚手架、砖的搬运以及砌砖的动作研究细节等。

4.探讨了工作、工人和环境之间的相互影响关系

吉尔布雷思除了通过动作研究找出工人的最佳操作方法来提高工人的劳动生产率外,还对工人本身、工作的环境等因素对工人的工作效率的影响进行了研究。他认为对工作效率产生影响的工人本身的因素有:①骨骼;②肌肉;③满足程度;④信仰;⑤赚钱能力;⑥经验;⑦疲劳;⑧习惯;⑨健康状况;⑩生活方式;⑪营养状况;⑫体格大小;⑬技术水平;⑭脾气;⑮训练程度。而对工人的工作效率产生影响的工作环境的因素有:①器械;②衣服;③颜色;④文娱(读书、音乐等);⑤供热(冷气、通风);⑥照明;⑦材料质量;⑧赏罚;⑨所移动物件的大小;⑩所移动物件的轻重;⑪减除疲劳的特别设施;⑫周围条件;⑬工具;⑭工会规则。

---

① 转引自孙耀君著:《西方管理思想史》,山西人民出版社 1987 年 9 月第 1 版,第 100 页。

5.重视管理人员的培训和发展

吉尔布雷思夫妇在 1916 年向《美国政治和社会科学年刊》提交了一篇题为"提升管理人员的三点计划"的论文。在这篇论文中,他们认为:"如果一个组织只关心整个组织的利益,而不关心组织成员的利益,它就不能保有其成员。"[①]因此,他们强调了三点:①吸引愿意参加本组织的人的必要性;②保持、恰当安排和提升本组织已有职工的必要性;③以上两种必要性的相互依存。组织应该拟订具体的计划来实现对职工的培训和提升,使职工在组织中感到自己的能力能得到发挥,并且有好的升迁机会,这样才能调动职工的劳动积极性,降低职工的流动率。

第三节　法约尔及其一般管理理论

在泰罗等人积极推行科学管理理论的同时,法国的亨利·法约尔(Henri Fayol)也对管理理论的发展做出了杰出贡献。尽管他的理论和思想在他自己所处的年代里并没有受到人们的充分重视,但他的思想对现代管理理论的影响却是极为重大的。正如著名的管理学家 L.厄威克(Lyndall Urwick)在法约尔的著作《工业管理与一般管理》英译本序中指出的:"作为一个管理学的哲理家和作为一个国务活动家,他在本国和很多其他欧洲国家的思想史上留下的影响并不逊于弗雷特里克·泰罗给美国遗下的影响。"[②]

法约尔 1841 年出生于法国的一个资产阶级家庭,1860 年毕业于圣艾蒂安国立矿业学校,同时进入科芒特里—富香博公司担任工程师,并显示出他的管理才能。1868 年,当该公司的财务状况极为困难,公司几乎濒于破产时,法约尔被任命为总经理。而到 1918 年法约尔 77 岁退休时,公司的财务状况已极为良好。

在科芒特里公司工作期间,法约尔就开始了管理的研究工作。1900 年,他向"矿业和冶金协会"会议提交了《论行政管理》的论文,开始系统地阐述他的行政管理的思想;在 1908 年的矿业学会五十周年大会上,他提交了论文《论管理的一般原则》;1916 年,他在矿业学会公报上,发表了著名的管理著作《工业管理与一般管理》。

从 1918 年退休后到 1925 年去世这段时间里,法约尔致力于普及自己的管理理论。在这时期,他主要从事两项工作。第一项是创办一个管理学研究中心。这个中心每周都要举行一次由作家、哲学家、社会活动家、工程师、政府官员和实业界人士参加的会议。法约尔的许多权威性著述都是在这里逐步形成的。第二项工作是试图说服政府对管理原则多加注意。1921 年,他的《论邮电部门行政改革》的小册子出版;同年他在《政治与国会评论》上发表了一篇重要论文。1923 年在布鲁塞尔举行第二次国际管理科学会议,法约尔是这次会议的领导人之一。在 1924 年国际联盟代表大会期间,他接受了一项邀请,向日内瓦国际大学联合会发表了演说。

但是,不仅是在美国,就是在法国,在生前的很长一段时间里,法约尔的管理思想并没有

---

① 转引自孙耀君著:《西方管理思想史》,山西人民出版社 1987 年 9 月第 1 版,第 102 页。

② ［法］H.法约尔著:《工业管理与一般管理》,周安华、林宗锦、展学仲、张玉琪译,中国社会科学出版社 1982 年 11 月第 1 版,第 6 页。

引起人们的足够重视。在美国,直到 1949 年伦敦皮特曼公司出版康斯坦斯·斯托尔斯的译本时,人们才比较全面地接触到法约尔的管理思想。在法国,法约尔思想未被重视的原因有二。其一,当时法国对美国派往法国的军队在建造船坞、修路和建立通信线路等方面运用泰罗制所取得的成绩和效率感到极为惊异,所以当时的法国陆军部命令陆军所管辖的所有工厂都必须研究和应用泰罗的科学管理。其二,当时在法国有两位学者即亨利·勒夏特利埃和夏尔·弗雷曼维尔,他俩把泰罗的管理著作译成了法文并在法国建立了一个"泰罗主义"组织,在法国普及和推广泰罗的科学管理理论。上述两方面原因使得在法国,人们更多地接触了泰罗的科学管理理论,反而不了解法约尔的管理思想。一直到法约尔去世前不久,"泰罗主义"组织才与法约尔的管理学研究中心合并,使得法国的两大管理学研究组织联合起来,法约尔的管理思想才逐渐被人们所认识。

一、对管理普遍性的认识

法约尔认为管理是一种普遍存在于各种组织的活动。他说:"企业内的所有活动都可分为如下 6 个方面:(1)技术职能(生产、制造、加工);(2)商业职能(购买、销售、交易);(3)金融职能(筹集和管理资本);(4)安全职能活动(员工及财产保护);(5)会计职能(财产清点、资产负债表、成本、统计等);(6)管理职能(计划、组织、指挥、协调和控制)。企业不论大小,简单还是复杂,都存在这 6 种主要的、不可或缺的活动。"[①]

这种关于管理的普遍性的认识是对管理理论发展的一个重大贡献。因为只有认识到管理是一种普遍存在于各种组织中的活动,人们才有可能通过对各种组织管理活动的规律性的认识和研究来探讨管理活动的内在规律性,才有可能形成科学的管理理论,这个理论也才有可能用于指导管理的实践活动。否则,如果管理不是一种普遍存在于各种组织的活动,则人们就不可能从中探讨管理活动的内在规律性,也就不可能形成管理科学;即使形成了所谓的管理科学,对管理的实践活动也不能有什么指导意义。因此可以说,对管理活动普遍性的认识,是管理能成为一门科学的一个认识前提。

二、提出加强管理教育的必要性

对于上述企业的全部六项活动,法约尔认为:"每项组织职能,或叫做基本功能,都有其相对应的专门能力。"对于这些能力,法约尔认为:"不管哪种职能,下属职员的主要能力需具有某种职能特征(金融职能中的金融能力,商业职能中的商业能力,技术职能中的技术能力),而高层人员的主要能力是管理能力。"[②]也就是说,不同管理层次的管理者所需要具备的技能是有所区别、侧重的。但法约尔指出,当时的工业学校却不能为企业中的未来领导者提供有关管理方面的知识。他认为,管理能力可以也应该像技术能力一样首先在学校里,然

---

① 〔法〕H.法约尔著:《工业管理与一般管理》,迟力耕、张璇译,机械工业出版社,2007 年 5 月第 1 版,第 3 页。
② 〔法〕H.法约尔著:《工业管理与一般管理》,迟力耕、张璇译,机械工业出版社,2007 年 5 月第 1 版,第 7、12 页。

后在车间里得到……因此,管理教育应该普及:在小学里是初级的,在中学里稍广阔一些,在高等学校里应是很全面的。

但是为什么在学校中会缺乏管理教育呢?法约尔认为:"在我们专业的学校中,缺少管理教育的真正原因是教育理论本身的缺乏。没有理论,就不可能有教育。然而,我们还没有一个经过大众探讨从而被确立认可的管理理论。……如果存在一种公认的理论,是经过大众经验认证的一套原则、规则、方法和程序,那情况自然不同。……因此尽早建议一种管理理论实为重要。"[①]正是认识到了这一点,法约尔担当起了这个重任,提出了行政管理理论,即人们所说的一般管理理论。

三、法约尔的一般管理理论

为了能通过学校的教育来培养管理者的管理能力,就必须建立一种一般的管理理论。这个理论必须来源于实践,又能用于指导管理的实践。法约尔所提出的一般管理理论是采用一种被后来的人们称之为"两步分类法"的方法建立起来的。这种研究方法是先研究管理者在管理的过程中是干什么的,即提出管理的职能;以管理的职能作为这个一般管理理论的基本理论框架,然后再研究管理者在这个管理过程中应如何履行这些职能。

法约尔提出的这个一般管理理论认为,管理者在管理过程中的管理职能应包括计划、组织、指挥、协调和控制。对于如何履行这些管理职能,法约尔提出了管理的 14 项基本原则,即劳动分工原则、权责相符原则、纪律原则、统一指挥原则、统一领导原则、个人利益服从整体利益原则、人员报酬原则、集中原则、等级制度原则、秩序原则、公平原则、人员的稳定原则、首创精神和人员的团结原则。

(一)管理的五个基本职能

法约尔指出:"管理,是计划、组织、指挥、协调和控制。计划,即预见未来和拟定行动计划。组织,即建立一个双重性机构,它既有物质性也有社会性。指挥,即让人们去执行。协调,即沟通、联合,并使所有行为和力量达到和谐统一。控制,也就是说遵照已有规则和既定程序,监督事物的运行。"[②]在这里,法约尔第一次系统地阐述了管理者在管理过程中应履行的五个基本职能。

1.管理的计划职能

法约尔认为,管理应当预见未来。因此,管理的计划职能就是探索未来、制订行动计划;要通过管理的计划职能,"指出所要达到的结果,所遵循的行动路线,所要通过的阶段及所使用的手段"。而企业制订"行动计划的根据是:(1)企业的资源(厂房、工具、原料、资本、人员、生产能力、商业销路、公众关系等等);(2)所经营业务的性质及重要性;(3)未来的趋势,它部分地取决于技术的、商业的、财政的及其他的条件,而这些条件都在变化,人们既不能预先确定变化的大小,又不能预先确定变化的时间"。他认为一个好的计划应该具有"统一性、持续

---

① 〔法〕H.法约尔著:《工业管理与一般管理》,迟力耕、张璇译,机械工业出版社,2007 年 5 月第 1 版,第 16,17 页。

② 〔法〕H.法约尔著:《工业管理与一般管理》,迟力耕、张璇译,机械工业出版社,2007 年 5 月第 1 版,第 6 页。

性、灵活性与准确性"等几个特征。

2.管理的组织职能

何谓管理的组织职能？法约尔认为："组织一个企业，就是要为它的运行配备一切所需，包括原料、设备、资本和人员。大体上说，我们可以把它分为两大类：物质组织和社会组织。"法约尔着重对社会组织的问题进行了研究。关于社会组织，法约尔提出了与泰罗不同的看法。他认为泰罗提出的职能工长制"是以两种思想为基础的：（1）必须以参谋部来加强车间主任和工长的工作；（2）否定统一指挥的原则"。他说："我越是觉得第一点很好，就越觉得第二点是错误的，而且还很危险。"①

从这里我们可以看出，法约尔在组织结构的设计上同意泰罗"通过参谋人员来帮助直线人员的工作"的观点，他说："领导既没有足够的时间也没有足够的能力来完成研究工作，所以应该向参谋部寻求帮助。……正是通过执行部门与参谋部门密切和持久的合作，无数改善措施才大部分得以实现。"但是对于泰罗提出的职能工长制，法约尔明确地表示了不同的看法，认为职能工长制违反了统一指挥的原则。他说："根据泰罗自己的说法，即便他坚决要求，某些坚持统一指挥的信徒也不愿意放弃这一原则（即统一指挥原则，编者注）。而我不相信，在全然违背这一原则的情况下，车间会良好地运行。"②

为了在组织中既能坚持统一指挥原则，又能让参谋人员帮助直线人员的工作，法约尔提出了后来被人们称为"直线职能参谋制"的组织结构形式。在这种组织结构中，既有直线人员的直线领导，又有参谋人员帮助直线人员工作。

3.管理的指挥职能

法约尔指出："社会组织已经建立，问题在于要让这些组织发挥出作用；这就是指挥的任务。""指挥的目的是根据企业的利益，使他单位里的所有的人做出最好的贡献。"法约尔认为："担任指挥职责的领导应该：（1）深入了解员工；（2）淘汰没有能力的人；（3）充分了解企业和员工之间的协定；（4）以身作则；（5）运用一览表对组织进行定期检查；（6）利用会议和报告；（7）不要总是在琐碎的事情上耗费过多时间和精力；（8）力求让员工团结一致、积极工作、富有创造力和牺牲精神。"③

4.管理的协调职能

法约尔认为："协调是指企业所有行动都互相配合，从而使企业的运行变得简单易行，有利于企业取得成功。协调是指具有各种职能的物质组织和社会组织保持一定的构成比例，这种比例有利于每个机构顺利且经济地完成自己的职能。协调就是不管在企业的哪种职能中——技术的、商业的、财务的或其他职能，都应该考虑到自己对整个企业运行负有责任，并意识到要承担相应的后果。……总之，协调就是使事物和行动有一定合适的比例，让方法便

① ［法］H.法约尔著：《工业管理与一般管理》，迟力耕、张璇译，机械工业出版社，2007年5月第1版，第56、71页。
② ［法］H.法约尔著：《工业管理与一般管理》，迟力耕、张璇译，机械工业出版社，2007年5月第1版，第68、72页。
③ ［法］H.法约尔著：《工业管理与一般管理》，迟力耕、张璇译，机械工业出版社，2007年5月第1版，第99页。

于目标的达成。"①

为了能使企业实现协调,法约尔认为企业中的各个部门首先要明确自己部门的工作目标,然后要明确自己部门在完成组织的共同目标时必须承担的工作和应向其他部门所提供的支持和帮助。同时,各个部门的工作应经常随情况的变动而调整。为了能实现协调,法约尔还认为定期地召开各部门领导的工作例会是一种很好的办法。

5.管理的控制职能

法约尔认为:"在一个企业中,控制就是要检查核实各项工作是否都已遵照被采纳的行动计划运行,是否和下达的指示一致,是否和已定的原则相符。控制的目的在于指出工作中的错误和失误,以便人们能及时纠正,避免再次发生。"②

法约尔还指出,在控制过程中,要避免各部门的领导对工作进行任意的干预。因为这样可能会造成两个问题,一是使一些对工作不负责任的控制人员对组织的工作造成有害影响;二是使被控制的业务部门,没有多少权利采取有效的措施来反对这种任意的控制。因此,法约尔认为应该明确规定控制的权限和控制的范围。

(二)管理的 14 项一般原则

为了使管理者能很好地履行各种管理职能,法约尔提出了管理的 14 项一般原则。这14 项一般原则是:③

1.劳动分工原则

法约尔认为,劳动分工属于自然规律。通过劳动分工,可以提高人们的熟练程度,从而提高人们的工作效率。劳动分工不只适用于技术工作,而且也适用于管理工作。应该通过分工来提高管理工作的效率。但是,法约尔又认为:"劳动分工有一定的限度,经验与尺度感告诉我们不应超越这些限度。"

2.权力与责任原则

这个原则实际上就是权力与责任相符的原则。所谓权力,就是指挥和要求别人服从的能力或强制力。法约尔把一个领导者的权力分成两类,一类是由领导者的职务和职位所决定的正式权力;另一类是由领导者个人的智慧、学识、经验、精神道德等个人的品质和素质所决定的个人权力。作为一个出色的领导人,应该把个人权力作为正式权力的必要补充。同时,有权力的地方,就有责任。责任是权力的孪生物,是权力的当然结果和必要补充。这就是著名的权力与责任相符的原则。为了贯彻权力与责任相符的原则,法约尔认为还应该建立有效的奖励和惩罚制度,即"应该鼓励有益的行动而制止与其相反的行动"。实际上,这就是现在我们讲的权、责、利相结合的原则。

3.纪律原则

所谓纪律,"实质上就是和企业同其下属人员之间的协定相一致的服从、勤勉、积极、举

---

① 〔法〕H.法约尔著:《工业管理与一般管理》,迟力耕、张璇译,机械工业出版社,2007 年 5 月第 1 版,第 106 页。

② 〔法〕H.法约尔著:《工业管理与一般管理》,迟力耕、张璇译,机械工业出版社,2007 年 5 月第 1 版,第 110 页。

③ 〔法〕H.法约尔著:《工业管理与一般管理》,周安华、林宗锦、展学仲、张玉琪译,中国社会科学出版社 1982 年 11 月第 1 版,第 23～44 页。

止及尊敬的表示"。在这里,法约尔认为纪律应包括两个方面,即企业与下属人员之间的协定和人们对这个协定的态度及其对这个协定遵守的情况。法约尔认为纪律是一个企业兴旺发达的关键,没有纪律,任何一个企业都不能兴旺繁荣。"制定和维持纪律最有效的办法是:(1)各级好的领导;(2)尽可能明确而又公平的协定;(3)合理执行惩罚。"因为"纪律是领导人造就的。……无论哪个社会组织,其纪律状况都主要取决于其领导人的道德状况",有了一个好的领导,还要有明确而又公平的协定。"协定应当清楚明了,并能尽量使两方都满意。"最后,组织还应通过有效的奖罚制度来维护组织的纪律。"企业的利益不容许忽视那些可以阻止或减少无纪律行为的惩罚。领导人的经验和机敏表现在选择所使用的惩罚办法上,即指责、警告、罚款、停职、降级或开除。"

4.统一指挥原则

所谓统一指挥原则,就是"无论对哪一件工作来说,一个下属人员只应接受一个领导人的命令。……它是一项普遍的、永久必要的准则。……如果这条准则受到破坏,那么权力将受到损害,纪律将受到危害,秩序将受到扰乱,稳定将受到威胁……如果两个领导人同时对同一个人或同一件事行使他们的权力,就会出现混乱;如果事情继续下去,混乱便会加剧,就像一个动物机体受到外界物体侵害那样出现病状。所以,人们得出以下结论:要么撤销其中一个领导人,停止双重领导,使企业兴旺得到恢复;要么使整个企业继续日趋衰败。在任何情况下,都不会有适应双重指挥的社会组织"。在这里,法约尔提出了一个重要的管理原则,按照这个原则的要求,一个下级人员只能接受一个上级的命令。与统一指挥原则有关的还有下一个原则,即统一领导原则。

5.统一领导原则

所谓统一领导原则是指:"对于力求达到同一目的的全部活动,只能有一个领导人和一项计划。……人类社会和动物界一样,一个身体有两个脑袋,就是个怪物,就难以生存。"统一领导原则讲的是,一个下级只能有一个上级。

统一指挥原则与统一领导原则之间既有区别又有联系。统一领导原则讲的是组织机构设置的问题,即在设置组织机构的时候,一个下级不能有两个或两个以上的上级。而统一指挥原则讲的是组织机构设置以后运转的问题,即当组织机构建立起来以后,在运转的过程中,一个下级不能同时接受两个上级的指令。例如泰罗提出的职能工长制,从组织机构的设置来看,一个下级同时有两个以上的上级,所以违反了统一领导原则。在这种组织机构中,由于每个上级对下级下指令都是符合制度规定的,因此组织机构在运转过程中,必然会违反统一指挥原则,即一个下级要接受来自两个或两个以上的上级的指令。所以说,违反了统一领导原则,就必然会违反统一指挥原则。但是,坚持了统一领导原则,并不一定能坚持统一指挥原则。例如,在一个不违反统一领导原则的组织中,如果上级越级向下级下指令,对于这个下级来说,除了要接受他原来的直接上级的指令外,还要接受来自这个非直接上级的指令,这就使他要接受来自两个或两个以上上级的指令。这时,在组织运行过程中就违反了统一指挥原则。可见,坚持了统一领导原则并不一定能坚持统一指挥原则。

坚持统一指挥原则有两个基本要求,一是在组织中要形成一条不中断的等级链,也就是说首先要坚持统一领导原则;二是上级不能越级下达指令,下级也不能越级接受指令。关于统一领导原则与统一指挥原则的关系,法约尔是这样阐述的:"不要把'统一领导'(一个领导人、一项计划)与'统一指挥'(一个下属人员只能听从一个领导人的命令)混淆起来。人们通过建立完善的组织来实现一个社会团体的统一领导,而统一指挥取决于人员如何发挥作用。统一指挥不能没有统一的领导而存在,但并不来源于它。"

6.个人利益服从整体利益的原则

法约尔指出:"这条原则是说,在一个企业里,一个人或一些人的利益不能置于企业利益之上,一个家庭的利益应先于其一个成员的利益,国家利益应高于一个公民或一些公民的利益。"对于这个原则,法约尔认为这是一个人们都十分明白清楚的原则,但是,往往由于"无知、贪婪、自私、懒惰以及人类的一切冲动总是使人为了个人利益而忘掉整体利益"。为了能坚持这个原则,法约尔认为:"成功的办法是:(1)领导人的坚定性和好的榜样;(2)尽可能签订公平的协定;(3)认真的监督。"

7.人员的报酬原则

法约尔认为人员的报酬首先"取决于不受雇主的意愿和所属人员的才能影响的一些情况,如生活费用的高低、可雇人员的多少、业务的一般状况、企业的经济地位等,然后再看人员的才能,最后看采用的报酬方式"。人员的报酬首先要考虑的是维持职工的最低生活消费和企业的基本经营状况,这是确定人员报酬的一个基本出发点。在此基础上,再考虑根据职工的劳动贡献来决定采用适当的报酬方式。对于各种报酬方式,法约尔认为不管采用什么报酬方式,都应该能做到:"(1)它能保证报酬公平;(2)它能奖励有益的努力和激发热情;(3)它不应导致超过合理限度过多的报酬。"

8.集中的原则

法约尔认为,就像劳动分工一样,集中是一种必然规律,"就是指在每个动物机体或社会组织中,感觉集中于大脑或领导部门,从大脑或领导部门发出命令,使组织的各部分运动"。在这里,法约尔指的是组织的权力的集中与分散的问题。

按照法约尔的集中原则,"集中或分散的问题是一个简单的尺度问题,问题在于找到适合于该企业的最适度"。对于小型企业,可以由上级领导者直接把命令传到下层人员,所以权力就相对比较集中;而在大型企业里,在高层领导者与基层人员之间,还有许多中间环节,因此权力就比较分散。

按照法约尔的观点,影响一个企业是集中还是分散的因素有两个,一个是领导者的能力,另一个是领导者对发挥下级人员的积极性的态度。"如果领导人的才能、精力、智慧、经验、理解速度……允许他扩大活动范围,他则可以大大加强集中,把其助手作用降低为普通执行人的作用。相反,如果他愿意一方面保留全面领导的特权,一方面更多地采用协作者的经验、意见和建议,那么可以实行广泛的权力分散。……所有提高部下作用的重要性的做法就是分散,降低这种作用的重要性的做法则是集中。"

9.等级制度原则

所谓"等级制度就是从最高权力机构直到低层管理人员的领导系列"。而贯彻等级制度原则就是要在组织中建立这样一个不中断的等级链,这个等级链说明了两个方面的问题:一是它表明了组织中各个环节之间的权力关系,通过这个等级链,组织中的成员就可以明确谁可以对谁下指令,谁应该对谁负责;二是这个等级链表明了组织中信息传递的路线,即在一个正式组织中,信息是按照组织的等级系列来传递的。

贯彻等级制度原则,有利于组织加强统一指挥原则,保证组织内信息联系的畅通。但是,一个组织如果严格地按照等级系列进行信息的沟通,可能由于信息沟通的路线太长而使得信息联系的时间过长,同时容易造成信息在传递的过程中失真。为了使组织既能坚持统一指挥原则,又能缩短信息联系的路线,法约尔提出了可以在需要进行沟通的两个部门之间建立起联系的渠道,他把这个联系渠道称为"法约尔天桥",或者称为跳板(见图6-1)。法约尔提出了允许横跨权力线进行交往联系的跳板原则,这种联系只有当所有各方都同意,而且上级人员随时都了解情况的时候才能进行。这样,如果工长F想同工长P取得联系,他们可以在征得监工E和监工O的允许的情况下,直接进行联系,而不用逐级向上报告到A,然后再逐级下传到P。通过这个"法约尔天桥"或者说遵从"跳板原则",就可以使需要进行联系的两个部门之间取得联系,从而缩短相互之间信息沟通的时间,有利于企业迅速决策。

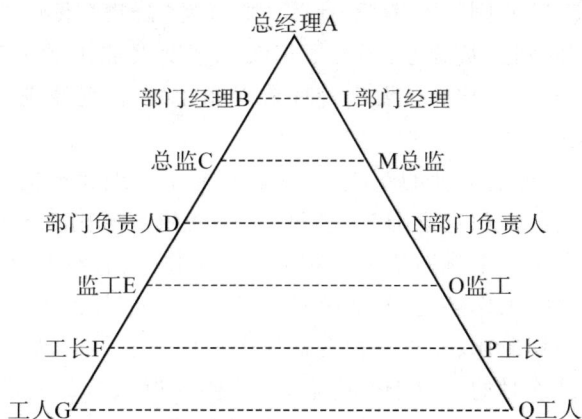

图6-1 法约尔的"跳板"

资料来源:[美]丹尼尔·雷恩著:《管理思想的演变》,李柱流等译,中国社会科学出版社2004年版,第244页。

但是,应用"法约尔天桥"有可能在组织中造成多头指挥的现象,因此,为了防止出现这个问题,法约尔认为需要利用"法约尔天桥"进行联系的两个部门在应用"法约尔天桥"进行直接联系时,应该先取得两部门的直接领导的同意。他说,只要两个部门的"活动都是得到他们的直接领导同意,这种直接关系就可以继续下去;他们的协作一旦中止或他们的领导不再同意了,这种直接的关系就中断,而等级路线也就立即恢复原样了"。

10.秩序原则

法约尔所指的秩序原则包括物品的秩序原则和人的社会秩序原则。对于物品的秩序原则,他说:"每件东西都有一个位置,每件东西都在它的位置上。"这话的意思是说,对于每一件物品来说,都有一个最适合它存放的地方,坚持物品的秩序原则就是要使每一件物品都在它应该放的地方。在贯彻物品的秩序原则时,要注意防止表面上的整齐所掩盖着的实际上的混乱;相反,有些表面上看起来很混乱的东西却实际上可能是有秩序的。因此,贯彻物品的秩序原则就是要使每件物品都在它应该放的位置上。

所谓社会秩序原则,法约尔认为:"每个人都有一个位置,每个人都在他的位置上。"每个人都有他的长处和短处,贯彻社会秩序原则就是要确定最适合每个人的能力发挥的工作岗位,然后使每个人都在最能使自己的能力得到发挥的岗位上工作,也就是"合适的人在合适的位置上"。为了能贯彻社会的秩序原则,法约尔认为首先要对企业的社会需要与资源有确切的了解,并保持两者之间经常的平衡;同时,要注意消除任人唯亲、偏爱徇私、野心奢望和无知等弊病。

11.公平原则

法约尔把公平与公道区分开来。他说:"公道是实现已订立的协定。但这些协定不能什么都预测到,要经常地说明它,补充其不足之处。为了鼓励其所属人员能全心全意和无限忠诚地执行其职责,应该以善意来对待他。公平就是由善意与公道产生的。"也就是说,贯彻公道原则就是要按已定的协定办事。但是在未来的执行过程中,可能会因为各种因素的变化使得原来制定的"公道"的协定变成"不公道"的协定,这样一来,即使严格地贯彻"公道"原则,也会使得职工的努力得不到公平的体现,从而不能充分地调动职工的劳动积极性。因此,在管理中要贯彻"公平"原则。所谓"公平"原则就是"公道"原则加上善意地对待职工。也就是说在贯彻"公道"原则的基础上,还要根据实际情况对职工的劳动表现进行"善意"的评价。当然,在贯彻"公平"原则时,还要求管理者不能"忽视任何原则,不忘掉总体利益"。

12.人员的稳定原则

法约尔认为:"一个人要适应他的新职位,并做到能很好地完成他的工作,这需要时间。"这就是法约尔提出的"人员的稳定原则"。按照"人员的稳定原则",要使一个人的能力得到充分的发挥,就要使他在一个工作岗位上相对稳定地工作一段时间,使他能有一段时间来熟悉自己的工作,了解自己的工作环境,并取得别人对自己的信任。但是人员的稳定是相对的而不是绝对的,年老、疾病、退休、死亡等都会造成企业中人员的流动。所以说人员的稳定是相对的,而人员的流动是绝对的。对于企业来说,就要掌握人员的稳定和流动的合适的度,以利于企业中成员的能力得到充分的发挥。就像所有其他原则一样,稳定原则也是一个尺度问题。

13.首创精神

法约尔提出:"想出一个计划并保证其成功是一个聪明人最大的快乐之一,这也是人类活动最有力的刺激物之一。这种发明与执行的可能性就是人们所说的首创精神,建议与执行的自主性也都属于首创精神。"在这里,法约尔认为人的自我实现需求的满足是激励人们的工作热情和工作积极性的最有力的刺激因素。因此,作为管理者就应该使职工在这方面的需求得到满足,以充分地调动职工的积极性。当然,纪律原则、统一指挥原则和统一领导原则等的贯彻,会使得组织中人们的首创精神的发挥受到限制。因此,对于领导者来说,"需要极有分寸地,并要有某种勇气来激发和支持大家的首创精神"。

14.人员的团结原则

法约尔明确地提出:"团结就是力量……使敌人分裂以削弱其力量是聪明的;但使自己的队伍分裂对企业来说则是一个严重的错误。"但是,人们往往由于管理能力的不足,或者由于自私自利,或者由于追求个人的利益等而忘记了组织的团结。为了加强组织的团结,法约尔特别提出在组织中要禁止滥用书面联系。他认为在处理一个业务问题时,用当面口述要比书面快,并且简单得多。另外,一些冲突、误会可以在交谈中得到解决。"由此得出,每当可能时,应用口头联系,这样更迅速、更清楚,并且更融洽。"

以上是法约尔提出的管理的 14 项基本原则。对于这些原则,法约尔认为:"原则是灵活的,是可以适应一切需要的,问题在于懂得使用它。这是一门很难掌握的艺术,它要求智慧、经验、判断和注意尺度。由机智和经验合成的掌握尺度的能力是一个管理人的主要才能之一。……没有原则,人们就处于黑暗和混乱之中;没有经验与尺度,即使有最好的原则,人们仍将处于困惑不安之中。"在这里,法约尔阐明了管理作为一门科学与作为一种艺术之间的关系,即理论是可以指导实践的,问题在于如何应用这个理论。再好的管理理论,如果不懂得如何去应用,也是没有用处的。

四、对法约尔一般管理理论的认识与评价

与泰罗的科学管理理论不同,法约尔的管理理论是从一般的角度来研究管理的,是从企业整体的角度来研究如何提高企业的生产效率。而泰罗则是从个别工人的角度来研究如何提高每个工人的工作效率从而提高整个企业的效率。正如著名的管理学家厄威克在法约尔的著作《工业管理与一般管理》一书的英译本序言中说的:"泰罗把工作主要放在作业现场上,从工业等级的底层向上研究,而法约尔集中注意于经理人员并向下研究。"[①]这就使泰罗的管理理论具有较大的实践性,而法约尔的管理理论具有较强的概括性和普遍性。因此,曾有人认为泰罗的管理理论与法约尔的管理理论是互相对立的。

对此,法约尔表示不同意。他在 1925 年布鲁塞尔第二届国际会议的开幕词中亲自声明,有人把他推到与泰罗相对立的地位是荒谬的。实际情况也正是如此。因为两位学者迥然不同的事业生涯使得泰罗把对管理研究的重点放在提高个别工人的生产效率上,而法约尔却是从企业整体的角度来研究管理。

他们二者的理论并不是相互对立的,而正好是相辅相成的。可以这样讲,只有把从个别工人的角度来研究的管理理论与从企业整体的角度来研究的管理理论结合起来,才能形成完整的管理理论,才能有效地指导企业的管理实践,真正提高企业的生产效率。

但是,法约尔的管理理论也有其不够"科学"的地方。例如,在他提出的管理的 14 项基本原则中,把纪律、首创精神、团结等也作为管理的原则来进行讨论,这是不大合适的。因为这些是组织得以形成、运转的因素,并不是科学的管理原则。作为管理的原则,它是人们处理管理问题的基本准绳,既有严格性又有一定的灵活性。管理原则的运用,就是要求管理者在基本原则的指导下,能根据具体的管理问题灵活地采取不同的解决办法。因此,把团结、首创精神、纪律等作为管理的原则是不合适的。法约尔在其管理理论中,对组织管理理论问题提出了自己的精辟的看法,这些看法对以后组织管理理论的形成和发展产生了很大的影响。但是,应该指出,法约尔的组织管理理论主要是从静止的角度来研究组织结构的设计,而没有从动态发展的角度来研究组织的运动和发展。

另外,法约尔反对数学在管理中的应用。他说:"人们滥用数学基于这样的信念:他们认为,了解更多的数学知识,就更能做好企业的管理工作。他们还认为,数学比其他知识更能提高判断力。……我个人的长期经验告诉我,高等数学在公司管理中毫无用处……"[②]法约尔的这种看法一方面可能与当时数学的发展还不够成熟,不能给管理理论提供有用的方法和工具有关;另一方面可能由于当时经济的发展水平还比较低,企业间的经济联系相对还比

---

① ［法］H.法约尔著:《工业管理与一般管理》,周安华、林宗锦、展学仲、张玉琪译,中国社会科学出版社 1982 年 11 月第 1 版,第 7 页。

② ［法］H.法约尔著:《工业管理与一般管理》,周安华、林宗锦、展学仲、张玉琪译,中国社会科学出版社 1982 年 11 月第 1 版,第 86 页。

较简单,使得管理实践对应用数学的方法进行定量分析的要求还不大迫切。

但不管怎样,法约尔第一次从一般的角度阐述了管理理论,为管理基本理论的建立提出了一个非常有用的框架,因此,他对管理理论的贡献和影响都是巨大的。后来有很多学者按照法约尔的研究方法对管理理论进行了研究,形成了管理学理论学派中一个十分有影响的学派,即管理的过程学派,或称职能学派。法约尔也就成了这个学派的创始人。

第四节　韦伯及其官僚集权制

与泰罗和法约尔同时,在德国,马克斯·韦伯(Max Weber)的研究也对管理理论的形成和发展做出了贡献。韦伯于 1864 年出生于德国一个有着十分广泛的社会和政治影响的富裕家庭。他毕生从事学术研究,对社会学、政治学、经济学、宗教等方面都做了深入的研究,并做出了很大的贡献。他在管理学上的重大贡献就是提出官僚集权制,认为官僚集权制从技术的角度看是一种理想的组织结构形式。

韦伯的官僚集权制主要是针对当时德国社会的企业大多是一些家族式的企业提出来的。这种企业中的大多数职务或职位都由与企业的所有者具有血缘关系或是有某种个人的情感关系的人担任。他们之所以能担任企业的管理人员,并不是因为他们具有担任该职务所需要的能力,而仅仅是因为他们与企业的所有者具有这种关系。他们不是按照理性、制度和规范来进行管理,而是凭个人的知识、经验、兴趣和爱好。因此,他们的管理是情感的而不是理性的,这就造成企业效率十分低下。这种情况不能适应德国社会的现代化大生产发展的需要。针对这种情况,韦伯提出了官僚集权制,认为官僚集权制是一种理想的组织形式。

一、权力的分类

对于一个组织来说,组织中的成员为什么会按他们被告知的那样去行事? 个人为什么会服从他人的命令? 这是因为在组织中存在着权力。任何组织都必须以某种权力作为基础,权力能为组织消除混乱,给组织带来秩序。不同的权力类型,会使组织形成不同的组织结构形式。韦伯认为存在着三种不同类型的权力,与此相应,就有三种不同的组织结构形式。

(一)神授的权力

韦伯认为这种权力是以"对个人的明确而特殊的尊严、英雄主义或典范的品格的信仰⋯⋯"[①]为基础的,即它是以领导者个人的人格为基础的。韦伯用"超凡魅力"一词来描述领导人的这种特性。这种领导人被赋予了超自然、超人的权力。在韦伯看来,先知、救世主及政治领袖都属于这类人物。由这种权力为基础而建立起来的组织就称为"神秘化的组织"。在这种组织中,由于权力的基础是领导者个人的人格,组织成员对命令的服从就仅仅是基于领导者个人的号召力,所以其内在基础并不稳固。因为当这种组织的领导人去世后,组织的权威需要继承时,就会产生权威的继承问题。而在这种组织中不可能再存在着第二个具有超凡魅

---

① 转引自[美]丹尼尔·雷恩著:《管理思想的演变》,李柱流、赵睿等译,中国社会科学出版社,1997年 3 月第 1 版,2004 年 10 月第 3 次印刷,第 225 页。

力的领袖人物,因此,即使领袖人物在去世之前就指定其权力的继承人,也不容易为组织中的成员们所接受。这时,权威的继承可能通过两种方式来解决。一是通过继承的方式来解决。在这种情况下,"神秘化的权力"就转变为"传统的权力",而"神秘化的组织"就演变为"传统的组织"。二是根据已有的法则来决定。如果权威的继承是根据已有的法则来决定的,那么,"神秘的权力"就转变为"合理—合法的权力",而"神秘化的组织"就发展为"官僚集权组织"。

(二)传统的权力

这种权力是以"古老的传统的神圣不可侵犯的信念以及对其下属行使权力的人的地位的合法性"[①]为基础的,也就是说这种权力的基础是先例和惯例,以前经常发生的事情被认为是神圣不可侵犯的。以这种权力为基础所形成的组织就是"传统的组织"。

在这种组织中,领袖由于他在组织中所继承来的权力而拥有了权威,而组织中的成员则由于对传统东西的神圣不可侵犯的信念而接受和服从命令。对于组织的领导人来说,他具有这个权力并不是因为他个人的人格在起作用,而是他所继承的那个具有超凡魅力的领袖人物的神秘权力在起作用。由于他继承了具有超凡魅力的领袖人物的神秘权力,这种神秘权力就作为组织的惯例被固定地保留下来。因此,这时新领袖的权威并不是领袖个人的人格在发生作用,而是他的角色在发生作用了。如我国古代的皇帝,当先帝把皇帝的位置让给自己的子孙时,以后的历代皇帝就只能把先帝以前的一切做法作为自己的行为准则而不敢有所冒犯。

(三)合理—合法的权力

这种权力的基础是依法确定的职务或职位。这种权力之所以被称为是合法的,是因为拥有权力的人的地位是依法确定的。它之所以又是合理的,是因为拥有权力的人是根据他们的知识和能力来任命的。以合理—合法的权力为基础建立起来的组织就是官僚集权组织。韦伯认为官僚集权组织就像是一部精心设计的机器,每个零部件都为整个机器能有效地运转发挥着自己的作用。

二、官僚集权组织的主要要素

韦伯认为,一个理想的官僚集权组织包括以下几个要素:

1.实现劳动分工。在官僚组织中,要按照实现组织目标的要求进行劳动分工,明确规定组织中每一个成员的权力和责任,并且要把这些权力和责任作为正式的职责而加以正式化和合法化。

2.在组织中要建立一个不中断的指挥链。在官僚组织中,要把各种职务或职位按照权力关系组织起来,形成一个不中断的指挥链。这样可以使组织中的每一个成员都能明确自己应该接受谁的命令和监督,谁可以对谁下指令。

3.广泛的档案系统。对于行政命令、各种条例和决定以及官员的职责等,都要以书面形式加以记录,形成正式文件。当正式文件用完后,就要通过档案系统对此进行必要保管。这个特征使组织独立于个人之外。个人可能来去不定,但档案系统充当了组织的存储器,它回

---

① 转引自[美]丹尼尔·雷恩著:《管理思想的演变》,李柱流、赵睿等译,中国社会科学出版社,1997年3月第1版,2004年10月第3次印刷,第225页。

答组织过去发生过什么,现在正在发生什么。这有助于组织运行的正式化和制度化,也使得组织能通过对过去的分析预见将来可能发生的情况,使得组织的行为具有可预见性。

4.要根据通过正式考核或者经过正式教育而获得的技术资格来挑选组织成员。也就是说,组织成员的选择要根据各个职位对专业知识的要求来确定,他们必须是掌握了本职位专业知识的称职人员。

5.所有担任公职的人都是被任命的,而不是被选举出来的。这是为了保证在组织的等级系列中下级能对上级负责,而上级能对下级进行控制和监督。

6.行政管理人员是领取固定薪金的专职人员,而不是他们所管理的单位的所有者。这样可以避免组织中的不合理的社会关系和个人关系对组织工作的影响。

7.行政管理人员要遵守有关他的官方职责的纪律、规则和制度。这些纪律、规则和制度将制约行政管理人员的行为,使他们的行为能保持理性、客观和公正,不受个人情感影响。

三、对官僚集权制的评价

对于官僚制,韦伯认为,从纯技术的角度看,它是一种效率最高的组织形式。"精确性、工作的速度、任务的明确性、对文件的熟悉程度、活动的连续性、权限的划分、指挥的统一、严格的上下级关系、人员摩擦的控制,以及在物质和人员方面的成本的减少,这一切在严格的官僚机构中将达到最佳的状态。"[①]他认为只有官僚制度才像现代的机器,而其他组织形式属于非机械化的生产方式。官僚组织之所以能给组织带来高效率,是因为从纯技术的角度看,官僚制强调知识化、专业化、制度化、标准化、正式化和权力集中化,它在组织中消除了个人的情感、个人的社会关系、个人的个性特点(如个人的狂想、幻想、偏见、任性和怪癖等)对组织活动的影响。因此,它能使组织内人们的行为理性化,具有一致性和可预测性。

正如《Z 理论》的作者威廉·大内所讲的:"韦伯提出理想形式的组织是把人分开,迫使他们在技术上专业化,并正式接受指挥和评价,以便彼此打交道时保持客观态度。对于韦伯而言,组织机构需要反对不合理的社会关系的势力,并在技能和效率的基础上,而不是在政治或友谊的基础上使有效的工作得到相应的公正对待。"[②]

在今天,各种各样的组织,不管是工厂、学校、机关、医院或是军队,都或多或少地具有官僚集权组织的某些特征。这些特征的形成,确实如韦伯所说的那样,从纯技术的角度看,有利于提高组织的效率。但是,今天人们却也经常在批评官僚制。人们把官僚制度、官僚主义、官僚作风作为组织效率低下的代名词。对于官僚制度的批评,主要有以下几个方面:

1.假设的有效性。官僚制的提出是建立在许多假设的基础上的。人们对官僚制的这些假设前提提出了批评和疑问。例如,官僚制强调建立等级系统,认为它有助于促进纪律和加强统一指挥原则,而且官僚制是以技术为根据来选择候选人的。在这里,官僚制就隐含着这样一个假设前提:当上级与下级之间出现不协调时,上级的判断必然比下级的判断正确。显

① 转引自[英]D.S.皮尤等著:《组织管理学名家思想荟萃》,唐亮、沈明明、邝明生译,中国社会科学出版社 1986 年 10 月第 1 版,第 15 页。

② 转引自[美]G.W.大内著:《Z 理论》,孙耀君、王祖融译校,中国社会科学出版社 1984 年 3 月第 1 版,第 53 页。

然,这个假设存在着明显的缺陷。因为上级并不可能总是比下级正确。又如,官僚制强调人际关系的非人格化,决策者决策时考虑的只能是规章和程序、合理性和效率。在这里,隐含着的一个假设前提是:组织中只存在正式组织结构,否认人的感情等社会方面的因素对管理决策的影响。显然,这个假设前提也是不能完全成立的。

2.过分地强调组织原则和恪守规章制度。人们对官僚制最激烈的批评是它过分地强调执行规章制度。当然,任何一个组织都要有一定的规章制度,以规范组织和组织成员的行为。但是,过分地强调规章制度会抑制创造力、革新精神和冒险精神。它使得组织的官僚们在遵守规章制度的借口下形成了巴纳德所说的"优秀"的决策艺术——不作与现实不相关的问题的决策,不过早地决策,不作其他人会作的决策。卷宗从一张桌子移到另一张桌子,或者签上"研究研究",或者干脆就锁在抽屉里。这些都是在按章办事的幌子下进行的。对于官僚们来说,只要按章办事就不会犯错误,至于说如何才能提高组织的效率,则不是他们所要考虑的事情。他们所关心的是档案而不是成果。久而久之,官僚组织中的"官僚"们就形成了这样的行为规范:求稳定和坚持原则对个人成功是至为重要的;宁可把冒险的决策推给别人,也不愿意自己冒可能犯错误的风险;否定一个建议比肯定一个建议更安全;慢慢研究比马上决定更为稳妥。结果就形成了人们所批评的效率低下的"官僚主义"和"官僚作风"了。

3.忽视了在正式组织中存在着非正式组织。在每个正式组织中,总是存在着各种各样的非正式组织。这些非正式组织的行为准则是感情的逻辑而不是效率的逻辑,即它们是由于各种感情而形成的,它们要做什么和不做什么都是以能否满足非正式组织成员的感情需要为标准的。非正式组织的存在是一种客观的、普遍的现象,但是,官僚集权组织的提出和设计却忽视了正式组织中存在的这种非正式组织的现象,或者说它本身就是反对和否认在正式组织中存在着非正式组织的。所以韦伯一再强调,官僚组织从"纯技术"的角度看是最理想的组织结构形式。实际上,这种"纯技术"的假设并不可能成立。因为任何一个组织都是一个社会技术系统,都必然会存在各种各样的非正式组织。忽视了非正式组织的存在,忽视了或者说否认了组织中成员个人的情感方面的需求,这样所建立起来的组织结构形式必然不利于调动组织成员的积极性,也不利于提高组织的工作效率。

本章小结

19世纪末,随着市场需求的扩张,数量众多的小型工厂逐渐为适应时代需要的大规模工厂所替代,新兴工业和大规模企业的出现使得管理问题越来越突出,一批具有丰富实践经验的管理人员从各自的经验和知识出发,对如何提高劳动生产率进行了研究,对管理思想和管理理论的发展做出了贡献。泰罗所关注的是通过应用科学的方法来提高生产率,提倡科学管理的实质是劳资双方的一场心理革命。亨利·甘特发明了甘特表,提出了可行的计件工资制,侧重劳资间的合作关系。弗兰克·吉尔布雷思因为对时间和动作的研究而著名,莉莲·吉尔布雷思则侧重研究在工作中的人这一因素。

"现代管理理论之父"亨利·法约尔认为管理活动是企业六大活动之一,管理知识也可以像其他活动所要求的技能一样通过教育来得到普及和提高。法约尔还提出了管理人员在管理过程中所应履行的五大职能以及协助五大职能的管理的14项原则。

马克斯·韦伯则针对德国家族企业盛行以及家族企业任人唯亲、裙带关系导致效率低下、资源浪费提出了纯技术角度最完美的官僚集权组织形式。这种组织结构形式强调知识化、专业化、制度化、标准化、正式化和权力集中化,它在组织中消除了个人的情感、个人的社会关系、个人的个性特点如个人的狂想、幻想、偏见、任性和怪癖等对组织活动的影响。但由于该种组织形式在反对各种不合理的社会关系势力的同时,从一个极端走向另一个极端,完全忽视了组织中人的因素对组织运行的影响作用,过分地强调规章制度,从而使得官僚主义在当今已经成了效率低下的代名词。

但不管怎样,科学管理理论的提出,使管理成为一门科学,它为管理理论与实践的发展奠定了科学的基础。

复习思考题

1.如何评价泰罗提出的职能工长制?

2.为什么把泰罗称为"科学管理之父",而把巴贝奇等称为管理理论的先驱者?

3.把计划职能与执行职能分开有什么意义?

4.如何认识泰罗提出的"心理革命"?

5.科学管理理论对"人"是如何认识的?

6.如何评价科学管理理论?

7.法约尔关于管理的普遍性认识有什么意义?

8.什么叫统一领导原则?什么叫统一指挥原则?这两个原则之间有什么区别与联系?

9.在组织管理问题上,泰罗与法约尔的认识有什么不同?

10.什么叫管理的秩序原则?

11.如何评价官僚集权体制?

12.综合分析古典管理理论产生的时代背景,并对其理论实质、贡献和局限性进行评价。

技能练习

1.联系一家制造性企业,深入车间观察、记录车间工作情况,将泰勒的科学管理原理用于分析该车间的日常工作实践,并思考提出改进意见。

2.请分析所在学校或者所熟悉的组织,用法约尔的一般组织理论去分析该学校或该组织的管理实践活动。

3.请结合韦伯的官僚集权制,分析某政府部门的管理实践,并对其管理行为的有效性加以评价。

4.请观看卓别林主演的电影《摩登时代》,观察和思考影片中所反映的时代背景和工厂制度,结合泰罗的科学管理原理理论,思考当下制造车间流水线的管理制度。

课外阅读

莫寰:《社会的经济人——再评泰罗的科学管理原理》,《江西社会科学》2000年第8期。

第七章 人际关系学说

学 习 目 的

1. 了解人际关系学说产生的时代背景
2. 了解人际关系学说的主要内容
3. 阐述霍桑试验对管理理论的贡献
4. 对比人际关系学说与古典管理理论
5. 阐述马斯洛需要层次理论及其意义
6. 对人际关系学说加以综合评价

本 章 导 航

在西方管理理论的发展过程中,我们把 20 世纪 20 年代末到 50 年代初这个时期的管理理论称为人际关系学说阶段。与科学管理理论强调人的经济方面的需要,重视人的个性,强调通过理性分析和精确分析来提高企业的效率不同,人际关系学说强调的是人在社会方面和心理方面的需要,它重视组织成员之间的和睦相处,强调通过满足人在社会方面和心理方面的需要来调动员工的积极性,从而提高企业的生产效率。可以说,人际关系学说的产生揭开了管理理论发展的新篇章。从此,人类的管理理论就以泰罗的科学管理理论重视人的经济方面的需要和人际关系学说重视人在社会和心理方面的需要这两个方面作为基本出发点,得到不断完善与发展。

第一节 人际关系学说产生的时代背景

人际关系学说的产生并不是偶然的,而是有其深刻的时代历史背景。

1. 经济危机的发生使人们的伦理观念发生了变化

1929—1933 年,资本主义世界发生了一场特大的经济危机。在这场经济危机发生之前,资本主义世界的经济是繁荣的,市场上的物价稳定,劳动生产率高,个人的实际收入增加,社会的失业率低,生产发展速度快,人民的生活水平不断提高。但是危机发生后,经济发展速度放慢,失业率上升,物价上涨,人民收入降低,储蓄用光。

经济危机的发生不但对社会和人民的经济生活带来影响,而且对人们的心理也带来了深刻的影响。因为这场灾难不但打击了挥霍浪费的人,也打击了勤俭节约的人;既打击了无责任心的人,也打击了认真负责的人。也就是,在这场经济危机面前,所有人都遭受到同样的打击。于是人们发现,自己的命运是以一种不受理性和公正支配的方式与别人的命运交织在一起的。因此,人们就对过去流行的唯理主义哲学、实利主义经济学和新教伦理发生了怀疑。他们再也不相信通过个人的努力和奋斗能获得个人的成功,认为要取得成功并不是来自按理性的方式行事所取得的高效率,而是来自同别人的和睦相处。面对来自环境的威胁,人们自然而然所做出的反应是组成团体,通过团体和团结的力量来共同战胜困难。于是,个人主义的伦理慢慢地转向了"社会的伦理",理性的行事方式慢慢地被非理性的行事方式所取代。人们所强调的是团体和人的集体的性质,所追求的是人在社会和心理方面需要的满足。这种社会的伦理观念的变化使得管理理论不能不转向注意组织中人与人之间的关系,转向注意组织中各种团体的行为问题。这一切,促使了早期行为科学理论——人际关系学说的出现。

2.新的政治环境——工人阶级斗争的结果提高了工人在整个社会等级结构中的地位

在 20 世纪 20 年代前后,资本主义社会的工人阶级日益觉醒,工会组织不断发展壮大,工人阶级组织起来与资本家展开了各种形式的反抗和斗争。工人阶级斗争的结果和工人阶级队伍的扩大,使得政府当局不能不考虑到占人口多数的工人阶级的利益,所以罗斯福总统上台后,就致力于改变工人与管理当局之间明显的不平衡状态,并通过了一些大大提高有组织劳工地位的变革性立法。如 1935 年颁布的《国家劳工关系总法》(又称《华格纳法》)规定:雇员有权自己组织、形成、加入或帮助劳工组织;通过他们自己选择的代表进行集体谈判;禁止当局和企业主迫害工会和干涉工人团体内部的事务;承认罢工和罢工工人对企业实行纠察防卫是合法的。

工人阶级社会地位的提高使工人在工业等级制度中具有一定的发言权。这种新的政治环境的形成,为管理思想带来了一个新的注意中心,即管理应更关心企业中的工人而不是企业的生产,应更注意企业中工人的参与和管理的民主化。

3.科学管理理论所强调的经济刺激并不能充分地调动工人的生产积极性

科学管理理论基于对人的"经济人"的认识,认为只要给工人经济上的刺激就能调动工人的生产积极性,但实际上人不但有经济方面的需要,还有社会方面和心理方面的需要。在科学管理理论的应用过程中,企业的管理当局也认识到单靠经济方面的刺激并不能充分地调动工人的生产积极性,还应该满足工人在社会方面和心理方面的需要,这样才能有利于资本家对剩余价值的榨取。企业管理当局这种主观上的要求也是促使人际关系学说产生的一个重要原因。

第二节　人际关系学说的先驱者

几乎在泰罗、法约尔和其他人致力于研究科学管理和管理人员的任务的同时,许多学者和管理工作者也在思考、尝试和从事工业心理学和社会理论方面的写作。

一、工业心理学的出现

雨果·蒙斯特伯格(Hugo Munsterberg)被人们称为"工业心理学之父"。他 1885 年获莱比锡大学博士学位,1887 年获海德堡大学医学博士学位。1892 年,蒙斯特伯格应心理学家威廉·詹姆斯(William James)的邀请到哈佛大学主持心理学实验室工作并担任实验心理学教授。1912 年蒙斯特伯格首次出版的《心理学和工业效率》具有里程碑的意义。

他在研究过程中发现,科学管理专家过分重视工人的体力技能,而忽视了心理技能或智力方面。他指出:"当今人们对物质和设备问题关注备至,而对于……如疲劳、单调、学习、兴趣……对工作的乐趣……报酬……各种问题以及许多类似的心理状态的问题,却都是由没有任何科学见识的外行来处置的。"[①]

(一)蒙斯特伯格的电车试验

1912 年,美国各大城市的电车频繁发生事故,美国劳工立法协会对此非常重视,委托蒙斯特伯格对这一问题进行研究,以提出一套能减少事故的解决方法。蒙斯特伯格首先针对最可能造成意外事故的问题着手。他对那些事故率最高的电车驾驶员的生理能力(如视力、对事物的反应能力等)是否具备合格的工作条件进行调查,结果发现事故发生频率与电车驾驶员的生理能力并没有多大的相关性。

因此,蒙斯特伯格改变了方向,不再研究电车驾驶员的生理能力,转而研究他们的心智能力,如注意力的集中度,及时识别和避免可能发生的车祸的能力等。结果找到了问题的症结。蒙斯特伯格进一步对电车驾驶员的测验方法加以扩充,发展了适用于其他工作人员例如航海人员、电话接线生等的测试方法。这些测试的中心目标,都是判断一个人在"心理"方面是否适合于某一职位。测试的主要问题是:他确实具备该项职位所必需的心智技能吗?在蒙斯特伯格看来,产业的效果,关键在于从业人员集中其最大注意力的能力。

(二)蒙斯特伯格的贡献

蒙斯特伯格的研究,对管理心理学的发展做出了重要的贡献:第一,把心理学应用于科学管理领域;第二,对工作中的职位需要配备具有何种心理技能的工人进行了研究,同时还提出促成最令人满意的产出的各项心理条件,以取得"最合适的人"、"最合适的工作"和"最理想的效果"。蒙斯特伯格在挑选工人时所采取的测试办法方面,在如何培训工人方面,在如何应用心理方法增加工人干劲和减少疲劳方面,都提出了明确的建议。在 1916 年蒙斯特伯格去世的时候,工业心理学已经成为管理学一个重要的新领域了。

二、两个时代之间的桥梁——玛丽·派克·福莱特

福莱特 1868 年出生于美国的波士顿。她所处的年代属于科学管理的时代,但她的管理思想却属于人际关系学说。她既把泰罗的科学管理的思想加以概括,又提出了一些与人际关系学说一样的观点,所以人们把她称为两个时代的桥梁。福莱特的管理思想可以归纳成

---

① 转引自［美］丹尼尔·雷恩著:《管理思想的演变》,李柱流、赵睿等译,中国社会科学出版社,1997年 3 月第 1 版,2004 年 10 月第 3 次印刷,第 220 页。

以下几个方面：

(一)解决矛盾冲突的最好办法是结合

福莱特的思想受到了当时一种叫做完形心理学的影响。所谓完形,就是一个较其各个部分的总和更大的形体。福莱特认为,个人可以通过群体的经验使个人发挥出更大的创造能力。所以她追求一个以群体原则而不是以个人主义为基础的新社会。她认为民主是社会意识而不是个人主义的发展,人们通过会议、讨论和协作,可以相互激起潜在的思想,并在对共同目标的追求中表现其团结。

基于这种思想,她认为社会组织内部总是存在着各种矛盾冲突的,而这种矛盾冲突的解决可以有以下四种途径:(1)矛盾中的一方自愿退让;(2)斗争,一方战胜一方;(3)妥协;(4)双方结合。福莱特认为第一种方法和第二种方法都不可取,因为在这两种方法下,矛盾双方中总有一方的需要不能得到满足。退让的一方或斗争失败的一方因为需要没有得到满足总是会伺机反抗,所以并没有使矛盾真正得到解决。而第三种解决方法也是无益的,因为采用这种解决方法是矛盾的双方都做出让步,因而需要都没有得到满足,实际上是把矛盾的解决往后推迟而已,以后一旦有机会,矛盾还会再爆发。福莱特认为,解决矛盾冲突的有效办法是第四种方法,即结合的方法。采用这种方法就是矛盾冲突的双方从双方利益的共同点出发来寻找解决矛盾冲突的办法。

她举了一个例子来说明这种方法的应用。在哈佛大学图书馆阅览室,有人想打开窗户使空气流通,有人怕着凉不想打开窗户。福莱特认为矛盾冲突的双方不用退让,不用斗争,也不用妥协,只要打开旁边没有人坐的窗户就可以,这是解决矛盾冲突的最好办法。这个解决矛盾的方法就是结合的方法。它使得矛盾双方的利益都能得到满足。

福莱特把这种“结合”的方法应用于解决企业中的劳资之间的矛盾。她认为如果工人与雇主之间都以自己的力量来相互抗衡的话,则双方的利益都不能得到最大的满足。只有工人与雇主双方都看到他们之间的共同点,而不是站在自己的立场上看问题,才能有利于协调双方的利益。福莱特的这种思想与泰罗的心理革命的思想是一致的。

(二)共享权力

为了能真正实现用“结合”的方法来解决矛盾冲突,福莱特认为应该用“共享的权力”来代替“统治的权力”。所谓“统治的权力”是指由职位或职务所决定的权力,也就是韦伯所说的合理—合法的权力,或者叫“正式的权力”。福莱特认为,这种由职位或职务所决定的权力在组织中必然由于职务的高低而形成“上司”和“下属”的角色,这就给采用“结合”这种解决矛盾冲突的方法造成了障碍。当存在着“上司”和“下属”的差异时,双方就难以认识到利益的共同点,“结合”就难以实现。因此,福莱特认为应使命令“非人称化”,消除组织中的“上司”和“下属”这种角色上的差异,应该变“下属”服从于“上司”的命令为双方共同服从于“客观形势规律”。她说:“不应该由一个人给另一个人下命令,而应该是双方都从形势接受命令。如果命令只不过是形势的一部分,那就不会产生某些人发命令而另一些人接受命令的问题。”①

按照福莱特的观点,在组织中不应该存在着“上司”和“下属”这种角色上的差异。组织

---

① 转引自[美]丹尼尔·雷恩著:《管理思想的演变》,李柱流、赵睿等译,中国社会科学出版社,1997年3月第1版,2004年10月第3次印刷,第340页。

中的"命令的发布者"并不因为他们是"上司"而可以向其"下属"发布命令,"命令的接受者"也并不因为他们是"下属"而必须接受命令,双方都是服从于"客观形势规律"而"发布命令"和"接受命令"。这样,就使组织中的权威存在于形势之中,而不是存在于个人或职位之中,并使组织中的权威非人称化,把权威转向知识和经验。这就为组织中采用"结合"的方法创造了条件。

(三)给控制赋予新的含义

福莱特认为一个组织要能实现控制和协调,就要求组织中的所有要素之间都应存在统一和合作,要求组织中的所有个人和团体都能认识到共同的利益而进行自我管理、自我指挥。因此,福莱特提出一种新的控制哲学:(1)是由事实来控制而不是由人来控制;(2)是相互关联的控制而不是"上面强加给的控制"。

福莱特的这种关于控制的思想实际上包含了两个方面的含义:其一,控制是根据客观形势规律的要求来进行的,而不是由组织中的某个人的主观意愿来决定的;其二,在控制过程中,要考虑到有关各个方面的共同利益,而不是按照组织中的某个"上司"要求怎样控制就怎样控制。

(四)领导的基础

福莱特认为领导不应以权力为基础,而应以领导者和被领导者在形势中的相互影响为基础。通过领导者影响被领导者,被领导者又反过来影响领导者这样循环反应来达到双方对权力的共同享受。这样,领导者依靠的就不是自己的职位和下级对自己的命令的服从,而是自己鼓励人们对客观形势规律做出反应的技能。所以她说领导者应该"使其同事认识到,所要达到的不是他个人的目的,而是由团体的愿望和活动所产生的共同目的。最好的领导并不要求人们为他服务,而是为共同的目的服务。最好的领导者并没有随从者,而只有同他一起工作的男人和女人"[①]。

从以上对福莱特的管理思想的讨论中可以看出,福莱特的管理思想中关于"结合"的思想与泰罗的"心理革命"的思想是一致的,而关于"共享权力"的思想及新的控制哲学、领导者的领导基础的思想却是与后来提出人际关系学说的梅奥等人的思想相通的,所以人们称她是两个时代的桥梁。

三、人际关系学说的其他先驱者

除了雨果·蒙斯特伯格和玛丽·派克·福莱特之外,还有很多其他管理学者和从事管理实务的实践家关心管理中人的因素,在这一方面做了较多的研究,提出了值得注意的观点,对人际关系学说的产生做出了贡献。下面介绍其他一些比较突出的代表人物。

(一)本杰明·西博姆·朗特里

本杰明·西博姆·朗特里(Benjamin Seebohm Rowntree,1871—1945 年)是英国的企业家和管理学家,对企业中人的因素方面做了较多的研究和实践。朗特里的著作非常丰富,其中著名的有《贫穷:对城市生活的研究》(1901 年)《失业问题:一项社会研究》(1911 年,与

---

① 转引自[美]丹尼尔·雷恩著:《管理思想的演变》,李柱流、赵睿等译,中国社会科学出版社,1997年 3 月第 1 版,2004 年 10 月第 3 次印刷,第 344 页。

他人合写)《劳工的人的需要》《工业动乱:一条出路》等。朗特里在管理方面的贡献,主要有以下几个方面:(1)重视人的因素,并提出了两条原则:一是,"不管某一个人从事工业的动机是什么,其真正的基本目的必须是为社会服务";二是,"工业是一项人的事业,是男人和女人获得生活手段,而男人和女人也有权期望从中获得值得生活的生活手段"。[①] (2)提高工人的工作、生活条件,在工人的福利、工时、工资等方面进行了许多改革。他在担任其父亲所创办的朗特里公司的劳工董事期间,在公司中推行了一些当时最先进的职工福利制度,开设了医务室,在1919年实行了每周44小时的工作制度,雇请经过训练的工业心理学家来解决职工中的问题等。(3)采取一些有利于劳资双方加强信息沟通的措施。朗特里在他的工厂中推行了一种劳资双方共同协商的制度并取得了成功,如成立联合申诉委员会,由劳资双方共同调查处理工人的违纪事件等,并在《企业中人的因素:工业民主的试验》一书中论述了该思想。

(二)詹姆斯·哈特内斯

詹姆斯·哈特内斯(James Hartness,1861—?)是美国的企业家,1861年出生于纽约州的谢内克塔地,只受过初中程度的正式教育,以后在机器工厂中接受训练并成长为一个富于创造性的机械发明家,同时担任琼斯—拉姆森机器公司的总经理,领导该公司跃居美国机床制造工业的首位。

哈特内斯在1912年出版的《工厂管理中人的因素》一书中提出了他的管理思想:(1)新的科学管理方法在许多方面过于机械化,过于倚赖效率工程师;(2)当时新出现的许多效率工程师完全忽视了管理中人的因素;(3)提高效率的问题既包括工程和经济方面的,又包括心理学方面的,必须两者兼顾,不能只注重前者而忽视后者。哈特内斯一方面充分了解并利用专业化、标准化和科学管理的好处,另一方面又强调科学管理如果忽视了人的因素"几乎是没有什么用处的"。

(三)亨利·斯特吉斯·丹尼森

亨利·斯特吉斯·丹尼森(Henry Sturgis Dennison,1877—1952年)是美国企业家和管理学家,出生于马萨诸塞州的鲁克斯伯利,先后在当地中学和哈佛大学上学,1899年获文科学士学位。他在1932年被美国机械工程师学会和管理学会授予甘特奖章,被认为是"对管理的科学和技巧的发展做出重大贡献的人之一"。

亨利·斯特吉斯·丹尼森在管理思想方面的贡献主要有以下几个方面:

1.强调管理中人的因素,通过提高职工的积极性来提高生产效率,并采取了"利润分享和管理分担"、"事业保险计划"等多种经济的和非经济的激励措施。他在《组织工程学》一书中指出:"能够激励一个组织的成员的因素有四类:A.对他本人和他家属的福利和地位的关心;B.对工作本身的爱好;C.对组织中一个或多个成员及其良好评价的关心,以及乐于同他们在一起工作;D.对组织主要目标的尊重和关心。"[②] 只有把这四种因素结合起来,才能持久而稳定地激发一个人的积极性。

2.采取自下而上的组织设计方式。丹尼森认为,在设计组织结构和说明任务之前,先把"思想一致"的人组成小组,然后再自下而上地发展成为整个组织结构,使人们在能干的领导

① 转引自孙耀君著:《西方管理思想史》,山西人民出版社1987年9月第1版,第259页。
② 转引自孙耀君著:《西方管理思想史》,山西人民出版社1987年9月第1版,第272页。

之下解决他们之间的矛盾,并把他们的动机统一到一致方向上。同时,他还指出,组织结构、组织原则都不是神圣不可改变的,应该根据具体情况灵活变化。

第三节　霍桑试验与人际关系学说

人际关系学说的提出有其时代历史背景的必然性,但它的产生又源于一次偶然的事件,即霍桑试验的结果。

一、霍桑试验

霍桑试验是美国国家科学院在 20 世纪 20 年代中至 30 年代初在美国的西方电器公司的霍桑工厂进行的一系列的试验。这个试验的本来目的是研究企业中物质条件与工人劳动生产率之间的关系。但试验的结果却出乎人们的意料,促使了人际关系学说的产生,大大地改变了管理理论发展的进程。

霍桑试验有以下几个主要阶段:

(一)车间照明度变化对工人生产效率影响的试验

这个阶段的试验从 1924 年 11 月开始。这个阶段试验的主要目的是探讨车间照明度的变化对工人劳动生产率的影响。

试验开始时,研究人员把 12 名女工分成两组,每组 6 人,分别在两个房间中工作。一组叫做"对照组",其照明条件始终不变;另一组叫做"试验组",其照明条件及其他条件可以改变。由研究人员对两组女工的工作情况进行仔细的观察和精确的记录。

试验开始后,两个组的照明度一样。以后,逐步把试验组的照明度降低,有一次甚至降到近似月光的亮度,但试验组的产量同照明度始终不变的对照组的产量一样,一直是上升的。研究人员对此感到迷惑不解,于是就放弃把照明度作为一个重要的可变因素,而就工资报酬、工作日和工作周的长度、工间休息等因素进行试验。霍桑试验也就进入第二个阶段。

(二)工作时间与其他工作条件的试验

这个阶段的试验是从 1924 年年底开始的。试验开始后,研究人员把试验小组的集体刺激工资制改为个人计件工资制,结果工人的产量大幅度增长。以后又逐步实行以下改革:在上午 10 时和下午 2 时让工人休息 5 分钟,减少每天的工作时间和每周的工作天数,在工间休息时间提供茶点等。这些都使得工人的产量有所提高。后来,又把工人的这些"特权"取消,只保留个人计件工资制一项。原以为,这样一来工人的情绪一定会受到影响而降低产量,但是使研究人员感到不解的是,工人的产量又提高到一个前所未有的水平。以后研究人员又恢复了试验组的工间休息和茶点供应,这使得试验组的产量又有了进一步的提高。从 1924 年年底到 1927 年,不论是工作条件改变的试验组还是工作条件不变的对照组,每个女工所装配的电话继电器都从平均每周 2 400 个增加到 3 000 个。

前面两个阶段的试验前后持续了 3 年多时间。通过这两个阶段的试验,研究人员并不能从中得出结论:到底物质条件与工人的劳动生产率之间的关系如何,即到底是什么原因促使工人的产量提高。因此,研究人员想放弃这个试验。

(三)访谈试验

正在研究人员想放弃这个试验时,在1927年年末,乔治·埃尔顿·梅奥(George Elton Mayo)在美国纽约的哈佛俱乐部给一些公司的人事经理作关于人事经验方面的报告。在这次报告会的听众中,有一个叫乔治·潘诺克的霍桑试验的参与者,他是西方电器公司的人事部经理。潘诺克向梅奥等人介绍了霍桑试验的有关情况,并邀请梅奥作为一个顾问参加这一研究。

梅奥是澳大利亚人,曾获得逻辑学和哲学的硕士学位,以后又研究医学,成为一名研究精神病理学的副研究员。后来移居美国,在宾州大学的沃顿商学院从事教学工作。其间,梅奥曾运用完形心理学的概念解释产业工人的行为,认为影响因素是多重的,没有一个单独的要素能够起决定性的作用。1923年,梅奥在费城附近一家纺织厂就车间工作条件对工人的流动率、生产率的影响进行试验研究。

梅奥具有社会学和心理学方面的知识,所以他对霍桑试验前面两个阶段的试验结果很感兴趣,并且敏锐地指出,解释霍桑试验秘密的关键因素是"小组中精神状态的一种巨大改变"。他认为可能是因为试验使工人成为一个被人们所关注的社会群体,因而使工人的心理状态发生了变化,正是这种变化使工人的产量提高。为了进一步分析霍桑试验失败的原因,探讨影响工人劳动生产率提高的因素,由梅奥等人组成的哈佛研究小组提出了5个假设来验证工人劳动生产率提高的原因:

第一个假设是:在试验室中改进物质条件和工作方法导致产量的提高。这个假设马上被否定,因为从试验的结果看,不管物质条件是好还是坏,工人的产量都照样提高。

第二个假设是:休息间隙和较短的工作时间使工人的疲劳减轻。这个假设也被试验的结果否定了。因为当取消工间休息和恢复原来的工作时间时,工人的产量照样提高。

第三个假设是:休息间隙减轻了工人工作的单调性,从而调动了工人劳动的积极性。研究人员认为这个假设也缺乏说服力,因为不能把产量的大幅度提高简单地归结为这个因素。

第四个假设是:个人刺激工资制促使工人的产量提高。为了检验这个假设,研究人员又成立了两个小组进行试验。一个是继电器第二装配小组,一个是云母片剥离小组。在试验以前,继电器小组实行集体刺激工资制,云母片小组实行个人刺激工资制。在试验以后的9个星期内,继电器小组改为个人刺激工资制,试验开始以后,该小组的总产量上升,然后在原来的112.6%的水平上稳定下来。在这以后的7周内,又把该小组的工资制度改为原来的集体刺激工资制度,结果总产量降为试验前的96.2%。而云母片小组的工资制度在试验以后仍然为个人刺激工资制度,结果在试验以后每小时的平均产量增加了15%。详情见表7-1。

表7-1 霍桑试验简况表

			工资制度	生产效率
继电器第二装配小组	试验以前		集体刺激工资制	总产量100%
	试验以后	前9周	个人刺激工资制	总产量112.6%
		9周后	集体刺激工资制	总产量96.2%
云母片小组	试验以前		个人刺激工资制	每小时平均产量100%
	试验以后		个人刺激工资制	每小时平均产量115%

对于试验结果,研究人员是这样分析的:工资制度并不是促使工人产量提高的一个原因。他们认为继电器小组看起来在试验前后由于工资制度的改变而使工人的产量有所变化,但实际上工人的这种产量的变化是因为工人在心理上想使他们的生产产量与参加第一阶段试验的第一装配小组的产量水平拉平。而云母片小组的工资制度在试验以前和试验以后都没有改变,说明是工资制度以外的原因促使工人的产量提高。经过这个试验,研究人员就排除了工资是影响工人的劳动生产率提高的因素之一这个假设。

于是研究人员又提出了第五个假设,也就是监督技巧的改变,即企业中人际关系的改善使工人的心理状况发生了变化,这种变化促使工人的劳动积极性提高,从而使工人的产量提高。为了检验这个假设,研究人员就进行了霍桑试验的第三个阶段的试验,即访谈试验。这个阶段的试验是整个霍桑试验的一个转折点。试验的结果促使了人际关系学说的产生,从而根本地改变了管理理论发展的进程。

访谈试验开始后,研究人员先是就企业中管理当局的规划、企业的政策、工头的态度、企业的工作条件等问题与工人进行交谈。但在开始时,研究人员发现,工人往往想就研究人员事先拟好的问题以外的问题进行交谈,工人认为重要的问题往往不是研究人员认为重要的问题。所以研究人员就改为不事先拟定谈话内容,也不规定谈话时间,让工人就他们想谈的问题自由地发表意见。而在谈话过程中,研究人员认真倾听工人意见,让工人把他们心里的"怨"和"苦"吐出来。

经过研究人员与工人之间的这种访谈后,研究人员发现:工人反映工作条件改善了,工资报酬也提高了,但实际上这一切还是与原来的一样,一切都没有改变。研究人员通过对与工人谈话的材料进行分析后发现,工人在谈话中所谈到的问题与实际上存在的问题之间一般是没有什么联系的,也就是说存在着表现出来的诉苦与潜在的或心理的诉苦。如一个工人诉说他工作所在的部门的烟尘、温度和噪音等问题,而经进一步的分析后发现,这个工人的兄弟在不久前死于肺炎而他担心自己的健康会因为不良的工作环境遭受损害。另一个工人诉说他的工资太低,实际情况却是这个工人正在为妻子生病而要支付的医疗费担心。所以对于工人的诉苦,不能以其所讲的事实本身来予以处理,而应将其视为一种需要加以探讨的个人或社会情况的征兆或表示。

通过这次访谈试验,梅奥等人发现,管理人员应与工人建立良好的人际关系,这种良好的人际关系能导致工人心理的满足,而满足能提高工人的劳动生产率。因此,应该对工头进行训练,使之能理解工人个人的问题,他们在与工人交谈时,应多听少说,要防止任何的道德说教。管理人员在管理过程中应注意企业中人的因素,应能掌握处理社会和个人情况的技巧。总之,企业中的管理人员应该掌握建立良好的人际关系的能力。

(四)绕线室的试验

这个阶段的试验是从 1930 年开始在装配中央交换机的接线器的绕线室中进行的。这个试验选择了 3 组在工作上具有紧密联系的男工,他们分别是:9 名绕线工、3 名焊接工和 2 名对其他工人的工作质量进行检查的检验工。这些工人分成 3 个工作小组进行工作。每个工作小组包括 3 名绕线工和 1 名焊工,而 2 名检验工则负责对 3 个小组的产品进行检验。工人的报酬采取集体刺激工资制,即以小组的总量为依据对工人支付工资。在试验过程中,研究人员只是在一旁观察工人的工作情况。通过这个阶段的试验,研究人员发现:

1.工人对于什么是"公平的一日工作量"有他们自己明确的理解。工人对于他们每天应该生产多少才是公平合理的有他们自己的理解。而这个产量往往会低于管理当局所规定的产量标准。工人认为,如果他们每天生产的产量太高,会使当局提高每天的产量定额标准。如果他们每天生产的产量太低,则会引起监工的不满。而不管是产量太高还是太低,都会影响工人的整体利益。所以每个工人的共同感觉是不要超过当局规定的标准而成为"生产冒尖者",也不能低于工人共同理解的"公平的一日工作量"而成为"生产落后者"。工人会采用各种办法来保持他们认为"公平"的产量标准。所以研究人员发现:第一,工人有意限定产量水平,而不管当局关于产量标准的规定;第二,工人努力使产量平均化,以避免产生过快或过慢的现象;第三,工人有一套办法使"违反""产量标准"的工人遵守大家有意限制的产量标准。

2.在正式组织中存在着非正式组织。研究人员发现,在三个正式组织中,存在着两个非正式组织(如图 7-1 所示)。所谓正式组织是指这样的社会群体:具有明确的目标;有明确的岗位分工;各个岗位有明确规定的责、权、利;有明确规定的各个岗位之间的相互关系。正式组织的成员的行为准则是效率的逻辑,即以是否有利于组织目标的实现作为组织成员的行为根据。而非正式组织是指这样的社会群体:没有明确的目标,没有明确的岗位分工,更没有明确规定的各个成员的责、权、利及其相互之间的关系。非正式组织的行为准则是感情的逻辑,即它的形成是以各种感情上的沟通为纽带的。

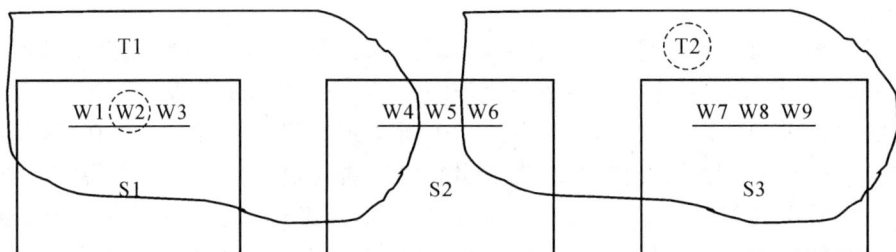

图 7-1 正式组织中存在着非正式组织

研究人员在试验过程中发现,三个正式组织中存在着两个非正式组织,大部分正式组织的成员都属于某个非正式组织,个别的正式组织的成员由于各种各样的原因而被排除在非正式组织之外。研究人员还发现,非正式组织的成员有他们自己的行为规范和行为准则。一个人要成为一个非正式组织的成员,就不应干太少的活,也不能干太多的活;不能向工头打小报告;不应同伙伴们保持一定的距离或一本正经。研究人员发现,非正式组织对其成员起着两方面的影响作用:保护其成员免受由于内部成员的不当行为造成的伤害,保护其成员免受管理当局等外来干预的伤害。

二、人际关系学说的要点

在霍桑试验的基础上,梅奥等人对霍桑试验的结果进行了研究和分析,提出了人际关系学说。人际关系学说有三个要点:

(一)职工是"社会人"

"社会人"是人际关系学说对人的本性的基本假设。这种假设认为人不但有经济方面和物质方面的需要须得到满足,更重要的是人有社会方面和心理方面的需要须得到满足。人更多的是受情绪而不只是金钱的支配,群体对个人行为的影响是异常重要的。人和人是不同的,各有各的期望、需要、目标和动机。工人本人或家庭的问题可能给他的工作表现造成不利的影响。人是复杂的社会系统的成员。

正是基于对人的本性的这种认识,人际关系学说认为,要调动职工的积极性,就应该使职工社会和心理方面的需要得到满足。管理者必须清楚,企业不只是一个经济机构,而且是一个由人组成的社会组织,故应按照社会的方式进行管理。且由于人性的异质性,管理者只有对工人作区别对待,所谓的激励才会有效。

人际关系学说的这种认识正好与泰罗的科学管理理论对人的本性的基本认识相反。因此,基于"社会人"假设建立起来的人际关系学说,正好是从与科学管理理论相反的角度研究如何提高企业生产效率的问题。所以说,人际关系学说的提出,极大地改变了管理理论发展的进程。

(二)在正式组织中存在着"非正式组织"

人际关系学说认为,在正式组织中,存在着各种"非正式组织"。这些非正式组织是以感情的逻辑为行为准则的。

对于管理当局来说,对待非正式组织的正确态度应是:(1)正视和重视非正式组织的存在。管理当局不能忽视和否认正式组织中存在的各种非正式组织。因为非正式组织的存在既是一种客观现象,又是一种普遍现象。若干个正式组织的成员在工作交往的过程中,总是会由于各种感情的原因而产生某种亲近感。他们可能会为了满足友谊、追求趋同、取得谅解、寻求保护、相互帮助等而形成各种各样的小团体,也就是说形成了人们所说的各种非正式组织。因此,它是一种不以人们的意志为转移的客观现象。对于每个正式组织的成员来说,总会由于各种各样的感情因素而成为某个非正式组织的成员,而在每个正式组织中,也总会形成各种各样的非正式组织。所以说,非正式组织的存在是一种普遍现象。因此,管理当局对于正式组织中存在的各种非正式组织,只能重视和正视它的存在,而不能忽视和否认它的存在。(2)应对非正式组织及其成员的行为进行引导,使之有利于正式组织目标的实现。非正式组织的存在对正式组织目标的实现既有利又有弊(如表7-2所示),关键在于如何发挥其正面功效。组织管理者应该对非正式组织的行为进行引导,使非正式组织的行为能有利于正式组织目标的实现。

表 7-2 非正式组织对于正式组织目标实现的利弊分析

非正式组织的正面作用	非正式组织的负面作用
积极支持管理当局的政策和目标	对管理当局的政策和目标进行抵制
使个人有机会表达思想	限制个人自由,强求一致
提高士气,减少流动率	反对革新
对个人进行社会方面的补偿	限制产量
使组织情报工作得到改善	
提高自信心,减少紧张状态	
在工作环境中融洽人与人之间的关系	

因此,企业组织是一个由多种性质组织构成的有机结合体,既有技术组织,也有社会组织。其中,社会组织又包含正式组织和非正式组织。它们遵从的行为规范分别是成本的逻辑、效率的逻辑和感情的逻辑,如图7-2所示。

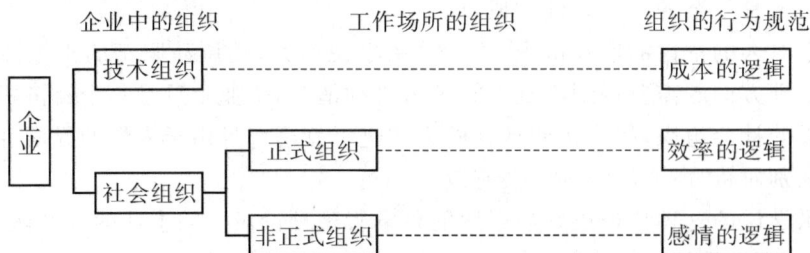

图 7-2　企业中的组织及行为规范关系图

资料来源:转引自孙耀君著《西方企业管理理论的发展》,中国财政经济出版社1982年版,第81页。

(三)以社会和人群技能为基础的新的领导方式

基于"社会人"的假设和对正式组织中存在着非正式组织的认识,人际关系学说认为应该发展一种新的领导方式,这种新的领导方式应是以社会和人群的技能为基础的。领导者应既能满足职工在经济方面的需要,又能满足职工在社会和心理方面的需要;应能在正式组织的经济需求与非正式组织的情感需求之间保持平衡,使效率的逻辑与感情的逻辑保持平衡;应通过提高职工的满意度,激励职工的士气,达到提高劳动生产率的目的。

第四节　人际关系学说时代管理理论的发展

人际关系学说的提出开辟了管理理论发展的一个新纪元。它注重组织中人的社会和心理方面的需要的满足。如果说科学管理理论是管理理论发展的一个理性分析时代的话,那么人际关系学说就是管理理论发展的一个非理性分析的时代。从此,管理理论就是在理性与非理性特征交替出现的过程中不断地发展和完善的。

人际关系学说提出来后,有许多管理学者就致力于对组织中人的需要和人的行为规律的研究,他们试图通过这种研究来探讨人的行为规律,从而明确在管理过程中如何才能满足人的各种需要,以调动组织成员的积极性。

但是,在人际关系学说时代,仍有许多学者在泰罗科学管理理论的基础上,继续研究在组织中如何通过科学分析的方法来提高组织活动的效率。因此,如果从整个时代的管理理论的发展情况来看,管理理论是朝着两个方向发展的。一个方向是致力于对人的需要和人的行为规律的研究,即研究组织的社会环境与组织的效率之间的关系;另一个方向就是研究如何用科学分析的方法来提高组织效率,即研究组织的物质环境、硬件与组织的效率之间的关系。

一、人际关系学说时代关于人的需要和行为规律的研究

人际关系学说的提出向人们指出了在管理过程中如何满足人的社会和心理方面的需要来调动人的工作积极性的问题。从此,有许多学者对这一问题进行了系统的研究,这种研究的结果促进了管理理论的发展,使得人们对组织活动过程中人的行为规律有了更深入的认识。在人际关系学说时代,关于人的需要和人的行为规律的研究主要有以下几个方面:

(一)关于人类需要的研究

在霍桑试验后,在梅奥和蒙斯特伯格等人的著作中,关于职工社会和心理方面的论述,引起了研究管理理论的学者和专家的极大注意,为其他学者和管理专家在这个领域内有所建树奠定了理论基础。通过情感、动机以及个性差异等问题的讨论,人际关系学说得到不断的补充和完善。其中,在人际关系学说时代最为著名的有关人的需要的研究是马斯洛的需要层次理论。

1.需要层次理论

亚伯拉罕·H.马斯洛(Abrahan H.Maslow)在1943年发表的《人类激励的一种理论》一文中提出了需要层次理论。这个理论把人类的各种各样的需要分成五种,并按其优先次序排成阶梯式的需要层次。这个需要层次理论有四点基本假设:(1)一种需要如果已经得到满足,就会被另一种需要所代替,原来的需要也就不再是激励因素;(2)大多数人的需要都是很复杂的,因此,在任何时刻都有许多需要在对人的行为产生影响;(3)在一般情况下,只有在较低层次的需要满足之后,才会产生较高层次的需要激励人们去从事某种行为;(4)满足较高层次需要的途径会比满足较低层次需要的途径多。

马斯洛所提出的人的五个基本需要如下:

(1)生理需要,即人类对食物、水、服装、空气和住房等的需要。这是人类最基本和最原始的需要。生理需要是一切需要之中最占优势的需要。人类的生理需要的满足是人类的其他需要产生的基础。只有生理需要满足之后,人类才会产生更高层次的需要。作为组织的管理者,应该了解激励职工从事工作的需要是什么。当职工的生理需要还不能得到满足,即当职工还在为自身的生存问题而操心时,管理者就应通过增加工资、改善劳动条件和提供更好的福利待遇等来激励职工。

(2)安全需要,即人类对生命安全、财产安全、劳动安全和就业安全(工作稳定)等方面的需要。人们在生理需要得到满足之后,就会产生安全方面的需要,即希望生命不会遭受疾病的威胁;财产不会遭受各种人为的和非人为的因素的损害;能有稳定的工作,不会有失业的危险;在工作中能有安全的劳动环境,不会因意外的事故而使身体受到伤害;希望生病时能有医疗保险,到了退休年龄时能享受退休福利待遇等等。对于受到安全需要激励的人,组织中的管理者应该认识到,激励这些人从事某项行为的并不是与工作本身有关的因素,而是各种安全方面的因素。管理者在其管理方式中应着重利用被管理者的这种需要体系,通过强调规章制度、职业保障、福利待遇、劳动保护以及通过为劳动者提供各种医疗保险、失业保险等来满足人们对安全的需要,从而来调动人们的工作积极性。

(3)社交需要,这是一种对友谊、爱情以及归属感等方面的需要。马斯洛认为,在生理需要和安全需要得到满足之后,社交需要就会突出出来,成为激励人们从事某种行为的主要因

素。人类对社交方面的需要是与前两个层次的需要不同性质的需要层次。生理需要和安全需要主要还是表现为人类对物质方面和经济方面的需要,而社交方面的需要则是表现为人类对心理和精神方面的需要。因此,对于组织中的管理者来说,如果说对于人们在生理方面和安全方面的需要可以通过物质的条件和经济利益的提供来予以满足的话,那么对于人们在社交方面的需要,管理者应该通过在组织中建立良好的人际关系,在组织中培养员工良好的团队精神,开展各种有利于增进相互之间的了解和友谊的文娱体育活动,鼓励和支持员工在工作之余参加各种有益的社团活动等方式来加以满足。

(4)尊敬需要,这是一种对成就、地位和声望的追求以及希望自己受到他人的赏识、尊敬和重视等方面的需要。马斯洛认为,在生理需要、安全需要和社交需要得到满足以后,尊敬方面的需要就会成为人们行为的主要激励因素。对尊敬方面的需要表现强烈的人,会希望自己的工作具有重要性和责任感,希望自己的工作能使自己拥有一定的权力,具有较高的社会地位,有获得提升的机会;希望能通过自己的工作成就和工作能力而受到他人的赏识和尊敬。尊敬方面的需要与社交方面的需要一样同属于人类对社会方面和心理方面的需要的追求。但不同的是,这种需要主要与人们所从事的工作本身有关。针对这种需要,组织中的管理者应向职工着重强调工作的艰巨性和重要性,使人们对自己所从事的工作感到自豪和骄傲,并通过各种表扬、鼓励,授予各种荣誉称号,发给与人们的身份地位有关的各种奖励和给予独立自主地从事工作的机会等来满足人们对尊敬的需要,从而调动人们工作的积极性。

(5)自我实现的需要。马斯洛认为,人类在其他各种需要得到满足之后,就会产生自我实现的需要。这种需要表现为一个人希望能发挥自己的全部潜能,希望能体验到更多的解决问题的能力。自我实现需要强烈的人,有很强的胜任感和成就感。他们要求工作具有创造性与挑战性。对于管理者来说,应该通过使工作更富有挑战性来激励员工,使职工个人能施展自己的才能,以充分地调动员工的工作积极性。

2.需要层次理论的局限性

马斯洛的需要层次理论的提出引起了人们的极大关注。因为它对人类的各种需要进行了系统的归纳和分析,从而为管理者如何满足员工的需要,调动员工的工作积极性提供了有用的分析工具。但是,马斯洛的需要层次理论也有自身的局限性。

(1)一般人很难就需要层次中各个层次的需要进行区别。如果不能对各层次的需要进行辨认和区分,管理者要根据每个人的不同特点引进相应的激励机制是很困难的,或者说是不可能的。也就是说,该理论的现实可操作性受到了质疑。

(2)需要层次理论的前提假设存在着不合理、不现实的缺陷。该理论中关于人类需要的层级性假设,以及在此基础上需要次序的不可逆转性的假设都值得进一步商榷。马斯洛认为,人的需要是由下往上发展的,是不可逆的。它与实际情况不尽吻合,人在较低层次的需要得到满足而产生更高层次的需要之后,仍会产生较低层次的需要。因为即使对于那些具有社会需要或尊敬需要的人来说,也会有生理方面的需要和安全方面的需要。实际上,对于绝大多数的人来说,都会有生理方面和安全方面的需要。这也就说明了这样一个问题,对于具有较高层次需要的人来说,如果管理者不注意他们在经济方面和物质方面的需要的满足,则有可能使他们的工作积极性不能得到充分的发挥。

(3)这个理论假设人只有在较低层次的需要得到满足之后,才会产生更高层次的需要。实际上,这个假设也不一定能成立。从马斯洛的需要层次来看,处于较低层次的生理需要和安全需要是属于人类在经济方面和物质方面的需要;而处于较高层次的社交需要、尊敬需要和自我实现需要是属于人类在精神方面和心理方面的需要。如果说人类在经济方面和物质方面的需要具有较多的自然属性的话,则人类在精神方面和心理方面的需要就具有较多的社会属性。也就是说,人类对精神方面和心理方面需要的追求更多的是人类后天学习的结果。不同的人,会有不同的精神方面和心理方面的需要,这与人的思想意识、知识、价值观、修养和人的道德品质等有关。因此,并不是每个人都要在生理需要和安全需要都满足之后才会产生其他更高层次的需要的。实际上,那些英雄人物在为理想和事业献身时,他们的安全需要并没有得到满足。

(二)扩大工作范围

专业化生产能提高人们工作的熟练程度,从而提高工作效率。在科学管理占主导地位的时代,管理专家处理问题是以"效率逻辑"为出发点的,认为生产的专业化和自动化将使劳动者从繁重的体力劳动中解放出来,减轻工人的劳动强度和工作疲劳度。然而,却忽视了专业化和自动化所带来的工人心理方面的负面影响。

专业化和自动化带来的工作枯燥和对工人的工作威胁使得专业化成为滋生工人不满情绪的根源。一方面,专业化使得工人长年累月地在一个工作岗位上从事简单、重复的工作,会使工人感到自己只是自己所操作的机器上的一个零件,并对自己的工作感到厌倦,失去工作的热情。另一方面,工人认为,生产专业化的结果会使他们丧失自己的工作技能,降低他们在劳动中的地位和作用。

人际关系学说提出后,人的心理和感情方面的需要逐渐引起了人们的重视。扩大工作范围和实行工作轮换成为管理研究中的一个新的焦点。人们希望通过扩大工作范围和实行工作轮换来使工人的工作丰富化,以减轻工人对工作的厌倦情绪,提高工人的工作热情。

(三)工人参与管理

人际关系学说的提出引起了人们对组织中人的社会和心理方面需要的满足对调动人的积极性的作用的重视。有些研究人员和实业家就开始研究企业中工人参与管理的问题。他们认为通过工人的参与管理使工人在工业生产过程中有更多的发言权,对组织目标的实现能承担更多的责任,这样能使工人的心理得到更多的满足。

1938年实行的麦考密克参与计划就是试图通过工人的参与来调动工人的生产积极性的一个例子。[①] 当时有60多家公司实行了麦考密克参与计划。按照这个计划,公司从各个部门中选择17名有培养前途的年轻人组成一个初级董事会。这个初级董事会能自由调阅公司的财务报告及其他报告,可选出他们自己的职员,并被告知"他们为了公司的发展而做出的任何一项建议都将被公司认真地加以考虑"。初级董事会每月同高级董事会在一起开一次会并提出建议。这些建议一般都被高级董事会接受和实行。……初级董事会的成员则以平均每年一个人的速率进入高级董事会。……这一整套初级董事会制度包含着以下一些好处:(1)它为"年轻的机灵者"提供了信息交流的渠道;(2)把他们吸收到决策活动中来;(3)为识别和培养经理人员提供了一种手段;(4)使高级董事会的成员免除了许多烦琐的计划和调查研究工作;(5)为各个部门的协调及执行公司的活动提供了连锁安排。

---

①　转引自[美]丹尼尔·雷恩著:《管理思想的演变》,李柱流、赵睿等译,中国社会科学出版社,1997年3月第1版,2004年10月第3次印刷,第372页。

二、人际关系学说时代关于组织结构设计与组织效率问题的研究

值得强调的是,在人际关系学说时代,古典管理理论也得到了长足的发展和完善,并在林德尔·厄威克的努力下,把泰罗的科学管理理论和法约尔、韦伯的组织理论加以归纳并综合成一个基本的概念框架,形成了系统的古典管理理论。

人际关系学说提出后,钟摆就开始在古典管理理论忽视人的因素的观点与人际关系学说过分重视人的因素的观点之间摆动。管理理论的研究基本上沿着两个分支发展:一个是上面讨论的对人的社会方面需要的满足的研究;另一个是在泰罗的科学管理理论、法约尔的一般行政管理理论和马克斯·韦伯的官僚集权组织理论的基础上,研究组织结构设计与提高组织效率的问题。在人际关系学说时代,古典管理理论的发展主要有以下几个方面:

(一)穆尼和赖莱的组织效率原则

穆尼(James D.Mooney,1884—1957年)原是美国通用汽车出口公司的总经理,他和历史学家出身的另一位企业经理赖莱(Alan Reiley,1869—1947年)在1931年出版了《工业,前进!》一书。穆尼于1947年对这本书又加以修改并重新更名为《组织的原则》。这本书是古典管理思想文献十分重要的组成部分。它不仅对法约尔的著作进行了补充,同时还增加了新的内容。在这本书中,他们提出了一些能达到"通过服务获得利润"这一工业目标的组织效率的原则。这些原则是:

1.协调原则。这个原则是指"有秩序地安排团体力量,以便在对一个共同目标的追求中能有统一的行动"[①]。贯彻协调原则要以权威为基础,同时要求组织成员对组织所要达到的目标有明确的理解。

2.等级原则。这个原则是指在每个组织中都应有一个权力和相应的职责的等级系列。通过这个等级系列,上级领导把权力授予下级,同时确定和安排等级系列中的每一个下级的工作任务,明确他们的职责。

3.职能原则。这个原则指的是"各种不同职务之间的区分"。这个原则的意思是指在组织中要通过对各种职务的区分,使人们在组织中担任各种不同的职务,从而履行各种不同的职能,这些职能在组织中是既相互分工又相互制约地形成一个整体为组织目标的实现而发挥作用的。穆尼指出:"在每一个有组织的企业中,必然有某种确定其目标的职能,另一种是完成这目标的职能,第三种职能按照预定的程序规则做出解释性决策。这些职能可以叫做确定性职能、应用性职能和解释性职能,其关系正如原则、程序和效果。在世俗政府中就是立法职能、行政职能和司法职能。"[②]

穆尼和赖莱通过逻辑推理来说明管理的一些基本概念之间的相互联系,从而形成一个理论的结构体系。从组织的存在推理出协调、等级和职能原则。穆尼和赖莱关心的是组织结构的设计和组织效率的提高的问题,虽然他们并没有完全忽视组织中人的因素,但可以说

---

① 转引自〔美〕丹尼尔·雷恩著:《管理思想的演变》,李柱流、赵睿等译,中国社会科学出版社,1997年3月第1版,2004年10月第3次印刷,第384页。

② 转引自〔美〕丹尼尔·雷恩著:《管理思想的演变》,李柱流、赵睿等译,中国社会科学出版社,1997年3月第1版,2004年10月第3次印刷,第385页。

是把人这个因素放在次要的位置上。

(二)管理七职能论

美国管理学家卢瑟·古利克(Luther Gulick)和林德尔·厄威克(Lyndall Urwick)在1937年出版了一本反映那一时代各种不同管理思想的论文集。在这个论文集中,收集了J.穆尼、H.法约尔、H.丹尼森、L.J.亨德森、E.梅奥、M.P.福莱特、V.A.格兰丘纳斯及两位编者自己的文章。总的来说,这本论文集所反映的是关于正式组织的结构设计和如何提高组织的效率的问题。在这本论文集中,古利克把法约尔关于管理者在管理过程中所履行的职能进行扩展,提出了有名的 POSDCRB 的管理七职能论。这七个管理职能是:"计划(Planning),这就是为了实现企业所设定的目标,制定出所要做的事情的纲要,以及如何做的方法;组织(Organizing),这就是为了实现企业所设定的目标,建立权力的正式机构,以便对各个工作部门加以安排、规定和协调;人事(Staffing),这就是有关人员的引入和训练,以及有利的工作条件的维持等整个人事方面的职能;指挥(Directing),这就是包括以下各项的一种连续工作:做出决策并以各种特殊的和一般的命令和指示使之具体化,作为企业的领导者发挥作用;协调(Co-ordination),这就是使工作的各个部分相互联系起来的极为重要的职能;报告(Reporting),这就是使那些经理人员应对之负责的人得到有关正在进行的情况的报告,并使自己及其下属通过记录、调查和检查得到有关情报;预算(Budgeting),就是所有以财务计划、会计和控制形式出现的预算。"[①]

(三)厄威克的管理八条原则

厄威克是古利克的《经营管理科学论文集》一书的共同编辑者,他在《组织的科学原则》一书中提出了组织的八条原则。这八条原则是:(1)目标原则,即所有的组织都应当表现出一个目标;(2)相符原则,即权力与责任相符的原则;(3)职责原则,即上级对所属下级的职责是绝对的[②];(4)等级系列原则,即在组织中要按照权力关系形成一个不中断的等级链;(5)控制幅度原则,即每一个上级领导人所管辖的相互之间有工作联系的下级人员不应超过5人或6人;(6)专业化原则,即每个人的工作应限制为一种单一的职能;(7)协调原则;(8)明确性原则,对于每一层次的职务都要有明确的规定。

厄威克把穆尼、赖莱和法约尔的理论进行比较后认为,这些独立发展的理论之间是异常地相互关联的,它们有可能结合成为一种统一的管理理论。厄威克从泰罗那里吸取了关于管理过程要以科学调查为指导原则的思想,从法约尔的一般行政管理理论中吸取了管理的原则。在以后的管理著作中,厄威克把各种管理思想综合起来进行了探求,并把法约尔、穆尼和赖莱、泰罗、福莱特、格兰丘纳斯等人的观点结合起来,提出了管理的 29 条原则和一些次要的原则。

在人际关系学说阶段,对组织结构与组织效率进行研究的还有其他一些学者。如格兰丘纳斯对管理幅度问题进行了研究,认为当上级所管辖的下级人数增加时,就会使上下级之间的关系数目按指数的比例增加,从而就会在时间和精力等方面限制上级直接有效地管辖

---

① 转引自[美]丹尼尔·雷恩著:《管理思想的演变》,李柱流、赵睿等译,中国社会科学出版社,1997年 3 月第 1 版,2004 年 10 月第 3 次印刷,第 391～392 页。

② 这个原则实际上就是本书在"管理的组织职能"这一章中将要讨论的"责任的绝对性原则",即上级对自己的工作所承担的责任是绝对地存在的这一原则。

的下级人员数。所以格兰丘纳斯认为管理幅度应该控制在"至多五人,可能最好是四人"①。

关于管理幅度的问题,我们将在"管理的组织职能"这一章中进行详细的讨论。

值得一提的另一位学者是拉尔夫·柯里尔·戴维斯(Ralph Currier Davis)。他最初与泰罗一样着重于对企业内部车间的作业方式等进行研究,以后慢慢转向从企业整体角度来研究管理,提出了管理的有机职能的概念,即计划、组织和控制。他认为:"计划是解决一个企业问题时所包含和需要的各种因素、力量、后果及关系的详细说明,它为经济而有效地实现企业目标提供了基础。……组织包括为企业的成功提供必要的基本条件的任何事先准备过程,它使各种职能、物质因素和人员处于恰当的相互关系之中,它所依据的是权威……控制被定义为对一项目标的完成中的各次活动进行限制和调节的职能。"②

在这一点上,戴维斯与法约尔的思想既有相同之处,又各有自己的独特之处。他们都从组织整体的角度研究管理,都认为管理具有普遍性,都从管理职能的角度来阐述管理的过程。但是,他们对管理的职能的认识不同。法约尔认为管理的职能应包括计划、组织、指挥、协调和控制,而戴维斯则认为管理的职能是计划、组织和控制,把指挥和协调职能贯彻于其他各种职能之中。

第五节　人际关系学说时代的总结

一、人际关系学说的特点

相对于管理发展史上其他管理理论,人际关系学说有下面几个特点:

(一)对人的"社会人"性质的认识

与泰罗的科学管理理论不同,人际关系学说认为人追求社会方面和心理方面的需要。因此,要调动人的积极性,就要使人在社会方面和心理方面的需要得到满足。由于对人的本性的基本认识不同,所以在管理如何才能调动员工工作积极性从而提高企业生产效率这一问题上,人际关系学说的认识与科学管理理论的认识不同,从而形成了与科学管理理论完全不同的理论体系。实际上,任何管理理论,都是基于对人的本性的某种认识而提出的,认识不同,所建立起来的管理理论体系就会存在差异。

(二)人际关系学说强调人的"团体"属性

人际关系学说认为,要调动人的积极性,就要使组织中的成员团结、和睦相处。在组织成员之间,要形成良好的人际关系。显然,人际关系学说强调的是人作为团体成员的属性。这与科学管理理论强调要按照每个人的能力来安排工作,要根据每个人的努力和贡献来支付报酬这种突出人的"个人"特点是完全不同的。

---

① 转引自[美]丹尼尔·A.雷恩著:《管理思想的演变》,孙耀君、李柱流、王永逊译,中国社会科学出版社1986年1月第1版,第390页。

② 转引自[美]丹尼尔·A.雷恩著:《管理思想的演变》,孙耀君、李柱流、王永逊译,中国社会科学出版社1986年1月第1版,第394页。

(三)用"非理性"模式取代了"理性"模式

科学管理理论强调用"科学"分析的方法、用理性分析的方法来提高职工的工作效率,从而提高企业的生产效率。这是管理发展史上的一个理性分析的时代。而人际关系学说却基于对人的"社会人"的假设,认为要调动人的积极性,就要使人在社会方面和心理方面的需要得到满足。它强调的是通过建立企业良好的人际关系、让员工具有归属感、使人们相互之间能和睦相处、给予员工社会补偿、加强情感交流等来调动人们工作的积极性,提高企业的生产效率。这表明了管理理论进入了一个"非理性"分析的时代。

(四)侧重于从"个人"行为规律的角度来研究人在社会和心理方面需要的满足

与以后的行为科学理论和组织行为学理论不同,人际关系学说侧重于从"个人"的行为规律角度来研究人在社会和心理方面需要的满足,是以个人心理学作为自己学科的理论基础的。而在人际关系学说的基础上发展起来的行为科学理论和组织行为学理论,却是以组织心理学和社会心理学作为自己学科的理论基础的。因此,人际关系学说主要是研究组织中个人的行为规律,通过对个人行为规律的认识来探讨如何使个人在社会和心理方面的需要得到满足,从而调动组织成员的工作积极性。

二、对人际关系学说的批评

人际关系学说的提出对管理理论的发展做出了巨大的贡献,但是,人际关系学说也有其历史的和时代的局限性。后来的许多学者对人际关系学说研究的方法及人际关系学说的结论等方面提出了许多批评。这些批评主要集中在以下几个方面:

(一)对人际关系学说的认识前提的批评

工业化生产由于强调专业化分工从而减少了人在工作中的骄傲感和工作的目的性,它只考虑人们在经济方面需要的满足,认为人是实现工业生产目的的一种手段。而人际关系学说认为,人不但有经济方面的需要须得到满足,更重要的还有社会和心理方面的需要须得到满足。通过在组织中建立良好的人际关系,组织成员在心理上能够得到满足,从而提高生产效率。正是基于以上这种认识,人际关系学说提出要对组织中的管理人员进行训练,使他们能掌握在组织中建立良好的人际关系的能力。同时,要形成一种以社会的和人群的技能为基础的领导方式。这种新的领导方式必须能使正式组织的经济需求和非正式组织的情感需求得到平衡,使效率的逻辑与感情的逻辑取得平衡。

但是,后来的一些学者对人际关系学说的这种认识提出了批评。这种批评提出:人际关系学说仅仅是通过管理者监督方式的改变来建立良好的人际关系,让工人以精神上的发泄来使自己的心理得到满足,而实际上什么东西都没有改变。实际上,人际关系并没有真正恢复工人工作的骄傲感,没有改变工人工作的目的性,按照人际关系理论进行管理并未能真正从根本上解决工人的问题。人在生产过程中仍然是进行工业生产的手段,人际关系的方法仍然是对工人进行操纵和控制。

一位叫丹尼尔・贝尔(Daniel Bell)的学者引用了一则民间故事来批评人际关系式的监督和精神发泄:"一个农民向神父诉苦说,他的小茅屋可怕地拥挤。这个神父建议他把母牛牵到房间里去,下一个星期又把羊放进去,再下一个星期又把马放进去。农民更厉害地抱怨起自己的命运来了。于是神父劝他把牛牵出去,下一个星期把羊放出去,再下一个星期又把马放出去。最后农民感激地对神父致谢,因为神父减轻了他生活中的负担。"①

批评者指出,人际关系的精神发泄就像神父建议农民先把牛、羊、马放进房间,然后又建议他把这些全都牵出去而使这个农民如释重负,感到是神父帮助他解决了房子拥挤的问题,而实际上什么问题都没有解决一样。

(二)对霍桑试验研究的方法论的批评

后来的许多学者对霍桑试验研究的方法本身提出了批评。这种批评主要有以下几个方面:

1.认为霍桑试验研究的霍桑工厂并不是一个具有典型意义的工厂。因为该厂本来就是一个各方面条件就比较好的工厂。因此选择一个没有典型意义的工厂进行研究所得出的结论就不具有普遍性的意义。

2.认为在对试验过程中所得出的资料数据的处理上,研究人员采用了一些不恰当的方法,因而得出的结论就不能具有充分的说服力。如在第三个阶段试验刚开始时,为了对前面两个阶段的试验结果进行分析和验证,研究人员曾经提出了几种假设。其中为了证实是否因为工资制度的变化使工人的劳动生产率提高的假设,研究人员曾经成立了两个工作小组进行工资制度改变的试验。从试验的结果看,继电器第二小组在试验前采用集体刺激工资制,而在试验后改为个人刺激工资制时总产量提高了12.6%,当把工资制度又改为集体刺激工资制时,总产量又下降了16.4%,即为开始试验时的96.2%。对此,研究人员认为产量变化的原因并不是因为工资制度的变化,而是因为第二小组的工人在"心理"上为了使产量与前个试验阶段的第一小组的产量水平拉平。而对于云母片小组,试验开始前后都是采用个人刺激工资制,但是工人每小时的产量却增加了15.6%,研究人员得出的结论是:"工资制度以外的因素使工人的劳动生产率提高。"

通过对这两个小组的试验分析,研究人员得出的结论是,影响工人劳动生产率提高的因素主要不是工资因素。对此,后来的一些批评者查阅了霍桑试验当时的一些原始记录,发现在这个试验过程中,云母片小组的每周工作时间由试验前的55.5小时降到试验时的46.5小时。在对产量数据进行分析时,研究人员对第二装配小组采用的是总产量这个指标,而对云母片小组,采用的却是每小时产量这个指标。对于云母片小组来说,试验前后的工资制度不变,每小时的产量是提高了15.6%,但由于每周工作时间缩短了17%,因而,如果与第二装配小组一样用总产量指标来衡量的话,则每周的总产量并未增加,反而是下降了。这样就不能得出结论说是工资以外的因素使工人的产量提高。实际上结论可能正好相反,即恰恰是工资这一因素使工人的劳动生产率提高。因为是由于工人每周的劳动时间缩短而使工人单位时间的工资率提高,从而使工人每小时的产量提高了15.6%,所以后来的批评者指出研究人员采用改变产量的计算方法来得出影响工人产量提高的因素不是工资这一结论,是错误的。

(三)对"社会人"结论的批评

通过霍桑试验,研究人员得出了职工是"社会人"的结论,即认为"善于待人→职工的满足→生产效率提高"。对此,批评者认为,人际关系学说过分地强调社会方面的需要对人的

① 转引自[美]丹尼尔·A.雷恩著:《管理思想的演变》,孙耀君、李柱流、王永逊译,中国社会科学出版社1986年1月第1版,第405页。

积极性的激励作用,而忽视了经济方面的作用;把团体的因素抬高到损害个人作用的地步;认为团体优于个人,所有的问题都可以通过集体努力来解决,用组织成员意见的一致性来代替个人的创造性;忽视了工作本身对人的积极性的影响。

〰〰〰〰〰〰〰〰〰〰〰〰〰〰〰〰〰〰〰〰〰〰〰〰〰〰〰〰〰〰〰〰〰〰〰〰

本章小结

1929—1933 年资本主义国家的经济大危机使得人们的观念发生了变化,在工人地位不断提高、力量不断加强、科学管理理论和方法本身存在着缺陷,以及心理学和社会学等领域的知识得到发展的时代背景下,产生了人际关系学说,弥补了科学管理理论忽视工人心理因素影响工作效率的理论局限。雨果·蒙斯特伯格和玛利·派克·福莱特可以说是人际关系学说的先驱。其他如本杰明·西博姆·朗特里、詹姆斯·哈特内斯和亨利·斯特吉斯·丹尼森等管理学家和实业家,对人际关系学说的产生也做出了很大的贡献。

人际关系学说认为,职工是"社会人",在以效率为逻辑的正式组织中存在着以情感为逻辑的非正式组织,新型的领导须具备平衡"正式组织"的经济需求和工人的"非正式组织"的社会需求的能力,以及保持与工人协作、和谐的能力。同时该理论还提出了对第一线管理者进行培训的观点。人际关系学说由于其崭新的理论得到了广泛的注意,并吸引更多的人对工人的社会、心理等方面进行研究,其中最有影响的是马斯洛的需要层次理论。但人际关系学说过分重视工人的心理因素以及其研究方法的局限性,也是值得注意的。

与此同时,泰罗的科学管理理论、法约尔的一般行政管理理论和马克斯·韦伯的官僚集权组织理论在该期间也得到了发展和完善,穆尼和赖莱的组织原则,以及厄威克对上述理论的总结和归纳,形成了完整的古典管理理论。

复习思考题

1.请比较分析科学管理理论与人际关系学说两大理论流派的差别。
2.作为一个有效的管理者,应如何正确对待正式组织中存在的非正式组织?请结合实际加以说明。
3.如何评价"社会人"的认识?
4.如何认识与评价人际关系学说的贡献与局限性?

技能练习

1.联系一家制造性企业的人力资源总监,与他聊聊该企业是如何激励公司员工的。
2.请与身边同学一起聊聊,你们对马斯洛需要层次理论有什么看法。

课外阅读

郝允峰,顾江.社会人属性和企业治理效率的改善[J].财经科学,2007(11).

第八章

现代管理理论

1. 了解现代管理理论产生的时代背景
2. 理解"管理理论丛林"出现的缘由
3. 掌握"管理理论丛林"的主要内容
4. 掌握各个管理流派的观点和局限性
5. 理解现代管理理论的特点和发展趋势

第二次世界大战以后,管理理论的发展进入了一个新的阶段。与前面几个历史阶段不同的是,这个阶段没有哪一种理论能在这个时期的理论发展过程中起主导的作用。在现代管理理论阶段,出现了一种被称为"管理理论丛林"的现象,即出现了各种管理理论学派同时并存的现象。在本章,我们将对管理理论丛林的现象进行讨论,同时对透过这种现象而呈现出来的现代管理理论阶段的三个基本特征进行分析。在此基础上,探讨新近出现的各种管理新思潮,以期更加系统全面地认识管理思想,把握管理思想发展动态。

第一节　现代管理理论产生的时代背景

现代管理理论同样是历史发展的产物。第二次世界大战以后,世界经济、科技的发展及人们道德伦理观念的变化是现代管理理论产生的根本原因。

一、战后资源积累的重新完成提出了提高效率的要求

20世纪初,资本主义的发展和资源积累的完成提出了提高企业生产效率的要求,从而促进了科学管理理论的产生。20年代末30年代初世界经济危机的发生,使得管理研究的重点转向如何满足人在社会和心理方面的需求,以调动人的工作积极性。第二次世界大战结束后,资本主义世界的经济得到了迅速的发展,资本主义世界的资源又以前所未有的速度堆积起来。这种资源积累的完成同样向管理提出了如何对这些资源进行有效利用的问题。

企业数量和企业规模的发展要求能形成新的管理理论来解决这种发展带来的新的管理

问题。特别是进入 50 年代后,资本主义市场的性质由卖方市场变成了买方市场,使得资本主义市场的竞争十分激烈,要求企业根据消费者的需求来生产产品。它要求企业不能单纯考虑企业内部的管理问题,更重要的是要考虑企业与外部市场的关系。资本主义世界经济的这种发展变化,要求管理理论必须把企业看成是一个属于环境超系统的子系统。正是反映这种经济发展的要求,现代管理理论侧重于从系统的观点出发,研究企业与外部环境之间的关系,探讨企业在与外部环境的相互关系中如何才能提高生产效率,促进企业的生存和发展。

二、科学技术的发展对管理提出了新的问题,同时也为管理理论的发展提供了新的思想、方法和手段

第二次世界大战结束以后,世界科学技术得到了迅速的发展,如电子技术、通信技术和计算机技术得到了迅速的发展。同时还产生和发展了许多新的学科,如控制论、信息论和系统论即三论的形成,数学与运筹学的发展。现代社会科学技术的发展极大地促进了社会的发展和进步,也对管理提出了许多新的问题。

这是因为现代科学技术的发展极大地扩展了社会生产的空间范围和社会生产的规模,人们如果再采用传统的管理思想、管理方法、管理工具和管理手段,就不能有效地进行现代化大生产。如生产空间范围的扩大要求管理能解决生产过程中的信息联系和信息沟通的问题;生产规模的扩大和生产联系的复杂与紧密要求管理能有效地处理生产过程中的大量数据资料,使生产过程能顺利、有效地进行。现代科学技术的发展在对管理提出新的要求的同时,也为管理理论的发展提供了新的思想、方法、工具和手段。如系统理论的发展为管理理论的发展提供了系统分析思想;电子计算机技术的发展为管理、处理大量数据资料提供了可能性。

实际上,正是由于现代科学技术的发展,原来从事各个学科研究的许多学者把自己学科的理论和方法应用于管理理论的研究,才形成了现代管理理论的各个理论学派同时并存的管理理论丛林的现象。

三、人们对"人"的本性认识的不断深化促进了管理理论的发展

任何一种管理理论,都是基于对人的本性的某种认识而提出的。科学管理理论是基于对人的"经济人"的认识而提出的,而对人的"社会人"的认识促使了人际关系学说的产生。第二次世界大战以后,随着社会的进步和人们生活水平的提高,人类本身的需求结构也在发生变化,人类在从事社会活动过程中也在不断地完善自己。因此,人类在社会活动过程中会不断地产生新的需求,在完善自身的过程中也要求不断地认识自己。

正是人类对自身认识的不断深化,促进了人们对管理活动规律性认识的深化,促进了管理理论的发展。如巴纳德认为人是有自由意志、有个人人格、有决策能力的"决策人",因此他认为管理者在管理过程中应该既考虑到组织目标的实现,又考虑到组织成员个人目标的实现。这种把组织目标与个人目标结合起来的思想在管理思想发展史上具有里程碑的意义。

决策学派的主要代表人物西蒙却认为,人是"管理人"。他认为,人不是一种只会完成分配给他的工作的无生机的工具,也不是只会进行理性分析的机械人,人的学习、记忆、习惯等心理因素对人的行为决策起着重要的影响作用。从这一观点出发,西蒙认为,人们不是单纯从事有逻辑有意识的决策行为,还包括无意识的习惯行为。所以,西蒙特别重视人的"刺激—反应"的行动方式。他认为人的反应性的、习惯性的行动不是不合理的,而是有其合理性的。正是基于这种认识,西蒙把管理决策分成程序化决策与非程序化决策。对于那些经常出现和大量出现的管理问题,把处理和解决这种问题的方法制度化、标准化和程序化,然后交给下级人员去处理,即采取程序化决策。而对于那些不经常出现的重大经营决策问题,则采取量体裁衣的解决方式,即采取非程序化的决策方式,由组织中的高层管理者集中精力处理。

第二节　管理理论的丛林

一、关于"管理理论丛林"的争议

在 1961 年 12 月号的美国《管理学会杂志》上,著名的管理学者哈罗德·孔茨(Harold Koontz)指出,管理理论的发展已经出现了一种"众说纷纭,莫衷一是的乱局","它表明管理理论还处在不成熟的青春期。我们看到,管理理论的一些早期的萌芽,如弗雷德里克·泰罗对车间一级管理所进行的有条理的分析和亨利·法约尔从一般管理观点出发对经验进行的深刻总结等,现在已经过于滋蔓,成了一片各种管理理论流派盘根错节的丛林"。在这篇论文中,孔茨把各种管理理论分成六个主要学派。这六个学派是:管理过程学派、经验或"案例"学派、人类行为学派、社会系统学派、决策理论学派、数学学派。孔茨认为:"象只有一头,可是对象的描述却一人一个样,以错攻错,争论不休。""在任何一个重要的社会领域里,由于管理不科学而产生的许多失误都会造成巨大的损失。"① 为了使管理理论能"抄近路穿过这座丛林",孔茨对造成管理理论丛林的原因进行了分析,并对如何才能消除这些原因进行了讨论。

孔茨关于管理理论丛林的观点提出后,在管理理论界引起了很大的反响。许多学者也纷纷对管理理论丛林的问题进行了研究。这些研究主要集中在下面几个方面:(1)是否存在管理理论丛林的现象;(2)如果存在管理理论丛林的现象,有没有必要走出丛林;(3)如果有必要走出丛林,如何才能走出丛林。许多学者纷纷对以上这些问题发表自己的看法。

最有名的关于管理理论丛林问题的讨论是于 1962 年在洛杉矶的加利福尼亚大学校园内举行的一次讨论会。这次会议把一批"管理学中具有不同的研究和分析方法的著名学者和来自工商界、教育界和政府的有洞察力和经验的具有管理技能的实际工作者"召集在一起,对管理理论丛林的问题进行了讨论。有许多著名的学者和实业家参加了这次会议。孔茨担任了这次会议的主席。

---

① ［美］哈罗德·孔茨著:《论管理理论丛林》,曹达夫译,载于《外国经济管理》1984 年第 4 期。

　　在这次会上，与会者就管理理论丛林的问题进行热烈的讨论，但是讨论的结果并没有使人们的意见更加统一，使丛林现象消失，反而使人们的分歧更大。如经验学派的代表人物之一欧内斯特·戴尔(Ernest Dale)提出了两点理由来否定管理普遍性的观点："第一，世界上管理得最好的三个组织是新泽西标准石油公司、罗马天主教会和共产党。如果应用管理普遍性学说，那就意味着这三个组织的主要负责人可轮换使用。这显然是不真实的。所以'管理的普遍性和可转让性'应予否定。第二，普遍适用的管理人员这一概念同实际经验是相矛盾的。当实业家担当政府职务时，往往面对很大的困难，军人之所以转入工业界是由于他们获得军事订货的价值而不是由于他们具有的任何管理能力。"① 根据以上两点，戴尔得出如下结论：管理并不是一种具有普遍性意义的活动，因而，也就不可能建立起一门具有普遍性意义的管理理论。他在《伟大的组织者》一书中指出："普遍主义的方法实用价值很小，如果我们不是试图做出适用于所有各种组织的普遍结论，而是得出某些在恰当的类似情景中可以合理地期望它们会发生作用的一些指导方针，其效果会好得多。……当然，如果能发现可以像公式一样应用于所有组织或至少应用于所有工商业组织的普遍适用的组织原则，那就极为方便了。但这种希望是极为渺茫的。"②

　　决策学派的主要代表人物赫伯特·西蒙却从一开始就不同意孔茨的说法。他认为："并不存在着什么丛林和语义上的混乱，管理理论也远不是一座丛林，而是正在得益于系统理论，并为系统理论做出贡献。为了对复杂系统进行研究，要求多方面的资料，其中包括经验主义者、决策理论者、行为主义者的输入。"而格拉西尔金属公司的董事长威尔弗雷德·布朗(Wilfred Brown)则用下面的话把会议的情绪大致归纳起来了："先生们，坦白地说，我对讨论中所说的大部分都不能理解。"而孔茨则认为"语义的混乱显然贯彻于讨论之中"。③

　　这次讨论会的结果就是引起了人们对管理理论丛林的问题更多的兴趣和进行更深入的研究。但显然，这次讨论会并没有能使管理理论走出丛林，反而因为"更多的雨水而使叶子长得更加茂盛"④。所以在1980年孔茨又发表一篇题为《再论管理理论的丛林》的论文。在这篇论文中，孔茨指出，管理理论发展到"现在至少已经有了十一个学派而不只是1961年我所提到的那六个了。丛林已显得更加茂密而难于通过"⑤。这11个学派是：经验或案例学派、人际关系学派、群体行为学派、合作社会系统学派、社会技术系统学派、决策理论学派、系统学派、数学或"管理科学"学派、权变学派、管理者工作学派和经营管理理论学派。

　　在这11个学派中，有些是20年前就已经有的学派，如经验学派、社会系统学派、决策理论学派和数学学派，经营管理理论学派就是以前的管理过程学派；有些是在原来的学派的基础上发展起来的，如人类行为学派分为人际关系学派和群体行为学派；有些则是这20年来

---

　　① 转引自［美］丹尼尔·A.雷恩著：《管理思想的演变》，孙耀君、李柱流、王永逊译，中国社会科学出版社1986年1月第1版，第457～458页。

　　② ［美］欧内斯特·戴尔著：《伟大的组织者》，孙耀君等译，中国社会科学出版社1991年8月第1版，第17～32页。

　　③ 转引自［美］丹尼尔·A.雷恩著：《管理思想的演变》，孙耀君、李柱流、王永逊译，中国社会科学出版社1986年1月第1版，第458页。

　　④ 转引自［美］丹尼尔·A.雷恩著：《管理思想的演变》，孙耀君、李柱流、王永逊译，中国社会科学出版社1986年1月第1版，第461页。

　　⑤ ［美］哈罗德·孔茨著：《再论管理理论的丛林》，毛蕴诗译，载于《外国经济管理》1981年第5期。

新发展起来的学派,如社会技术系统学派、合作社会系统学派、权变学派和管理者工作学派。

孔茨在这篇论文中指出:"管理理论的丛林继续在蓬勃生长,愈益茂密,学派数目较之二十年前增加近一倍之多。无疑形成一种适用的管理理论和科学的进程是缓慢的。……如果继续生长的丛林只是学术思想研究上的论争,那还无关紧要。但如果它妨碍有效管理科学理论的形成,而且给实际管理工作带来混乱,那问题就严重了。"但在这篇论文中,孔茨仍然对管理理论的统一持乐观态度。他说:"也存在各个学派趋向汇合的迹象,使人有理由感到乐观。这种汇合,虽然远未实现,但是有理由希望,随着管理学家们对实际管理工作情况了解的不断增加,各学派中采纳以至发展经营管理学派的基本思想和概念的人将越来越多。"①

下面简单介绍各个学派的主要观点,分析管理理论丛林存在的原因,并探讨如何才能走出管理理论的丛林。

二、各个学派的主要观点

(一)经营管理理论学派(the Operational Theory Approach)

这个学派又称为"传统学派"、"管理职能学派",也就是孔茨在《论管理理论的丛林》中所讲到的"管理过程学派"。但在《再论管理理论的丛林》这篇论文中,孔茨认为改称为"经营管理理论学派"更加确切。这个学派的创始人是法约尔。孔茨也是这个学派的主要代表人物。该学派的学者认为,管理是一种在正式组织中(由管理者)通过别人,并同别人一起去完成工作的过程。通过对这个过程的研究分析,就可以总结出一些基本的原理和规律性的东西,并由此形成一种管理理论。

因此,这个学派的学者对管理的研究采用一种叫做两步分类的方法。第一步先确定管理者在管理的过程中是干什么的,即先确定管理的职能。尽管从当时和目前的情况看,过程学派的学者对管理者在管理的过程中所履行的职能并没有取得一致的看法,但他们对管理者在这个过程中重复地履行各种管理职能这点的认识却是一致的。按照孔茨的观点,管理者在管理过程中所履行的职能是计划、组织、人事、领导和控制。管理职能确定后,就等于构造了管理职能学派描述管理理论的理论框架。而对各个职能进行研究,就是管理职能学派描述管理理论的基本内容。

因此,管理职能学派描述管理理论的第二步就是对这些职能进行研究。他们对每一个职能就以下的几个问题进行研究:(1)每个职能的特点和目的是什么?(2)每个职能范围内存在些什么组织要素?(3)每个职能范围内有些什么样的过程、技术和方法?其各自的优缺点是什么?(4)有效实施每个职能的障碍是什么?(5)如何排除这些障碍?

按照这个学派的观点,管理理论就是以管理职能作为基本框架,用一些能指导管理实践的概念、原则、理论、方法、制度和程序等把有关管理的知识汇集起来,形成管理的科学理论体系。他们认为,在管理知识体系中,有一个纯属管理知识的核心部分,如管理的职能、直线与参谋、部门划分、控制幅度与管理层次等,对这些问题的研究是管理所独有而其他学科所没有的。

① [美]哈罗德·孔茨著:《再论管理理论的丛林》,毛蕴诗译,载于《外国经济管理》1981年第5期。

在对这些问题进行研究时,可以吸收其他学科的有用知识来充实管理,如吸收数学、运筹学、系统论、信息论、控制论、社会学、心理学、经济学、政治学、生产技术学等其他学科的知识来形成管理学的理论体系。但是,管理学科又不是其他这些学科的简单加总,这些学科中的某一个方面或其全部都不可能是管理学的本身。它们能为管理理论的发展提供有用的思想、方法、工具和手段,这与它们同样可以应用于其他学科,为其他学科的发展提供有用的帮助一样。

(二)人际关系学派(the Interpersonal Behavior Approach)

孔茨认为,20 年前的人类行为学派已经一分为二,即分为人际关系学派和群体行为学派。人际关系学派的基本出发点是:管理就是通过人来完成某些事情,因此,研究管理必须着重于人与人之间的关系。这个学派的学者,注重对组织中人与人之间的关系进行研究。他们以个人心理学作为自己理论研究的基础,研究具有社会心理本性的个人行为的动机,认为处理好组织中人与人之间的关系是组织中的管理者能够理解和掌握的一种技巧。

对于这个学派的这种观点,孔茨认为:"研究人际关系,无论对管理工作和其他工作,都很有用,很重要。但是,不能说人际关系就包括了管理的一切。……研究和实践都证明,光有人际关系,远不足以建立一种有效的管理科学。"①

(三)群体行为学派(the Group Behavior Approach)

孔茨认为,群体行为学派与人际关系学派关系密切,甚至易于混同。但是这个学派关心的是群体中的人的行为,而不是人际关系。它是以社会学、人类学和社会心理学作为自己的理论基础来研究组织中的各种群体行为的,如研究组织中非正式组织对正式组织行为的影响;研究组织中个人的从众行为;研究组织中的信息沟通问题。所以这个学派的研究有时又被称为"组织行为学"研究。

针对这个学派的研究,孔茨认为,对于群体行为的研究是管理的一个重要方面,但不等于管理本身。因此,群体行为学派的理论是不可能构成完整的管理理论体系的。

(四)合作社会系统学派(the Cooperative Social Systems Approach)

孔茨认为,这个学派的观点与人际关系学派、群体行为学派的观点很接近,都是着重于对人的研究,因此可以把它看成是对后两个学派的一种修正。人际关系学派是以个人心理学为基础,研究组织中人与人之间的相互关系;群体行为学派是以社会学和社会心理学为理论基础,研究组织中的各种群体行为。

合作社会系统学派则把组织中的人看成是有各种社会的和心理的愿望和需求的人,而组织就是由许多具有这种社会和心理需求的人及其行为所形成的合作社会系统。而组织成效的高低,就取决于组织中个人的成效高低及人们相互之间合作的成效。那么,如何才能获得必要的个人努力和成员间的有效合作?关键就在于组织的管理者。因此,这个学派的学者从分析组织中管理者的工作出发,着重研究组织中的管理者在这个合作系统中如何才能有效地维护和协调这个系统。所以有人为这个学派的研究起了个名字叫"组织理论研究"。

这个学派的主要代表人物是切斯特·巴纳德(Chestdr Irving Barnard)。他在 1909 年进入美国电话电报公司的统计部门工作,1927 年成为新泽西贝尔公司的总经理。他对管理理论的见解主要有以下几个方面:

① ［美］哈罗德·孔茨著:《再论管理理论的丛林》,毛蕴诗译,载于《外国经济管理》1981 年第 5 期。

1.关于组织的概念

巴纳德把组织定义为:"有意识地加以协调的两个或两个以上的人的活动或力量的系统。"①在这里,巴纳德采用了与传统的组织理论不同的定义方式,即不是从组织结构的角度,而是从行为的角度对组织下定义。他反对把组织看成是人的集团,他说:"组织不是集团,而是相互协作的关系,是人相互作用的系统。"②在这个定义中,包含着以下几个方面的基本概念:

第一,组织是由人的行为构成的系统。这种观点与传统的组织观不同。传统的组织理论是从组织的结构形式来研究组织的,因此所研究的只是组织问题的形式部分。而巴纳德的组织理论是从人的行为出发来研究组织问题的,因而能较好地把握组织问题的实质。

第二,组织的成员包括所有通过自己的行动为组织目标的实现做出贡献的人。传统的组织理论认为组织成员只包括那些与组织具有比较固定关系的人,如工厂中的工人、技术员、管理人员等,而不包括为企业提供资本的投资者、为企业提供原材料的供应商和购买企业产品的顾客。传统的组织理论把后者看成是企业外部的人员。而巴纳德的组织观却把这些人员也看成是组织的人员。因为正是这些人员通过他们的行为为组织目标的实现做出了贡献。没有这些人员,组织的目标就不可能实现。由于经营者和职工是能动地参加组织决策过程的集团,从这个意义上讲,可以把他们看成是组织的内部成员;而投资者、供应商和消费者不是能动地参与组织的决策过程,所以可以把他们看成是组织的外部成员。

第三,组织系统是协作系统的一个组成部分。所谓协作系统,具体地说相当于一个企业、一所学校或一家医院。这个协作系统是由组织系统、物质系统、人的系统和社会系统构成的一个具体的整体。而组织系统是这个协作系统中的一个子系统。

在这个协作系统中,物质系统是指技术、设备和材料等物质手段的系统。这个系统通过组织系统的有效管理而有效地运转,为协作系统目标的实现发挥作用。而人的系统则是指由经营者和职工个人组成的人的集团。这个系统也通过组织系统的组织与管理为组织目标的实现而发挥作用。社会系统是指一个组织同其他组织交换效用的系统,相当于企业的购销系统。物质系统、人的系统和社会系统通过组织系统的作用而被组织所管理,从而形成一个协作系统。但巴纳德又认为,由于组织系统的作用渗透到其他各个系统之中,使得由这些系统构成的协作系统与组织的界限也就分不清了。所以巴纳德认为"协作系统本身归根到底是指组织本身"③。

2.协作系统的三个基本要素

巴纳德认为,对于由人的行为所形成的各种协作系统,不管这个协作系统是企业中的各个部门子系统还是由许多子系统组成的整个"社会",都包含三个基本要素:

第一,协作的意愿。巴纳德认为,协作的意愿是所有各种组织所不可缺少的、第一项的

---

① 转引自[美]丹尼尔·A.雷恩著:《管理思想的演变》,孙耀君、李柱流、王永逊译,中国社会科学出版社 1986 年 1 月第 1 版,第 341 页。

② 转引自[日]占部都美著:《现代管理理论》,蒋道鼎译,新华出版社 1984 年 11 月第 1 版,第 148 页。

③ 转引自[日]占部都美著:《现代管理理论》,蒋道鼎译,新华出版社 1984 年 11 月第 1 版,第 150 页。

普遍要素。"其意义为自我克制,交付出个人行为的控制权,个人行为的非个人化。"①也就是说,对于任何一个组织来说,都是由许多具有社会和心理需求的人所组成的协作系统。这些人在加入协作系统之前是自由的,他们的行为可以不受协作系统行为规范的约束。但是,在他们加入协作系统而成为协作系统的一员后,他们就必须交出个人行为的控制权,使个人的行为非个人化。他们必须按照协作系统的规范要求来从事他们的行动。实际上就是要求个人愿意为协作系统目标的实现而共同协作,做出个人的努力和个人的牺牲。例如,作为工厂的一名工人,就必须按时上班,必须严格按照工厂里机器运转的规律进行操作,必须遵守工厂的规章制度,使个人行为非个人化。

但是,个人并不可能自发地产生协作的意愿,即不可能无缘无故地愿意为协作系统目标的实现做出个人的努力和个人的牺牲。个人参加一个组织是有个人的目标和利益的。个人之所以愿意为组织目标的实现做出个人的牺牲,是因为个人认为通过他的努力和牺牲,组织目标得到实现,从而会有利于自身目标的实现。如果个人认为他所做的努力和牺牲不能有利于自身目标的实现,他就可能不愿为组织目标的实现做出个人的努力和牺牲。

因此,巴纳德提出了一个著名的关系式:"诱因≥贡献"。所谓诱因是指组织给成员个人的报酬,这种报酬可以是物质的,也可以是精神的。所谓贡献是指个人为组织目标的实现而做出的贡献和牺牲。巴纳德认为只有当组织给个人的报酬大于或等于个人为组织所做出的贡献时,个人才有可能愿意为组织目标的实现做出个人的努力和贡献。这种在管理中把组织目标与个人目标结合起来的思想,被认为是管理思想发展史上具有里程碑意义的思想。

第二,共同的目标。巴纳德认为,组织的第二个要素是共同的目标。他认为共同目标是组织成员产生协作意愿的前提。只有组织的成员认识到共同目标的存在,才能明确他们为什么而协作,以及明确通过协作从而通过共同目标的实现能使个人的目标和利益得到多大程度的满足。所以对于一个协作系统来说,要使系统成员产生协作的意愿,使协作系统能有效地运转,就必须要有一个明确的共同目标,这个共同的目标必须为系统成员所理解和接受。对于组织成员来说,组织的共同目标是外在的、客观的,而个人的目标却是内在的、主观的。只有当他们认识到组织的共同目标的实现有利于他们个人目标的实现时,他们才有可能产生协作的意愿,愿意为组织共同目标的实现而做出个人的努力和牺牲。

第三,信息联系。巴纳德认为,组织的第三个基本要素是信息联系。因为对每个组织来说,即使有了共同的目标,也需要通过信息的联系使组织的所有成员能理解和接受这个共同目标;同时,也需要通过信息联系使组织成员的协作意愿成为有效的协作行动。因此,在组织中必须建立起信息联系系统。他认为信息系统对正式组织来说是最为重要的问题。

为此,他提出了关于信息系统的几条原则:①信息交流的渠道要为组织成员所明确了解。因此,需要制定组织系统表,详细规定各种职务的职责范围,明确权限和责任等。②客观的权威要求对一个组织的每一个成员有一个明确的、正式的信息交流渠道。也就是说必须明确规定组织中每一个成员在正式信息交流渠道中的位置,使每个成员明确自己必须向某个人报告或从属于某个人。这个原则实际上就是古典管理理论中的统一领导原则。③信息传递路线应尽可能地直接和短捷,以加快信息传递的速度,减少由于信息传递路线太长而

---

① 转引自［美］丹尼尔·A.雷恩著:《管理思想的演变》,孙耀君、李柱流、王永逊译,中国社会科学出版社1986年1月第1版,第342页。

可能造成的信息传递的错误。④在信息传递过程中,要经常利用全部的信息路线。也就是说,在信息传递过程中,上级不能越级向下级下达指令,下级也不能越级向上级接受指令。这个原则实际上就是法约尔提出的等级系列原则和统一指挥原则。⑤作为信息中心而发挥作用的管理人员必须具有充分的能力。巴纳德认为建立和维护信息系统是管理人员的主要职能,管理人员在信息系统中处于中心的位置,因此,对处于这个位置的管理人员来说,综合管理能力比技术能力更为重要。他必须具有环境分析能力、计划能力、掌握非正式组织和了解人的能力等。

3.提出"效力"和"效率"的两分法

由于组织成员是带着个人的目标有选择地参加某一个组织的,并为组织的共同目标的实现而进行协作,因此,对于组织的管理者来说,就必须通过各种影响和控制手段对组织目标的确定以及个人的各种动机和行为进行修正,使协作系统能成为一个有效的协作系统,使组织目标与个人目标都能得到实现。但是,组织目标与个人目标并不总是一致的,两者之间有时是有矛盾的。

因此,巴纳德提出了一个分析这两者之间关系的"效力"和"效率"的两分法。他认为,如果一个协作系统的协作是成功的,达到了组织的共同目标,这个协作系统就是有效力的。但是,由于组织的这种效力是组织成员个人进行有效协作的结果,而个人之所以愿意进行有效的协作,取决于其个人目标的实现程度。个人的满足程度越高,他就越愿意为组织共同目标的实现做出个人的贡献和牺牲;如果个人的满足程度是低的,他可能就会停止做出贡献或退出协作系统。巴纳德把这种个人目标的实现程度和个人动机的满足程度称为"效率"。他认为,对一个协作系统来说,如果无"效率",就不可能有"效力";只有高的"效率",协作系统才能对组织成员产生强的向心力和内聚力,才能避免组织成员对组织产生离心力,也就是说组织才能有"效力"。

4.权威接受理论

巴纳德把权威定义为:"一个正式组织中一种信息交流(命令)的性质,它被组织的'成员'或贡献者接受来控制自己做出贡献的行动。"①在这里,巴纳德认为权威的来源不在于权威的发布者,而在于权威的接受者即下级是否接受这个权威,如果下级不接受命令,则权威就不存在。

巴纳德认为,权威要能够存在,必须满足四个条件:个人能够并且确实明了所传达的命令;他们认为这个命令同他们作决定时的组织目标是一致的;他们认为,整个来说,这个命令同他们的个人利益是一致的;以及他们在精神上和体力上能遵守这个命令。

人们曾经对此提出过批评,认为这种权威使上级人员处于一种任下级人员摆布的地位,使组织陷入混乱和无序的状态。对此,巴纳德认为下级对上级权威的接受往往还是能实现的。理由是:第一,在大多数情况下,权威能够存在的四个条件还是能成立的,因此,下级一般会愿意接受来自上级的命令。第二,每一个人都存在着一个"无差别圈"。所谓无差别圈,是指上级管理人员的命令不受下级个人立场的影响而接受的范围。这个"无差别圈是大还是小,取决于给个人的诱因超过个人的负担或牺牲的程度。……组织的效率受个人对命令

---

① 转引自[美]丹尼尔·A.雷恩著:《管理思想的演变》,孙耀君、李柱流、王永逊译,中国社会科学出版社 1986 年 1 月第 1 版,第 344 页。

的赞同程度的影响。所以,组织命令被拒绝,对通过参加组织以获取更多好处的个人来说是个威胁。……这样一来,当考虑只下达一般可以接受的命令时,由于这些命令大部分在'无差别圈'范围内,并且在多数情况下,集团的态度对个人的态度有影响,因此,组织成员就有要维护(管理人员)命令权限的意思"。[①] 第三,组织的压力将促使个人服从命令。当组织中的某个人拒绝执行命令而会影响到组织的效力,或者会对其他成员的利益产生威胁时,组织内部其他成员就会对其施加压力,促使其执行命令。

巴纳德的权威接受理论与以往的权威理论不同。韦伯提出的正式权力是以依法设立的组织中的职位或职务为基础的,其权力顺序自上而下,它对权力给予人称化的解释。福莱特提出的共享权力的权威基础是知识和经验,在这种权力中,命令的发布者和命令的接受者由于对客观形势规律的共同认识和理解而达到对权力的共同享受,它使得权力与具体的人和职位无关。而巴纳德认为权威的基础是下级人员是否接受这个权威。如果下级人员接受这个权威,则权威就存在。这种权威仍保留人称化,但是给予一种自下而上的解释。

5.经理人员的三项职能

对于由许多个人所组成的协作系统,巴纳德认为管理者在这个系统中处于相互联系的中心,并致力于获得有效协作所必需的协调。他认为"经理人员的职能在于维持一个协作努力的系统"[②]。

他提出了经理人员的三项职能:

(1)提供一个信息交流系统。经理人员通过组织结构的建立,明确规定组织中的权力与责任的路线,以实现组织中信息的有效传递和处理。

(2)制定组织目标。经理人员要负责制定组织所要达到的目标,并通过对目标的分解和对下级人员的授权及职责的分派,使组织中的每个成员都能为完成组织的共同目标而承担一份责任。

(3)获得必要的个人努力。经理人员要通过自己的有效管理,使组织中的成员能为组织共同目标的实现而进行有效的协作,做出他们的贡献和努力。

因此,经理人员要招募和选择那些能为组织目标的实现而做出最好贡献并能协调地工作在一起的人员。为了使组织的成员能为组织目标的实现做出贡献和进行有效的协调,巴纳德认为应该采用"维持"的方法,包括"诱因"方案的维持和"威慑"方案的维持。"诱因"方案的维持是指采用各种报酬奖励的方式来鼓励组织成员为组织目标的实现做出他们的贡献。"威慑"方案的维持是指采用监督、控制、检验、教育和训练的方法来促使组织成员为组织目标的实现做出他们的贡献。

对于合作社会系统学派,孔茨认为:"合作社会系统学派对管理的分析研究的确很中肯,管理者的确都是在一个合作社会系统中工作,但是,并不是在一切类型的合作社会系统中都能找到管理者。比如,百货店中一群合作的顾客,或者是一群乌合之众,就很难说是受到了管理。又如,团聚在一起祝贺生日的家庭成员,也难说他们是在受着管理。因此,可以说,这

---

① 转引自[美]丹尼尔·A.雷恩著:《管理思想的演变》,孙耀君、李柱流、王永逊译,中国社会科学出版社 1986 年 1 月第 1 版,第 165～166 页。

② 转引自[美]丹尼尔·A.雷恩著:《管理思想的演变》,孙耀君、李柱流、王永逊译,中国社会科学出版社 1986 年 1 月第 1 版,第 345 页。

个学派研究的东西比管理的范围要宽,同时又忽略了对管理者来说是很重要的许多概念、原理和方法。"①

(五)社会技术系统学派(the Social System Approach)

这是一个新发展起来的学派。这个学派的创始人是英国的特里斯特(E.L.Trist)。他和他的英格兰塔维斯托克研究所的同事通过对长壁采煤法生产问题的研究,发现组织是由技术系统和社会系统形成的社会技术系统,个人的态度和行为都受到人们在其中工作的技术系统的很大影响。因此,管理不能光研究社会系统,而要把社会系统和技术系统结合起来考虑。他们认为:"一个从社会技术系统观点考虑的、尽力从组织的社会和技术两个方面来改进组织的变革,将创造出一个既能使生产效率更高而又使组织中成员更为满意的工作系统。"因此,这个学派的学者对管理理论的研究主要放在技术与人及其工作的密切联系方面,如对工业工程、人—机工程的研究等。

孔茨认为这个学派的观点比较新,从理论上来说对管理是做出了贡献,但是从实际情况来看却不见得是一种新的观点。因为对于有实际经验的管理者来说,早就懂得组织中的技术因素对组织管理的影响。他说:"它对管理学已经做出了相当大的贡献。但是多数有经验、有见解的企业家却不见得也认为技术影响个人、集体与组织是一种很新的想法。石油公司中的主管人员早就知道,石油的开发、生产和提炼技术对他们怎样组织和管理公司是有显著影响的。……几乎不会有人对汽车装配线的技术在过去六十年间对社会系统和企业管理的影响感到惊讶。……它是管理工作需要依据的一个重要的调查研究领域,但它肯定不是管理工作的全部内容。"②

(六)系统学派(the Systems Approach)

系统理论的发展使得许多学者强调在管理的研究中应用系统的方法。他们认为,系统的方法是形成、表述和理解管理思想最有效的手段。根据系统的思想,人们把组织看成是一个由许多子系统形成的系统,而这个系统又是环境大系统中的一个分系统。它与环境系统进行各种要素的交换。作为一个有效的管理者,就要使组织内部的各个子系统互相协调,同时又要使组织系统适应环境,获得有效的生存和发展。

孔茨认为,对系统的自觉研究和强调,的确提高了管理人员和学者对影响管理理论与实践的各种相互作用的因素的洞察力。但是他又认为,对于那些聪明而又有实际经验的主管人员及管理学家来说,"在看待他们所遇到的问题和处理其经营业务时,早已习惯于把它们看成是公司或其他事业单位内外环境之间日常交往的、由各相关因素构成的一种网络。所以,当他们发现有许多作者把系统方法看成是一种新方法时,往往感到吃惊"。③ 最后他下结论说,很难把系统的方法看成是一种管理思想的新方法。

(七)数学或"管理科学"学派

这个学派的学者认为,只要管理是一个合乎逻辑的过程,就可以把这个过程用数学的模

① [美]哈罗德·孔茨著:《再论管理理论的丛林》,毛蕴诗译,载于《外国经济管理》1981 年第 5 期。

② [美]哈罗德·孔茨、西里尔·奥唐奈、海因茨·韦里克著:《管理学》,黄砥石、陶文达译,中国社会科学出版社 1987 年 8 月第 1 版,第 86～87 页。

③ [美]哈罗德·孔茨、西里尔·奥唐奈、海因茨·韦里克著:《管理学》,黄砥石、陶文达译,中国社会科学出版社 1987 年 8 月第 1 版,第 89 页。

型来加以描述和表达，也就可以用数学的方法对这个数学模型进行优解。所以这个学派的学者把对管理的研究放在如何建立管理的数学模型上，然后再用数学的方法求最优解。对于数学学派，孔茨认为，数学模型和数学分析方法对于解决管理中的一些问题是有很大作用的，但是，它仅仅是一种分析的方法和工具，而不是一种管理的思想学派。

(八)经验或"案例"学派(the Empirical or Case Approach)

这个学派的学者对管理理论的研究，是建立在这样的前提基础上：通过对管理人员在个别情况下成功的和失败的经验教训的研究，会使人们懂得在将来相应情况下如何运用有效的方法解决管理问题。因此，这个学派的学者把对管理理论的研究放在对实际管理工作者的管理经验教训的研究上。他们通过对实例或案例的研究，来比较分析管理的实际工作者在过去的管理实践过程中的经验教训，从中总结出一些一般性的结论来向管理人员或学习管理学的学生传授，使他们也能从中学习到管理的知识和管理的技能。这个学派的主要代表人物是 P.德鲁克（其主要著作有《管理实践》、《管理：任务、责任和实践》、《有效的管理者》、《效果管理》等）、欧内斯特·戴尔（其主要著作是《伟大的组织者》）、威廉·纽曼（其主要著作是《管理过程》）等。

对于经验学派，孔茨认为，对过去经验的研究，对管理来说是十分重要的，但是，管理所面临的是一个十分复杂的世界，单凭对过去经验的研究，而不是从根本上搞清事物的起因，是十分不可靠的。他说："管理不像法律，不是以判例为依据的科学；未来情况与过去完全相同是不可能的。确实，过多地依赖过去的经验，依赖历史上已经解决的那些问题的原始素材，肯定是危险的。其理由很简单，一种在过去认为是'正确'的方法，可能远不适合于多少类似过去的未来情况。"[①]他认为，对过去经验的研究，应该以探索基本规律为目的，应该通过对过去经验的研究，总结出具有普遍性意义的结论，这样对管理实践才有指导意义。

(九)权变学派(the Contingency or Situational Approach)

权变就是权宜应变。权变学派的学者认为，不存在着"最好的"、"能适应一切情况的"、"一成不变的"管理方法与管理理论。一切只能因情况而异，管理是环境的函数，环境是自变量，管理是因变量，在管理与环境之间存在着这样的函数关系，即管理＝f（环境）。因此，管理者应该根据不同的环境情况采用不同的管理方法、管理制度和管理手段。

对于这个学派的观点，孔茨认为，该学派的研究方法值得注意，因为"管理实务就其本性而言，要求主管人员在运用理论或方法时应考虑既定情况的现实条件。……管理理论和管理科学并不宣扬有各种具体情况下都适用的'最好方法'"。但他又认为，该学派对基本的管理科学和理论并无显著的贡献，因为"这层道理，有经验的管理人员早就知道了"。[②]

(十)决策理论学派(the Decision Theory School)

这个学派的基本出发点是认为"管理是以决策为特征的，管理的本质就是决策"，因此，管理理论就应该围绕决策这个核心来建立。这个学派的主要代表人物是赫伯特·西蒙(Herbert A.Simon)和詹姆士·马奇(James G.March)。他们都是美国卡内基—梅隆大学

① ［美］哈罗德·孔茨、西里尔·奥唐奈、海因茨·韦里克著：《管理学》，黄砥石、陶文达译，中国社会科学出版社 1987 年 8 月第 1 版，第 82 页。

② ［美］哈罗德·孔茨、西里尔·奥唐奈、海因茨·韦里克著：《管理学》，黄砥石、陶文达译，中国社会科学出版社 1987 年 8 月第 1 版，第 91、93 页。

的教授。他们在社会系统学派理论的基础上,吸收了行为科学理论、系统理论、运筹学和计算机科学的知识,形成了一个新的管理理论学派。西蒙由于在管理决策理论方面做出了卓越的贡献而获得 1978 年度的诺贝尔经济学奖。他的主要著作有《管理行为》(1945 年)、《公共管理》(1950 年与史密斯伯格合作)、《人的模型》(1957 年)、《管理决策新科学》(1960 年)等。下面介绍以西蒙为代表的决策理论学派的管理思想。

1.管理就是决策

西蒙认为,"管理过程就是决策的过程"。决策贯穿于管理整个进程。如企业制订计划是决策,组织结构设计是决策,组织中干部配备是决策,控制时采取措施来纠正偏差也是决策。决策理论学派学者就是以这个观点为基本出发点来构造理论体系。正如西蒙所说的:"管理通常是被当作'设法完成任务'的艺术来加以讨论的。……管理原则的提出,通常也是为了让一群人采取协调一致的行动。但是,所有这类讨论,却都没有充分注意任务行动开始之前的抉择——关于要干什么事情的决定,而不是决定的执行。……任何实践活动,无不包含着'决策制定过程'和'决策执行过程'。然而,管理理论既要研究后者也要研究前者这一点,却还没有得到普遍承认。……关于管理和行政的普遍理论,既要包含确保有效行动的原则,又必须同样包含保证正确制定决策的组织原则。"①

2.用"管理人"的模式代替传统的"经济人"模式

传统的管理理论认为人是"经济人",即人是追求经济利益和物质利益的。"这种经济人有一个完整而内在一致的偏好体系,使其总是能够在他所面临的备选方案当中做出抉择"②,这种经济人是理性的,他能在复杂的现实世界中,从各种备选方案中找出最有利于自己经济利益的最优方案。传统的管理理论正是基于对人的这种认识来建立自己的理论体系的。

西蒙认为,人是具有有限理性的"管理人"。这种"管理人"具有两个特征:一是寻求达到满意程度目标的行动程序,对于管理人来说,不是像经济人那样追求能达到最优目标的行动方案,而是用满意原则来代替传统的最优原则;二是管理人在确定自己的行为时,不考虑真实世界中的纷繁复杂的现象,在进行抉择时只考虑那些他认为是最要紧和关键的因素。

管理人的这两个特征有什么意义呢?西蒙认为:"因为他寻求满意而非最优,所以,他不用先考虑一切可能的备选方案,也用不着确认存在着全部备选行动方案,便可以进行选择。其次,由于他把世界看成是近乎空旷的,不考虑所有事物之间的一切相互联系(他们会使思考和行动如入烟海),所以管理人能用相对简单的经验方法来制定决策。这些方法不至于给他的思考能力强加上无法负担的重任。"③对于管理人来说,他们决定是否从事某一项行动,在很大程度上不是依赖于他们的理性分析,而是受下面这些心理因素影响的:

第一,学习。人们通过学习就能获得知识和经验,这样人们就"可以用想象实验来代替

---

① 〔美〕赫伯特·西蒙著:《管理行为》,杨砾、韩春立、徐立译,北京经济学院出版社 1988 年 5 月第 1 版,第 3、10 页。

② 〔美〕赫伯特·西蒙著:《管理行为》,杨砾、韩春立、徐立译,北京经济学院出版社 1988 年 5 月第 1 版,第 18 页。

③ 〔美〕赫伯特·西蒙著:《管理行为》,杨砾、韩春立、徐立译,北京经济学院出版社 1988 年 5 月第 1 版,第 21 页。

真实实验：人们可以在自己的心里，追踪每个备选行为的后果，并从中挑选出一个备选行为；而不用对各个备选行为进行逐个的实际检验"。①

第二，记忆。西蒙说："正是因为有了记忆，人们才能在解决一个问题时，把所收集到的信息，甚至结论，存储在头脑里。而且，当人们再次遇到一个同类问题时，不用重新研究，便能利用那些信息。"②因此，通过记忆，人们就不必对所需要解决的每一件事情都进行重新考虑，而可以充分地利用过去的知识和经验，从而省人们的时间和精力。

第三，习惯。西蒙认为习惯也是一个影响人们进行决策的重要因素。他说："它有助于保存有用的行为模式。由于习惯能把一切情境的重复性方面从自觉思考的范围里抽出来，因此，它能节省脑力资源。"③由于人们习惯的形成，人们就没有必要对每一个正确的决策都进行重新思考，即能对类似的刺激产生类似的反应。

正是由于人们的决策行为会受人们的学习、记忆和习惯等心理因素的影响，所以西蒙把人的符合目的的决策行动分为两种类型：①踌躇—选择型；②刺激—反应型。

对于第一种类型来说，人们为了实现决策的合理性，对一切可能的行动方式、采用这些方式可能产生的后果以及人们对这些后果的评价等，都要花时间进行考虑和分析，这就是踌躇。然后再选择一个最优方案作为可行的方案。对于这种决策方式，西蒙认为："抉择发生前的犹豫有可能导致放弃行动。一个人如果认识到自己无法考虑与抉择有关的一切因素，而且丧失了赢得理性的信心，他就会在种种备选行为面前踌躇不决，直至错过行动时机。"④

而刺激—反应的决策方式的特点是人们对一定的刺激毫不犹豫地做出一定的反应。西蒙认为，这种刺激—反应的决策方式是组织行动的重要方式，它体现了"管理人"的行动特征。他说："刺激不仅决定着管理者最有可能制定哪些决策，而且，它也对管理者的判断，有着相当大的影响。这里有一个重要的原因是，特定刺激不仅引起了特定决策，而且还把决策者的注意力，引向了情境的特定方面，而对情境的其余方面置之不顾。"⑤

3.决策的满意化原则

按照"经济人"的模式，人们在对各种可行方案进行评价和选择时，总是采用"最优化的原则"，即人们总是希望通过对各种可行方案进行比较，从中选择一个最好的方案作为可行的行动方案。

对于这种决策准则，西蒙认为，它需要满足以下几个条件："(1)在决策之前，全面寻找备选行为；(2)考察每一可能抉择所导致的全部复杂后果；(3)具备一套价值体系，作为从全部

①　[美]赫伯特·西蒙著：《管理行为》，杨砾、韩春立、徐立译，北京经济学院出版社 1988 年 5 月第 1 版，第 84 页。

②　[美]赫伯特·西蒙著：《管理行为》，杨砾、韩春立、徐立译，北京经济学院出版社 1988 年 5 月第 1 版，第 85 页。

③　[美]赫伯特·西蒙著：《管理行为》，杨砾、韩春立、徐立译，北京经济学院出版社 1988 年 5 月第 1 版，第 86 页。

④　[美]赫伯特·西蒙著：《管理行为》，杨砾、韩春立、徐立译，北京经济学院出版社 1988 年 5 月第 1 版，第 87 页。

⑤　[美]赫伯特·西蒙著：《管理行为》，杨砾、韩春立、徐立译，北京经济学院出版社 1988 年 5 月第 1 版，第 90 页。

备选行为中选定其一的选择准则。"①也就是说,在采用最优化原则进行决策时,决策者在进行决策之前,必须要找到所有可能的决策方案,必须能对每个方案的实施结果进行预先估计,最后还必须有统一的价值准则能对各种方案结果的优劣进行连续排序。

但是,最优化原则的这几个条件在现实生活中却是经常不能具备的。人们由于知识、经验、认识能力的限制,不可能找出所有可能的行动方案。即使人们有充分能力来寻找所有可能的行动方案,人们由此所花费的时间和费用也会使人们感到这样做是得不偿失的。

既然由于各种各样的原因使得人们不可能找出所有可行的备择行动方案,而"最优"的方案可能恰恰就在这被遗漏的方案中,这就使得人们不可能真正贯彻最优化原则。即使第一个条件有可能成立,即人们有可能在决策之前找到所有可能的决策方案,第二个条件也是经常不能成立的,即人们很难对各种备择方案的实施结果给予预先的估计。因为这涉及两个方面的因素:一是未来变化的不确定性使得人们很难对各种方案的实施结果进行预先的估计,二是人们的认识能力的有限性也使得人们很难对各种方案的结果进行预先的估计。即使第一个条件与第二个条件能成立,贯彻最优化原则的第三个条件也是经常不能成立的,即人们要对各种方案的结果的优劣进行连续而一贯的排序是很困难的。这是因为各个决策方案执行所实现的结果往往是多目标的,而在这多个目标之间有时又是相互矛盾的,所以决策者就很难以一个统一的价值准则对各个方案的优劣进行排序。这样决策者就很难从各个备择方案中选择一个所谓的最优行动方案。

由于贯彻最优原则的三个条件经常不能具备,决策者在进行决策时贯彻所谓的最优原则就失去了其现实性。所以决策理论学派的学者提出要用"满意的原则"来代替"最优的原则"。所谓满意的原则,就是寻找能使决策者感到满意的决策方案的原则,即对于各种决策方案,决策者不是去探索能实现最优效果的决策方案,而是如果有了能满足实现目标要求的方案就确定下来,不再继续进行其他探索活动。西蒙和马奇指出:"无论是个人还是组织,大部分的决策都同探索和选择满足化的手段有关,只是在例外的场合才探索和选择最佳的手段。"②决策学派学者认为,"满意化原则"是比"最优化原则"更为现实合理的决策原则。

4.决策是一个过程

过去,人们对决策的认识过于狭窄,认为决策就是对现成的几个方案进行选择决定的过程。人们往往把着眼点放在最后对决策方案的决定上,而忽视了在这之前的大量的信息资料的收集、决策方案的拟订和评价等工作。

在《管理决策新科学》这一著作中,西蒙指出:"人们通常对'决策制定者'这一形象的作用描绘得过分狭窄。'决策制定者'像个骑马思考问题的人,考虑成熟之后,突然把他的决定指示给他的随从;或者'决策制定者'像个置硬币于大拇指端,准备在一掷之后就去冒险的逍遥自在的家伙;或者说:'决策制定者'像个和同僚一起坐在董事会办公桌旁,满嘴说'可以'或'不可以'的,那种精明而又华发满头的女企业家。或者说:'决策制定者'是位埋头审阅公文、戴眼镜的绅士,正在标有(×)记号的字里行间思考着。"

"上述诸形象都具有重要的共通之点,即'决策制定者'是能在关键抉择时刻,在十字路

---

① [美]赫伯特·西蒙著:《管理行为》,杨砾、韩春立、徐立译,北京经济学院出版社 1988 年 5 月第 1 版,第 78 页。

② 转引自[日]占部都美著:《现代管理论》,蒋道鼎译,新华出版社 1984 年 11 月第 1 版,第 243 页。

口选定最佳路线的人。由于只注意了最后的片刻,上述各种形象都对决策做了歪曲的描绘。他们忽略了完整的全过程,忽略了最后时刻之前的复杂的了解、调查、分析的过程以及在此之后的评价过程。"①西蒙认为,决策是一个包括有四个阶段的完整的过程。这四个阶段是:"情报活动"阶段,即要对各种信息情报资料进行收集,寻找有利的决策机会和决策条件;"设计活动"阶段,即要根据决策目标的要求,拟定各种可行的备选方案;"抉择活动"阶段,即根据决策目标的要求和进行决策的准则,对各种备选方案进行比较分析,从中确定一个方案作为实现决策目标的行动方案;"审查活动"阶段,即对所确定的决策方案进行评价。实际上,决策学派的学者就是从一个完整的过程来理解决策,从而得出管理就是决策这个结论。西蒙指出:"为了了解决策的含义,就得将决策一词从广义上予以理解,这样,它和管理一词几近同义。"②他说,把决策过程四个阶段的活动加在一起,"就构成了经理所做的主要事情"③。

5.程序化决策与非程序化决策

决策学派的学者把管理者所进行的决策分成两类,一类是程序化决策,另一类是非程序化决策。西蒙说:"组织中各层管理人员所遇到的问题可以根据其出现时在结构方面的情况、例行程序的情况和固定性等方面的情况而给以分类。在这个统一体的一端是高度程序化的决策:日常例行事务的处理或对标准产品的定价等。而统一体的另一端则是非程序化决策:制定新产品系列的一次性基本决策或在新协定上与劳工谈判的战略决策。在这两极端之间存在着一种既包含程序化决策又包含非程序化决策和既包含例行也包含非例行的混合型决策。"④

对于这两类决策,西蒙认为:"决策可以程序化到呈现出重复和例行状态,可以程序化到制订出一套处理这些决策的固定程序,以致每当它出现时,不需再重复处理它们。……决策也可非程序化到使它们表现为新颖、无结构,具有不寻常影响的程度。处理这类问题没有灵丹妙药,因为这类问题在过去尚未发生过;或因为其确切的性质和结构尚捉摸不定或很为复杂;或因为其十分重要而需要用现裁现做的方式加以处理。"因此,西蒙分析了程序化决策和非程序化决策的不同技术。不同管理层次的管理者由于其在组织中的地位和作用不同,因此其所决策的程序化程度也就不同。"在一般的情况下,总经理与副总经理所遇到的问题要比工厂各部门领导和工厂经理所遇到的问题更少程序化些。"⑤

6.决策中的价值要素和事实要素

人的行为总是有一定的目的性的,而组织的活动也是为了实现组织的目标。为了实现一定的目标,组织就要采取一定的手段。如果说实现组织的总体目标或者说最高目标是组

① [美]赫伯特·西蒙著:《管理行为》,杨砾、韩春立、徐立译,北京经济学院出版社1988年5月第1版,第33页。

② [美]赫伯特·西蒙著:《管理行为》,杨砾、韩春立、徐立译,北京经济学院出版社1988年5月第1版,第33页。

③ [美]赫伯特·西蒙著:《管理行为》,杨砾、韩春立、徐立译,北京经济学院出版社1988年5月第1版,第34页。

④ [美]赫伯特·西蒙著:《管理行为》,杨砾、韩春立、徐立译,北京经济学院出版社1988年5月第1版,第27页。

⑤ [美]赫伯特·西蒙著:《管理行为》,杨砾、韩春立、徐立译,北京经济学院出版社1988年5月第1版,第27、39页。

织中最高层管理者的职责的话,那么为了实现这一目标所需要的手段就成了组织中下一层次的管理者的目标。为了实现下一层次管理者的目标,又需要采取一定的手段,而这个手段又成了更下一个层次的管理者的目标。这样往下不断进行分解,一直到组织的总体目标能通过现有的行动计划或其他具体的方法、手段的实施而实现为止。这样,在组织中就形成一个不中断的目标—手段链,或者叫目标—层级系统。这个目标层级系统与组织中形成的不中断的等级链是相吻合的。在这个系统中,每一个层次的目标(手段)既是目标又是手段。它既是上一层次目标的手段,又是下一层次手段(活动)的目标。在这个系统中,人们所从事的活动实际上都是一种决策活动,这种决策活动主要是要解决两个问题,即目标的确定和目标的实现。

西蒙把这两个问题分成价值判断和事实判断的问题。他说:"就决策导向最终目标的选取而言,我们把决策称为'价值判断';就决策包含最终目标的实现而言,我们把它称作'事实判断'"。西蒙认为,把组织中的每一项决策分成"事实"要素和"价值"要素,对于管理来说,是具有根本性意义的。他认为通过这样区分,可以"使我们懂得'正确的'管理决策究竟指什么;可以澄清管理学文献中频繁出现的政策问题与管理问题之间的区别"。[1]

西蒙认为,所谓的事实要素是指可以通过检验来确定其真伪的要素,而价值要素却是不能通过检验或实验来判断其真伪的。价值要素与决策制定者或者行为者本身的价值观念和伦理观念有关。组织中管理者的每项决策活动,实际上都包含着事实要素和价值要素。对于事实要素,人们可以通过科学的方法检验其正确与否或者合理与否。对于价值要素,人们不可能通过科学的方法确定其是否正确。在这种情况下,是否就意味着管理问题不是科学的问题呢?对此,西蒙给予了明确的否定的回答。他说:"断言任何决策均含伦理要素,并不是断言任何决策仅含伦理要素。"那么怎样判断管理者的决策是否科学合理呢?西蒙认为:"就决策导向最终目标的选取而言,我们把决策称为'价值判断';就决策包含最终目标的实现而言,我们把它称为事实判断。"[2]也就是说,人们行动的目的是什么属于价值判断的问题,而为了实现这个目的要采取什么行动最恰当则属于事实要素的问题。人们不能对目标本身的正确与否进行评价,因为它属于价值判断的问题,而人们却可以对实现这个目标所采取的行动方案正确与否进行科学的评价,因为它属于事实要素的问题。

所以西蒙指出:"我们总是能够在这种相对意义上,对决策做出评价:给定了决策意欲实现的目的,便可以确定其是否正确。不过,目标的变化也就意味着评价的变化。严格说来,被评价的并不是决策本身,而是这里所讲的决策同其目标之间的纯粹事实关系。"[3]也就是说,判断一项决策是否正确,就看其所采取的手段是否能有效地实现目标,因为它是事实性问题。

西蒙认为,人们经常把价值要素成分比较多的"政策问题"与事实要素成分比较多的"管

---

[1] 〔美〕赫伯特·西蒙著:《管理行为》,杨砾、韩春立、徐立译,北京经济学院出版社 1988 年 5 月第 1 版,第 6、44 页。

[2] 〔美〕赫伯特·西蒙著:《管理行为》,杨砾、韩春立、徐立译,北京经济学院出版社 1988 年 5 月第 1 版,第 6、46 页。

[3] 〔美〕赫伯特·西蒙著:《管理行为》,杨砾、韩春立、徐立译,北京经济学院出版社 1988 年 5 月第 1 版,第 47—48 页。

理问题"混淆起来,没有在这两者之间划出清楚的界限。而划分这两者之间界限的依据仍然是价值要素与事实要素之间的区分。由于对价值要素很难用"科学"的或"专门"的知识来进行衡量和判断,因此就有一种验证价值判断的制度——民主制度,即可以把价值判断成分比较大的政策问题交给民主机构去处理,如国家中的国会或企业中的董事会,而把事实判断成分比较大的管理问题交给行政执行机构或管理机构去处理。当然,民主机构在进行价值判断时,也要做出许多必要的事实判断,所以它也必须获得有关事实的信息情报资料。而行政机构或管理机构也要在一定程度上做出许多必要的价值判断,所以要求行政管理机构要对它做出的价值判断在出现意见分歧时负完全的责任。此外,西蒙还对组织中的信息沟通、组织决策的效率准则以及计算机的发展及其在管理中的应用等方面的问题进行了深入研究。

对于这个学派的观点,孔茨认为,这个学派围绕着决策来建立管理理论是有一定道理的,但是他又指出,这个学派的学者并没有认识到,管理的内容要比决策丰富得多。

(十一)管理者工作学派(the Managerial Roles Approach)

这个学派又被称为经理角色学派,主要代表人物是加拿大的亨利·明茨伯格(H.Mintzberg)。他通过对经理人员的实际工作情况进行考察后发现,经理人员的工作并不像管理过程学派所讲的那样整天从事各种管理。他说:"POSDCORB(指古利克所提出的管理七职能:计划、组织、人事、指挥、协调、报告和预算)有些什么用处呢? 如果我们观察一位工作中的经理,然后尝试着把他的特殊活动同 POSDCORB 的各种职能联系起来,我们很快就能对此有所感觉。设想一位总经理碰到了一批有意见的职工,他们威胁说,如果某一位高级经理不被解雇,他们就要辞职。这位总经理在以后的一些日子中必须搜集有关资料,并找出一个处理这一危机的方法;或者设想一位经理授予某一位退休职工一枚荣誉奖章;或者设想一位总经理给他的下属带来一些外部董事会会议的有用信息。这些活动中的哪一项可以称为计划呢? 又有哪一些可以称为组织、协调或控制呢? 事实上这四个词同经理的各项活动之间有一些什么关系呢? 这四个词实际上完全没有描绘出经理的实际工作。它们只不过描绘出了经理工作的某些模糊的目标。"经理人员也不像决策学派所描述的那样是"对别人的工作加以程序化的非程序性的决策者"。[①]

明茨伯格通过对经理人员每天的工作活动情况进行调查统计,发现经理人员每天都在从事着各种各样的活动,而这些活动有许多通常被人们视为非管理性的工作。如他通过观察 5 名总经理 5 周工作时间的活动安排情况,发现这些总经理在他们的总工作时间中,有59%的时间用于经过安排的会晤,10%的时间用于未经安排的会晤,3%的时间用于各种视察活动,22%的时间从事各种文牍工作,6%的时间用于打电话。

通过对经理人员从事的各种活动进行研究,明茨伯格发现经理人员在他的工作过程中实际上充当着各种角色。他把这些角色分成三类共十种角色,即人际关系方面的角色三种,信息方面的角色三种,决策方面的角色四种。明茨伯格认为,对经理人员角色的这种分析是以经理人员的职务为起点的。因为他把经理人员解释为是"正式负责一个组织单位的人"。

---

① [加拿大]亨利·明茨伯格著:《经理工作的性质》,孙耀君、王祖融译,中国社会科学出版社 1986 年11 月第 1 版,第 24、31 页。

经理人员的这种职务地位使他"处于他那个单位同他那个单位的环境之间的地位上"①。每个经理人员都要领导他的那个单位和组织,同时要面向由竞争者、供应者和需求者等组成的环境。他要通过他的有效的管理活动,使他所领导和管理的组织能获得生存和发展。因此,负有责任的经理人员就必须担任一系列经理角色。明茨伯格认为,这些角色对于所有经理的工作都具有普遍性,因此,可以通过对经理人员在管理过程中所充当的角色的研究来形成管理的理论体系,这样才能使理论对实践有指导意义。经理人员的三类共十种不同的角色是:

1.人际关系方面的角色

经理人员在人际关系方面充当的角色有作为挂名首脑的角色、作为领导者的角色和作为联络者的角色这三种。

(1)作为挂名首脑的经理。明茨伯格认为,由于经理人员在组织中的地位和权威使得他在组织中是一种象征,因此他要履行与此有关的许多职责。如他可能要作为一个公司的经理去参加另一个公司的开业典礼,以表示对该公司的尊重和重视,这样有利于促进相互之间的友好关系。这时,经理人员去参加典礼仅仅因为他是公司的经理。经理人员也可能在快要过年时会带些人去给与自己的企业有业务关系的其他组织和单位拜年,对它们在过去一年中给予公司的支持和帮助表示谢意;可能要花很多时间接待来访的客人;可能经常要去看望生病住院的本单位的职工;可能要亲自主持工人的结婚典礼;还可能要经常出面请自己的客户代表吃饭,等等。以上这些都是一些小事,所以往往不会引起人们的注意和重视,人们在对经理人员的行为进行研究时也往往会忽略了这些。但实际上上述每一项工作都必须有经理的参与——就因为他是经理。因为有许多活动经理必须参加,才能增加这些活动的意义和分量,也才有利于促进组织与有关各个方面之间的关系。

(2)作为领导者的经理。在经理人员从事的各种各样的活动中,有许多活动是经理人员作为领导者的角色进行的。经理人员要充分利用组织赋予自己的正式权威来引导组织中成员个人的行为,通过将组织目标和组织成员的个人需要结合起来以调动组织成员工作的积极性。如他可能要作为领导者对组织中的一些成员的积极表现给予表扬和奖励;同时他可能也要以一个领导者的身份对组织中的一些不良行为进行批评。通过对良好行为的鼓励以表示领导者对这种行为的赞赏和肯定;通过对不良行为的批评以表示领导者对这种行为的不满和反对。这样有利于调动组织成员的工作积极性,鼓励组织成员为组织目标的实现做出积极的贡献。这是因为领导者对组织成员某种行为的态度及由此而做出的反应与非领导者对此所做出的反应所产生的效果与影响是不同的。前者能对组织成员产生较强烈的刺激和影响作用。

(3)作为联络者的经理。作为联络者的经理,经常要与他所领导的组织以外的无数个人或组织保持适当的联系。通过这种联系,使组织与外部环境的各个个人和组织之间保持良好的关系。明茨伯格的研究表明,经理人员"个人的社会地位愈高,则同他所在团体以外的人相互交往得愈是频繁……社会地位相等的人会非常频繁地相互交往"。也就是说经理人员总是同与他具有相当社会地位的经理人员进行交往。"日记和观察研究的资料表明,车间

---

① [加拿大]亨利·明茨伯格著:《经理工作的性质》,孙耀君、王祖融译,中国社会科学出版社1986年11月第1版,第31、76页。

主任有许多时间同其他车间主任在一起,中层经理同其他中层经理在一起,总经理同其他总经理在一起。"①

联络者角色作用的发挥,可使组织与外部环境的各个个人及组织保持良好的关系。这个角色又表明了经理职务中一个关键部分的开始。因为这是经理与外部环境联系的第一步。经理的发言人、传播者和谈判者角色进一步发展了这种联系。经理在联络者角色中建立了他与外部环境的关系网络,而在充当其他角色从事各种活动时,经理要利用这种关系网络给他带来的各种好处。

2.信息方面的各种角色

在经理人员所从事的各种活动中,有很大部分是经理人员通过各种口头的或书面的形式进行各种信息的接收与传递。在组织的信息传递过程中,经理人员由于其在组织中的独特位置使他处于中心的位置,即他是组织中信息沟通的"神经中枢"。他要从组织的外部接收各种信息向组织内部的成员传递,他要搜集组织中的各种信息向组织外部传递。在这方面,经理人员所充当的角色有:

(1)作为监听者的经理。经理人员要花很多时间来寻求和收集各种信息,使他能了解他的组织及其环境发生了什么事情。明茨伯格认为他所研究的总经理接收到的信息有以下五个方面:①内部事务经理人员要通过各种标准的业务报告、下属的特别报告以及经理本人对组织进行视察时的观察材料来搜集和了解组织中业务的进展以及同这些业务有关的各种事件的信息。②外部事件经理人员要通过他的个人联系、下属人员的报告、同业组织的各种报告和业务通讯及大量的报纸杂志来搜集有关顾客、竞争者、同事、供货者以及市场变化、政治变动、工艺技术发展等的信息。③分析报告经理人员经常会收到同业组织或其他团体送来的他们认为他或他的组织会感兴趣的报告,或者会要求他的下属就与他将要做出的决策有关的各种因素提出一份报告或概要。④各种意见和倾向经理人员通过参加各种会议,阅读顾客的来信,浏览同业组织的报告来了解各种意见和倾向,如有关提升的建议、提议等。⑤压力经理人员还通过各种形式的压力来获得信息,如下属人员的各种要求、公司以外的人提出的各种各样的要求及董事会的各种意见等。

(2)作为传播者的经理。经理在组织中的特殊位置使他在组织中总是能首先得到外部的各种有关信息,因此,经理就能担任信息传播者的角色,把外部的各种信息传播给他的组织。经理所传播的各种信息,可以分成有关事实的信息和有关价值的信息两类。

有关事实的信息是指可以用某种公认的标准来判断它正确与否的信息。总经理由于在组织中的特殊位置,能收到许多有关事实的信息,他把这些信息大部分转给有关的下属人员,以帮助下属人员进行有关业务活动的决策。

有关价值的信息是"涉及选择——某人有关'应该'是什么的主观信念"②。也就是说有关价值的信息是一种关于主观判断的信息,不可能以某个公认的标准来衡量其正确与否。因此,有关价值的一项陈述可能是正确的,也可能是不正确的,它只不过反映了某个人的主

---

① [加拿大]亨利·明茨伯格著:《经理工作的性质》,孙耀君、王祖融译,中国社会科学出版社 1986 年 11 月第 1 版,第 84、85 页。

② [加拿大]亨利·明茨伯格著:《经理工作的性质》,孙耀君、王祖融译,中国社会科学出版社 1986 年 11 月第 1 版,第 95 页。

观判断而已。作为信息传播者的经理,在传播有关价值的信息时,要反映来自各方面的压力对组织价值观念的形成的影响。因为政府、工会、同业组织、公众、董事会等方面总是会对组织施加各种压力,试图控制组织以反映他们各自的价值观点。经理要把这些来自各方面的压力所传递的各种有关价值的信息进行综合,最后确定整个组织有关价值观点的总的优先选择顺序,然后把它作为组织的价值传播下去。

(3)作为发言人的经理。作为传播者的经理是把有关组织外部的信息向组织内部传播,而作为发言人的经理是把有关组织的信息向组织外部传递。他要把有关组织的信息传递给两个方面的人。第一个方面是对组织有着重要影响的那些人——"对总经理来说是董事会,对中层经理来讲是他的上级"[①]。第二个方面是组织以外的公众,如组织的供应者、同业组织、同等级的他人、政府机构、顾客及新闻界等。

从以上关于经理在信息方面所充当的角色的讨论可以看出,经理由于其在组织中的特殊位置,从组织的内部和组织的外部接收各种各样的信息,然后再向组织内部和组织外部传递。在这个信息的接收和传递过程中,经理不是起简单的信息传递通道的作用,而是要对各种信息进行加工处理,使之有利于组织的生存和发展。正是经理在信息方面所充当的角色把所有经理的工作联系起来,即"人际关系方面的各种角色保证信息的获得,而决策方面的角色则使信息得到最有意义的利用"[②]。

3.决策方面的各种角色

经理在决策方面所充当的角色是经理的工作中最重要的部分。经理在组织中的地位及其拥有的权威使经理成为组织中唯一能对组织的行动方案做出最后决策的人。因此,经理要在组织的各种管理活动中做出各种重大的决策。

对于组织决策,明茨伯格认为:在组织中,存在着一个从纯粹自愿的革新性决策到非自愿的反应性决策这样一个连续统一体。在这个连续统一体的一端,是纯粹自愿的革新性决策,也称为企业家决策。这种决策是决策者主动性的决策,如一个成功的企业为了能获得更快的发展从而做出在新的领域里投资的决策。在这个连续统一体的另一端,是非自愿的反应性决策。这种类型的决策是由于组织面临着困难或危险,要求组织对此做出反应而进行的决策。在这个连续统一体的中间,是各种不同类型的决策。

对于各种不同类型的决策,明茨伯格认为可以按照西蒙的分类方法把决策过程分成三个不同的阶段,即情报收集阶段、设计活动阶段和选择活动阶段。明茨伯格把这三个阶段称为理解阶段、设计阶段和选择阶段。他认为,经理在决策方面充当的角色有四种,即企业家的角色、故障排除者的角色、资源分配者的角色和谈判者的角色。

对这四种角色,明茨伯格认为:"企业家的角色处在连续统一体的主动的、革新的一端,包括理解阶段和设计阶段。纠纷处理者角色包括同样的两个阶段而处于连续统一体的反应的一端。资源分配者角色从事选择的活动。经理在谈判者角色中从事另一种决策运动——

---

① [加拿大]亨利·明茨伯格著:《经理工作的性质》,孙耀君、王祖融译,中国社会科学出版社 1986 年 11 月第 1 版,第 99 页。

② [加拿大]亨利·明茨伯格著:《经理工作的性质》,孙耀君、王祖融译,中国社会科学出版社 1986 年 11 月第 1 版,第 94 页。

同其他组织进行谈判。"①

(1)作为企业家的经理。明茨伯格认为:"经理在企业家的角色中作为他的组织中大多数可控变化的发起者和设计者。'可控'这一词指的是,这一角色包括经理按其自由意志进行变革的全部活动——利用各种机会,解决各种非急迫的问题。"②

作为企业家的经理,他要花很多时间对他的组织进行视察,以寻找各种有利的机会及发现组织在运行过程中可能出现的问题。这时,他处在理解的阶段。当他发现了一个问题或一个有利的机会后,他可能就会决定采取行动,以改进他的组织的目前情况。这时决策的设计阶段就开始了。

明茨伯格把经理为了改进组织的某一种状况而进行的决策称为改进性决策。他认为经理通过在下列三个层次中选择一项来参与这种改进性决策的设计阶段和选择阶段:①授权。对于一些最不重要的改进性决策方案,经理可以采用授权的方法,而自己的参与只是限于选择一个具体进行这项决策的人,当然经理要保留撤换该人的权力。②批准。当有些改进性决策可能包含有更多的风险或者较为重要时,经理就会在设计阶段完全授权,而保留选择阶段的权力,即当下属人员完成设计阶段的工作后,他对下属的"方案批准请示书"中的方案确定保留最后的批准权。③监督。当有些改进性决策方案特别重要时,经理可能会对设计阶段保持权力并对下属人员的工作进行严密的监督,以保证对整个决策过程的控制。

总之,作为企业家的经理,他是组织重要的可控变革的发起者和设计者,而对于决策方案的设计和选择,经理是以各种不同的形式进行参与的。但不管采用什么形式,都是在经理的某种形式的控制下进行的。

(2)作为故障排除者的经理。在决策的连续统一体中,作为企业家的经理主要是进行组织的可控变革的自愿行动。这种决策活动处于这个决策连续统一体的一个极端。而作为故障排除者的经理正好处在这个连续统一体的另一个极端。他所进行的是组织非自愿的或者是经理人员不能控制的变革,即当组织在运行过程中发生了故障时,经理就要作为故障的排除者进行各种决策活动。

组织可能出现的故障有三种类型:①下属之间的冲突;②一个组织与另一个组织之间的困难的暴露;以及③资源的损失或其威胁。明茨伯格发现,组织的故障很少在组织的例行信息报告中发现,而往往是由一些特殊的诱发因素来确定的,而且通常是由一名已经了解到发生了故障的人传递给经理。而经理会把对故障的排除置于较其他活动更为优先的地位,即他会重新安排他的工作日程,并投入他的大部分精力,以求得故障在短期内能得到解决。

(3)作为资源分配者的经理。组织的资源包括金钱、时间、材料和设备、人力以及信誉等。作为资源分配者的经理,他要对组织的这些资源是耗用还是保护,即要对这些资源如何使用进行分配。这种对组织资源的分配是组织的战略制定的核心。因为组织战略的制定和实现实际上是由组织资源的使用和分配决定的。与作为企业家的经理和作为故障排除者的经理不同的是,作为资源分配者的经理进行的是决策活动过程中的选择活动。经理可以通

① 〔加拿大〕亨利·明茨伯格著:《经理工作的性质》,孙耀君、王祖融译,中国社会科学出版社 1986 年11 月第 1 版,第 102 页。

② 〔加拿大〕亨利·明茨伯格著:《经理工作的性质》,孙耀君、王祖融译,中国社会科学出版社 1986 年11 月第 1 版,第 102 页。

过以下三种方式来对组织的资源进行分配。

①安排时间。经理在每一个工作日中都面对着如何安排他的时间的无数决定,而经理的决定所产生的影响远远超出了决定本身。因为经理在安排他的时间时,实际上等于对组织中的各项工作确定了优先顺序。重要的工作先安排,这些工作对组织资源的使用要求就有了保证。不重要的工作后安排,这些工作对组织资源的使用要求可能就没有保证。有些工作不给予安排,这些工作就不能使用组织的资源。

②安排工作。经理要为组织的有效运转建立工作制度。他要确定为了实现组织的目标需要做什么事,谁去做,通过什么机构来执行等。经理的这类决策就涉及组织中基本的资源的分配和使用。

③批准行动。经理要求组织的所有重要决定或下属成员的行动都要经过他的批准,这样他就实现了对组织资源的使用和分配的控制。实际上,经理对组织的重要活动或下属人员行动的批准都属于非程序化决策活动。面对下属人员的各种请求,经理在做出批准决定时往往是根据他在平时通过吸收大量的信息而形成的思维模式和具有弹性的计划来处理的。

(4)作为谈判者的经理。每个组织经常要与其他组织或个人进行一些重大的、非程序化的决策。这种决策经常是由经理带领他的组织中的有关人员组成谈判队伍参加谈判。明茨伯格认为,经理人员亲自参加谈判在经理的职务中是极为重要的。这是因为,作为挂名首脑,经理的参加能增加谈判结果的可信性。而作为发言人,他在谈判时对外代表着组织的信息和组织的价值观念。而更重要的是,经理作为组织资源的分配者有权支配组织的资源。而谈判就是当场的资源交易。它要求参加谈判的人有足够的权力来支配情况未定的资源,并能迅速地做出决定。

明茨伯格认为,所有经理的活动和工作都可以由上述三大类十种角色来描述。这十种角色构成一个综合的整体。"人际关系方面的三种角色从经理的正式权威和地位产生;它们又产生出信息方面的三种角色;而后者又使经理得以担任决策方面的四种角色。……十项角色表明经理有六项基本的目标——保证组织有效率地生产出某些产品和服务,设计并维持组织业务的稳定性,使组织以一种可控制的方式适应于其变动中的环境,保证组织为控制它的那些人的目的服务,作为组织及其环境之间的关键的信息环节,以及使组织的等级制度运转。"①

对于经理角色学派的观点,孔茨是这样认为的:观察主管人员实际上在做什么是很有用处的。一位有效的主管人员在分析各种活动时,总希望确定一下这些活动和方法可以分属于主管人员基本职能中的哪几个方面。但是,明茨伯格所阐明的十项作用似乎是不完善的。例如,下列一些活动无疑是主管人员的重要活动,如组织的筹建,主管人员的选择和评定,以及主要策略的决定等,这些活动应在哪项作用中去找呢?如果抹去了这些活动,就不能不使人怀疑在明茨伯格样本中的经理是否是一位真正有效的主管人员。这里肯定存在着一个重大的疑问,即管理任务法(至少是如明茨伯格所解释的)是否完善,是否可据以建立起一种符合实际的管理学的经营论呢?

---

① [加拿大]亨利·明茨伯格著:《经理工作的性质》,孙耀君、王祖融译,中国社会科学出版社 1986 年 11 月第 1 版,第 123~127 页。

三、管理理论丛林形成的原因

从上面对各个管理理论学派主要观点的介绍可以看出,各个学派的学者都是从各自的角度出发来阐述管理理论的。但是,在各个管理学派之间,对管理理论如何才能反映管理的实际,如何才能对实际工作有真正的指导意义却存在着很大的分歧。好比大象只有一头,可是对大象的描述却一人一个样,以错攻错,争论不休。为什么会产生这种分歧? 孔茨认为,管理理论丛林中思想纠缠的根源很多,但主要有以下几个方面:

(一)人性假设的分歧

现代管理学对人性的假设超越了古典管理学派的"经济人"假设和人际关系学说的"社会人"假设,随着对人的多种需要的认识的发展呈现多样化,出现了"管理人"、"复杂人"、"决策人"等关于人性的假设。由于人性假设是管理理论的立论基础,而基于不同的人性假设提出不同的管理理论也就不足为怪了。

(二)语义上的混乱

在对管理理论的研究中,各个学派对管理学中所使用的一些概念,在语义的理解上存在着很大的差异。如对"管理"、"组织"、"决策"和"领导"等概念,各个学派的学者有自己不同的理解。例如对"组织"这个概念,有的学派的学者认为组织是由各种职务构成的结构;有的学派的学者认为组织是由人的活动形成的系统;也有的学派的学者却认为组织是一切群体中人的关系的总和。由于各个学派对管理学中的一些概念都有各自不同的理解,所以,以此为出发点所构造的管理理论的分歧也就在所难免了。

(三)对"管理"下的定义不一致

各个学派的学者对"管理"所下的定义不同,也是造成管理理论分歧的一个重要原因。例如,过程学派的学者认为,"管理是一个过程,管理者就是在这个过程中重复地履行各种职能";决策学派的学者认为"管理就是决策"。由于对管理的认识不同,以此为出发点所建立起来的管理理论当然也就不可能一样了。

(四)先验的假设

孔茨指出:"管理学中的许多新手,对待过去的一些非常重要的见解和分析,往往以它们带有先验的性质为理由,而加以抛弃。这一倾向,也加深了管理理论中的混乱。"[1]也就是说,孔茨认为有些后来的学者,他们将前人经过提炼的经验看成为先验的推理而加以指责,然后再自己提出一些所谓的新东西。

(五)对原则的误解

孔茨认为:"那些自以为已取得地位和声誉、能够提出某种独特观点或方法的人,对于任何带有点管理原则味道的东西,总是喜欢加以摒弃。有的人称这些管理原则为老生常谈。"在这里,孔茨是从管理过程学派的观点出发来讨论这个问题的。因为从管理理论的发展过程看,第一代学者主要是以法约尔等为代表的过程学派的学者。他们在阐述管理理论时,应用了大量的管理原则。孔茨批评后来的一些学者对前人所提出的管理原则加以摒弃,其目的只是从他们自己对管理的研究中得出一些貌似不同的结论来。

---

[1]　[美]哈罗德·孔茨著:《论管理理论的丛林》,曹达夫译,载于《外国经济管理》1984年第5期。

(六)管理学者之间不能或不愿互相了解

不同的学者对管理的一些问题有不同的认识和理解,这是正常的事情。如果学者之间能互相了解和接受对方,将会有助于消除相互之间存在的分歧。但是孔茨认为,由于各个学派的学者相互之间不能或不愿相互了解对方,结果引起了管理理论中的许多纠缠不清的问题。实际上,各个学派的管理学者之间,并不是不能相互理解对方的观点的,因此,只能说是各个学派的学者之间不愿意正确地理解对方。

孔茨说:"也许这种不愿意是来自学科不同所引起的专业上的'隔阂'。也许这种不愿意起源于害怕别人或某一新发现会影响自己的专业和学术地位。也许是由于担心自己的专业和知识陈旧过时。不管是什么原因,如果人们继续不承认隔阂的存在,如果那些热衷于搞迷信的人仍旧不愿意去考虑别的学派的观点和内容,如果依然不能通过思想交流和相互了解使目前的混乱状态有所好转,那么这些隔阂是消除不了的。"①

四、走出丛林的探索

为了消除管理理论的混乱状态,使管理理论走出丛林,孔茨认为应该着重考虑的事项是:

(一)需要给"管理"下个定义

对于给"管理"下定义,孔茨认为并不要求非常严格、非常完备、一成不变,但得大体明确其特定内容,而且要重视那些实际管理人员的意见。孔茨给"管理"下的定义是:"管理是一种在正式组织团体中通过别人并同别人一起去完成工作的技能;一种在正式组织团体中创造一种环境,使得人们为了实现团体目标,即作为个人以互相协作地完成工作的技能;一种消除完成工作的障碍的技能;一种能以最高效率切实达到目标的技能。"②

(二)把管理学同其他学科结合起来

孔茨认为,应该把管理学这门学科的知识与其他学科的知识结合起来。但是,在把管理学与其他学科的知识结合起来的同时,也要划清它们之间的某些界限,不能把其他领域中所有的一切都放到管理学中来。另外,还必须注意区别管理学的工具与内容的关系。例如,数学、运筹学、会计学、经济理论和心理学等都是管理学的重要工具,可是它们自身并不是管理学内容的一部分。

(三)澄清管理学用语的语义

对于管理学用语的语义,孔茨认为应该采用那些聪明的实际管理人员所用的语义,除非他们的用语很不精确,以至需要特别的解释。因为如果再另造一套纯理论用语的话,就会在理论研究者与实际管理人员之间造成人为的分歧与障碍,从而使本来就很复杂的问题变得更加复杂。

(四)要对管理学中的很多基本原理进行提炼和验证

孔茨认为管理学是否能成为一门真正成熟的科学,就在于这门科学的"结论是否能不依赖于任何个人的直觉判断,能摆脱主观性。这种客观性把科学同直觉臆测(无论多么高明)

---

① [美]哈罗德·孔茨著:《论管理理论的丛林》,曹达夫译,载于《外国经济管理》1984年第5期。
② [美]哈罗德·孔茨著:《论管理理论的丛林》,曹达夫译,载于《外国经济管理》1984年第5期。

区别开来,必须能接受客观的验证并获得所有人的确认。"为了使管理科学能具有科学的客观性标准,孔茨认为应当记住以下一些准则:

(1)管理理论所涉及的知识和研究范围应当是"可及的"。也就是说管理学所研究的只能是人类管理活动的内在规律性,不可能把人类的所有社会活动都作为自己的研究对象。

(2)管理理论应当有助于改进实践。也就是说理论的研究应当是为了能更有效地指导管理的实践活动,而不是纯粹为了理论研究本身。

(3)管理理论不能钻到语义的牛角尖里面去。也就是说,为了使管理理论能更有效地指导管理的实践,管理学中的一些用语应该尽可能地采用实际管理人员的用语,而不能再生造出一些管理人员不容易懂的专门术语。

(4)管理理论必须认识到它只是一个更大的知识和理论领域中的一个部分,因此它要从其他学科的知识与理论中吸取有用的部分来充实自己,但是又要注意把管理学与其他学科的知识区分开来。

按照孔茨的观点,管理理论应该统一起来——当然是在基本理论层次上的统一,而且这种统一是按照管理过程学派(也叫管理职能学派、经营管理理论学派)的框架来统一的。他认为,即使是最新的管理思想,也能纳入这个框架之内,"有越来越多的学派或研究方法将会采取,甚至发展这种经营—管理学派的基本思想和基本概念"[①]。

孔茨指出,案例学派现在比 20 年前更加重视从案例中提炼基本原理,而这种做法产生的一个主要结果是重新开始强调策略和策略计划工作。这就导致许多经验主义者去提炼许多完全可以纳入经营论者的计划分类范围的知识。

对于系统学派,孔茨认为,系统理论就其实质而言不是新的,而且无论是主管人员还是经营论学者,他们运用系统理论的基本原理都已有多年了。当然,由于经营论者比过去更加自觉和明确地利用这种系统概念和理论,所以他们在发展科学理论方面也前进了一步。

对于行为科学理论中如何调动人的积极性的激励理论和领导理论,孔茨认为"是完全能够纳入经营—管理理论的体系之中的,而不会分离出去成为理论上的一个分支"[②]。

而对于行为科学理论中关于群体行为的研究,即所谓的组织行为学,孔茨认为对群体行为的研究"必定要与组织结构的设计、人员配备、计划工作和控制很紧密地结合在一起。……也是理所当然地会列入经营—管理理论的体系之中"[③]。

至于"管理科学"学派,孔茨认为,在这个学派的所谓"管理科学家"中,已经出现了一些叛逆者。这些叛逆者批评了过度使用模式和数学运算的做法,有的甚至因此而退出了运筹学会。孔茨说:"无疑,运筹学和类似的数学与模式方法是能够很好地纳入经营—管理理论和科学的计划、控制职能之中的。"[④]

――――――――――

① [美]哈罗德·孔茨、西里尔·奥唐纳、海因茨·韦里克著:《管理学》,黄砥石、陶文达译,中国社会科学出版社 1987 年 8 月第 1 版,第 104 页。

② [美]哈罗德·孔茨、西里尔·奥唐纳、海因茨·韦里克著:《管理学》,黄砥石、陶文达译,中国社会科学出版社 1987 年 8 月第 1 版,第 107 页。

③ [美]哈罗德·孔茨、西里尔·奥唐纳、海因茨·韦里克著:《管理学》,黄砥石、陶文达译,中国社会科学出版社 1987 年 8 月第 1 版,第 108 页。

④ [美]哈罗德·孔茨、西里尔·奥唐纳、海因茨·韦里克著:《管理学》,黄砥石、陶文达译,中国社会科学出版社 1987 年 8 月第 1 版,第 109 页。

实际上,各个学派的研究都是从某一个角度来描述管理活动,因此它们对管理的实践都有一定的指导意义。但比较各个学派的研究方法,过程学派的方法确实能比较好地反映管理活动的实际情况。

从实际情况来看,每个组织都离不开计划、组织、指挥、协调和控制等各项职能活动。人们在每个组织中也是按照管理的职能来设置各个不同的管理职能部门的,如计划、人事、组织、调度、财务等部门,是组织中直线人员的参谋部门,它们在各自的职能范围内帮助直线人员工作。这样就使过程学派对管理理论的研究与实际的管理工作有了直接的和明确的联系。而这点正是其他各个学派的研究所缺乏的。

如行为科学理论着重于研究如何在组织中调动人的工作积极性这一问题。这一问题固然重要,但在组织中却不可能按照行为科学理论的研究方法来建立各个部门,而只能把行为科学研究的结果应用到计划、人事、组织等部门的活动中,以调动各个职能管理部门中人们的工作积极性。

又如决策理论认为,组织中的每一项活动都是决策活动。这一点固然是对的,但是一个组织要有效地实现组织的目标,不可能像西蒙所研究的那样,按决策活动的四个不同阶段相应设置情报收集部门、拟定决策方案部门、选择决策方案部门和评价决策方案部门。

同样道理,管理者在他所从事的各项管理活动中,确实充当着各种各样不同的角色,但是在组织中为了有效地实现组织的目标,并不可能像经理角色学派所研究的那样,按照经理人员所充当的三类不同的角色设置人际关系角色部门、信息沟通部门和决策部门。

但是要认识到,各个学派研究的结果对于管理者如何有效地履行各种管理职能都是很有帮助的。因为很显然,管理者在履行各种管理职能时,只有认识和了解组织中人的行为规律,才能充分地调动组织成员的工作积极性;管理者还要掌握决策的技术和方法,才能有效地履行各项管理的职能。因此,可以用过程学派的框架把各个学派的理论统一起来,形成统一的基本管理理论体系。

第三节 现代管理理论的特点

现代管理理论丛林现象的出现,也表明了在现代管理理论阶段各个方面的学者对管理理论的探索。这种探索使现代管理理论呈现出三个基本特点,即对建立一门统一的管理理论的追求、对个人目标与组织目标和谐的追求、对管理理论条理性的追求。

一、对建立一门统一的管理理论的追求

在管理理论的发展过程中,以管理过程学派为代表的许多学者都试图建立一门统一的管理理论。这种对统一的管理理论的追求可以追溯到各代管理理论的学者们对管理理论的追求和探索。

法约尔、泰罗、韦伯及戴维斯、古利克等是第一代的管理理论学者。其中法约尔、戴维斯及古利克等是管理过程学派的第一代学者。管理过程学派的第一代学者认为,管理是一个过程,管理者就是在这个过程中重复地履行各种不同的职能。但是,第一代学者对管理者在

管理过程中应该履行哪些职能并没有取得统一的认识。

管理过程学派第二代学者对管理的职能进行了深入的研究和探讨，从而对管理者在管理过程中应该履行哪些职能取得了比较统一的看法。在各种管理职能中，计划、组织和控制这三项职能得到了最广泛的承认。

进入 60 年代后，由于管理理论丛林现象的出现，管理过程学派的研究受到了来自数学、运筹学、计算机科学、行为科学、信息理论的影响。因此，第三代学者对管理理论统一的追求就是试图"把行为科学、社会系统和数量方法的各种不同观点归纳到传统的管理理论框架之中"①。第三代学者的代表性著作有：福克斯的《管理过程：一种综合职能方法》、朗格内克的《管理原则和组织行为》及希克斯的《组织的管理》等。

对于管理理论第四代学者来说，他们对管理理论统一的追求主要表现在两个方面：一是把系统理论应用于管理，认为组织是一个由许多个分系统组成的系统，而这个系统又是一个更大的环境系统中的子系统，它在与环境系统相互关系的过程中是一个开放系统。因此他们认为以前各个学派的观点都有其局限性，管理理论可以用系统的方法把各个学派的观点统一起来。如系统学派的主要代表人物 E.卡斯特和 E.罗森茨韦克指出："把组织看成是个开放系统的观点所提出的管理作用与传统理论中的管理作用极不相同。所谓'系统革命'的出现，使人们对管理的理解方法发生了深刻变化。在传统管理理论中，经济—技术合理性是注意的重点。这种封闭的观点适用于作业层，但不适用于协调层和战略层。人际关系学说则把重点放在社会心理分系统上，但忽视了技术、结构和环境方面。管理科学学派采用了封闭系统的观点，把重点放在管理决策技术上。开放的社会技术系统的观点给管理带来了一种更为困难的任务，它必须处理不确定性和模棱两可的问题，尤其要关心使组织适应新的变化着的要求的问题。管理是一个沟通和联系组织的各分系统的过程。……管理在认识和确定环境的关系设计内部各分系统中，具有一种积极的作用。管理的主要职能之一，是建立组织与其环境的和谐关系，设计内部各分系统，以达到高效能、高效率和使参与者满意的各种目标。系统方法可为人们理解组织提供重要的哲理基础。"②第四代学者对管理理论统一的追求的另一表现是"企图从多文化、多制度和多学科的观点来分析和结合各种经营管理概念"③，即进行比较管理的研究。这种研究是把管理的理论与管理的实践分开来，以探讨管理理论的普遍性与管理理论的可转移性。

到了 70 年代，被称为第五代的学者对管理理论统一的追求表现在对传统的管理理论提出了批评和怀疑。他们认为不存在"最好的"、"能适应一切情况"的管理方法和管理制度。他们把"它取决于……"这个词引入管理学的著作中。这种权变的思想认为，应该对每一种具体情况进行具体分析，以便找出能适应于每一种情况的最好的解决问题的方法。权变思想的出现曾经给管理理论的统一带来了一丝希望，但是，从实际情况来看，理论的统一并没

①　转引自［美］丹尼尔·A.雷恩著：《管理思想的演变》，孙耀君、李柱流、王永逊译，中国社会科学出版社 1986 年 1 月第 1 版，第 461 页。

②　［美］弗里蒙特·E.卡斯特、詹姆斯·E.罗森茨韦克著：《组织与管理》，李柱流、刘有锦、苏沃涛译，中国社会科学出版社 1985 年 4 月第 1 版，第 138～139 页。

③　转引自［美］丹尼尔·A.雷恩著：《管理思想的演变》，孙耀君、李柱流、王永逊译，中国社会科学出版社 1986 年 1 月第 1 版，第 464 页。

有实现,管理理论的分歧依然存在。因此,对管理理论统一的追求仍然会继续下去。这种理论的统一或许永远也不会实现,但是,对管理理论统一的追求却会有助于管理理论的发展。

二、对个人目标和组织目标和谐的追求

科学管理理论以人是"经济人"这个基本认识为前提,认为要调动人的积极性,必须使人在经济方面的需求得到满足。实际上,科学管理理论强调的是通过满足工人在经济方面的需求,使工人能应用科学的操作方法,从而提高工人的生产效率,以实现提高整个组织效率的目标。可以说,科学管理理论强调的还是组织目标的实现。尽管泰罗在《科学管理原理》一书的开头就指出,"管理的主要目的应该是使雇主实现最大限度的富裕,也联系着使每个雇员实现最大限度的富裕",但实质上泰罗的科学管理理论是为雇主,即组织所有者利益的实现而服务的,而雇员的经济利益,即组织成员个人在经济方面需求的满足,只不过是组织所有者利益实现的手段而已。

人际关系学说的提出则认为组织中"良好的人际关系会使人的心理得到满足,而满足的人会有较高的生产效率"。从表面看,人际关系学说所追求的是组织中成员个人目标的实现,但由于该理论只是强调通过职工精神上的发泄来使工人的心理得到满足,并没有从根本上解决工人的任何实际问题,因此,按照人际关系学说,组织中成员个人的目标并不能真正得到实现。

在现代管理理论阶段,人们的研究发现,人既不是"经济人",也比人际关系学说所设想的更为复杂。能导致较高生产率的不一定是组织中工人与管理人员之间的关系,更重要的因素是工作本身。人们希望通过自己所从事的工作使个人的自我实现的需求得到满足。因此,要求在管理中消除组织中的权力主义倾向,提倡人们在工作中的民主和自觉,把个人目标和组织目标结合起来;要把职工的生产效率看成是一个公司或国家的经济资源。这就是所谓的"人力资源哲学"。它代替了"人际关系哲学"。这种新的"人力资源哲学"的目标是恢复个人在工作中自我实现的机会。

这种新的管理哲学的提出反映了人们对于工作本身的认识和价值观念的变化,也反映了人类通过社会实践活动来满足自身需求的层次的提高和人类对自己的认识的不断深化。古时候,人们把工作看成是一种负担和包袱。在科学管理理论时代,新教伦理把工作看作是一种手段,即把它看成是一种获得报酬的手段。而泰罗的科学管理理论认为,对每一个人来说都存在着一种最合适的工作,应该按每个人的能力来分配他的工作,这样他就能为自己、为他的雇主做出最大的贡献。

因此人际关系学说批评工业文明使人丧失了工作的目的性,人成了完成组织目标的手段,人在工作过程中失去了骄傲感。但由于人际关系学说并没有真正解决工人的任何实际问题,所以实际上也就没有真正能恢复人在工作中的骄傲感,人仍然是完成工作的手段,工作对于人来说仍然是一种负担而不是一种享受,不是人生活的第一需要。随着社会的发展和进步,人类的需要层次也在不断提高。人类通过自身的社会活动并不是单纯追求经济方面需求的满足,也不只是追求在社会方面和心理方面需求的满足。

在现代社会,工作不再是人类的一种负担和包袱,也不再单纯是人类满足经济方面需求或社会与心理方面需求的一种手段,工作成了人类实现自我的一种手段。人们希望通过工

作本身能使人类的自我实现需要得到满足。因此，工作的性质、工作的责任感、工作的挑战性、工作的自豪感以及工作得到他人赏识的程度等成了影响人的工作积极性的最重要的因素。人们通过从事工作，使个人的目标得到实现，同时又使组织目标也能实现。工作本身成了一种中介物，它既联系着个人目标的实现，也影响到组织目标的实现。

随着研究的深入和人们认识水平的不断深化，现代管理理论十分重视通过工作本身使个人目标和组织目标都得到实现。克里斯·阿吉里斯（Chris Argyris）对马斯洛的需要层次理论加以发展，提出了"不成熟—成熟理论"。这个理论认为，每个正常的、健康的个体在其从婴儿到成人的社会化成长过程中，有一种在从不成熟到成熟的连续统一体中发展的趋势。在这个发展过程中，个体从被动到主动，从依存到独立，从缺乏自觉到自觉。而过去的管理理论和管理方法却使个体保留在不成熟的状态。

该理论认为，传统的管理理论强调劳动分工，限制了个人的主动性，使个人只能发挥其能力的很小的一部分；而等级系列原则的贯彻则使个人依附于领导者，并处于被动的地位；统一指挥原则的贯彻意味着实现目标的途径是通过领导的指挥和控制取得的，当领导者的目标中不包括个人的目标时，个人的目标就不可能实现；管理幅度原则的贯彻使处于组织最底层的个人自我控制的范围和所能看到的前景很小。

阿吉里斯认为，传统管理理论的以上几个原则的贯彻都使个人处在不成熟的状态，妨碍了个人的自我实现，从而导致个人可能会脱离组织；循着组织的梯级往上爬；对组织采取攻击的态度；采取冷淡或不介入的态度；以及，组成非正式团体来支持自己的冷淡、不满和攻击等。而管理当局面对工人的这些反应，会采用更专制、更严厉的领导方式。这样就会在组织与个人之间造成矛盾和冲突，使个人目标和组织目标都不能实现。

因此，阿吉里斯认为应该使个人有发挥其能力的更多机会，使个人对其所从事的工作有更大的权力和控制。如通过扩大工作范围，采用参与式的、以职工为中心的领导方式，用更多的责任向职工挑战，更多地依靠职工的自我指导和自我控制，等等，使健康的个人能在健康的组织之中被培养出来，使个人目标和组织目标都能实现。

道格拉斯·麦格雷戈（Douglas McGregor）认为，有关人的性质与人的行为的假设对管理人员的管理方式是很有启发意义的。对人的性质的不同假设就会产生不同的管理方式。他在《企业的人事方面》一书中，对过去的管理理论进行了考察，认为过去的管理理论都是基于对人的性质的"X 理论"假设而提出的。

这种 X 理论假设认为：人有不喜欢工作的本性；一般人宁愿受指挥，希望逃避责任，把安全看成高于一切。麦格雷戈认为科学管理理论属于"强硬的"X 理论，而人际关系学说是"温和的"X 理论。按照 X 理论的假设，管理就应采取强硬的严格的控制方式。这种管理方式的结果是个人的潜力得不到充分的发挥，职工通过工作实现组织目标的同时并不能同时实现个人目标。

麦格雷戈认为一种新的、有效的管理方式应该建立在一种对人的本性的新的认识的基础上。他把这种新的假设称为"Y 理论"假设。这种假设认为：人并不是天生不喜欢工作，运用体力和脑力从事工作就同游戏和休息一样是自然的；一般人在恰当的条件下不但能接受，而且会追求责任；逃避责任、缺乏雄心和强调安全，是经验的结果，而不是人的天性；大多数人都具有解决组织的问题的相当高度的想象力和创造力；个人对目标的参与是和获得成就的报酬直接相关的，这些报酬中最重要的是自我意识和自我实现的需要的满足。按照这种假设,管理者在管理过程中应该使职工在工作过程中有更多的工作自由,应该尽量减少来自外部的控制,鼓励职工在工作过程中实现自我控制和自我指挥,通过工作本身的挑战性来激发职工的工作积极性,通过工作过程使个人目标和组织目标都能实现。

弗雷德里克·赫茨伯格(Frederick Herzberg)让他所选择的调查对象回答以下的问题:"想一想你在工作中感到特别好或特别差的时候。"通过对回答的材料进行分析,赫茨伯格发现在组织中存在着两类不同的因素。

其中一类因素包括公司的监督、人际关系、物质工作条件、工资,公司的政策、福利和工作的安全性等。这些因素如果不具备,也就是说这些条件如果不好,会使职工感到不满意,即会影响职工的工作积极性。如果这些因素具备了,即如果这些条件好了,并不会使职工感到满意,而仅仅是没有不满意而已,即不满意的对立面不是满意,而是没有不满意。也就是说企业中的这些条件好,并不能起到调动职工积极性的作用,而仅仅是消除影响职工积极性的因素而已。他把这些因素称为"保健因素"。

而另一类因素则包括工作的成就感、工作成绩得到他人的承认、工作的责任感、工作给人带来的成长和发展的机会。赫茨伯格认为,这些因素如果具备了,即如果这些条件好了,就会使工人感到满意,即会调动工人的工作积极性。但如果这些因素不具备了,也就是说如果这些条件不好了,却不会影响人的工作积极性,而仅仅是没有积极性而已。在这里,满意的对立面不是不满意,而是没有满意。赫茨伯格把这些因素称为"激励因素"。

从上面赫茨伯格对这两类因素的分析可以看出,"保健因素"主要是一些与物质因素及人们的工作环境和工作条件有关的因素;而"激励因素"则是一些与人们的工作本身的性质有关的因素。根据这种观点,赫茨伯格认为,传统的管理理论所提出的关于工资刺激、人际关系的改善及提供良好的工作条件等都不能真正调动人们工作的积极性,而只能消除人们的不满意而已。

他认为,保健因素是必需的,因为如果保健因素不具备,会使人们感到不满意,但是,保健因素并不能充分调动人们的工作积极性。"对工作的激励必须来自工作丰富化,更有挑战性的工作以及成长的机会,以及监工认识到承认和成就的需要,并给职工提供自我实现的机会。"①

从以上对几个理论的介绍可以看出,在现代管理理论阶段,人们日益重视通过有效的管理使个人目标和组织目标都能实现。

三、对管理理论条理性的追求

人既是具有情感的社会动物,又是理性的动物。人在社会实践过程中总是希望从自己所观察到的事物中探寻出其内在的规律性,使之更加清晰和有条理。人类对管理科学的研究和探求也是这样,总是希望管理的科学理论能更加清晰和有条理。当然,这种对管理理论条理性的追求应该说源于过去几代管理学者的不懈努力,只是在现代管理理论阶段,这种对管理理论条理性的追求表现得更加明显和突出罢了。这或许是因为在现代,数学和系统理

---

① 转引自[美]丹尼尔·A.雷恩著:《管理思想的演变》,孙耀君、李柱流、王永逊译,中国社会科学出版社 1986 年 1 月第 1 版,第 487 页。

论等学科的迅速发展,使得人们能把这些学科发展的成果应用于管理学的研究。现代管理理论对条理性的追求主要表现在两个方面:对数量化的追求和系统思想在管理研究中的应用。

(一)对数量化的追求

管理理论对数量化的追求可以追溯到泰罗的科学管理理论。泰罗运用秒表来测定工人的工作时间从而科学地制定工人的工作定额。为了科学地确定金属切削机床的切削速度、使用的材料、最佳的切削方法,泰罗进行了一个为期 26 年的试验。在试验过程中,泰罗找出各种可变因素之间的规律性,然后用数学公式表达出来。为了解决这些数学问题,泰罗经常请当时国内著名的数学家来帮助寻找一种能迅速、实用地解决问题的方法。后来,泰罗又花了大量时间去探索一项能更快速地解决问题的方法,最后设计出了计算尺。"使用这个计算尺,任何优秀的技工,不管他懂不懂得数学,都能在不到半分钟的时间内,使某一复杂问题得到解决。"[1]

泰罗在《科学管理原理》一书中指出:"粗略地看一看以上那些代表切割规律的复杂的数学公式,就可以明白为什么任何机工如果只凭个人经验而不求助于这些规律,即使他重复干同一件活许许多次,也不可能对以下两个问题做出准确的答案,即:我该采用什么速度? 我该怎样馈送?"[2]

从以上的例子可以看出,泰罗在当时就十分重视对管理的定量化分析,只不过当时泰罗对管理的定量化分析主要应用于企业内部的生产管理方面。现代管理理论对数量化的追求主要表现在"管理科学"理论的发展和兴起上。从泰罗时代的"科学管理"到现代管理理论中的"管理科学",两者所追求的东西在本质上是一致的。正如同说科学管理只不过反映了这个理论的"科学的"、"理性分析"和"精确分析"的特征,并不是说科学管理理论都是科学的一样,"管理科学"所探求的,同样不能说就是管理的科学本身,只是说它努力把"科学的"东西应用于管理之中。管理科学所追求的是应用数学的方法对组织中有限的资源进行最优配置以有效地实现组织的目标。

因此,从本质上说,科学管理与管理科学所追求的东西是一致的。实际上,两者之间本身就存在着十分密切的历史渊源关系。如泰罗时代的甘特提出的甘特图在现代管理理论阶段发展为计划评审技术。所不同的是,现代管理理论中的管理科学理论能充分地运用现代科学技术的成果,如数学、运筹学、统计学、线性规划、模拟技术及电子计算机技术等现代科学技术的成果可以广泛地运用于管理学的研究,从而能更有效地解决现实生活中的管理问题。另外,现代管理理论中对数量化的追求不像泰罗时代那样主要是用于解决企业内部的生产管理问题,而是注意用定量分析的技术与方法来解决组织与外部环境的关系问题。

(二)系统理论在管理中的应用

在现代管理理论以前的管理理论研究中,人们也都应用了系统的概念和系统的思想。

---

① [美]F.W.泰罗著:《科学管理原理》,胡隆祖、冼子恩、曹丽顺译,中国社会科学出版社 1984 年 10 月第 1 版,第 207 页。

② [美]F.W.泰罗著:《科学管理原理》,胡隆祖、冼子恩、曹丽顺译,中国社会科学出版社 1984 年 10 月第 1 版,第 207 页。

如泰罗就曾指出:"科学管理并不一定就是什么大发明,也不是发现了什么新鲜或惊人的事。科学管理是过去曾存在的诸种因素的结合,即把老的知识收集起来,加以分析、组合并归类成规律和条例,于是构成一种科学。"[①]

法约尔在讨论管理的协调职能时也指出:"协调就是企业的一切工作都要和谐地配合,以便于企业经营的顺利进行,并且有利于企业取得成功。……协调就是让事情和行动都有合适的比例,就是方法适应于目的。"[②]

玛丽·派克·福莱特的思想则受完形心理学的影响。这种完形心理学认为,每一种心理状况有一种不同于其各个组成部分"绝对"性质的特殊性质,即"完形"是一个较其各个部分的总和更大的形体。受完形心理学的影响,福莱特认为:"个人可以通过团体经验而使自己的创造力得到更大的发挥。团体努力的目标是一种结合的统一性,它超越其各个部分。"[③]

同样受完形心理学的影响,库尔特·卢因提出了分析团体行为的"团体力学理论"。他援引场论和物理学中的力场概念来说明群体中成员之间各种力量相互依存、相互作用的关系,说明群体中的个人的行为,认为一个人的行为是个体与环境中各种力量相互作用的结果,即把人的行为看成是人与环境的一个函数。可以看出,早期的管理学者看到了组织中各个部分之间的相互关系,并试图把这些部分组合成一个有机的整体或系统。但是由于当时一般系统理论还未发展成熟,因此,早期的管理学者对系统思想的应用还处于一种自发的状态。他们能应用系统的思想来研究组织中的某一个方面的问题,如用系统思想来理解人的行为,设计组织结构,进行生产过程的组织等。但早期的管理学者还不能从大系统的观点出发来研究组织系统与环境超系统之间的关系。或者说,他们是运用高度结构性的、封闭系统的方法来研究管理的。路德维格·冯·伯塔朗菲(Ludwig Von Bertalanffy)于 1937 年在芝加哥大学的一次讨论会上首先提出了"一般系统理论"的概念。这种一般系统理论认为,每个系统都是由许多个分系统组成的系统,而这个系统又是环境超系统的一个子系统。系统必须和外部环境进行各种要素的交换,即成为开放系统,才能使系统取得负熵流来抑制系统在运转过程中所产生的正熵流,系统才能取得动态平衡。

许多管理学者把一般系统理论的思想应用于管理。他们认为,应该把组织看成是一个由许多分系统组成的系统,而这个系统又作为环境系统的一个子系统与外部环境发生着各种联系。因此,过去的各种管理理论,都是侧重于组织中的某一个方面问题的研究,而应用系统的思想,就可以把各种不同的管理理论统一起来,使管理理论更加清晰且更加有条理。

---

① [美]F.W.泰罗著:《科学管理原理》,胡隆祖、冼子恩、曹丽顺译,中国社会科学出版社 1984 年 10 月第 1 版,第 221 页。

② [法]H.法约尔著:《工业管理与一般管理》,周安华、林宗锦、展学仲、张玉琪译,中国社会科学出版社 1982 年 11 月第 1 版,第 115 页。

③ 转引自[美]丹尼尔·A.雷恩著:《管理思想的演变》,孙耀君、李柱流、王永逊译,中国社会科学出版社 1986 年 1 月第 1 版,第 330 页。

第四节 未来管理的发展趋势

我们已经分别介绍了古典管理理论、人际关系学说和现代管理理论产生的历史背景、主要内容以及主要的著名的管理学者、专家的贡献。在掌握和理解这些理论与原理的基础之上,本书将结合当前企业经营和管理环境的变化来进一步探讨知识经济时代管理理论的特点。

一、当前企业经营和管理环境的变化及其对管理理论的影响

20世纪80年代以来,特别是在90年代中后期,科学技术迅猛发展。信息技术的快速发展和国际互联网的形成使得知识和信息在世界范围内的广泛传播和共享成为可能,这极大地促进了全球化和世界经济的一体化。同时,随着知识产业,特别是高科技产业的发展,知识在推动社会进步和经济增长中的作用也越发明显和重要,知识正在渐渐取代货币资本、劳动力、原材料等有形资源而成为经济增长中最为关键的生产要素。知识经济的时代已经来临。随着知识经济在全球范围内的兴起,管理的环境也在日益发生着巨大的变化,而这一变化又对管理产生了巨大的影响。

(一)资源环境的变化及其对管理理论的影响

从资源环境来看,稀缺的经济资源如土地、原材料、资本等在21世纪将更加紧张,同时人类要求改善生存环境的呼声也越来越高,因此,经济的增长不可能更多地寄希望于稀缺的经济资源上。而知识资源则相对丰富,在知识经济时代,它表现为知识生产的速度将大大加快,而且,知识借助于信息技术将在全世界得到更加合理和有效的应用。由于科学技术的突飞猛进,知识正在不断地减少单位产出对原材料、劳动、资本、空间及时间的需求,在新创造的财富的全部资源中,知识已经成为最重要的资源。知识资源不同于传统管理理论与实践的基石——实物资产和金融资产,从世界范围来看,知识资源极易改变且处于不断的扩张之中。你可以出卖你所拥有的知识资源,但卖掉后你仍然拥有它,即知识资源可以廉价地复制,这是与一般资源所根本不同的。此外,知识资源的使用不会引起边际报酬递减。知识资源所具有的这些特征以及知识资源在知识经济时代对经济增长所起的巨大作用,将对管理理论提出一系列新的课题。

(二)技术环境的变化及其对管理理论的影响

从技术环境来看,20世纪的后20年是科学技术突飞猛进的20年,象征着人类对自然界以及对人类社会认识的最新成就的高科技的涌现如雨后春笋,层出不穷,令人目不暇接。随着人类知识生产的日新月异,随着高科技产业化进程的加快,随着高科技在各个产业的渗透以及在全球范围的迅速扩散,一方面企业提供的产品和服务中的知识含量大大增加,加大了企业提供产品和服务的难度以及企业生产经营和管理上的复杂性。因此,在知识经济中,从技术上来讲,对企业的要求越来越高。随着知识技术密集型产品和服务越来越成为经济增长的主渠道,企业之间技术上的竞争以及相应的管理上的竞争将更加成为制胜的焦点。与此相应,对企业来说,小批量、多品种、高效灵活和非标准化的柔性生产将取代工业经济时代的大批量、流水生产和标准化,成为知识经济时代的主要生产方式。另一方面,高科技尤

其是信息技术又为管理的变革与发展提供了技术上的可能性和保证。

随着计算机和网络在企业的普及以及信息的收集、处理、存储和传输、决策支持系统、人工智能、网络技术等等这些信息科学技术在企业中的应用,对企业的产品及服务的设计、生产、销售等都将产生划时代意义的影响。如企业在管理信息系统(MIS)的基础上,采用计算机辅助设计与制造(CAD/CAM),建立计算机集成制造系统(CIMS);在开发决策支持系统(DSS)的基础上,通过人机对话实施计划与控制,从物料资源规划(MRP)发展到制造资源规划(MTP-II)和企业资源规划(ERP);进行集开发、生产和实物分销于一体的适时生产(JIT),不断消除浪费的精细生产(lean production),供应链管理中的快速响应和敏捷制造(agile manufacturing),无污染的清洁生产和绿色制造(green manufacturing),以及通过网络协调设计与生产的并行工程(concurrent engineering)等。这些新的生产方式都将引起管理理论的深刻变革。

(三)市场环境的变化及其对管理理论的影响

从市场环境来看,一方面,消费者由于知识素质的提高、收入水平的增加以及选择范围的扩大,其主要消费将越来越多地转向知识密度较高的产品和服务,而且消费者要求越来越多,期望越来越高。就产品而言,消费者需要的是产品、服务、信息的一体化。为了向消费者提供更大的价值,企业必须将产品以及信息和服务整合起来混合经营,向消费者提供一个集产品、服务、信息为一体的产品平台。哪家企业如果不这么做,其消费者将很快转而去寻找能这样做的另一家企业。因此,在知识经济时代,新的企业间的竞争必然围绕产品、服务和信息一体化展开。新的市场需求特点,要求企业改变以往那种注意力主要集中在产品的硬件功能和价格上的做法,必须能够对消费者需求的迅速变化和多样性做出及时的反应。随之而来的产品迅速更新换代,设计和产品生命周期变短,服务与信息质量的进一步提高等等,都将给企业带来前所未有的压力。另一方面,市场竞争在全球经济一体化的大趋势下亦将更加激烈和白热化。技术变革的日新月异及其在世界范围内的迅速扩散使企业进入新的市场领域更为容易,一种新的产品、新的技术一旦问世,很快便会在世界上最适宜的地方进行高质量低成本的生产。同时,原有的各个国家依靠政府设置的市场壁垒随着经济全球化中不断降低的关税和世界范围内取消管制的趋势而逐渐土崩瓦解,无国界经营将是知识经济时代企业经营的显著特点。激烈的竞争将迫使企业不断地细分市场。为了满足市场需要,对企业来说,小批量、多品种、高效灵活和非标准化的柔性生产将成为知识经济时代的主要生产方式。与此相适应,对企业组织灵活性的要求也越来越高,企业组织的灵活机动化、虚拟化、高效化将成为一种新的趋势。

管理正在经历着世界范围的根本变化,正在由现代管理向后现代管理转化。管理理论明显带着时代的烙印,这是由当时的经济技术水平和人们的思想观念等所决定的。信息技术的发展完全改变了企业的经营过程,为了适应知识经济发展的要求,企业必须树立一些新的管理观念,采取一些新的管理方式。许多组织正在脱离传统的层级管理方式,转向每一位雇员都完全参与的新方式,诸如网络组织、虚拟组织和横向组织等,都反映了这一变化趋势。下面将着重介绍分析学习型组织、企业流程再造和平衡计分卡。对于企业的有效发展和管理水平的提高来说,提升组织学习能力是组织发展的关键,进行流程再造是组织为适应环境所进行的结构安排,而平衡计分卡则是对企业运营绩效评价体系的革新。

二、学习型组织

外部环境的动态性,使企业生存的风险大为增加,因此,提高企业适应外部环境的能力是管理理论的又一重点。1990年,美国麻省理工大学斯隆管理学院彼得·圣吉(Peter M. Senge)教授撰写的《第五项修炼——学习型组织的艺术和实务》,引起了管理理论界的瞩目。从此,建立学习型组织成为管理理论和实践的热点。建立学习型组织首先要根除原组织机构中的一些陋习和不良作风。彼得·圣吉提出了学习型组织的五项修炼技能,这就是:

(一)系统思考

系统思考是为了看见事物的整体。进行系统思考一是要有系统的观点,二是要有动态的观点。系统思考不仅是要学习一种思考方法,更重要的是在实践中反复运用,从而可以从任何局部的蛛丝马迹中看到整体的变动。

(二)超越自我

超越自我既是指组织要超越自我,也是指组织中的个人要超越自我。超越自我不是不要个人利益,而是要有更远大的目标,要从长期利益出发,从全局的整体利益出发。

(三)改善心智模式

不同的人,对同一事物的看法不同,是因为他们的心智模式不同。人们在分析事物时,需要运用已有的心智模式作为基础。但是,如果已有的心智模式不能反映客观事物,就会做出错误的判断。特别是企业的领导层出现这种情况时,小则使企业经营出现困难,大则给企业带来灾难性影响。改善心智模式的方法,一是反思自己的心智模式,二是探询他人的心智模式,从自己与别人的心智模式的差别中完善自己的心智模式。

(四)建立共同愿景

愿景是指对未来的愿望、景象和意象。企业作为一个组织,是以个人为单元的。如果企业建立了全体员工共同认同的目标,就能发挥每个人的力量。共同愿景的建立不是企业领导单方面的设计,而是对每一个人的利益的融合。改善愿景不仅不是要牺牲个人利益,而且要为个人留下选择空间,这样员工才能为自己的选择而努力。

(五)团队学习

团队学习是发展员工与团体的合作关系,使个人的力量能通过集体发挥作用,避免无效的矛盾和冲突,让个人的智慧成为集体的智慧。深度会谈是团队学习的一种形式。深度会谈是对企业的重大而又复杂的议题,进行开放性的交流,使每一个人不仅表达自己的看法,也了解别人的观点,通过交流,减少差异,从而能够相互配合。

当前,新的组织形态是以知识为基础的。在以知识为基础的组织中,所有员工不仅为了效率而奋斗,而且还必须进行持续不断的学习,以识别和解决面临的各种问题。因此,在这种新的经营环境下,管理的责任在于创造和提升组织员工的学习能力。

学习型组织不存在单一模式,而是关于组织及其员工的一种理念。学习型组织是用一种新的思维方式对组织进行全新思考。在学习型组织中,每个人都要参与识别和解决问题,使组织能够进行不断的尝试,改善和提高其能力。组织的学习能力是竞争优势的重要来源。传统的基于财务能力、营销能力和技术能力的竞争优势,逐步转向基于学习能力的竞争优势。学习能力能够将财务的、营销的和技术的能力推向更高水平,通过使雇员从传统的效率观念转移到主动解决问题来促进组织变革。学习能力越强,组织适应性和成功的可能性就越强。学习型组织理念的转变与以下方面相关,分别是有头脑的领导、强势的文化、共享的信息、授权的雇员、新型的战略和横向的结构,如图 8-1 所示。

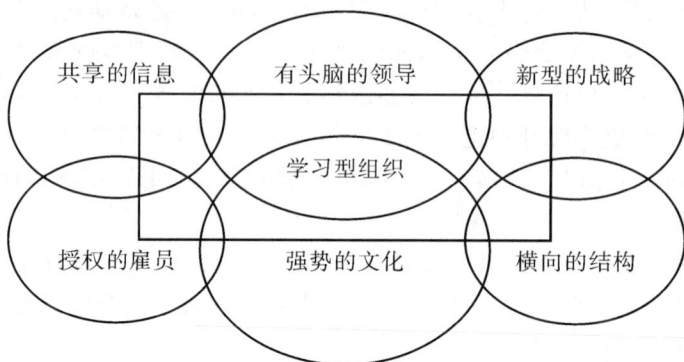

图 8-1　学习型组织中相互作用的要素

资料来源:〔美〕理查德·达夫特著:《组织理论与设计精要》,李维安等译,机械工业出版社1999 年版,第 275 页。

三、企业业务流程再造(BPR)

企业业务流程再造(BPR,Business Process Reengineering)是迈克尔·哈默(Michael Hammer)和詹姆斯·钱皮(James Champy)于 1993 年在其《再造企业》一书中提出来的。它是指对企业业务流程进行根本性的思考和彻底重建,以期在成本、质量、服务和速度等方面取得显著改善,使企业最大限度地适应以顾客、竞争、变革为特征的现代企业经营环境。随着信息化、全球化和网络化的加强,基于专业分工的传统管理模式,对现代企业经营环境的反应变得日益迟钝。这就要求企业在管理思想、管理模式上进行全面创新和变革。当前,国际上先进的企业管理思想,是将现有的企业管理模式从以职能划分为导向的金字塔形层级管理模式,转变为以流程为导向的扁平化网络状管理模式。BPR 是以流程为导向,从企业战略和顾客需求的角度出发,以创造更大的价值和更高的顾客满意度为最终目标,改造流程以提高企业竞争力。

组织学习是企业自我变革的渐变,而企业再造则是企业自我变革的剧变。企业再造的目的在于提高企业竞争力,从业务流程上保证企业能以低成本高质量的产品和优质的服务向顾客提供产品。企业再造的实施方法是,以顾客为导向,以先进的信息系统和信息技术为手段,最大限度地削减无实质作用的流程,建立起科学的组织结构和业务流程,使产品的质量和规模发生质的变化。企业再造的基本内容是再造企业的生产流程或服务流程,从多个角度重新审视其功能、作用、效率、成本、速度,找出其不合理的因素。它不是对现有流程进行改进或改造,而是实行变革性的创造,通过重新设计,以效率和效益为中心重新构造企业的生产流程或服务流程,以实现经营绩效的质的飞跃。

企业流程再造的推动力和目的可以用三个 C 表示:顾客(customer)、竞争(competition)和变化(change)。现在的顾客有更多的选择,而企业间的竞争也日益激烈,无论是生产技术还是顾客偏好,变化速度都大大加快。因此,企业必须把重点从过去的计划、控制和增长,转到速度、创新、灵活、质量、服务和成本上来。企业业务流程再造的本质是一种流程革命,目的是建立起流程管理模式。流程化管理模式是一种基于业务流程进行管理、控制的管理模式,代表着一种对新的企业组织工作模式的追求。传统的公司中,流程分布在各个部门中,以部门为界限被分割开来;流程管理理论认为,流程的这种分散正是影响企业绩效的根源。只有把全部流程当作整体对待并进行全程的管理,才能大幅度提高业绩。流程管理强调以流程改善为目标,以流程为导向来设计组织框架;同时进行业务流程的不断再造和创新,以保持企业活力。

流程管理模式与职能管理模式在诸多方面存在不同。职能管理重视职能管理和控制,主要关注部门的职能完成程度和垂直性管理控制,部门之间的职能行为往往缺少完整有机的联系。流程管理以企业战略总目标、以顾客需求和市场占有率为导向,将企业行为视为总体流程下的流程集合,并对这个集合进行管理和控制,强调全过程的协调和目标化。

20 世纪 80—90 年代,美国通用电气公司在当时的董事长兼 CEO 韦尔奇的带领下,对公司业务流程进行了彻底的改造,以业务流程为中心,重新构建了企业的组织结构,改善了公司的企业文化,取得了巨大的成功。20 世纪 90 年代后期,青岛海尔实施以“市场链”为纽带的业务流程再造,企业竞争力和效益都有了较大提高。如何提高企业经济活动的运作效率,是眼下相当多的企业迫切需要思考的课题,而提高流程效率又是关键,业务流程再造是不少企业绕不过的门槛。现代企业的运作依赖各种各样的流程,企业流程是一系列相互关联的活动、决策、信息流和物流的结合。流程在每个工作步骤和工作环节都要有完成标准任务的时间,节约流程的时间可以给顾客带来更多的价值,提高企业的市场响应能力,从而强化企业的核心竞争力。

业务流程再造是根据环境变化来重新设计业务流程,对业务流程中的每个环节都进行改进,彻底摒弃无效的业务环节,以增进整个业务流程的工作绩效;并通过战略设计和组织管理模式变革,将企业运行中被割裂的过程重新联结起来,使其成为一个连续流程。企业流程再造必须服务于企业核心竞争力的提升,即以培育和提升企业核心竞争力作为再造流程的核心。例如,美国沃尔玛公司的成功,就建立在快捷的业务流程上,配送系统由三部分组成:一是高效率的配送中心,二是迅速的运输系统,三是先进的卫星通信网络。

四、战略绩效管理工具——平衡计分卡(BSC)

平衡计分卡(The Balanced Score Card,BSC)的核心思想,就是从财务、顾客、流程、学习与成长四个方面,系统考察组织的经营绩效(见图 8-2)。平衡计分卡平衡了财务指标与非财务指标、定量评价与定性评价、客观评价与主观评价、短期目标与长期目标,以及组织内各部门之间利益等,是一种战略性绩效考核工具。

平衡计分卡的形成与发展经历过以下几个阶段:

(一)平衡计分卡(BSC)的产生时期

平衡计分卡是在 20 世纪 90 年代初,由哈佛商学院的罗伯特·卡普兰(Robert Kaplan)和诺朗诺顿研究所所长、美国复兴全球战略集团创始人兼总裁戴维·诺顿(David Norton)发展出的一种全新的绩效管理方法。在该两位学者研究平衡计分卡之前,Analog Device(ADI)公司最早于 1987 年就进行了平衡计分卡的尝试。同其他大多数公司一样,ADI 每 5年进行一次战略方案调整,在制定新的战略方案的同时检讨原方案的执行情况。但是,如同

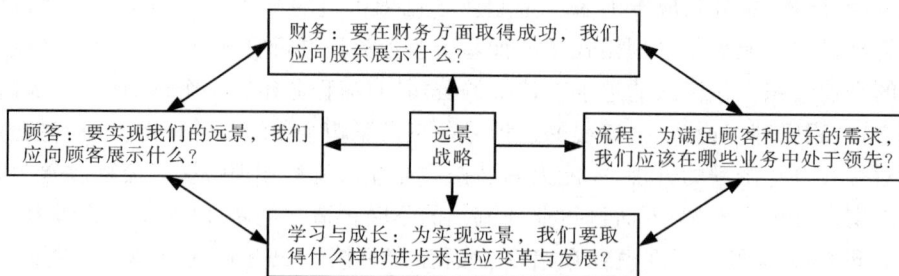

图 8-2 平衡计分卡(BSC)的构成指标及其内涵

管理者经常遇到的战略问题一样,"制定战略方案"被当作一项"任务"完成后,形成的文件便被束之高阁,并不能在公司的日常生产经营工作中得以执行。

1987 年,ADI 公司又开始了公司战略方案的调整。与以前所不同的是,这次战略方案的制订,公司决策层希望通过面对面与公司员工的交流与沟通,使他们充分理解并认同公司战略。同时公司高层还希望将战略落实到日常管理中,以此来推动战略的执行。此次 ADI公司的战略文件在形式上发生了重大的变化,他们摒弃了以往那种长达几十甚至几百页的战略文件,将全部战略文档资料精简到几页纸的长度。在制定战略的过程中,ADI 公司首先确定了公司的重要利益相关者为股东、员工、客户、供应商和社区,然后 ADI 公司基于公司使命、价值观与愿景,根据利益相关者的利益分别设定了战略目标并明晰了战略重点。在该项目进行的同时,ADI 公司继续将战略目标的实现的关键成功要素转化为年度经营绩效计划,由此出现了世界上第一张平衡计分卡的雏形。

(二)平衡计分卡的研究时期(1990—1993 年)

1990 年,美国复兴全球战略集团 Nolan-Norton 专门设立了一个为期一年的新的公司绩效考核模式开发项目,Nolan-Norton 的执行总裁 David P.Norton 任该项目的项目经理,Robert S. Kaplan 担任学术顾问。项目小组重点对 ADI 公司的计分卡进行了深入研究,并将其在公司绩效考核方面进行扩展和深化,将研究出的成果命名为"平衡计分卡"。该小组的最终研究报告详细地阐述了平衡计分卡对公司绩效考核的重大意义,并建立了平衡计分卡的四个考核维度:财务、顾客、内部运营与学习发展。1992 年初,Kaplan 和 Norton 将平衡计分卡的研究结果在《哈佛商业评论》上进行了总结。在这篇名为"平衡计分卡——驱动绩效指标"的论文中,Kaplan 和 Norton 详细地阐述了 1990 年参加最初研究项目采用平衡计分卡进行公司绩效考核所获得的益处。

平衡计分卡研究的第二个重要里程碑,是 1993 年 Kaplan 和 Norton 将平衡计分卡延伸到企业的战略管理之中。在最初的平衡计分卡实践中,Kaplan 和 Norton 发现平衡计分卡能够用于公司战略的制定。他们认为平衡计分卡不仅仅是公司绩效考核的工具,更为重要的是它还是一个公司战略管理的工具。Kaplan 和 Norton 为此发表了在《哈佛商业评论》的第二篇关于平衡计分卡的重要论文《在实践中运用平衡计分卡》。在这篇文章中,他们明确指出,企业应当根据战略实施的关键成功要素来选择绩效考核的指标。

(三)平衡计分卡的应用时期(1994 年至今)

1993 年 Kaplan 和 Norton 将平衡计分卡延伸到企业的战略管理系统之后,平衡计分卡逐渐得到全球企业界的接受与认同,越来越多的企业参与平衡计分卡的运用实践并从中受益。1996 年,Kaplan 和 Norton 继续在《哈佛商业评论》上发表第三篇关于平衡计分卡的论文,他们一方面重申了平衡计分卡作为战略管理工具对于企业战略实践的重要性;另一方面从管理大师彼得·德鲁克的目标管理中吸取精髓,在论文中解释了平衡计分卡作为战略与绩效管理工具的框架,该框架包括设定目标、编制行动计划、分配预算资金、绩效的指导与反馈及连接薪酬激励机制等内容。同年,他们还出版了第一本关于平衡计分卡的专著——《平衡计分卡》,更加详尽地阐述了平衡计分卡的上述两个方面。2001 年,随着平衡计分卡在全球的风靡,Kaplan 和 Norton 在总结众多企业实践成功经验的基础上,又出版了他们的第二部关于平衡计分卡的专著——《战略中心组织》。在该著作中,Kaplan 和 Norton 指出企业可以通过平衡计分卡,依据公司战略来建立企业内部组织管理模式,要让企业核心流程聚焦于企业的战略实践。[①]

课外阅读

构建平衡计分卡的步骤

(1)准备。企业应首先明确界定适合建立平衡计分卡的业务单位。一般来说,有自己的顾客、销售渠道、生产设施和财务绩效评估指标的业务单位,适合建立平衡计分卡。

(2)首轮访谈。业务单位的多名高级经理收到平衡计分卡的背景资料,以及描述公司的愿景、使命和战略的内部文件。平衡计分卡的推进者对每位经理进行访谈,以掌握他们对公司目标战略的了解情况。

(3)首轮经理讨论会。高级经理团队与推进者一起设计平衡计分卡。在这一过程中,小组讨论提出对公司使命和战略的各种说法,最终应达成一致。在确定了关键的成功因素后,由小组制定初步的平衡计分卡,其中应包括对战略目标的绩效评估指标。

(4)第二轮访谈。推进者对经理讨论会得出的结论进行考察、巩固和证明,并就这一暂定的平衡计分卡与每位经理举行会谈。

(5)第二轮经理讨论会。高层管理人员和其直接下属,以及为数众多的中层经理集中到一起,对企业的愿景、战略陈述和暂定的平衡计分卡进行讨论,并开始构思实施计划。

(6)第三轮经理讨论会。高级经理人员聚会,就前两次讨论会所制定的愿景、目标和评估方法达成最终的一致意见,为平衡计分卡中的每一指标确定弹性目标,并确认实现这些目标的初步行动方案。

(7)实施。由一个新组建的团队为平衡计分卡设计出实施计划,包括在评估指标与数据库和信息系统之间建立联系,在整个组织内宣传平衡计分卡,以及为分散经营的各单位开发出二级目标。

(8)定期考察。每季或每月应准备一份关于平衡计分卡评估指标的蓝皮书,以供最高管理层进行考察,并与分散经营的各分部和部门进行讨论。在每年的战略规划、目标设定和资源分配程序中,都应包括重新检查平衡计分卡指标。

资料来源:中国人力资源开发网(http://www.chinahrd.net)。

[①]　资料来源:MBA 智库百科(http://wiki.mbalib.com/wiki/)。

本 章 小 结

二战后,各个国家经济的恢复、科学技术的飞速发展,对管理理论又提出了新的要求,适应时代的需要,管理理论进入了现代管理理论阶段。多种多样的人性假设取代了人际关系学说和古典管理理论两种极端的"社会人"和"经济人"的人性假设,而随着人性假设的不同,现代管理理论呈现出哈罗德·孔茨所提出的"管理理论丛林"的现象。

"管理理论丛林"意味着多种学派的管理理论并存的现实。哈罗德·孔茨在《再论管理理论丛林》一文中,将各种学派归纳为:管理过程学派、人际关系学派、群体行为学派、合作社会系统学派、社会技术系统学派、决策学派、数学或"管理科学"学派、经验或案例学派、权变学派、管理者工作学派和系统学派,共11种。每个学派都有各自的观点和代表人物。产生众多学派林立的原因是:语义的混乱、先验的假设、对原则的误解、管理学者不能或不愿互相了解,以及对"管理"下的定义不一致。管理过程学派的观点现在似乎成了统一多种学派的工具。

近几年以来,随着外部环境的动荡加剧,尤其是科学技术的突飞猛进,管理理论出现了一些新的内容。其中,学习型组织、业务流程再造和平衡计分卡是当前管理的热点。

复习思考题

1.什么叫二步分类法?
2.请比较和评价现代管理理论各个学派的观点。
3.共享权力、接受权力和正式权力有什么不同?
4.按照决策学派的观点,为什么说决策的准则应是"满意原则"而不是"最优原则"?
5.请评价西方管理理论中"对人和组织和谐的追求"。
6.有没有必要建立一门统一的管理理论? 如果有必要,应如何建立这一理论?
7.20世纪80年代以来,世界经济、科学技术有什么新的趋势和变化? 这些趋势和变化导致管理理论和管理实践出现了什么新的发展?
8.请分析构建学习型组织、业务流程再造和平衡计分卡的主要内容。

技能练习

1.请借鉴管理工作者学派的观点,观察并记录一位管理者的日常工作,分析其所扮演的角色。
2.请运用平衡记分卡模型,对某家企业经营业绩进行测评。
3.请采访某家企业,谈谈其在学习型组织建设方面的具体做法。
4.请采访某位工匠(木匠、铁匠或者其他行业的工匠师傅),请他谈谈对工匠精神的认识;并将其与本书所指的工匠精神进行比较,从而深入理解工匠精神的本质内涵。

海尔管理变革——市场链与业务流程再造

1999年3月海尔提出了企业必须完成三种转变，即从职能型结构向流程网络型结构转变，由主要经营国内市场向国外市场转变，以及从制造业向服务业转变。海尔经营国际化面临的困惑是如何回避"大企业病"的发生。发生"大企业病"的根本原因在于，传统的组织结构所造就的业务流程已无法适应当今市场的变化和个性化的消费需求，专业化分工带来的效率优势已开始被过多过细的分工而造成的分工之间的边界协调所替代，不可能根除的"小集团利益"使这种协调更为困难。"大企业病"的产生大大降低了企业经营的灵活性和响应市场需求的速度。为此，海尔进行了市场链与业务流程再造。海尔管理变革的创新包括四个方面，分别是观念创新、组织结构创新、管理集成创新和价值分配方式创新。

(一)观念创新

企业管理的创新首先来源于观念的创新，没有经营观念和思想的创新，就谈不上有其他的创新。观念创新之处在于索赔观念、跳闸观念和负债经营观念。人们都这样认为：只要正常出工，不管工作的质量如何，企业都应该发工资。而在海尔的市场链模式下，员工的报酬完全来源于市场。只有你的工作被市场认可和接受，才能获得报酬；如果用户不满意，你不但拿不到报酬，而且还要被用户索赔。进一步讲，每一个员工在企业工作都要占用企业的资源，给你配置多少资源相当于你有多少负债，那么在外部市场效应内部化后每一个员工都应该追求达到最好的效益。如果达不到就等于浪费了企业给你的资源，当然就应该自己掏钱赔偿，这就是负债经营的观念。负债经营观念的确立把企业资产负债表分解成几万个负债表落实到每一个岗位和流程。这就形成这样一种观念：每一个人都有一个市场，每一个人都与市场零距离，每一个人的收入都由市场来支付，用市场链机制来真正解决员工责任心和创新力持续提高这个问题。

(二)组织结构创新

企业的组织结构是实现企业经营战略目标的基础和保证，也是管理系统的载体，是企业获取利润的工具。因此企业组织结构能否追随经营战略和适应市场变化的需求，对于企业的生存发展具有重大的战略意义。而当今的市场唯一不变的法则就是永远在变(海尔观念)，在此情况下，要求企业内部组织结构必须不断创新。新海尔的组织结构是随着战略的转移和市场环境的变化而创新的，从实现海尔名牌战略的职能式结构，到实现海尔多元化战略的事业本部结构，再到实现海尔国际化战略的流程网络结构，体现了海尔组织创新之路。其中流程型网络结构是一种对传统组织结构彻底的创新，达到世界大企业组织结构创新的尖端水平，为国际化企业提供了业务流程再造的成功经验和模式，实现了由传统的功能型组织向流程型组织的转变，流程型网络结构是业务流程再造的结果。90年代初，世界上掀起一场流程再造的革命，虽然理论界和企业界对其研究倾注了大量的人力和财力，但再造更多的还是停留在理论的研究上，还缺少有说服力的成功经验和模式。海尔集团成功地提出并实施了基于市场链的业务流程再造模式，实现了企业再造由理论走向现实的飞跃，成为一场真正的管理革命，突出地表现在海尔在流程化的基础上以SST为手段用市场链把各流程有效地咬合起来，建立了真正面向顾客的组织结构，结构的创新必然带来企业系统功能的创新。海尔的实践证明：流程化后，企业达到三个效果，即顾客零距离、资金零占用和质量零缺陷,使海尔的经营进入更高的层次。

(三)管理集成创新

中国企业虽然在十几年前就提出了"顾客就是上帝"的口号,在管理上也引进了 TQC-MRPJIT 人工智能、现代通信技术、多媒体技术以及电子商务技术,产品经济逐步向市场经济转变,但业务流程并没有发生本质上的变化。正因为如此,尽管这些先进的技术可能提高了单一的或相关的业务流程的管理效率,但由于 95%以上的企业仍以传统的功能型结构为主,企业内部的行为仍是以权力导向为主,为顾客服务或顾客导向好像是营销部门的事情,再加上职能部门之间的小集团利益导向,造成了职能部门之间、车间之间、上下级之间信息沟通迟缓,问题议而不决、程序繁杂、办事效率低下,这样从整体上并没有因采用新的技术而大幅度提高企业的效率和应变市场的能力。海尔集团提出的基于市场链的管理集成模式在横向层次把企业内部业务流程价值链活动通过 SST 机制整合起来,在纵向层次有机整合了分供方价值链、渠道价值链、买方价值链,这样形成一个基于市场化关系的纵横交错的网状结构,从而获得价值链集成效益,从管理体系看把分属于不同的业务流程的先进管理技术(包括海尔自己的管理创新技术)通过市场链集成起来,形成一个系统的管理体系,把市场的压力通过业务流程的咬合无差异地传递给每一个岗位,使信息的流动货币化,从而全面激活了流程的活力,进而把核心流程技术与辅助流程技术集成起来,形成一个最大限度地共享企业资源的管理集成平台。

(四)价值分配方式创新

企业价值分配方式牵动着每个员工的切身利益,直接影响着员工的工作行为。海尔的价值分配体系是和它的价值创造体系和价值评价体系一脉相承的,价值分配方式的核心是员工工资收入的分配,推行以市场链为核心的业务流程再造;流程面对的是用户,必然形成以用户满意为标准的价值分配方式。海尔集团在 1999 年全部取消了岗位工资,实行了全员市场工资制,它完全是一种动态的工资形式,其特点是员工收入的多少完全取决于用户的满意程度,是索酬数额与被索赔数额的代数和;它既不是一种传统意义上的按劳分配的方式,也不是一种按资分配的方式,而是一种按结果分配的方式。这种结果就是市场认可,用户满意追求的是劳动的质量;先有劳动的质量被用户认可,劳动的数量才有意义,最后由市场来支付员工的工资收入。这种收入好比一个店铺的老板,他每天的收入完全取决于用户的满意度,取决于自己的经营效果,那么每一个员工收入市场化反过来牵引着员工尽心尽力满足顾客的要求,使所有员工凝聚在如何更好更快地满足顾客的要求上。一个小企业要做到这一点,可能是比较容易的,但是对一个有几万名员工的大企业来说,如何能使每一个员工在工作中时时想着顾客的要求,把工作的责任心与顾客的要求结合起来,把满足顾客的要求与自己的切身利益密切联系起来是非常困难的。海尔提出并实施的全员市场工资分配方式是建立在管理制度比较健全的基础上,特别是 OEC 管理平台、基于市场链的业务流程再造平台和海尔文化平台上,无论是管理岗位还是操作岗位,无论是直接面对外部市场的核心流程还是面对内部用户的支持流程,建立起一整套互相衔接的、互相咬合的具有可操作性的市场工资分配体系,这就是海尔价值分配方式的创新之处。

资料来源:苏慧文《海尔管理变革:市场链与业务流程再造》,载《南开管理评论》2001 年第 1 期。

思考:

请谈谈你对海尔管理变革实践的认识。你认为有效的流程再造需要哪些配套措施?为什么?

第三篇

管理的职能

我们在第一篇提过，管理者的根本任务是实现组织目标，确保组织的效果、效率与和谐的实现。第二篇我们介绍了在管理思想史上人们总结提出的各种管理理论和方法。在这些众多的管理理论和分析方法中，管理过程学派提出的理论框架成为学习管理学原理的主流方法。

管理过程学派认为，管理是一个过程，而管理者就是在这个过程中重复地履行各种职能。因此，过程学派的学者以管理的各项职能为基本框架，研究分析管理者在管理过程中，如何履行各种职能。过程学派的这一个理论分析框架较为系统地反映了当前的管理实践。因此，本篇将按照过程学派的职能框架，来阐述管理的基本原理。

过程学派的学者对管理者应履行哪些管理职能也并没有统一的认识，而计划、组织、领导和控制这四项职能是大多数学者比较一致的认识。这四项职能构成了一个完整的、闭环的管理活动过程。因此，本篇选择了这四项职能来展开阐述。在这四项职能中，计划职能是管理各项职能中的首要职能，它规定了组织未来所要实现的目标与实现目标的行动方案，计划确定后，就需要通过组织职能与领导职能来实施计划。而计划实施的结果如果没有按预定的计划来实现，就说明组织的运行出现了偏差。因此，就要有一个职能来消除偏差，这个职能就是控制职能。

希望通过学习，学生能掌握理解管理各项职能间的关系，学会实施管理职能的基本技巧与方法。

第九章　　**管理的计划职能**

学习目的

1.了解什么是管理的计划职能及其重要性

2.区分计划的种类和它们之间的相互关系

3.弄清计划工作的逻辑步骤

4.了解预测的含义和最常见的预测方法

5.掌握决策技术与方法

6.掌握战略管理层次

本章导航

　　计划是管理职能中最基本的一个职能,是管理的首要职能。组织职能、领导职能和控制职能都是围绕着计划职能而展开的,以保证达到计划规定的目标。所谓计划,就是要预见未来,制定未来所要实现的目标和实现这一目标的具体行动方案。选定目标以及实现该目标的行动方案意味着在未来的各种可能中进行抉择,而所谓的抉择,就是要在可供选择的各种不同的方案中做出决策,因此,可以说,计划的实质就是决策。由于各种方案不可能在真空中产生,所以良好的计划工作必须考虑它所做出的决策在其实现时所处的未来环境的特点,也即需要确定计划工作的前提条件。要做好计划工作,首先要明确计划工作的指导思想。因此,计划工作有一些必须遵循的基本原则。同时,必须应用各种科学的计划与决策的方法,目标管理是使计划工作富有成效的一种有效可行的计划方法。

　　计划就是谋划未来,决策就是选择方案,战略着眼于长期的、全面的计划,本质上也是一种计划。本章将在明确计划、决策和战略管理之间关系的基础上,阐明计划的原则和计划工作的步骤,并在此基础上分析决策环境和方法,以及战略管理层次。通过本章学习,你将会了解到计划、决策与战略的重要知识点,如长期计划和短期计划,战略计划、管理计划和业务计划,目标、策略、政策、规则、程序、规划和预算等计划的表现形式,综合平衡的原则、承诺原则、灵活性原则、改变航道的原则和限定因素原则等计划工作的原则,目标管理法与滚动计划法等方法,定性和定量的决策方法,以及战略管理过程模型等。

最了不起的失败：铱星计划

铱计划是一个历时 12 年、耗资 50 多亿美元建造的、由 66 颗卫星组成的全球卫星移动通信系统，在正式开通运行 16 个月之后，因不堪债务的重负，结束了它的使命。

1987 年，摩托罗拉公司的三位工程师提出了铱系统的构想，从而使摩托罗拉公司成为这一卫星通信概念的发明者和承建者，并引发了一场通信方式的深刻革命。这一系统的起源要追溯到摩托罗拉公司高级副总裁 Bary 遇到的一个难题：1985 年当他和夫人在巴哈马群岛度假时，移动电话失灵了，他的妻子说："你为什么不能让我不论在哪儿都能用电话和外界联系呢？"

1990 年，摩托罗拉公司在纽约、伦敦、墨尔本和北京四地举行新闻发布会，正式向全世界公布铱系统的建立运营计划。

由 77 颗近地卫星组成的星群，让用户从世界上任何地方都可以打电话。由于金属元素铱有 77 个电子，这项计划就被称为了铱星计划，虽然后来卫星的总数降到了 66 个。66 颗卫星可以把全球卫星通信和本地地面无线通信业务集合起来，在有地面无线通信系统时，则使用当地无线系统进行联络，而在地面无线系统无法覆盖的边远偏僻地区或系统受损时，铱系统就会利用无所不在的卫星信号进行联络———无论身在何处，联络永不中断。

开发建网工作在 1991 年正式展开，并以摩托罗拉公司为主合资建立了铱系统公司。1996 年，第一个卫星地面关口站在日本建成；1997 年，铱星公司的董事会成员收到了来自铱星的第一个传呼信息；1998 年 5 月，"铱计划"中的最后 5 颗通信卫星进入环地轨道。至此，"铱计划"无线通信系统卫星网 66 颗通信卫星的发射任务已全部完成。整个铱星计划中，共有 10 颗卫星是由中国长城工业总公司发射的。

铱系统于 1998 年 11 月开始运营，在正式开通运行 16 个月之后，由于不堪债务重负而结束其使命。2002 年 66 颗美丽的铱星在大气层中全部焚毁，众多投资也随之消逝在茫茫太空之中。

铱星计划也许是世界科技史上最了不起的、最可惜的、也是最失败的项目之一。

资料来源：作者根据资料整理。

第一节　计划概述

管理者的主要任务是维持组织的效果、效率与和谐，使组织中每个人的努力都卓有成效。要做到这点，组织成员一定要明白组织期望他们完成的是什么，因而管理者协调他人活动中的一个主要任务是使每个组织成员理解组织的目标以及实现目标的方法。这就是计划的职能，这项职能是所有管理职能中最基本的职能。

一、计划的内涵

人们平时所讲的计划，实际上经常有两种含义。第一种含义是动词意义上的计划工作，即制定未来行动的方案。第二种含义是名词意义上的计划方案,即未来行动的方案,这是计划工作的结果。

第一种含义的计划,是指组织的管理者对过去的和现在的资料进行分析,对将来可能发生的情况进行估计,以确定能实现组织预定目标的行动方案的一种活动。从这个定义可以看出,组织的计划工作包含预测与决策工作,它要求用科学的方法对未来可能发生的情况进行估计,还要用科学的方法拟定各种可行方案并选择一个方案作为实际的行动方案。

第二种含义的计划是指组织计划工作的结果,即形成的计划方案。它确定了组织在未来期间内要做什么、如何做、何时做和由谁做等问题。

通过计划工作以及所形成的计划方案,管理者要解决组织的行动方向(做什么?)和行动指南(怎么做?)的问题。法约尔认为,计划就是在行动之前指出"所要达到的结果,所遵循的行动路线,所要通过的阶段及所使用的手段。这是一种未来的前景,在对这种前景的描绘中,按照人们已有的概念以某种清晰度表示出一些未来事件"[①]。

计划是管理的最主要职能,也是管理过程的起点。因为计划是管理者实施其他管理职能的基础,是组织中各项活动的指南,对整个管理活动具有指导性的重要影响。只有根据计划方案,才可能确定要建立什么样的组织结构形式,才可能最有效地领导职工发挥其工作的积极性。至于控制,脱离计划的控制是毫无意义的控制,正是计划为组织的控制提供了根据和标准。图 9-1 所说明的就是管理四大职能之间的逻辑关系。

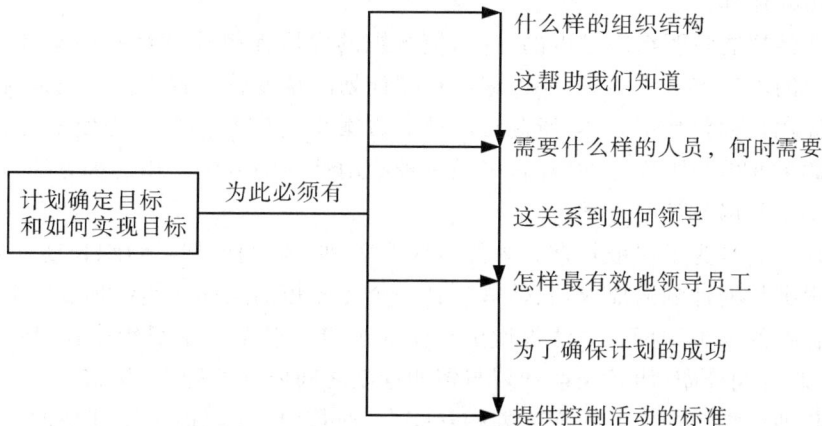

图 9-1　计划是管理的基础

资料来源:〔美〕哈罗德·孔茨、奥唐纳、西里尔著:《管理学》,中国人民大学工业经济系外国工业管理教研室译校,贵州人民出版社 1982 年版,第 151 页。

一个组织,要取得高的组织成效,就必须要有有效的计划工作。因为计划规定了组织未来所要实现的目标和实现目标的行动方案,没有好的计划,组织的发展就会迷失方向,从而造成混乱与无序。

但要注意到的是,管理计划职能的实施要强调有效性。没有计划,固然会给组织带来混乱与无序,但如果是坏的计划,则可能给组织带来更大的混乱和无序。正如管理学家明茨伯

---

① 法约尔:《工业管理与一般管理》,中国社会科学出版社 1982 年版,第 46 页。

格所说:"把自己置于未知水域的一条预先设定的航线上,是直接驶向冰山的最佳方法。"

导致计划低效甚至失败的原因是复杂的,如对计划期间的内外环境变化估计与认识不足,或者由于人员的素质与水平低而不能科学地制订计划方案,或者计划执行过程中出现了偏差等。就计划工作本身来说,只有在科学的计划工作理论、技术和方法的指导下,才能为企业制订科学的计划方案,也才能保证计划方案得到有效的执行。也就是说,高质量的计划过程和实施过程才有可能带来高的组织成效。这正如孔茨所强调的:"光有计划不可能使一个企业有所成就,还需要有行动;企业必须运行起来,然而,计划能够使行动对准一定的目的。它们能预测哪些行动能导致最终目标的实现,哪些行动会背离目标,哪些会导致相互抵消,而哪些又是不相干的。管理的计划工作就是对准所要实现的目标去设法取得一种始终如一的、协调的经营结构。如果没有计划,行动会变成仅仅是一种杂乱无章的活动,除了混乱之外什么也生产不出来。"①

二、计划的分类

(一)按计划期限的长短,可以把计划分为长期计划、中期计划和短期计划

在不同的组织中,计划期限的含义各不相同,因此,计划期限的划分是相对的。一般来说,把 5 年以上的计划称为长期计划,1 年以上 5 年以下的计划称为中期计划,把 1 年以下的计划称为短期计划。

编制长期计划能指明组织发展的方向,使组织的发展保持连续性和稳定性。但是由于未来较长时间的不确定因素很多,所以编制长期计划的难度就比较大。一般来说,长期计划所确定的目标比较抽象且不具体,所制订的计划方案也比较有弹性。为使长期计划更能适应未来环境的多变性和不确定性,经常采用一种滚动计划的方法。用这种方法,可根据情况的变化及时调整和修改计划方案。

编制短期计划是为了保证长期计划的目标能实现。短期计划是组织长期计划的具体化和落实。它根据长期计划的要求,具体规定在一个比较短的期间内组织所要达到的目标,并对完成这一目标的人员、时间、方法等做出具体的规定。对于一个组织来说,既要编制长期计划,也要编制短期计划,而且长期计划与短期计划之间要互相配合、衔接。

在研究长期计划应如何与短期计划相互配合、衔接时,人们提出了计划的时限问题,即一个计划的期限应该多长才是合适的。有时,一个计划的期限可能只要几天或几周的时间;有时,一个计划的期限要几个月或几年的时间;有时,一个计划的期限要超过 10 年甚至更长的时间。计划期限的确定是否合理,可以按照"承诺原则"加以判断。所谓确定计划期限的"承诺原则",是指"计划所规定的期限,应足以实现或可能实现今日决策所承诺的任务"。贯彻"承诺原则"意味着计划期限的确定是为了保证在未来期间内能有足够的时间完成编制计划时所承诺的任务。换句话说,承诺原则指的是:编制计划并不是为将来的决策做计划,而是为今日决策的未来效果做计划。任何一个计划都体现着某些已经做出的决策。

---

① 转引自[美]哈罗德·孔茨、西里尔·奥唐纳著:《管理学》,中国人民大学工业经济系外国工业管理教研室译校,贵州人民出版社 1982 年版,第 149 页。

(二)按计划所反映的内容不同,可以把计划分成综合计划与业务计划

每个组织都要编制反映组织整体目标要求的综合计划,同时还要根据这个综合计划编制各项业务计划。如企业要编制经营计划,然后要根据经营计划的要求分别编制供应计划、生产计划、财务计划、人力计划、新产品开发计划、技术计划、品牌推广计划和销售计划等。综合计划反映了组织在计划期间内所要达到的整体目标,它是组织各项业务计划编制的根据。各项业务计划是综合计划的具体化,它把综合计划的要求通过各项业务计划加以落实。每个组织既要编制综合计划,又要编制业务计划。编制综合计划能保证组织各项活动的整体性和协调性,而编制业务计划能保证组织各项具体的目标得以落实和实现。

(三)按照计划的性质不同,可以把计划分成战略计划、战术计划和业务计划

战略计划是指确定组织长远的、全局的行动方案的计划。它具有以下几个特点:(1)它是由组织的最高层的管理者负责制订的计划;(2)它是确定和实现组织长远目标的计划;(3)它突出了组织对未来发展的机会的把握和对风险的估计;(4)它着重于对组织未来的行动做出总的概括性的规定;(5)它指明了组织发展的方向。

战略计划与长期计划不一样,长期计划的特点主要是表现在计划期限的长期性上,而战略计划的特点则主要是表现在计划的内容与性质上,即它强调以应付未来的变化为主导,着重于对组织发展方向的确定和对资源使用的决策。例如,对一个企业来说,战略计划着重考虑的是企业未来发展的方向,而长期计划则是着重考虑企业未来发展的时间安排。长期计划比较具体,战略计划比较概略。

相对于战略性计划,具体规定如何实现全局目标的细节性计划称为运营计划。而运营计划包括战术计划(管理计划)和业务计划。

战术计划(管理计划)是指为实现战略计划而设立的着眼于一定的目标和行动方案的计划。管理计划可以由组织的高层管理者负责制订,也可以由组织的中层管理者负责制订。它有以下几个特点:(1)它是确定和实现组织当前目标的计划;(2)它是具体的行动计划;(3)它以提高组织当前活动的投入产出效率为重点。

业务计划是管理计划的具体化,即它对管理计划进行详细的说明,把管理计划的内容详细分解到每个具体的事件;把计划的执行者分别落实到每个部门、每个环节和每个个人;把计划完成的时间具体安排到月、周、日,有时甚至安排到小时。它是由组织的中层管理者与基层管理者负责制订的。管理计划与业务计划不同,除了业务计划比管理计划更详细外,它们的区别还在于管理计划是一种协调性的计划,而业务计划则纯粹是一种执行性计划。

对于每个组织来说,既要编制战略计划,也要编制战术计划(管理计划)和业务计划。编制战略计划能提高组织对未来环境变化的应变能力。它使组织对外部环境的变化不是做出就事论事式的反应,而是能在全局的、整体的、长远的考虑的基础上来决定组织未来所要达到的目标和未来的行动方案。编制管理计划和业务计划,能在保证组织的每个行动都有最高的工作效率的基础上,落实战略计划的目标要求。

(四)按计划的表现形式不同,可以把计划分为使命或宗旨、目标、策略、政策、规则、程序、规划和预算等

1.使命或宗旨。在各种社会系统里,各个组织都具有社会赋予它们的基本职能和任务。使命或宗旨表明了组织存在的基本目的、作用和任务。比如,企业的使命是生产和分销商品和服务;医院的使命是治病救人,救死扶伤;军队的使命是保家卫国。使命或宗旨是一个组织最高层次的计划,也是组织成员最根本的行动指南。

2.目标。如第 2 章所述,目标是组织的一个基本构成要素。目标也是一种行动方案和指南,从而也是计划的一种形式。目标可以分为基本目标和次要目标、长期目标和短期目标、质量目标和数量目标等。作为计划的一种表现形式,目标是组织在未来一段时期内所要达到的东西。但是,目标又是包括计划活动在内的所有活动追求和努力的结果。两者之间既有区别又有联系。作为计划表现形式的目标,它是组织各项活动的起点,是组织预期要达到的东西;作为组织各项活动的结果的目标,它不仅是计划工作的终点,而且也是组织、领导以及控制等活动所要达到的结果,是组织实际达到的东西。两者之间的差异就是目标差。它要通过管理的控制职能的发挥来消除。上述两者又通过组织的各项活动联系起来。

3.政策。政策是组织指导和协调组织成员各种行为的一种原则性规定。它为组织成员提供了行为准则和指导思想,但它并不要求有所行动。政策一般通过文字的形式加以说明。有了政策,管理者不需要每次重复分析相同的情况,能够对下属的管理人员进行授权。

政策的特点是它只对组织成员的行为进行原则性的规定,而没有具体规定组织成员在具体的条件下该干什么或不该干什么。政策把所要拟订的决策限制在一定范围内,是管理者进行决策时考虑问题的指南,它给决策者一定的选择空间。因此,政策的执行具有一定的灵活性,它有利于组织成员在执行政策时发挥主动性和创造性。

但也正因为这样,政策在执行过程中常会被误解或滥用。如我国现在实行"对外开放"的政策,这个政策为我国人民在社会主义经济建设过程中的行为提供了一个基本的指导思想。但是,它并没有具体告诉人们应如何实行对外开放。人们是按照四项基本原则来理解对外开放政策的。但实际上,四项基本原则本身也是一种政策,它告诉人们的也是一种行为的准则,而没有对人们在某种情况下可以或不可以采取某种行为做出具体的规定。因此,人们在坚持四项基本原则、实行对外开放政策的过程中,其行为就取决于人们对这个政策的理解。正因为这样,我国一些地区和部门,能通过对这个政策的有效执行促进经济的发展。当然,也有些人会有意地或无意地误解或滥用对外开放政策,为了个人或局部的利益而损害国家整体的利益。

政策的执行在很大程度上取决于政策执行者对政策本身的理解和认识,不同的利益团体、组织成员等对政策的理解和解释会存在着差异,所以很有可能出现"政出多门"的混乱。在我国法制尚不完善和不采用判例法的前提下,经常出现平级部门在处理同一问题时的互相冲突。所以,为了防止人们对政策的误解或滥用,组织又往往要通过程序、规则和规章制度的制定来规范和制约政策的执行和实施。

4.策略。所谓策略,是指组织为了实现预定的目标,对所需要的各种资源的取得、使用和分配的政策性规定。它是对组织在未来计划期间的行动方针和资源的使用所采取的谋略。

策略的目的是通过一整套重大的目标和政策来确定和说明企业设想的概貌是什么样的。策略给我们指明一个统一的方向,它具有对重点和资源如何部署的含义。通过策略的制定为组织实现未来目标提若干应对的方案,并根据未来内外部环境的变化来制定出新的方案,保证组织目标的有效实现。因此,策略的制定与应用是一种高超的管理艺术。

5.规则。作为计划的一种表现形式,规则是一种最简单的计划,因为它阐明了具体的必须或非必须的行动,规则没有给执行者留有例外的余地。

6.程序。程序也是对组织成员未来行为的一种规定。但与规则不同的是,程序不但规定成员未来可以做什么与不可以做什么,还规定了未来行为的时间顺序。

政策、程序、规则都是计划的表现形式,都是用来指导组织成员未来的行为。政策是规定组织未来行动的框架和范围,它为组织成员未来的行为提供指导思想,它给管理者的未来行为提供了一定的选择空间。规则则是规定组织成员未来在某种条件下可以做什么与不可以做什么。而程序则是实施行动的具体步骤和顺序,它不但规定了组织成员的未来行为,还规定了未来行为的时间顺序。因此,规则与程序就其本质而言,旨在抑制思考、照章办事。

7.规划。规划就是我们通常意义上所理解的计划。它包括为实施既定方针所必需的目标、政策、策略、规则、程序等各种计划的表现形式和实现目标的时间安排、所采取的步骤、所需要的资源等在内的综合性的行动方案。

编制这种综合性的计划,要求目标、政策、策略、规则和程序等各种计划的表现形式之间要互相配合与协调,因此,需要严格地应用系统思考和行动的方法,同时,还要求编制其他派生计划来保证主要计划的实现。所以在组织中往往会形成由各种规划(计划)组成的计划体系。各个计划之间要互相协调,因为任何一个派生计划的失误,都可能影响主要计划的实现,给组织带来损失与浪费。

8.预算。预算是一种数字化的计划,是用数字表示预期结果的一种报告书。预算既是计划的表现形式,也是控制的手段。从预算的时间看,有月度预算、季度预算,但一般都是年度预算。从预算的单位看,有用货币表示的预算,也有用时间、产品的产量或其他计量单位表示的预算。

三、计划的重要性

(一)使组织能对未来的变化做出积极的反应

每个组织所面临的未来都是复杂多变的,为了使组织对未来环境的变化能做出积极的反应,就应对未来的变化进行预先的估计,并在这个基础上,设想出应付各种变化的相应对策。未来的变化常常具有风险和不确定性,作为管理者,就应该应对这种风险和不确定性,以提高组织决策的科学性。环境的变化是客观的,计划工作不能消除环境变化,但管理者可以通过预测变化、考虑这些变化的冲击和制定适当的措施来响应变化,这种前瞻性的举动可以降低不确定性。从决策学的角度看,这种在未来情况不确定的条件下进行的计划工作属于不确定型决策或风险型决策。

即使组织发展的未来情况是完全可以肯定的,组织的计划工作仍然是十分重要的。因为在各种情况都确定的情况下,也还存在着寻找实现预定目标的最优方法的问题。在一定的条件下,则可以依据已知事实的基本数据来计算采用哪种行为过程能以最低的资源耗费取得预期的结果,或是在已确定的资源耗费的基础上使预期的结果更加理想化。它属于确定型决策的问题,即用数学的方法找出最优的行动方案。另外,在行为过程确定之后,还需要安排计划,以便整个组织的各个部分都能为完成自己的任务而努力工作。

有时,组织未来环境不是按预想的某种规律发生变化的,即出现了意外情况。对管理者来说,他不可能预见到组织的未来会出现什么突变的意外情况,但他应能预见到组织的未来可能会出现一些意外情况。因此,他也应该为未来意外情况的出现准备应变计划。如一个管理者不可能预见到组织在什么时候会遭受灾难性事件(如火灾、水灾,破坏性极大的台风、地震等)的伤害,但他应该预见到灾难性事件发生的可能性及其影响,从而为组织未来准备一些应变方案,如制定防灾措施,建立救灾机构,购买抢险救灾器具,向保险公司投保等。

(二)使组织的各项活动都能围绕组织的整体目标而展开

通过组织的计划工作,为组织制订出未来的行动方案,这样就能使组织的各项活动都围绕着组织的目标进行。当员工认识到组织的方向以及他们如何为达到目标做出贡献时,他们会自觉地协调他们的活动,相互合作,以及采取措施实现目标。如果没有统一的方向或目标,部门或个人也许会工作在相互冲突的目标下,会降低组织在实现目标过程中的效率。

在组织未来的行动方案中,要把组织的整体目标分解成各个部门、各个环节的目标,以在组织中形成以组织的整体目标为龙头的目标体系。同时还要根据各个部门、各个环节的目标制订各个部门、各个环节相应的计划方案。这些计划方案之间要相互配合、协调,以保证组织整体目标的实现。

(三)有利于提高组织各项活动的工作效率

组织的计划工作强调平衡与协调,强调优化,从而能提高组织各项活动的工作效率。它用共同的目标、明确的努力来代替不协调的、分散的活动,用均匀的工作流程代替不均匀的工作流程,用深思熟虑的决策代替仓促草率的判断。组织如果没有计划工作,就不可能使组织内部的各个部门、各个环节之间取得平衡与协调,不可能为未来的变化设想出最好的行动方案,也不可能为未来的变化进行有意识的准备。这些都会给组织带来混乱和浪费,影响组织各项活动的工作效率,影响组织目标的有效实现。

当工作和活动围绕已经确立的计划进行,当手段和结果通过计划规定得很清晰时,时间和资源的浪费以及冗余就会减少到最低程度,无效的活动或者低效的活动就会被削减到最小程度。

(四)有利于对组织各项工作的控制

组织的各项活动都是围绕着计划方案进行的。组织各项活动的结果可能达到了组织预期的目标,也可能与预期的目标存在着一定的偏差。这时,组织就要发挥管理的控制职能来消除这种偏差。要进行控制就要有个标准。组织进行控制的标准就是计划工作所确定的计划目标。没有计划目标,就无所谓控制,所以说计划为组织的控制提供了根据。

第二节　计划工作的原则

计划工作的原则是指编制计划所必须遵循的准则,遵循这些有效的计划工作的原则,有利于提高计划职能的工作成效和计划工作的可靠性,以达到管理者履行计划职能的目的。计划工作的原则确定了计划工作的时限、计划的内容、执行计划的过程以及其他相关的内容。

一、综合平衡的原则

该原则指计划体系要在空间和时间方面的实现平衡。因此,有两层含义:第一,从空间上,计划工作与组织层次、组织部门的关系。组织的计划工作要有利于组织整体目标的实现,因此,它要使组织中各个部门、各个环节的目标服从于组织的整体目标,使组织各个部门、各个环节计划的执行能保证组织整体计划的落实。第二,从时间上,短期计划与长期计划的平衡与协调。离开长期计划来制订短期计划,或者是短期计划的实施无助于有关的长期计划的实现,甚至短期计划阻碍、不利于长期计划的实现,或甚至要求改变长期计划来适应短期计划,都是不科学的,也是不合理的。许多计划工作的失误都是由于一些决策只考虑当前的情况而不顾及更为长远的目标所导致的。因此,负有责任的主管人员应经常仔细地检查当前的决策,弄明白它们是否有助于长期计划的实现,还应定期地向下级主管人员简要地介绍公司的长期计划,以便他们做出与之相一致的短期决策。这样做要比事后纠正已经形成的不一致容易得多。

二、承诺原则

承诺原则也称投入原则,主要是对计划工作时限的规定。计划是未来的行动方案,但不是一个可以无限期搁置或没有完成期限的方案。任何计划都必须根据当前所确定的未来目标来确定是长期内还是短期内完成,或多久期限内完成。也就是说,计划期限的确定是为保证今天所确定目标实现的一种承诺。即"合理的计划工作要确定一个未来的时限,这个时限的长度就是通过一系列措施来实现决策中所承担的任务所必需的时间"[①]。

组织的计划期限,或一个既定规划或该规划的任何组成部分的计划期限都不是千篇一律的,也不是靠武断决定的,更不是某些领导拍脑袋拍出来的,必须依据实现计划目标的具体资源条件来加以确定。

因此,根据计划的承诺原则,计划期限应是使得投资在某一项目上的费用能回收所需的时间长度。合理的计划期限是为完成决策规定的未来任务所必需的时间。

三、灵活性原则

计划意味着承诺和约束,它规范了组织的发展方向、组织的行为、组织成员的行为等。因此,计划一旦确定,就使得组织失去了一定程度的适应外部环境变化而变化的能力,而组织的计划期限越长,不确定性也就会增加,而且即使是最精确的预测,也免不了存在未来的不确定性和可能出现的差错,所以,理想的计划工作是有灵活性的——当出现意外情况时,有能力改变方向而不需花太多的投入。编制计划中要考虑到这种弹性,使计划有修改和调整的余地。

能在计划中体现的灵活性越大,由意外事件引起损失的危险就越小,但人们必须对使计划具有灵活性所需的费用与将来承担的任务所含有的风险加以权衡。灵活性原则的贯彻使计划具有改变方向的能力。如房地产公司在建造公寓时,采用框架混凝土结构,给消费者预留出更改空间布局的可能性,就是为了防止、避免公寓空间结构将来可能会过时而导致销售不畅的风险。当然,采用框架混凝土结构而不是砖混结构会给房地产公司造成建筑成本的

---

① ［美］哈罗德·孔茨、西里尔·奥唐纳著:《管理学》,中国人民大学工业经济系外国工业管理教研室译校,贵州人民出版社 1982 年版,第 174 页。

大幅度增加,但在房地产行业竞争激烈,空间结构对公寓销售起影响作用以及公寓布局概念在未来将有很大的变动等计划前提条件下,它将赋予房地产公司很大的主动性,提高其应变能力。

计划本身具有灵活性是为了解决计划的内在缺陷问题,即计划对组织行为等的约束所导致的应变能力的削弱与高质量的计划所依赖的前提——预测技术的内在的不精确性,所以,对于许多主管人员来说,灵活性是计划工作最重要的原则。当然,不能为了保证计划的灵活性而失去计划的稳定性,使人们无所适从。因此,主管人员既要使所制订的计划本身具有弹性,同时又必须将为了使计划富有弹性而花的费用控制在一定限度内。

四、改变航道的原则

编制计划的工作过程本身要有灵活性。计划本身可能存在内在缺陷,管理人员可根据未来的实际情况随时对计划中不合理的部分进行修改,甚至重新制订计划。改变航道原则是计划的灵活性无法解决计划执行中的难题时对计划的一种修正。

改变航道的原则是为了弥补灵活性原则而提出的。灵活性原则是使计划本身具有适应性,但这种适应性是有一定限度的,因为我们不能总是以推迟决策的时间来确保决策的正确性,计划灵活性所需要的费用和客观实际情况限制了计划本身的灵活性。因此,无论怎样,计划本身的灵活性还不能解决真正的计划难题,自然而然地,需要在计划的执行过程中按照实际修正计划,也就是说使计划工作过程具有灵活性——改变航道。正如现在主管人员所明白的:"主管人员是管理计划的,他们不是被计划管理的。"

五、限定因素原则

限定因素是指妨碍目标得以实现的决定性因素,又称战略因素。主管人员越能清楚地了解、认识并掌握对实现预期目标起限定或关键作用的因素,就越能准确地选择最有利于目标实现的方案。

巴纳德认识到这个原则的重要性,他指出:"如果我们考察某一时间存在的任何一个体系、一组条件或情况的集合体,就会发现它们是由一些要素、部件或因素组成的。如果我们从(而且只从)实现一个目的的角度来考察这个体系或情况的集合体,就可以看出这些因素或部件分为两类:一类因素或部件是,如果没有了或改变了它们,而其他因素或部件不改变,目的的实现状况也会改变;另一类是其他的、不会改变的因素和部件。第一类叫做制约因素,第二类叫做补充因素。……制约因素(战略因素)指在恰当的时间和地点,以恰当的方式加以控制,就可以建立起一个满足目的要求的新体系或一组条件的因素。"[①]可见,对于有效的计划制订来说,抓住战略因素,就能更有效地制订出有利于组织目标实现的计划方案。

限定因素原则又被形象地称为"木桶原理",即木桶能盛多少水,取决于桶壁上最短的那块木板条。也即毛泽东在《矛盾论》里所说的,解决问题关键要找出并抓住主要矛盾,问题就会迎刃而解了。

---

① [美]C. I. 巴纳德著:《经理人员的职能》,中国社会科学出版社1997年版,第159页。

第三节　计划工作方法

编制计划的具体方法很多,包括目标管理法、滚动计划法、甘特图、负荷图、里程碑图、网络计划技术等,本节主要介绍目标管理法和滚动计划法两种方法。

一、目标管理法

目标管理法(managing by objectives)指通过目标的制定、执行、评价的整个过程来实现对组织的有效管理,是以结果为导向的一种编制计划的方法。目标管理法最早由美国管理学者彼特·德鲁克(Peter Drucker)在 20 世纪 50 年代提出的,后来发展成为一种在许多国家普遍应用的计划工作的方法。

(一)目标管理法的提出

目标的重要性和以目标为中心开展管理,长期以来就得到人们的重视。德鲁克在 1954 年对目标管理作了强调,并首次系统地提出目标管理的思想。他指出:"凡是在工作成就和成果直接地、严重地影响企业的生存和繁荣的每个部门中,目标都是必需的",并且"期望于经理取得的成就必须是从企业实施的目标中引申出来的,他的成果必须用他对企业的成就有多大贡献来衡量"。这就需要实行"目标管理"和"自我控制"。

与此同时,通用电气公司(GE)在 1954 年的改组计划中提出了目标管理的诸要素。当时该公司指出:管理决策的分散管理要求用客观目标和对目标完成进度的客观测定来代替主观的评价和个人的监督。通过实行一种客观的测定规划,可把主管人员从具体事务中解脱出来,使他们能集中精力去注意有关的具有倾向性的将来问题。所以如果我们对企业的成绩能够进行可靠的、客观的测定,那么,我们分散权力和职责的基本原理将会收到更大的效果。

上述引用德鲁克和通用电气公司对目标管理的说明,只是简单列举了管理学者和管理实践者对目标管理所做出的重大贡献。不同领域的人们对于目标管理的探索,大大推动了完善的、系统的和具有完整体系的目标管理的发展,并使目标管理成为管理工作的一个基本工具。

(二)目标管理的过程

目标管理作为编制计划的方法之一,其管理过程主要为三个环节:目标的制定、目标的实施和绩效的反馈控制。仅仅简单地知道目标管理的过程并不能准确理解目标管理的内涵。下面我们具体说明目标管理的过程。

1.目标的制定

目标制定的第一步就是确定组织的最高管理层在一个既定时期内所认为要达到的最重要的目标。而后由下级组织按照组织层次逐级下降的顺序对上层指定的目标做出更为详细的规定。这样,每一个下级组织的目标就成为完成其直接上级的目标的手段,在整个组织中从最高层到最低层广泛地建立起一个目标—手段链。目标—手段链的建立在目标管理中有其特殊性。

第一,组织的最高管理层所确定的目标必须看作是初步的,它规定了企业在一定时期内可能完成和应当完成的任务,它是考虑了企业的优势和劣势,根据可以利用的机会,在进行分析和判断的基础上确定的。所以,必须把这些初步确定的目标看作是暂定的,待下属把整套可考核的目标都制定出来之后,还需要对这些目标进行修正。

第二,组织的最高管理层确定有关的总目标、计划前提,并向下传达后,上级主管就能在下级拟订目标的过程中与下级一起进行工作。上级要会见并询问下级能完成什么样的目标,在什么时间内以及用什么资源来完成这些目标。此时,上级领导的作用是十分重要的。上级所提的问题应当包括:你能做些什么? 我们怎样才能改进你的工作并以此来有助于改进我们的工作? 有什么障碍和什么困难使你不能更好地完成工作? 我们能做些什么改进? 我们怎样帮助你?

第三,除这些耐心的询问外,上级还要帮助他的下属拟订出上下衔接的和辅助性的目标,并使这些目标具有可操作性,是经过努力有可能达成的。但在最后,上级必须负责地批准下级主管人员所拟订的目标。上级判断和最后批准下级所拟目标的根据是:实现目标是否需要很大的、超水平的努力;是否完全与上级目标相匹配;是否与其他部门主管人员的目标相衔接;是否与部门和公司的长远目标和利益相矛盾等。

第四,还须注意的是,上下级拟订目标的过程是一个循环往复的过程。上级初步提出在既定时期内所拟完成的目标和实现目标的方法,下级根据自己对上级目标的理解和在目标确定过程中上级的帮助,也提出自己的目标。在这种上情下达和下情上达的循环往复的过程中,上下级都对自己要做的工作和要追求的行动的结果越来越清晰,有利于形成更合理的目标结构,从而也增加了有关人员实现目标的概率。

概括地说,上级管理者在制定目标时,要充分地征求下级的意见,使下级人员能充分了解上级管理者的目标的内容。在下级人员制定目标时,上级管理者应给予充分的支持和帮助。总之,要通过组织成员对目标制定的参与,使组织成员感到自己所要实现的目标是自己制定的,而不是别人强加给予的;使组织成员能充分了解目标的内容,从而更有利于目标的执行。

2.目标的实施

目标管理法强调组织成员在目标的执行过程中的自我控制和自我管理,而不是像传统的管理方式那样由上级对下级目标的执行进行严格的控制和监督。各个组织层次的成员允许自由地处置完成任务所分配到的必要资源,利用自己的能力和经验,并自由地采取适合自己的行动方式来达到目标。这样就能充分发挥组织成员的积极性和创造性,使组织成员在工作过程中得到更多激励和满足。在实现组织目标的同时,使个人目标也能实现。

3.绩效的评价

绩效的评价,就是对目标执行结果的评价。传统的管理对组织成员完成目标情况的评价采用上级对下级的工作进行评价的方式。这种评价方式使组织成员处于被动的状态。他们在心里有一种被挑剔、被检查的感觉。这样一来,评价工作仅仅是为了寻找工作上的毛病和不足,而不能使组织成员通过评价受到激励和鼓舞。

目标管理法对组织成员绩效的评价与传统的评价方法不同,其特点是:第一,上下级共同确定目标评价的标准。具体的做法是把各个部门和个人应该实现的各个目标按其重要程度确定不同的权数,并规定各个目标完成程度的得分标准。第二,不断地将实现目标的进展情况及时反馈给个人,以便他们能够调整自己的行动。这种不断的反馈还包含定期举行正式的评估会议,在会上,上下级共同回顾和检查进展情况。

(三)目标管理法的优缺点

1.优点

从形式来看,目标管理是通过目标来管理,即通过目标的制定、执行和评价的整个过程来实现对组织的有效管理。由于目标是组织中计划工作和一切管理工作的出发点和终点,因此通过目标来进行管理能使组织中的各项活动都围绕着目标来开展,从而有利于组织目标的实现。正因为这样,即使没有抓住目标管理的实质,其形式的应用也能给组织带来好的效果。

从实质内容看,目标管理是一种激励组织成员工作积极性的有效方法。目标管理法强调,在目标的制定、执行和评价过程中,要通过职工的参与来调动职工工作的积极性,使职工通过自己的努力,在实现组织目标的同时又能实现个人目标。

现在,目标管理法被广泛地采纳和应用,部分原因是它已成为一种管理时尚,但更重要的是它对于提高管理水平,明确组织机构,更有效地激励组织成员等方面所起的作用。

采用目标管理有助于提高管理水平,主要体现在:迫使主管人员为实现最终的目标而进行计划,管理人员可以在目标的框架内去考虑问题,而不是仅仅为了安排各种活动或工作而进行计划,或者说瞎忙碌。明确而清晰的目标使管理人员的可操作性大大加强,有助于避免用泛泛的语言定义组织目标如"获取足够的利润"或"取得市场领导地位"等模糊性带来的混乱。

目标管理要求建立目标网络系统,这就迫使人们把组织的作用和结构弄清楚。为了保证整体目标的实现,需要对目标进行层层落实和分解,这就要求明确需要什么样的组织机构和需要什么样的人员,需要什么样的资源和给予什么样的帮助。因此,有效地实现目标管理的公司常常可以发现组织结构上的缺陷,也有助于更好地实现分散和授权管理,保证了个人目标、部门目标和公司目标紧密相连,鼓励员工致力于各自目标和组织目标的完成。

目标管理另外一个重要的作用是充分调动组织成员的积极性。在目标管理过程的每个环节,都鼓励下级的积极参与。组织成员不再只是做工作、执行指示和等待指导与决策。他们有机会把自己的思想纳入计划之中,并且在执行过程中拥有一定限度的自由处置权。绩效的评估过程也提高了公平、公开和公正性,从而使绩效的评价具有客观性,一定程度上避免了上级领导个人主观因素的干扰。

2.缺陷

目标管理虽然是一种成效显著、非常重要的计划方法,但它也有若干弱点和缺点。有的缺点是系统本身存在的,有的则是在运用中引起的。目标管理法是通过组织成员的参与来调动组织成员的积极性的,但是,怎样才能使职工有积极性来参与组织计划的制订、执行和评价工作,却可能成为一个难以解决的问题。即使组织成员有积极性来参与组织的计划工作,由于上下级之间的差异,也往往使下级人员屈服于上级人员的意志,很难充分地发挥自己的主动性和创造性。在很多实行等级制度的组织中,上级同自己部属之间的鸿沟是难以逾越的。不平等的人是否能共同制定目标这一点,是很值得怀疑的。

在目标管理法应用过程中,还可能存在着过分强调数量指标的问题。强调数量指标是为了使组织成员的工作具有可考核性,但是,组织中有许多工作的目标是很难用数量指标来衡量的。如改善组织的社会公众形象、改进组织的人事管理工作、提高产品形象等目标都是很难用定量的指标来加以衡量的。强调数量指标还会使组织中的管理者忙于写报告、填表格和分指标,而忽视与组织成员的沟通、交流和合作。目标管理的另一个局限涉及那些在不稳定的、变化无常的环境中活动的组织。这种类型的组织必须利用不确定目标进行管理,在这种场合试图提出具体目标通常是不适用的。也就是说,目标管理作为一种计划方法,无法克服其缺乏灵活性的局限。另外,目标管理法可能导致雇员过分关注自己的目标,有可能出现利用不道德的手段达到结果的可能性,而不考虑工作单位其他人的目标,因而总体不利于提高生产率。

拓展阅读

对目标管理所做的研究

在目标管理法基本系统化后,随着大量的营利性和非营利性组织的采用,就有比较多的学者和管理专家开展了对目标管理法实际运作过程、效果的调查。

美国《幸福》杂志对 500 家美国最大的实业公司发出了调查表,收回 403 份。在对调查表做出答复的 403 家公司中,有 45%(即 188 家公司)采用了目标管理计划法。经过进一步的研究,对调查结果进行分析之后,188 家公司中只有 19% 被认为是成功的。这就是说,应用目标管理法取得成功的公司不到其总数的 1/10,即目标管理法的成功率是相当低的。

卡罗尔和托西也对目标管理法进行了研究。他们的研究具有综合性,总结了过去对目标管理所做的研究。他们指出,已往对目标管理的研究基本上集中在三个方面:目标的制定,关于结果的知识(反馈),下级参与决策。

卡罗尔和托西在采取目标管理的布莱克和戴克尔公司进行了长达 5 年时间的研究,得出的结论是:目标管理是一种成效显著、非常重要的计划方法,但在实施过程中存在着一些问题和局限(具体见表 9-1),其中最主要的是目标管理体系过分正规化的要求。

表 9-1 目标管理的缺点和问题
(调查对象:布莱克和戴克尔公司的 48 位经理)

问 题	经理的认同率(%)
正规要求过多(填写表格,进行最新变动等)	43.7
目标管理不适合发挥全部潜力	20.8
目标管理不考虑不同工作和不同层次的目标	14.5
我从未得到过满意的反馈	14.5
我从未参与这种方案	14.5
使自己对目标正式承担义务这一点不尽遂人意	10.5
目标管理不提供个人特征方面的信息,如天生的能力和动机	4.2
不存在真实的问题	37.5

[美]马丁·坎农著:《管理学概论》,张宁、张耀华、陈经元、唐绍邦、杨建一译,中国社会科学出版社 1989 年版,第 140 页。

二、滚动计划法

(一)滚动计划法的含义

滚动计划法是指按照"近细远粗"的原则制定一定时期的计划,然后按照计划的执行情况和环境变化,调整和修订未来的计划,并逐步把计划期向后滚动推移,把短期计划和中长期计划结合起来的一种计划编制和调整方法。

滚动计划法的核心思想是随着时间的推移,不断把粗略的计划细化。因为未来的工作有不确定性,远期的计划只能是粗略的,而近期计划则可以具体一些。因此,滚动计划法适应于产品品种比较稳定的生产与销售计划以及物资供应计划。因为这种计划都具有一定的连续性,便于按期进行不断的滚动。

(二)滚动计划法的制订程序

首先,通过调查和预测,按"近细远粗"的原则先制订一定时期的计划;其次,在一个滚动时期结束时,分析计划的执行结果,找出差距和问题;再次,根据组织内、外环境的新变化以及上一个滚动期计划的执行情况,对原定计划进行调整和修订;最后,根据修订和调整结果,又按照"近细远粗"的原则,将计划期向后滚动一个时期,制订出第二个计划期的计划。如此反复上述过程。

第四节　计划工作的步骤

组织的计划过程是一个复杂的过程,组织的层次、生命周期和环境的不确定性等因素都会影响计划的制订过程。例如,基层管理者的计划活动主要是制订作业计划,具有战术性和具体性。随着管理者在组织中层次的上升,其计划活动更具有战略性和指导性导向。组织在形成期和衰退期,管理者要制订指导性计划,以便于灵活地调整;在成长期和成熟期,管理者可以制订比较具体的计划。环境的变化越大,不确定性越大,计划更应该是指导性的,期限也应更短,从而保持计划的灵活性,以便在实施计划的过程中修订计划。

但无论处在何种状况下,从逻辑过程上看,计划工作的步骤有以下8个各不相同但又是相互关联的阶段。

一、估量机会

寻找和估量外部环境中和组织内的机会是制订计划的真正起点。所有的管理人员应当首先审视将来可能出现的机会,实事求是地对机会的各种情况进行判断,从而才能制订切合实际的目标和行动方案。

估量机会就是要对组织的内外环境因素进行分析,以确定组织所存在的问题和可能存在的有利机会。其目的就是要找出有利于组织发展的机会,以确定组织计划工作的主题,即决定对什么问题制订计划方案。这个阶段的工作本身就是一种决策,也就是前面讲过的承诺。而以后各个阶段的计划工作都是为了承诺的实现。所以有人说:"计划工作并不真的为将来的决策做计划,而是为今日决策的未来效果做计划。"从计划工作的过程来看,严格地说,估量机会并不是计划工作的第一步,而是第零步。因为它只是确定组织要编制什么计划,还没有真正开始计划工作。

二、确定目标

在估量计划的基础上,计划工作首先要选定将来的成果,即确定目标,这才是真正意义上的计划工作的第一步。按照管理的目标原则,任何管理活动都必须始于目标。因为目标提供了所有管理决策和行动的方向,以及对实施结果的度量标准。因此,组织的计划工作同样要从明确和确定目标开始。在这个阶段中,要确定组织在计划期所要达到的目标。确定目标要注意两个内容:一是要判断目标体系中各种目标的优先次序;二是要把目标合理分解为组织中各部门和各个环节的目标,以便形成目标网络体系。

确定目标的优先次序是指在一定时期内,实现某个目标相对来说比其他目标更为重要,因此被确定为要优先实现的目标。目标的优先次序的确定,有利于合理地分配组织有限的资源。例如,大学校长不管是含糊地还是明确地,都必须确定在教学、研究和为社会服务这几个目标中哪一个目标比较重要。确定目标以及其优先次序常常是一种价值性判断,因而是一项困难的工作。

把目标分解为组织中各个部门和各个环节的目标,就可以形成目标网络体系。组织中形成的目标网络体系决定了组织中的计划网络体系的形成。在建立目标网络系统时需要仔细平衡组织内部不同部门之间和不同组织层次之间的目标,以预防出现目标体系中的矛盾和冲突问题。

确定目标是计划工作的第一步骤,而目标本身又是计划的一种表现形式,所以确定目标本身就是一项计划工作。它同样要经历计划工作过程的所有步骤,因而可以把它看成是一个大的循环中的小循环。

三、确定计划的前提条件

(一)计划前提条件的含义

所谓计划的前提条件是指组织在未来计划期间所估计的各种内外环境条件。它是组织编制计划的基本出发点。换句话说,它是组织计划实施时的预期环境,或者说是计划工作的假设条件。因此,组织在编制计划时,要对可能影响组织未来对计划的实施的各种内外环境因素进行预测和确定,然后在此基础上确定组织未来的行动方案。

正确确定计划的前提条件,需要正确理解这一计划步骤的内涵:(1)未来的不确定性因素十分复杂,计划工作不可能预测到所有细节,但要抓住对计划的执行影响最大的关键因素。因此,计划工作前提只能限于那些对计划工作来说是关键性的或有策略意义的,即对计划的执行最有影响的那些条件。(2)组织需要确定协调一致的计划工作前提。由于组织成员的背景、经历、知识层次、动机、目标、所隶属的利益团体等不同,往往对组织的将来有自己的理解,因此在建立组织目标网络系统时,容易出现不同管理者在确定本部门的目标时使用不同的计划前提条件,致使计划工作缺乏协调,影响组织整体目标的实现。

就组织编制计划的时点来说,未来的环境因素是多变的、不定的,而对于组织实施计划的时点来说,实际出现的环境因素却是固定的、唯一的。组织在编制计划时所估计的环境条件与实际发生的环境条件之间产生偏差,就意味着计划实施的条件发生了变化,从而会给计划的实施造成困难。这就要求组织提高对未来环境变化的预测能力,以确定切实可靠的计划的前提条件。计划前提条件是编制计划方案的基本出发点,是未来实施计划的预期环境。计划前提条件的确定是否确切,直接影响到组织计划工作的质量,也影响到组织其他各项管理活动的效果,影响组织目标的有效实现。

(二)计划前提条件的类型

1.按照前提条件与组织的关系,可以把前提条件分为内部的前提条件与外部的前提条件。内部的前提条件是指影响组织未来计划实施的内部环境因素,如企业未来期间的基本建设投资、厂房、机器、人员、资金等的变化情况,组织所确定的未来期间的目标、发展方针、政策等。外部的前提条件有一般环境因素和任务环境因素之分。一般环境因素包括社会的政治、经济、科技、法律和文化等。这些环境因素对社会的每个组织都会产生影响,也是每个组织在编制计划时必须考虑的计划前提条件。任务环境因素包括组织的要素输入环境和组织的要素输出环境:要素输入环境包括土地、劳动力、原材料和辅助材料、资本等要素的供应条件;要素输出环境包括对产品和服务需求情况有影响作用的条件。

2.按照前提条件的量化程度,可以把前提条件分为定量的前提条件和定性的前提条件。组织对未来环境因素的估计,有的可以用数量的方式加以表述,有的却只能用描述性的语言来表述,如职工的士气、组织的信誉、顾客对产品的满意程度等。如企业在制订发展规划时,选择整个国家的经济发展速度和社会的政治形势作为前提条件,根据国家的经济发展规划,在企业规划期间内,国家的经济发展速度假设是 6.5%,且国家的政治形势将是稳定的,那么在这里,6.5%的经济发展速度是定量的计划前提条件,而政治形势是稳定的这一判断是定性的计划前提条件。

3.按照企业对前提条件的控制程度,可以把前提条件分为可控的前提条件和不可控的前提条件。一般而言,组织内部的前提条件是组织可以控制的前提条件,而组织外部的前提条件是组织不可控的前提条件。可控制的前提条件如组织可以自己确定未来的发展目标和政策,可以自己决定各种生产要素的投入。不可控制的前提条件如组织不能自己决定未来有什么样的社会、政治和经济环境。就组织的外部前提条件来说,相对而言,组织对一般环境因素的影响程度比较低,而对具体环境因素的影响程度比较高。如企业不可能控制未来国家对企业的管理体制、税收政策、利率水平、宽松还是缩减的财政政策、人口增长水平、政治环境等,但却可以通过自己的行动对各种任务环境因素如价格水平、原材料价格等产生影响。

(三)选择合适的计划前提条件

计划的前提条件是组织对计划期间的各种内外环境因素的估计。对于一个组织来说,影响计划实施的环境因素很多,但有的影响程度大些,有的影响程度小些。组织不可能把所有的环境因素都作为自己编制计划的前提条件来考虑,而只能选择对企业未来计划的实施有重大影响的环境因素作为计划的前提条件来考虑。

在对这个问题进行考虑时,要注意防止出现两个错误:一个是误取,另一个是误舍。所谓误取,是指把不应该考虑的环境因素作为组织的前提条件加以考虑。这个错误会增加组织编制计划和执行计划的难度。所谓误舍,是指没有把重要的环境因素作为计划的前提条件加以考虑,即把它舍去了。这个错误会给组织未来计划的实施带来风险。

在选择计划的前提条件时,要保持前提条件的协调一致。组织的计划是一个由许多计划组成的计划体系。在这个计划体系中,各个计划的执行都是为了保证组织整体目标的实现。为了达到这个目标,必须使这个计划体系中的各个计划的前提条件保持协调一致。这就要求组织中的各个部门和各个环节在编制各自的计划时要互相沟通,以保持协调一致的计划前提条件。当然,这并不是说各个计划都应有一样的前提条件,而是强调前提条件的相互协调。

在选择合适的计划前提条件时,还有一点要注意的是,有些环境因素对某个组织来说,可能是很重要的前提条件,而对另一个组织来说却可能是毫无意义的。这一点说明了每个组织应该根据自身的具体情况来确定自己的前提条件。

(四)对计划前提条件的预测

前提条件是计划实施时的预期环境。组织在正式编制计划之前,必须先确定计划的前提条件。这就要采用各种预测的方法。计划的前提条件是进行有效和协调的计划工作的先决条件;预测的质量和水平则决定了计划的成效,错误的预测往往会产生灾难性的后果。

1.预测的含义

预测是根据过去和现在的已知情况,用一定的方法或技术,对未来进行预先估计和推测。预测是对未来环境和组织前景所做的估计,这种估计既需要管理人员丰富的主观想象和卓越的洞察能力,也需要科学的预测技术、工具等。

企业的预测按照不同的范围、不同的对象等,可以得到不同的分类。如从预测的内容来看分为环境预测和销售预测。环境预测,包括经济预测、技术预测、社会和政治预测。从预测的超前时间来看,有短期预测、中期预测和长期预测。

预测工作所要解决的是两方面的问题:一是对未来环境因素变化所进行的预测,二是对计划方案实施结果进行的预测。前者是预测计划工作的前提,在这种情况下,预测是计划工作的先决条件。后者是预测计划工作的结果,即把计划方案转变为对将来的一种期望。在这种情况下,对计划方案将来实施结果的预测往往成为组织制订其他计划的前提条件。如对消费者需求变化的预测是企业制订产品销售计划的前提条件,而对产品销售量的预测则成了企业制订原材料供应计划和资金筹措计划的前提条件。

预测对计划职能成效的影响、作用是不难理解的。但必须清楚地认识到,预测不可能百分之百地准确,一切预测都不可避免地会发生一定程度的误差。这种误差的存在是合理的而且是可以理解的,因为存在着很多影响预测准确度的因素:第一,人类认识的局限性和滞后性,即未来总带有无法预知的成分;第二,客观事物发展的突变性,即客观事物的发展失去规律性,使得以客观事物发展存在规律性为前提的各种预测技术、方法都失效;第三,预测本身的缺陷,如不齐全的预测资料,不成熟和尚待完善的预测技术、工具,从事预测的人员的水平有限等,都是产生这些缺陷的原因。另外,预测所依据的事实要素和价值要素的干扰,也会影响预测的准确性,这是因为,一方面,主管人员不注意去检查预测所依据的一些基本假设是否符合事实,另一方面,主管人员会因人而异地对价值要素做出各自的判断。

2.预测的方法

20世纪60年代以来,预测技术的发展极为迅速,世界各国已发展出相当多的预测方法。从现代预测技术的发展情况来看,可以把预测技术分成两大类,即定量预测技术和定性预测技术。那些可以从历史资料入手,按照一定的规律预测出未来值的方法属于定量预测法。当历史资料不易取得或不适合使用时,需要更多地依靠人的主观判断来预测未来情况的方法属于定性预测法。

(1)定量预测方法

定量预测方法是以事物发展的历史资料和现实数据为基础,考虑事物发展过程中随机因素的干扰和影响,建立数学模型,进行定量分析,对事物的未来进行预测。定量预测方法的前提是承认事物发展的延续性,但由于往往无法预测未来较长时期的突变事件,所以该方法在短期和近期的预测中应用得较多。定量预测方法又可以分为两大类:时间序列预测法和因果预测法。

①时间序列预测法。时间序列分析是一种根据详细和完备的历史统计资料,按照时间序列排列成一个数列,通过一定的计算方法对事物发展趋势进行预测。这种方法的假设是,未来和过去的情形十分相似。时间序列法有全期平均法、移动平均法和指数平滑法等方法。

简单的全期平均法是对时间数列的过去数据一个不漏地全部加以同等利用,把历史各时期的数据进行简单平均,将其结果作为下期的预测值。移动平均法则不考虑较远期的数据,把与预测期关系密切的最近几个时期的数据值的平均数作为下一期的预测值。其公式为:

$$X_{n+1} = \frac{X_1 + X_2 + \cdots + X_n}{n}$$

式中:X_{n+1} 是指 $(n+1)$ 期的预测值;X_i 是第 i 期的实际值($i=1,2,3,\cdots,n$);n 是指观察值的个数。

移动平均法仅适合预测目标的基本趋势是在某一水平上下波动的情况。如果数据发展趋势存在其他变化,移动算术平均法就会产生较大的偏差和滞后。因此,这一方法只适用于近期和短期预测。

指数平滑法是移动平均法中的一种,其特点在于给过去的观测值不一样的权重,即较近期观测值的权数比较远期观测值的权数要大。移动平均法假设过去每个历史时期的数据对未来的影响是相同的,但通常过去的远近对未来的影响是不同的。指数平滑法实质上是一种加权移动平均方法,考虑到了远期和近期对预期的影响程度不同,对所取各期分别赋予相应权数的预测方法。权数根据实际和经验而定,近期对预测期影响较大,因而一般权数较大,反之则小。

指数平滑法通过计算指数平滑值,配合一定的时间序列预测模型对现象的未来进行预测。其原理是任一期的指数平滑值都是本期实际观察值与前一期指数平滑值的加权平均。其公式为:

$$S_t = \alpha Y_t + (1-\alpha)S_{t-1}$$

(其中,S_t 为时间序列 t 的平滑值;Y_t 为时间 t 的实际值;S_{t-1} 为时间 $t-1$ 的平滑值;α 为平滑指数,取值范围为 $0\sim1$。)

选择合适的 α 值,对预测的准确度影响很大。α 实际上是对实际值和预测值之差进行适当的修正。指数平滑法实质是对实际值和预测值的一种加权移动平均。

时间序列分析法虽然进行了统计学处理,但并没有证明这些参数之间一定有因果关系,即他们本质上不一定是相关函数。

②因果预测法。因果预测法是通过分析,找到预测变量和与之有关的影响因素之间的关系,建立数学模型,根据影响预测变量的因素的分析对之进行预测。常用的方法有回归分析法、经济计量模型、投入产出分析等。

回归分析法可分为线性回归和非线性回归两类。根据影响预测变量的因素的数量分为一元线性回归法和多元线性回归法。一元线性回归是依据两个变量之间的线性关系,根据一个变量的值去预测另一个变量的值。多元线性回归则是根据两个或两个以上的影响因素与预测变量之间的关系来推算预测变量的值。

经济计量模型是根据经济理论和某些假设建立的一组方程,以描述经济活动中某些主要变量之间的关系,然后求解方程组,并用数理统计的方法进行估计、检验和推测。

采用定量预测的方法可以得出比较准确的预测值。特别是随着电子计算机的发展和应用,人们不但可以利用计算机来进行定量预测法的大量计算工作,而且可以用计算机把过去大量的历史资料储存起来,从而能更清楚地认识事物发展变化的规律。

管理视野

人工智能:下一个"大热门"

人工智能(Artificial Intelligence),英文缩写为 AI。它是研究、开发用于模拟、延伸和扩展人的智能的理论、方法、技术及应用系统的一门新的技术科学。人工智能一直是科幻电影和小说中的常客。现在,随着模式识别、大数据、云计算等技术的发展,这种幻想中的未来角色,正在逐步走入人们的现实生活。我们已经在使用较低水平的人工智能技术来诊断疾病、提供教育,并开发新的技术——比如智能交通。

《哈佛商业评论》就报道说,2015 年全球数字媒体与新兴科技将会再次改变和影响人们的生活,其中居首位的是人工智能技术。在 2015 年,智能手机内的虚拟个人助理技术也将日益成熟。

人工智能甚至被视为科技行业最新的下一个"大热门"。在硅谷,已有超过 1 700 家创业公司加入人工智能浪潮。

一般而言,有热潮,就会有泼冷水的。英国理论物理学家霍金近日就给 AI 泼了一瓢冷水,他预言人工智能科技如果不加控制地发展,将超越人类智能,并控制或灭绝人类。

无独有偶,牛津大学哲学教授博斯特罗姆近日也发表言论,说超级人工智能是人类未来最大的存在风险,其风险性高于自然灾害、环境恶化和流行疾病。

他们所警示的风险从理论上来说是存在的,但在未来相当长时间内不会成为现实。人工智能可以分成四个阶段。第一个阶段是功能,各种各样的软件是为了满足我们的各种需求被开发出来,一个软件就可以做一件事。我们的 AI 技术,大多停留在这一阶段。第二个阶段是智能,要求机器模仿人类去看、去听,甚至去修正、改进。这是一些 AI 正在攀登并已初步达到的阶段。第三个阶段是智力。智力包括创造力,让一件没有经历过的事情发生并完成这样的创造力,对机器来说是一个很大的鸿沟。智力还包括判断力,人类能在信息不完全时做出判断,机器却很难做到。目前的 AI 技术还没能达到这个阶段。第四个阶段是智慧。人类中的智者,能在前人经验的基础上升华出各种思想,对事物的本质进行总结、提炼。这一阶段对机器来说,就更遥远了。

所以,要真正做到人工智能,其实还有很长的路要走。

如何让机器人拥有像人一样的智慧,这是类人脑工程的研究者们正在做的探索。这一探索虽然目前看来距离成功还很遥远,但如果成功了呢? 那会不会就是人类的灭亡之日? 早有人设想过如何避免这种情况。科幻小说家阿西莫夫早在数十年前就提出过"机器人三定律":(1)机器人不得伤害人类,或坐视人类受到伤害;(2)除非违背第一法则,机器人必须服从人类的命令;(3)在不违背第一和第二法则的情况下,机器人必须保护自己。这个著名的三定律早就被读者们找出过它的漏洞,但它的意义并不在此,而在于提醒人们,AI 技术的发展也必须有它的伦理准则。

如今,人工智能对社会的影响正逐渐增大。未来随着 AI 技术的发展,根除疾病和贫困将不再是遥不可及的梦想。有人说,人工智能可能"比核武器更加危险"。但核武器被开发近 70 年来,世界非但没有毁灭,反而进入一个微妙的较和平时期。核能的和平利用,也在为人类的现代生活做出贡献。

AI,是有爱还是有害? 将最终取决于人类自己的选择。

资料来源:《经济日报》2015 年 1 月 15 日。

(2)定性预测方法

定性预测方法是依靠个人的主观判断来预测未来情况的方法。定性预测靠的是建立在经验基础上的预感、直觉和主观意见,通常用于只能收集到有限的数据的情况。比较常用的定性预测法有专家个人意见法、专家会议法、头脑风暴法和德尔菲法等。这些方法的共同特征是通过组织各种领域的专家,运用他们的专业知识和经验,直观地对过去和现在发生的问题进行分析,对事物发展的未来做出判断和估计。定性预测法比较适合于社会和技术领域的预测。

管理常识

两种常用的定性预测方法

1.德尔菲法

德尔菲法是由奥拉夫·赫尔默(Olaf Helmer)和兰德公司的同事一起开发出来的,得到理论界和实践界的广泛赞同。德尔菲法的规范做法如下:

①在组织内部和外部,挑选研究某一特殊问题的专家成立一个小组;

②专家在各种新发现和发展领域里,就他们认为将发生什么情况,以及何时发生等问题做出预测(采用无记名方式,以便他们不受其他人的影响);

③将内容汇集起来,把这些综合结果反馈给小组成员;

④专家根据反馈回来的材料(仍采用无记名方式),对未来做出进一步估计;

⑤以上过程可以重复数次;

⑥当专家们的意见交流开始形成一致的看法时,这最后的看法便成为可以接受的预测。

在这些过程中,要注意的是得出的结论不是各种意见或态度的折中结果,而是通过更多信息的投入,使预测更为精确,更逼近于未来的现实。这种方法避免了头脑风暴法中有的人屈从权威和随大流等弊端,有助于更充分发表意见。

德尔菲法强调以下原则:第一,匿名原则(不公开参与发表意见的专家的个人身份);第二,循环往复原则(由主持人收集参与者意见后综合,然后又反馈修正,如此循环往复数次);第三,控制反馈原则(让参与者事先回答问卷,并使其衡量综合意见);第四,团体回答统计原则(对所有参与者的意见综合处理时,通常考虑中数、趋势等情况);第五,专家共识原则。

2.名义小组技术

名义小组技术(名义群体法,nominal group technique,NGT),即决策小组只是名义上的,管理者把要解决的问题关键告诉成员后,小组成员互不通气,只能独自思考和形成备选方案,然后在小组会上逐个陈述自己的方案,最后由小组成员对所有备选方案进行评价和投票,赞成人数最多的方案为所要的方案。管理者有权拒绝这个方案。如一个企业由于各种原因要关闭一个工厂,在选择到底关闭哪一个合适时可以用名义群体法,让决策群体独立做出方案,然后再选择合适的方案。

传统的小组讨论可以集思广益,从而产生创造性的思维。但是,常见的小组讨论也可能妨碍创造力的发挥。例如,小组成员可能会采纳一种想法而排斥其他选择方案;有人害怕被耻笑而不愿意在小组中表达自己的看法;低层人员可能顾及高层人员而不能表达自己的观点;要求一致性的压力也不鼓励发表不同的见解;与他人相处的需要胜过提出不受人欢迎的解决问题的方案;集体决策不会让成员竭尽全力寻找与决策相关的数据。

在计划方案制订过程中,通常要把定量预测和定性预测两种方法结合使用,先进行定性分析,为预测开路;然后进行定量预测,使预测具体化;最后再定性分析,调整方案。

随着管理上的预测问题越来越多样化和复杂化,许多预测技术都得到了发展和创新。各种预测技术各有其特殊用途,必须谨慎地为每一特殊运用选择恰当的技术。管理人员在选择预测方法和预测技术时需要考虑预测的范围,历史数据是否恰当、是否可用及其合乎需要的准确程度,预测的期限,预测的费用,或由预测工作得到的价值,以及目前有多少时间可以去做这种分析。同时要结合外部环境分析加以权衡。

四、拟订可供选择的各种计划方案

计划前提条件确定后,就要拟订各种可行的计划方案供评价和选择。从理论上说,要选出所有可能的行动计划,然后通过比较选择费用最低、效果最好的能实现组织目标的方案。拟订可行方案应做到既不重复又不遗漏。因为如果所拟订出来的各个可行方案之间在执行时会互相重叠交叉的话,就很难对各个方案的优劣进行独立的评价。而如果不能找出所有的可行方案,就可能会遗漏某些好的计划方案,从而影响所确定的计划方案的质量。但实际上由于认识能力、时间、经验和费用等原因,管理者并不可能找到所有的可行方案,而只能是拟出若干个比较有利于预期目标的可行方案进行评价分析。

拟订计划方案时要注意各种计划表现形式的配套使用,并要注意目标、政策、策略、规则、程序等各种计划形式之间的衔接和协调。备选方案的拟订往往需要一个循环往复的过程,只有在拟订方案过程中,随着思维的逐步深入和展开,高质量的、理想的和合适的备选方案才会浮出水面。拟订备选方案又可以分成"轮廓设想"和"细部设计"两个步骤。

(一)轮廓设想阶段

这个阶段,管理者主要的任务是尽可能地设想出所有可能的备选方案,保证备选方案的全面性和多样性,从不同的角度和多种途径,运用逻辑推论、数学分析等方法,广泛地收集资料和信息,大胆设想出各种各样的可能方案来,以便提供尽可能广阔的思考和选择的余地。

管理者往往从两个途径寻找备选方案:一是管理者自己过去的经验,另一个是别的管理者或别的组织采用的且已被证明为成功可行的管理实践。依靠自己过去的经验或是有选择地模仿他人的做法,可以节省时间和费用。但是在动荡而充满竞争的社会里,消费者需求的变化、新技术的不断出现、政府规章制度的变动、内外部环境因素的变化都将限制过去经验应用的有效性。因此,管理者必须运用创新思维来创造性地开发可供选择的方案。

管理者开拓性地提出备选方案除了时间和成本的约束外,还存在着一些障碍。其中最常见的是文化障碍和思想障碍。文化障碍是指社会上流行的、时尚的生活方式、管理模式和价值观念等对管理者心理上的约束;思想障碍是指习惯性思维所引起的障碍,习惯、过去的经验等往往妨碍管理者从另一个崭新的、完全不同的角度进行思考。在轻松的气氛中进行集体讨论,往往可以消除部分文化障碍和思想障碍。头脑风暴法是最常见的启发创新思维的方法。

头脑风暴法是美国学者奥斯本于 1939 年首创的,首先用在广告创作上,1953 年他总结经验后著书问世。奥斯本认为通过集体讨论(畅谈会),可以想出独创性的方案。为了提高会议的成效,他提出了四条规矩:(1)庭外判决原则,即对会上别人提出的各种想法的评断必须放到后一阶段;(2)各抒己见原则,即与会人员要坚持自己的想法,思路越广越新则越好;(3)数量原则,即设想的方案数量越多越好;(4)补充互补原则,寻求对他人的设想取长补短和改进,即参与者除了提出他们自己的意见外,可以对别人的意见提出修正办法或使两种或几种意见彼此结合的办法。[①]

头脑风暴法具有以下优点:通过鼓励自由思考,能够发挥集体智慧,产生智能互补效应;使所有人信息交流、相互启发,产生思维共振和连锁反应;专家集体所拥有及提供的知识和信息量比单个专家所有的知识和信息量大得多;集体讨论考虑的问题和提供的备选方案比单个人更多、更全面和更合理。

(二)细部设计阶段

细部设计阶段的主要任务是充实每个备选方案的具体内容,确定每个备选方案的具体实施措施和细节,估计备选方案实施后的所有可能后果和每个备选方案成功实施所需要的条件,使其形成真正的具体方案。

例如,某一消费者需要购买一辆轿车,并认为在购买期间所有的轿车销售商不会采取优

---

① 参见[美]W.H.纽曼、小 C.E.萨默著:《管理过程——概念、行为和实践》,李柱流、金雅珍、徐吉贵译,李柱流校,中国社会科学出版社 1995 年版,第 331 页。

惠的促销活动,在未来 5 年内工作不会发生变动,可采用中国银行的耐用消费品分期付款等,即确定了目标和计划的前提条件,列出了如下备选方案:(1)购买大众 2000 型;(2)购买夏利;(3)购买一汽大众的捷达;(4)购买 Ford Taurus L;(5)购买 Honda Accord Lx;(6)购买 Mazda 626 LX;(7)购买 Nissan Altima;(8)购买 Plymouth Acclaim;(9)购买 Toyata Camry DLX。

五、评价和比较备选方案

对于各种可行方案,要根据计划目标的要求、预定的计划前提条件,按照一定的原则,采用一定的方法进行比较评价,以确定能最佳地实现预定目标的未来行动方案。就计划方案的评价原则来说,传统的观点认为应采用最优化的原则,即对各种可行方案进行评价,从中找出最优的方案作为具体的实施方案。但决策学派的代表人物西蒙认为,采用最优化原则,需要获得与决策有关的全部信息,要求决策者能找出所有的可行方案,要能对各个方案的实施结果给予预先的估计,要对各个方案的优劣给予连续一贯的排序。但这些条件难以满足:(1)决策者很难收集到对组织决策产生影响的所有信息;(2)决策者利用信息的能力有限,只能制定数量有限的方案;(3)不可能预见所有方备选案的准确结果,而且各方案之间很难通过严格的量化对比;(4)决策过程中涉及的利益主体也不同,他们之间还有利益冲突,不可能找到所有的人都心满意足的方案;(5)多目标决策往往彼此冲突,难以十全十美,只能合理折中。

基于以上原因,从而使得最优化原则不能得到贯彻。所以,西蒙认为应该采用"满意原则"。按照满意原则,不是要求决策者从各个方案中找出最优的计划方案,而是找到能基本满足计划目标要求的方案就停止对计划方案的评价与探索。采用"满意原则"能使对计划方案的选择建立在切实可行的基础上。

拟订出备选方案后,就进入评价和比较备选方案的阶段。在这里,又可以划分为两个阶段,即评价备选方案和比较备选方案两个阶段。

评价备选方案,需要充分估计备选方案各方面的因素,预测各个备选方案对组织目标的正负影响,各个备选方案所可能导致的短期影响和长期影响,以及正确判断各个备选方案的限定因素等。要避免着眼于某一备选方案的优点,而忽略了成功实施该备选方案所需要的条件,存在的障碍和潜在的问题。评价备选方案可以使用多种分析方法。其中边际分析法和费用—效果分析法是比较完善和通用的两种方法。(1)边际分析法。从经济学上来讲,当方案的边际收益等于边际支出时,可以获得最大化利润。边际分析是把追加的支出与追加的收入相比较,根据边际收益递减规律,当追加的支出和追加的收入相等时,就是最佳的投入量。(2)费用—效果分析法。费用—效果分析法(成本—效益分析法)是边际分析法的进一步完善或是变异,用以权衡边际分析法无法权衡的一些备选方案,"是当各个备选方案的数量目标远不是像销售量、费用或利润等所表示的那样具体明确时所采用的一种选择较好方案的方法"[1]。费用—效果分析法寻求成本和效益的最佳比例,即找出实现目标的最小代

---

[1] [美]哈罗德·孔茨、西里尔·奥唐纳著:《管理学》,中国人民大学工业经济系外国工业管理教研室译校,贵州人民出版社 1982 年版,第 233 页。

价的方法,或在既定的费用基础上获得最大的价值,它的主要特点是把注意力集中在一个方案或系统的最终结果上,既要根据每个备选方案为目标服务时的效果来权衡它们的优缺点,又要从效果着眼来比较每个方案的费用。

比较备选方案必须运用一套标准价值评价体系。确定恰当的、适合实际需要的价值体系是非常重要的,失当的或模糊不清的价值体系往往导致错误地选择行动方案。

价值体系并不仅仅指以货币计算的价值,而是泛指一个方案的作用、效果、意义等。价值体系需要依据已确定的拟实现的组织目标、组织的历史、组织的资源条件、管理人员的经验和知识等来加以综合确定。价值体系中的各个组成部分的权重则取决于不同组织中管理者的偏好。如不同消费者对轿车的评价价值体系可能是相同的,都包括购买价格、舒适性、经济性、售后服务的便利性、性能以及身份的象征性等。但在这一价值体系里,不同指标的重要性却不可能是一致的,有的消费者看重价格的高低,而有的消费者却更重视身份的象征性。

现接上面的购车例子来说明备选方案的价值评价体系,见表 9-2。

表 9-2　消费者购买轿车时的决策标准及评价值

标　　　准	评价值
购买价格	10
舒适性	5
经济性(每公里耗油)	8
售后服务的便利性	7
性能	3
身份的象征性	1

注:评价值取值范围为 1～10,10 代表消费者对这个标准最重视。

根据上述价值评价体系,对各种备选方案进行评价。评价的结果见表 9-3。

表 9-3　对 9 个备选方案的评价

方　　案	标　　准					
	价格	舒适性	经济性	便利性	性能	象征性
大众 2000 型	7	6	4	9	7	6
夏利	10	4	6	8	8	3
捷达	8	5	7	10	5	5
Ford Taurus L	6	8	8	8	7	8
Honda Accord Lx	5	8	10	10	7	7
Mazda 626 LX	7	5	7	10	4	7
Nissan Altima	8	5	7	9	7	7
Plymouth Acclaim	10	7	3	3	3	5
Toyota Camry DLX	6	7	10	10	7	7

六、选择方案

评价、比较备选方案是为了选择一个理想的、能有效实现组织目标的行动方案。行动方案的选择方法虽然很多,但归纳起来大致有如下三种:经验判断法、试验法、研究与分析法。

(一)经验判断法

这虽是最古老的办法,但它仍是现在常用的办法。如现代管理学派之一的经验学派(又称为案例学派)的学者强调从成功的或失败的事件中吸取经验,能给予管理人员在未来的工作中以最可靠的指导。然而,一个经验相当丰富的管理者,仅仅依靠过去的经验是远远不够的,"单纯依靠一个人过去的经验作为未来行动的指导是危险的。首先,大多数人并未清楚地认识到他们自己犯错误或失败的根本原因;其次,过去的经验可能对新问题完全不适用。好的决策是根据未来的事情来评定的,而经验则属于过去。更何况,无论人们发现的是事件根本的成功或失败经验,这些经验并不具有可复制性"[①]。必须在谨慎分析的基础上,结合过去成功或失败的经验以及掌握的资料,再三斟酌,最后选定某个方案。

(二)试验法

试验可以真实地验证备选方案的可行性、可操作性、经济性以及合理性等。但正如纽曼指出的,试验方法应当在其他计划方法都试过之后,作为最后一种方法来使用。因为,试验方法可能是一切方法中费用最大的方法。而且,经济领域的试验不同于自然科学实验室里的实验,可以在重复的操作中验证某一方案的真实有效性,它是在一种开放系统中进行,不可控制性远远大于自然科学的试验。因此,经过一次试验之后,它所证明的东西仍可能存在疑义,因为未来不会是现在情况的简单重复。

(三)研究与分析法

在进行重大决策时,最常用和最有效的选取备选方案的方法是研究与分析法。这种方法是研究最关键的变量、限定因素和前提条件之间的相互关系,把计划工作的问题分解为许多便于研究的组成部分以及各种定性和定量的因素,拟定一个模拟问题的模式。仍以上面消费者拟购买轿车为例。当然,消费者可以根据以往的消费经验来选择某一轿车,也可以试着购买9个备选方案中的每一款轿车,然后进行选择,但这是不现实的。既然该消费者已确定了所有与决策相关的因素,恰如其分地权衡了它们的重要性,并确认了备选方案,现在只需要做出选择了。Toyota Camry DLX 是最终的购买方案。具体见表9-4。

---

① [美]哈罗德·孔茨、西里尔·奥唐纳著:《管理学》,中国人民大学工业经济系外国工业管理教研室译校,贵州人民出版社1982年版,第238页。

表 9-4　方案标准

方案	标准						总计⑦
	价格①	舒适性②	经济性③	便利性④	性能⑤	象征性⑥	
大众 2000 型	70	30	32	63	21	6	222
夏利	100	20	48	56	24	3	251
捷达	80	25	56	70	15	5	251
Ford Taurus L	60	40	64	56	21	8	249
Honda Accord Lx	50	40	80	70	21	7	268
Mazda 626 LX	70	25	56	70	12	7	240
Nissan Altima	80	25	56	63	21	7	252
Plymouth Acclaim	100	35	24	21	9	5	194
Toyota Camry DLX	60	35	80	70	21	7	273

注:(1)表 9-4 的第①列＝表 9-3 的第一列×表 9-2 第一行的权重,其他列以此类推;
　　(2)总计栏⑦＝①+②+③+④+⑤+⑥

　　总之,经验判断法、试验法和研究与分析法,各有优缺点,各有其特定的适用范围,需要根据具体情况灵活运用,才能对备选方案做出正确的选择。

七、制订派生计划

　　在基本计划方案确定以后,还要制订派生计划来补充支持基本计划,保证基本计划的贯彻与实施。如投资计划方案确定后,还要编制与之相关的其他派生计划,如资金筹措计划、劳动计划、人员培训计划、采购计划等。有的时候为了以防不测,管理者要制定一套备份的应变计划。这些派生计划都需要围绕着基本计划来制订。

八、用预算使计划数字化

　　在做出决策和确定计划之后,要使决策和计划具有上述讨论中所指出的那些含义,还要有最后一个步骤,即把决策和计划转化为预算,使之数字化,使计划的指标体系更加明确。预算实质上是资源的分配计划。如果编制得好,预算就成了汇总各种计划的一种手段,并且也形成了可以衡量计划过程的重要标准。

　　总结上述计划的工作步骤,可以用图 9-2 来表示。在编制计划工作的这八个步骤中,有三个重要环节:确立目标、预测未来(确定计划的前提条件)和选择行动方案。

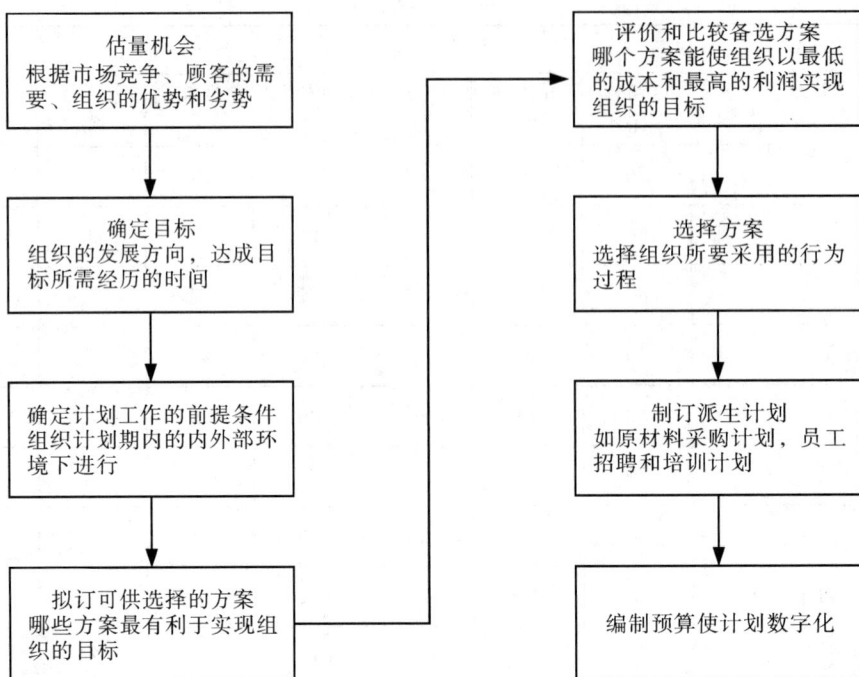

图 9-2　计划工作的步骤

资料来源：[美]哈罗德·孔茨、奥唐纳·西里尔著：《管理学》，中国人民大学工业经济系外国工业管理教研室译校，贵州人民出版社 1982 年版，第 166 页。引用时稍有改动。

第五节　决策概述

一、决策的含义

关于决策的定义，众说纷纭。赫伯特·西蒙在谈到管理的本质时指出："决策是管理的心脏，管理是由一系列决策所组成的；管理就是决策。"理查德·达夫特认为决定（decision）是对众多可供选择方案的一种选择，决策（decision making）是发现问题和机遇，然后加以解决的过程。[①] 美国学者亨利·艾伯斯认为："决策有广义和狭义之分，狭义地说，决策是在几种行为方针中做出选择；广义地说，决策还包括在做出最后选择之前必须进行的一切活动。"[②] 芮明杰认为，所谓决策就是为了实现一定的目标，在两个以上备择方案中，选择一个方案的分析判断过程。[③] 综上所述，决策就是决策者为了解决组织面临的问题，实现一定目标，在掌握相关信息和对有关情况进行深刻分析的基础上，用科学的方法拟定并评估各种方

---

① 　理查德·达夫特著：《管理学》，机械工业出版社 2003 年版，第 260 页。

② 　转引自吴照云等编著：《管理学》，中国社会科学出版社 2006 年第 5 版，第 204 页。

③ 　芮明杰主编：《管理学——现代的观点》，上海人民出版社 1999 年版，第 209 页。

案,从中选出合理方案并加以实施的过程。

由此观之,决策定义的内涵包括:第一,决策是为解决某一问题而做出的决定。决策始于一个存在的问题,更具体地说,开始于现状与希望状态之间的差异。第二,决策是为了达到确定的目标。决策者必须明确所要达到的目标,而且必须将局部的目标置于组织的总体目标体系中,如果目标模糊或目标体系杂乱无章,就无从谈起合理决策。第三,决策是从多种方案中做出的选择,没有选择,就没有决策。如果只有一个方案,就不用选择,也就不存在决策。而要在多种方案中做出合理选择就需要掌握充分信息,进行分析,比较每个方案的优缺点,并做出判断。第四,决策是一个过程。不能把决策理解为决定采用哪个方案的一刹那的行动。

从认识论上考察,决策过程就是一个主观反映客观的动态认识过程,是从实践中获得规律性认识并形成概念,再从抽象到具体形成决策以付诸实践的过程。实践既是决策的起点又是它的终点,决策过程是认识论中两个飞跃的中间环节。这个过程贯穿着人的逻辑判断,特别是创造性的思维活动。问题源存在于实践中,而要从问题中揭示其固有的本质,保证概念开发的正确并做出科学的决断,必须靠理性思维的抽象力。决策在实施中发现了偏离目标的震荡,发现了同客观规律的反差,经过反馈进行再认识,修正主观认识,调整决策以同实际达到具体的、动态的统一,这就是一个从实践到认识,再从认识到实践的能动的创造性的决策过程。

西蒙关于决策定义的重要意义在于,强调了决策在管理中的地位和作用,把决策过程与人类解决问题的思维过程联系在一起,指出二者遵循的共同规律,从而为决策研究开辟出一个心理学和人工智能的研究方向。但自西蒙之后,一些管理学家过分地扩展决策的定义,甚至认为管理就是决策,这是不恰当的。如果把管理看作只是做决策,无疑将会使管理的定义失之偏颇,既不便于对管理学的理论体系进行科学的分类,也无法将许多实际上属于管理的重要内容包括进去。反之,将决策都看作管理,又使得管理的含义过于宽泛。

决策贯穿于管理过程的始终。决策的难度在于决策者面临不断变化的因素、不明了的信息、相互冲突的观点,以及决策对组织或其他人的重大影响。因此,管理者必须遵循决策的一些基本原则,并掌握不同的决策类型和技术。

二、决策的原则

决策原则是一切决策活动所应遵循的基本要求。决策活动一般要遵循以下原则:

1.科学预测原则。科学预测原则要求决策者在正确掌握客观规律和人性发展要求的基础上,采用科学的方法和技术对将来情况进行估计,以保证决策的成功。通过科学的预测,对未来事件的发展趋势和状况进行描述和分析,对方案执行结果及其影响做出有根据的假设和判断,为决策提供科学依据和准则,避免决策的失误。

2.系统协调原则。首先,要求决策者在制定决策方案时,采用系统决策技术,即把决策对象看作一个系统,保证系统、子系统及其各个组成部分要素处于协调有序的关系中,而不会彼此互相抵触、互相冲突。比如企业经营决策中的要系统考虑生产、销售、资金、人员、供应链等整个系统的协调。其次,要求决策的完备性,即决策所规定的各个行为方式、步骤、措施、程序等系统的各个要素能彼此协调补充。因此,决策时要考虑到各个方面,不应出现层次断裂或跳跃,或出现空白地段。此外,还要处理好主要目标与次要目标、近期效益与长远效益、局部利益与整体利益等关系。

3.信息完备原则。信息是科学决策的基础和依据,决策的科学性与信息的全面性、真实性和有效性成正比。管理者在决策前和决策过程中尽可能多渠道地掌握大量信息,然后系统地对信息进行归纳、整理、比较、选择和加工,去伪存真、由表及里地对各种信息进行分析。为此,必须深入调查研究,全面了解客观情况,广泛收集信息,绝不能闭门造车。

4.满意原则。上节已经分析过,最优原则是一种理想化的原则,即使管理人员试图竭尽全力做到完全理性化,他也会受到信息、时间和不确定性因素的限制。所以,决策者难以做出理性化的最优决策,只能做出相对满意的决策。

5.比较选优原则。决策者只能在各种方案的利弊之间合理选择。

6.反馈原则。决策方案能对外界环境变化的反馈进行调整,这就要求处理好决策的稳定性与变动性的关系。决策首先要求一定的稳定性和连续性,有利于执行和理解,避免大起大落,朝令夕改。但是由于任何事物都在发展变化和普遍联系,当环境和条件发生了变化时,决策方案也应随之变动和调整。现代社会随着信息、全球化和一体化的发展,世界越来越形成一个复杂的因果关系网络,为此,决策时要有一种可调机制,用发展的眼光给方案留有一定的弹性和可调性,使方案能够根据变化的情况进行必要的调整和修正,准备好各种应变措施。

7.现实可行原则。决策总是要付诸实施的,因此,要通过全面的可行性分析,判断决策方案是否具备实施的现实条件。为此,要充分占有各方面的实际材料,根据现有的人力、物力、财力等主客观条件以及发展过程中的变化,对方案进行经济、技术、文化、伦理等方面的可行性分析,使方案建立在牢固的现实条件的基础上。无法实施的方案再好也缺乏价值。

8.民主参与原则。首先,要坚持决策的民主化,广泛听取各方面的意见,集思广益,广开言路,不搞一言堂,遵从少数服从多数的原则,使决策尽可能考虑周到。同时,要强调民主基础上的集中。要把各方面的意见集中起来,分析研究,加以综合提高,形成正确的决策。在现代组织结构中,决策的民主化要从制度和机制上予以保证。

三、决策的类型

(一)根据决策对策内容和范围划分

决策的形式和内容多种多样,根据不同的标准,可以把决策分为以下几类:

根据决策对象内容和范围不同可分为战略性决策、管理性决策、作业决策。

1.战略性决策:是一种宏观的具有长远性和全局性的高层次决策,如目标方针的确定,组织机构调整,产品更新,技术改造等。

2.管理性决策:各部门为执行战略决策而制订的方案。执行战略决策时在组织和管理上合理选择和使用人力、物力、财力方面的决策,表现为各部门为执行战略决策而制定的方案,如生产计划和销售计划的制订,设备更新、产品定价、融资等。

3.作业决策:在日常工作中为提高效率而做出的业务活动方面的决策,如工作任务分配、生产进度安排、岗位责任制的制定、库存执行等。

(二)按决策运作方式划分

决策按运作方式,可划分为程序化决策和非程序化决策。

1.程序化决策:对经常重复出现和属于日常管理的例行问题的决策,按照已经形成的一套规范化的处理方法、规则、政策和决策程序就可解决问题,也称为常规型决策。一个组织必须通过制定并解释数以百计的政策和决策规则,来帮助中层或基层管理者了解遇到某个问题时该怎么做,因而进行程序化决策。比如,库存减少到一定程度的再次订货点、开支超出 10%以上时的例外报告制度、送货时根据不同的目的地选择运输路线、车床工人的操作说明和各种规则等这些结构良好的问题的处理,都属于程序化决策。

2.非程序化决策:对偶然发生的、非规律性、新出现的、信息模糊和不完整、没有明确定义、对组织具有重大影响的例外问题的决策,没有常规可循,而且不确定性大,决策复杂。非程序化决策经常涉及战略计划的问题,必须有创造性思维和专门的解决方法,根据经验、知识、直觉等去判断,高层管理者的决策大多是属于非程序化决策。非程序化决策是具有唯一性和不可重复性的决策。比如,开设新厂、进入新的区域市场、总部换址、选择新项目投资、关闭亏损的部门等结构不良或者独特问题时,没有现成的解决方案,要根据问题定制解决方案,这些决策都是非程序化决策。

(三)按参与决策的人数划分

决策按参与人数,可划分为个人决策、集体决策。

1.个人决策:决策主体是一人,通常指由专家或领导个人对决策问题及其现状和发展趋势,以及对决策方案和可能出现的结果等做出自己的判断。个人决策的优点是保证专家或个人不受外界环境干扰,充分发挥个人的判断力和创造力。缺点是受个人的知识面、兴趣、偏好、信息来源、决策能力等因素的限制。

2.集体决策:由决策层集体做出的决策。由于现代组织很强调团队合作和参与决策,所以越来越多的决策是由群体制定的,而不是个人制定的。它有两种基本形式:一是专家团决策,即由若干具有相关知识的专家组成的决策小组进行集体决策;二是由相关的领导按照民主集中制原则形成的领导者集体决策。群体决策的优点:能更大范围地汇总信息,有更完整的信息;由于是群体成员的智慧组合,能产生更多的备选方案,避免重大错误,提高决策的质量;能得到更多的认同,增加接受性,参与决策的人常常会乐于执行决策;提高合法性。缺点:消耗时间;少数人控制;屈从压力,导致不能真正解决问题的折中办法;责任不清。

(四)按决策环境条件划分

决策按其环境条件来划分,可分为确定型、风险型和不确定型。下面我们详细分析这三种决策环境和技术。

四、决策环境和技术

管理者在制定决策时所面临的情境可以分为确定性、风险性和不确定性三种,图9-3以一个连续区间的方式表述了三者的关系。在确定性情境下个体能够得到决策所需的所有信息,能够识别发展状况和事件,并完全可以预测它们的影响;当信息变得模糊或模棱两可,个体不能估计每个可能性结果,且不能确定会发生什么时,决策制定就会处于风险情境中,此时,个体开始将决策建立于概率基础上。当对发展状况和相关因素的信息知之甚少,决策仅能基于合理猜想时,就出现了不确定性情境。

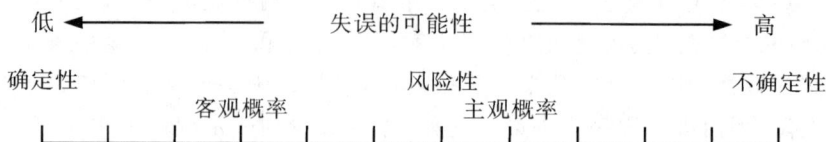

图 9-3　决策制定的情境

资料来源:周健临主编:《管理学教程》,上海财经大学出版社 2007 年版,第 149 页。

(一)确定型环境和决策方法

在确定型环境下,决策者完全了解问题,知道可供选择的方案,并能够完全预测每一种解决方案的后果。在确定性情境下,进入决策系统的各种主客观因素都是严格确定和可知的,决策者有全部可靠信息,因果关系确定,决策者仅仅需要选择有最好预测结果的解决方案。在组织中,基层管理者经常是在确定性情境下制定部分日常决策。

在确定型环境下,决策方案的选择简化为对每一方案结果进行直接比较,当方案涉及变量少、计算简单时,通过将资料和数据列表直接对比,直观地选出最佳方案。当方案变量比较复杂时,可以按照一定的数学模型计算后进行比较的方法,选出最优策略。

(二)风险型环境和决策方法

在风险型环境下,决策者能够明确决策问题,详细说明某些事件的概率,识别可供选择的解决方案,并能阐述每一种解决方案的结果出现的概率。决策者可以根据获取的信息类型、数量和可靠性方面的差异,可以利用统计学或数学模型分析方法估计结果的客观概率,也可以利用经验和判断做出主观概率统计,从而对每个解决方案的成功可能性进行评估。(1)客观概率。客观概率是一个建立在事实和数字上的具体结果出现的可能性。有时通过检查历史记录,可以确定某种决策可能的结果,如人寿保险公司虽然不能确定特定保险客户未来的死亡时间,但可以计算出各个年龄段保险客户死亡的客观概率,这些客观概率是建立在过去的死亡率会在将来重复出现的预期之上的。(2)主观概率。主观概率是一个建立在个人判断和信念之上的具体结果出现的可能性。这些判断取决于个人的直觉、以前在相似情境中的经验、专长和个人特质(如风险偏好)。

由于概率是决策者根据历史资料和经验推断出来的,带有一定的主观性,所以,决策存在一定的风险。风险型决策主要用于远期目标的战略决策或随机因素比较多的非常规决策,如投资决策、筹资决策、组织发展决策等。

在风险型环境下,决策方法有:

1.最大可能法:在备选方案中选择概率最大的自然状态条件下收益值最高的方案。在各种方案的收益值相差不大,但发生概率相差较大时,常用此方法。如表 9-5 中生产甲产品的方案收益值最高、概率最大,根据最大可能法,应生产甲产品为决策方案。

表 9-5　不同方案损益值表

单位:万元

自然状态 概率 不同方案收益值	产品销售		
	Q_1(畅销)	Q_2(一般)	Q_3(滞销)
	$P(Q_1)=0.5$	$P(Q_2)=0.2$	$P(Q_3)=0.3$
生产甲产品	20	18	−15
生产乙产品	18	10	−10
生产丙产品	16	7	−8

2.期望值法:计算各种备选方案的期望值,以期望值的大小进行决策的方法。期望值计算公式为:$E(S_i)=\sum_{j=1}^{n}U_j \cdot P(Q_j)$,其中:$E(S_i)$ 为 S_i 方案的期望值;U_j 为第 j 个自然状态或可能结果(j 列)所表示的损益值;$P(Q_j)$ 为第 j 个自然状态发生的概率。该式是以概率为权数表示各不同自然状态下损益值的加权平均值的和。这是不同方案的平均回报率,即每种方案在不同自然状态(结果)下的平均回报值。

表 9-6 中生产甲产品的方案期望值最高(括号内为不同结果的期望值),根据期望值法,应以生产甲产品为最终决策方案。

表 9-6　不同方案损益值和期望值表

单位:万元

自然状态 概率 不同方案收益值	产品销售			$E(S_i)$
	Q_1(畅销)	Q_2(一般)	Q_3(滞销)	
	$P(Q_1)=0.5$	$P(Q_2)=0.2$	$P(Q_3)=0.3$	
生产甲产品	20(10)	18(3.6)	−15(−4.5)	9.1
生产乙产品	18(9)	10(2)	−10(−3)	8
生产丙产品	16(8)	7(1.4)	−8(−2.4)	7

3.决策树法:用树状图描述各种方案在不同情况下的收益,然后据此计算每种方案的期望收益从而做出决策的方法。决策树是一种探索式决策过程的模型,把决策问题通过图形来表达,对分析多阶段的管理决策问题极为有用。其优点在于,它把可行方案、风险及结果展示在一张图中,并将概率引入决策问题,使决策问题一目了然。决策树模型包含四个要素:决策点,即树状最左端的方框,表示决策的结果;方案枝,即决策点引出的枝条,表示备选方案;收益点,又称状态节点,即方案枝后的圆圈,表示各自然状态所能获得的收益值;概率枝,即收益点引出的枝条,表示各个自然状态,由一个收益节点引出的概率枝之和为1。如图 9-4 所示。

下面通过一个简单的例子来说明决策树的原理和应用。假设,某公司为满足某种新产品的市场需求,拟规划建设新厂。预计市场对这种新产品的需求量可能比较大,但也存在销路差的可能性。另一种可能是最初几年销路很好,但几年后可能保持旺销,也可能需求量减少。公司面临几种可能的选择:建一座大厂,如果需求量很大则产品可完全占领市场,并获

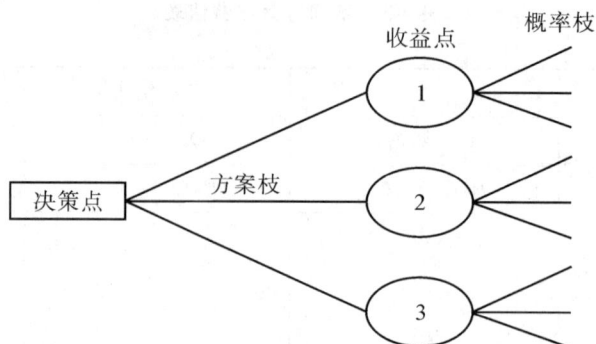

图 9-4 决策树的典型结构

得很大的收益;如果需求量小,工厂会亏损。若建立一座小厂,在需求量小的情况下仍可收回投资,并可获得一定的收益;如果遇到需求量大的情况,则很快会让竞争对手占领市场,这样不仅失去了获得高收益的机会,还可能因竞争而使小厂原有的收益减少。还有一种方案是先建小厂,若试销期需求量很大再将工厂扩大。这个看上去较为稳妥的方案也存在某些问题。首先,对同样的生产规模来说,两次投资的总和要大于一次投资;其次,由于没能及时占领市场,会给竞争对手以可乘之机,最终可能会失去一部分收益。为了叙述的方便,我们将问题作适当的简化,但这绝不是说,决策树不能用于更复杂的问题。

上述问题的三种可行方案如下:

方案一:新建大厂,需投资 300 万元。据初步设计,销路好时,每年可获利 100 万元;销路不好时亏损 20 万元。服务期限 10 年。

方案二:新建小厂,需投资 140 万元。销路好时,每年可获得 40 万元;销路不好时仍可获利 30 万元。服务期限 10 年。

方案三:先建小厂,三年后销路好时再扩建,追加投资 200 万元,服务期限 7 年,每年估计获利 95 万元。

我们进一步假设,根据市场预测,新产品销路好的概率为 0.7,销路不好的概率为 0.3。现在来看看根据这些情况应如何选择最优方案。该问题的决策树如图 9-5 所示。

图 9-5 中的矩形结点为决策点。从决策点引出的若干条树枝代表若干个方案,称为方案枝。圆形结点称为状态结点。由状态结点引出的若干条树枝表示不同的自然状态,称为状态枝。在我们的问题里有两种自然状态,即销路好和销路差,且已知其出现的概率。在状态枝的末端,列出了不同状态下各方案的收益值(或损失值)。各方案的期望收益计算如下:

点(1):$[0.7 \times 100 + 0.3 \times (-20)] \times 10 - 300 = 340$(万元)

点(2):$[0.7 \times 40 + 0.3 \times 30] \times 10 - 140 = 230$(万元)

点(4):$95 \times 1.0 \times 7 - 200 = 465$(万元)

点(5):$40 \times 1.0 \times 7 = 280$(万元)

由于 $280 < 465$,故

点(3):$[0.7 \times 40 \times 3 + 0.7 \times 465 + 0.3 \times 30 \times 10] - 140 = 359.5$(万元)

计算结果表明,应选择先建小厂,三年后若销路好再扩建的方案。注意,这里我们为了简化问题,忽略了时间因素对不同时期内的收益和投资的实际价值的影响,也就是说,没有

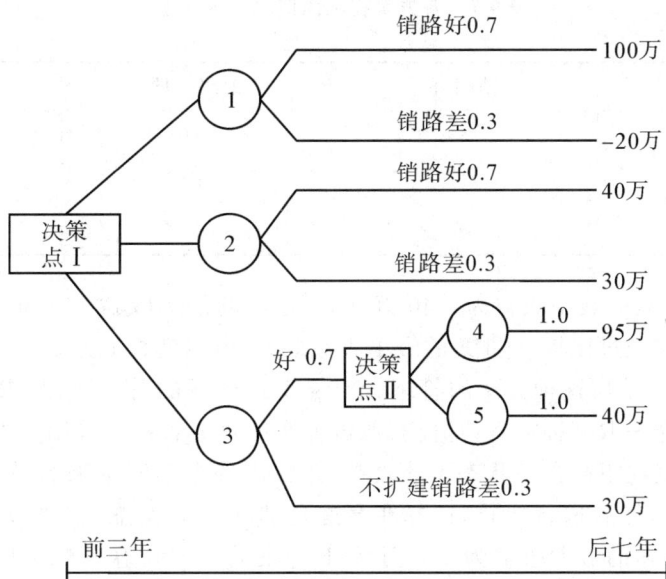

图 9-5 一个多阶段决策的决策图

考虑资金的时间价值。但现实中,这种多阶段决策的时间差别可能对决策结果有重要影响。

(三)不确定型环境和决策方法

不确定型环境,是指个体了解决策问题,但缺乏足够的信息来确定各种解决方案的结果的概率,因而无法确定未来事件对决策的影响。在极端情况下,决策者甚至不能确定问题,不能确定可供选择的解决方案及其可能的结果。

与不确定性情境打交道是许多管理人员工作的一个重要组成部分。例如,管理者可能发现,预测一个全新数码产品的价格、市场需求量是极其困难的。在不确定情形下,管理者、团队和其他专业人员经常需要通过使用自己的直觉、判断力和所有可能的信息来"消化不确定性",做出关于行动(决策)的判断。

在不确定型决策问题中,各自然状态出现的概率为未知,不能以客观概率求得各行动的预期收益,决策者可以运用主观判断评定概率,并借助上述技术进行分析决策。但由于概率的评定受决策者经验、认知能力的影响较大,故风险较大。此外,可选择其他一些决策准则来选择最佳方案。

常用的不确定型决策方法有小中取大法、大中取大法和最小最大后悔值法等。下面通过举例来介绍这些方法。假设某企业打算生产某产品。据市场预测,产品销路有三种情况:销路好、销路一般和销路差。生产该产品有三种方案:(a)改进生产线;(b)新建生产线;(c)与其他企业协作。据估计,各方案在不同情况下的收益见表9-7。问:企业选择哪个方案?

1.小中取大法。采用这种方法的管理者对未来持悲观的看法,认为未来会出现最差的自然状态,因此不论采取哪种方案,都只能获取该方案的最小收益。采用小中取大法进行决策时,首先计算各方案在不同自然状态下的收益,并找出各方案所带来的最小收益,即在最差自然状态下的收益,然后进行比较,选择在最差自然状态下收益最大或损失最小的方案作为所要的方案。

表 9-7　各方案在不同情况下的收益

单位:万元

方　　案	销路好	销路一般	销路差
a.改进生产线	180	120	−40
b.新建生产线	240	100	−80
c.与其他企业协作	100	70	16

在本例中,a 方案的最小收益为−40 万元,b 方案的最小收益为−80 万元,c 方案的最小收益为 16 万元。经过比较,c 方案的最小收益最大,所以选择 c 方案。

2.大中取大法。采用这种方法的管理者对未来持乐观的看法,认为未来会出现最好的自然状态,因此不论采取哪种方案,都能获取该方案的最大收益。采用大中取大法进行决策时,首先计算各方案在不同自然状态下的收益,并找出各方案所带来的最大收益,即在最好自然状态下的收益,然后进行比较,选择在最好自然状态下收益最大的方案作为所要的方案。在本例中,a 方案的最大收益为 180 万元,b 方案的最大收益为 240 万元,c 方案的最大收益为 100 万元,经过比较,b 方案的最大收益最大,所以选择 b 方案。

3.最小最大后悔值法。管理者在选择了某方案后,如果将来发生的自然状态表明其他方案的收益更大,那么他会为自己的选择而后悔。最小最大后悔值法就是使后悔值最小的方法。采用这种方法进行决策时,首先计算各方案在各自然状态下的后悔值(某方案在某自然状态下的后悔值=该自然状态下的最大收益−该方案在该自然状态下的收益),并找出各方案的最大后悔值,然后进行比较,选择最大后悔值最小的方案作为所要的方案。

在本例中,在销路好这一自然状态下,b 方案(新建生产线)的收益最大,为 240 万元。在将来发生的自然状态是销路好的情况下,如果管理者恰好选择了这一方案,他就不会后悔,即后悔值为 0。如果他选择的不是 b 方案,而是其他方案,他就会后悔(后悔没有选择 b 方案)。比如,他选择的是 c 方案(与其他企业协作),该方案在销路好时带来的收益是 100 万元,比选择 b 方案少带来 140 万元的收益,即后悔值为 140 万元。各个后悔值的计算结果见表 9-8。

表 9-8　各方案在各自然状态下的后悔值

单位:万元

自然状态后悔值方案	销路好	销路一般	销路差
a.改进生产线	60	0	56
b.新建生产线	0	20	96
c.与其他企业协作	140	50	0

由表中看出,a 方案的最大后悔值为 60 万元,b 方案的最大后悔值为 96 万元,c 方案的最大后悔值为 140 万元,经过比较,a 方案的最大后悔值最小,所以选择 a 方案。

课外阅读

中美企业管理者决策方式的比较分析

　　古今中外的管理者都很注重管理当中的决策,因为在很大的意义上,决策就意味着领导的成功与失败。尤其是在市场经济条件下,企业决策的正确与否更成为企业兴衰成败的关键。企业的决策除了在一定程度上受外部条件制约外,主要是由企业领导者的决策行为所决定的。企业领导者的决策行为,包括判断能力、组织能力、预测能力、协调能力以及领导者个人的价值观和行为偏好等。其中领导者个人的价值观和行为偏好对其决策行为起着不容忽视的影响作用。

　　而文化是对个人的价值观和行为偏好具有很大影响力的因素,由于中国和美国有着很不相同的文化底蕴,这种差异必然会体现于其管理者的决策行为之中。文化对于决策行为的影响,通过一份对中美合资企业双方管理者进行的调查访问可以得到说明,该访问访谈了北京地区 10 个中美合资企业中的 17 位中方、14 位美方高级管理者,结果显示,双方管理者对对方都持有某些偏见,这些偏见尤其体现在对对方决策风格的消极评论上。这里我们陈述一下该访谈的结果。

　　美方管理者对中方管理者决策风格的评论:第一,不做决策。他们认为在中国,员工把经理看得很高,奉为上人,所以每件事都要由大老板来决策,其他人只需要等待指示。第二,一致决策。他们认为与美方管理者相比,中方的管理者更倾向于达成一致,倾向于分散决策的责任,而不是勇于承担责任。

　　中方管理者对美方管理者决策风格的评论:美方管理者过于专断,不爱听取下级意见。

(一)中国文化对管理者决策行为的影响

　　中国的管理决策方式受传统的君臣关系的影响。传统的君臣关系的总原则是"惠忠",就是说做君主的要实行仁政,要有恩惠加于辅臣,同时做辅臣的一定要忠诚,要以诚心侍奉君主。在这一传统思想的影响下,儒家提出了"按等级固定消费"的观念,孔子就执着地贯彻"俭不违礼"的原则。后来,荀子又详细论证了这种思想,他把封建等级制度和满足人们"欲求"的"给养"联系起来,认为制定礼仪就是要在"养人之欲,给人之求"时"使有贫富贵贱之等",不允许越级消费。这种传统的等级制度在中国文化中的影响可谓根深蒂固。此外,中国传统的中庸思想也影响着中方管理者的决策行为,其中"和为贵"的思想就成了中国人几千年来处理人际关系、民族关系、社会关系的传统原则。

　　由于儒家文化对中国长久的熏陶,形成了中国企业管理者决策行为的如下特点:

　　1.不善于对下级进行授权

　　由于传统的等级制度的影响,形成了中国企业当中上下级之间较大的权力距离,这种大的权力距离表现为企业当中的管理者等级秩序严格,权力较大者拥有相应的特权,下属对上级有强烈的依附心理。在西方人士看来,中国企业里高层与中、低层管理人员的权力距离显著地大于西方企业,这种权力距离方面的差异,也可以通过各级经理人员的薪酬等级结构反映出来。据《世界经理人文摘》中文版 1998 年 4 月号所载的"第十次亚洲经理薪酬调查"的数据,在西欧的企业中,高层管理人员年薪通常是初级管理人员年薪的 2.6 倍,在我国台北,相应的比例是 3.2 倍,在上海则高达 4.8 倍。出于较大的权力距离的存在,使中国企业里高层管理人员拥有比他们的西方同事更大和更广泛的权力,而中、低层管理人员得到的授权则远远小于西方的同等级人士,因而形成了中国的中、低层管理者不善于做出决策的行为特征。

我们认为明确的分权、授权以及权责相称是现代组织管理的重大进步,是组织结构合理化和高效率运行的保证机制,能够有效地提高管理绩效。充分运用分权、授权,实行大权集中、小权分散,往往能使各部门有职、有权、有责,加强部门的工作责任心。由于现代企业管理的复杂性和困难性,如果不实行一定的分权、授权,必定会造成企业管理中的大事管不好、小事又管不了的结果。而且充分授权,使管理有层次,系统分明,也有利于政令畅通,指挥有力,管理效率提高。因此,中方管理者应该在合资企业中尽快学会授权。鉴于中方管理者不善于授权的行为特征,在授权的同时,必须明确责权关系。在每个部门,授权应该得到有效的落实,要明确其具体的工作目标和责任,以及相应的权利和范围,使得每一个部门都能各司其职、各尽其责。如果职权大于职责,会造成有权无责,有可能滥用职权;而职权小于职责,会形成有责无权,造成工作不能贯彻落实。这些决策行为上的弊端在中方管理人员当中是客观存在的,我们必须虚心学习,以人为鉴,才能有效授权,同时勇于担当责任。

2.决策上的集体主义

由于"和为贵"思想的影响,中国的管理者通常群众观念较强,形成了群体决策、民主集中的决策风格,这也是在访谈中为美方管理者批评的一种行为特征。他们认为中方管理者往往以一致同意做决策,而往往不愿意说"这是我做的决定,我来负责"。事实上,群体决策确有其不足之处,即权力相对分散,责任不易明确,行动比较迟缓,有时候效率较低。但是这种群体决策又有其无可替代的优点,即能够集思广益,使领袖集团在知识、能力结构互补的基础上,充分发挥领导的整体功能和决策能力。正如在访谈中中方管理者对自己的决策系统的评价,他们认为在中方管理者眼中,决策是一件大事,不仅要听到各级管理人员的声音,还要听到广大员工的声音,以及客户和消费者的声音。随着现代企业的发展,企业的经营管理目标已不再仅仅是实现利润最大化,而是要达到股东满意、员工满意、顾客满意、社会满意的四满意目标。在这一复杂的决策过程中,个人决策日益体现出其局限性和弊端,而群体决策则充分体现出了其在复杂情况下有助于提高决策质量,有效防止个人或单方专断的作用,有利于保证和维护合资企业的整体利益。

(二)美国文化对管理者的决策行为的影响

美国管理者的决策行为是在资本主义的自由、平等精神之下发展起来的。以资产阶级的形式出现的自由、平等观念,在 18 世纪启蒙思想家卢梭等人的著作中就得到了充分的阐述。他们宣称:自由和平等是天赋不可剥夺的权利。1776 年美国的《独立宣言》中说,一切人生来就是平等的,均享有不可侵犯的天赋人权:生存、自由、追求幸福。正是这种天赋人权形成了美国文化强调个体、重视个体的特点,社会成员之间社会关系的显著特点也表现为平等。体现在其决策风格上,则是:

1.管理即授权

美国企业相对于中国企业,拥有上下级之间较小的权力距离,下级通常认为上级是"和我一样的人",美国人在"管理"这一概念的含义中,特别强调"授权",他们信奉最接近过程的人最了解这个过程和问题,对问题最有发言权。对于这一点,在访谈中中方的管理人员给予了肯定。他们认为美方的高层经理通常会给下属制定一个目标,然后就是由下属来达到这个目标和成果,高层经理只是以成果来衡量目标,至于中间用什么样的方式去做,他基本上是不会干预的。任何一个阶层的部门经理,都可以在部门的范围之内作决策,如何把工作做好,只要不违反公司的商业道德即可。例如,部门内部员工的招聘、升级,每一个员工的工资调整,都是由部门经理来决定。也就是说,每一个部门,不管你是级别多么低的一个经理,只要你底下有员工,归你的部门管,那么,你就有全权来管。

2.决策上的个人主义

由于美国文化当中强调个体、重视个体的特点,加之美国企业当中的管理者通常拥有管理方面的理论和实践经验,所以他们在决策中比较注意自己个人的意志,因此主观性比较强。这也是在访谈中为中方管理者所批评的一种行为特征。他们认为美方的管理人员我行我素,通常滥用权力,认为"我是大老板,照我说的做",而不是采取积极配合的决策方式。根据现代管理理论,这种个人决策制有其长处,即权力集中,责任明确,指挥灵敏,行动迅速,工作效率较高,也易于考核领导业绩。但相应也有其不足之处,即受个人能力、知识、精力限制较大,如果监督机制不完备或不得力,容易产生个人专断。如我们上面所述,在企业规模日益增大,市场情况飞速变化的现代经济当中,这种个人决策正在日益显示出其局限性和弊端。很多美国管理学家也已经发现了美国企业这种个人决策方式的局限性,哈佛大学管理学家洛奇曾经指出,历来指导美国经济的个人主义价值观已无法适应新的环境,需要向日本的集团主义学习,提出治"美国病"需要"东方药"。管理大师德鲁克也认为,日本企业"一致同意"的决策方式是值得美国企业学习、借鉴的重要内容。

资料来源:http://business.nenu.edu.cn/benke/jingpin/4.htm,有改动。

思考:(1)你认为合资企业应如何解决不同文化的冲突?(2)通过中美企业文化对决策的影响比较中你受到哪些启发?

第六节　战略规划与管理

一、战略管理的含义

前文已经讲过,根据组织目标的层级结构,可以把实现这些层级目标的计划分为战略性计划、战术性计划和作业计划。

大多数的企业都在致力于制订战略计划。企业对未来的计划不能只是简单地制订一个把过去计划自然向前延伸的长期计划,而是要根据复杂多变的环境变化谋求一种战略性的规划。管理者的竞争的动态环境中,要能审时度势,预测、判断未来环境变化。

战略最初源自军事领域。战略是用来指导战争的谋略和计划。春秋时期,著名军事家孙武总结战争经验写成的《孙子兵法》,就蕴涵着丰富的战略管理思想,至今仍广为流传。在西方,战略(strategy)一词来源于希腊语"strategos",原意为"将军指挥军队的艺术"。近代以来,战略从军事领域延伸到政治、经济、科技与社会领域。随着应用领域的拓展,其含义也变得越来越广泛。一般而言,战略是泛指重大的、带全局性的、规律性的或决定全局的谋划。

欧美企业明确引入战略概念,大约始于 20 世纪中期。1965 年,美国经济学家安索夫(H. I. Ansoff)所著的《企业战略论》一书问世后,战略这一概念开始被广泛应用。美国哈佛大学教授迈克尔·波特(Michael Porter)提出"战略是公司为之奋斗的一些终点与公司为达到它们而寻求的途径的结合物"。这一定义概括了 20 世纪 60 年代和 70 年代对企业战略的普遍认识。它强调了企业战略的计划性、全局性和整体性方面的属性。

近年来,由于企业内外环境的快速多变,许多成功的企业战略是在事先没有明确计划的情况下产生的。明茨伯格(H. Mintzberg)将战略定义为"一系列或整套的决策或行动方式",这套方式包括刻意安排的(或计划性)战略和任何临时出现的(或非计划性)战略。这一定义强调了企业大部分战略是由事先的计划和突发应变的组合,即企业战略的另一方面属性——应变性、竞争性和风险性。

企业战略及战略管理的发展过程可概括为"20 世纪 50 年代的战略概念,到 60 年代的战略规划、70 年代的战略热潮、80 年代定位学派的形成,90 年代资源学派的涌现"[①]。相对于其他学科,战略管理的学科形成较晚,涉及对企业内部各项业务职能的整体研究,是复杂、多面的战略现象的反映。因此,对企业战略及战略管理的内涵的看法很不一致,缺乏公认的定义。诚如雷恩所言,"战略管理的定义就像这方面的作者一样多"。在有关战略管理的文献中,关于什么是战略,什么是战略管理,有各种不同的定义。这些定义各有侧重,强调了战略管理的不同侧面,它们实质上是互补的,可以帮助我们全面理解战略和战略管理的内涵。

二、战略管理的过程

人们把制订企业战略计划以及战略计划的实施和修改看作是一个独立的管理过程,称之为战略管理。

在动态的和不确定的环境下,战略管理是重要的,因为它能使管理者以一种系统的和综合的方式分析环境,去鉴别和分析组织外部的各种因素,并将企业的能力与其相匹配。

如图 9-6 所示,战略管理过程可以分为 8 个步骤。

(一)步骤 1:确定组织的使命和战略目标

使命是组织目的的陈述,使命回答了企业存在的理由是什么。具体说来,组织在使命陈述时具有以下要素:(1)顾客:谁是组织的顾客?(2)产品和服务:组织的产品和服务是什么?(3)市场:组织在哪些地区展开竞争?(4)技术:组织的技术状况如何?(5)对生存、成长和盈

---

　　① 转引自孟卫东、张卫国、龙勇编著:《战略管理——创建持续竞争优势管理学基础》,科学出版社 2004 年版,第 3 页。

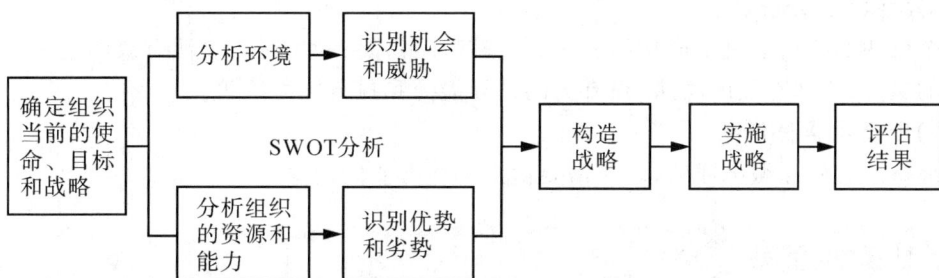

图 9-6 战略管理过程

利的关注:组织对成长和财务稳定做出了承诺吗?(6)哲学:组织的基本信念、价值观、追求和道德准则是什么?(7)定位:组织的主要竞争优势与核心能力是什么?(8)对公共形象的关注:组织怎么响应公众对社会和环境的关注?(9)对雇员的关注:组织将雇员看作最有价值的资产吗?

除使命外,还要确定企业的战略目标。

(二)步骤 2:分析环境

外部环境是约束和影响管理者行动的重要力量,分析环境是战略过程的一个关键步骤。管理者应当分析组织的任务环境和一般环境,以发现正在发生的趋势和变化。只有当管理者抓住了外部环境正在发生的变化,以及意识到它对组织可能产生的重要影响时,才能够制定适合于外部环境的战略。成功的战略将是与环境吻合的战略。

(三)步骤 3:识别机会和威胁

分析了环境后,管理者要评估机会和组织面临的威胁。机会是外部环境因素的积极趋势,威胁是外部环境中的负面趋势。因为每个公司的资源和管理能力不同,同样的环境可能对处于同一产业中的不同公司意味着机会或者威胁。

(四)步骤 4:分析组织的资源和能力

管理者要从外部分析转向内部分析。内部分析要掌握关于组织特定资源和能力的重要信息,如员工技能、财务资本、技术知识、产品和服务质量、有经验的管理者等。如果组织的能力和资源是与众不同的,那么这种能力和资源被称为组织的核心能力。核心能力是组织主要的价值创造技能,它决定了组织的竞争武器。

(五)步骤 5:识别优势和劣势

对组织内部资源进行清晰评估后,管理者要发现组织在完成不同功能活动方面的能力,如市场营销、生产、制造、研究与开发、财务、会计、信息系统、人力资源管理等等。组织擅长的活动或者专有的资源构成组织的优势;组织不擅长的活动或非专有的资源是组织的劣势。

将步骤 3 中的机会(opportunity)、威胁(threat)与步骤 5 中的优势(strength)、劣势(weakness)结合在一起,就构成了对组织内部资源和能力以及对组织外部环境的评估,这种方法通常称为 SWOT 分析,即对组织的优势、劣势、机会和威胁的分析。

(六)步骤 6:选择战略

为了充分发挥组织的优势和利用环境机会的战略,管理者需要选择能够使组织具有持久竞争优势的战略。战略需要在公司层面、业务层面和职能层面上分别建立。

(七)步骤7:实施战略

一个成功的战略取决于成功的实施。实施战略需要一些条件:灵活有效的组织结构,不同技能的雇员,管理有效的团队,强有力的领导能力和执行能力等等。

(八)步骤8:评估结果

对战略的有效性做出评估,决定需要做出哪些必要的调整。

三、组织战略的类型

战略管理过程中选择战略时,一般分为三个层面,分别是公司层战略、业务层(事业层)战略、职能层战略,如图9-7所示。公司层战略寻求决定公司应当从事什么事业,以及计划从事什么事业;事业层战略寻求决定组织应当如何在每项事业展开竞争;职能层战略寻求如何支持事业层战略。

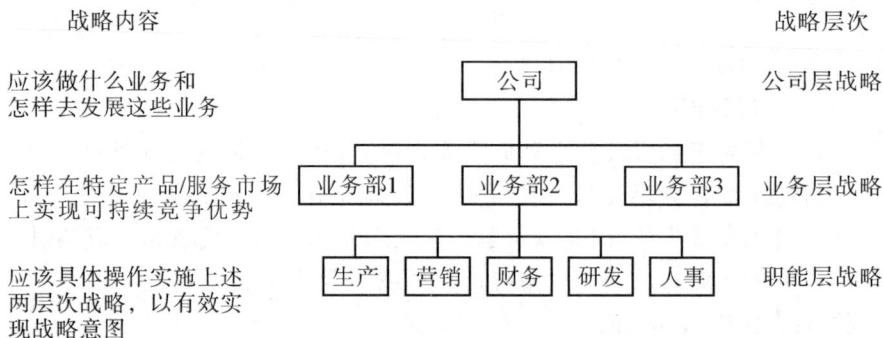

图 9-7　战略管理层次

(一)公司层战略

如果一个组织拥有两个或两个以上事业单位,则组织就需要一种公司层战略,公司层战略有时又称为总体战略。它以公司整体为研究对象,研究整个企业生存与发展中的基本问题:公司的使命与方针是什么? 公司总体目标是什么? 公司应该采取什么样的战略态势? 应该有什么样的战略组合? 每个事业部将在公司战略中扮演什么角色? ⋯⋯当这些要素都确定以后,企业的业务也就随之确定了,这正是公司层战略所要解决的主要问题。

公司层战略主要包括稳定战略、成长战略和紧缩战略。

1.稳定战略

稳定战略(stability strategy)是指在内外环境的约束下,企业准备在战略规划期使企业的资源分配和经营状况基本保持在目前状态和水平上的战略。按照稳定战略,企业目前所遵循的经营方向及其正在从事经营的产品和面向的市场领域,企业在其经营领域内所达到的产销规模和市场地位都大致不变或以较小的幅度变化。

从企业经营风险的角度来说,稳定战略的风险是相对较小的,对于那些曾经成功的、在一个处于上升趋势的行业和一个不大变化的环境中活动的企业会很有效。由于稳定战略从本质上追求的是在过去经营状况基础上的稳定,它具有如下特征:

(1)企业对过去的经营业绩表示满意,决定追求既定的或与过去相似的经营目标。例如,企业过去的经营目标是在行业竞争中处于市场领先者的地位,稳定战略意味着在今后的一段时期里依然以这一目标作为企业的经营目标。

(2)企业战略规划期内所追求的绩效按大体的比例递增。与增长性战略不同,这里的增长是一种常规意义上的增长,而非大规模的和非常迅猛的发展。实行稳定战略的企业,在市场占有率、产销规模或总体利润水平上保持现状或略有增加,从而稳定和巩固企业现有竞争地位。

(3)企业准备以过去相同的或基本相同的产品或劳务服务于社会,这意味着企业在产品的创新上较少。

从以上特征可以看出,稳定战略主要依据前期战略。它坚持前期战略对产品和市场领域的选择,它以前期战略所达到的目标作为本期希望达到的目标。因而,实行稳定战略的前提条件是企业过去的战略是成功的。尽管对于大多数企业来说,稳定型增长战略也许是最有效的战略,但是,很少有管理者会承认他们在追求稳定性战略,因为增长性战略往往具有普遍的魅力,而紧缩通常被认为是一种不得已的手段。如果管理者对组织的绩效感到满意,满足于坚守他们原有的事业,不愿意进入新领域,他们实行的就是稳定性战略。

2.成长战略

(1)成长战略的定义和特征

成长战略(growth strategy)又称增长型战略,指的是增加组织的经营层次,如扩大企业规模、扩大市场份额、扩大现有产品和服务、发展多元化计划、增加雇员、提高收益等。成长战略的风险较大,但吸引力也较大。在高度不确定的环境中,成长是企业生存和发展的必然选择。从企业发展的角度来看,任何成功的企业都应当经历长短不一的增长型战略实施期,因为从本质上说只有增长型战略才能不断地扩大企业规模,使企业从竞争力弱小的小企业发展成为实力雄厚的大企业。增长型战略具有以下特征:

①实施增长型战略的企业的增长速度不一定比整个经济的增长速度快,但它们往往比其产品所在的市场增长得快。市场占有率的增长可以说是衡量增长的一个重要指标,增长型战略的体现不仅应当有绝对市场份额的增加,更应有在市场总容量增长的基础上相对份额的增加。

②实施增长型战略的企业往往取得大大超过社会平均利润率的利润水平。由于发展速度较快,这些企业更容易获得较好的规模经济效益,从而降低生产成本,获得超额利润率。

③采用增长型战略态势的企业倾向于采用非价格的手段同竞争对手抗衡。由于采用了增长型战略的企业不仅仅在开发市场上下工夫,而且在新产品开发、管理模式上都力求具有竞争优势,因而其赖以作为竞争优势的并不会是损伤自己的价格战,而一般来说总是以相对更为创新的产品和劳务以及管理上的高效率作为竞争手段。

④增长型战略鼓励企业的发展立足于创新。这些企业常常开发新产品、新市场、新工艺和产品的新用途,以把握更多的发展机会,谋求更大的风险回报。

⑤与简单的适应外部条件不同,采用增长型战略的企业倾向于通过创造以前本身并不存在的某物或对某物的需求来改变外部环境并使之适合自身。这种去引导或创造合适的环境是由其发展的特性决定的:要真正实现既定的发展目标,势必要有特定的合适的外部环境,被动适应环境显然不一定有帮助。

(2)成长战略方式

　　成长战略寻求扩大组织的经营规模,公司层的成长可以通过直接扩张、一体化战略、和多元化等方式来实现。

　　①直接扩张。直接扩张是通过内部提高企业的销售额、扩大产能或扩大员工队伍,即通过扩大原有业务来实现增长,而不是通过收购和兼并其他企业。如,麦当劳公司授权愿意按照麦当劳方式经营的人特许权,以及通过开设公司拥有所有权的分店的方式来实现增长。

　　②一体化战略。一体化战略包括纵向一体化(vertical integration)和横向一体化(horizontal integration)。横向一体化又叫做水平一体化,指公司通过合并同一产业的其他组织的方式实现成长,即采用并购的方式来实现。纵向一体化是指通过对输入(后向一体化)、输出(前向一体化)或同时对二者进行控制来实现扩张。

　　价值链是设计、生产、销售和配送一种产品或服务的前后相连的一系列活动。价值链中的每一活动都必须完成才能让顾客最终用上这种产品或服务,但一个企业可以灵活决定哪些活动由自己进行,哪些让其他企业进行。纵向一体化就是一个企业沿着某种产品或服务价值链的前后方向进行延伸和扩展。一个企业所从事的价值链中的阶段数越多,其纵向一体化程度越高;反之,则纵向一体化程度越低。当企业增加所从事的价值链阶段数,且使它们更加靠近一种产品或服务的最终用户时,叫做前向一体化(forward vertical integration);当更加远离最终用户时,叫做后向一体化(backward vertical integration)。

　　前向一体化战略的实质是获得分销商或零售商的所有权或对其加强控制。实施前向一体化战略的一种有效方式是特许经营。在美国大约 50 个不同产业中,大约有 2 000 家公司以特许经营的方式销售其产品或服务。美国每年以特许经营方式实现的销售额大约为 1 万亿美元。

　　后向一体化战略的实质是获得供方公司的所有权或对其加强控制。当公司目前的供货方不可靠、供货成本太高或不能满足公司需要时,尤其适合采用后向一体化战略。如钢铁企业自己拥有矿山和炼焦设施,烟草公司为烟农提供技术和服务,服装公司自己拥有纺织厂等。

　　纵向一体化战略是企业的一种非常重要的成长战略,它有利于深化协作,提高资源的利用深度和综合利用效率。企业常采取的策略是对为其提供原材料、半成品或零部件的其他企业进行投资自建、投资控股或兼并的纵向一体化,即核心企业与其他企业是一种所有权关系。例如,美国福特汽车公司拥有一个牧羊场,出产的羊毛用于生产该公司的汽车坐垫;美国某报业大王拥有一片森林,专为生产新闻纸提供木材。推行纵向一体化的目的,是加强核心企业对原材料供应、产品制造、分销和销售全过程的控制,使企业能在市场竞争中掌握主动,从而达到增加各个业务活动阶段的利润的目标。在市场环境相对不确定的条件下,采用纵向一体化战略是有效的。

　　③多元化战略。多元化经营也称为多样化、多角化经营,最初是由产品—市场专家安索夫在 20 世纪 50 年代提出的。单就多元化而言,包括产品多元化、市场多元化、投资区域多元化和资本多元化。一般而言,多元化经营战略是指一个企业同时在两个或两个以上的行业中进行经营,向不同的行业市场提供产品和服务。

　　随着经济发展和企业组织结构变迁及企业集团化、跨国化发展,企业多元化经营的内涵早已超过了早期多种经营的含义。多元化被赋予了新的理念:首先,多元化是一种企业成长行为,而不仅仅是一种经营方式;其次,多元化是具有长远性、全局性、根本性的企业成长战略行为。多元化通常与产品策略有密切关系,但不是产品的系列化。多元化经营强调的是,企业生产经营异质产品进入异质市场,或拓展新业务进入新产业领域。

根据安索夫在其著作《企业战略》中的分类,企业多元化战略可分为四种类型。第一,横向多元化,也称水平多元化,即企业利用现有市场,向水平方向扩展生产经营领域,进行产品、市场的复合开发。第二,纵向多元化,即企业进入生产经营活动或产品的上游或下游产业。这实际上就是纵向一体化。第三,同心多元化,亦称同轴多元化,指企业利用现有技术、特长、经验及资源等,以同一圆心扩展业务。同心多元化又分为市场相关型、技术相关型、市场与技术相关型。第四,混合多元化,又称非相关多元化,即企业进入与现有经营领域不相关的新领域,在与现有技术、市场、产品无关的领域中寻找成长机会。

3.紧缩战略

所谓紧缩战略(retrenchment strategy)是指企业从目前的战略经营领域和基础水平收缩和撤退,且偏离起点战略较大的一种经营战略。与稳定战略和增长型战略相比,紧缩战略是一种消极的发展战略。一般来说,企业实施紧缩战略只是短期的,其根本目的是使企业挨过风暴后转向其他战略选择。有时,只有采取收缩和撤退的措施,才能抵御竞争对手的进攻,避开环境的威胁并迅速实行自身资源的最优配置。可以说,紧缩战略是一种以退为进的战略。与此相适应,紧缩战略有以下特征:

(1)对企业现有的产品和市场领域实行收缩、调整和撤退战略,比如放弃某些市场和某些产品线系列。因而从企业的规模来看是在缩小的,同时一些效益指标,比如利润率和市场占有率等,都会有较为明显的下降。

(2)对企业资源的运用采取较为严格的控制措施并尽量削减各项费用支出,往往只投入最低限度的经管资源,因而紧缩战略的实施过程往往会伴随着大量的裁员,一些奢侈品和大额资产的暂停购买等等。

(3)紧缩战略具有明显的短期性。与稳定和成长两种战略相比,紧缩战略具有明显的过渡性,其根本目的并不在于长期节约开支,停止发展,而是为今后发展积蓄力量。

(二)业务层战略

公司层战略回答了两个问题:企业应当从事什么业务及应当如何管理其业务组合。业务层战略主要关心如何将既定的业务做好,就是企业如何在一个特定的行业中建立起相对于竞争对手的有利地位,即竞争优势。业务层战略主要包括一般竞争战略和适应战略。

1.一般竞争战略(generic strategy)

哈佛大学商学院知名教授迈克尔·波特指出,各种竞争战略的重点和区别主要在于:第一,企业的市场目标的宽窄;第二,企业取得竞争优势的来源与方式是围绕低成本还是差异化。波特据此提出了四种一般竞争战略:成本领先(cost leadership)、产品差异(production differentiation)、集中化(focus);集中化战略又可细分为成本集中战略(focused cost leadership)和差异化集中战略(focused production differentiation)。详见图9-8。

(1)成本领先战略。持续盈利性增长是企业经营的基本目标,而战略只是实现经营目标的手段。从根本上讲,一个企业要盈利,必须从增加收入和降低成本两方面着手。

所谓成本领先,是指将企业的成本降低到低于绝大多数甚至所有竞争对手的成本,并通过较少的产品来覆盖整个市场而取得规模的经济效益。一般而言,采用成本领先战略的企业只能提供具有基本质量和有限特色的产品,这样的产品可能缺乏竞争力。但由于生产批

竞争优势

	低成本	独特性
整个市场	成本领先	产品差异
	集中化	
特定细分市场	成本集中	差异化集中

战略目标

图9-8 波特的一般竞争战略

资料来源:[美]迈克尔·波特著:《竞争优势》,陈小悦译,华夏出版社1997年版,第11页。

量大而能取得规模的经济效益,因此,这些企业可以通过低价策略来吸引顾客购买,这样就会减少收入。为此,必须增大产量以保持甚至增加收入。当然,成本领先的企业还有另一种选择,就是不刻意追求更大的市场份额,而将价格定得与竞争对手大致相当,以提高毛利率进而增加总利润。总的来讲,成本领先战略就是以大规模的生产和经营来降低成本,再以低成本所支持的低价格来赢得市场,增加收入,最终实现赢利。"薄利多销"是对成本领先战略最好的概括,而规模经济则是成本领先战略最根本的经济学逻辑。

在实践中,有许多企业采用成本领先战略取得了良好绩效。邯钢以严格的成本控制取胜,形成了著名的邯钢经验。格兰仕以低成本、低价格作为基本竞争策略,形成了极高的市场占有率,并有效阻止了对手进入,成为世界上第一大微波炉生产企业。即使在服装、化妆品这样讲求特色的市场,也有佐丹奴、大宝之类的大众品牌存在并取得不错的业绩。

成本领先能使企业取得高绩效,同时减少五种竞争力量的不利影响。但成本领先也有风险和不足,主要表现在:容易忽视个性化需求,可能忽略其他竞争因素和方式;巨额的设备和技术投资可能会因技术进步而过时;某些成本优势来源可能被对手低成本模仿等。

(2)差异化战略。差异化战略(differentiation strategy)就是企业通过创造其产品与其他企业产品不同的顾客知觉价值而取得竞争优势的一种竞争战略。实行这种竞争战略的企业试图用不同的产品来满足市场不同消费者的需要,从而占领整个市场。成功的差异化战略能够使企业以更高的价格出售其产品,并通过使用户高度依赖产品差异化特征而获得用户忠诚。

产品差异战略的重点和关键是塑造产品特色,为顾客创造价值,从而建立起相对于竞争对手的差异化优势。要创造有效的差异化优势和有效地创造差异化优势,必须解决好以下三个基本问题:建立什么样的产品差异,在什么地方建立产品差异,以何种方式建立产品差异。

第一,建立什么样的产品差异。产品差异的核心是创造顾客所需要的价值,这又引申出三个基本问题:一是,"我们的顾客是谁",即目标顾客的确定问题。成功地实施产品差异战略的企业总是有清晰的定位,其产品或服务总是有明确的目标指向、鲜明的个性和独特的形象。例如,奔驰主要瞄准高端顾客的商务用车需要,宝马则主要满足年轻新贵张扬个性、享受驾驶乐趣的需求,它们都拥有自己的忠实顾客。二是,"我们的顾客所认同的价值是什么",即顾客核心价值的确定问题。真正的顾客利益是从顾客角度而不是企业角度出发去描述的。如一个速递公司,若将其所提供的服务表述为"递送迅速可靠",则只是对其活动的特点作了直接说明。而若从该服务可能带给顾客的受益角度出发,将公司业务表述为"免除顾客对于行包能否按时送达目的地的担忧",则是考虑了公司对于顾客的价值所在。三是,如何让顾客了解和接受具备满足其潜在核心价值的产品,即顾客核心价值传达问题。要把握顾客真正的实际利益,企业还必须以清晰的方式将以上信息传达给目标顾客群,提升他们对于企业的产品或服务的认识利益。通过这些方式,在认知上将该企业的产品或服务与竞争对手的产品或服务区分开来,创造出优于对手的顾客认知,才会产生现实的差异化。

第二,在什么地方建立产品差异。差异化需要理解购买者看重什么,在价值链的什么地方创造差异化属性,创造产品的独特性需要哪些能力和资源。实际上在行业价值链的每一项活动之中都存在创造差异化的可能性,企业的管理者必须充分地理解创造价值的各种差异化途径以及能够推动独特性的各项活动,从而制定优秀的差异化战略和评价各种不同的差异化方式。

第三,以何种方式建立产品差异。产品差异总是事关顾客价值,企业能够采取许多行动来创造顾客的实际利益和知觉利益,并影响顾客的知觉价值。产品特性、服务与支持、产品销售、产品识别与认知、组织管理,以及其他如在恰当的时机推出恰当的产品等方式均能使产品差异化。例如唐装古已有之,但有头脑的商家在 APEC 峰会各国首脑身着唐装集体亮相后及时推出新唐装,着实风行一时。

差异化的方式是没有穷尽的。产品差异是个人和组织创造性的体现,差异化的关键是充分发挥企业中个人和集体的创造性。只要一个企业具有这样的意愿和能力,创造性地利用外部环境中存在的机会,就能创造出有效的产品差异优势。

(3)集中化战略。集中化战略(focus strategy)是指企业集中力量提供一种产品来满足一个或少数几个细分市场的顾客需要。专一化战略的主旨是利用狭窄的目标市场与整体市场及其他细分市场的差别来突出企业的差异化特点,并因此在小的市场范围内形成企业的规模经济优势。其目的是比竞争对手,特别是定位于更广泛市场范围的竞争对手更好地服务目标细分市场的顾客。专一化战略成功的基础是,要么能以比竞争对手更低的成本服务小市场(即成本集中战略),要么能为小市场中的顾客提供他们认为更好的产品(即产品差异化集中战略)。成本领先专一化战略取决于是否存在这样一个细分市场,满足该市场顾客需求所付出的代价比满足其他细分市场顾客需求的代价要小;产品差异专一化战略则取决于是否存在这样一个细分市场,该市场的顾客对产品属性具有特殊的需求。

专一化战略可以是一种有效的竞争战略,特别适用于中小企业。但是,它也存在风险,主要有:竞争对手可能寻找有效途径来争夺该目标市场;目标小市场顾客的需求偏好可能会转向大众化市场或其他细分市场,细分市场间差异的削弱会降低目标小市场的进入壁垒;如果专一经营企业的目标细分市场利润非常丰厚,可能会刺激其他竞争厂家进入,瓜分该市场上的利润。

2.适应战略模型

业务层战略的适应战略模型是由迈尔斯(Raymond E. Miles)和斯诺(Charles C. Snow)提出的。适应战略模型认为,战略管理的基本任务是保持组织行为与外部环境的一致性,即企业或事业部门应使其使命和目标与环境中的机会和威胁相适应。企业有四种战略供选配,在适应战略模型中,它们分别被称为防御者战略、开拓者战略、分析者战略和反应者战略。

（1）防御者战略。采用防御者战略的组织试图创造和维持一种环境，使这种环境最适于稳定的组织形式。因此，管理部门最关心的也是稳定性。在解决业务开拓的问题上，防御者努力在市场上画出一小块相对狭小的领域，在该领域集中生产有限的产品或提供某些服务。虽然防御者可以用竞争性的定价或高质量的生产标准来捍卫其地位，但很少注意本领域外的趋势和发展。在解决工程技术问题方面，则更注意高效率的生产和促销技术，而不太注意长期效果。在行政管理问题上，保持严格层级管理体系，以利于控制和提高效率。

（2）开拓者战略。开拓者战略正好与防御者战略相反。采用开拓者战略的组织试图为自身创造和维持一种动态的良好环境。开拓者特别注重培育发现并探索新产品与新的市场机会。企业主要的问题是做出最佳的市场定位，然后系统地开发这种机会。由于它们强调新产品和市场，所以在工程技术问题上，避免长期投入一种单一的工艺技术，通常使用多种技术，方式灵活，不搞固定的机械化，以使组织在转换产品和市场时，不必完全重起炉灶。开拓者的行政管理问题是在组织中如何促进生产与经营，而非控制运作。

（3）分析者战略。分析者战略试图把开拓者战略与防御者战略结合起来。其企业开拓问题是在确认并利用新产品与新市场的同时，也保持一些传统的核心产品和用户，然后系统开发这种机会。它同时诉求风险规避与提供创新产品和服务。其面临的问题是，如何保持现有市场份额？如何发现新的市场和产品机会？其策略是，保持现有产品和服务的质量、水准和效能，与此同时保持足够灵活性以便及时捕获新的商业机会。当市场稳定时，通过技术改进来保持低成本；当市场发生变化时，通过发展新产品和服务，来保持竞争力。

（4）反应者战略。这种战略正如其名称所反映的，是对出现的问题仓促地做出被动反应，因而在决策上表现为不一致和不稳定。这些对环境不适当的反应，导致了不良业绩，进而又影响其未来的行为，并在承诺某项战略时表现得犹豫不决。

（三）职能层战略

职能层战略是职能部门为支持业务层战略而制定的本职能部门的战略。它回答的问题是，为支持和配合业务层战略，本部门应该采取什么行动？如果说公司层战略和业务层战略强调"做正确的事"，那么职能层战略则强调"正确地做事"。与前两者相比，职能层战略更为具体，具有可操作性。通常职能层战略包括六个职能领域：市场营销、财务、生产、研究与开发、人力资源以及组织设计。这些职能战略是在事业部级战略指导下，按照专业职能将事业部级战略进行具体落实和具体化，它的制定是将企业的总体战略转化为职能部门具体行动计划的过程。根据这些行动计划，职能部门的管理人员可以更清楚地认识到本职能部门在实施总体战略中的责任和要求。

职能部门的战略与总体战略的主要区别有三点：

第一，较短的期限。职能部门的策略用于确定和协调短期的经营活动，它的期限较短，一般在一年左右。职能部门策略较短的原因：一是职能部门管理人员可以根据总体战略的要求，把注意力集中于当前需要进行的工作上；二是职能部门管理人员可以更好地认识到职能部门当前的经营条件，及时地适应已经变化的条件，相应地做出调整。

第二，具体性。企业战略为企业的生存和发展确定了目标，指明了方向。企业总体战略是笼统的，欠精确的，职能部门的策略要比总体战略更加具体，更加精确，更加明确。总体战略为企业指出了一般性的战略方向，而职能部门的策略则为负责完成年度目标的管理人员提供了具体的指导，使他们知道应该如何实现年度目标。另外，具体的职能策略还可以增强职能部门管理人员实施战略的能力。

第三,职权与参与。企业高层管理人员负责制定企业长期经营目标和总体战略,职能部门的管理人员在总部的授权下负责制定年度经营目标和部门策略。这些策略最后要得到总部的核准。职能部门的管理人员参与制定职能策略,可以更加自觉地实现自己的年度经营目标,增强他们实施战略的责任心。

加强职能部门策略的制定工作,有助于企业总体战略的实施,是企业总体战略实施的重要环节,其重要性表现为以下三点:

第一,职能部门策略是具体而丰富的,因而在企业总体战略中增加了实际的内容,明确了企业内部职能部门必须完成的工作,从而丰富、完善甚至发展了企业总体战略。

第二,具体的职能部门策略是向企业高层管理人员阐明各职能部门准备如何实施总体战略,可以增加高层管理人员实施与控制总体战略的信心。

第三,具体职能部门的策略可以说明职能部门间相互依赖的战略关系,以及潜在的矛盾,有利于促进各职能部门间的协调,也有利于总体战略的实现。

职能部门的战略必须在市场营销、财务会计、研究开发、生产作业、人力资源开发等企业主要职能部门中制定,即制定出市场营销战略、财务投资战略、研究开发战略、生产战略以及人力资源开发战略等。由于各职能部门主要任务不同,不可能归纳出普遍适用的战略。各职能部门的关键变量也是不同的,即使在同一部门里,关键变量的重要性也会因为经营条件的不同而不同,因此职能部门的策略必须分别加以制定。

本章小结

计划职能是管理各职能中首要的职能,也是最重要的职能,是组织职能、领导职能和控制职能的基础。计划是一个确定目标和评估实现目标最佳方式的过程。所谓计划,就是要预见未来组织所要实现的目标和实现这些目标的具体行动方案。计划指出了行动方向,使组织能对未来的变化做出积极的反应,减少变化的冲击,协调组织中的所有活动,使所有活动指向一致的目标,尽可能减少浪费和冗余,提高资源的使用效率。计划所设立的标准,给组织各项工作的控制提供了标准和依据。计划的类型从不同的角度出发,有不同的表现形式。使命、宗旨、目标、策略、政策和程序、规划、规则以及预算都是计划的表现形式。为了使计划工作富有成效,计划工作的指导原则是必不可少的。承诺原则指明了计划所涉及的期限设定标准;灵活性原则改进了计划的约束性而导致的呆板;改变航道原则则是补充了计划本身的内在缺陷,使主管人员可根据未来的实际情况随时修改计划中不合理的部分;限定因素原则是决策的精髓。

决策就是决策者为了解决组织面临的问题,实现一定目标,在掌握充分的信息和对有关情况进行深刻分析的基础上,用科学的方法拟订并评估各种方案,从中选出合理方案并加以实施的过程。决策可能受到多种因素的影响,因此,管理者在制定决策时可能面临确定性、风险性和不确定性三种情境。定量决策技术包括一系列决策模型的应用,其技术与方法包括线性规划、盈亏平衡分析、决策树法、小中取大法、大中取大法和最小最大后悔值法等。

战略泛指重大的、带全局性的、规律性的或决定全局的谋划。战略管理过程由战略制定、战略实施、战略评价三个基本阶段组成。战略管理一般将战略层面分为公司层战略、业务层战略和职能层战略。

公司层战略研究整个企业生存与发展中的基本问题：应该做什么业务，怎样去发展这些业务。公司层战略主要包括稳定战略、成长战略和紧缩战略。稳定战略是指在内外环境的约束下，企业准备在战略规划期使企业的资源分配和经营状况基本保持在目前状态和水平上的战略。对于大多数企业来说，稳定型增长战略也许是最有效的战略。成长战略是指增加组织的经营层次，如扩大企业规模、扩大市场份额、扩大现有产品和服务、发展多元化计划、增加雇员、提高收益等。在高度不确定的环境中，成长是企业生存和发展的必然选择。成长战略主要分为两类，即纵向一体化战略和多元化战略。多元化战略的实质是选择所经营的行业，纵向一体化战略是在选定的行业中确定所从事的生产阶段。所谓一体化战略是指企业充分利用自己在产品、技术、市场上的优势，根据企业的控制程度和物资流动的方向，使企业不断地向深度和广度发展的一种战略。一体化战略包括纵向一体化和横向一体化，而纵向一体化又可分为前向一体化和后向一体化。多元化经营战略是指一个企业同时在两个或两个以上的行业中进行经营，向不同的行业市场提供产品和服务。多元化经营强调的是，企业生产经营异质产品进入异质市场，或拓展新业务到新产业。紧缩战略是指企业从目前的战略经营领域和基础水平收缩和撤退，且偏离起点战略较大的一种经营战略。

业务层战略主要解决怎么做的问题。竞争战略是一种重要而基本的业务战略。迈克尔·波特提出了四种一般竞争战略：成本领先、产品差异、成本领先专一化、产品差异专一化，其中成本领先和产品差异是最基本的两种竞争战略。波特认为，由于产品差异战略与成本领先战略存在诸多不一致甚至矛盾冲突，同时采用成本领先和产品差异战略的企业会"陷在中间"。近来的研究和实践表明，如果企业采用能兼顾品种、质量、成本的生产方式，有效管理两种战略的内在矛盾，有时能够同时做到成本领先和产品差异。业务层战略的适应战略模型认为，战略管理的基本任务是管理内部的相互关系应和组织的外部环境保持有效的一致性。企业有四种战略供选配，即防御者战略、开拓者战略、分析者战略和反应者战略。

职能层战略是职能部门为支持业务层战略而制定的本职能部门的战略。它要回答的问题是，为支持和配合业务层战略，本部门应该采取什么行动？如果说公司层战略和业务层战略强调"做正确的事"，那么职能层战略则强调"正确地做事"。

复习思考题

1. 为什么既要编制长期计划，又要编制短期计划？

2. 如果说计划工作的目标是为了实现组织的目标，为什么又可以把目标作为计划的一种表现形式？应如何理解"确定目标"是计划工作的第一步？

3. 有人说"计划工作是向前看，而控制工作是向后看"，你对这种说法有什么评价？

4. 请举一个例子来说明计划工作指导原则在计划工作中的应用。

5. 什么叫计划的前提条件？如何确定计划的前提条件？

6. 目标管理为什么有利于调动组织成员的积极性？目标管理有何优点和局限？为了克服其局限性，还应该做哪些相应的改进工作？

7. 试用一个例子来说明计划的步骤。

8.阐述风险型决策方法和不确定型决策方法。

9.什么是战略？战略可以分为几个层次？

10.各层次战略主要要回答和解决什么问题？

技能练习

1.说说你个人当前的 5 个人生目标及实现这些目标的行动计划。

2.把班级分成若干小组，小组围绕企业的创建、经营和管理，提出一个行动任务。

3.组建不同专业、不同特长组成的团队，然后积极参加你所在大学的创业计划竞赛。

课外阅读

如何撰写创业计划书

一、创业计划的概念

创业计划或商业计划（business plan），有时也称为行动计划（game plan）或行路图（road map）。创业计划实质上是对创业者创意和理想的具体化，是创业者为所选择的创业项目在未来 3～5 年的发展而制定的一份完整、具体、深入的行动指南。

二、创业计划的意义

创业计划的作用或意义，主要表现在以下方面：

第一，创业计划理清了创业者的整体创业思路，明确经营理念和方向。

一般来讲，每一位创业或者准创业者在创业之初都会对拟创建企业的发展方向及经营思路有一个粗略的设想。但如果把创意撰写成规范具体的创业计划，则会发现自己要从事的事业并非设想的那样。创业计划书使创业者客观的、冷静的、严格的、不带任何个人感情的从整体角度观察自己的创业思路是否可行，清醒地认识自己的创业机会，明确创业方向和经营理念，进而认真规划创业蓝图。

第二，创业计划是创业者有效经营和管理企业的行动指南。

成功的商业计划书是一份非常有意义的企业文献。它详尽地描述了企业的生产运作计划、市场环境、营销策略、人力资源计划、财务分析、风险评估、奋斗目标和需要的资源，可以让管理层和员工增加对企业现状和未来前景的了解，因而可以作为企业的重要文献，在管理和经营决策中发挥重要的作用。此外，商业计划还可以激励管理者及公司员工。

第三，创业计划是寻求外部资源支持的必不可少的工具，尤其是创业者向各类投资者筹资沟通的工具。

商业计划书里包含了投资所需要的信息，指出了项目或企业的优势、劣势，机会与威胁，展示了市场机会和竞争策略，提供了预期的投资报酬和风险回避措施，这一切都为投资者进行有效率的项目筛选分析，为最终快速做出投资决策提供了信息。利用创业计划在寻求外部资源支持时，创业者要与有关人士分享创业构想，但要注意防范创业构想被人窃取。最好的办法除了寻求律师的建议外，还要让创业计划的阅读者签署保密协议或不公开协议。

三、创业计划包含的基本内容

创业计划书没有固定的格式，不同的创业计划所包含的内容也不完全相同。但是，一份完整的创业计划一般包含以下四个部分 11 个方面的主体内容：

(一)第一部分

1.清晰描述你的产品/服务

内容：产品的基本描述,包括所有产品清单极其使用领域、名称、规格[例如大小、颜色、质量等)包装、售后服务等]；产品的竞争优势；产品的技术与工艺以及研发情况；开发新产品的计划和成本分析；产品的品牌和专利。

方法：将自己置于客户的位置,突出客户价值；突出创新性；集中于最重要的产品,同时涉及其他产品；避免过多的技术细节；引用产品/服务已试点成功的例子。

重点：产品或服务的技术价值和应用价值,产品的创新处,在国内外领先程度(提供相关证明材料)。产品或服务的生命周期、产业的特征和生命周期。

2.市场分析与定位

内容：行业状况与机会分析；目标市场(包括确定的需求、谁是顾客、顾客种类等)；市场容量调查和预测过程及结果。

方法：广泛调查,收集充分的有关市场方面的信息；了解企业将进入的行业和市场状况。

3.竞争分析

内容：同行业国内外主要竞争对手产品开发情况或产品销售情况,与其相比的竞争优势(为什么你的产品/服务比你的竞争对手强)。

方法：广泛调查,收集充分的有关竞争方面的信息。

4.市场营销方案

内容：产品策略；产品进入市场方式的选择；销售渠道的选择；销售方式的选择；销售战略的选择；定价策略；促销策略；营销组合策略；售后服务。

方法：市场营销建立在市场和竞争分析的基础上,重点阐述产品或服务如何被分销、定价以及促销。4P 的营销组合。等等。

(二)第二部分

5.产品/服务的生产运作

内容：选址计划与注册；企业法律形式(个体工商户、个人独资企业、合伙企业和有限责任公司)；产品生产制造方式；厂址选择与布局；生产设备和流程；物料需求计划；质量控制；产品包装与储运；技术提升、设备更新和新产品投产计划。

方法：新产品或服务处于开发和生产过程的什么阶段,处在待开发阶段？已被充分开发,正准备生产？如何确保质量以及消费者和用户的安全？是否申请了相关生产认证？

6.团队和组织管理

内容：管理团队介绍；组织管理机构(任务、职位、部门、管理层次)；关键的外部顾问；员工的激励和约束机制；企业文化、标识、口号等。

方法：组织机构的设置力求简明、直观；管理者队伍应着重强调经营业绩,并显示专有知识和创造力的证据。

(三)第三部分

7.资金需求与融资方案

内容：资金需求预测(土地、厂房、设备等投资资金,工资等运营资金)；确定资金来源(所有者权益资本、贷款等)；确定恰当的资金构成；资金使用计划；确定融资规划。

方法:关键是要注意根据企业不同的融资需要确定相应的资金来源。

8.财务预测和分析(未来几年的)

内容:基本财务假设并进行说明;财务数据预测(销售计划和成本计划);编制资产负债表;编制利润及分配明细表;编制现金流量表;财务指标分析(财务内部收益率,投资回收期,财务净现值,投资回报率,投资利税率,资产负债率,速动比率,流动比率)。

方法:通过基本财务假设编制损益表、现金流量表、资产负债表,测算投资效益指标;对财务假设做出解释;要依据标准会计形式和原则;向专业会计、财务人员请教。

(四)第四部分

9.企业战略

要求:提出战略构想和行动方案,获得核心竞争力;培养协力优势;为客户创造价值。

内容:公司使命、战略目标、公司理念、发展规划、国际战略、企业文化、CI 导入。

方法:差异化;成本领先;集中战略。

工具:SWOT 分析,PEST 分析,五力模型等等。

10.风险及其防范

内容:技术风险和防范;市场风险和防范;政策风险和防范;投资风险和防范;审批风险、管理风险、财务风险等其他风险和防范。

方法:确定主要的风险;做出对三种不同假设情况的预测;敏感性分析。

11.风险资本退出方式

要求:将风险投资家可以接受的风险资本退出方式做出详细的说明,提出合理的退出方式。

内容:股票上市;股权回购;利润分红;股权转让。

资料来源:由木志荣编写。

第十章 管理的组织职能

1. 明确组织工作的内涵与性质
2. 理解组织工作的分析框架
3. 掌握组织结构设计的内容与方法
4. 了解组织工作的变革趋势

本 章 导 航

　　组织职能是指通过组织结构的设计和组织中各种关系的处理,使人们能在组织中既分工又合作地为实现计划目标而共同努力。计划所确定的目标,为组织的各项活动的开展指明了方向,而组织职能是为了计划目标的实现而展开的。

　　本章在阐述组织工作的内涵与性质的基础上,分析组织工作的影响因素,在此基础上阐述组织工作的基本内容,最后分析组织工作的变革趋势。其中,组织工作的影响因素包括外部环境、目标与战略、组织规模、组织技术和组织文化等。组织工作的基本内容包括工作分工、部门化、管理幅度和权力机制,以及在此基础上形成的组织结构等。组织工作的变革趋势包括对传统组织结构形式的评判、当前新型组织结构形式以及未来组织结构的特征等。

　　通过本章的学习,你将会了解到组织工作的许多重要概念,如工作分工、部门化、管理幅度与管理层次、高型组织与扁平型组织、组织结构、授权、集权和分权等。通过本章学习,你应该能够系统深入地认识和掌握组织工作的主要内容和分析方法,学会发现和解决组织工作中存在的无效行为问题,从而更好地提高组织运行效率。

章 前 案 例

通用电气组织变革的历程与启迪

　　通用电气的三次组织变革都极大地促进了通用电气的阶段性发展。在通用电气(GE)的发展史上,经历过三次大的组织变革。通用电气的组织变革之所以能够获得成功,源于多方面的条件:卓越的领导力、卓越的执行力、适当的流程、合适的激励等等。这里,我们所要关注的是:通用为什么进行组织变革?是在什么条件下进行的变革?通用的变革对我们中国企业有什么样的借鉴价值?

第一次变革：战略事业单位

20 世纪 60 年代末，通用电气公司财政一直在赤字上摇摆。以波契为首的公司最高领导力挽危机，于 1971 年在企业管理体制上采取了一种新的战略性措施，即在事业部内设立"战略事业单位"。这种"战略事业单位"是独立的组织部门，可以在事业部内有选择地对某些产品进行单独管理，以便事业部能够将人力、物力有效地集中分配使用，针对各种产品、销售、设备和组织编制严密的有预见性的战略计划。这种"战略事业单位"可以和集团组织平行，也可以相当于分部水平。从该公司 60 年代到 70 年代中期迅速发展的情况看，这次变革对通用起到了至关重要的推动作用。从 1966 年到 1976 年的 11 年中，通用电气公司的销售额增长了一倍，由 71.77 亿美元增加到 156.97 亿美元；纯利润由 3.39 亿美元增加到 9.31 亿美元。

第二次变革：超事业部制

20 世纪 70 年代中后期，美国经济又出现停滞，当时的董事长琼斯，担心到 80 年代可能会出现比较长期的经济不景气，故在 1977 年年底又进一步改组公司的管理体制，从 1978 年 1 月实行了"执行部制"，也就是"超事业部制"。这种体制就是在各个事业部上再建立一些"超事业部"，来统辖和协调各事业部的活动，也就是在事业部的上面又多了一级管理。这样，一方面使最高领导机构可以减轻日常事务工作，便于集中力量掌握有关企业发展的决策性战略计划，另一方面也增强了企业的灵活性。在改组后的体制中，董事长琼斯和两名副董事长组成最高领导机构执行局，专管长期战略计划，负责和政府打交道，以及研究税制等问题。执行局下面设 5 个"执行部"，即"超事业部"。每个执行部由一名副总经理负责，执行部下共设有 9 个总部（集团），50 个事业部，49 个战略事业单位。各事业部的日常事务，乃至有关市场、产品、技术、顾客等方面的战略决策，以前都必须向公司最高领导机构报告，而现在则分别向各执行部报告就行了。在琼斯领导下的通用电气，其平均收益率高达 29.8%，而琼斯自己也以压倒性的票数优势，荣登"最优秀 CEO"的宝座。

第三次变革：扁平化

1981 年，韦尔奇接任美国通用电气公司总裁，当时该公司有 40 多万名员工，其中有经理头衔的就达 2.5 万人，高层经理 500 多人，副总裁就有 130 人。管理层次有 12 层，工资级别多达 29 级。从担任总裁开始，杰克·韦尔奇就着手大刀阔斧地改造通用电气的组织结构，迅速地砍掉大量的中间管理层次，并裁减管理层职位，甚至连副总也难以在这场"扁平化的风暴"里幸免于难，最终通用电气从原来的 12 层管理层次变成了 4～5 层。杰克·韦尔奇始终认为，官僚体制是热情、创造和反应的障碍，这些管理等级制内在的战略性计划、控制和形式只不过是在扼杀通用迫切需要的企业家精神，所以"任何等级都是坏的等级"。他经常作这样生动的形容——"当你穿着 12 件衣服出门的时候，你还能感觉得到气温吗？官僚体制就是我们那 12 件毛衣！"韦尔奇的变革也成为扁平化改造的典范。

为什么进行三次组织变革

1971 年通用电气实施"战略事业单位"改革，是因为它遇上了威斯汀豪斯电气公司的激烈竞争。这时候企业所面对的最大问题就是"如何战胜竞争对手，巩固市场地位"。基于这样一个战略重点，通用电气致力于提升企业对市场信息的反应速度和企业市场竞争策略的灵活性，于是"战略事业单位"组织形式就应运而生。

20 世纪 70 年代中期，美国遭遇能源危机与通货膨胀，经济一片萧条。这时，并不适合继续扩大投资和再生产，"如何避免资源浪费和制定长期的发展策略"成为通用的核心问题。在这样的情况下，琼斯推行了"执行部制"的组织改革，企业最高层领导从繁忙的日常事务里解脱出来，把精力聚焦于长期战略的制定和资源在集团内的调控。

到了20世纪80年代，美国经济再度复兴加上世界经济一体化的发展，企业的经营环境日新月异，经常会出现"战略赶不上环境"的情况。在这种快速变化的经营环境下，琼斯当初的组织改革给通用电气带来的积极意义已经逐渐消失。在这种组织结构框架下，通用电气出现了明显的官僚化倾向，信息传递速度慢，而且失真的现象经常发生，所以企业对外界环境反应不灵敏。

通用电气组织变革的启迪

通用电气三位CEO给通用开出的三张组织变革的"药方"都非常有效，极大地促进了通用电气的阶段性发展。然而每一张"药方"所治的"病"都是大相径庭的："战略事业单位"应对的是成长性经营环境下的激烈竞争，"执行部"的意义在于调控经济衰退时期的资源，"扁平化"改善的是官僚组织的应变能力。

我们可以发现，通用电气组织变革是一种适应环境的反应。一般认为，在组织结构变革中对其影响较大的因素有组织环境、战略、组织规模、组织生命周期等，其中环境的变化是最为本质、最为根本的要素，而战略是最为直接的影响因素。

组织模式没有优劣之分

从通用电气组织变革的历程来看，我们可以得出一个基本的结论：组织模式没有优劣之分。"战略事业单位"的变革是放权，"执行部"的变革是集权，而韦尔奇的变革是扁平化。

通常我们把组织分为两种基本的模式：层级架构与扁平架构。这两种架构本无优劣之分，只要能够支撑企业的战略，与内外环境匹配即可。但是近年来，"扁平化"管理在国人眼里几乎成了高效、快速、灵活的代名词，因此被国内许多企业推崇和效仿。

事实上，任何一种组织模式都有其内在的优点，也有其与生俱来的缺点。层级结构的组织形式，在相对稳定的市场环境中，是效率较高的一种组织形式。但是随着企业组织规模越来越大，随着外部环境快速变化，层级组织结构面临着信息传递失真、决策链加长、组织效率低下的挑战。

层级型组织架构的缺点就是扁平组织的优点。消除层级结构带来的信息传递失真和低效率问题是扁平化变革直接的动因。扁平化的直接目标在于让组织决策的重心不断下移，让组织决策尽可能产生于发出信息的地方，减少决策在时间与空间上的滞后。扁平化的组织架构把传统的企业员工之间的纵向关系在企业信息网络平台基础上变成了纵横交错的平等关系，从而消除了纵向各部门之间的障碍和壁垒，企业把任务委托给基层的价值流小组和工作团队，同时把权力也下放到面向顾客的基层工作团队，这样就减少了企业的中间管理层。

虽然扁平化有着这样那样的优势，但是从实践效果来看，扁平化往往带来组织的混乱与无序。组织扁平化意味着组织的责权利体系发生重大的调整。组织必须重新分配决策权，即重新划分权力边界。企业领导人要回答这样一些问题：应保留哪方面的决策权？哪方面的权力应该下放？下放到哪个层级？如果这个问题得不到解决，就可能会造成某些层级的管理人员乃至最高管理者权限过于集中，甚至会导致混乱。更重要的是，权力向下转移后，中下层级的管理人员会遇到更多的决策问题。另外，扁平化组织对企业文化氛围、人员素质、流程的梳理要求极高。不具备这样的条件，扁平化组织难以有效运作。

韦尔奇扁平化变革的成功，不能否认波契、琼斯曾经的变革。通用电气任何一次组织变革，都是对商业环境变化的应对，都是战略调整之下的选择。

资料来源：兰正一：《通用电气组织变革的历程与启迪》，载《销售与管理》2009 年第 2 期。

第一节　组织工作的内涵与性质

第二章在学习组织与组织目标时，讲到任何管理工作都要在特定组织中进行，管理的目的是为了实现组织目标，因此，组织是管理的载体，也是管理的对象。作为管理活动载体的组织是从名词意义上，把组织当作是一个机构实体。组织这个概念也可以从动词意义上来理解，即作为管理活动、管理过程的组织。

本章既要讨论作为一个管理过程或职能的组织，也要研究作为管理实体的组织。即研究管理者如何通过有效的组织管理活动，来形成一个有利于组织目标实现的组织机构形式。在管理学中，把作为一个机构实体的组织称为组织结构，把作为管理活动过程的组织称为组织工作。

一、组织工作的概念

组织工作与组织结构有关。组织工作的目的是要形成一个有效的组织结构形式，使组织目标能有效实现。因此，组织工作又包括两个方面的工作，即组织结构设计与组织结构变革。管理者通过计划职能确立了一个行动任务以后，就要发挥管理的组织职能来落实计划。组织工作是管理者所从事的管理活动的一个重要内容，其目的是通过组织结构的设计，来确定组织成员的分工与合作关系，使人们在一个最佳的组织结构中有效地实施计划，使组织目标有效实现。

所谓组织结构设计，是指导致一个组织结构形成的一系列管理决策与管理活动。这个活动主要包括以下两个方面：

·劳动分工。即把实现组织目标所需要的工作分解成小的工作单元，然后确定每个岗位的劳动者所承担的工作单元数。

·部门的划分。即把个体的活动按一定的方法进行归类。通过归类，在组织中形成各种单位或部门。

而组织结构变革则是根据组织内外部环境的变化，以及组织战略的变化，对组织结构形式的调整与变革。

二、组织工作的分析维度

在组织结构设计的过程中，管理者根据组织内外部各种环境因素进行组织结构设计，通过组织结构设计工作，形成了各种各样的组织结构形式，这些不同的组织结构形式会呈现出各种不同的组织结构特征，而不同的组织结构形式对组织目标的实现会产生不同的影响作用。这个过程如图 10-1 所示。在这个过程中,影响组织结构设计的内外部环境因素称为情境变量,也叫情景因素,包括环境、规模、技术、文化、目标和战略等。组织结构设计工作的基本内容包括工作分工、部门化、管理幅度的确定和权力机制的设计等。而衡量组织结构形式所呈现出来的特征称为结构变量,包括正规化、专业化、标准化、职权层级、集权化、职业化和人员比率等。不同特征的组织结构形式,对组织绩效会产生不同的影响。

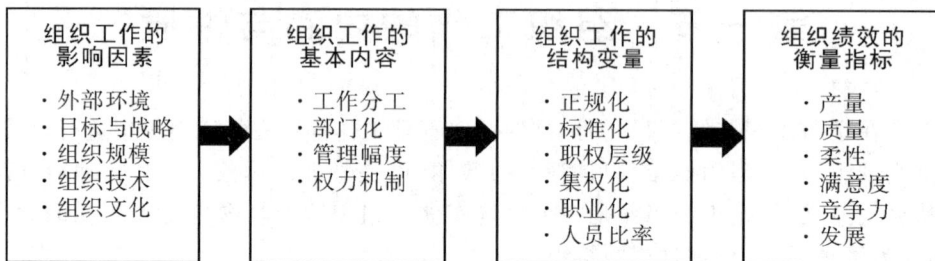

组织工作的 影响因素	组织工作的 基本内容	组织工作的 结构变量	组织绩效的 衡量指标
·外部环境 ·目标与战略 ·组织规模 ·组织技术 ·组织文化	·工作分工 ·部门化 ·管理幅度 ·权力机制	·正规化 ·标准化 ·职权层级 ·集权化 ·职业化 ·人员比率	·产量 ·质量 ·柔性 ·满意度 ·竞争力 ·发展

图 10-1　组织工作与组织绩效

管理者通过从事组织工作活动,主要解决以下几个问题:

(1)根据组织内外部环境特征和组织目标的要求,应设置哪些工作岗位?

(2)如何进行组织中的部门划分?

(3)如何确定组织中的管理幅度和管理层次?

(4)如何处理组织中直线与参谋的关系?

(5)如何进行有效的授权?

(6)如何在上述组织工作的基础上,构建合适的组织结构?

(7)如何进行组织变革与发展?

三、组织工作的逻辑过程

各个组织开展组织工作有其不同的具体过程与步骤。但从逻辑过程来看,组织工作的开展有以下几个基本步骤:

1.明确组织工作的目标。严格讲,确定目标是计划工作的内容。组织工作的目标是根据计划工作确定的组织整体的目标(行动任务)来确定的。对于一个新成立的组织来说,其组织工作目标的确定,要根据组织宗旨,结合组织当前所处环境和发展规划来完成。其内容主要包括组织的发展规模、组织内的分工与协作的程度、组织集权与分权的程度、组织内部的信息沟通方式等。

对于一个已经运转的组织,其组织工作目标的确定,要根据组织目标实现的要求,结合组织工作过程中所出现的问题来完成。其内容主要就是针对组织结构不能适应外部环境变化所存在的问题,及时进行调整和变革。

2.设定职位(工作设计)。根据组织目标和组织结构设计的要求,明确完成组织目标所需要的工作任务,并根据分工把这些任务分解成更小的工作单元,以及明确每个岗位所承担的工作单元数。如:办一所医院需要设置哪些医生和护士的岗位?办一家电商企业需要有哪些软件开发人员和运营推广人员?办一所学校需要设置哪些教师岗位?这些都要根据不同组织所追求的不同目标,以及完成这些目标所需要完成的工作任务来确定。

3.划分部门(工作组合)。有分工就有合作,在分工的基础上,还要把这些特定的职位按一定的方法组织起来,使之形成可管理的部门。

4.确定管理幅度。在划分部门的同时,还要考虑每个部门的人数规模,也就是确定每个上级管理者能直接有效管辖的下级人员数,即确定管理幅度。

5.确定管理层次。所谓管理层次,是指组织中所形成的不中断的等级链的环节数。在组织规模一定的情况下,确定了管理幅度,也就确定了组织中的管理层次。在组织规模不变的情况下,管理幅度与管理层次通常成反比例关系,即管理幅度越大,管理层次越少,反之亦然。

6.确定职权关系。即确定组织中各个岗位(职位)的权力,形成不同部门和层次的职权、责任和报告关系。通过权力的授予,每个岗位拥有完成组织工作任务所需的权力,从而形成组织中的权力关系。这是集权与分权的问题。另外,通过职权关系和各种规章制度可以确定各个部门、各个管理层次、各个岗位之间上下左右的工作程序,使组织中的各个部门和各个管理层次能围绕着组织目标的实现而成为一个整体,共同运转和工作。

7.人员配备,即把合适的人配置到有关工作岗位。

8.组织变革,即对机构和人员做出调整,变革一个组织结构。这是控制职能在组织工作中的应用,即针对组织在运转过程中所存在的问题,对组织工作的各项结构维度进行调整。其实质是重新进行新一轮的组织工作。

四、组织设计的原则

1.目标明确化原则:组织是为了实现共同目标和使命而形成的有机整体,组织结构首先必须反映目标和计划。因此,组织结构设计必须有利于实现组织目标。围绕总目标设计组织结构时,常常要把总目标进行合理分解,把总目标的实现层层落实到各组织层次。

2.权力层次性原则:组织结果必须反映企业管理可以运用的职权。职权是行使酌情处置的权力。组织结构中自上而下权力由大到小,统一领导。每个职位都具有相应的权力,从上到下的职位或职务系统,形成了一个权力的层次。

3.责任不可下推原则:可以授权,但责任不能下推。

4.权责对等原则:组织内虽然有集中统一的指挥,但也要注意科学分权,权力下放给下级,使他们的职责与职权相一致。组织中的每个人,有责无权会缺乏主动性,有权无责则会滥用职权。

5.统一指挥原则:避免多头领导和多头指挥,组织内上下级之间有一条清晰的指挥链,确保组织内的行动统一和政令畅通。

6.职能分工原则:组织内各管理职能必须实行合理的专业化分工,以提高工作效率。

7.控制跨度原则:一个职能部门有效管理和控制下一级部门的数目要合理。

8.组织优化原则:在组织设计中,组织的结构、各层次职能分工、权力与专业结合、操作层的专门化、管理跨度、人员结构以及部门工作流程等等方面实现最优和组织运行费用最低。这是一种高效精干的原则,组织机构要精干,组织层次要简练,组织要保证以精干的机构设置和人员配备实现管理工作的高效率、高质量运转。

9.以人为本的原则:人是组织中最重要、最基本的要素,是实现组织目标的决定性力量。组织工作的中心应当放在如何调动人的积极性、主动性和创造性上,组织结构中业务活动的划分和职权关系都必须考虑人员的局限性和人员的习惯。结构设计必须有利于工作,有利于群体成员做出贡献。组织设计中的以人为本原则要求尊重人的价值和才能,根据人的心理规律和需求,为激发人的聪明才智创造有利的组织条件和环境。

10.权变原则:组织结构必须反映组织的环境。没有什么最好的组织结构形式、部门划分,也没有一个统一的管理幅度标准和集权与分权标准。管理者要根据组织的目标、所处环境、成员特点、工艺技术特点等各种因素来设计合理的组织结构形式,确定科学的管理幅度和授权标准。有效的组织结构绝不是静止的,没有一种唯一而又最好的组织结构适用于任何一种环境,有效的组织结构取决于具体情况。

第二节　组织工作的影响因素

根据组织工作的权变观,唯一最佳的组织形式实际上是不存在的,哪种组织方式最适合,取决于特定环境下的各种因素,如任务的类型、完成任务的方式、参加的人员、采用的技术、服务的对象等各种内外因素。因此,组织工作应该根据其所处的内外环境来进行。影响组织工作的情景因素是多方面的,包括外部环境、目标与战略、组织规模、组织技术和组织文化等。

一、外部环境

组织工作的目的就是要使组织能在适应外部环境变化的过程中更好地实现组织的目标。因此,不同的外部环境需要有不同的组织结构形式来适应。在稳定环境条件下,成功的组织往往采用机械式组织结构,因为机械式组织是基于严格的等级系列,具有高复杂性、高正规化、集权化和非人格化的组织形式,它像一架精良的机器,因为忽略了人性,讲究标准化、规则条例和集中控制能力,导致其效率比较高。但是机械式组织并不适合于对迅速变化的环境做出反应。

当外部环境动荡不稳定时,要把机械式的组织改造为精干、快速和灵活的有机式组织。因为有机式组织具有低复杂性、低正规化和分权化的特点,能根据环境变化迅速做出调整。全球竞争推动了产品创新,同时顾客对高品质和快速交货的要求越来越高,这种环境因素的动态性要求组织结构改组变得精干、快速和灵活。

环境影响组织结构设计的表现是多方面的,其中环境的不确定性对于组织工作的影响是巨大的。不确定性是指决策者不具有关于环境因素的足够信息,并且难以预测外部环境的变化。不确定性增加了组织对环境反应的难度。影响不确定性的环境领域的特征是外部环境的简单与复杂程度以及因素的稳定与不稳定程度。

环境的不确定性影响到组织设计,组织需要在内部设计与外在环境之间取得平衡。环境的稳定性与复杂性程度反映了不确定性的四个层次。低度不确定性环境是简单稳定的,这种环境中的组织具有较少的部门和机械性的结构。在中低度不确定性环境中,需要更多的部门与更多的整合行为去协调各部门。在中高度不确定性环境中,组织结构是有机的和分散的。在高度不确定性环境中,组织结构是有机的和分散的,并且有很多部门来协调和整合。环境不确定性与组织反应的权变性框架如图10-2所示。

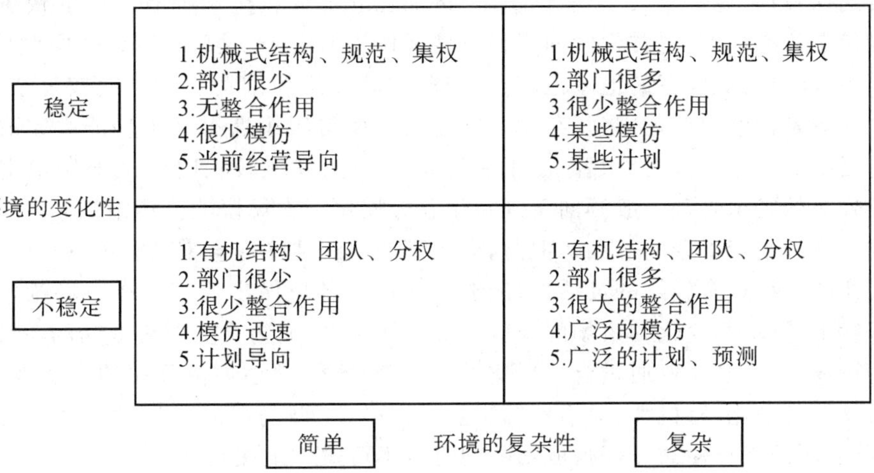

	简单	复杂
稳定	1.机械式结构、规范、集权 2.部门很少 3.无整合作用 4.很少模仿 5.当前经营导向	1.机械式结构、规范、集权 2.部门很多 3.很少整合作用 4.某些模仿 5.某些计划
不稳定	1.有机结构、团队、分权 2.部门很少 3.很少整合作用 4.模仿迅速 5.计划导向	1.有机结构、团队、分权 2.部门很多 3.很大的整合作用 4.广泛的模仿 5.广泛的计划、预测

环境的变化性 / 环境的复杂性

图10-2 环境不确定性与组织反应的权变性框架

资料来源:转引自[美]理查德·达夫特著:《组织理论与设计精要》,李维安等译,机械工业出版社1999年版,第47页。有所改动。

二、目标与战略

组织结构的设计是为了更有效地实现组织目标。因此,组织战略与目标不同,就应采取不同的组织结构形式。组织的战略与目标对组织结构的影响表现在以下几个方面:第一,设置不同的部门。由于组织追求的目标不同,就需要有不同的职能部门来完成组织的战略和目标。在过去计划经济体制下,企业追求的目标是完成国家的指令性计划,因此,企业的部门设置都是围绕着生产活动来进行的。而在市场经济体制下,企业追求的目标是在满足消费者需要的前提下的利润最大化,因此,企业就要围绕着如何满足消费者需求来设置企业的部门。第二,各部门在组织中的地位与作用不同。由于组织所追求的目标不同,就会使得组织中不同部门在实现目标的过程中的作用不同,因此,不同部门的权限、职责及地位也就不同。过去在计划经济体制下,生产部门是企业的核心部门,它拥有最充分的资源,在企业中具有最大的话语权。而在市场经济体制下,研发部门、市场营销部门却成了企业的核心部门。第三,各部门之间的相互关系不同。如在计划体制下,企业的生产流程是根据国家的指令性计划生产产品,销售部门根据生产部门生产的产品把产品卖出去。而在市场经济体制下,市场营销部门要了解消费者的需求,并把这种需求反馈给研发部门,生产部门则是根据消费者的需求来生产他们所需要的产品。

三、组织规模

组织规模通常用员工数目和销售额等指标来衡量。组织规模在某种程度上对组织结构的影响是决定性的。但组织规模对组织结构的影响在组织发展的不同阶段又有所不同。

大规模的组织对于参与全球竞争的企业来说是必要的,因为全球竞争需要大量的资源和规模经济所带来的效益。只有大公司才能建造起西气东输管道,也只有大公司才能投资巨额资金勘探石油,也只有大公司才能像 McDonald 那样在全球拥有广泛的快餐店面。大型公司经常是标准化的,也常常倾向于机械性运作。但由于规模大,组织的层次与部门必然也就比较多,同时组织经营的地域范围也比较广,因而组织结构也就会比较复杂。因此,大型公司往往既是标准化的,又是复杂化的。复杂性使得组织拥有多种功能去完成复杂的工作和生产复杂的产品。同时,大型公司一旦建立,一般就能较长时间地保持稳定的市场地位。这类公司的组织管理一般倾向于规范化和分权化。大规模的公司组织倾向于更好地完成复杂的工作和生产复杂的产品。但是,大规模的组织往往也会带来官僚制。

小规模的组织具有较好的灵活性,能够迅速地对环境做出反应。在市场竞争日益剧烈的全球环境下,对不断变化的市场的反应性和灵活性高,成为企业取得成功的关键因素。虽然在一些行业中,诸多企业通过合并形成了大型公司,但是小规模公司的发展也日益迅猛。小型公司具有扁平化、有机性、灵活性等特点。但是,小型公司的优势常常会引出这样一个悖论:小型公司的优势使它在获得成功的同时又不可避免地成长壮大。

一个全方位服务的全球性企业需要强大的资源基础、足够的复杂性和层级制在全球范围内为客户服务。大型公司或处于急剧成长期的公司可以通过分权化或减少层级数目来保持小企业的灵活性和顾客至上的宗旨。组织规模是一个影响组织结构和功能的内生关联性变量,正如通常所讨论的人力资本、环境和目标等关联性因素一样。对组织来说,大量的资源和规模经济可以带来规模报酬递增,所以企业保持一定的规模是必要的。

管理常识

《谁说大象不能跳舞:IBM 董事长郭士纳自传》[①]

IBM 公司,长期以来执计算机世界之牛耳,被视为美国科技势力的象征和国家竞争力的堡垒,甚至《经济学人》杂志指出,"IBM 的失败总是被视为美国的失败"。在郭士纳为 IBM 掌舵的 9 年间,公司持续赢利,股价上涨了 10 倍,成为全球最赚钱的公司之一。郭士纳在书中将自己使 IBM 公司改天换地的辉煌岁月娓娓道来,既有只有CEO 才接触到的第一手内部资料,又有带领一家巨型公司大步向前的高屋建瓴、深思熟虑的管理思想,对务实而灵活的现代企业做了最完美和精彩的诠释。

大型企业的成功重组绝不是依靠运气取得的,正像 IBM 的情况所展示的:战略、执行及领导能力,是构成这项伟大实践必不可少的要素。正如郭士纳所说的:"……在我看来,它(领导能力问题)是机构变革过程中最为重要的因素……伟大的组织机构,说到底都是某个人的影子和延伸。伟大的机构不是管理出来的,而是领导出来的;它们也不是行政过程的结果,而是由那些热切地追求成功的人们在不断高涨的成就感的促使下辛勤努力的结果。"

---

① [美]郭士纳著:《谁说大象不能跳舞:IBM 董事长郭士纳自传》,张秀琴等译,中信出版社 2003 年版。

四、组织技术

每个组织都有自己的一套实现目标的技术系统。组织采用不同的技术系统,必然会影响到组织的结构设计。新技术的应用会使应用传统技术的部门被淘汰并消失,再建立新的部门,也会使原来部门的职责与权限发生变化。技术越是常规化的,组织也应当越是高度结构化的机械式组织,因为常规技术只有少量的例外,问题易于分析。越是非常规的技术,越要求组织结构更加灵活和有机。

现代社会的组织都大量采用了计算机信息技术,这种新技术的应用,使得企业的研发、设计、制造、销售以及企业内部的信息沟通方式都发生了根本性的变化,这些变化使得企业内部的部门设置及各部门的职责与权限发生了根本的变化。特别是信息技术的发展和应用改变了企业取得信息的方式及所能取得的信息的内容,改变了社会生产的组织方式,改变了企业与企业之间的联系方式,改变了企业内部人们相互之间的人际关系。而所有这些,都会引起也必然会引起企业组织结构形式的变化。实际上,现代企业组织结构形式的变革,从某种意义上说,就是由于信息技术的发展和应用引起的。

信息技术的发展和应用打破了沟通的地域限制,来自不同职能部门的雇员可以在全球各地进行实时联系和沟通。因此,一种新型的特殊团队——虚拟团队——日益得到发展。虚拟组织能够应用计算机技术把地理上分散的团队成员联结起来以共同实现目标。虚拟组织的进一步发展是网络组织。在网络组织中,关键的活动由组织总部行使,其他功能则外包给用电子方式与总部联系的独立公司或个人。电子沟通的速度和方便性使得网络组织成员成为公司在保持低成本的同时,拓展公司业务或提高公司市场地位的力量。

信息技术改变了组织的信息基础,成为推动组织结构变革的内在动力。信息技术的发展对企业组织的直接影响表现为:组织获取和处理信息的能力加强;信息技术的应用使组织信息传递更为有效;信息共享和大量储存为组织提供了知识来源,提高了组织工作的效率;信息网络的开放性和交流性也促使不同企业之间建立起新的合作关系,从而形成新型的企业间组织形态。现代信息技术的应用促进了企业组织的变革,组织的进一步分权成为一种趋势,促使现有企业组织的边界逐渐变得模糊,从而提高了企业组织的适应性和效率。企业组织结构变革的总趋势表现为由传统的层级制组织模式向扁平化、柔性化和网络化等方向发展。[①]

五、组织文化

组织文化是当前非常流行的话题。组织文化到底如何影响组织运行? 要回答这个问题,首先必须了解组织文化的性质、起源和目的,以及如何通过仪式和故事等来识别和揭示文化。

---

① 对这部分内容感兴趣的读者,可进一步参阅:林泉、林志扬:《WAL-MART 的信息化之路与启示:基于信息依赖度分析模型的案例研究》,载《中国工业经济》2006 年第 10 期;李卫东、林志扬:《网络信息技术下基于知识的决策分工、决策绩效和决策权力的配置》,载《中国工业经济》2007 年第 3 期;汪淼军、张维迎、周黎安:《信息技术、组织变革与生产绩效——关于企业信息化阶段性互补机制的实证研究》,载《经济研究》2006 年第 1 期。

文化是隐形的,但当组织试图推行违背组织基本文化准则和价值观的改革方案时,新的组织结构形式就很难有效地运行。组织文化表现为不同的层次,表层文化是可视文化,如企业的 Logo、工作环境和员工衣着等。深层文化则是存在于组织成员思想中的东西,它包括组织成员共有的价值观、工作信念、理解能力和思维方式等。

不同的文化要求有与之相适应的组织结构形式。例如,一个强调命令与服从的组织,其组织结构就可能会更多地体现集权的特征;而一个分权的组织,就必然要塑造一种宽容与信任的企业文化。

管理视野

霍夫斯泰德的跨文化模型

荷兰学者吉尔特·霍夫斯泰德(Geert Hofstede)经过近 11 年的努力(6 年搜集数据,5 年分析数据),调查 IBM 公司在 50 个国家的下属分公司的近 16 万名管理者,提出了文化价值观的四个方面的内容。20 世纪 80 年代后期,他又与香港中文大学教授迈克尔·邦德合作,提出了文化价值观的第五个方面。

1.权力距离指数。考察不同国家人与人之间的平等程度。高权力距离指数意味着在该社会对于层级差异有很高的认同度。这些社会一般倾向于认同科层制度体系,自下而上的沟通受到严格限制。低权力距离指数意味着此社会不再强调层级差异,而更加强调人与人之间地位和机会的平等。

2.个人主义倾向指数。考察社会对于个人成就及人际关系的认同程度。高个人主义强调个性及个人权利在一个社会中是头等重要的,倾向于建立一种松散的组织关系架构。低个人主义更强调个体之间紧密的联系,强调家庭式的观念和情感依赖,以及成员对于组织中其他成员的责任感。

3.男性气质指数。考察不同社会对传统男性角色、成功、控制、权力的社会角色模式的认同程度。高男性气质文化的国家对于性别差异的敏感度很高。在这些国家中,男性占据了社会及权力结构的主体地位,而女性则在男性的控制之下。低男性气质文化的国家对于性别差异认同度不高,没有明显的性别歧视,身处这种文化中的女性常常可以在各个方面享有与男子平等的权利。

4.不确定性规避指数。考察对不确定性及含糊性的容忍程度。一个高不确定性规避的组织通常是规则导向型的,通过建立一系列法律、规章和制度来限制或减少不确定因素。而一个低不确定性规避的组织则对于不确定情况具有较高的容忍度及适应力,这些组织通常更愿意变革,乐于承担风险。

5.长期取向文化指数。关注一个组织是否愿意长期忠诚于传统的、先前的思想和价值观。长期取向文化的组织强调长期承诺,尊重传统,认为长期忠诚将带来丰厚结果。然而,这样的组织往往需要很长时间去组建、发展,尤其对于外来者。短期取向文化的组织则不强调长期观念,同时传统和承诺不会成为组织的绊脚石。

对此感兴趣的同学,可以进一步阅读其经典文献:Geert Hofstede,The Cultural Relativity of Organizational Practices and Theories,Journal of International Business Studies,1983,Vol.14,Iss.2,p.75.

第三节　组织结构设计的主要工作

组织工作的功能在于通过有效的组织设计,提升组织的环境适应能力和战略前瞻性,促使组织结构与外界环境和组织目标相匹配。通过一定的工作分工(职位设置)、部门划分、管理幅度和管理层次的确定以及权力机制的设计,创建有效的组织结构,从而更好地促进组织目标的实现。

根据理查德·达夫特的观点,组织工作必须在情景因素的基础之上,主要包括四个维度:工作分工(职位设置)、部门划分、管理幅度与管理层次的确定、权力机制的设计,这四个内容形成了四个关键的组织设计决策点。比如,工作分工要考虑工作职位专业化程度的高低,部门划分的基础是同质性还是异质性,管理幅度的宽和窄,权力机制是集权还是分权等。通过这些组织设计决策,作为组织设计的结果,就形成了各种各样的组织结构形式(见图10-3)。

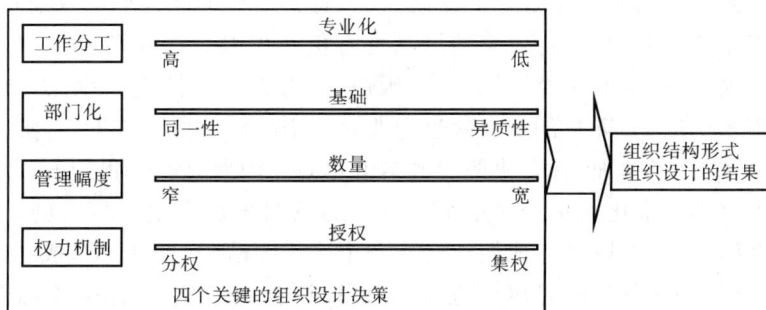

图 10-3　组织工作的内容维度框架图

资料来源:〔美〕理查德·达夫特著:《组织理论与设计精要》,李维安等译,机械工业出版社 **1999** 年版,第 **8** 页。

一、工作分工

工作专门化是职位设置的主要方式,工作专门化基于工作分工。工作分工是指确定组织中成员工作专门化或专业化的程度。通过工作分工,把组织中完成行动计划的一项任务分解成多项更小的工作单元。当一个工作岗位所承担的工作单元数越少,说明专业化程度越高。在组织中,工作分工可以三种方式进行。(1)把工作分解成不同的专业,如工程师、会计师、医生、教师、律师等。(2)把工作分解成不同的活动,如财务会计工作分解成会计、出纳和稽核等;机械制造厂的通常把工作分解成铸造、制作和装配等;宾馆的服务工作分解成大堂经理、总台、楼层服务、客房服务等。(3)把工作在纵向上进行分解:形成高层管理者、中层管理者、基层管理者和业务活动者等。管理者将组织的一项任务分解成具有特殊活动的专门工作,活动规定了执行者需要做什么。随着生产和生活社会化程度的提高,大规模生产依赖于专门化效率的提高。

亚当·斯密在其经典著作《国富论》中,研究了劳动分工、专业化与劳动生产力提高之间的关系,认为劳动分工是生产力提高的源泉。如果说斯密侧重于阐述工厂手工业存在劳动分工,以及劳动分工对提高劳动者熟练程度、技能和判断力具有积极作用,那么马克思(1867年)则侧重从协作方面阐述企业理论。马克思认为,"较多的工人在同一时间、同一空间(或者说同一场所),为了生产同种商品,在同一资本家的指挥下工作,这在历史上和逻辑上都是资本主义生产的起点","一切规模较大的直接社会劳动或共同劳动,都或多或少地需要指挥,以协调个人的活动,并执行生产总体的运动——不同于这一总体的独立器官的运动——所产生的各种一般职能。……一旦从属于资本的劳动成为协作劳动,这种管理、监督和调节的职能就成为资本的职能"①。这些分析涉及现代企业理论的诸多论题——监督、权威、工业民主、单边治理和共同治理等,同时具有更为广阔的视角和严密的逻辑。马克思的分工和协作理论给出了资本主义生产方式的完整图景,对现代企业组织具有重要意义。

可见,人们很早就认识到分工的作用与意义,并把它应用到生产的实践中。通过工作分工,人们工作的熟练程度提高,从而工作效率提高。工作专门化的实质,不是将整项任务交由某个人承担,而是将之细分为若干步骤,每一步骤由一个单独的个人来完成。各个员工都仅专门从事某一部分的活动而不是全部活动。但是,分工在提高人们的专业水平,从而有利于提高人们的工作效率的同时,对效率的提高也有负面影响。在长期实践中,人们发现,由于专业化程度的提高,产生的非经济性(它由厌倦、疲劳、压力、低生产率、劣质品、常旷工和高离职流动率等表现出来)有时甚至会超过专业化带来的经济性。同时,专业化程度的提高产生了协作问题,即分工越细,管理协调的成本就越高。因此,到20世纪60年代,逐渐出现了通过工作扩大化和丰富化而不是缩小工作活动的范围来提高生产率。例如,允许员工完成一项完整而全面的任务,以及将他们组合到一个工作团队中,这些都是成功的尝试。这每一种思想,当然都与工作分工的思想相违背。但是,从总体上说,工作分工思想仍在当今的许多组织中具有生命力,职位设置中仍然要充分考虑到劳动分工。实际上,对通过分工实现的专业化程度,关键的问题在于确定一个合适的度,而不是说专业化分工的程度越高越好,因为工作专门化不是一个能无止境地提高生产率的方法。有时候管理者要给予员工多种工作去做,允许他们完成一项完整而全面的任务,或者将他们组合到一个需要互换技能的工作团队中去。因此,组织设计的第一步,可以通过工作专门化和适当的扩大化(丰富化),将组织任务分解到各个职位上。

二、部门化

所谓部门化,是指按照一定的逻辑和方法将若干职位或工作组合在一起的过程。部门化使组织中的各类人和各种事(活动)划分成可管理的单位。分工是把组织完成目标所需要的所有工作分解成小的工作单元后,确定每个劳动岗位所承担的工作任务。但有分还必须要有合,即必须对这些劳动岗位按一定的方法进行归类和组织,使之形成一个个有利于协调与管理的单位和部门。

组织需要部门化的原因是组织规模的扩张受到管理幅度的限制,管理者能直接有效管

① [德]卡尔·马克思:《资本论》第1卷,人民出版社2004年第2版,第374、384页。

辖的人数是有限的,不得不通过建立新的部门来适应组织发展的要求。把企业的各种活动和各类人员划分到各个部门后,至少从理论上讲,可以使组织无限扩大。部门化增加了新的管理层次。

部门化实际上是一个寻找同一性的过程,即把组织中从事相同的工作,或为相同的顾客服务,或在同一地区从事经营活动,或生产相同产品的人和事归类成一个单位或部门,由一个管理者来统一协调和管理。从这个意义上看,部门化不是简单地对人或事进行划分和归类,实际上是一个专业化过程。

部门化的方法很多,最简单也是最原始的部门划分方法是按人数划分,而现代社会的各种组织,特别是企业组织最常用的部门化方法有两类:一是按组织的产出不同对部门进行划分,二是按组织的内部操作不同对部门进行划分。采取何种部门化方法,可以依据以下五个标准来权衡:(1)何种方法能最大限度地利用专业计划和知识?(2)何种方法能最有效地使用机器和设备?(3)何种方法最有希望达到所要求的管理与协调?(4)何种方法能最好地提高组织对外部环境的适应能力?(5)何种方法能有利于调动管理者的积极性?采用什么样的部门化方法,应在以上五个标准之间进行衡量。以下介绍一些基本的部门划分的方法。

(一)按人数划分部门

按人数划分部门的方法是最简单的方法。这一方法曾经广泛运用于部落、氏族和军队的管理。这种方法是在组织中划出一定人数的小组,然后由主管人员负责指挥,去执行一定的任务。

《圣经》中描写摩西带领以色列人出走埃及时就提到了按人数进行部门划分的问题。为了帮助摩西,摩西的岳父杰恩·罗就提出了这样的建议:"你做的事情效果不好,你和跟随你的百姓都会累垮的。因为这些工作对你来说负担太重,你不可能单独一人来完成这些工作。……你应该从百姓中挑出有能力的人来……然后千人一长,百人一长,五十人一长和十人一长分别安排在百姓之中,让他们协助你审理百姓的事情。那就是,所有的大事提交给你,所有的小事他们都审理了。这样,你自己可以轻松一些,而他们又分担了你的负担。只要你这样做的话,你就能坚持到底,而百姓也会平安地到达目的地。"

这是最原始也是最简单的部门化的方法。然而,由于组织任务越来越复杂,而且专业化分工的出现和发展,以及按专业化组成的部门工作效率较高等原因,这种方法正随着时间的推移而逐渐被废弃,但仍然还有一定的适用范围,如军队基层士兵往往是采用这种方法分班编组的,在一些劳动力密集型的企业中,按专业化划分成部门后的车间工人,也往往又根据人数来划分为小组。

(二)按组织产出的不同划分部门

根据组织产出的不同,把从事相同产出活动的人和事划分为一个部门。普遍使用的有按地区、按产品和按顾客的不同划分部门这三种划分方法。

1.按地区不同进行部门划分

采用这种方法就是把从事同一地区业务的人和事划分为一个部门,由一个部门负责人全权负责。也即按部门所在地的地理位置来组织活动。

(1)适用的范围

采用这种方法进行部门的划分适合于规模比较大,在地域上比较分散的企业。从企业内部的部门设置来看,并不是所有业务都适合采用这种方法进行部门划分的。一般来说,它既适合于生产环节也适合于销售环节,即企业的生产环节与销售环节都可以按地区的不同来进行部门的划分。

(2)按地区划分部门的理由

按地区进行部门的划分有利于部门内部各业务活动之间的协调和沟通。但是这并不是按地区进行部门划分的主要理由。按地区划分部门的主要理由是:它使企业可以取得地区专业化的好处。对于一个规模比较大、地域上比较分散的企业来说,按地区的不同设置相对独立经营的分公司、分厂,或者设置可以相对独立地开展活动的销售部门,有利于更深入地了解当地市场的需要,节省内部协调的时间,降低生产成本。

(3)按地区的不同划分部门的优缺点

按地区的不同来划分部门实际上形成了分权的组织结构形式。在这种组织中,各个部门相对独立地开展生产经营活动,公司总部对各个分部只是在一些大的问题上进行管理,如决定整个组织的发展方向、公司资金的筹集和运用、公司的投资决策、各个分部之间的协调、公司人力资源的规划和运用等,各分部可以在公司总部的统筹规划之下相对独立地开展生产经营活动。

按地区的不同划分部门的优点如下:

第一,有利于调动基层管理者的积极性。由于按这种方法划分部门为组织的分权提供了组织基础,即高层管理者可以按不同的地区所形成的不同部门进行分权管理,所以各个分部的管理者可能有较大的自主权开展生产经营活动,公司总部能对各个分部的经营业绩进行定量考核,从而能对他们的工作成果进行有效奖惩,这样就能较好地调动基层管理者的积极性。

第二,取得地区专业化的效益。地区专业化的效益主要表现在下面几个方面:改善地区内的协调,有利于地区内各个单位之间的沟通,降低运输费用,与当地的各种利益集团取得较好的协调,更深入地了解当地市场消费者的各种需求等。

第三,组织对外部环境的适应能力比较强。在这种组织中,每个分部都是相对独立地开展生产经营活动的,都有能力对外部环境的变化做出反应。也就是说,每个分部都有能力和动力根据市场的需求变化情况,及时地对自己的生产做出调整而不会影响到公司整体,所以这种部门方法使组织有较强的环境适应能力。

第四,有利于组织培养高层管理者。在这种组织中,各个分部的管理者要对整个分部的生存和发展负责,因此就应从各个方面来提高自己的能力。它要求分部的管理者应从全局的、整体的角度来考虑问题,而各个分部相对独立经营的性质又为管理者的培养和锻炼提供了一个可测量的训练场所。它使得组织通过分部管理者的实践而培养出来的高层管理者能有全局的、整体的观点,而不会像有些经过职能部门管理实践而培养出来的高层管理者那样,在进行决策时容易带有专业偏见。

当然,按地区的不同来划分部门并不是一种最好的方法,它所形成的组织结构既有优点也有缺点。其缺点主要表现在以下几个方面:

第一,公司总部对各个分部的控制困难。分权一方面有利于调动基层的积极性,但另一方面,由于各个分部拥有较多的自主权,容易使总部对各个分部失去控制。

第二,机构的重复设置使管理费用的支出增加。在按地区的不同划分部门所形成的组织中,公司总部和各个分部都要设置各个职能管理部门以协调工作,这样必然会增加组织的管理费用的支出。

第三,需要有更多的具有总经理能力的人才。在分权的组织中,上级管理者要把权力更多地下放给下级,这就对下级管理者的管理能力和才能提出了更高的要求。它要求拥有较大经营自主权的各个分部的管理者有较好的素质,才有可能有效地履行上级授予的职权。

2.按产品不同划分部门

采用这种方法进行部门的划分,就是把生产同一产品的人和事划分为一个部门,由一个管理者来全权负责。按产品或产品系列划分企业的业务工作,在多品种经营的大规模企业中表现得日趋重要。负责某个产品或产品系列的管理者被授予该产品或产品系列的制造、销售、服务等职能方面的职权,同时也相当程度地承担分部的利润。这种部门化的方法形成的组织同样是一种分权的组织。

(1)适用范围

同地区部门化一样,按产品的不同划分部门的方法也适用于生产环节和销售环节。也就是说,可以按产品的不同设立不同的生产厂家,也可以按产品的不同建立不同的销售机构来推销不同的产品。

(2)运用理由

采用这种方法进行部门化的理由是:它可以取得产品专业化的效益,有利于提高企业的工艺专业化水平,从而可以提高企业的生产效率。

(3)按产品的不同划分部门的优缺点

按产品的不同划分部门也并不是一种十全十美的划分方法,它的优点主要有:

第一,有利于调动基层管理者的积极性。和按地区的不同划分部门一样,按产品的不同划分部门同样为组织的分权提供了组织基础,因此它能充分地发挥分部发展生产的主动性和创造性。每一个分部的经理人员都可以直接对利润负责。因此,公司总部能对每一个分部经营的业绩进行定量的考核,从而能对每一个分部的工作进行有效的奖惩。

第二,能取得产品专业化的效益。这种部门划分的方法把生产相同产品的人和工艺设备集中在一起形成一个生产单位,因此提高了生产的工艺专业化的水平,有利于扩大生产批量,降低成本,取得专业化效益。

第三,企业对外部环境的适应能力比较强。在这种组织中,企业的各个分部能独立自主地根据市场需求的变化情况及时调整生产,公司总部也能灵活地根据市场需求的变化情况决定增设或者撤销某个分部,这就提高了企业对外部环境的适应能力。

第四,有利于企业培养高层管理者。每个产品分部的经理人员要对本分部的生存和发展负全面的责任,因而经过分部管理实践可以提升管理者的管理能力。

按产品的不同划分部门与按地区的不同划分部门一样,也有以下缺点:

第一,高层管理者对各个分部的控制困难。

第二,机构的重复设置造成管理费用的支出增加。

第三,需要有较多的具有总经理能力的管理人才。

3.按企业服务顾客对象的不同来划分部门

有些企业服务的顾客不同,如某电脑公司的电脑产品分别卖给科研部门、教学单位、行政机关、银行系统、医疗机构等,因此,企业就可以按销售对象的不同组织不同的产品推销小组。所谓按服务的顾客对象的不同来划分部门,就是把企业中为同一类顾客服务的人和事组成一个单位。

（1）适用的范围

按企业服务的顾客不同划分部门一般只适用于产品销售环节,因为如果其他部门也按顾客的不同来划分部门的话,会造成机构的重复设置和资源的分散使用,从而使成本支出增加。例如,某电脑公司的生产部门如果也按顾客的不同来进行部门划分的话,要按不同的购买对象设置不同的电脑生产单位,这样就会造成企业资源的分散使用,不利于扩大生产批量,造成生产成本的增加。

（2）运用理由

按企业服务的顾客不同来划分部门的理由就是能取得顾客专业化的好处。它能使企业更深入地了解消费者的需要,使企业的产品更好地满足消费者的需要。也就是说,顾客部门化方法隐含一个假设:每个部门所服务的顾客都有相同的需求,需要各自的专家才能予以更好的服务。

（3）按企业服务的顾客不同来划分部门的优缺点

这种部门划分方法的优点有:

第一,能使企业更深入地了解消费者的需求,有针对性地开展市场营销活动,提高企业产品的市场占有率。

第二,有利于调动基层管理者的积极性。公司总部可以对各个分部工作成效的好坏进行定量的考核,从而能对各个分部的工作业绩进行有效的奖惩。

第三,企业对外部环境的适应能力比较强。因为企业能灵活地根据市场的需求变化情况调整部门的设置。

这种部门划分方法的缺点有:

第一,机构的重复设置和资源的分散使用,使企业的一些资源不能得到充分的利用。

第二,企业的运作成本较高。由于同一类顾客可能分布在不同地区,因此企业用于信息沟通的费用和差旅费用的支出会增加。

(三)按组织内部操作的不同划分部门

该部门划分方法即把从事相同操作的人与事划分为一个部门,具体有以下几种:

1.按管理的职能不同划分部门

按企业的职能划分部门是一种广泛采用的方法。采用这种方法就是把从事相同管理职能的人和事划分为一个部门,这样就实现了组织各职能部门的划分。显然,这种方法只能适用于对管理活动的部门划分。这种划分方法所形成的组织形式有以下优点:

第一,实现了管理的专业化,从而提高了管理工作的效率。

第二,强化了组织中各职能管理的权威。通过各职能管理部门的设置,使各个职能管理部门能充分行使自己的职权,加强各职能管理部门的工作。

第三,加强了高层管理者对基层进行控制的手段。各职能管理部门是组织高层管理者的参谋机构,组织的高层管理者就是通过职能管理部门对基层进行管理和控制的。例如,高层管理者通过财务部门对企业的财务工作进行控制,通过质量管理部门对企业的产品质量进行控制,通过生产部门对企业的生产过程进行控制等。

其缺点表现在:

第一,不利于充分调动基层管理者的积极性。在这种组织中,权力都集中在组织的高层管理者手中,各个职能部门只能作为高层管理者的参谋机构提供建议和意见。另外,在这种组织中,公司总部不能对各个分部的工作业绩进行定量的评价和考核,从而就不能对他们进行有效的奖惩。

第二,组织中的横向协调比较困难。在这种组织中,各个职能管理部门在考虑问题时,往往会只考虑本部门的利益而忽视了整个组织的全局利益。其结果是,组织中的横向协调比较困难,组织中的高层管理者要花大量的时间和精力进行各个部门之间的横向协调工作。

第三,组织对外部环境的适应能力比较差。在这种组织中,只有组织的高层管理者才能对外部环境的变化做出反应。因此,当外部环境的变化要求企业做出反应时,就要对企业整体进行调整才能使组织适应外部环境的变化,从而使组织不能及时地、灵活地对外部环境的变化做出反应。

第四,不利于组织培养高层管理者。每个职能管理部门提供给管理者的是某个方面的管理实践,因此,它使得经过职能管理部门实践而提升的高层管理者往往会带有片面的专业观点。这不利于组织培养具有全局观点的高层管理人员。

2.按生产过程的不同工艺阶段划分部门

企业的生产过程可以按工艺性质的不同分成不同的工艺阶段。把同工艺性质的机器设备和工人组成同一个生产单位,这就是按生产过程的不同工艺阶段划分部门。这种方法适用于生产部门的划分。它有利于提高企业的工艺专业化的水平,提高企业的生产效率。如果销售部门或者财务部门也按不同的工艺阶段来划分部门的话,则会破坏企业活动的完整性,不利于把企业的工作搞好。

按生产过程的不同工艺阶段划分部门所形成的组织结构形式有以下优点:

第一,提高工艺专业化水平,使企业能采用专用设备进行生产,能提高企业的生产效率。

第二,有利于提高工人的熟练程度和操作水平,提高工人的劳动生产率。

第三,在每个部门内部,工人都从事相同或相似工作,有利于成员之间的配合和协作。

其缺点表现在:

第一,各个工艺阶段之间的协调比较困难。

第二,只有企业的高层管理者才对企业的利润负责,因此,企业很难对各个部门的工作进行定量的考核,也就不利于调动基层管理者的积极性。

第三,组织对外部环境的适应能力比较差。

第四,不利于企业培养高层管理者。

组织设计中有多种部门划分的方式,我们在评价和应用部门划分方法时,要注意以下几点:第一,每一种划分方法都有优点和缺点,不存在适合所有组织和所有情况的最佳部门划分方法,而且组织在划分部门时常常是采用两种或两种以上的部门划分混合方法;第二,要根据企业发展的需要以及内部和外部的环境因素,具体选择适合的划分部门的标准;第三,部门划分仅仅是为了完成目标或任务而安排活动的一种方法。部门划分的目的不是为了建立一种各层次都平衡一致的僵化的结构,而是通过最有利于完成企业目标的方式来组织业务活动。因此,部门划分要确保企业的每一项工作任务都有相应的部门来完成,避免出现部门任务交叉重复,或无目的地设置部门的情况。要避免职位不当、重复设置、因人设职和随意设职。

三、管理幅度与管理层次

由于每个管理者的时间、能力和精力都是有限的，就产生了每个管理者能有效管辖多少名下级人员这个问题。这就是管理幅度的问题。由于每个管理者管辖人数的限制，为了使组织规模的扩张能适应人类各种社会活动的需要，就需要增加新的部门，而部门的增加又受到管理幅度的限制，就需要增加管理层次，从而就产生了管理层次的问题。

(一)管理幅度与管理层次的概念

所谓管理幅度，是指上级管理者能直接有效地管辖的下级人员数。这个概念强调了两点：一是指在组织所形成的不中断的等级系列中直接上级对直接下级的管辖人数，二是指有效管辖的下级人员数。

与管理幅度有关的还有一个概念即管理层次。所谓管理层次，是指在组织中所形成的不中断的等级系列的环节数。管理层次对组织运行带来的影响主要表现在以下几个方面：

第一，层次多，费用就高。组织层次越多，用于管理方面的精力和资金也就越多。对于一个企业而言，真正的生产是由工厂、工程部门或销售人员来完成的，这些才是企业生产的直接劳动力。管理人员及其工作设施和工作费用被会计人员称为管理费的间接成本。组织层次越多，这种管理成本就越大。

第二，组织层次把沟通复杂化。上级传达目标、计划和政策的最好方式是高层管理者直接与员工沟通。但是，组织层次增多以后，这种困难就增大了。信息垂直下达时会发生遗漏和曲解，基层的信息也很难准确完整地传达给上级。总之，层次变成了信息的"过滤器"。

第三，众多的部门层次使计划和控制工作复杂化。在高层可能是明确完整的计划，经过逐级布置下去后，就有可能失去协调性和明确性。组织层次和管理人员的增多也会使控制更加困难。

因此，如果可能的话，理想状态是取消组织层次，消除组织层次带来的成本、沟通等问题。但是，管理层次的存在是客观的，因为一个管理人员有效管辖下属的人数是有限的，最高管理层的管理幅度无法覆盖整个组织，等级系列必须有两个以上的环节。

可见，管理幅度与管理层次是两个相关的概念。在组织规模一定的条件下，管理幅度和管理层次成反比例的关系。管理幅度越大，则组织的管理层次就会越少，这种类型的组织结构就称为扁平型结构；管理幅度越小，组织的管理层次就越多，这种类型的组织结构就称为纵高型结构。

(二)管理幅度与管理层次的确定对组织管理效率的影响

对一个组织来说，管理幅度是大些好还是小些好？也就是说是扁平型结构比较有利于提高组织的管理效率，还是纵高型结构比较有利于提高组织的管理效率？在这里，我们以纵高型组织和扁平型组织这两种极端的组织结构为代表，分析管理幅度过宽和管理层次过多对组织管理效率的正负影响。

1.扁平型组织与管理效率

扁平型组织是指当组织的管理幅度较大而组织的管理层次比较少时的情况。从组织整体来说，它有利于组织高层管理者对组织的控制，也有利于组织中的信息沟通，有利于对外部市场的变化做出及时的反应。但是，从每个管理者的情况来看，如果管理幅度过宽，管理人员在协调下属的工作以及在与他们进行有效联系方面就会遇到很大的困难。由于管理幅度大，而管理者的时间、精力和能力有限，管理者的协调和联系工作的难度就会增大，工作量也会增加，上级负荷太重容易形成决策瓶颈，上级有失去控制的危险，同时要求经理人员的素质相当高，这些都会对管理效率产生影响。总结来说，扁平型组织对组织整体效率的提高是有帮助的，但是，对具体的某个部门的管理者来说，工作量会大大增加，管理效率就会受到影响。

2.纵高型组织和管理效率

管理幅度小是不是好些？组织的管理幅度较小，组织中形成的管理层次就会较多，形成纵高型组织结构。从每个管理者的角度看，由于管理幅度小，则有利于上下级之间的沟通与协调，同时便于上级对下级的监督和控制，这样能提高每个管理者的管理效率。但是从组织的整体看，由于管理幅度小形成了较多的管理层次，这就可能产生如下一些问题：上级倾向于过多干预下级的工作；多层级管理；管理层次多会造成管理费用支出增加，信息传递失真，而且由于最基层与高层之间距离过长而增加高层管理者对整个组织控制的难度，也不利于对外部市场的变化及时地做出反应。

管理案例

小米的速度之谜：再扁平点！

雷军又摔手机了。

2011年8月19日，在北京车库咖啡的一个论坛上，面对网友"国产山寨货"的质疑，雷军掏出手机，当众示范了摔手机。另两位小米联合创始人黎万强、周光平坐在旁边，则是心惊肉跳。"前两次摔手机一次是在小米发布会的台子上，铺了地毯，一次是雷军坐着演示的。但这回，车库咖啡可以实打实的大理石地，雷总个头又高，站着摔的，质量再好的手机也悬呀！"

自从2011年8月16日雷军发布代号"米格机"的第一代小米手机后，一家史无前例的公司，在史无前例的争议和吐槽声中发烧生产。从MIUI——米聊——小米1——小米1S——小米配件——小米青春版——小米2——小米2S——小米盒子，以及传闻中的小米电视、小米PAD……

一个转折点是2013年4月9日米粉节，雷军首次宣布小米营收：2012年，小米销售手机719万台，实现营收126.5亿元，纳了19亿的税。真金白银的数字引发了广泛的震撼，也让小米此前40亿美元的估值真正落在了地上，小米模式也引发了手机业广泛的跟风。也有投资人说，这3年，唯一看错的公司就是小米。

事实上，小米的逆袭让很多人感觉匪夷所思，甚至看不懂，非常毁三观。这不是一个公司的故事，而是一个新的生存法则，一个用互联网思维改造传统企业的全新玩法。在移动互联网的大浪潮面前，商学院教的很多营销、管理、产品的传统理念一夜之间被颠覆，新的模式和打法以一种10倍速的方式呼啸而至。

小米的确很碉堡，3年的野蛮生长称得上是传奇：开创了一个新的品类"互联网手机"，也为互联网改造传统产业提供了一个千亿级的产业方向。

金山时期，雷军的口头禅是"一路上有你，苦一点也愿意"；在小米时期，雷军的口头禅是"顺势而为"。的确,小米神一样的速度有运气的成分——2010 年赶上了微博大爆炸的黄金时期;2011 赶上了智能手机更新换代的大浪潮,以及互联网电商爆发式增长的顺风车。

但是,"站在风口上的猪"绝不是小米 10 倍速成长的真正秘密,在小米内部看来,"顺势而为"以及由此引申的"专注、口碑、极致、快"是这家公司实现屌丝逆袭的秘密武器。

两个机构,半年时间,探访近百位小米员工及用户,调查小米的后台与内部逻辑,我们发现,在外部,小米有个硬件、软件、互联网的铁三角;在内部,小米也有个鲜为人知的秘密三角:扁平化、用户扭曲力场、产品的尖叫。

Kent 以前是百度的一名技术主管,2012 年跳到了小米。在一个私下场合,他向我比较起小米和百度的差异,最大的差异是速度,小米太快了。"这个公司能成,有很多管理上值得学习的地方。创业公司,有时候说节奏决定了速度,在小米我想是速度决定了节奏,就是因为这种快的速度,所以你节奏什么的必须调整。"

Kent 说的调整,首先是扁平化。进小米后,最让 Kent 奇怪的是,小米的组织架构没有层级,基本上是三级:七个核心创始人——部门 leader——员工。而且它不会让你团队太大,稍微大一点就拆分成小团队。

"除了七个创始人有职位,其他人都没有职位,都是工程师,晋升的唯一奖励就是涨薪。不需要你考虑太多杂事和杂念,没有什么团队利益,一心在事情上。比如,小米强调你要把别人的事当成第一件事,强调责任感。比如我的代码写完了,一定要别的工程师检查一下,别的工程师再忙,也必须第一时间先检查我的代码,然后再做你自己的事情。再看看其他公司,它有一个晋升制度,大家都会为了这个晋升做事情,会导致价值的扭曲,为了创新而创新,不一定是为用户创新。其他公司对工程师强调的是把技术做好,在小米不一样,它要求工程师把这个事情做好,工程师必须要对用户价值负责。"

很多公司都知道扁平化的好处,但是,经常一放就乱,只好采取军队式的多层级管理。让 Kent 奇怪的第二个事情是:如此扁平化,小米竟然没有 KPI。

创业企业工作强度大,工作时间很长,但是像小米这样坚持了将近三年,全员 6×12 小时工作的企业,基本上凤毛麟角。如果告诉你小米维系这样的工作,居然从来没有实行过打卡制度,而且小米公司迄今为止也没有施行公司范围内的 KPI 考核制度,你会震惊吗?

维持扁平化加速度的第一源头是小米的八个合伙人。以前是七个,雷军是董事长兼 CEO,林斌是总裁,黎万强负责小米的营销,周光平负责小米的硬件,刘德负责小米手机的工业设计和供应链,洪锋负责 MIUI,黄江吉负责米聊,后来增加了一个——负责小米盒子和多看的王川。这几位合伙人除了理念一致,大都管过超过几百人的团队,更重要的是都能一竿子插到底的执行。从位于北京上地五彩城的小米公司大本营的办公布局就能看出小米的组织机构:一层产品,一层营销,一层硬件,一层电商,每层由一名创始人坐镇,大家互不干涉。洪锋称:"这个公司的业务的雄心和容量大,所以说它足够能够容得下这么多有能力的人,大家都希望我们的创业伙伴能够在各自分管的领域给力,一起把这个事情做好。"

雷军的"有人排队的小餐馆理论"是支撑这种扁平化的核心理念。雷军说,很多人并没有听懂这个,小餐馆成不成功的标志是有没有人排队,小米为什么要做有人排队的小餐馆?"第一,这种餐馆一般大厨就是老板,而且大厨每天在店里盯着,跟来的很多熟客都是朋友。第二,他有很强的定力说,把产品做好比赚更多的钱重要。我们正常的商业一定会是说,有一家排队搞两家,两家再搞四家,再搞连锁。结果一步一步就被商业所扭曲了,所以好的东西就越来越少。所以我们希望小米的所有人都在产品的一线,而不是当老板,当管理者。"

在内部,他们统一共识为"少做事",少做事,才能把事情做到极致,才能快速。除了每周一的例会之外很少开会,成立3年多的时间里,7位合伙人也只开过三次集体大会,这样的管理制度减少了层级之间互相汇报浪费的时间。最典型的例子就是2012年815电商大战时做出的迅速反应。从8月15日早上10点半决定参加电商大战,准备降价,从策划、设计、开发、供应链仅用了不到24小时准备,第二天早上8点就上线了,上线后微博转发量近10万次,销售量将近20万台。

雷军说过:"小米团队是小米成功的核心原因。当初我决定组建超强的团队,前半年花了至少80%的时间找人,幸运地找到了七个牛人合伙,全部是技术背景,平均年龄42岁,经验极其丰富。三个本地加五个海归,来自金山、谷歌、摩托、微软等,土洋结合,充满创业热情。"有人会觉得是套话,但在小米内部,它是一种真刀实枪的行动和执行。就是和一群聪明人一起共事,为了挖到聪明人不惜一切代价。小米内部认为,如果一个同事不够优秀,很可能不但不能有效地帮助整个团队,反而有可能影响到整个团队的工作效率。所以在小米创办2年的时间里,小米的团队从14个人扩张到约400人,整个团队的平均年龄高达33岁,几乎所有主要的员工都来自谷歌、微软、金山、摩托罗拉等公司,拥有5~7年以上的工作经验。

创业初期,小米公司很长一段时间不能公开小米公司的真正目标,作为2010年前后的一个看起来貌似做Android APP的公司,想招募到顶尖人才的难度可想而知。雷军说:"如果你招不到人才,只是因为你投入的精力不够多。"雷军每天都要花费一半以上的时间用来招募人才,前100名员工每名员工入职雷军都会亲自见面并沟通。

小米给员工的另一笔隐形激励是粉丝带来的尊荣感,这也是小米粉丝文化产生的独特的化学作用。当初小米手机刚出来的时候,小米员工到餐厅去吃饭,别人一看到小米手机就说:你从哪里弄到这个手机?我们为什么老是弄不到?有时餐厅的服务员甚至老板都要冲出来说给我搞一个吧,我这顿饭就给你免单或者以后你们过来就可以打折。

小米速度的另外一个源头是透明的利益分享机制。小米公司刚刚成立的时候,就推行了全员持股、全员投资的计划。小米最初的56个员工,自掏腰包总共投资了1100万美元——均摊下来每人投资约20万美元。小米内部有个"卖嫁妆"的段子,作为小米公司创始的14人之一,当时唯一的女员工小管,承担了小米公司创业初期从人力资源到行政,从后勤到前台的全部工作。为了投资小米,她甚至卖掉了自己的嫁妆。当然,这部分嫁妆现在已成天价。这也是小米公司的一个理念:要和员工一起分享利益,尽可能多地分享利益。

　　问黎万强:有人说小米擅长洗脑? 黎万强:"不可能的,咱们都混了这么多年的江湖,这个事情怎么可能发生呢? 这些人都是往往经历了谷歌微软这些大公司,他们都是十年二十年工作经验的人,你说他能被洗脑吗? 不可能啊。就是我们给了足够的回报,一个是工资上我们是主流;第二个是在期权上真的是有很大的上升空间,而且每年我们公司还有一些内部回购;第三个是团队做事确实有时候压力很大,但是他会觉得有很强的满足感,很多用户会极力地去追捧他,比如说某个工程师万岁。"

　　扁平化、上班不打卡也是基于小米相信优秀的人本身就有很强的驱动力和自我管理的能力。"设定管理的方式是不信任的方式,我们的员工都有想做最好的东西的冲动,公司有这样的产品信仰就使管理变得简单了。"

　　当然,这一切都源于一个前提:成长速度。换句话说,速度是最好的管理。"人靠谱",还要靠"事靠谱"来证明。事实上,不少人看走眼了小米,就觉得是"人靠谱",但"事不靠谱"。一群擅长写软件、做互联网的人,如何真刀实枪地卖手机?

　　资料来源:人人都是产品经理,http://www.woshipm.com,金错刀,2013/08/01.

(三)对确定管理幅度的研究

1.凭个人的经验或实证基础确定合理的管理幅度

凭个人管理的经验或实证分析得出的管理幅度自然会因人而异。许多有经验的管理者根据他们个人的经验对这个问题做出了回答。如美国陆军五星上将艾森豪威尔在第二次世界大战中任盟国派遣军司令官时,有 3 名直接下属,从未超过 6 人。

"美国管理协会曾对一百家大公司做过调查,结果表明,向总经理报告工作的经理人数从 1 名到 24 名不等,其中拥有 6 名以下主要属员的仅 26 位总经理,平均数是 9 名。对 41 家规模较小的公司的调查表明,其中有 25 位总经理拥有 7 名以上主要下属人员,平均数是 8 名。"[①]

罗伯特·豪斯和约翰·迈因纳在查阅管理幅度研究文献和调查的基础上,提出了他们的理想管理幅度。在大多数情况下,理想的管理幅度在 5～10 人这个范围内;而适合于组织的最高决策层次的理想管理幅度更大,在 8～10 人之间;基层管理者的管理幅度应根据组织所采用的技术和已有条件而定;在为特殊情况规定管辖的下级人数时,则必须考虑具体因素,如成员的满意度、任务的性质和难易程度等。

琼·伍德沃德研究了 100 家英国公司的生产工艺与理想管理幅度之间的关系,得出的结论是:在成功的单件和小批量生产组织中,一个第一线的监督人员大约有 23 名下属人员;在成功的大批量生产组织中是 49 个;而在成功的自动化生产组织中则是 13 个。

拉尔夫·C.戴维斯把管理幅度分为两类:行政管理幅度和业务管理幅度。行政管理幅度是指组织中的中上层管理者所能管辖的直接下级人数。中上层管理者是指那些所管辖的下级同时又是别人的上级的管理者,亦即他的下级同样也拥有指挥别人、命令别人的权力。这些人的管理幅度为 3～9 人,这取决于管理者的任务、责任和组织发展速度,以及其他一些因素。业务管理幅度是指最下层的管理者的管理幅度,如小组长、班长。戴维斯提出业务管

---

　　① [美]哈罗德·孔茨、西里尔·奥唐纳、海因茨·韦里克著:《管理学》,黄砥石、陶问达译,中国社会科学出版社 1987 年版,第 386 页。

理幅度可多达 30 个。

以上表明,管理者的有效管理幅度,并没有统一标准。这些不同研究和实证给我们提供了权变思想,即管理幅度的确定是受许多因素综合影响的,需要根据具体情况来加以确定。

2.有关管理幅度的理论研究

从理论研究上看,西方的组织理论对管理幅度的研究主要有以下几个理论:

(1)法约尔关于管理幅度的阐述

法约尔认为组织是按照简单的等比级数发展的。这个等比级数的第一项是 15,公比是 4,即组织基层管理者的理想管理幅度为 15 人,一个工长管理 15 个工人,4 个工长归上一级管理者管理,依此类推。这种方法使管理部门可以将管理层次保持在最少的限度内。

(2)格兰丘纳斯的上下级关系理论

法国的管理顾问格兰丘纳斯(V.A.Graicunas)于 1933 年发表了《组织中的关系》一文。在这篇文章中,他认为在确定合适的管理幅度时,要考虑的一个重要因素就是在管理工作过程中可能发生的上下级之间相互关系的数目。他认为这种关系数目有三种类型:

A.直接的单一关系,即上级管理者与下级人员之间发生的单一直接关系。当上级 S 有两个直接下级 A 和 B 时,就存在着两个直接的单一关系,即 S 与 A 之间和 S 与 B 之间的关系。

B.直接的群体关系,即当上级管理者在与某个下级人员发生关系时,把其他的下属也卷进来而形成的关系。如当上级 S 与下级 A 谈话时,恰好下属 B 也在场,这时就产生了两个直接的群体关系,即 S 与 AB 之间和 S 与 BA 之间的关系。

C.交叉关系,即上级要处理的下级相互之间的关系。如上级 S 要处理下级 A 与 B 之间的关系,这时就产生了两个交叉关系,即 S 与 A→B 和 S 与 B→A 的关系。

以上这三种关系如图 10-4 所示。

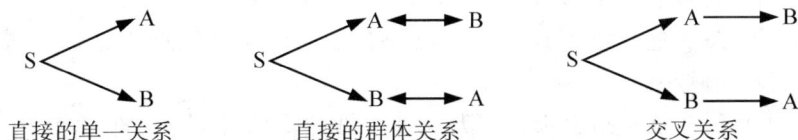

图 10-4　上下级关系图

当上级管辖的下级人数增加时,上下级之间的关系数目就会增加。例如,当增加了第三个下属 C 时,就相应增加了 1 个直接关系(S 与 C 之间)、7 个群体关系(S 与 AC、S 与 CA、S 与 BC、S 与 CB、S 与 ABC、S 与 CBA、S 与 BAC),同时还要增加 4 个交叉的关系(S 与 A→C、S 与 B→C、S 与 C→A、S 与 C→B)。这样就使上下级之间关系的数目增加到 18 个。当再增加 1 个下属时,即当 S 有 4 个下属时,上下级之间关系的数目增加到 44 个。随着下属人数的增加,上下级之间的关系数目会以更快的速度增加。格兰丘纳斯用以下公式描述了管理幅度与上下级之间关系数目的关系:

$$C = n[2^{n-1} + (n-1)]$$

其中:n 表示上级管理者管辖的下级人员数;C 表示由此产生的上下级之间的关系数目。

格兰丘纳斯认为,由于上级管理者管辖的人数增加会使上下级之间的关系数目以更快的速度增加,这就要求上级管理者投入更多的时间和精力。格兰丘纳斯并没有指出 n 以多少为宜,使得这一公式的实用性受到了限制。但是,从公式中可以看出,每一个管理者的时间和精力都是有限的,其管辖的下级人数越多,他与下级之间发生的工作联系数量就越多,从而就限制了上级管理者的管理幅度。

厄威克对此持这样的观点:一个人同时能够照顾到的人和事的数目都有个限度,尽管有10个下属的管理者存在着5 210个上下级之间的关系,他们并不在同一天与每一个可能存在的关系都发生联系。然而,万一这5 210个关系中的一部分在同一天需要管理者联系,管理者的时间肯定是有限的。基于他对管理幅度和可能存在的关系的理解,厄威克建议,最高管理者理想的管理幅度是4人,但在其他管理层,数目可以是8~12人。

实际上,格氏所设想的许多关系在实际工作中是不存在的,或者由于各种各样的原因而不会发生。但是我们在确定管理幅度时,确实应该考虑到上级管理者的时间和精力这个因素。

(3)洛克希勒导弹与航天公司的变量依据法

洛克希勒公司的研究结果认为,上级管理者的有效管理幅度没有一个统一标准,而是各种因素影响的结果。该研究按照各种因素影响管理幅度的程度来确定其影响作用的权数。

A.职能的相似性。这是指上级管理者所管辖的下级人员的工作职能的相似程度。这种相似程度越高,上级管理者的管理幅度就可以越大。

B.地区的相近性。这是指上级管理者所管辖的下级人员所处的地理位置的相近程度。下级人员在地理上越是集中,则上级管理者的管理幅度就可以越大。

C.职能的复杂性。这是指上级管理者要完成的任务和所管理的部门工作的复杂程度。其复杂程度越高,则管理的幅度就应越小。

D.指导与控制的工作量。这是指下级需要上级指导、训练的程度和需要上级亲自关心的程度。这种指导与控制的工作量越大,则管理的幅度就应越小。

E.协调的工作量。这是指下级各个部门相互之间的关联程度。这种关联性的程度越高,管理的幅度就应越小。

F.计划的工作量。这是指上级管理者及其管理的部门计划工作的重要性、复杂性和时间性的要求。计划的工作量越大,管理的幅度就应越小。

以上是洛克希勒公司对150个实例研究的结果。从中我们可以看出,如何确定影响因素及各因素权数、管理的幅度,必须根据各种类型的组织的不同情况而定。但它给我们的启示是:在确定管理幅度时,一定要考虑各种因素对管理幅度的影响。

(四)影响管理幅度的因素

不同的管理幅度理论和实证结论,导致了人们对有效或理想的管理幅度理解的混乱和误解。对这种误解的修正原则是:"在各个管理职位上,一个人能够有效地管理下属的人数固然是有限制的,但是在具体情况下,确切的数目则因其所依据的变量的作用和对有效管理所需要的时间的不同而不同。这一原则确实存在,不能取代,而且它对指导经理去有效地管理更多的下属和精简机构是有用处的。"[1]

① [美]哈罗德·孔茨、西里尔·奥唐纳著:《管理学》,中国人民大学工业经济系外国工业管理教研室译校,贵州人民出版社1982年版,第341页。

　　管理者的管理幅度并没有一个统一的标准,而是应该根据不同的情况来确定管理者的管理幅度。按照权变理论的观点,管理幅度是各种因素影响的结果。这些因素主要有:

　　(1)管理者的管理能力。管理者的管理能力越强,其管辖的人员数就可以越多。如果下级管理者的管理能力越强,则上级管理者的管理幅度就可以越大。对于后一种情况,主要是因为当下级人员的能力越强时,就越是可以独立地工作,从而可以减少上级管理者协调下级人员活动的工作量,上级管理者就能有更多的时间和精力来管理更多的下级人员。

　　(2)授权的清晰程度。上级管理者对下级人员的授权越是明确,下级管理人员在运用职权履行其职责时就可以较少向上级管理者汇报和请示,这样,上级管理者可以有更大的管理幅度。当上级管理者只进行含蓄的授权时,下级管理者在运用其职权时,可能会因为不明确其权限的范围而要经常向上级管理者请示和汇报,从而增加了上级管理者的工作量,限制了其管理的幅度。

　　(3)上级管理者必须承担的非管理职责。上级管理者在其工作时间里往往要承担一些非管理方面的职责,例如会见客人,参加一些仪式或典礼等。这些方面工作的增加会占用上级管理者的时间和精力,从而限制上级管理者的管理幅度。

　　(4)下级管理人员管理活动的相似程度。下级人员的工作和活动的内容越是相似,上级管理者协调下级人员活动的工作就越是可以制度化、标准化和程序化,从而可以节省上级管理者的时间和精力,增加其管理的幅度。

　　(5)组织中新问题的发生率。组织如果是处在一个比较稳定的外部环境中,比如,组织成员所从事的是一些技术水平比较低的工作,组织的发展变化速度比较慢,则上级管理者就可以有比较大的管理幅度。因为在这种组织中,新问题的发生率较低,使上级管理者能更多地实行程序化和制度化的管理,从而节省其时间和精力。

　　(6)下属人员地理上的分散程度。下属人员在地域上越是集中,上级管理者就越是可以节省协调和沟通下级人员的时间和精力,从而可以增加其管理的幅度;反之亦然。

　　(7)信息沟通的方法。在上下级之间进行信息沟通时,如果上级管理者通过设置参谋、助理等职位来协助上级管理者进行信息的沟通工作,如协助处理信件、起草文件、接转电话等,就可以使上级管理者有更多的时间和精力管理更多的下级人员。

　　(8)管理者的指导思想。如果上级管理者的指导思想是集权,不想更多地发挥下级人员的积极性,要求对下级人员进行严格的控制与管理,则只能有一个比较小的管理幅度。

　　(9)管理者所在的管理层次。管理者所在的管理层次也影响了管理者的管理幅度。在较低的管理层次,工作比较标准化,因此采用一个较宽的管理幅度是可行的。但这种幅度应随着管理层次的提高而逐渐变窄。因为,随着管理层次的提高,工作渐渐变得较少标准化了,与下属人员频繁联系的需要也增加了。

四、权力的分配

　　管理人员具有职位和部门,并确定了管理幅度和管理层次之后,必须给予适当的职权和责任,使组织内部有一个清晰的指挥链。指挥链表明了组织内各职位间清楚而明确的命令关系,界定了谁向谁报告工作。我们以前讲过的统一指挥原则,即组织内任何一个人都必须明确地向一位上级并且只向一位上级报告,就是为了确保组织内有一条清晰的和不可破坏的从最高层延伸到最基层的命令线。组织内部清晰指挥链的基础是职权的分配,即权力在职位之间的分配。

权力是指个人影响别人的信念或行动的能力。权力是组织能正常运行的保证,能消除组织中的混乱,这种权力指的是以职务或职位为基础的正式权力。上述是对权力所进行的自上而下的解释,即上级管理者拥有大于下级管理者的权力,上级管理者具有命令指挥下级的权力。这里就存在着一个问题,即上级管理者应把多大的权力授予下级,也就是集权与分权的问题。所以,职权分配要考虑授权、分权和集权三个方面的内容。

任何组织都不可能绝对地集权,绝对集权意味着权力都集中在组织最高层管理者手里,组织的一切问题都是由组织的最高层管理者决策。它等于组织中不需要有中层、基层管理者,因而也不存在着组织结构。组织也不可能绝对地分权,绝对分权意味着权力都分散在基层管理者手里,组织的最高层管理者对组织的一切问题都没有决策权。这两种极端的情况在任何组织中都是不可能存在的。

(一)与分权有关的几个概念

1.分权和部门化

分权与部门化是既相区别又有联系的两项组织工作。通过部门化,在组织中就形成了若干个不同的部门。但要注意的是,部门化并不等于分权。部门化仅仅是在组织中划分出若干个不同的部门,而分权却是指权力的下放过程及其结果。组织进行部门化之后,组织是属于集权还是分权,取决于组织最高层管理者权力下放程度。也就是说,部门化是组织分工的结果,它研究的是组织设计问题;而分权则是对下属成员行为控制权的下放,它研究的是组织结构建立起来后,如何有效运行的问题。但是,部门化与分权又有一定的联系,即部门化是组织分权的基础。这是因为,组织的分权是指上一级的管理者把决策的权力下放给下一级的管理人员,只有通过部门化才能使上一级管理者的授权有实在的载体。

2.分权与授权

分权和授权是两个很容易混淆的概念,有时甚至被人们认为是一个概念的两种不同称呼而已。这种理解往往是因为分权这个词在运用时的不严谨造成的,当分权是指一种行为过程时,分权和授权几乎可以等同。但在本书里,集权和分权都是指上下级之间决策权力分配后的结果,是对一种状态的描述。而授权则是指上级管理者把权力授予下级管理者的过程。这就是说,分权只是授权的一个基本方面,是授权行为所导致的一种结果,与此相对应的则是集权。分权与集权反映着组织与管理工作中的一种哲学、理念。它要求认真选择哪些决策权要下放,哪些决策权要由较高一级或上层掌握,选择用以指导决策的特别政策,选择和培训员工,以及进行充分的控制。

(二)判断分权与集权的标准

由于组织既不可能绝对地集权,也不可能绝对地分权,只能是相对而言一个组织比另一个组织集权一些,或一个组织比另一个组织分权一些,因此,我们可以从以下几个方面来衡量一个组织集权或分权的程度:(1)下级管理者做出决策的数目。在一个组织中,下层的管理者做出决策的数目越多,则表明该组织越是倾向于分权。(2)下级管理者做出决策问题的重要程度。在一个组织中,下层管理者做出决策的问题越是重要,则表明该组织越是倾向于分权。(3)上级管理者对下级人员的决策的控制程度。在一个组织中,上级管理者对下级人员的决策控制的程度越低,则表明该组织越是倾向于分权。

识别一个组织是属于集权组织还是分权组织,是有其积极意义的。根据上面的几个衡量标准,可以帮助组织清楚地认识自己的组织性质,结合组织的目标、员工的素质和内外部环境,判断本组织现有的集权或分权程度是否恰当,并做出修改或不修改的决策。

(三)授权行为

授权,实际上是上级管理者把权力授予下级管理者行使的过程。它包含着以下三个方面的意思:第一,上级管理者把原来自己所拥有的权力授予下级人员去行使,因此,他不可能把自己没有的权力授予下级,而不管这位上级是董事长、总经理,还是基层主管人员;第二,上级管理者不可能把自己的全部权力都授予下级行使,除非他把自己的职位也转让给下级;第三,授权是一个过程,这个过程包括以下几个阶段:

(1)职责的分派。上级管理者必须明确让下级运用被授予的权力去完成什么任务。这实际上是组织授权的目标。因此,在授权之前,上级管理者必须先确定让下级人员运用权力完成的任务,并把这个任务分派给下级管理者。这就是职责的分派。在这里要注意的是我们把职责作为任务来理解。

(2)职权的授予。上级管理者把职责分派给下级管理者后,就要把完成这个任务所必需的职权授予下级管理者,使下级管理者能应用这个权力去完成任务。在这里,要贯彻权力与职责相符的原则。职权的授予意味着下级管理者可以代替上级管理者去履行职权。这里的"代替"突出了下级管理者所拥有的权力的非固定性和非永久性,即上级管理者把权力授予下级后,仍然保留着把权力回收的权力。当上级管理者认为必要时,他可以通过改组组织、撤销下级人员的职务或对权力重新授予等方式来收回已经下放的权力。

(3)责任的建立。上级把任务分派给下级和把权力授予下级后,对于下级管理者来说,就必须承担起正确地履行职权来有效地完成任务的义务。这就是责任的建立。责任的建立意味着上级管理者要对下级管理者行使权力的情况进行监督和控制。上级管理者要通过有效的奖惩制度促使下级管理者正确地行使职权并有效地完成任务。

授权的整个过程是一个完整的过程,上述三个步骤是无法割裂开来的,因为期望特定的下级实现某个目标却不授予职权,或者下级不了解要完成什么任务而被授予职权,以及对被授予职权的下级是否完成任务缺乏责任的约束,都是毫无意义的。

授权的原因是多方面的,包括全球竞争力、快速应对消费者的需求和期望值,以及受到良好教育的员工队伍对自主权的需求。授权会使员工身在其中、参与决策,其结果会形成一种归属感和成就感,从而增强员工的自尊心。

(四)有效授权的原则

为了使授权有效,能有利于组织目标的实现,应该坚持以下几个原则:

(1)按预期目标授权的原则。这个原则实际上就是权力与职责相符的原则,即上级管理者在授权时,应该根据上级要求下级管理者所要完成的任务(职责)进行授权。在这方面存在的主要问题是上级管理者往往要求下级人员完成任务,却不授予其完成任务所需要的相应的权力。当然,也不能权大于责(职),以免下级滥用职权。

造成这种问题的原因是很简单的:上级并没有真正理解授权的内涵。有些上级在授权时,首先考虑的是根据要授予或掌握的权力来划分和规定职权,而不是根据要实现的目标的难度、性质来授权,使目标与职权失去了应有的联系。这就像主妇做饭时只是根据米缸里有多少米来下米,而没有考虑要解决几个人的饥饿问题一样荒谬。

(2)职能界限的原则。组织经过部门化以后,在组织中形成了各种各样的部门,这些部门是既分工又合作地开展工作的,因此就应该贯彻职能界限的原则。上级管理者在授权时,应明确区分各个职能管理部门的权力边界,以避免决策权力在各个部门之间产生交叉或遗漏。孔茨对此原则是这样说的:"职务和部门的预期成果、所从事的业务工作和所授予的组织职权,以及职权和信息交流与其他职位的关系等等越是有明确的界限,个人的责任就越是能充分地促进企业目标的实现。仅就预期成果而言,不这样做就要引起混乱的危险。"①

(3)分级的原则。组织除了通过部门的划分而形成各种不同的部门外,还由于管理幅度的限制而形成若干个管理层次。不同管理层次的管理者在管理过程中,其职责和任务是不一样的,因此授权还应当贯彻分级的原则,即应当明确规定各个层次的管理者的职权范围,使得各个层次的管理者明确自己的职责与权力,知道该向谁请示,或如何向自己的下级发布命令和指示。

(4)统一领导的原则。统一领导原则是指一个下级不能有两个上级,即不能有两个上级同时向一个下级授权。否则,就有可能造成权力之间的矛盾和冲突。

(5)责任的绝对性原则。责任的绝对性原则是指上级管理者可以把任务和权力分派给下级,但上级却不可以把责任也分派给下级。尽管下级在授权过程中要承担起责任,但上级管理者却不能因此而使自己的责任减少,即上级管理者所承担的责任是绝对地存在的,不会因为任务的分派和权力的授予以及下级管理者责任的建立而减少。

贯彻责任的绝对性原则是为了对上级管理者的授权形成一种约束机制,促使上级管理者在授权过程中认真考虑如何才能有效地授权,如认真考虑授权对象,授予下级管理者什么样的权力,在下级管理者运用权力的过程中如何对下级管理者进行指导和帮助以及监督和控制,使组织的授权能有效地进行。

(6)权责(任)相符的原则。这个原则与第一个原则不同。第一个原则是指权力与职责的相符,而这个原则是指权力与责任的相符。职责是一种任务和工作,而责任则是一种义务。这里讲的权责相符原则是指应使下级管理者所承担的责任和他们所拥有的权力相等。如果权大于责,就可能造成下级管理者滥用职权。如果权小于责,则会给下级管理者造成巨大的心理压力,使下级管理者不能真正承担起责任去完成自己的任务。

(五)决定分权程度的因素

对于组织中的管理者来说,无论是赞成还是反对职权的分散,都不得不采取分权思想,这种必要性是显而易见的。管理人员都强烈地感到有义务把管理工作加以分工并下放给下级,但总是对权力怎样下放感到束手无策。对一个组织来说,到底该集权一些还是该分权一些,并没有统一的标准,而应根据各种因素综合考虑。这些因素主要有:

(1)决策问题的重要程度。集权或是分权,实际上是决策权力集中还是分散的问题。一般而言,决策问题越是重要,就越是倾向于集权,即越是倾向于把权力集中在高层管理者手中。这固然是因为,越是高层管理者可能越有足够的知识和经验对越是重要的问题做出越是科学的决策,但更重要的原因却是权责相符原则的贯彻。因为决策的问题越是重要,就意味着对该问题决策的结果所承担的责任就越大。按照权责相符的原则,责任越大,权力也就

---

① 〔美〕哈罗德·孔茨、西里尔·奥唐纳著:《管理学》,中国人民大学工业经济系外国工业管理教研室译校,贵州人民出版社 1982 年版,第 434 页。

应该越大。如果把比较重要的问题的决策权下放给下级管理者,就会造成权大于责。因为越是基层的管理者,他们所能承担的责任就越小。

(2)组织的规模。组织的规模越小,就越是倾向于集权。因为组织的规模越小,决策问题的数量就越少,决策问题的重要程度和复杂程度就越低,因此组织决策的权力就可以相对地集中。

(3)组织的发展史。组织的发展史说明了组织的由来和组织中决策的习惯做法以及组织的所有者不同的利益要求。一般而言,按照组织的发展史,可以把组织分成两类:一种是以血缘为基础由小到大发展起来的家族式企业,另一种是通过资本的兼并而形成的股份制企业。前者一般倾向于集权,而后者则倾向于分权。之所以这样做,主要不是出于经济上或效率上的考虑,而是出于政治上的原因。因为对于家族式的企业来说,只有集权,才有可能对组织进行有效的控制。而对于股份制企业来说,只有分权,才能充分照顾到各方面的利益。

(4)组织内部政策的一致性。不同的组织,对内部政策一致性的要求不同。有的组织采取不一致的内部政策,以求更充分地调动基层的积极性;有的组织采取一致的内部政策,以求内部各基层单位的协调平衡和行动的统一。如果组织采取的是不一致的内部政策,就应该倾向于分权。如果组织采取的是一致的内部政策,就可以相对地集权。

(5)管理者的指导思想。分权是上级管理者把权力下放给下级的过程,而上级把权力下放给下级的程度在很大程度上取决于上级管理者本身的指导思想。如果上级管理者想更多地调动下级的积极性,就会倾向于分权。如果上级管理者想大权在握,就不会把权力下放给下级。

(6)下级被管理者的能力。下级是否具备较强的解决问题和决策的能力及经验,客观上也限制了组织分权的程度。

(7)控制能力。上级把权力下放给下级,并不等于上级放弃了权力。上级把权力下放给下级后,还要采取一定的手段对下级运用权力的过程进行控制。因此,如果上级不能对下级的权力运用进行有效的控制的话,就应倾向于采取集权。

(8)环境影响。每一个组织都是生存在一定的社会环境当中的,因此组织的集权与分权也受环境因素的影响。从现代社会发展的趋势看,要求个性的独立与发展的呼声很高,在管理中要求更充分地发挥组织成员个人的积极性。这种环境因素使现代的组织管理有分权的趋势。但是,随着电子计算机技术在企业管理中的应用,人们预测,将来可望用电子计算机代替企业中的中层管理者和基层管理者。如果这种预言会实现,将来的组织将会没有或很少有中层与基层的管理者。这样,组织的权力就会集中在组织的高层管理者手中。

(六)处理好直线与参谋的关系

直线与参谋的关系包含组织中直线部门与参谋部门的关系、直线职权和参谋职权的关系以及直线人员和参谋人员的关系。直线与参谋之间的关系,是困扰着许多组织的一个问题。这主要是因为人们对直线与参谋的含义不明确和不理解,不懂得如何来处理好这两者之间的关系,从而出现混乱、冲突与摩擦,导致组织运行的低效率。要处理好直线与参谋之间的关系,首先要明确直线与参谋的含义,包括直线部门与参谋部门、直线职权与参谋职权。

1.与直线与参谋关系有关的三对概念

(1)直线部门与参谋部门

普遍认同的直线部门与参谋部门的概念是:直线部门指对实现组织目标负有直接责任、

对组织目标的实现做出直接贡献的部门;而参谋部门则是指对组织目标的实现做出间接贡献的,为实现企业的目标而协助、配合直线部门最有效地工作的一些部门。形象地说,参谋部门是帮助其他部门正确思考和决策的部门。

组织目标的实现本来是可以只通过直线部门来实现的。当组织规模小时,直线领导可以直接对直线部门管理来实现组织目标。但当组织规模扩大时,由于管理活动的复杂性以及直线领导管理能力和时间的限制,直线领导需要专门的参谋部门来帮助他管理组织,这些参谋机构就形成了组织中的参谋部门。可见,直线部门对组织是不可缺少的,而参谋部门是为提高直线部门和直线领导的工作效率出谋献策的。

因此,判断一个部门是直线部门还是参谋部门,可以根据该部门对组织目标实现的贡献形式而定。如果一个部门对组织目标的实现起直接贡献作用,则该部门在组织中就是直线部门。如果一个部门对组织目标的实现是起间接贡献作用,则该部门在组织中就是参谋部门。

那么,何谓直接贡献作用? 如果对于组织目标的实现来说,有了该部门的活动,组织目标就有可能实现,而没有了该部门的活动,组织目标就不可能实现,那么,该部门所起的作用就是直接贡献作用。同样,如果对于组织目标的实现来说,有了该部门的活动,组织目标的实现可能会更加有成效,而没有了该部门的活动,组织目标的实现可能会没有成效,那么,该部门所起的作用就是间接贡献作用。也就是说,前者影响到组织目标能不能实现的问题,而后者影响到组织目标实现的有效性的问题。

根据这个判断标准,企业中的生产车间是企业的直线部门,而企业中的各个职能管理科室是企业中的参谋部门,它们是企业中的高层管理者在各个职能管理工作方面的参谋部。学校中的各个系、研究所是学校的直线部门,而学校中的教务处、科研处等是学校的参谋部门,它们是学校校长在教学与科研管理方面的参谋部门。

从这个对目标实现的贡献角度来划分组织中的直线部门和参谋部门,需要注意的一点是:对于同一个组织来说,组织中部门的性质是固定的,而对于不同的组织来说,同一部门的性质却是变动的。如制造企业中的财务部是企业高层管理者在财务管理方面的参谋部,但对于一个财务公司来说,财务部却是直线部门。

(2)直线职权与参谋职权

在讨论直线职权和参谋职权之前,有必要重新复习权力的概念,区分职权与权力。权力的内涵广泛,它是指个人(或团体)提供建议、影响别人(或其他团体)的信念或行动的权利。职权是有特定前提的,它是指由于个人或团体在组织中的特定职位所决定的个人或团体的权力。卡斯特和罗森茨韦克对职权的定义是:"在传统的观念中,一个合法的中心职权将能赋予某个上级以指挥别人的权利,并使下级人员有服从其上级命令的义务。职权就是以其正式职位和对奖惩的控制为基础的、要求下级服从的权利。职权是非人性化的,它来源于职位而不是个人。"[①]

直线职权,是指命令、指挥他人,使他人服从的权力。参谋职权,是指提出意见和建议供他人参考的权力。在既定的组织中,某一职位的管理者或部门的权力就具体化为直线职权

---

① [美]弗里蒙特·E.卡斯特和詹姆斯·E.罗森茨韦克著:《组织与管理——系统方法与权变方法》,李柱流、刘有锦、苏沃涛译,李柱流校,中国社会科学出版社1985年版,第237页。

和参谋职权。直线职权是一种直线的或等级的职权关系,是组织中上级对下属行使直接监督的权力。参谋职权则是指下级对上级提供建议的权力、同一管理层次的管理者之间互相提供建议的权力,以及上级对下级提供建议的权力,如在目标管理下,上级对下级制定目标所提供的帮助。但一般来说,参谋职权主要是下级对上级的建议权。简单来说,直线职权可以"吩咐做事",而参谋职权必须"兜售它的建议"。

直线职权存在于两种场合。一是在等级系列中的直接上级对直接下级具有直线职权。如车间主任可以对车间里的班组长下指令,财务部经理可以对下属的财务科长下指令。从这种类型的直线职权可以看出,直线职权并不只存在于直线部门内部。在参谋部门内部,等级系列中的直接上级对直接下级也具有直线职权。

直线职权的第二种形式是职能职权。按照直线职权的第一种形式,财务部经理可以对其部门内的下属人员下指令,但是却不能对财务部以外的部门和人员下指令。当财务部有关财务方面的规章制度要在整个企业贯彻实施时,必须把有关的规章制度作为参考方案提交给企业的高层领导者,企业的高层领导者如果同意,则以高层领导者的名义向整个企业下达。这种做法有利于在组织中坚持统一指挥原则,但是这样一来,组织的高层管理者要花很多时间和精力处理日常事务,不能集中精力对企业的重大问题进行决策,同时也不利于充分发挥参谋部门的参谋助理作用。因此,直线人员可以把原来由自己行使的直线权力委托给参谋人员去行使,使参谋人员也具有命令指挥的权力。

职能职权就是直线人员把原来自己行使的命令指挥权力委托给参谋部门或参谋人员行使,使之也拥有命令指挥的权力,这种权力就称为职能职权。

职能职权有两种形式(见图 10-5)。第一种形式是直线人员授予上一个层次的参谋部门或参谋人员对下一级组织中相应的机构或人员具有命令指挥的权力,如在实行校、院两级管理的大学里,学校的教务处因被授权可以指挥学院的教学秘书。第二种形式是把专门的职能问题从直线人员的工作中分出来并授权给适当的参谋人员去处理。

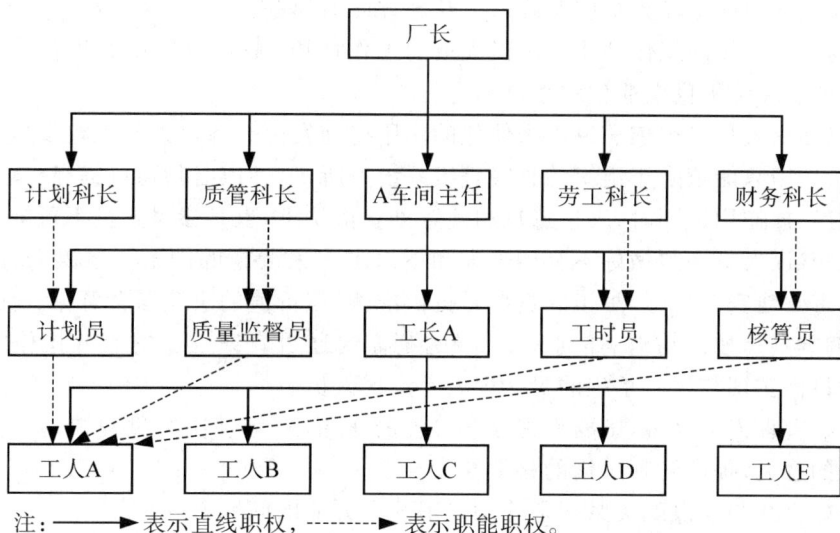

注: ——▶ 表示直线职权, ------▶ 表示职能职权。

图 10-5　职能职权的示意图

职能职权的运用有利于企业的高层管理者集中精力进行企业重大问题的经营决策,提高管理效率,发挥职能部门的作用。但可能在企业中造成多头指挥的问题。因此,在运用职能职权时,企业应谨慎地限制职能职权,明确规定职能职权的应用范围,以尽可能地避免多头指挥现象的出现。

(3)直线人员与参谋人员

在组织中拥有直线职权的管理人员就是直线人员,拥有参谋职权的管理人员就是参谋人员。可见在组织中,每个管理者的身份都是双重的,即在有些场合是直线管理人员,而在另外一些场合则属于参谋管理人员。

2.正确处理直线与参谋关系的意义

在组织中正确处理直线与参谋之间的关系有下面两个意义:

(1)有利于坚持统一指挥原则。通过正确处理直线与参谋之间的关系,使组织中的各个职能管理部门与每个管理人员能明确自己的身份与职责,可以避免出现多头领导和多头指挥的现象。

(2)有利于充分发挥参谋部门与参谋人员的参谋助理作用。参谋人员与参谋部门是随着组织规模的扩大和发展而产生的,其作用就是要为组织中的直线部门与直线管理人员的工作提供意见与建议,以利于组织目标的更有效的实现。因此,通过正确处理直线与参谋之间的关系,有利于直线人员和直线部门支持、配合参谋人员和参谋部门的工作,从而提高参谋人员和参谋部门的参谋助理能力。

3.如何处理好直线与参谋之间的关系

随着组织规模的扩大,由于时间、知识、经验、能力和技术专长等的限制,直线人员越来越多地把自己的管理工作分派给参谋人员或参谋部门。然而,对参谋人员和参谋部门的重视也引发了新的组织问题,如由于对参谋部门或参谋人员授权不当而产生多头领导、政出多门等混乱现象。

因此,参谋部门或参谋人员应明确以下几个方面的问题:

(1)明确参谋人员的工作性质。参谋人员的工作性质,是凭借其知识和经验,为直线部门和直线领导的决策提供专业化的建议和意见。

(2)明确参谋人员必须依靠说服来使他的作用得到发挥。参谋人员无权发号施令,他对组织的影响、作用只能依附于组织的直线等级系统。所以,参谋必须通过提高专业知识和参谋质量,才能发挥作用。同时,表达意见和使意见获得认可,也是参谋人员不可缺少的技能。

(3)明确参谋人员必须做好不突出个人和不追求个人荣誉的准备。参谋人员只是协助直线人员更有效地实现目标,承担的责任是提供准确、有价值的决策参考意见。无论这些参考意见、咨询本身是如何精湛、如何完美无缺,都需要通过直线人员的有效操作才有意义。直线人员对目标实现与否所承担的责任远大于参谋人员。

对于直线管理人员来说,则要重视参谋人员的作用,在管理决策过程中,要充分听取参谋管理人员的意见,提高管理决策的科学性。

要处理好直线与参谋的关系必须注意以下几个方面的问题:

(1)每个管理者应该明确自己的身份。组织中的每个管理者都具有双重身份,因此,每个管理者应该明确自己在什么场合是直线人员,在什么场合是参谋人员,这样才能明确自己的职责与作用。

（2）要建立强制性的参谋助理制度。参谋人员与参谋部门的产生是为了有效地实现组织目标，因此不能把参谋人员与参谋部门当成组织中的一种摆设。应该建立强制性的参谋助理制度，组织中的直线人员在进行管理决策时应该先征求和听取参谋人员和参谋部门的意见，以提高决策的科学性。

（3）直线人员与直线部门要及时地向参谋人员与参谋部门提供各种信息与帮助，要对参谋人员与参谋部门的工作给予指导与支持。直线人员对组织的各种活动具有最后决策权，他能决定组织的目标与组织的发展方向。从信息传播的过程看，组织中的高层管理者充当着"监听者"、"传播者"和"发言人"的角色，即组织外部的信息首先通过组织的高层管理者再向组织内部传递，组织内部的信息也要经过组织的高层管理者再向组织外部发布。可见，组织的高层管理者直接掌握着影响组织生存与发展的大量信息。因此，直线人员，特别是组织的高层管理者，应该对参谋人员和参谋部门的工作给予指导和支持，还要及时地向参谋人员和参谋部门提供各种信息，使参谋人员和参谋部门能明确组织的发展目标和高层管理者的决策意图，能掌握充分的信息。

（4）要明确规定职能职权的应用范围。职能职权的应用有利于高层管理者集中精力进行重大问题的决策，有利于发挥参谋人员和参谋助理的作用。但是，职能职权的应用有可能在组织中造成多头领导和多头指挥的现象。因此，在应用职能职权的场合，应该明确规定职能职权的范围。

（5）要明确建立工作责任制。即通过制度的形式明确规定，直线人员在进行决策时，应听取参谋人员的意见。如果参谋人员提出了好的建议而直线人员拒绝接受，并因此给组织带来严重后果，就应追究直线人员的责任；如果参谋人员做出了不恰当的建议，或提供了不准确的情报，给组织造成了严重的后果，也应对此负责。

五、各种不同的组织结构形式

通过以上的专业化分工、部门的划分、管理幅度与管理层次的确定及对企业中权力机制的设计等工作，就形成了各种各样的组织结构形式。组织结构是组织工作的结果。组织结构既是组织工作研究的对象，又是与工作分工、部门化和授权有关的一系列管理决策的产物。部门的划分和管理幅度的确定、集权与分权程度的确定，使组织形成了各种各样形式的组织结构。不同的组织结构有不同的优点和缺点，有其不同的适用条件。

我们在前面讲过影响组织工作的因素，总的来说，环境的影响、技术上的要求和社会心理因素等是影响组织结构设计的主要决定因素。但组织的管理者是确定组织结构形式的执行者，组织结构形式的确定取决于管理者依据自己对环境和组织内部性质的感受所做出的战略性选择。组织在进行组织结构设计时需要考虑的变量有环境、战略、规模、技术等。至于每个变量在设计时的权重为多少，则归根结底取决于管理者——组织结构的真正设计者。

组织通过组织结构使组织中的成员能既分工又合作地从事活动。有了组织结构，组织的人流、物流、信息流才能正常流通，组织目标才有可能实现。不同的组织结构形式，对组织目标的实现所起的作用是不同的。

组织适应环境的过程，是一个组织结构不断革新和变革的过程。在组织结构形式的演进中，我们可以把结构形式分为两大类：传统的组织结构形式和现代的组织结构形式。传统的组织结构形式偏重于严格按照等级链进行统一指挥、统一领导和集权化;按组织内部操作的不同进行部门划分,包括直线制、职能制、直线职能制、直线职能参谋制等几种组织结构形式。现代的组织结构形式关注组织员工的积极性和能动性的发挥,在遵循统一指挥等管理原则的基础上倾向于分权化,按组织的产出不同进行部门的划分,包括事业部制、超事业部制、矩阵制、多维矩阵制和网络式等。

一份完整的组织结构形式设计报告,总是包括组织结构图、职位说明书和组织手册。任何一种组织结构,即使是很不完善的组织结构都可以用图来表示。组织结构图显示了各个部门是如何按照基本的职权范围连接在一起的。但是组织结构图是组织结构简化了的抽象模型,不能准确地表明组织的实际情况,因而需要职位说明书和组织手册。仅仅依靠组织结构图并不能了解组织结构形式全貌,组织结构图说明不了平级职位之间的相互关系或组织中不同部门人员间的横向关系,而且"由于它不能反映组织中的精细的关系,因而常常出现差误;它不能很好地解决非正式的控制和职权问题,在塑造实际的系统时,常常低估各种个人品格的重要性,而且常常过于强调职权系统与交往系统间的等同性"。[①]

常见的组织结构基本类型有:

(一)直线制

直线制又称为全能工长制、军队式的组织结构形式,其组织结构图如图 10-6 所示。这是一种只有直线部门和直线领导,没有职能分工和参谋部门的组织结构形式,管理层级之间只有行政命令,没有实现管理专业化分工。这种组织结构形式的优点是:组织结构形式简单,命令统一,决策迅速,组织中不存在直线与参谋之间的矛盾。但这种组织结构形式也有缺点:由于没有职能部门帮助直线人员工作,所以组织的直线管理人员要花大量的时间和精

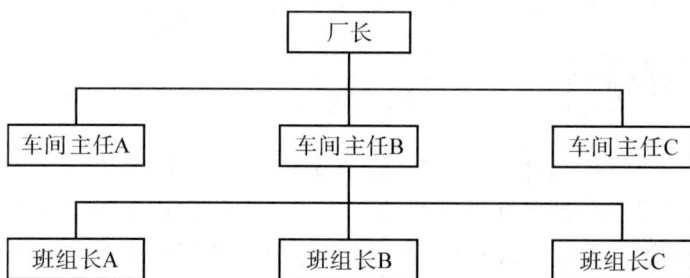

图 10-6　直线制组织结构图

力从事各项职能管理工作,这样不利于提高组织的管理效率,不利于组织的高层管理者集中精力对组织的重大问题作决策。另外,组织规模大小对于直线制的运行效率影响很大。当组织成长后,高度集权的结构导致管理者的信息超载,决策制定缓慢而低效;组织的风险高,整个组织依赖于最高层领导,领导的个人突发事件会引起组织的"震荡"。因此,这种组织结构形式适用于规模比较小、生产工艺比较简单、外部环境比较稳定的组织。比如,有些小企业和家族企业运用这种组织形式。特别是一些新创的企业(如小零售店的老板),组织结构十分简单,企业由所有者和员工组成,部门化程度低、管理幅度宽、正规化程度低。但是,随

---

① 〔美〕弗里蒙特·E.卡斯特和詹姆斯·E.罗森茨韦克著:《组织与管理——系统方法与权变方法》,李柱流、刘有锦、苏沃涛译,李柱流校,中国社会科学出版社 1985 年版,第 236 页。

着新创企业的发展,员工的增多,组织结构通常会逐渐专门化和正规化,管理部门和管理层次逐渐增多,最后成为职能型、直线职能型或事业部型的结构。

(二)职能制

这是一种只有职能分工,没有直线领导的组织结构形式,如图 10-7 所示。这是由泰罗所提出的组织结构形式。在这种组织中,中间层全是专业化的职能部门,而没有直线领导,管理层次之间是通过专业职能服务来约束业务活动,而不是通过行政命令指挥和控制下级部门。各个职能部门有权向下级单位和个人发布命令和指示,下级单位接受来自多个不同职能部门的命令。

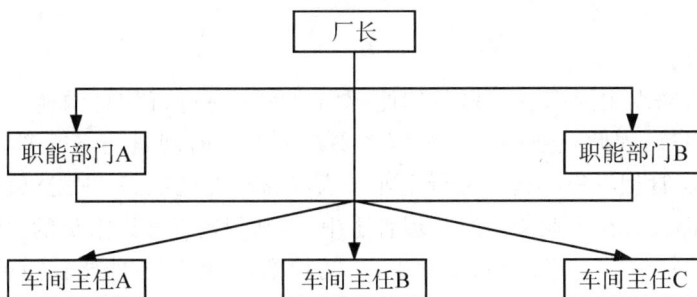

图 10-7　职能制组织结构图

职能制组织结构形式的优点是:由于按管理的职能进行了专业化的分工,可从专业化中获得优势;将同类专家划分在同一部门可以产生规模经济,减少人员和设备的重复配置,大大地提高组织的管理效率;它能适应现代化大生产条件下组织规模日益扩大、组织联系复杂紧密对管理专业化的要求。

这种组织结构形式也有以下几个方面的缺点:一是,每个职能人员都有指挥命令的权力,必然在组织中造成多头领导,违反了管理的统一指挥原则;二是,不容易明确区分各个部门的职责和权限;三是,各个职能部门常常会因为追求职能目标而看不到全局的最佳利益,不同职能部门之间的利益和视野的不同会导致职能部门间不断地发生冲突,各自极力强调自己的重要性,各个职能部门之间不容易相互配合,使组织的横向协调比较困难;四是,不能为未来的高层经理提供训练的机会,职能部门经理看到的只是组织的一个狭窄的局部,对其他职能部门的接触非常有限。

职能制作为一种管理思想,即管理专业化是正确的,但是作为一种具体的组织结构形式却是不可取的,因为它违反了统一指挥原则。这种组织结构一般出现在各种协会等社会团体。

(三)直线职能制

这是一种既保持了直线领导又设置了相应的职能机构进行专业管理的组织形式,如图 10-8 所示。这种形式把机构和人员分为两类:一类是直线领导机构和人员,按统一指挥原则对组织各级行使指挥权;另一类是参谋机构和人员,按专业化原则从事组织的各项职能管理工作。

直线职能制有以下几个优点:一是,吸收了直线制和职能制的优点,即既有利于坚持统一指挥原则,又能发挥参谋人员的参谋助理作用;二是,能避免直线制和职能制的缺点,即既能避免直线制下高层管理者要花大量时间和精力从事各项职能管理的缺点,又能避免职能

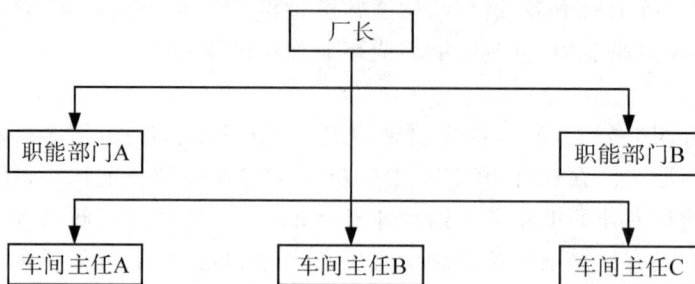

图 10-8　直线职能制组织结构图

制下多头指挥现象。

　　直线职能制的缺点主要有：一是，各职能部门之间不易进行信息沟通；二是，各职能部门之间的协调比较困难，因此企业的高层管理者要花大量的时间进行各个部门之间的协调工作，影响企业的高层管理者集中精力进行企业重大经营问题的决策；三是，偏重于直线指挥的作用，组织的权力都集中在企业的高层管理者手中，不利于发挥参谋人员的参谋助理作用。

　　直线职能制比较适合于规模小、品种少、工艺较稳定、市场条件比较简单稳定的企业。

(四)直线职能参谋制

　　这是一种在直线职能制的基础上发展起来的组织结构形式，如图 10-9 所示。在这种组织结构形式中，直线人员进行指挥领导，参谋人员除了为直线人员的决策提供各种帮助外，还受直线人员的委托而拥有职能职权。这种组织结构形式除了能保持直线职能制的优点外，还有利于发挥职能部门的参谋助理作用，使企业的高层管理者能摆脱日常事务，集中精力进行企业重大问题的经营决策。但运用这种组织结构形式时，如果授权不明确的话，会发生参谋职能与直线职能之间的职能冲突。

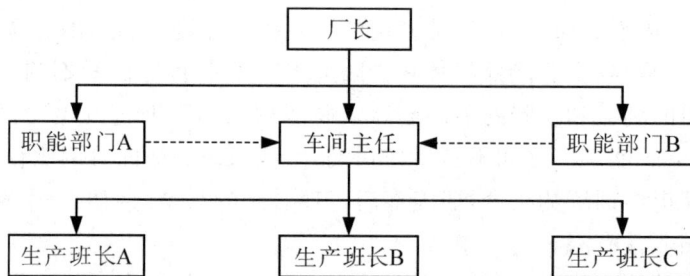

注：──→ 直线职权，------→ 职能职权。

图 10-9　直线职能参谋制组织结构图

(五)事业部制

　　这是一种按产出的不同进行部门划分，并实行高度分权的组织结构形式。这些高度分权的产出部门就形成了相对独立的战略经营单位(SBU)，又称事业部。事业部制结构如图 10-10 所示。事业部制最早是由美国通用汽车公司总裁斯隆于 1924 年提出的，故有"斯隆模型"之称，也叫"联邦分权化"，是一种高度集权下的分权管理体制。它适用于规模庞大、品种繁多、技术复杂的大型企业。事业部制强调分级管理、分级核算和自负盈亏，即一个公司按地区或按产品类别分成若干个事业部,从产品设计、原料采购、成本核算、产品制造和产品销售等,均由事业部及所属工厂负责,公司总部只保留人事决策、预算控制和监督大权,并通过利润等指标对事业部进行控制。总部只是对各个事业部规定经营方针和经营发展方向,对整个企业的资金实行统一调度,考核、训练和培养各个分部领导人。事业部制适用于规模大、品种多或地域分散、市场变化快从而要求企业有较强的适应能力的大型企业,例如通用电气、施乐公司等。

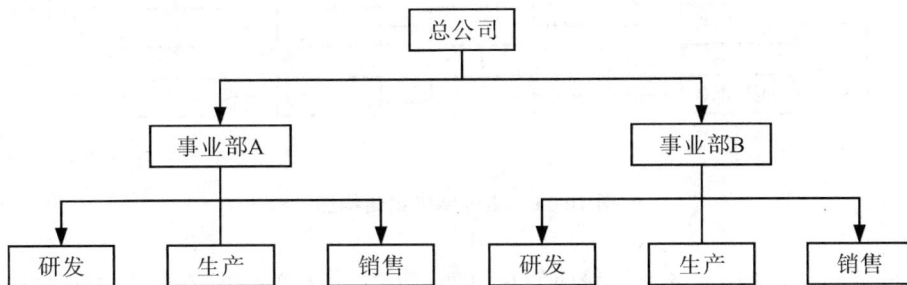

图 10-10 事业部制组织结构图

事业部制的优点:一是由于权力下放,提高了管理的灵活性和适应性;二是总公司摆脱了具体的日常管理事务,可以集中精力做战略决策和长远规划;三是由于各个事业部是一个利润中心,便于把组织的经营状况同成员的利益挂钩起来,发挥他们的积极性和主动性;四是适于产品专业化、地区专业化和服务专业化,发挥创业精神;五是为总部培养多面手的管理人才。

事业部制的缺点:一是各个事业部常常只考虑本部门的局部和眼前利益,忽视了组织的整体利益和长远利益。对不同的事业部配置资源可能会削弱整个公司的核心能力,因为不同事业部的经理们可能不情愿与其他经营单位共享其专有人才和技术。二是由于各个事业部独立自主经营,容易造成各个事业部之间协调困难、沟通不畅;三是容易出现机构重复,造成人员浪费和管理费用增大。

(六)矩阵制

这种组织结构形式是结合按产出不同划分部门和按职能不同划分部门的结果,如图10-11所示。矩阵组织的实质是在同一组织机构中把职能部门和项目或产品部门结合起来,在这种组织形式中,既有横向的按职能不同划分所形成的各个职能部门,也有纵向的按产品项目不同划分所形成的各个项目组。对于企业来说,矩阵式的结构是固定的,而对于矩阵组织中的每一个项目组来说,却又是变动的,即当企业为了完成某项新的任务时,可以成立一个新的项目小组,这个小组的成员来自各个职能部门,他们既接受各自职能部门的领导,同时又接受各个项目小组的领导。当项目小组的工作任务完成从而项目小组没有存在的必要时,企业可以撤销项目小组,项目小组的成员又回到各自的职能部门工作。例如,企业新产品开发成立专门小组,在研究、设计、试验、制造等不同阶段由有关部门参加,力图条块结合,协调各部门的工作。任务结束后,人员解散。

矩阵制组织的优点:一是,组织的横向协调比较好。在矩阵制组织中,各个项目小组的成员来自各个职能管理部门,他们不但有能力而且有动力搞好相互之间的协调。之所以有能力,是因为项目小组的成员熟悉各个职能部门的工作。而他们既是职能部门的成员又是

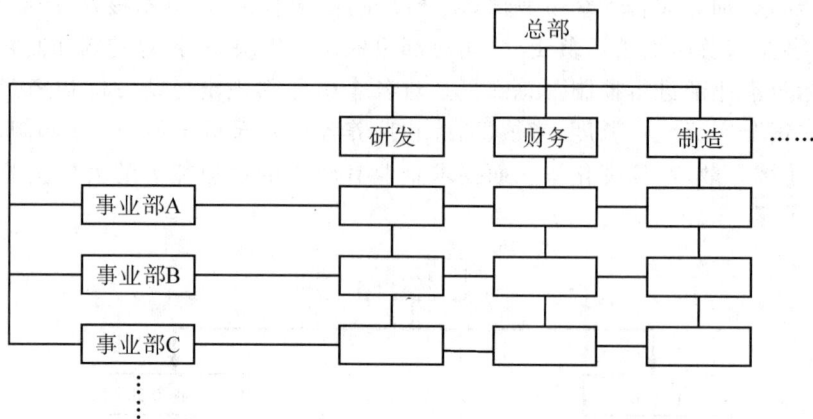

图 10-11　矩阵制组织结构图

项目小组的成员,这种双重身份使得他们在协调相互之间的工作时不会有狭隘的局部利益观点。二是,可以使组织的高层管理者集中精力进行企业重大问题的经营决策。由于横向协调比较好,企业的高层管理者就不用花很多时间进行各个部门之间的协调工作。三是,组织对外部环境的适应能力比较强。在矩阵制组织中,由于可以非常灵活地设置项目小组,因而企业可以灵活地根据外部市场的变化调整组织机构以适应外部市场的变化。

　　矩阵制组织的缺点:一是,稳定性比较差。组织成员由于要经常变换工作,可能会产生临时性的观点。二是,组织成员要接受来自职能部门和项目小组两个方面的指令,可能会造成多头领导现象。三是,人员的经常变动会造成组织正常工作的困难。特别是各个职能部门的工作,会由于人员的经常变动而受到影响。

　　矩阵制组织形式适用于外部市场变化比较快,要求企业有较强的适应能力的组织。特别是那些从事设计、开发和研究工作的组织,更适合采用矩阵制组织。实际上,随着企业规模的不断扩大,企业界出现了多维矩阵制。多维矩阵制是在矩阵制的基础上发展起来的。按产出进行部门的划分可以细分为产品产出、地区、顾客三种具体的类型。矩阵制是结合产品产出和职能两个维度来设计组织结构的,多维矩阵制是结合产出部门化的两种或两种以上的具体类型以及职能部门化来形成一个三维或以上的组织结构。有关多维矩阵制的组织结构图,可以参见下文关于 IBM 矩阵制组织结构的案例分析。

管理争鸣

该淘汰组织结构图了

　　若干年前,英国《金融时报》出于季节性慈善募捐的目的,向公众拍卖同旗下记者共进午餐的机会,有人想出一个巧妙的广告点子,把"拍卖品"做成一棵圣诞树上的装饰:总编辑位于树顶,其他撰稿人悬挂在下面的树枝上。

　　我觉得没有哪个组织能把内部等级关系比这更直观、更花哨地公之于众。不过,多数组织都有个没那么喜庆的等级体系图:组织结构图,老板位于顶部,下属按职位高低和上下级关系降次分布其下。

　　我问过少数几个人事主管,他们中有一半认为组织结构图是一种让人不自在的束缚、人们讨厌遵循它们规定的责任义务、它们会妨碍同事们更轻松自如地交往,或者这三种弊端组织结构图全占。The Ready 是一家帮助劳埃德银行(Lloyds Bank)、通用电气(General Electric)等企业实现结构与文化转型的公司,其创始人亚伦·迪南(Aaron Dignan)将组织结构图称为人力资源的"肮脏秘密"。它们总是伴随着"附加说明它们不是真的"。

　　而我询问的另外半数 HR 却说,组织结构图明确了公司业务是如何运作的。它们是很重要的一个工具,说明团队成员的角色和身份。它们提供了重要的"背景信息"。一位 HR 说组织结构图是她们公司阅读量最多的联机文档。

　　即便在过去人人都关注权力金字塔时,这种图也很难反映出企业的真实情况。老旧的图例充满了空缺的职位,表明制图者们难以紧跟变化。

　　如今,员工流动加快,组织结构图是命令与控制工作方式的遗产,以往在那种工作模式中,信息总是通过固定渠道传递,从你上司的上司,下达到你的上司,再到你,如此反复。招聘启事 FT 中文网招聘前端工程师 FT 中文网诚征前端工程师两名,常驻北京,负责移动应用和桌面网页开发。

　　而现在并不需要这样。在许多组织结构图中,令人生畏的"用虚线表示的上下级关系"已经说明事情绝不像图表显示的那么简单。

　　历史学家凯特琳·罗森塔尔(Caitlin Rosenthal)曾写道,世界上第一张组织结构图——1855 年出自纽约伊利铁路公司(New York and Erie Railroad)——它出人意料地先进。它似乎是有机的,而非出自谁人之手,而且它还颠覆了人们关于自上而下的权力的设想。它将日常的管辖权交予部门的主管们,他们"掌握着最佳的运营数据,更贴近实际业务,并且……是解决路线持续效率低下的不二人选"。

　　为探索新的管理方式,激进的思想家们研究了椋鸟群和黏菌释放的物质,发现两者在协同运动时都不存在正规的等级划分。他们在商业领域也做了实验。他们研究了亚马逊(Amazon)旗下鞋类零售商 Zappos 的转型——该公司采取了"合弄制"(Holacracy)的自我管理体系——以及在爱立信(Ericsson)和微软(Microsoft)这样历史悠久的公司中那些自主团队的发展。然而,虽然摧毁组织结构图也许是促成这种转型的一个有效方式,但如果它使员工无从得知同事们各自的职责则会令情况变得更糟。企业的成长需要一定的结构——而且迟早有人会想了解这一结构。

　　更好的办法是制作一些图片来说明团队是如何运作的。斯坦福大学商学院(Stanford Graduate School of Business)的琳德丽德·格里尔(Lindred Greer)说她的 MBA学生们常说,当见到组织结构图上那些职位比他们高的人能力不济时,他们是多么沮丧。她建议采用一种维恩图式的图表,在上面即使团队的基层成员也有控制的子集。"重要的是他们在一些领域可以自己拿主意,"她说。

　　团队成员可以通过声明自己最擅长什么来界定自主决策领域。来自同事们的压力会防止他们有意夸大自身的技能,而了解同事们的专业技能会令团队的整体表现愈加出彩。

　　被委任的领导者也需要更加低调。格里尔教授还建议领导者必须表现得像动物园中的河马,能够一直潜在水下,只露出双眼关注团队,只有在需要行使全部职权时才现身。

一成不变的组织结构图已逐渐丧失效力。Asana、Slack之类的应用程序可能会加速它的衰落,这些应用会推动企业变革,在每一项任务中将相关专业人手作为核心,即便硅谷还未兑现其让技术重新探索企业制度的愿景。

与此同时,即使那些认同组织结构图的HR主管们也指出,年轻职员们也许并不怎么在乎那种僵化的等级关系。一位HR说,现在的年轻人很乐意越过那些过时的渠道,向高级合伙人或者部门主管献计献策。这提醒我们,不管我们喜欢与否,变革的主要障碍已不再是组织结构图;而往往是其中的人们。

资料来源:http://www.ftchinese.com,2017年1月9日,作者:安德鲁·希尔。

第四节 组织结构的变革趋势

一、对传统组织结构形式的评价

根据上面的分析,我们可以把直线制、职能制、直线职能制和直线职能参谋制归结为U型组织,把事业部制归结为M型组织。

U型结构也称一元结构,产生和应用于现代企业发展的最初阶段,是最基本的一种组织结构形式。U型组织是按照经营职能如生产职能、财务职能、营销职能等来划分部门,各部门之间的运营是功能导向型的,企业各个部门之间是依赖和协作的关系,企业最高领导及其机构负责策划和运筹,直接领导和指挥各个部门开展业务活动和经营管理。其显著特征是在管理分工的基础上实行中央集权控制。

M型组织结构,又称为事业部制或分权制结构,是指企业依照产出的不同,如产品系列或地域分布等因素,将企业划分为若干分部,各分部的运营是业务导向型的。M型组织结构是一种高度集权下的分权管理体制,每个分部均是一个独立的利润中心,独立经营、自负盈亏,公司总部只保留人事决策、预算控制和监督大权。多元化发展的战略就要求企业在组织结构方面进行相应的调整和创新。美国杜邦公司和通用公司作为最早提出M型结构思想并应用于实践的企业,实现了从U型结构向M型结构的转变。M型结构是一种集权和分权相结合的组织结构形式,它有效地解决了U型结构不利于调动管理者的积极性、不利于提高组织对外部环境变化的适应能力的问题。直到今天,M型结构仍然是大企业最重要的组织结构形式。

无论是U型组织结构还是M型组织结构,其共同特征都是以纵向控制为主,横向协调为辅,因此都不同程度上存在部门的各自为政、协调不畅等问题。

20世纪80年代以来,随着全球化、信息化、网络化和市场化的发展,组织环境呈现复杂多变的趋势,层级制组织结构越来越不适应时代和环境的需要,组织结构急需变革。在转型环境下,企业追求的不再是企业间纯粹的竞争关系和交易关系以及企业内纯粹的科层关系,而是追求企业间的合作竞争和网络关系,强调通过在全球范围内进行资源的有机配置来提升企业竞争力。现代管理者正试图利用各种创造性办法构建和安排新型组织结构,使组织能对顾客、员工以及其他利益相关者的要求做出更好的响应。

二、组织结构的发展趋势

(一)组织扁平化

传统金字塔形组织形式虽具有结构严谨、等级分明、分工明确、便于控制和统一指挥等优点,但在新形势下其弊端日益突出:管理层次多导致机构臃肿、人员膨胀;管理成本上升;人浮于事,管理效率低,信息处理和传递不畅;下层自主性小,创造潜能难以释放,对外部环境变化反应迟钝;上层领导与基层群众难以交流沟通。这种组织形式越来越不适应信息时代快速反应的要求,增大管理幅度,减少管理层次,使组织结构变扁已成为不可避免的趋势。

组织结构扁平化指压缩组织的纵向结构,减少中间管理层次,增大管理幅度,促进信息的传递与沟通,实现平面化管理。信息技术和网络技术的发展和应用,使组织的扁平化成为可能。因为信息技术和网络技术使信息获得和传递更为容易,基层管理部门可以直接与高层决策者沟通,减少了中间环节,企业组织的等级结构已不再受到管理幅度的限制,从而形成决策层、管理层、操作层在同一平面上进行平面化管理(见图 10-12)。

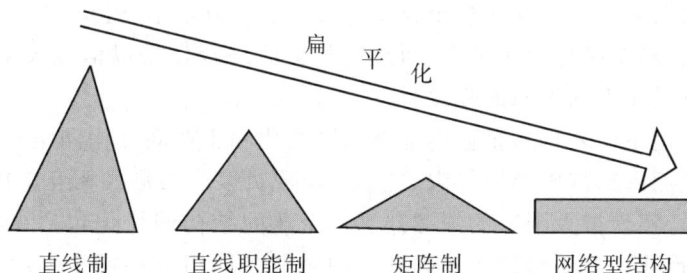

图 10-12 组织的扁平化过程

德鲁克曾经指出,由于现代企业组织由知识化专家组成,因此企业应该是由平等的人和同事们形成的组织,没有高低之分,每个人的业绩都是由他对组织的贡献而不是由地位高低来决定的。因此,现代企业不应该由老板和下属组成,必须由平等团队组成。组织扁平化的竞争优势,主要是如何通过一个精益组织,对组织所拥有的知识和信息进行整合、创造和管理,从而更直接地面向市场、面向用户。为了这种知识与信息的整合、创造和管理,扁平化组织不是以职能为单位,而是形成一个个动态的知识团队,这种团队将个体和组织结合起来,促进用户知识的显性化和实体化,最终形成完整、统一的知识共享平台。扁平化组织的运作核心是通过这种知识团队的自我管理,不断释放整体知识的能量,进而实现企业价值创造空间的创新和拓展。但是,需要注意的是,扁平化并不是简单地减少管理层次,而是需要在组织内进行面向顾客的横向型流程再造。

组织结构扁平化具有如下优点:(1)管理层次少,管理人员减少,降低了管理费用,丰富了各层管理内容;(2)管理跨度加大,迫使领导放权,下属的自主性增强,利于激发员工的创造性与积极性;(3)对管理者的要求提高,利于改善和提高员工队伍的整体素质;(4)削减中间层次,提高了信息传递的速度,不容易失真,同时提高领导的决策效率,促进上下级之间的沟通;(5)人员精干后,加大了员工的工作责任感。

20世纪90年代以来,西方国家出现了声势浩大的企业再造运动,其核心是把传统的金字塔形的组织结构扁平化。

(二)企业组织制度的非层级化

企业组织制度的非层级化表现在高层与低层之间的差距和等级观念弱化,在同一层级从事不同职能工作的员工之间的横向交流增多;员工向多面手发展。企业内部进行充分授权,个人或内部组织的自主性、独立性增强。在不同层级之间建立的跨层级小组或团队增多,企业内部组织之间的横向和纵向协调增加。

(三)组织网络化

随着信息技术的飞跃发展,信息的传递不必再遵循自上而下或自下而上的等级阶层,就可实现部门与部门、人与人之间直接的信息交流。组织结构内部各个部分之间不是传统的权力链组成的层级制,各组成部分之间是平等、互利的协同关系。企业内部的这种无差别、无层次的复杂的信息交流方式,极大地刺激了企业中的信息载体和运用主体。组织网络化发展相对于官僚制组织而言,其本质特征在于,强调通过全方位的交流与合作实现创新和双赢。个人、企业、企业内的部门或它们的混合组成,是网络型组织的节点。节点之间的关系是平等的互动式联系。密集的多边联系和充分的合作是网络型组织的最主要特点。全方位的交流与合作既包括了企业之间超越市场交易关系的密切合作,也包括了企业内部各部门之间、员工之间广泛的交流与合作关系,而且这些交流与合作是以信息技术为支撑的,并将随着信息技术的发展而得到不断的强化。

组织结构网络化主要表现为企业内部结构网络化和企业间结构网络化。企业内部结构的网络化是指在企业内部打破部门界限,各部门及成员以网络形式相互连接,使信息和知识在企业内快速传播,实现最大限度的资源共享。企业间结构网络化包括纵向网络和横向网络,纵向网络即由行业中处于价值链不同环节的企业共同组成的网络型组织,例如供应商、生产商、经销商等上下游企业之间组成的网络。例如,通用汽车公司和丰田汽车公司就分别构建了一个由众多供应商和分销商组成的垂直型网络。横向网络指由处于不同行业的企业所组成的网络,这些企业之间发生着业务往来,在一定程度上相互依存。

(四)组织柔性化

消费者的需求日益个性化、多样化和复杂化,市场更加具有不确定性和多变性,企业组织必须实现从机械式组织到有机式(柔性)组织的变革。柔性化是指在组织结构上,根据环境的变化调整组织结构,建立临时的以任务为导向的团队式组织。柔性组织结构注重组织系统的开放性和合作性,可以充分利用企业的内外部资源,增强组织对市场变化与竞争的反应能力,保持组织系统的动态稳定。柔性组织一般由两部分组成,一部分是为保证完成企业固有战略任务而组建的稳定结构,另一部分是企业柔性化的具体部分,它是为完成组织所面临的新任务而形成的组织机构。

(五)企业内部组织团队化

团队合作已经成为现代组织的一个主要趋势,它可以大大提高组织的效率。在基于团队的结构中,整个组织是由执行组织的各项任务的团队组成。

团队式组织是适应信息时代快速多变的市场需求而设计的一种跨职能、跨行业的新的组织形式。它的作用包括:(1)它可以提高组织的灵活性和应变性,使组织结构具有更大的弹性,增强组织对外部环境的动态变化的适应能力。(2)团队成员的专业、知识、技能互补,内部是新型合作关系。(3)团队成员具有认同的工作目标和方法,内部信息沟通渠道畅通、决策速度快、工作效率高。(4)内部成员合作精神强、士气高。

团队式结构的目的是建立一个合作的工作环境,团队成员用互补的技术共同努力达到目标,他们之间的关系不是传统的发号施令和被动执行的关系,而是一种新型的团队合作关系。团队组织可以是临时性的非正式组织,也可以是一种具有灵活性、多样性的正式组织。团队组织可以分为自我管理工作团队、项目团队、交叉功能团队、高级管理团队和虚拟团队。

自我管理工作团队指由那些具备完成一项相对完整任务所需各种技能的人员组成的团队,他们是进行自我管理、不需要任何正式监督的超级团队。项目团队也叫任务团队,指为了完成某一临时任务而组成的工作小组,团队成员根据项目需要来自不同部门、不同单位、甚至不同国家,当项目难以继续或不值得继续,或者项目完成后,所有成员回到各自原先的岗位。交叉功能团队是一种特殊形式的项目团队,由来自不同部门的员工为了共同完成某项任务而结合在一起。高级管理团队指由多个部门经理组成的管理团队,这有点类似高层管理委员会或群体决策组织。虚拟团队指不是通过面对面的组合完成工作,而是通过电子邮件、视频会议、网络等各种电子通信手段虚拟结合而完成工作。

团队以协调和合作为特征,但分歧和冲突也是不可避免的。冲突可以分为认知冲突和情感冲突。在工作应该怎么做这个问题上产生的认识不一致造成的冲突叫认知冲突或任务导向冲突,认知冲突与智力和具体事件有关。因为人的性格不同而产生的冲突是情感冲突,情感冲突存在于与人性和与人相关的分歧上。认知冲突可能有助于提高团队绩效,因为认知冲突鼓励创新思维。但情感冲突可能导致缺乏信任并产生敌意从而降低团队绩效。

三、新型的组织结构形式

随着企业组织结构的发展呈扁平化、非层级化、网络化、柔性化、团队化等特点,出现了一些新型组织结构。

(一)网络型组织(N型组织)

网络型组织(N型组织)是建立在信息技术基础之上的一种协同工作模式,它以国际互联网和企业内部网为技术支架,实行对组织的信息化、网络化管理,以便大量地、准确地把握和传递信息,快速灵活地适应社会的市场的变化。它是由多个独立的个人、部门和企业为了共同的任务而组成的联合体,它的运行不靠传统的层级控制,而是在定义成员角色和各自任务的基础上通过密集的多边联系、互利和交互式合作来完成共同追求的目标。

网络型组织没有传统的层级制组织那种层次复杂的组织结构,组织主体有两个部分构成:一个是中心层,它是一个小规模的、高效精干的管理者集团;另一个是外围层,由若干独立的组织组成,他们同中心层是一种不稳定的合同关系,中心层的制造、营销等功能以合同方式让外围层去做。网络组织的工作就是通过网络来协调和控制与外围层各个组织之间的关系,以合同的形式,依靠许多独立的组织来执行相应的职能。在这种组织里,产品的生产变成了模块,产品的模块由外部的供应商制造,厂商只需要模块的拼合,装配成最终产品。例如,耐克公司作为一家生产运动鞋的厂商,它却连一家工厂也没有,而是集中公司资源专攻产品设计和行销,生产则委托给人工成本较低的新兴国家代为加工生产,从而可以很快对市场变化作出反应,保持高强度的竞争优势。

网络型组织有四种类型:

1.内部网络:减少管理层级,使信息在高层管理人员与普通员工之间更加快捷地流动,另一方面打破部门间的界限,使信息和知识在水平方向上更快地传播。这样使企业成为一个扁平的、由多个部门界限不明显的员工组成的网状联合体。企业内部构建网络型组织,有助于企业及时准确地识别顾客的需求特征,围绕特定顾客和顾客群配置资源,组建由设计、生产、销售、财务等多方面专业人士组成的团队为顾客服务。

2.垂直网络:在特定行业中由位于价值链不同环节的企业共同组成的企业间网络型组织。原材料供应商、零部件供应商、生产商、经销商等上下游企业之间不仅有产品和资金的交换,而且还有技术、信息等其他要素的交换和转移。垂直网络内企业围绕最终顾客价值,通过紧密合作,及时供应和生产,大大提高了效率。例如,信息技术和网络把分散的供应商、设计商、制造商、装配商、销售商等结成一个无缝连接公司。

3.市场间网络:指由不同行业的企业所组成的网络。如日本的财团体制是市场间网络组织的典型例子,日本的大型制造企业、金融企业和综合商社之间在股权上相互关联,管理上相互参与,资源上共享,在重大战略决策上采取集体行动,各方之间保持着长期和紧密的联系。

4.机会网络组织:它是围绕顾客组织的企业群,为广大消费者和生产企业之间架设桥梁。它在规范产品标准、网络安全和交易方式方面起到了关键的作用。例如,电子商务平台企业是典型的机会网络组织,它们将众多生产者和消费者联系起来,共同构成机会网络。

(二)学习型组织

1990年,美国麻省理工学院的彼得·圣吉教授在他的惊世之作《第五项修炼:学习型组织的艺术和实践》中关于建立学习型组织的理论,引起了管理学界的轰动,使学习型组织的概念广为流传。他提倡的学习型组织是一种以知识管理为特征、把知识和学习作为其动力和源泉的新型组织。这种组织由于所有组织成员都积极参加到与工作有关问题的识别与解决中,从而使组织形成了持续适应和变革能力。

在这个组织里,员工们通过不断获取和共享新知识,参加到组织的知识管理中来,并有意愿将其知识用于制定决策或做好他们的工作。每个人都参与识别和解决问题,使得组织不断地实践、变革和改善,因而增强其成长、学习和达到目标的能力。

彼得·圣吉在《第五项修炼:学习型组织的艺术和实践》中提出建立学习型组织的五条修炼:

1.自我超越。就是能够不断实现人们内心深处最想实现的愿望,而这又成为激励人们不懈地学习和进取的动力。为了实现心中的理想和远大目标,就要不断学习和补充新鲜知识,不断进行创新和超越。不断整理自己的真正愿望,集中精力,培养耐心,客观地观察现实。

2.改善心智模式。心智模式是影响人们了解世界以及如何采取行动的假设、成见、图像和印象等。改善心智模式就是不断适应内外变化,改变自己的思维定式以及由这种思维定式所决定的思想、心理、行为转换方式。

3.建立共同愿景。共同愿景包括三个要素:共同目标、价值观和使命感。共同愿景是组织中各个成员发自内心的目标,要设法以共同的愿景把组织成员凝聚在一起,为实现这一共同愿景而奋斗和奉献。

4.团队学习。组织成员都能敞开心扉,通过思想的自由交流,把大家的智慧、思想和经验汇集起来,使集体的智慧高于个人的智慧。

5.系统思想。要树立系统的观点和动态的观点,着眼于事物的整体,把握事物的全局,把组织看作是一个有机联系的统一整体。要把组织整体的功能和效益作为人们认识和解决问题的出发点和归宿。

(三)虚拟组织

虚拟组织是一种以从事具有核心竞争能力活动的企业为核心,以计算机网络和信息技术为基础和支撑的一种动态的企业联合体。虚拟企业的形成是源于虚拟企业的组织者(核心企业)在对市场及企业的资源状况分析的基础上,为了提高企业的核心竞争能力,把企业的全部或大部分业务都外包给其他企业,并利用计算机网络和信息技术使虚拟企业的组织者与参与者形成一个动态的企业联合体。如耐克公司自己没有厂房,自己的生产工人,没有堆积如山的原材料,也没有自己的运输车队,但是,耐克公司凭借自己的著名品牌,自己卓越的设计能力以及有效的销售网络,就可以根据市场的需求与企业的发展战略,选择最好的制造商生产出满足顾客需要的各种耐克产品。即通过一个虚拟存在的"耐克厂商"生产出了实实在在的耐克产品。

虚拟企业的特点是:

第一,对于虚拟企业的组织者来说,通过业务外包,使企业专注于具有核心竞争能力的活动,从而能更好地提高企业的竞争能力。

第二,由于虚拟企业的组织者只专注于最具有竞争力的业务,而且与虚拟企业的参与者是一种短暂的动态的关系,这大大地提高了企业的灵活性和对市场变化的适应性。

第三,虚拟企业通过业务的外包,等于广泛地利用了全社会的有用资源。对于虚拟企业的组织者来说,不必要投资购买机器设备,可以充分地利用不断发展的科学技术成果,即大大地降低了生产成本,又提高了生产制造技术的弹性和柔性,它可以根据消费者的不同需求生产具有个性化的产品,使消费者的需要得到更好的满足。

第四,虚拟企业各成员之间不是传统企业中的等级系列关系,虚拟企业的组织者既不能依靠来源于财产所有权产生的控制权力来决定和调整虚拟企业参与者的活动,也不是完全靠市场的等价交换原则来虚拟企业组织者与参与者之间的关系。而主要是依靠虚拟企业的组织者(核心企业)所具有的关键技术和能力,如产品专利、制造技术、销售网络、品牌信誉、管理能力等。

管理视野

未来企业的组织边界会消失吗

组织边界是把组织与外部环境区分开来的东西。组织边界并不单表现为物理边界和管理边界,还表现为社会边界。所谓社会边界,是指组织成员对自己所处组织的归属与认可。这是一种存在于组织成员意识中的"差异性"和"同一性"之间的一种界限。通过这个社会边界,组织成员意识到自己是某个组织的成员,并为自己是某个组织的成员而感到骄傲和自豪,从而激发他们为组织目标实现而努力工作的积极性。但是,社会边界与物理边界、管理边界有时会重合,有时却不会。重合的程度越高,说明组织成员对组织的同一性认识越高,则他们的行为越会有利于维护组织目标的实现。如果重合程度低，或者根本就不重合，则组织成员的行为就可能会影响甚至损害组织目标的实现。

组织边界不仅存在于组织与组织之间，也存在于组织内部的部门与部门之间、层级与层级之间。因此，在组织内部，就存在着垂直边界与水平边界。垂直边界是通过组织中的等级、头衔和身份等把组织成员分隔开来。例如，企业中的不同层次的管理者可以拥有不同的座车、使用不同的办公室、享用不同的餐厅、阅读不同的文件。水平边界则是通过职能、业务单元或部门把组织成员分隔开来。从事不同职能活动的部门，它们有不同的目标追求，有不同的考核与激励方法，有不同的办事程序与规则，甚至还会有不同的文化。

组织边界的形成，把组织与外部环境划出了界限，也就给组织的活动划出了一个比较稳定的空间。在这个空间内，人们追求共同的目标，接受共同认可的价值观与行为准则，形成分工有序的组织结构形式。组织边界的形成是一把双刃剑，它在给组织成员一个相对稳定的活动空间的同时，又会限制组织成员活动的自由，从而影响了组织的有效发展。组织通过这个边界与外部环境发生着各种各样的联系，同时又通过这个边界把组织与外部环境人为地分隔开来。所以有人说，组织边界是一种被动的容器，一种法律的、官僚政治的或者行政的外壳，又是交互地带可渗透的一层膜。也就是说，组织边界如一堵会渗透的墙，它使组织既能与外部进行各种要素的交换，同时又能圈起一个"我们自己"的共同领地。有了这样一个"我们自己"的共同领地，管理者才能通过对共同目标的认识和理解，以及通过企业文化的形成与建设，来调动和激发组织成员的积极性。

从企业的外部组织边界看，组织的物理边界并没有消失，但却由于虚拟生产方式的采用而发生了变化。从虚拟企业组织者的角度看，原来统一的、明确的物理边界变成了多个独立的、动态变化的物理边界。这种物理边界的变化，意味着虚拟企业的组织者可以不必通过自己直接的"物"的要素的投资，就能广泛地利用社会的各种资源，分享社会科技进步的成果来达到扩大生产规模从而促进企业不断发展的目的。原来统一的、以行政手段为特征的管理边界被渗进了市场机制与心理契约，它们共同发挥着作用，处理了虚拟企业的组织者与参与者之间各种要素的交换关系。这种管理边界的变化，意味着虚拟企业的组织者与环境之间的关系在具有稳定性的同时，又具有弹性和灵活性。在社会边界方面，由于未来的企业规模将会变小，而规模经济效益不再是通过以资产为主要联系纽带建立起来的巨型企业（如企业集团）来取得，而可能会是通过各种以分工合作为联系纽带建立起来的虚拟企业联合体来实现。在知识员工成为社会劳动生产主体、社会为每个成员提供了良好的发展机会的情况下，会使得人们不一定会强调忠诚于某个企业组织，未来的企业组织员工不再是对某个组织的认同，也不一定会以是某个知名企业的员工而感到自豪和骄傲。取而代之的是相互之间的信任与合作的态度。也正是因为未来企业的社会边界中的这种信任与合作的精神，才使得虚拟企业联合体的各成员，能在以产权为基础的管理边界被渗透和改变，能在缺乏统一的、明确的物理边界的条件下，各自处在不同的地理位置上能进行有效的相互协作。

组织边界把组织与外部环境相对地区分开来。有了它，组织就有了自己独有的领地，组织成员就可以在这个领地内按制度、程序来活动和运转。有了它，组织就有了共同的目标追求，组织才有可能形成凝聚力。有了它，组织就能抵御外部环境不当行为的侵害。有了一个好的组织边界，组织就可以更有效地与外部环境进行各种要素的交换，从而促进组织目标的更有效实现。

人们讲的消除组织边界、建立无边界组织，实际上是针对传统的垂直式的组织结构形式所存在的问题而言。传统的垂直式的组织结构形式是适应工业经济时代以"物"作为投入生产过程的最基本要素的特点而形成的。在这种组织结构形式下，企业的市场开拓是以地域市场开发为基础，企业规模的扩大是以陆地扩展为基础，企业的信息传递是以纸质文件或会议为媒介，企业是以物质产品作为基本的生产要素。因此，所形成的企业组织结构形式是可控的、可及的客观实体。它通过部门的划分和岗位的设置，把企业构建成了一个如同用砖头和水泥砌成的"建筑物"。在这个建筑物内，各个部门形成一个个独立的"筒仓"，各个"筒仓"之间都有自己独立的利益，各个"筒仓"之间缺乏有效的沟通与联系。它自己形成一个独立王国，在这个独立王国内，拥有最高权力者具有绝对的权威，它强调程序、制度和规范，它在自己与市场之间划了一条清晰的线，它运用权威进行专业化分工和协作以实现对社会资源的有效配置。但随着知识经济时代的来临，科学技术的发展和应用将极大地改变社会生产的组织方式，这就使得传统的垂直式的组织结构形式的这些特征，变成了其不适应新环境要求的问题而遭到人们的批评。人们希望企业与客户之间、与员工之间、与供应商之间能建立一种新的关系。要求企业能更"贴近客户"，以一种更个人化的、无处不在的、实时的方式与客户互动。要求管理者与员工之间的关系从基于控制向基于信息的关系转变，要求重塑企业的价值链，与供应商建立起合作的、信任的长期伙伴关系。

组织边界是一种客观存在，过去的企业存在着组织边界，未来企业的组织边界也不会消失，但是会发生变化。问题的关键在于，我们要探讨未来组织边界的变化会对企业与企业之间的沟通与联系以及对企业中成员的行为产生什么样的影响作用。组织边界又是一种人为的结果。既然是一堵墙，就是可以垒砌起来的。但问题在于，应如何垒这堵墙？如何才能使这堵墙既能堵又能疏？组织边界也可以是通过人们的社会交往与社会活动在无意识中发展起来。人们通过社会活动，相互之间会产生共鸣和理解，会对某些价值观与行为准则产生一致化的认识，会产生对某一事物的共同认同，使得社会边界得以形成。对于这种社会边界的形成，管理者也并不是无所作为。管理者要做的就是要通过有意识的引导与建设工作，形成积极的、向上的、适应组织内外部环境的价值观与行为准则。这也是人们常说的企业文化建设的问题。但问题在于，未来的企业物理边界和管理边界都发生了变化，在这种情况下应如何进行文化建设是值得人们探讨的新问题。

资料来源：林志扬、林泉：《未来企业的组织边界会消失吗？》，载《经济管理》2007年第29卷第3期。

本章小结

1.组织职能是指通过组织结构的设计和组织中各种关系的处理，使人们能在组织中既分工又合作地为实现计划目标而共同努力。计划所确定的目标，是开展组织工作的基础，而组织职能是为了计划目标的实现。组织职能，或称为组织工作，不仅包括组织结构设计，还包括权力机制设计和人际网络设计等。

2.组织工作就是"设计一种组织结构框架，为组织的成员创造一种适合于默契配合的工作环境，使组织成员能在其中分工协作地进行有效的工作的一种管理活动"。这个定义中有三个关键性概念，分别是设计、结构与合作。设计，在这里的意思是指管理人员有意识地做出努力，以事先确定组织成员的工作方式。结构，是指组织中相对稳定的关系。合作，是指组织要创造一种环境，使得组织成员能够在组织中为完成整体目标而分工协调地工作。理解这三个概念有助于深刻认识组织工作的内涵和性质。

3.组织工作的影响因素包括外部环境、目标和战略、组织规模、组织技术和组织文化。

4.组织工作的基本内容包括工作分工、部门化、管理幅度与管理层次的确定、权力机制，以及在此基础上形成的组织结构。

5.组织工作的变革趋势主要是结合当前转型环境下组织管理面临的挑战，分析组织工作重点的转移。主要包括扁平化、网络化、柔性化和无边界化等。当然，这些还仅仅是一种变革趋势，还未形成明晰的组织变革蓝图。

6.所谓管理幅度，是指上级管理者能直接有效地管辖的下级人员数。这个概念强调了两点，一是指在组织所形成的不中断的等级系列中直接上级对直接下级的管辖人数，二是指有效管辖的下级人员数。与管理幅度有关的还有一个概念即管理层次。

7.所谓管理层次，是指在组织中所形成的不中断的等级系列的环节数。在组织规模一定的条件下，管理幅度和管理层次成反比例的关系。管理幅度越大，则组织的管理层次就越少，这种类型的组织结构就称为扁平型结构；管理幅度越小，组织的管理层次就越多，这种类型的组织结构就称为高型结构。

8.所谓部门化，是指按照一定方法把组织中的人和事划分成可管理单位的过程。一个组织建立以后，由于管理幅度的有限性，一个管理者所能直接有效管辖的下级人数是有限的，因此必须通过部门的建立来满足组织规模扩大的需要。部门化实际上是一种专业化。组织实际上是按照某种专业化的标准对组织中的人和事进行划分，使之形成可管理的单位。

9.传统的组织结构形式偏重于严格按照等级链进行统一指挥、统一领导和集权化，按组织的内部操作的不同进行部门的划分，包括直线制、职能制、直线职能制、直线职能参谋制等几种组织结构形式。

10.现代的组织结构形式关注组织员工的积极性和能动性的发挥，在遵循统一指挥等管理原则的基础上倾向于分权化，按组织的产出不同进行部门的划分，包括事业部制、矩阵式、网络式、学习型组织和虚拟企业组织等。

复习思考题

1.组织工作的内涵是什么？其影响因素和基本内容各包括哪些？

2.组织工作的变革趋势是什么？推动组织工作变革的因素又是什么？

3.外部环境、目标和战略、组织规模、信息技术和组织文化是如何影响组织设计的？

4.组织部门化的方式有哪些？各有什么优缺点？

5.简述管理层次与管理幅度的关系。有效的管理层次应该遵循哪些原则？

6.简述组织结构的演进历程。各种组织结构形式的优缺点和适用情景是什么？

7.你对网络型组织、学习型组织、虚拟企业组织的认识。

8.你对集权和分权的认识。有效的授权取决于哪些因素？

9.你是如何看待组织中的直线与参谋之间的关系的？

10.你认为未来的组织结构变革趋势有哪些？请谈谈你对它们的认识。

技能练习

1.参访一家企业，了解其组织结构历史和现状。

2.各挑选一家互联网企业和传统制造业企业，对比它们的组织结构。

3.根据上章小组提出的行动任务，设立行动任务得以分解和完成的框架体系和人员系统。

课外阅读

企业组织变形计

2014-10-09 15:53:05　来源：商界

今天的企业组织改造，已经不再是简单的对他人的"嫁接"或者"模仿"就能实现的事情。它既涉及整个企业运作模式的重塑，也涉及人们观念和思维方式的调整。

你必须破坏一个旧习惯

2014年9月9日，李克强总理与参加"2014年夏季达沃斯论坛"的企业家代表对话。谈话中，李克强向企业家们提到了国家政策中心向"促改革"转变的大趋势。在回答波士顿咨询公司全球首席执行官Rich Lesser的提问时，他表示，国家会"把已有的存量货币和增量货币向农业、小微企业、新兴产业、高技术产业倾斜"，从而促进经济结构和企业结构的调整。

这些句子引起了人们的猜测：在整个经济环境处于调整期的中国，企业自身结构是否也面临着调整？

近段时间，关于新形势下企业组织结构改革的讨论一直是一个舆论热点。但事实上，无论在企业层面，还是在国家政策层面，组织结构调整的提法都并不新鲜。

尽管不新鲜，却因阻力重重而难以实现。

一个历史故事或许比现代的商业案例更能给人启示。英国议会在1714年曾设立经度奖，向民间"广撒英雄帖"，征集改善航海测量的技术。果然高手在民间，来自英国乡下的木匠兼钟表匠约翰·哈里森发明了采用三角测量法的高精度航海经线仪，赢得了1.5万英镑的大奖。这种"利他主义"的组织形式，最终反过来实现了利己。

遥远的历史案例是否会为今天陷于组织改革困境的企业提供某些启示？

当然，残酷的现实远比一个历史故事要复杂、具体得多。今天的企业组织改造，已经不再是简单的对他人的"嫁接"或者"模仿"就能实现的事情。它既涉及整个企业运作模式的重塑，也涉及人们观念和思维方式的调整。我们已经进入了一个"全员创新"的时代，先发制人，后发制于人。阿里巴巴、百度、腾讯、华为、海尔等线上线下巨头不约而同地透过重组与调整，以期赢得快速演变中的生态系统的主控权。巨头们不约而同的动作说明了网络时代的企业组织必须顺势而变,有充分的弹性与应变能力。

那么,这些年来,中国的企业在组织结构改革上,有哪几种路径,有哪些借鉴对象,日后的方向又具备什么可能性?我们试图为读者梳理出一幅详细的全景图。

传统企业组织结构的"魔咒"

在达沃斯论坛召开一周前,北京中国大饭店的会场中心,李彦宏的身后是科技感十足的蓝黑色幕布。当镁光灯聚焦到这位 1968 年出生的、曾经是中国最富有的互联网冒险家身上时,台下观众听到了他演讲的主题:"传统产业如何拥抱互联网"。当他讲话时,背后的蓝色幕布随即闪现出彩色字体:寻找服务。

听众大部分是传统企业主。他们屏息凝神,竭力用耳朵从谈话中寻找着某些关键信息。台下有人感慨,时代变化太快,连一度站在潮流尖端的李彦宏如今也开始谈论传统产业转型的问题。李彦宏讲话中出现频率第二高的词汇是"转型"。并不快的语速带有一种紧迫感。当他滔滔不绝地希望把百度的新产品和新理念介绍给那些传统企业主时,不少人仍表达了不解。讲台上的演讲者和台下的听众共同构筑的谈话空间,传达了一种普遍的焦虑:在商业逻辑迭代更新如此频速的今天,传统行业冗余的组织结构让它们难以应对新的形势。但具体如何做,人们一脸茫然。

李彦宏极力推辞掉了在太原举行的晋商大会,才得以把自己留在了北京的百度讲台上。山西的那些传统企业,其共同特点在于组织结构庞大臃肿,并且与地方政府机构有着千丝万缕的暧昧联系。当中的一部分甚至被山西省的政坛人事震动波及,剩下的,则在焦虑与自我内部改革的尝试中消耗着时间。显然,这一部分企业并不希望自己也落入传统大企业的某种宿命。

财经作家吴晓波在《大败局》里描绘的那些 20 世纪八九十年代中国那些"其兴也勃焉,其亡也忽焉"的企业,至今令人印象深刻,它们当中的不少就是倒在了企业经营理念和组织结构僵化的问题上。即使到了新世纪的第二个十年,企业组织结构的魔咒似乎仍在奏效。

从新世纪的第一年加入 WTO,到 GDP 在 2010 年超越日本成为全球第二,中国在十多年的时间里迅速成为全球瞩目的经济明星,但中国的商业组织似乎表现平平。进入全球五百强的中国公司大多是行政命令拼凑的产物,有时候,它们就像是李鸿章组建的北洋舰队,拥有令人印象深刻的规模和装备,却无法应对真正的挑战。传统的组织方式并没有把劳动者的积极性和创造力有效调动出来。和中国社会各个领域的改革一样,中国企业组织多年来的自我改革似乎总是误入歧途,不得要领。

中层没有未来

不过,企业自我改革的探索与努力仍在持续。中国白电企业的代表,海尔集团的首席执行官张瑞敏 9 月在回答记者关于海尔裁员过万的传言时,屡次提到了企业的"扁平化管理",并解释说,所谓的裁员不过是将企业的部分中层转化为了小微创业团队。作为国内知名的"理论型"企业家,张瑞敏的谈话总是离不开西方最时髦的管理理念,凯文·凯利、克里斯·安德森等管理学界的"大咖"是他的座上宾。然而,这一切并不足以在实际层面保证企业的转型具有可操作性。

著名的组织变革领袖汤姆·彼得斯曾经提出一个论断:中层没有未来。理由很简单,在公司全球化运营的时代里,传统的科层架构将会大大妨碍信息的流动、增加沟通成本,从而降低企业运营效率。因而,流程变革的最终目标就是要扁平。这个看似简单的理论运用到企业的实际改革中会面临不少具体问题。例如海尔集团大张旗鼓要"砍掉中层"，以及全集团的小微化组织改革，一度在一部分老员工心里产生了抵触情绪。

　　传统企业在新的商业环境下为了生存，焦虑地寻求着组织改革的路线图，它们期望将那些冗余、难以发挥作用的企业组织剪裁掉，保留那些健康的、高效运转的部分。愿望很美好。然而，在今天的现实环境下，受制于企业的传统、既定思维和既得利益，企业的基因改造工程会遇到各种挑战。适者生存物竞天择，在商业市场中的那些史前时代的"恐龙"，已经因为无法适应环境而遭遇了灭绝，这逼迫幸存者们开始了痛苦的自我改造历程。毕竟，没有人会希望自己的企业成为濒临灭绝的白鳍豚或者藏羚羊。

　　前三十年，驱动中国企业形成今天格局的"源动力"，直接来自于物质上的饥渴感。商人们大多来自于社会的边缘，不被主流话语认可，企业的经营始终被一种改变贫穷状态的愿望驱使着。它们所面临的现实境况，几乎与前不久去世的好莱坞明星罗宾·威廉姆斯演出的电影《幸存者游戏》如出一辙：要想赢得最终的大奖，首先你得活下去。活下去，这成为贯穿游戏的唯一规则。

权力重组

　　活下去谈何容易。企业组织转型的焦虑就像一团浓郁的阴影，时刻笼罩着这些企业。就短期来看，那些先行的改革尝试者似乎并没有从主动的改革中获取显著的收益。例如苏宁，这家知名的企业在 2013 年就明确了以互联网零售为主体、以线上线下模式和开放平台为两翼的互联网路线图。苏宁老总张近东曾发下狠话："苏宁转型不成功，我就不退休。"

　　这条充满荆棘的转型之路带给苏宁的是 2013 年净利润下跌 86.32％。今年 7 月底，苏宁公布的 2014 上半年度业绩财报显示，苏宁营业总收入同比下降 7.87％。苏宁的转型之路正面临全面困境。至于一向对探讨新商业模式极富热心的海尔，在实行扁平化的企业平台以后，财务年报似乎也受到了波及，以至于其内部的公关部门需要通过发稿的传统方法消除负面舆论影响。

　　如果放宽历史的眼界，我们会发现，除了我们提到的海尔和苏宁，近些年来包括华为、宏碁、用友等等企业都在拷贝不少西方企业的组织管理模式，寻求变革——柯达、谷歌、3M、富士通、松下等企业都是它们乞灵的对象和样板。内部创业、计划书、开放式管理等理念被人们反复谈论并模仿，但它们在中国的商业土壤上实践的结果并不是十分理想。企业宣称要达成的目标总是和现实有着明显的差距。这个事实有点让人沮丧，中国企业这些年的平台化自我改造竟然无法获得起码的"及格"分数。

　　事实上，这个自我改造组织结构的过程，对传统企业而言，注定会十分痛苦。新思维和旧思维，新的平台玩法和习惯势力必然会在这个过程中发生碰撞和牵扯。传统企业中，"劳动者"和"管理者"相互对立的结构，会让任何一方都很难理解另一方看待问题的方式——这恰恰是许多公司冲突的起源。而网络时代带来的商业活动中的信息透明与权力重组，使决定权转移到了消费者的手中，企业的一个回应延迟即可能失之千里。当"顾客是第一，员工也是第一"时，企业唯有建设一个能连接员工与企业创新需求的平台型组织，才能持续产生有益于企业自身进步的创新。这正是企业组织改革的"源动力"。

　　在企业漫长的组织改造过程中，有一些法则是必须提及的。

法则一：摆脱习惯势力的影响

法则解读

中国的企业,普遍对于"管"字看得太重,这个沿袭已久的观念造成了企业结构普遍的臃肿、烦琐。上下级关系、业绩考核、权力争夺成了企业内部的主题。正如奥地利剧作家伯恩哈德在《习惯势利》中告诫人们的:原本合理的追求,在习惯势力之下都变成了实施专制的理由,所有的努力和坚持,都成为毁灭和失败的原因。因此,我们需要一种打破习惯的力量,从社会的角度来看待企业,以开放的眼光来看待企业组织。

习惯势力阻碍变革

当2014年7月新的《中国企业500强排行榜》发布时,人们从上面获得的依然是熟悉的信息。石化、电力、通信、金融等传统企业占据了排行榜最显著的位置,在排名数百名外的企业目录中,我们才渐渐发现了为数不多的传媒、创意、科技企业的名字。这似乎暗示着习惯势力的强大,占据中国商业版图大部分的仍然是缺乏创新动力、组织结构僵化的传统大型企业。这些企业的内部组织建筑在等级森严的科层结构之上,一件简单的工作需要向上级层层汇报。庞大的组织等级加上中国社会特有的官僚作风,所有这些习惯势力让任何改变成为徒劳。

《纽约时报》商业记者杜希格在畅销书《习惯的力量》中,说过这样一句话:"习惯的力量,比你想象的还要巨大。"企业的管理习惯会通过组织结构深入到每个员工内心,也深入到管理者的观念。天长日久难以改变,人们开始依据大企业的习惯思维制定企业管理规则和组织结构。事实上,这并不仅仅是传统企业的忧虑,那些"留恋过去"的科技企业也会陷入习惯力量的迷思。

例如以网络设备闻名的思科,当市场环境骤变,面对谷歌、亚马逊的崛起,思科依然沉浸在暂时的设备领先地位里沾沾自喜。自从2001年并购PixStream开始,信心爆棚的思科连续十年都有大的并购。据统计,思科平均六个星期就收购一家公司,可见其并购的疯狂。众多并购的确让思科迅速成为一个跨越多个产品线的公司,成为传统意义上"做大做强"的企业。

然而,并购最直接的后果并不是激励创新,而是让公司的组织结构变得无比庞大。为了应对多元化的业务,思科精心设计了新的管理模式,由16位高层管理人员组成"运营委员会",由高级管理人员组成的12个"理事会"向"运营委员会"报告,数十个"管委会"向"理事会"报告。过多的委员会减缓了决策速度,因为到底最后谁说了算,没有明确的说法。无穷的内部会议占用了过多的时间,消磨着员工的斗志和积极性。今年8月,焦头烂额的思科不得不宣布,裁员六千多人。

改变的力量来自何处

为什么思科的改变并不成功,而像IBM、微软这样的企业内部组织变革却相对容易?知名管理学者陈春花对此解释道:"这是因为它们都在企业的成长期做好了长期发展的准备,做好了为变革投入储备的习惯。"相反,很多国内企业并没有在变革的时候投入储备,因此只要变革就会影响到企业效益,造成波动。

改革可能会带来的代价成为一些企业止步不前的借口。它们依然习惯用传统的观点来衡量企业与员工的关系,衡量企业组织的构造,乃至企业的本质。西方古典主义管理学的"泰勒制"被他们奉为金科玉律。严格的考核、森严的组织等级以及机械的激励机制所带给员工的是犹如卓别林电影《摩登时代》一般毫无亲和力、令人厌恶的工作环境。

我们今天几乎可以笃定,传统的组织结构与管理方法难以激发人们的积极性和创造力。在习惯势力面前,甚至连激励机制都失去了作用。

管理学者乔治·埃尔顿·梅奥曾做过著名的"霍桑实验"。实验开始时,研究人员向工人说明,工人可以尽力地工作,因为在这里实行的考核是计件工资制。但出乎意料的是,工人实际完成的产量只是保持在中等水平上,没有多少提高。

即使离下班还有较为宽裕的时间,工人们也不会为了提高考核成绩而主动完成额外工作。研究者通过观察了解到工人的想法:如果他们过分努力地工作,就可能造成其他同伴的失业,公司会因此制定出更高的生产定额来。"霍桑实验"发现,工人所需的激励,不仅是金钱,还包括企业组织为他们带来的安全感、和谐、归属感。另外还取决于员工的社会生活及组织中人与人的关系。就身处其中的员工感受而言,企业与其说是一个商业组织,不如说更像一个社会组织。改善企业内部"社会环境"的愿望,就是变革的力量。

案例:"零工伤"的美国铝业

当我们谈论企业组织结构改革的时候,我们在谈什么?美国前财政部长保罗·奥尼尔给出的答案是:改变习惯。那时,他还是美国铝业公司新任 CEO。

那一年美国铝业公司财年业绩大幅下滑,管理混乱,士气不振。所有的投资者、媒体、股民都在期望奥尼尔立刻拿出令人振奋的计划。然而,他在上任前的第一次媒体见面会上却这样描述自己的主张:要成为全美、全世界最安全的企业,要零工伤!

简直莫名其妙!无论记者还是从业人员都对这个目标感到吃惊。零工伤?作为铝业公司,生产事故根本无法避免,如此要求不但苛刻,而且看上去与改善公司现状根本毫不相干。有投资分析师大为惊愕,第二天就宣布抛售股票。

然而,让人意想不到的是,奇迹发生了。美国铝业当年的利润大幅上升,5 年后股价翻番!奥尼尔硬是用一个"零工伤"的"奇葩"规定,将尾大不掉的传统企业拉出泥潭。

奥尼尔这样解释改革的成功:一项改革,你不能要求大家怎么做,你必须破坏一个旧的习惯,建立一个新的习惯,让新的习惯成为公司整体习惯革新的源泉。原来,"零工伤"直指的命门是公司阻滞臃肿的各级沟通体系。

要求其实很简单:一个员工受伤了,24 小时内必须要汇报到奥尼尔处,同时提供改正措施。然而这个简单的新规,所带来的改变是颠覆性的:要在美铝这么一个庞大的公司,在 24 小时内将处于公司最底层的车间情况传递给处于公司最高层的奥尼尔。这意味着总部与分部、分部与工厂厂长、厂长与车间、车间与工人时刻保持最紧密的联系、最高效的信息传递速度。由此,一个简单的新规,重构了原来的企业信息交换体系。

奥尼尔用这个政策,重设了公司的时钟(24 小时),进而改变了基层的信息交互规则(各级都重塑了沟通体系),从而塑造了一种核心习惯。最后,这种习惯蔓延开来,影响整个公司的转型。在上下信息沟通节奏加快的背景下,底层的很多经理、工人参与到公司的管理中,提出很多改变作业流程的建议,公司内参与度和士气都逐步恢复。所谓"不积跬步,无以至千里",一个汇报流程的更改,涉及企业组织层面的重大调整。

当美国铝业的新任董事长柯菲德 2014 年出现在达沃斯论坛上时,他提出了"每一个人每一个公司都能够以平等透明的方式,来获取到他们发展所需要的资本"的企业管理期望。这也是一种更好的企业组织所要达到的目的。正如美国铝业的历史案例告诉我们的,这种打破习惯的力量,往往来自于对一个固有习惯的打破。

法则二:"平台组织"的可能性

法则解读

8月底,万达、腾讯、百度三家大佬联合做电商的新闻,似乎让人们看见了在这个社区化和连接无所不在的时代,从"小而美"走向"好而强"的新商业路径。强强之间的联合,毋宁说是企业组织的平台化联合。O2O、核心业务外包、众筹聚合、优势互补……我们还可以举出一堆相关词,它们共同撬开了传统产业原本板结、僵化的企业组织结构。平台的调整,成为企业组织结构调整的一大方向。

外放的商业平台

传统行业在经历一场巨变,这几乎逼迫着每个企业进行自我的改革。

1960年代,阿波罗卫星的电气控制系统还没有现在最简单、最普通的一辆经济型轿车的系统复杂。但制造阿波罗卫星的电气控制系统的时间,却远远超过了制造一辆经济型轿车的时间。较之阿波罗卫星,近年来制造业的现实,足以说明新的协同合作局面的到来。在传统模式下,研发部门在开展方案设计、产品研发时需要组建设计研发团队,其间需要涉及大量的琐碎工作,加上研发环境配置等等,该模式所展开的一系列工作琐碎而费时费力。

与之相比,当今更为"时髦"的企业组织模式,是把企业内部的业务以平台化方式分派出去。《连线》杂志资深编辑杰夫·豪把它称为众包模式。

美国的无线T恤公司Threadless是平台组织的代表性样板。无线T恤是一家位于美国芝加哥的T恤衫设计公司。这家经营传统产品的公司的特别之处在于它采用平台商业模式作为经营方式,又同时兼具平台组织的形式,将设计T恤衫这种服饰公司的重要功能开放给大众参与。

在它的网站上,艺术家们可以上传自己设计的T恤图案,然后由网友们投票。得到最高票数的作品会被印在衣服上,每件售价从18美元到24美元不等。中标的艺术家则能获得2 000美元的报酬和500美元的网购代金券。因为只生产顾客们确定会喜欢的那些东西,所以Threadless从成立之初就一直保持盈利状态。

越来越多的传统公司已开始深度尝试平台外放的模式。2002年,玛氏公司在全球发起海选,为其M&M巧克力豆寻找新颜色,吸引了超过1000万巧克力爱好者参加(最后紫色获胜)。2003年,至少36万名冰激凌爱好者投票,选中Primary Berry Graham(梅子饼干)口味加入到Ben & Jerry's的冰激凌系列中。

高手在民间

通过平台,一个很简单的线上众包模式即可解决原本复杂的问题。实际上,它是让身在各处的人组成一个虚拟的团队,在网上形成一个虚拟系统,组成之后,任务自动会分到这些民间牛人手中。民间卧虎藏龙,随时都有高手出现,譬如钓鱼的姜子牙、讨饭的韩信、卖鞋的刘备,所以平台是"众包测试"最常见的载体。

2006年6月《连线》的那篇《众包的崛起》,是赵嘉敏多年后还时常会提起的文章。文章提到的利用互联网将工作分配出去、发现创意或解决技术问题的观点深深地影响了他。因此,他的观点与作者杰夫·豪十分相近。企业可以充分利用志愿者大军的创意和能力——这些志愿者具备完成任务的技能,愿意利用业余时间工作,满足于对其服务收取小额报酬,甚至不计报酬。

作为译言网和东西网的创始人,赵嘉敏深知用平台取代传统组织的重要性。他举例说,平台模式其实在古代就有了,古代官府在缉拿犯人的时候,会贴出犯人的头像,悬赏缉拿,这是集思广益。这种做法可以尽可能地集中大多数人的智慧,因为一个人再厉害也比不上发动群众的力量大。

"高手在民间",这是否意味着承载民间高手的平台是一个免费平台呢？曾经在国内热卖的《史蒂夫·乔布斯传》中文版正是通过译言网和东西网众包给网友翻译的形式,在20天内快速完成。中信出版社只是起到一个资源衔接的作用。到目前为止,通过网友众包翻译,译言已经和国内多家传统出版社合作出版了数十部书稿。

当读者和移动端付费用户看到《抉择时刻》、《史蒂夫·乔布斯传》的译者一栏中清晰地写着"东西网"时,传统的翻译出版商业模式已悄悄发生了变化。"当专业不再专业的时候,你就不是专业了。经过门槛降低,大家都进来,然后再分层级。未来的不同在于有了网络,将信息融合在一起然后去协作。"赵嘉敏说。降低门槛,并不意味着商业价值的消失,相反,我们大可利用众人的智慧搭建出新的企业结构,创造新的商业增长点。

案例:苏宁能复制 Quirky 模式吗?

纽约28街606西7楼。在纽约错综复杂的街区里,这儿并不算特别显眼。创客公司 Quirky 低调地坐落于此。它的创始人 Ber,当年还只是个二十多岁的男孩。Ben 在2009年6月公开推出了 Quirky——一个让每个人都可以成为发明家的平台,这个创意平台很快获得了美国媒体的关注。从《纽约时报》到《商业周刊》,Quirky 被美国知名媒体纷纷报道,曝光率颇高。

这个在大洋彼岸成立不久的创意公司,最近成了专注做传统电商的苏宁电器模仿的榜样。2014年7月,苏宁正式发布众包平台。这个平台是一个提供从"创意—作品—产品—商品—用品"各个阶段所需众包服务的总体解决方案。据其透露,2015年"苏宁众包"的目标是250亿元,2017年销售额将达450亿元。

450亿元大概相当于去年京东营业收入的一半,国美的全年营收,比当当网营收的7倍还多。人们不禁会问,苏宁自我的平台化改造,把业务都外包出去的策略,究竟多大程度上是靠谱的?

首先我们不得不追问苏宁的平台外包应该算是哪种形式的众包。表面上看,它最接近于 Quirky 这样的创新社区。苏宁目前已经聚集了洛可可等几十家设计机构和工作室,多家投资基金、科研机构、高校团队及品牌,以及无数"极客"。苏宁的意图是想摆脱单纯渠道商的尴尬地位,通过众包占领创意、设计、研发甚至到制造的高地,辅以自身完善的实体销售网络和配送渠道。

在苏宁众包模式下,采销模式将变为 C2B2C。即:根据消费者需求,向供货商反向定制产品,采用预售、包销定制等多种方式灵活销售。如果苏宁顺利完成产业链的向上整合,打造一个贯穿产业链首尾两端的产品业务群,也许450亿元并非一个遥不可及的数字。

然而,现实总是很骨感。苏宁与其致力模仿的 Quirky 尚有差距。在 Quirky 上,一款产品从概念起草开始,到功能设置、外观设计,直至最后的产品命名和宣传语征集都由大众直接参与。在每个环节上,一款创新产品都会获得"支持点",类似于网友投票。

当我们进入 Quirky 页面时,发现简单的设计、清晰的思路,映射出 Quirky 独有的特色。经过简单的注册,你就可以开始用"最简单的方式让你的创意成为现实"了。而这一切的定价是10美元——一个合适的分享创意的价格。然而,我们打开苏宁众包的网站,会发现苏宁目前还没有创建一个成熟的创新社区,而是借助一个非常具有中国特色的组织:中国工业设计协会。从本质上讲,苏宁还是在利用自己的渠道卖产品,这依然是在国内普遍缺乏成熟创新社区之下的权宜之计。

法则三:打造内部利益共同体

法则解读

共同的利益让企业内部人与人之间的关系变得牢固。比尔·盖茨在他的《管理日志》中曾记录下重要的一条:当我们帮助伙伴获得成功的时候,伙伴也会帮助我们。在企业内部打造一个链接人人的利益共同体,这将会比传统意义上任何严格的科层设计更有效率。

像蜜蜂一样的员工

18 世纪初期,荷兰的思想家曼德维尔出版了著名的《蜜蜂的寓言》,这本小册子在后世引起了强烈的反响。里边,曼德维尔通过观察蜂群,发现蜂群的工作效率如此之高,并不是因为存在着一个对蜜蜂的管理者,而是因为每一只蜜蜂在蜂群里都在最大限度地追求自身的利益。单个蜜蜂之间的利益竞争关系,最后在总体上促进了整个蜂群的利益。

企业的内部管理是否也应该如此呢? 员工就像是采蜜的工蜂,整个企业的组织就像一个大蜂巢,只有当每个蜜蜂都最大化自己利益时,整个蜂群的集体利益才会最大化。有生物学家据此总结出"蜂群效应":单个蜜蜂或蚂蚁的物质基础和精神构造均无智能可言,可是,一群蜜蜂或一群蚂蚁聚集在一起,就能产生建造精巧的蜂房、合作搬运巨物等智能行为。这种力量有多大? 如果是放在企业内部,将会极大程度提升效率。能否激发蜜蜂的工作欲望,是企业能否实现"蜂群效应"的前提。

美国的晨星公司就像是一家具有"蜂群组织特性"的公司。这里没有正式职位的管理者与阶层结构,每个员工,不论何种角色都实施自我管理,他们透过对自己和他人的"承诺契约书",驱动员工自发性做出对自己、同伴、顾客、供货商及公司最有价值的事。

企业家的角色成为蜂场里的养蜂人。当员工进入公司,就是进入一个自由选择的市场,必须去寻找与自己有关的交易对象,建立契约,并以契约中的内容定义自己的工作。每个人在组织中都像一个自由的蜜蜂,有充分的自由决定自己做什么、如何动用资金与规划预算,并由充分透明与清楚的各项信息计算自己的行动方案。晨星的创立者 Rufer 为了实现员工的自由、激发员工的自发性创新,把原本刻板的公司转换成了自由人的联合组织。

"自由人的联合体"

不过,人类毕竟不是蜜蜂,企业的经营不可能简单地把工人当做蜜蜂或一颗螺丝钉。2014 年 4 月,格力集团董事长董明珠在与经济学家周其仁的对话中,说出了"不尊重工人不可能做好产品"之语,并说,如果企业不尊重工人,不创造氛围让他有努力的动力,"我们一定斗不过工资上涨,一定会在越南、印度开放以后,我们的工人就不行了"。

企业家们的焦虑还不止于此,除了人力成本的上涨,员工对企业忠诚度的减低,传统企业面临的更重要问题是员工与企业没有"心"的交流。在道德上,企业甚至一度和员工对立。那种缺乏归属感的企业文化,被传统死板的企业科层架构所塑造。富士康连续发生的十几次员工跳楼事件也促使企业家反思:如何改造企业与员工之间的连接体系,让企业和人无缝对接,最终使企业真正成为承载人的价值平台,而不是扼杀创造性的官僚组织?

人们应该还记得当年轰动一时的《华为基本法》。1998 年,处于转型焦虑中的创始人任正非将这个企业内部法则确定为华为的"管理大纲"。这部曾被不少中国企业推崇的《华为基本法》,其实很大程度上来自于任正非早年定下的江湖规矩,如"绝不让雷锋穿破袜子,绝不让焦裕禄累出肝病"。然而,时过境迁,带有传统"江湖气"的法则难以回答今天关于企业人员结构改革的诘问。"慈不掌兵,义不理财"的古训已经落伍。"利益"和"人性化",在今天反倒显示出愈加明显的兼容性。

我们不妨再换个角度理解,企业组织结构的"利益化"其实就是一种"人性化"改造。被尊为日本"经营之圣、人生之师"的稻盛和夫推崇的"阿米巴经营"模式,所承载的本质便是企业组织对人的尊重。稻盛和夫在经营者与员工之间构建家庭成员般的人际关系,直截了当地把公司的实情告诉大家,构建了"利益—人性"的基层组织结构。全体员工在工作中感受人生的意义以及成功的喜悦。最大程度上释放了人的自由的结果,使得稻盛和夫成为唯一一位创办两家世界 500 强公司的企业家。

京瓷中国的总经理孙有安说,以他和稻盛和夫的接触来看,稻盛和夫的管理思想充满了双赢、共赢的意识,考虑自己的时候要考虑到对方,将众人的利益扭结在一起。马克思曾在《共产党宣言》里把人类社会组织最美好的形态描绘为"自由人的联合体",这一点,似乎在企业层面已具有实现的可能。

案例:芬尼克兹,用利益锁住人才

位于广州的芬尼克兹是一家 2002 年创办的空气源热泵产销公司,目前年营收约五亿元。当年,宗毅和张利合伙创办了芬尼克兹仅仅两年后,就遇到个大麻烦。一名销售高管突然离职,想自立门户当老板,而芬尼克兹 80% 的销售业务掌握在这人手中,假如大客户都被这名高管带走,后果可想而知。

所幸,这名高管的离去没有在实质上影响到公司的整体销售。但这次事件迫使宗毅和合伙人反思:怎么留住企业人才,确保这样的事不再发生?

几年前,芬尼克兹开始尝试以公司向上整合的方式让员工参加上游零组件公司的创设,由公司几个高管参与投资成立一家新公司。"这种想创业的员工,你给再高的工资也没有用。"宗毅说,对于那些有想法的人来说,他想去当老板,谁都挡不住。最后想来想去,他觉得最好的解决办法还得是在制度上做文章。"这种创业型的人才也是我们需要的。他不就是要创业吗?你就让他创。没得选,这是唯一的办法。"

新公司的投资回报激起了员工的信心。芬尼克兹接连的内部创业,已成立了围绕原公司业务的七家员工新创公司,且均有良好成效。在这几年的内部创业历程中,公司与宗毅摸索出一套与员工双赢的创业机制,将组织变成了连接优秀员工与创业机会的平台。

这种内部创业机制真正起到的作用有多大?先来看一组数据。迄今为止,芬尼克兹平台上共有 7 个新公司。这些仿造市场原则建立起来的"虚拟公司",先在内部的"船业大赛"获得竞争和认可,然后投入实践。这种小范围的"内部创业"模式,早在 10 年前深圳华为公司内部就推行过,当时华为的《关于内部创业的管理规定》,规定凡是在公司工作满两年以上的员工,都可以申请离职创业。但是,实际上华为涉及的创业业务很多是餐饮、公交等等非核心的业务范围,远远构不上"基因改造"的层面。芬尼克兹的平台化自我颠覆,实际上走得更深更远。

中山大学管理学院副教授、创业中心副主任任荣伟这样描述企业内部创业的动因:"在一些大型组织内,日益庞大的结构体制使得公司规模变得日益庞大,官僚主义盛行,工作程序复杂并且等级森严。这往往导致了对创新的压制。"内部的创业,一定程度上突破了这种压制。

不过说到底,芬尼克兹的平台创业毕竟跟独立创业不一样。这个游戏的基本规则就是两位创始人宗毅和张利的控股地位,他们的理由是公司最终还是要集中,总得有人说话算数。所以,即使是内部创业大赛,其实哪个项目好,哪个不靠谱,他们心里已经有明确的预期。对于那些希望在内部创业的人,想法虽多,但并不具备承担巨大风险的能力。借助于母体的孵化,利用现有的企业资源完成平台上"人的联合",似乎是他们创业初期最佳的选择。

法则四:从企业到孵化器的转型

法则解读

传统企业臃肿肥大的体型就像是白垩纪时代的恐龙,对它们来说,如何避免将来成为化石是一大生存难题。企业在组织结构上的"瘦身",不仅仅是一种经营上的自救,更是企业存在形态的转变。在这个"一切坚固的都烟消云散"的小时代,企业得学会做减法,在精简自身结构的同时,用自己原本庞大的身躯孕育出小而美的新生命。

飞翔的恐龙

看看那些拥有恐龙一般巨硕体型的跨国公司和企业:美国的太平洋(601099,股吧)电力、克莱斯勒、通用汽车和那些一度风光无比的金融机构。传统制造业内,这些体型庞大的商业巨兽,就像是白垩纪时代的恐龙,它们的巨型身体无疑是在弱肉强食的自然界存活的根本,但这也意味着对于气候环境变化的低适应能力。

谁也不会想到其崩溃会如此之快。正如《纽约时报》财经记者安德鲁·索尔金在《大而不倒》一书里告诫人们的:当个别企业和金融集团的庞大已经达到可以影响系统性风险的程度,过去引以为傲的优势——"大",反而成了一个甩不掉的风险包袱。如果我们顺着索尔金的思路反推,将企业"大"的结构变为"小"的组织,是否能减轻风险和负担,让企业的经营别开生面,出现转机呢?

答案几乎是肯定的。在古生物史上,恐龙并非悉数灭绝,它们当中善于适应环境的一个族群改变了自己的基因构成,在漫长的进化史中把体型不断缩小,并长出了羽翼,成为今天飞翔在天空的鸟类。那些似乎与生俱来具有"恐龙"基因的企业,有一部分已经倒地死亡,当中也有另一些在进化改良自己的基因构成。一个典型的例子就是全球最大消费品集团宝洁。

以美容和个人护理部门为例,宝洁在 2000 年至 2007 年,品牌由 7 个增加至超过 20 个,虽然盈利增长超过 3 倍,但是几乎都是由潘婷、海飞丝、玉兰油、SK-II 和一些香水品牌贡献,而其自身的业绩并没有明显的改善,甚至还一度陷入增长危机。

宝洁前任 CEO 雷富礼重新回归后,曾放话说宝洁要剥离 90 到 100 个小品牌,发展那些过去三年为集团贡献 90%～95%盈利的品牌。并且在中国,减品牌的"新政"推出前,宝洁刚刚宣布撤销营销职位,营销总监转型为品牌总监,营销部门更名为品牌管理部门。

"少即是多"这条设计界的原则出现在宝洁新的策略中,一向以多品牌经营为主的日化巨头在新的市场环境下开始求变,自我改造臃肿的企业结构。

小微化捷径

关于结构调整,海尔热泵企划经理周浩对于自己的这块业务是满意的,因为工作流程不再像过去那样需要层层汇报上级。"好几个领导,有的点头有的摇头,还有的甚至没到会"。作为 80 后,他对传统的官僚制企业架构并没好感,过去这种开会的方式让他经常对工作不知所措。现在,周浩需要汇报的对象变少了,甚至少到只有"一个"——用户。

KPI 的考核方法已经逐渐在海尔内部被淘汰,现在的产品都是由用户打分。

　　像海尔这样的传统巨型企业,管理失控和官僚化始终是个隐忧。过去,我们听到过不少例子:比如一线销售人员总是通过向上面不断申请"折扣"手段来出货,而不愿意精耕市场;比如总部的研发或财务部门领导因为照顾"底下员工不愿多干事",拖延配合其他部门;比如领导助理因为个人烦躁等原因,将原本当天送签的申请拖到第二天,导致多方签批的文件需要一两周甚至半个月才能签完;比如80后、90后销售人员因不满团队氛围和上级管理,故意放慢拓展工作节奏,或降低渠道服务标准……如此种种,不一而足。

　　在大面积需求井喷的年代,明显的大批量市场需求也会拉动组织前行。但当"小需求"时代来临,一切都改变了。这是需求个性化非常明显、单次需求量级减少但品质提升的时代。海尔的首席执行官张瑞敏由此提出了将企业"小微化"的想法。"剩者为王"是他常挂在嘴边的说法,要想"剩下来",首先得把基因由大变小。

　　这个改革的过程并不轻松。"家电巨头海尔今年要裁掉1万名以中层管理者为主的员工"是社会对海尔的小微化、扁平化改革常见的简单解读。但是,人们并不会去深究,这1万多中层管理者其实绝大部分都转变为了海尔平台上的"小微主",成了平台创业者,无论是主动还是被动,他们都不得不率领小团队开始经营自己依托于海尔平台的小型"准公司"。海尔以部分控股、提供资源等手段帮助这些企业成长。这家企业俨然已经由传统企业蜕变为了专门服务小微企业的"孵化器"。

　　孵化自微创平台的"雷神"

　　从2013年7月到12月,一款全新游戏本品牌——"雷神"横空出世。首发500台售罄后,3万人预定;二批3000台,20分钟即被抢购一空;问世仅半年便成为京东商城游戏本销量亚军。无数网友惊呼,来头很"小"的雷神电脑如此强劲的势头大有重现当年"小米"手机万人抢购的神话。

　　一般人所不知道的是,这款产品是出自海尔的创业孵化器。来自传统企业海尔的三个80后员工组建了"雷神小微团队",而"雷神"电脑上,既没有海尔的LOGO,也并不是由青岛海尔(600690,股吧)生产,它实际的生产厂家是蓝天代工厂。

　　"一开始我们没有想那么多,源头还是基于去年整个集团推的一个小微经营体以及超利分享的机制。如果能为公司带来收益,那公司留下合理的收益以后,剩下的就是超利分享了。现在这是公司一个大的导向、大的流程。"创始人李艳兵说。

　　作为直接对雷神负责的平台主,路凯林描绘了一个可以称为"三步走"的梦想:雷神未来还将进入游戏手机、客厅游戏机等相关的硬件行业,进而涉足游戏领域,制作游戏音乐、动漫、电影等产品。这几乎就是他们对外宣称的一份"独立宣言"。

　　雷神起源上出自海尔集团,是在海尔孵化下迅速成长起来的小企业,在经历了内部孵化过程后,开始实现包括品牌在内的完全独立运营。雷神通过参加创业大赛等方式,与外部风投进行接触。雷神引入风投的目的,并不只是为了增加资本投入。一位项目负责人说:"雷神不仅缺钱,更缺资源。"雷神最希望引入的,是风投能够带来的与创业和行业相关的经验、知识和资源。创业之初,他们大量利用了海尔自身的资源,比如财务、采购、质检和售后服务等职能。但逐渐独立之后,就像刚长出羽毛的鸟类,必须在跌跌撞撞中学会飞翔。

　　作为"孵化器"的海尔在不断推进雷神成为独立注册公司。与海尔其他业务不同,雷神团队采用不同的名片,也将建立自己的官网,而未来的股权结构也正在商定。最终,它将走向独立,一个完整的、自足的公司组织形态,一只羽翼丰满的成鸟。

对于一个把企业自身平台化、从经营传统业务到转变为孵化器的传统企业,海尔大胆的自我改革试验令人无法忽视。但依照市场原则孵化微创企业的过程,依然面临着各方面的挑战。雷神等小微企业在"独立"过程中遇到的第一个问题,就是创业团队的界定问题,而风投问得最多的问题,也是雷神与海尔的关系。当雷神发展到一定规模,不对团队进行清晰的界定,不给成员以归属感,将很难进一步激发他们的创业热情。团队成员的界定,不仅仅涉及利益分享,也涉及了风投对雷神的估值等等具体问题。

资料来源:http://news.xinhuanet.com/fortune/2004－09/22/content_2006433.htm,下载日期:2009年5月23日。

管理的领导职能

学习目的

1. 明确领导工作的内涵与性质
2. 掌握领导特质理论的内容
3. 掌握领导行为理论的内容
4. 掌握领导权变理论的内容
5. 掌握领导理论的新近发展
6. 掌握各种激励理论的内容
7. 掌握领导力提升的其他方法

本章导航

　　作为管理的一种职能,领导职能的作用主要是通过领导者的领导行为,影响和引导组织中的成员去完成组织目标。因此,如果说管理的组织职能主要是为组织目标的实现设计一个有效的组织结构框架的话,那么,管理的领导职能主要是调动组织成员的工作积极性以实现组织目标。它主要是通过领导者的领导行为来影响组织成员的行为,使组织成员能为组织目标的实现而共同努力。再好的计划和完美无缺的组织结构,如果没有卓越的领导去统一该组织成员的行动,很有可能产生混乱,从而影响组织成效。

　　本章将在深入阐述领导工作的内涵与性质的基础上,系统分析领导特质理论、领导行为理论和领导权变理论,以及领导理论的最新研究进展。在此基础上,分析与领导职能密切相关的沟通理论和激励理论,以期提升领导有效性即领导力。

　　通过本章的学习,你将会了解到领导工作的许多重要知识点,如领导与管理的区别、领导有效性、领导特质理论、领导行为理论、领导权变理论,以及激励理论等。你应该能够系统深入地认识和掌握领导工作的主要内容,学会与他人沟通并学会激励他人,从而提升领导有效性即领导力,以更好地提高组织的运行效率。

章前案例

通用电器选拔接班人的启示

　　在通用电器126年的历史里,包括现任总裁,一共只有9位总裁,几乎都是内部提拔上来的。通用电器的最高执行官通常都代表了西方管理实践的最高境界。可以说,它的总裁管理哲学的更迭不仅反映更是引导了世界管理理念从科学管理到人文管理的变革。

发明家爱迪生于1878年创建的通用电器是1896年美国道琼斯指数公司中今天还幸存的唯一的一家企业。2003年,通用电器销售达到1 342亿美元,连续6年被评为世界上最受尊敬的企业。在其126年的历史里,包括2001年上任的总裁,一共才9位,几乎都是内部提拔上来的。通用电器基业长青的原因许多,但是其总能在不同时期选拔最合适的领导者,这不能不说是通用电器成功最重要的因素之一。

一、变革时代造就韦尔奇

对于在2004年1月2日去世的雷吉·琼斯,中国人对他并不熟悉。但是,在1979年和1980年,他被华尔街日报等评为美国最受尊敬和最有影响力的人,他曾是美国四任总统即尼克松、福特、卡特和里根的经济顾问,也是通用电器第七任总裁。雷吉·琼斯是个英国移民,在1939年加入通用电器,开始是从事审计工作,到1968年被提拔为CFO,1972年继任CEO。他内向,喜欢数字,被公众称为"英国绅士"。

20世纪80年代以前,以美国为首的西方企业管理的主流是以数量和数据为基础的科学管理。雷吉·琼斯把科学管理理论的实践推到了顶峰。他在通用电器大厦顶层通过使用模型和数据运筹帷幄,而且很少与人交往。但是,70年代末,日本制造业的迅速崛起,威胁了美国经济。比如,在1970年,日本汽车占美国市场份额几乎是零;但是,到1980年,日本汽车已经占了美国30%的市场份额。同年,日本汽车厂商生产了11万辆汽车,已经超过美国成为世界上最大的汽车生产国,占世界汽车市场的28.5%。这一事实震惊了美国企业界。日本经济的崛起和企业的成功,对西方管理理论提出了挑战,带有东方人文精神的日本管理方法首次引起西方管理理论学术界的重视。70年代末,一股"日本热"席卷美国。

在这样的历史条件下,雷吉·琼斯意识到通用电器作为美国传统制造行业的"老大",如果不力求变革,将面临美国汽车行业同样的命运。1975年,他开始选拔通用电器接班人。到1977年,他把韦尔奇列入通用电器接班人的竞争行列。韦尔奇从一个人创建通用电器塑料事业部门,到把塑料事业部建成几个亿的公司,证明了他的创新能力和变革精神。同时,由于他憎恨官僚,也赢得了在通用电器系统里"异类"的管理者称号。到1981年,当雷吉·琼斯宣布决定把通用电器交给韦尔奇时,世界一片哗然,一个与"典型GE执行官"背道而驰的人被推上了董事长的位置。在公众的眼里,韦尔奇是12个候选接班人中希望最小的一个,因为韦尔奇在性格、气质、做事方式等等方面都和雷吉·琼斯截然不同;而且当时,韦尔奇才45岁,是最年轻的一个。但是,雷吉·琼斯独具慧眼,事实证明选择韦尔奇是正确的。韦尔奇在位的20年,成功地改造了通用电器的企业DNA,使其脱胎换骨,成为行业中业绩最佳者,并保持年均10%的速度增长。

韦尔奇在继承雷吉·琼斯科学管理的同时,强调带有东方管理风格的人文精神,积极与客户、员工交往。他在任期间亲自教练和培养近80位高级管理者,到企业大学培训中心亲自教课超过300次,共培训了15 000多位中高级管理人员。他在自传中说,是优秀的人才而不是计划成就了通用电器。通用电器是历史上仅有的几家能成功地改变自己企业文化的企业。韦尔奇在变革时代的领导模式,代表了世界企业领导理论,并为众多企业和管理者所仿效。

二、伊梅尔特因全球化而"加冕"

2000年4月,通用电器第8任董事长兼CEO杰克·韦尔奇在其任职20周年之际,宣布引退,其新任接班人是杰夫·伊梅尔特。新任总裁杰夫·伊梅尔特是幸运的,他的当选向全世界宣布了通用电器历时六载的选拔 CEO 工作终于结束。这场激动人心的接班人大赛,当时其受关注程度不亚于美国的总统选举。

人们之所以关注通用电器公司选拔接班人,不仅因为通用是全球最大的商业公司,也不仅因为韦尔奇本人是全球最佳的 CEO,更重要的是韦尔奇选拔的这一接班人的素质代表了未来全球企业领袖的要求。

杰克·韦尔奇在他的自传中这样描写选择接班人工作:"选择接班人工作不仅是我职业生涯中最重要的一件事,而且是我面临过最困难也是最痛苦的选择。整个过程几乎让我发疯,给我带来了无数个难以成眠之夜。"

韦尔奇从 1994 年,他 59 岁时,就开始着手考虑接班人问题。这次整个选拔过程历时六载。通过严格的程序,从最初的 24 名候选人逐渐减少到 8 人,再到 3 人,最终才确定杰夫·伊梅尔特。这足见选拔过程的复杂和艰难。

在最后 3 名候选人中,年龄最大的鲍勃·纳代利 54 岁,1971 年加入通用,负责能源系统工作;吉姆·麦克纳尼和杰夫·伊梅尔特均是 1982 年加入通用,而且都是 43 岁。吉姆·麦克纳尼负责飞机引擎业务,杰夫·伊梅尔特主管医疗系统业务。

对杰克·韦尔奇来说,困难在于他们三人都非常优秀。他说过,如果他们当中有一人犯点什么绯闻,他的工作就会容易些,问题就在他们在工作业绩、精神、道德上都无可挑剔。

鲍勃·纳代利将 1995 年只有 77 亿美元的业务发展成为 2000 年 280 亿美元的业务,并能为公司从 1999 年到 2002 年保持每年净收入增长 10 亿美元。众所周知,世界上能有 10 亿美元收入的企业并不多,而通用电器能源部门就能连续三年创造 10 亿美元的增长。可见鲍勃·纳代利的战略眼光和经营能力。

吉姆·麦克纳尼也毫不逊色。他主管的飞机引擎业务,从 1997 年的 78 亿美元发展到 2000 年的 108 亿美元,平均每年增长 21%;并把通用 GE－90 引擎发展成为波音 777 的引擎,这是通用最大一次的战略性成功。

杰夫·伊梅尔特同样把医疗系统业务带入一个新的时代。他构思一个全球产品公司的概念,这个概念后来成了通用电器每一项业务的典范:从世界的每一个角落寻找人才、配件、资源等,最后在一个地方完成产品。杰夫·伊梅尔特还完成了多次并购,并能够将它们很好地整合,他将医疗器械这样的硬件业务如一家信息公司一样经营。他把销售收入从 1996 年的 39 亿美元增长到 2000 年的 72 亿美元。同样是保持每年 21% 的增长。

杰夫·伊梅尔特最后能胜出,韦尔奇是这样评价的:"他在我们的医疗器械部门取得了很多出色的成绩,重要的是(医疗器械部门)将成为通用电器未来的营运模范。我觉得他拥有智慧和协调能力。"另外一个董事强调伊梅尔特的学习和成长能力,他是三人中学识最好的。

三、伊梅尔特给我们的启示

杰夫·伊梅尔特当选,也代表在全球化商务环境中,新一代高级管理者的诞生。在某种程度上,通用电器的最高执行官代表了当代西方管理实践的最高境界。在杰夫·伊梅尔特读大学时,他就被同学选为"最受欢迎的人",他性格平和,总是脸带微笑,是个天生的沟通高手,他还被人笑有点"软"。如韦尔奇和雷吉·琼斯完全不是一类人一样,伊梅尔特和韦尔奇也是很不一样的人。一位日本管理者是这样评价他们的:当听到 Jack 的电话时我们会浑身紧张,而当听到 Jeff 的电话时,我们会脸带微笑。伊梅尔特在经营通用电器医疗系统业务中所表现出来的全球资源整合能力,能团结、激励、培养来自不同文化背景的员工的能力帮助其赢得了世界上"第一 CEO"的工作。

总部位于纽约、成立于 1916 年的世界著名商业论坛和研究机构 Conference Board,为了回答"如何为 2010 年培养企业领导者"这个问题,对全球 500 强中的 CEO 和负责人力资源方面的领导进行了调查,这些企业分布在世界各地。调查结果显示,未来的企业领导者应有能力同时担当四种角色:(1)战略家(master strategist);(2)变革经理(change manager);(3)建立关系高手(relationship builder);(4)人才开发者(talent developer)。我们不难看出通用电器的伊梅尔特的素质完全符合这一调查结果。同样,为了回答"CEOs 如何推动全球增长"这个问题,Conference Board 对《财富》500 强中的 117 家企业的 CEO 进行了调查,在调查报告中,其中有一个结论就是:文化和人(管理者的领导力)是企业成功实现全球增长的最重要途径。人和文化也是企业最富有挑战性的问题,因为技术、产品是相对比较容易从一个市场复制到另一个市场的。然而,在跨国经营中,一个商业模型在这个市场成功,复制到另一个市场未必能一样成功,因为企业赖以生存的商务环境和消费者不一样。企业跨国经营的失败很多都是因为管理者不太了解当地文化所造成的。美国国际商务学者 David Ricks 特意把许多大公司在国际商务中因对他国文化不了解而酿成失败的事例编撰成《国际商务误区》(*International Business Blunders*)一书,以警世人。

在全球经济一体化的商务环境下,企业国际化不是企业选不选择的问题,而是一定要做的战略决定。随着中国加入世贸,谁也不可否认,中国已经正式成为国际市场的重要组成部分。中国企业要想长期持续发展,务必和 TCL、华为、平安保险、海尔等企业一样积极考虑国际化的问题。现在,为提高自己的全球竞争力,西方跨国公司把非核心业务及人员外包给中国和印度等国家及地区。反过来,中国的企业也不妨利用中国的市场和资源,整合全球范围内中国企业所缺乏的资源,如核心技术、国际人才、国际品牌、全球渠道等,来打造自己的核心能力和竞争资源。我们所知道的华立购买 Philips CDMA 核心技术,华为和 3M 合资,TCL 并购施奈德并与 Thomson 合作等等,就是中国企业参与全球经济竞争中"洋为中用"的实例。

胜任的国际经理将成为全球商业竞争中最关键的成功因素,培养了解自己企业文化又有能力开拓国际市场的领导者,成为不但是中国乃至世界跨国公司领导者最重要的任务之一。根据 Conference Board 对《财富》1 000 家企业中的 400 家企业老总们的调查,现在跨国公司培养全球领导者所采用的最主要的手段为:

(1)建立全球性的管理团队(66%)。例如,高露洁公司从 1987 年开始,就设立了全球性强化培训项目,这个项目的成员是美国的商学院的 MBA 毕业生,他们至少会讲一门外语,并且在国外生活过,他们中有很大一部分是外国公民。受训者要在美国培训 24 个月。在每项为期 3 个月的培训中,他们除了学习商务和产品知识外,还要参加语言和跨文化知识教育。项目成员完成项目培训后,被派到世界各地担任产品助理经理。

(2)培养本土员工(58%)。比如德国奔驰汽车在中国设立人才发展项目,把优秀的中国本土员工送到欧洲、美国等培训,提高他们的国际视野和跨文化管理能力。

(3)轮换国际工作岗位(53%)。例如,可口可乐公司成立"全球服务项目",这个项目由 500 位中高级管理人员组成,每年约有 200 人调动工作岗位。这些人一方面为公司的全球发展做出贡献,另一方面,可以增加自己的国际管理经验。这个项目的最终目的之一,是建设一个具有国际头脑的高层经理团,公司的高层管理人员将从这些人中进行选拔。

(4)利用国际多元化(52%)。为了提高跨文化管理能力,许多公司将经理人派到海外工作或者学习,让他们亲身体验不同文化的冲击,或者把他们留在自己的国家,与来自不同文化背景的人相处,外加一些跨文化知识和理论的培训,利用员工多元文化以相互学习。

(5)跨文化培训(27%)。例如,日本富士通公司为了开拓国际市场,早在1975年就在美国檀香山设立培训中心,开设跨文化沟通课程,培训国际人才。现在,该公司为期4个月的跨文化管理课程(Inter Cultural Management Program,ICMP)除了用于培训本公司的人员外,还被用于其他公司和国家跨文化管理人才的培训。

资料来源:MBA智库百科(http://wiki.mbalib.com)。

第一节　领导工作的内涵与性质

管理的计划职能是预见目标并制定行动方案,组织职能通过组织设计和人员配备两个环节,设计了组织成员完成任务的角色结构。但如何让它们运作起来,还需要有强有力的领导。通过领导来指挥、协调组织成员的行动,保证组织成员行动的统一,同时通过激励调动组织成员的工作积极性。因此,只有通过有效的领导,组织才能发挥作用,计划才得以实施,组织目标才会最终实现。

一、领导的概念

领导者、被领导者和环境之间的相互作用,使得领导过程表现出相当的复杂性。自19世纪末西方兴起对领导学的主流研究以来,关于领导的定义就汗牛充栋。

人们通常讲的领导实际上有两种含义:一个是指领导者,另一个是指领导者的领导行为。也就是说,"领导,(1)是一种职能;(2)是一个地位集团"[①]。在有关管理的文献中,关于什么是领导者,什么是领导行为,有各种不同的看法。

美国学者唐·赫尔雷格尔和小约翰·瓦·斯洛克姆认为:"领导人是能把别人吸引到自己周围来的人,从这个意义上讲,领导人就是别人想要跟随的人,是能够得到别人的信任和忠诚的人……而所谓领导,是影响群体的活动使之实现目标的过程。"[②]

美国学者R.M.霍德盖茨则认为:"领导就是对人们施加影响并把他们的努力引向某个特定目标的过程。"[③]

印度学者R.A.沙曼则指出:"领导者是领导其他人的人,他能带领某一个人或某一个组

[①] [美]弗里蒙特·E.卡斯特、詹姆斯·E.罗森茨韦克著:《组织与管理》,李柱流、刘有锦、苏沃涛译,中国社会科学出版社1985年版,第372页。

[②] [美]唐·赫尔雷格尔、小约翰·瓦·斯洛克姆著:《组织行为学》,余凯成、黄新华、陈儒玉、许志恒译,中国社会科学出版社1989年版,第507~508页。

[③] [美]R.M.霍德盖茨著:《工作中的现代人际关系学》,吴德庆等译校,中国人民大学出版社1989年版,第272页。

织去达到一个共同的目标……因此,可以把领导看成是在特定情形下影响一个人或一个组织努力实现其目标的活动过程。"①

美国学者里基·W.格里芬则指出:"领导就是影响他人的能力。领导者具有权力和影响力。领导人可能有一定的职权,也可能没有什么职权。"②这种定义方法正好与美国学者马丁·J.坎农在《管理学概论》一书中引用的切斯特·巴纳德的定义是一样的:"领导是上级影响下属的行为以及劝导他们遵循某个特定的行动方针的能力。"③

总结以上关于领导的不同定义,"领导"有三种含义:(1)领导行为(lead),即通过指引和带领他人,影响人们心甘情愿和满怀热情地去实现组织目标的过程;(2)领导者(leader),即不依赖强制力实施影响他人行为的人,领导者或许具有职位属性,或许不具有职位属性;(3)领导力(leadership),即一组被感知到的领导的个人特征和能力,这是一种社会的稀缺资源。

领导行为又有四个特点:一是领导行为出现在人群之中,体现人与人之间的关系,领导行为是一种人际关系处置和运作能力;二是领导行为是社会的稀缺资源,在一定的组织环境中,领导效率受到领导者、被领导者和环境的共同影响;三是领导行为是影响别人行为的行为,通过影响力来达到目标,影响力越大,领导力越强;四是领导行为是一种服从的艺术,领导的实质是追随关系,正是人们愿意追随某人,从而使他成为一名领导者。

二、领导与管理

一般人往往容易把领导的概念和管理的概念混淆在一起,把领导看作管理的同义词。所以,要明确地理解领导的概念,还必须明确领导与管理的区别及联系。

对管理的理解包括管理者与管理活动两个方面,因此,领导与管理的关系也应该包括领导者与管理者、领导行为与管理行为关系。

(一)领导行为与管理行为

在本书第一章,我们给管理(活动)下的定义是:"一种协调他人活动的活动",管理的目的是组织目标的有效实现。在这个定义中,对"协调"的理解是广义的,包括制订计划,建立组织机构以帮助人们实现计划,给组织机构配备最有能力的人员,然后通过指挥、协调和激励手段带领员工实现目标,最后通过控制来纠正人们的活动。而在上面关于领导行为的讨论中,我们指出,领导是"组织中影响和引导他人去实现组织目标的一种行为"。可见,领导行为只强调对他人的引导和影响,领导行为只是诸多管理活动中的一种。对于组织来说,领导和管理都是很重要的。

(二)领导者与管理者

实施领导行为的人称为领导者,而管理活动的主体是管理者。那么,领导者与管理者之

① [印]R.A.沙曼著:《组织行为和理论》,郑永开、胡淳、王志民、方峻青译,广西人民出版社 1988 年版,第 270~271 页。

② [美]里基·W.格里芬著:《实用管理学》,杨洪兰、康芳仪编译,复旦大学出版社 1989 年版,第 352 页。

③ [美]马丁·J.坎农:《管理学概论》,张宁、张耀华、陈纪元、康绍邦、杨建一译,中国社会科学出版社 1989 年版,第 376 页。

间有什么区别与联系？管理者是受到上级任命在岗位上从事工作的，他们根据组织结构中的层级分工，以职权（职位赋予的正式权力）和管理技能为基础从事计划、组织、领导和控制等管理活动。按照人们一般的观念，领导者是与权力及在组织中的地位联系在一起的；领导者与被领导者之间，是上级与下级之间的关系。而管理者却是与组织中的分工不同联系在一起的；管理者与被管理者之间，只是组织中分工不同的协作劳动关系而已。这种认识实际上只对了一半，领导者可以是上级任命的，也可以是从群体中自发产生出来的。领导者除了以其在组织中的地位和所拥有的权力从事领导活动外，还应以其个人的能力、品德、威望、榜样、素质等为基础从事领导活动，所以领导者与被领导者之间，并不只存在着上级与下级之间的关系。总之，管理者协调他人活动的基础是其在组织结构中分工不同而拥有的正式职权，只需具备管理技能；领导者影响他人活动的基础不仅仅是其职权，更多是靠其特殊能力和素质。

从上面的分析可以看出，领导者必然是管理者，而管理者却不一定是领导者。如企业中的厂长、车间主任，学校中的校长，政治运动的领袖，他们都是领导者，也都是管理者；而企业中各个职能管理部门的管理人员（如计划部门的管理人员）、学校中各个职能管理部门的管理人员（如教务处的教学管理人员），他们是管理者，但却不一定是领导者。管理者和领导者的工作性质和特点不一样：领导者做出正确的决策和判断（解决我们应该做什么），管理者正确顺利地完成任务和工作（解决怎样将事情做好）；领导者注重洞察力、任务、目标和前景，管理者注重生产率和效率；领导者注重结果和成绩，管理者注重方法；领导者激发他人找到解决问题的方法，管理者解决问题以便他人完成工作。

菲德勒对这个问题也提出了自己的看法："领导是管理的一部分，而不是其全部。例如，要求管理者进行计划与组织，而要求领导者的全部工作则是他们要影响别人来跟随他……领导是一种说服别人热忱地追求已确定目标的能力。它是把群体团结起来，并把它推向目标的人的因素……它是把组织及其人们的一切潜力发挥出来使之成功的最终行动。"[①]

从企业实际来看，领导者更加关注未来和变革，注重打造以共同价值观为基础的文化，并与下属建立情感纽带，以激发下属的热情和活力。

管理视野

"领导者"与"管理者"有何不同？
欧洲工商管理学院教授 哈米尼亚·伊瓦拉

有很多定义或者方法都试图将领导者和管理者加以区分。但仔细观察那些高绩效公司的内部就会发现，做管理的领导者和做领导的管理者比比皆是。

"我的工作就是让所有人都明白，世上没有不可能之事。这是领导与管理之间的不同"，亚历克斯·弗格森爵士（Sir Alex Ferguson）的新书《领导力》（Leading）的封底上写道。

① 转引自［美］弗里蒙特·E.卡斯特、詹姆斯·E.罗森茨韦克著：《组织与管理——系统方法与权变方法》，李柱流、刘有锦、苏沃涛译，中国社会科学出版社1985年版，第373页。

很难想出一种比领导与管理的区别更引人探讨的商业理念。正如多数简单但有影响力的概念一样,对二者的区分部分是夸大其词,部分蕴含着可以引起共鸣的真理。我们已经将二者的区别当作一种区分高贵与卑贱、卓越与普通、好与坏的简略方式。"管理者只是副本,领导者才是正本",商业学者沃伦·本尼斯(Warren Bennis)说。

一些原始概念经久不衰是因为它们可以传递宝贵的经验,但它们是错误的。不过对区分领导和管理的做法追本溯源还是具有启发意义的。

最早区分领导与管理的是社会学家马克斯·韦伯(Max Weber),他对权威的不同形式进行了区分。"法理权威"(rational-legal authority)是非个人的,建立在限制个人自由裁量权的规则和等级关系的基础上。"魅力型权威"(charismatic authority)属于个人,基于那些能够唤起追随者的非同一般的个人能力、洞察力或成就。

20世纪70年代,哈佛商学院(Harvard Business School)教授、精神分析学家亚伯拉罕·扎莱兹尼克(Abraham Zaleznik)为这种区分赋予了个性特征。他认为,领导者与管理者是不同种类的人,受不同的灵魂所驱使。领导者乐于冒险,考虑长远,不喜欢规矩;他们可以在追随者中激发起强烈的情感:爱与恨、钦佩与怨愤。管理者循规蹈矩;他们追求的是秩序、控制以及快速解决方案。扎莱兹尼克担忧,太多的公司都更偏爱协作,扼杀了"推动领导力的进取精神和主动性"。

将美国产业竞争力下降归咎于狭隘的过度管理的下一代商业学者,重新定义了这种区别。约翰·科特(John Kotter)是其中最具影响力的学者之一,他将管理和领导视为不同种类的工作,而非不同种类的人。管理旨在通过例行规划、组织和协调确保效率;领导的目的是创造改变,通过设想更美好的未来,找到能够实现(或阻止)这种未来的人,启发他们去实现。

科特教授认为,大多数组织都需要两者的结合,怎样结合更有效依赖于具体情况:情况越复杂——产品、涉及地域和机构越多——就越需要管理;而组织所处环境越不稳定时,越需要领导。他将这些概念带回到了韦伯的范畴,专注于高管可利用的手段而非他们的个性。

进行管理时,人们在自己的正式职权范围内工作;当进行领导时,则是在正式职权范围之外发挥影响和激励作用,因为许多至关重要的利益攸关者都在组织外部。

遗憾的是,科特教授对施乐(Xerox)两名差别很大的管理者——"弗雷德"(Fred)和"雷恩"(Renn)——一天的生活进行的轰动性案例研究,再次见证了管理者与领导者作为人格类型的差别并不大,因为其中一位明显比另一位缺乏吸引力。

"这样的区分是粗陋的",联合利华(Unilever)前首席执行官、现任洲际酒店集团(InterContinental Hotels Group)董事长夏思可(Patrick Cescau)对我说,当时他正在为近期到欧洲工商管理学院(Insead)发表的演讲做准备。

"随便找5家领先的公司,看看他们的战略,"他说,"它们都是相同的。真正困难的在于,将战略转化为行动,将其嵌入组织的每一部分,并使战略实现。要做到这些,你还需要管理才能。"

　　亚历克斯·弗格森爵士的合著者、红杉资本(Sequoia Capital)的迈克尔·莫里茨(Michael Moritz)也对我说："领导者做他们认为正确的事……是否有能力抵制(做别人期望他们做的事)是管理者与领导者之间的区别。"

　　但是,当许多人(不仅是高层)做他们认为正确的事时,组织能够成功。这就是为什么最终改变组织的唯一方式,是在流程、制度和结构上将理想中的行为制度化。仔细观察任何高绩效公司内部——即使它们是在最符合扎莱兹尼克定义的首席执行官的领导下——你会发现既有从事管理的领导者也有从事领导的管理者。

来源:FT中文网,2015年11月9日,http://www.ftchinese.com/story/001064728.

三、领导者影响力的来源

　　领导者之所以能引导他人去实现组织的目标,是因为领导者对组织中的其他成员具有影响力,使组织中的其他成员能追随其共同完成组织的目标。领导者应该具有使用权力和权威来影响和改变他人心理和行为的能力。这种影响力的来源主要有:

(一)合法的权力

　　组织中的领导者由于其在组织中职位的合法性,使其拥有合法的权力。这种权力能对被领导者产生影响,使其听从领导者的命令去完成组织的目标。这也就是我们通常所理解的法定权。

(二)奖励的权力

　　这是一种由合法的权力而派生的权力,即领导者拥有奖励的权力,他能决定被领导者的工资、奖金、提升和任用等。这些奖励可以是物质的,如提高工资、奖金等所带来的报酬的增加,也可以是精神的,如表扬和对下级工作的肯定等。对这种奖励的追求会促使被领导者服从领导者的领导去完成组织的目标。

(三)强制的权力

　　这是奖励权的相对物,是一种由合法权力派生的权力,即领导者由于其职位的合法性从而拥有某些强制的权力,如拥有雇用、开除和解雇下级成员,对下级成员进行批评、惩罚等权力。这种强制性权力使得被领导者会服从领导者的命令去完成组织的目标。

(四)专家性的权力

　　这是一种建立在领导者个人特性的基础上的权力。有些领导者拥有某些专门领域的知识,因此就拥有专家性的权力。被领导者由于缺乏专业知识,就必须服从领导者的领导去完成组织的目标。

(五)领导者个人的魅力

　　这种权力建立在一位下级对一位领导者个人的道德、品行、性格、个人魅力等的认可基础上。有些领导者个人具有某种魅力,能吸引下级成员,如有些下级成员感到自己的领导者待人随和、做事果断、风度高雅。因此,他们愿意追随这种领导者,服从这种领导者的领导和指挥。

　　法定权、奖励权和强制权的影响力主要来源于正式职位,这种影响力称为权力性影响力。权力性影响力的大小受以下因素影响:传统因素,即传统观念认为领导者总是不同于一般人,这种观念影响了被领导者对领导者的服从感;职位因素,即由个人在组织中所处的职务、职位或地位而赋予的一种影响力量;资历因素,即领导者的资格和经历也对他人产生了一种强制力的影响。

专家权和威望权属于一种自然性影响力,这种影响力称为权威性影响力或非权力性影响力。构成非权力性影响力的因素包括品德、才能、知识、性格、个人魅力和感情等,从而形成了专家权和个人影响力。这种非权力性影响力是领导者不可或缺的工具。归根结底,非权力性影响力来自于:领导者在下属从事的任务领域所具有的专业知识或专门技能(专家权力);领导者能赢得下属尊重和敬仰的个性特征。

四、领导的作用

总体而言,领导的作用就是对被领导者的行为产生影响,以激励和引导被领导者为实现组织的目标积极努力工作。具体来说,领导的作用有以下几个方面:

(一)维持组织成员感情上的平衡状态

组织成员会由于各种各样的原因而造成感情上的不平衡,如遭受挫折、产生冲突和受到压力等。这些感情上的不平衡会直接影响到组织成员工作的积极性。这就要求领导者对组织成员进行说服与劝说,以维持组织成员感情的平衡。

1.挫折。挫折是指组织成员满足需要的努力受到阻止。它的程度大小取决于两个方面。一是组织成员对达到目标的期望值。期望值越高,失败受到的挫折就越大。二是对达到目标的偏好程度,即所谓的效价。效价越高,失败受到的挫折就越大。

领导者应该运用自己的权力帮助被领导者消除各种障碍,尽量使组织成员的需要能得到满足。要对遇到挫折的被领导者进行劝说,尽量降低其对实现目标期望值的估计及对目标效价的认识,使组织成员在感情上维持平衡,恢复其工作的积极性。领导者还要善于运用宽慰的方法,对遇到挫折的组织成员表示同情与理解,这也有助于消除组织成员由于受到挫折而产生的怨气和不满。

2.冲突。冲突是指个人与个人之间、个人与组织之间、某些团体之间或个人所在的团体与其他团体之间在某些重要问题上产生不一致的意见。产生冲突并不一定是坏事,但如果冲突的产生破坏了组织内部的合作与相互间的信任,领导者就要对冲突的双方进行劝说,帮助冲突的双方在坚持共同目标的基础上寻找解决冲突的最好办法。

3.压力。压力是一种以心理紧张或身体不适为特征的状况。组织成员在组织中由于工作无保障、职责不明、工作负荷过重、完成任务的难度太大等都会感受到心理上的压力。对于组织成员来说,一定的压力能使人的潜能得到更充分的发挥,但过大的压力却会使人对完成任务失去信心和希望。因此,领导者要针对组织成员的具体情况,帮助其消除心理上的压力,如帮助其解决工作上的困难,对组织成员进行培训以提高其工作的能力等。

(二)协调下属人员的活动

协调下属人员的活动也是领导者的一个重要作用。这一方面要求领导者在组织中建立一种协作的环境,另一方面在领导者与下属成员之间建立一种相互信任、和谐合作的关系,使下属人员能协调一致地为组织目标的实现而共同努力。要在组织中建立一种协作的环境,就要求领导者按照局部利益与整体利益相结合的原则,制定处理好组织中各个部门之间责、权、利三者关系的规章制度,从而在组织中形成激励机制与约束机制相结合的运行机制;要在领导者与下属成员之间建立相互信任、和谐合作的关系,就要求领导者根据组织目标、组织成员的需求与个性、组织活动的技术特性等采用不同的领导方式。

(三)运用领导权力来强制引导下属人员的行为

维持组织成员感情上的平衡状态和协调下属人员的活动主要还是通过领导者个人的影响力来发挥作用。作为领导者,还应该善于利用领导职位所赋予的权力来强制性地引导和支配下属人员的行为。领导职位所赋予的权力包括合法的权力、奖励的权力和强制的权力。运用这些权力,领导者可以决定下属人员的行为,可以决定对下属人员的报酬、奖励和升迁,可以决定对下属人员的处罚。领导者运用这些权力,就可以从激励和处罚两个方面来强制性地引导下属人员的行为,使下属人员的行为有利于组织目标的实现。

领导职权的运用对下属人员行为的引导具有强制性。但是,这种职权的运用却容易引起下属人员的反感。人们往往是基于对经济上和物质上的利益得失的考虑而服从这种权力的,因此,它不能从内心激发下属人员的工作热情。正因为这样,作为一个有效的领导者,应该把以职位为基础的正式权力与以个人的特性为基础的个人权力结合起来,才能使领导的作用得到充分的发挥。

(四)运用激励手段影响下属的行为和态度

领导的功能不仅仅是发号施令,还应包括对下属的示范、引导和激励作用,关心组织成员的社会和心理需要,为组织成员创造发展空间和规划职业发展生涯行为,激励成员为实现组织目标而努力。

管理视野

周鸿祎:成为"好领导者"的四个关键词

我一直认为,"做一个愚蠢的决定"比"不做决定"好。因为,不做决定,苟延残喘,会延误战机。做了一个错误的决定,如果很快意识到,还可以在执行过程中调整。但是,做决定的人会承受最大的压力,可能还有很多人的不理解。

最近我和一批年轻的创业者去看了《鸣梁海战》,后来又组织全公司的人都去看了一遍。

在《鸣梁海战》这部电影中,我印象最深的是李舜臣半夜做梦的场景。他是主将,是将军,压力特别大,以至于他做噩梦,产生幻觉。所以他也是一个普通人,有血有肉,他之所以与平常人不一样,就是因为他控制住了自己的恐惧与压力。

影视剧中讲这些内容的,我特别喜欢看。《兄弟连》里面也很好地展现了领导力,连长就是CEO,他管一个连就是管一个公司,剧中换了几个不同的连长,就有不同的方法来带团队。《拯救大兵瑞恩》,包括最新的电影《狂怒》也是。底下人的想法都是不一样的,有的人想逃命,新手不会杀人,最后如何团队起来,取得胜利,都是我们在电影里可以学到的东西。《鸣梁海战》也教了我们很多关于领导力的内容。

第一个关键词——坚持:创业,是一场坚韧不拔的"长久战"

为什么我比较喜欢看战争片?你会发现,历史上所有著名的战役,大家打到最艰难的时候,都觉得很痛苦,所以我经常讲:创业不是一场战斗,而是一场长期的坚韧不拔的战役。我觉得90后创业者不缺激情,也不缺想法,缺少的是一种长期的、坚韧的东西。创业,不是双方像两个武士一样,只要对一招,而是一个长久战,所以,咬牙坚持很重要。

第二个关键词——勇气:勇士与懦夫的差别在于,是否可以"控制恐惧"

影片里让我感慨比较深的是,李舜臣内心也害怕,但是他作为领导者,作为中心人物,必须克服自己的恐惧。我认为,在发生激烈的对抗和竞争的时候,勇气是最重要的。为什么? 因为,你不仅要有才能,还需要有勇气,才能保持理性的判断。即使李舜臣了解水,了解当地的地形,有很多的想法,但是在激烈的战争中,还是需要冷静。在一部经典电影《拯救大兵瑞恩》中,汤姆汉克斯演的上尉,在抢滩登陆时也蒙了,也有过不知所措。实际上,所有电影里面的惊险时刻,都是在表现如何保持冷静,如何对自己的情绪和恐惧进行控制,在控制的基础上,才可以做出正确的判断。

在战场上,没有人不恐惧,但勇士与懦夫的差别在于,你是否可以"控制恐惧",让恐惧不影响自己的决策,在纷乱的环境下,依然可以做出理性的决策。这是我的体会,也是电影里所表现的。李舜臣的敌人虽然强大,但最后会变得极端地狂妄,或者极端地害怕,决策也变得不理智,但是李舜臣却一直非常冷静。

我有一个小的特点,可能不熟悉的人不知道,我经常会为小事抓狂,比如刚才看电影没有开低音。但是我遇到大的事,我会冷静,因为,大事要发生时,看起来只有死路一条,这时候你会冷静下,横竖都是死,不如冷静下来想想如何应对。

第三个关键词——决策力:"做一个愚蠢的决定"比"不做决定"好

《鸣梁海战》中开会的场景,很像公司开会,总有人说这事干不成,一定会有很多不同的意见。柳传志说过一句话,"听大多数人的建议,跟少数人交流,最后自己做决策",所以,最后成功的领导者是一个人,不是一个团队。为什么说,成功了,创始人是最大的股东,最大的荣耀,最大的获得者,包括在硅谷,他们也很重视创始者。因为,很多人只看到创始人的荣耀,没有看到他们所承受的压力。创始人承受的压力最大,因为,最后所有的决策都要他拍板。

我一直认为,"做一个愚蠢的决定"比"不做决定"好,因为,不做决定,苟延残喘,会延误战机。做了一个错误的决定,如果很快意识到,还可以在执行过程中调整。但是,做决定的人会承受最大的压力,可能还有很多人的不理解。《鸣梁海战》的电影里,李舜臣就是这个下决定的人。他用了很多方法(比如杀人)来稳定军心,比如,破釜沉舟地把大家的宿舍烧了。但他这些看似不近人情的决定,却最快收拢了军心,最终改写了历史。

第四个关键词——团队:团队不给力,最终击败你的,不是神一样的对手,而是猪一样的队友

美国有很多企业家,都是从西点军校出来的,每次打完战争之后都有很多退伍的军官进入商业领域。我挺爱看这些打仗的电影,自己搞了一个真人的CS场地。我认为,从军事当中可以学到两个东西:一是领导力,二是团队合作。

《鸣梁海战》中有一个场景,是历史上看不到的。我原以为,李舜臣带领的12条船会一起冲过去,没想到就他的船冲了过去,其他的船都观望。在公司里面,也有很多这种情况。你自己觉得很有信心,把自己鼓舞了,但是你却发现,团队不给力。你自己都不知道,最终击败你的,到底是神一样的对手,还是猪一样的队友。

　　但是,电影中的李舜臣没有埋怨,没有只是摇旗呐喊。他靠自己,以身作则,冲在前面,打了第一个回合,给了团队激励,团队再跟上来。所以,李舜臣是非常有领导力的一个人。日本人就失败在猪一样的队友上,如果他们一鼓作气,一起启程,300 多条战船怎么会打败不了 12 条呢?

　　李舜臣无疑是一个英雄。但是,是英雄造时代? 还是时代造英雄? 大家对此都有不同的看法。我认为,没有人是天生的英雄,很多人被命运推到了这位置。如果不是你,也有其他人。只是因为这个人做成了一些事,很多人便马后炮式的,把他神化了。同样,也没有人是天生的领导者。在这个行业里面,我认识很多神话般的大佬,很多人十几年前和普通的创业者一样,我们也是不断摸索出来的。大家应该相信,只要你学会应对挑战,你也有这样的机会。

　　来源:周鸿祎,新华网。

第二节　各种领导理论

　　领导活动虽然历史悠久,但在很长的一段时间里,领导并没有被看作是一个重要而且有特色的研究领域,对领导的系统理论研究是从 1930 年左右才开始的。从此,对领导的研究成为管理理论的一个重要组成部分。领导理论的发展与管理理论的发展是深度相关的,管理理论从传统的、封闭的思想发展到现在权变的、开放系统的思想,影响了领导理论从简单的性格研究发展到以菲德勒为代表的权变理论,以及最新出现的变革性领导等。

　　领导研究已经渗入各个领域,如社会学、心理学、管理学等,可以从不同角度、运用不同方法对领导加以研究,在国外有很多著名研究机构和专家学者对领导问题进行了卓有成效的研究。例如,位于美国内布拉斯加—林肯(Nebraska-Lincoln)大学的盖洛普(Gallup)领导学院,就以研究领导而出名,拥有 B.J.Avolio 等著名学者。B.J.Avolio 是一位在全球范围内享有盛誉的领导研究学者,在领导研究方面取得了丰硕成果。

　　人们对领导行为进行了大量研究,提出了各种相关的理论。

一、领导特质理论

　　特质理论是试图识别领导者的人格特征的一种理论,它假定有效的领导者拥有与众不同的某些特质。这些特质包括品格特征、智力、价值系统、生活方式、社会交往能力、社会阶层、情绪稳定性、说话流畅性,甚至还研究了领导者的生理特征(体质、体型、外貌)、社会特征以及与工作有关的特征。

　　领导是天生的,这种信念在 19 世纪末到 20 世纪上半叶占据主导地位。这个时代最盛行的理念是:人的天生品质决定了人的个性和行为。结果是,人们普遍认为,领导者实际上是天生的,具有领导别人的才能。这种研究旨在分离出一种或几种领导者具备而非领导者不具备的特质,从而相信领导是可以精选出来的。这种领袖的才能和品质意味着,不管在什么情况下,他们最终将被推向领导者的位置。受历史背景和社会结构的影响,这一时期的普通民众成为领导者的机会微乎其微,致使这种观念得到了进一步的强化。对人格力量和其他先天特征的信念,深刻地影响着领导学的研究者,促使他们全身心地投入领导品质的研究之中。研究人员的注意力集中于在性格方面使领导人成功的因素上,通过总结和分析成功的和失败的领导者的品格特征、价值系统和生活方式甚至生理特征,结合想象和逻辑的推断,不同学者提出了各自所认为合理的领导特质。但不同的研究人员往往很少取得一致的意见。

(一)奥德韦·蒂德的观点

奥德韦·蒂德在1935年出版的著作《领导艺术》中把领导定义为"影响人们携手共进去追求某种他们所向往的目标的活动"。他认为除了"事情的必然性"和"环境法则"外,成功的领导者要具备某些可以辨认的素质,其中最重要的如下:(1)精力(包括精神的和体格的)旺盛。领导是一种艰苦的劳动,必须具有超常的能量。(2)方向与目的感。领导者必须胸怀大志,明确自己所要追求和实现的目标,并能鼓励别人为之奋斗。(3)热情。热情无形中就转换为命令或影响。(4)友好和仁慈。领导想要对他的下级施加必要的影响,得到他们的爱戴是必需的。(5)正直。奥德韦·蒂德还指出:"好的领导有赖于好的下属。领导在前面指路,但他的下属必须认定他所指的乃是正确之路。"[①]

(二)吉塞利的研究

吉塞利长达25年的研究表明,一定的个性对作为领导者的管理人员来说是重要的。他设计了一个简短的自我说明表来说明成功的领导者的8种个性特征和5种激励特征。表11-1总结了吉塞利的研究成果。

表11-1　个人的性格对管理成功的重要性

重要性	个人性格
很重要	督察能力(指挥别人的能力) 职业成就 才智(口头表达和文辞方面的天赋) 自我实现 自信(有利的自我评价) 决断性
次重要	缺乏对工作稳定的需要 亲近工人阶级 主动性(愿意开拓新方向) 缺乏对优厚金钱奖励的需要 成熟程度
不太重要	男性——女性

资料来源:[美]小詹姆斯·H.唐纳利、詹姆斯·L.吉布森、约翰·M.伊凡赛维奇著:《管理学基础》,李柱流、苏沃涛、徐吉贵、黄世积等译,孔令济校,中国人民大学出版社1982年版,第290~291页。

(三)亨利的观点

美国行为学家亨利,1949年在调查的基础上提出领导者的12种品质:(1)以成就驱动

---

① 转引自[美]W.J.邓肯著:《伟大的管理思想》,赵亚麟、谭智、张江云译,贵州人民出版社1999年版,第195页。

对工作充满热情,成就感大于金钱和职位。(2)干劲大,工作积极努力,愿意完成艰巨的任务。(3)用积极的态度对待上级,尊重上级,与上级关系好。(4)组织能力强,能使无序的东西变得有条理。(5)决断力强,在各种方案中能迅速做出选择。(6)自信心强,目标不受外界干扰。(7)思维敏捷。(8)竭力避免失败。(9)讲求实际,重视现实。(10)不只对上级亲近,而对下级疏远。(11)对父母没有情感牵挂。(12)忠于组织,尽忠职守。

领导特质理论关注个性特征(personal characteristics),这些特征是领导者与非领导者的区别所在。晚期的研究识别了成功领导者所具有的七项特质:富有动力(drive)、领导欲望(the desire to lead)、正直和诚实(honesty and integrity)、充满自信(self-confidence)、聪明智慧(intelligence)、工作知识(job-relevant knowledge)、外倾性强(extraversion)。

当然,还有很多关于领导特质的研究和理论。但是,不同学者提出的领导特质理论中,所列举的性格、个性、身体特征、才智等各有所不同,甚至彼此相反。而且一个管理者具备这些特征,并不能保证领导的成功;没有这些,也不见得不能成功。

经过40多年的研究之后,几乎没有任何证据能够证明,领导者是天生的。大量的研究结论并不支持"领导是一种或数种品质的产物"这一论断。但确有一些品质非常重要。然而,这些品质具有很强的相对性,似乎更依赖于环境条件的需要。

所罗门指出了特质分析方法的危险性。他认为,成功的领导当然具备某些特质,但这些特质并不是必不可少的。"世界上有许多几乎没能受到任何正规教育的伟大领导人。历史中充满着未受训练、不具学位的福特、爱迪生、卡内基等等,他们甚至未能上初级中学,但却能设法成为对全球有影响的领导者。至于强壮体魄的外表,我们看看瘦弱的甘地,或虚弱、枯萎和微不足道的小黑人乔治·华盛顿·卡弗(他是美国最伟大的科学家之一)。还有更多的像他们这样的人吗?[①] 至于崇高的理想、美好品格等等,那么希特勒、卡彭、匈奴人阿蒂拉之流能配得上吗?"

二、领导行为理论

领导特质理论研究领导者是什么样的人。另一种了解领导成功的方法集中于研究领导者做什么,即领导的行为、方式或作风。

研究表明,有效的领导者具备的特质并不是与生俱来的。这一事实变得显而易见后,研究人员开始探索有效领导者的个人行为特征,领导的行为理论就是对于有效的领导者应该有什么行为、方式和作风的理论:他们如何分配任务,如何与下属员工沟通,如何激励员工,如何完成任务等。比如,研究者认为有效的领导者需要有适应能力、稳定和高水平的表现、向成员们提供情感支持、对成员的表现及时反馈和接受反馈、展示强有力的顾客定位、从失败中能很快恢复、做一位公仆领导者等等。

(一)领导的连续统一体理论

德国心理学家莱温(P.Lewin)通过实验研究不同的工作方式对下属群体行为的影响,根据领导者的授权程度和对民主或专制崇尚程度的特性分析,把领导者的领导方式分为三

① 转引自[美]弗里蒙特·E.卡斯特、詹姆斯·E.罗森茨韦克著:《组织与管理——系统方法与权变方法》,李柱流、刘有锦、苏沃涛译,中国社会科学出版社1985年版,第375页。

种极端的领导工作作风:独裁的领导风格、共同参与的领导风格和放任自由的领导风格。

独裁的领导者是专制型领导者,倾向于集权,采用命令式告知下属使用什么样的工作方法,做出单边决策,发号施令,以力服人,限制员工参与。自己保留绝大部分权力,只关心工作任务和做出的决策,不关心成员对决策的态度。

共同参与的领导者是一种民主型领导者,以理服人,以身作则,拟议中的行动或决策同下属磋商和授权,鼓励大家参与有关工作方法与工作目标的决策,与团队成员一起商量做出决定。领导者在做决定之前倾向于与下属协商,善于咨询,遵循多数原则,并以民主的方式做出决定。

放任自由的领导者是一种极端民主型领导者,将权力和控制权交给团体成员,下属有充分的决策自主权,按照他们认为合适的做法完成工作。领导者很少对下属的工作进行控制和检查。他们认为其任务就是为下属提供信息,主要充当群体与外部环境的联系人,以此帮助下属进行工作。

这种研究观点的缺点是把领导风格或领导方式认定为要么是专制型的,要么是民主型的,忽略了各种中间型领导风格。

美国学者坦南鲍姆(Tannenbaum)和施米特(Sehmidt)提出了领导方式连续统一体理论。他们认为,在以上级领导为中心和以下级人员为中心的领导方式之间,存在着许多种不同的领导方式,如图 11-1 所示。从完全以上级领导者为中心的独断型到完全以下属为中心的放任型分为 7 个等级的领导方式。因此,这个方法不是要在专制或民主的两种领导风格中做出选择,而是提出了一系列的领导风格。

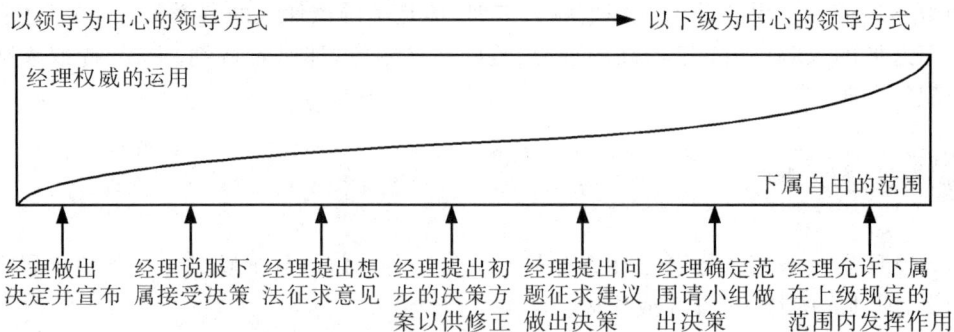

图 11-1　领导方式连续统一体示意图

(二)密执安大学和俄亥俄州立大学的研究

利克特及其同事开展的密执安大学的研究和俄亥俄州立大学的研究可以说是殊途同归,两项研究的内容具有很大的相似性。

1.利克特及其同事的研究。自 1947 年以来,利克特和他的密执安大学的同事研究了工业、医院和政府中的领导者,并从几千名雇员中取得了数据。经过广泛的分析,他们把领导者分为以工作为中心和以雇员为中心两大类。以工作为中心的领导者为下属规定工作,严密地进行监督以完成指定的任务,使用各种激励以促进生产,并以诸如时间研究等措施为基础来确定令人满意的生产率。以雇员为中心的领导者把注意力集中在下属成员中人的因素方面和建立能完成高效率目标的有效的作业小组上。

利克特主张以雇员为中心的领导方式,认为这种方式能带来高的生产率,而且雇员也欢迎这种领导方式。在领导方式的两分法的基础上,利克特假设了四种领导方式。

领导方式Ⅰ是"利用的—命令式的"方法,采用这种方式的领导严格遵循组织的等级系统,非常专制,决策局限于最高层。领导方式Ⅱ被称为"仁慈的—命令式的"方法,采用这种方式的领导对下属不摆架子,并表示对他们的信赖,允许下级有某些决策权,但加以严格的政策控制。领导方式Ⅲ是"商议的"方法,采用这种方式的领导对下级有相当的但又不完全的信任,通常试图去酌情利用下属的想法与意见。领导方式Ⅳ是"集体性参与"方法,采用这种方式的领导完全信任下属,总是听取下属的想法和意见,并且酌情采用,鼓励各级组织做出决策,形成有效的作业小组。利克特鼓励领导采用"集体参与"的领导方式,关心雇员,以实现有效的领导。

2.俄亥俄州立大学的研究。俄亥俄州立大学的研究始于 1945 年,用关心人和关心组织结构两个变量提出了四种领导方式(如图 11-2 所示):①高建构、低人情的领导方式;②高建构、高人情的领导方式;③低建构、低人情的领导方式;④低建构、高人情的领导方式。在这里,关心人是指领导者在领导过程中能多大程度上信任下级、尊重下级的意见和顾及成员感情。关心组织结构是指领导者在领导过程中多大程度上通过明确的规定和计划来完成组织的任务。高人情的领导者在领导过程中会注重充分满足下级人员的个人需要,领导者与下级有良好的关系。高建构的领导在领导过程中通过严格规定工作计划来指导下级人员的工作。

图 11-2 俄亥俄州立大学的领导理论

(三)管理方格理论

美国行为学家、得克萨斯大学的罗伯特·布莱克(Robert Blake)和简·莫顿(Jane Mouton)提出了一种二维的领导理论,发展了领导风格的二维观点。他们对领导行为抽象简化假设为两个方面:关心生产(任务导向)和关心人(人情导向)。他们以管理者对人的关心程度和对生产的关心程度为坐标轴提出了管理方格论,关心人和关心生产每一个方面都从 1 到 9 的等级来衡量,这样就组成了 81 种领导风格不同组合。不同方格代表一种对"生产"和"人"关心的不同程度组成的领导风格。见图 11-3。

在管理方格图中所显示的 81 种不同的领导方式中,有 5 种典型的领导方式:(1)虚弱型的领导方式(1.1),又称为贫乏型领导行为,领导者在关心生产和关心人方面都付出很小,既不重视任务完成,也不重视人际关系。实际上他们已经放弃了自己的职守,无所事事或者只充当将上级信息向下属传达的传递人,是一种领导没有发挥作用的放任式管理。(2)任务型的领导方式(9.1)。这种类型的领导者集中精力注意完成组织的任务,却很少关心和注意下

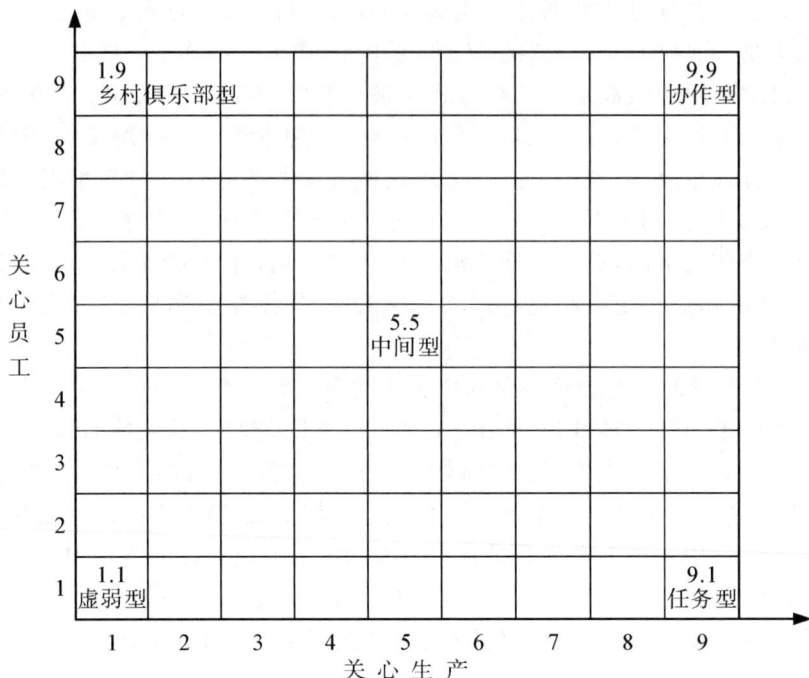

图 11-3 管理方格示意图

级人员的需求和士气。(3)乡村俱乐部型的领导方式(1.9)。这种类型的领导者在领导过程中高度注意下级人员的需求,但却缺乏对工作的计划与安排,不注意完成工作的效率。(4)中间型的领导方式(5.5)。这种类型的领导者追求的是正常的工作效率和维持一定程度的士气。(5)协作型的领导方式(9.9)。这种类型的领导既重视组织工作效率又重视组织成员需求,领导者通过协调和综合与工作有关的活动,来促进生产的发展和士气的提高。综上所述,协作型领导方式最为理想。

(四)领导行为理论的总结

上述领导理论以不同的变量作为立论的基础,如,坦南鲍姆和施米特的连续统一体以"领导为中心"和"下属为中心"为理论阐述的出发点;密执安大学的利克特以"工作"和"雇员"为中心发展了领导理论;俄亥俄州立大学的研究人员则关注"关心人"和"关心组织结构"两个变量;布莱克和穆顿的管理方格理论以"关心人"和"关心工作"两个因素组合成 81 种领导方式。

然而,必须明确的是:各个领导理论之间存在着差别。利克特之前的领导理论以单个变量来判断何种领导方式有效,即只以"工作"或"雇员"来判定;而俄亥俄州立大学的研究和布莱克、穆顿的管理方格理论则是"两元论",俄亥俄州立大学的研究给布莱克和穆顿的研究奠定了基础,这两个理论认为"工作"和"人"两个变量可以组合成多种不同的领导方式,即存在着多样的领导方式。

三、领导权变理论

领导的特质理论和领导的行为理论隐含着这么一个假设:只要能寻找到或确定一种最

佳的领导人性格或最好的领导方法,就能提高领导的成效,即某一理想的领导方式在所有情况下都有效。由于领导特质理论和领导行为理论的研究缺乏一致性的结果,即认为没有一组唯一的特质为所有有效的领导者所共有,也没有一种领导风格或领导行为在所有的条件下都有效。也就是说,上述理论都没有考虑所谓最佳的领导方式是否适应于所有类型的组织、不同环境下的组织。正是由于对上述这些领导理论的不足的认识,产生了领导权变理论。

权变理论认为有效的领导依赖于领导者从事的任务、被领导者的特点、群体规范、控制范围、外部威胁与压力以及组织文化等情境因素对领导效果的影响。"时势造英雄","到什么山唱什么歌",领导行为与领导者是既定情境的产物。

(一)赫塞—布兰查德的领导生命周期理论

此理论首先由卡曼提出,后由赫塞(Paul Hersey)和布兰查德(Kenneth Blanchard)进一步发展。该理论认为,依据下属的成熟程度选择正确的领导风格会取得领导成功。而被领导者的成熟度有一个"生命周期",经历了不成熟、初步成熟、比较成熟到成熟四个阶段。员工的成熟度包括工作成熟度和心理成熟度,工作成熟度包括知识、工作能力、技巧、经验等,心理成熟度包括态度、做事的意愿、动机等。

不成熟阶段:低能力,低意愿(无心无力)。工作起始阶段,员工的技能低下,经验匮乏,不愿意承担责任,缺乏自信,有不安全感,管理者要采用任务导向的领导风格,细致而具体地指导员工如何工作,精确地告诉员工做什么、怎么做、何时做,使他们熟悉规则和运作程序,人际风格在这阶段不适当,应该高度关心生产而低度关心人。情境理论中把这种领导方式称为告知式或命令式领导方式。

初步成熟:低能力,高意愿(有心无力)。员工的成熟度有了发展,对工作任务也理解和熟悉,但他们还缺乏技能和能力,管理者在保持任务导向的领导风格的同时,要加强人际关系导向的领导风格,以激励员工更大程度地努力工作。这时领导者不是简单地告知员工如何工作,而是通过解释决策,提供提问的机会,让员工清楚理解工作任务,对人和生产都高度关心。情境理论中把这种领导方式称为推销式领导方式。

比较成熟:低意愿,高能力(无心有力)。员工有了更强的能力、经验和技能,同时也有了更高的成就动机,希望能独当一面,不喜欢领导更多地干预具体工作,但有时需要得到领导者的指点。这时管理者要采用人际关系导向的领导风格,高度关注人而低度关心生产,为员工提供参与机会,与下属一起分享想法,并通过咨询和引导帮助下属制定决策。情境理论中把这种领导方式称为参与式或诱导式领导方式。

成熟:高意愿,高能力(有心有力)。员工更能自我指导,更具有经验和技能,受过良好的教育,愿意承担责任,不需要领导的命令和支持,这时管理者就要授权,对人和生产都是低关心程度,几乎不对下属给予指示或提供支持,把决策责任和执行责任都授权给下属。只要下属认为合适,领导者甚至可以授予工作任务的总目标和足够的权限。情境理论中把这种领导方式称为授权式领导方式。

总之,领导生命周期理论,对于下属成熟度和主动性很差时,适合告知式领导方式;对于下属成熟度和主动性属于中上水平时,适合推销式领导方式和参与式领导方式;对于下属成熟度和主动性极强时,适合授权式领导方式。

(二)菲德勒的领导理论

菲德勒 1922 年出生于奥地利维也纳,在美国伊利诺伊大学工作期间发表了《领导效果理论》,该书在大量研究基础上所提出的权变领导理论对后来的领导方式产生了重大影响。菲德勒认为:"领导是一种过程,在这个过程中,领导施加影响的能力取决于群体的工作环境,取决于领导者的风格、个性和领导方法对群体的适合程度。也就是,人们之所以成为领导者,不仅由于其个性,而且还由于各种环境因素以及领导与环境之间的相互作用。"[①]

1.三个重要的环境因素

菲德勒总结出了对一个领导者起影响作用的最为重要的环境因素:①上下级关系,指的是下属对领导人的信任程度,同时还包括下属对领导表现的忠诚以及领导者对下属的吸引力;②任务结构,是指下属工作的性质,即任务的明确程度以及下属对这些任务的负责程度;③职位权力,即领导人在组织中的职位所具有的正式职权,也就是我们在对影响力分类中指出的强制权、法定权和奖励权。

菲德勒根据这三个重要的环境因素对领导人是有利还是不利来对领导的环境进行分类。这样,菲德勒确定出八种各不相同的环境,从最理想的环境——强有力的职权、明确的任务结构和良好的上下级关系的组合,到最差的环境——职位权力弱、无序的任务结构和恶劣的上下级关系的组合。

2.领导方式

菲德勒研究的是不同情景下所应采取的最佳领导方式。为了得出结论,他对领导方式进行了两分法——任务型和关系型领导方式。按照领导者对"你最不喜欢的同事(least preferred coworker,LPC)"的回答来测定领导者的风格。

如果一个领导者对其最不喜欢的同事的评分还是很高,"说明他避开了个人的好恶,尽管不愿意和此人一起工作,但还是认为他是优秀、聪明、工作努力和富于进取心的。能够把人和他的工作区别开来,通过建立和维持良好的私人关系而获得满足"。这种领导者所采取的领导方式就是关系型领导方式。与此相反的是,如果一个领导者对其最不喜欢的同事的评分很低,这种领导就被认为是任务型的领导。

3.菲德勒的随机制宜式的模式

利用三维变量、LPC 标准和一些研究成果,菲德勒确定出了适用于不同环境的领导风格的类型。具体见图 11-4。图 11-4 所表示的含义是:在Ⅰ、Ⅱ、Ⅲ、Ⅶ、Ⅷ类型的环境条件下,任务型领导方式的效果更好,也就是说,任务型领导方式比较适合;而在Ⅳ、Ⅴ、Ⅵ环境条件下,关系型领导方式更适宜。

4.菲德勒理论的意义

菲德勒区别于以往的研究学者,没有指出一个领导者应采用哪种理想的领导风格,而是指出在哪种情况下某种领导风格能起最好的效用。也就是说,需要因地制宜地来判断哪一种领导方式最有效,离开环境因素是无法判断领导方式的好坏的。

菲德勒又认为,一个领导者的风格是恒定的,不太可能因环境的变化、接受再培训等而有所改变,所以提高领导者的有效性有两个途径:一是根据情境选择合适的领导者(情境有

---

① 转引自[美]哈罗德·孔茨、西里尔·奥唐纳著:《管理学》,中国人民大学工业经济系外国工业管理教研室译校,贵州人民出版社 1982 年版,第 688 页。

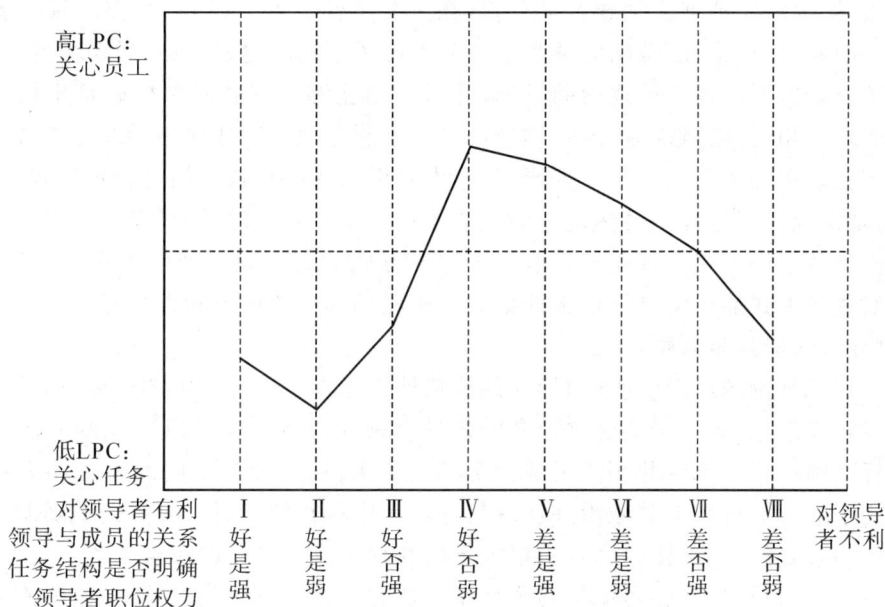

图 11-4　菲德勒的随机制宜的领导模式示意图

资料来源：[美]哈罗德·孔茨、海因茨·韦里克著：《管理学》，郝国华、金慰祖、葛昌权等译，经济科学出版社 1993 年版，第 514 页。

利或者极为不利时，要选择任务导向型的领导风格；中间情境下，要选择关系导向型的领导风格）；二是根据现有领导者的风格改变情境，建立一个使领导者能够在其中很好地发挥作用的组织环境。他对此还提出了一些建议，如改组下属来改变上下级关系，详细说明工作内容来使任务结构更明确等等。

菲德勒的研究也遭到了一些评论家的批评。如一些实证研究对菲德勒模型的有效性进行了考察，却得出不同的结论；调查对象所回答的 LPC 值很不稳定，且 LPC 与业绩高低之间并不存在因果关系；在实践中，很难判定上下级关系的密切性、任务结构的明确度、职位权力的大小，即无法明确断定领导所处的环境类型。尽管如此，菲德勒理论仍具有非常重要的指导意义，为 20 世纪 70 年代和 80 年代领导问题的研究提供了一个开端。

(三)途径—目标领导理论

关于领导问题研究比较新的学说是途径—目标理论。途径—目标理论是由罗伯特·豪斯(Rorbert House)最早提出的。他综合了俄亥俄州立大学的理论和激励理论中的期望理论，引进了一些新的变量，来解释一些前两种理论没有解决的问题。

途径—目标理论提出，为了有效地实施领导，领导者应通过正确的领导方式帮助下属明确工作目标，确定挑战性目标，并清理各种妨碍下属实现目标的障碍，增加下属的工作动力（或者说是使下属受到充分激励），以获得更好的工作成效。也就是说，领导者的职责就是为下属指明实现组织目标的有效途径。

罗伯特·豪斯和德斯勒从领导方式对职工态度或期待心理的三种影响——职工获得工作中的满足感，职工自愿接受领导的程度，职工对期望值和效用的评估——提出了可以采用的四种领导方式：(1)指导型。领导者让下属明确他们所要完成的目标，并对如何完成任务给予具体指导。(2)支持型。领导者很友善,并十分关怀下属。(3)参与型。领导者在决策前与下属一起磋商、讨论,所做出的决策是充分考虑了下属的建议、意见后做出的。(4)成就导向型。领导者给下属提出挑战性的目标,并对他们能够达到这些目标表示出信心。与菲德勒的权变理论相反,豪斯认为,同一领导可以因地制宜地使用任何一种领导方式。这些领导方式只有在能影响下属动机时才重要,不考虑对下属的激励就不能对领导方式做出评价。

接着,豪斯提出了途径—目标理论的主要原理。第一条原理是,只有被职工接受的领导方式才是恰当的领导方式。接受与否取决于领导方式能否使职工产生工作上的满足感,取决于职工对领导方式能否给自己带来即期的或长期的利益的认识和拥护程度。第二条原理是,好的领导方式应当是激励性的。

途径—目标理论的原理说明,领导人的战略性作用在于提高职工的积极性,使他们在工作中得到某种满足感,并乐于接受领导者的领导。领导者可以通过以下几种方法来影响下属实现目标的途径:(1)承认并刺激下属对奖励的需求,从而提高下属的工作动力;(2)奖励达到目标的下属;(3)协助下属减少在实现目标过程中存在的障碍;(4)帮助下属明确目标和提高期望值,从而增加其工作动力;(5)增加下属获得个人满足感的机会。

最后,途径—目标理论还考虑了两个变量对适宜的领导方式的影响:职工的素质和职工需要应付的环境压力。职工的外部环境因素又可以分为三大类:职工的工作任务、企业组织的正式权力系统、基层的工作集体。

途径—目标理论较为全面地考察了影响领导方式的各种因素,提出职工的素质和外部环境决定了各种领导方式的有效性,不管是指导型、支持型、参与型还是成就导向型,其运用需要密切结合对职工的激励。因为,领导方式是为了取得更高的组织效率,而效率的保证源于职工受激励而提高的工作效率。

(四)弗鲁姆—耶顿模型

维克多·弗鲁姆(Victor Vroom)和菲利普·耶顿(Phillip Yetton)1973年从一个不同的角度提出了另一种因地制宜的领导模型。该理论根据下属参与决策的程度来区分不同的领导方式,然后结合特定的环境来确定合适的领导方式。

这种理论与前面所提到的坦南鲍姆和施米特的领导方式连续统一体理论相似。一端是领导方式独裁Ⅰ——领导自己做决策,另一端是领导方式群体决策Ⅱ——领导者和下属一起做出一致同意的决策。这两者之间还有三个中间阶段。这5种领导方式是:(1)独裁Ⅰ(AⅠ)——运用自己手头的资料独立做出决策;(2)独裁Ⅱ(AⅡ)——从下属那里获取必要的情报,然后自己解决问题或做出决策,下属的作用是提供情报;(3)磋商Ⅰ(CⅠ)——与有关的下属进行个别讨论,听取他们的意见和建议,所做出的决策可能受到也可能不受下属的影响;(4)磋商Ⅱ(CⅡ)——与已形成小组的下属讨论有关问题,但做出的决策可能受到也可能不受他们的影响;(5)群体决策Ⅱ(GⅡ)——与已形成小组的下属一起讨论问题,一起提出一致的可行的解决问题的方案。

合适的领导方式,不论是独裁Ⅰ(AⅠ)、独裁Ⅱ(AⅡ)、磋商Ⅰ(CⅠ)、磋商Ⅱ(CⅡ)或是群体决策Ⅱ(GⅡ),取决于7个环境因素的组合。这些因素以问题的形式列出,根据对问题"是"或"否"的回答确定领导做决策时的环境,从而确定合适的领导方式。表11-2就是这7个因素的17种组合所确定的特定决策环境,以及与每一种环境相适宜的领导方式。需要注意的是,这17种组合只是随意的组合,而且并没有穷尽7个变量的所有组合形式。例如,第

1种环境是指问题的解决办法是唯一的,并且下属对决策的接受与否对于有效的实施不重要,那么适宜的领导方式是独裁Ⅰ型;而第17种环境是指问题的解决方法存在着多种可行方案,领导者没有足够的信息做出恰当的决策,下属如果没有参加决策就不愿意接受领导所做的决策。此时,适宜的领导方式是群体决策Ⅱ型。

　　后来,弗鲁姆和亚瑟·杰戈(Arthur Jago)对这模型进行了修正,把权变因素扩展为12个,增加了5个,即时间限制(是否有相当紧迫的时间约束限制了下属能力)、地域分散(把地域上分散的下属召集到一起的代价是否太高)、动机—时间(在最短的时间做出决策的重要性)、动机—发展(是否应给下属提供发展的机会)和下属的信息(下属是否拥有充分的信息进行高质量的决策)。变量的增多给整个模型增添了复杂性,弗鲁姆和杰戈运用计算机程序简化了新模型。弗鲁姆—耶顿理论强调了领导理论的研究更应着重关注领导者所处的情境,但与菲德勒不同的是,他们认为领导方式并不是固定不变的,领导者可以根据不同的情境调整他的风格。

表 11-2　弗鲁姆—耶顿模型领导方式

领导方式　＼　环境因素	独裁Ⅰ（AⅠ）				独裁Ⅱ（AⅡ）		磋商Ⅰ（CⅠ）			磋商Ⅱ（CⅡ）				群体决策Ⅱ（GⅡ）			
7.下属会发生冲突吗?							否	否			是	是					
6.下属知道所要达到的目标吗?							否	否			否	否	否	是	是	是	
5.下属会接受领导所做出的决策吗?		是		是		是	否	否	是	是	是	是	是	是	是	是	是
4.下属接受决策是否对有效实施有重大关系?	否	是	否	是	否	是	是	是	是	是	是	是	是	是	是	是	是
3.是否充分了解其他备选方案和其实施后果?					是	是	是	否			是	否		是	否		
2.领导是否有足够的信息做出高质量的决策?					是	是	否	是				是	否				
1.是否存在更合理的质量要求?	否	否	是	是	是	是	是	是	是	是	是	是	是	是	是	是	是
对7个问题自1到7进行回答,以确定适宜的领导方式	1	2	3	4	5	6	7	8	9	10	11	12	13	14	15	16	17

四、对以上领导理论的综合考察

　　领导者通过自己的领导行为对下属人员的行为进行影响,目的是调动组织成员的积极性,使组织目标能更有效地实现。从上面的分析可以看出,领导者应该根据不同的具体情况来选择自己的领导方式。从领导者的领导行为与下级人员的行为关系来看,领导者的领导行为影响了下属人员的行为,但下属人员的行为又反过来会对领导者的领导行为,即领导者的领导方式产生影响。图 11-5 给我们展示了与领导方式有关的几个因素之间的关系。

　　从图 11-5 可以看出:(1)领导者的领导行为受组织的各种因素的影响。这些因素主要与组织的目标和组织的任务有关,包括组织目标的明确程度、组织中工作的相似程度、组织中工作的创新程度、组织结构的设计情况、组织中规章制度的规定情况、组织中集权与分权

図の内容:

组织的特点

组织目标	组织结构
目标明确程度	规章制度
任务结构特点	组织凝聚力
工作创新程度	集权与分权

反馈

领导者的特点与行为

领导者的特点	领导者的行为
个性与素质	虚弱型
能力与经验	任务型
需求与动机	乡村俱乐部型
价值观念	中间路线型
对权力的要求	协作型

领导行为的结果

下属的行为	领导者的行为
满意程度	协作程度
工作积极性	人员流动率
对目标的参与	工作效率
与上级的关系	目标的实现

下级人员的特点

个性	需求
知识	动机
经验	期望
能力	态度

反馈

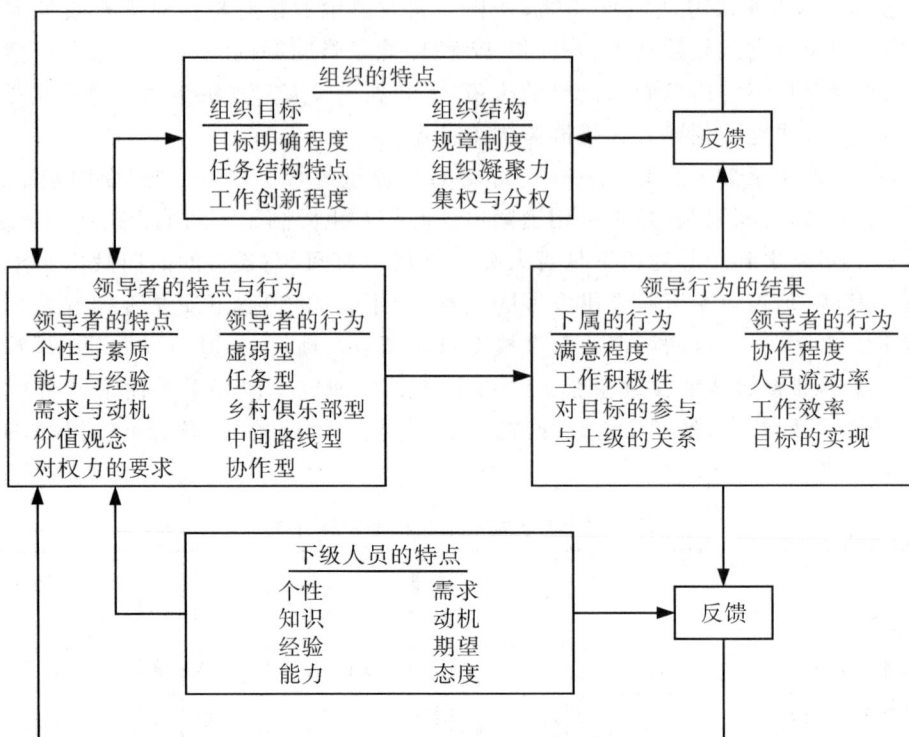

图 11-5　领导方式综合分析图

的程度等。组织的目标规定得越是明确,组织中工作的相似程度越高,组织中工作的创新程度越低,组织的外部环境越是确定,组织的结构形式和规章制度、程序、政策支配下级人员的程度越高,领导者就越是倾向于采取以工作为中心的领导方式。(2)领导行为还与领导者个人的因素有关,领导者自己的个性、知识、能力、经验、态度及需求等都会影响到领导者对自己领导方式的选择。(3)领导者的领导行为还受其下属人员的特点的影响。领导者在选择一定的领导方式的时候,要考虑下属人员的个性、知识、经验、能力、需求、动机、态度及期望等方面的特点。(4)领导者的领导行为影响下属人员的行为。领导者通过采取一定的领导方式,使下属人员对自己的工作感到满意或不满意,从而会直接影响到他们对组织目标的参与程度和与上级领导者之间的关系,影响到他们为完成组织目标而努力工作的积极性。(5)组织目标的实现程度对组织特点的形成会产生反馈作用,也会对领导者的领导方式产生影响。(6)下属人员的行为会对下属人员的特点的形成产生反馈作用,也会对领导者的领导行为产生影响。

　　以上分析说明了领导者的领导行为与组织的特点、下属人员的特点、领导者个人的特点及下属人员的行为、组织目标的实现程度等几个因素之间呈相互依存、相互影响的关系。

五、领导理论的新发展

　　本部分着重探讨领导理论的新发展,主要包括参与式管理与团队领导、交易型领导、变革型领导和性别与领导等新近出现的领导理论。

(一)参与式管理与团队领导

近年来,组织管理发生了巨大变化。快速决策的压力、灵活性要求的增强、管理多元化的加剧以及全球化挑战的严酷性,迫切要求组织管理进行根本性变革。要保持持续竞争力,组织必须具备随机应变的能力,对不断增强的环境压力做出反应。

在管理学理论发展史上,员工参与一直是领导学的核心议题。比如,道格拉斯·麦格雷戈提出的人性假设 X 理论与 Y 理论。X 理论对人的看法相对悲观和负面,认为人好逸恶劳,没有雄心壮志,员工只要可能就会逃避责任。Y 理论对人的看法相对乐观和正面,认为要求工作是人的本性,员工对工作做出承诺,会进行自我指导和控制。因此,Y 理论和 X 理论相比,就更加注重员工的参与管理。信奉 Y 理论的管理者允许员工决定自我发展方向,并给予支持;而信奉 X 理论的管理者则对管理者施加较多的严格监控,较少或者根本不运行员工参与管理决策。

员工参与以一种连续体形式出现。在连续体一端,领导者掌握全部控制权,所有的决策权力集中于领导者,下属员工没有参与决策的权力;而在连续体的另一端,领导者把全部决策权都授予下属,最大限度允许下属做出管理决策。在现实当中,连续体两端的领导方式都是很少存在的,大部分都集中于中间形态,也就是团队领导,如图 11-6 所示。

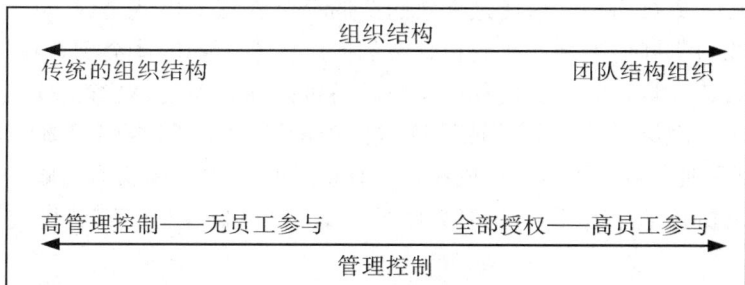

图 11-6 参与的连续体

资料来源:[美]安弗莎妮·纳哈雯蒂著:《领导学》,王新、陈加丰译,机械工业出版社 2007 年第 4 版,第 153 页。

由南加利福尼亚州立大学研究人员为首进行的关于员工参与的纵向研究表明,组织能够从各种类型的员工参与中获益。包括信息共享方式、群体决策、团队应用、授权、利润分享和股票期权等在内的各种计划,其最终目标都是要增加员工的决策参与度。研究结果表明,采用上述这些方式和计划,对提升绩效、利润率、竞争力以及员工满意度都有明确而积极的影响(Lawler,Mohrman and Ledford,1995 年)。

我们在上一章学习过,团队是近年来在西方企业中普遍采用的一种组织形式。团队是一种为了实现某一目标而由相互协作的个体组成的正式群体,其特征是团队成员承诺共同的工作目标和方法,并且相互承担责任。所有的工作团队都是群体,但是只有正式群体才能成为工作团队。

群体可以定义为两个或两个以上相互作用、相互依赖的个体,为了实现某个特定的目标而组成的集合体。群体可以是正式的,也可以是非正式的。正式群体是组织创立的工作群体,它有明确的工作任务和分工。非正式群体具有社会属性,是为了满足人们的社会需求而在工作环境中出现的一种自发形式。

正式群体中的成员不一定会参与到需要共同努力的集体工作中,因此正式群体的绩效常常是每个群体成员个人贡献的总和。而工作团队则不同,它通过来自不同职能部门的团队成员的共同努力能够产生积极的协同效应,使团队绩效水平远大于个体成员绩效水平总和。

1.高效团队的特征

团队形式并不能自动地提高生产力,它也可能会让管理者失望。幸运的是,近来一些研究揭示了与高效团队有关的主要特征。

(1)清晰的目标。高效团队对所要达到的目标有清楚的了解,并坚信这一目标包含着重大的意义和价值。而且,这种目标的重要性还激励着团队成员把个人目标升华到团队的目标中去。在有效的团队中,成员愿意为团队目标做出承诺,清楚地知道团队希望他们做什么工作,以及他们怎样共同工作最后完成任务。

(2)相关的技能。高效的团队是由一群有能力的成员组成的。他们具备实现理想目标所必需的知识、技术和能力,而且具备能够良好合作(合作精神)的个性品质,从而能出色地完成任务。后者尤其重要,但却常常被人们所忽视。有精湛技术和较强能力的人并不一定就有处理群体内部关系的高超技巧,高效团队的成员则往往兼而有之。

(3)相互信任。成员间相互信任是有效团队的显著特征。也就是说,每个成员对其他人的品行、技术和能力都确信不疑。我们在日常的人际关系中都能体会到,信任这种东西是相当脆弱的,它需要花大量的时间去培养而又很容易被破坏。而且,只有信任他人才能换来被他人信任。所以,管理层必须充分重视维持群体内的相互信任,否则团体的目标就难以实现。组织文化和管理者领导风格对形成相互信任的群体工作氛围很有影响。如果组织崇尚开放、民主、诚实、协作的办事原则,同时鼓励员工的参与和自主性,它就比较容易形成信任的工作氛围。

(4)一致的承诺。高效团队的成员对团队表现出高度忠诚,为了能使群体获得成功,他们愿意去做任何事情。我们把这种忠诚和奉献称为一致的承诺。对成功团队的研究发现,团队成员对他们的群体有认同感,他们把自己属于该群体的身份看作是自我的一个重要方面。因此,承诺一致的特征表现为对群体目标的奉献精神,愿意为实现这一目标而调动和发挥自己的最大潜能。

(5)良好的沟通。群体成员通过通畅的渠道交流信息,包括各种言语和非言语信息。此外,管理层和团队成员之间健康的信息反馈也是良好沟通的重要特征,它有助于管理者知道团队成员的思想和行动,消除误解。就像一对已经共同生活多年、感情深厚的夫妇那样,高效团队中的成员能迅速而准确地了解彼此的想法和情感。

(6)谈判技能。以个体为基础进行工作设计时,员工的角色由岗位说明、工作纪律、工作程序及其他一些正式文件明确规定。但对于高效团队来说,其成员角色具有灵活多变性,总在不断进行调整。这就需要成员具备充分的谈判技能。由于团队中的问题和关系时常变化,成员必须能面对和应付这种情况。

(7)恰当的领导。有效的领导者能够让团队跟随自己共同度过最艰难的时期,因为他能为团队指明前途所在。他们向成员阐明变革的可能性,鼓舞团队成员的自信心,帮助他们更充分地了解自己的潜力。优秀的领导者不一定非得发号施令或控制,高效团队的领导者往往担任的是教练和裁判的角色,他们对团队提供指导和支持,但并不试图去控制它。这不仅适用于自我管理式团队,也适用于任务小组、交叉职能型团队。对于那些习惯于传统方式的管理者来说,这种从发号施令到为团队服务的角色的转变,实在是一种困难的转变。当前很多管理者已开始发现这种新型的权力共享方式的好处,但是仍有一些习惯于专制方式的管理者无法接受这种新观念。这些人如果不尽快转换自己的老观念,就将被取而代之。

(8)内部支持和外部支持。要成为高效团队的最后一个必要条件就是它的支持环境。从内部条件来看,团队应拥有一个合理的基础管理平台。这包括:适当的培训,一套易于理解和度量的用以评估员工总体绩效的测量系统,以及一个起支持作用的激励系统。恰当的基础结构应能支持并强化成员行为以取得高绩效水平。从外部条件看,管理层应给团队提供完成工作所必需的各种资源。

2.团队建设的理论基础

为什么团队组织会起作用呢? 这是团队理论研究的重点。

(1)人性与人类动机的观点。团队的理论深深地扎根在对人的良好理解的基础之上。人的基本点是希望承担责任,争取在社会地位、经济、人的能力诸方面得到发展。人的负面表现是这些基本品质受到挫折后的产物。团队的组织形式满足了人们积极进步的要求。在团队内,人们能建立良好的合作关系,团队为他们提供了尊重和自我发展的机会。

团队的运行机制符合人类的动机原理,人们在团队内有决策权,就会更愿意认同组织的决策目标,并尽力执行决策。人们乐于看到自己制定和执行的决策取得成功,并从这种成功中满足责任感、成就感和自尊心这些人性的基本需要。人具有社会性,人们希望与他人有良好的社会关系,团队的气氛和合作性关系符合人的社会属性。团队的合作关系使团队成员协作工作,从整体上发挥全体成员的整体能量。团队成员也把自己融入团队,视团队的成功为自己的成功。

(2)合作与竞争理论。团队建设的基石是合作与竞争理论。如果人们处于散乱的、互不相干的独立状态,认为双方目标没有关系,且双方没有共同利益关系,他们就会漠视他人的福利,对他人的困难袖手旁观,组织也会形如一盘散沙,士气低落,影响生产率。如果人们处于竞争关系,认为双方目标相背,双方利益冲突,他人的成功阻碍自己的进步,那么他们就会封锁信息和资源,甚至互相攻击和破坏。这种关系引起组织内耗和人际关系紧张,最终导致低生产率和低创造力。因此,应该使人们在组织中具有共同目标,在共同目标下合作共事。具有合作关系的人们会互相尊重,共享信息和资源,他们会将他人的进步看成对自己的促进,并交流意见和取长补短。

(3)建设性冲突处理理论。建设性冲突处理是团队建设的灵魂。团队着力使团队成员形成具有共同目标的合作关系,但是,共同目标和合作关系并不意味着团队内不存在意见分歧。团队成员对团队目标会有不同意见,对团队的工作安排、薪酬分配会有不同看法。有不同看法是正常的,不同看法是达成高质量决策的原材料。人们需要着重认识目标的共同点,强调合作关系,团队的文化、团队的组织措施都要着力培养合作关系。在合作关系下,人们会开放他们的思想,坦诚发表意见,也会努力去理解对方的观点和理由,在双方讨论和交流意见的基础上达成共识。所以,建设性处理冲突只能在人们的合作关系下才能达成。通过建设性处理冲突,团队成员形成并认同他们的共同目标,团队成员的合作关系也得到巩固和发展。

(4)员工卷入理论。提高团队效率的重要途径是使团队成员投入到工作中。因此,员工卷入理论是团队建设的操作性理论。员工卷入原理是让员工对那些关系到他们切身利益的决策发表意见,增加员工的工作自主性和对工作的控制程度。员工卷入的具体措施是实行参与管理,让下属与直接上级一起进行决策。由于工作变得越来越复杂,管理者在下属从事的工作领域中常常是一个外行,让员工参与决策能避免瞎指挥。员工由于参与了决策,能更好地承担起执行决策的责任。员工参与决策也使员工工作变得更丰富且更有挑战性。

3.团队建设的阶段

团队建设一般要经过以下五个阶段:

(1)达成共同目标。团队建设的关键是团队成员要达成共同的目标,并且承诺为共同的目标而互相帮助和支持。团队成员由不同动机、需求和个性的个人所组成,在团队成立的初期,人与人之间的关系尚未建立,人与人之间的了解与信任不足,因此必须使团队成员首先在目标上达成共识,否则团队建设就没有坚实的基础。

(2)协同工作。团队的效率之所以超过个人效率的总和,是因为团队成员能够相互合作而产生协同作用。团队的成员应该明确:自己需要其他成员的知识、技能、信息和支持,那么同样,自己也有义务为团队的其他成员提供知识、技能、信息和支持。

(3)授权激励。团队需要组织的批准、支持和授权,需要相应的资金、物质和其他资源来完成团队的任务和目标。团队具有凝聚力和一体感不代表团队的成员没有工作的分工,实际上,明确的个人责任是团队产生高效率的源泉之一。团队要形成有效的、公平公正的分工,团队成员要有完成自身工作的责任感,也必须有支持、帮助团队其他成员完成其工作的责任感。

(4)积极探索。团队形式或模式不是一成不变的,随着时间、环境的变化,团队运行的效率也会发生变化。因此,团队需要其成员在实践中积极探索变化着的、有效的合作方式、激励制度和参与形式等。

(5)不断总结和提高。团队及其成员应该及时地评价他们实际的功能状态,评估所取得的成绩和存在的不足,从而认识到团队的动力来源和制约条件。进而,团队能够扬长避短,发扬优点,弥补不足,使团队能力获得不断的提高。

(二)交易型领导

交易型领导是根据领导与下属之间的交换概念而提出来的。领导把为下属提供资源和奖励作为对下属积极性、生产效率和高效率的工作成就的交换。这种交换和提供临时任务奖励的概念是众多激励、管理和领导理论与实践的核心。Burns 于 1978 年在《领导》(Leadership)一书中,提出了交易型领导的概念。Burns 通过对政治领导者的研究,比较了交易型和变革型领导行为,认为交易型领导通过奖励与下属工作进行交换,来鼓励下属。这与激发下属实现自我实现的目标是不一样的,是一种短期交换结果。他认为交易型领导为下属提供的是纯粹的交换。

交易型领导是指通过在奖酬基础上的即时交换来影响追随者。由于组织内的资源是有限的,领导者无法对每一位下属平均分配其所具有的资源。而且由于领导者迫于时间压力,因而常常需要找一些得力助手来帮助他们执行任务与达成目标,领导者为了奖励这些得力助手的努力与付出,会给予他们更多关怀与互动。所以组织中会出现以领导者为中心而形成的非正式团体,该团体成员与领导者间会有较紧密的工作关系。这些团体成员就被称为圈内人士,而其他成员则被称为圈外人士。领导者会提供给圈内人士更多机会,赋予更大责任,双方互动过程带有较多积极特征;对于圈外人士,领导者则赋予较琐碎、例行的事务,并施以较正式的权威予以监督。一个成功的领导者不仅要能够理清组织目标,为员工提供相应的奖赏,而且必须能明确告诉成员如何去实现目标以及获取奖赏的途径,同时除去下属达成目标的各种障碍,增加实现目标的机会,使下属更努力工作,获取较佳的工作成果和较高的满足感。在交易型领导理论中,领导者的主要任务就是界定员工的角色,设定员工达成组织目标时可获得的奖酬,并提供员工达成目标及获得奖酬的路径。

交易型领导主要采取以下两种方式:

(1)临时任务奖励。其意思是,如果下属完成双方商定的协议目标,领导者保证按照约定为下属提供奖励。只要管理得当,临时任务奖励就能成为使领导者、下属和组织满意并且受益匪浅的有效工具。另一种情况是,领导者根据下属人员的表现情况,提供其应得的奖赏。领导者确定把实现目标与获得报酬联系起来的途径。

(2)例外管理。其意思是,对下属的错误与不合乎标准的行为加以纠正、反馈或处罚的历程。例外管理分成主动例外管理与被动例外管理。前者是指领导者主动监控成员的偏差行为,并且修正其偏差行为,强化规则以确保成员达成目标;后者则是指领导者平时并不会对成员的行为进行干预,只有成员发生偏差行为时才会采用权变式惩罚措施或其他修正行动。

交易型领导的特征是强调交换,在领导者与部下之间存在着一种契约式的交易。在交换中,领导给部下提供报酬、实物奖励、晋升机会、荣誉等,以满足部下的需要与愿望;部下则以服从领导的命令指挥,完成其所交给的任务作为回报。

在一个交易型领导主持的企业组织中,我们将会看到如下特征:

(1)明确的界限。在角色和功能、技术流程、控制幅度、决策权以及影响力范围等方面都有划分清晰的界限,所有因素及其相互作用都被置于管理和控制之下,以期达到预想的商业结果。

(2)井然的秩序。对交易型领导来说,任何事情都有时间上的要求、地点上的规定,以及流程上的实用意义。通过维系一个高度有序的体制,交易型领导得以长时间、系统性地获得比较一致的结果。

(3)规则的信守。交易型领导十分注重规则,对业务经营的每一层面都设定了具体的操作标准与方式,任何背离程序、方法和流程的行为都被视为问题,要加以解决和清除。也就是说,工作结果必须是可预测的,不允许意外发生。

(4)执着的控制。交易型领导厌恶混乱的和不可控的环境,他们力图使企业获得有序结构。所以,他们的领导方式往往是强力型的。

在企业的管理实践中,大多数管理者都会不同程度上存在交易型的领导行为,因为这样能够有效地提高工作绩效。不过,企业领导不应该主要依靠或是只依靠交易型领导来影响他人,因为交易型领导具有以下一些弊端:第一,交易型领导可能成为谋取个人私利的操纵工具;第二,可能过度强调短期行为,只顾追求效率和利润的最大化,而忽视了一些更为长远的东西;第三,可能令下属在强大的压力和过分的奖惩之下,堕入不道德和非理性的误区;第四,交易型领导看重"一物换一物",欣赏"你为我干活,我为你办事",他们只懂得用有形、无形的条件与下属交换而取得领导,不能够赋予员工工作上的意义,从而无法调动员工的积极性和开发员工的创造性。如果交易型领导被领导者当作主要方法,那么企业内部环境中将充斥企业政治、特殊待遇、邀功争宠、排挤倾轧等不良文化。

(三)变革型领导

变革型领导理论把领导者和下属的角色相互联系起来,并试图在领导者与下属之间创造出一种能提高双方动力和品德水平的过程。拥有变革型领导力的领导者通过自身的行为表率,对下属需求的关心来优化组织内的成员互动。同时,通过对组织愿景的共同创造,在组织内营造起变革的氛围,在富有效率地完成组织目标的过程中推动组织的适应性变革。

Podsakoff 等(1990 年)提出变革型领导的六种维度,分别是:提供远见卓识,运用愿景激励;领导者树立自己与极力推广的价值观相一致的行为榜样;促进合作,使下属接受组织目标,并为共同目标而工作;寄予厚望;提供个人支持,领导关心下属个人感受和需求;以及智力激励。Avolio 在其基础上,将变革型领导行为概括为四个方面,分别是:理想化影响力、鼓舞性激励、智力激发和个性化关怀。具备这些因素的领导者通常具有强烈的价值观和理想,他们能成功地激励员工超越个人利益,为了团队的伟大目标而相互合作、共同奋斗。

(1)理想化影响力(idealized influence)。理想化影响力是指能使他人产生信任、崇拜和跟随的一些行为。它包括领导者成为下属行为的典范,得到下属的认同、尊重和信任。这些领导者一般具有公认的较高的伦理道德标准和很强的个人魅力,深受下属的爱戴和信任。大家认同和支持他所倡导的愿景规划,并对其成就一番事业寄予厚望。

(2)鼓舞性激励(inspirational motivation)。领导者向下属表达对他们的高期望值,激励他们加入团队,并成为团队中共享梦想的一分子。在实践中,领导者往往运用团队精神和情感诉求来凝聚下属的努力以实现团队目标,从而使所获得的工作绩效远高于员工为自我利益奋斗时所产生的绩效。

(3)智力激发(intellectual stimulation)。指鼓励下属创新,挑战自我,包括向下属灌输新观念,启发下属发表见解和鼓励下属用新手段、新方法解决工作中的问题。通过智力激发领导者可以使下属在意识、信念以及价值观形成上产生激发作用并使之发生变化。

(4)个性化关怀(individualized consideration)。个性化关怀是指关心每一个下属,重视个人需要、能力和愿望,耐心细致地倾听,以及根据每个下属的不同情况和需要区别性地培养和指导每一个下属。这时变革型领导者就像教练,帮助员工在应付挑战的过程中成长。

变革型领导与交易型领导的差别在于,变革型领导使下属具有较高的理想与道德价值(如自由、公正、平等、人道等),而交易型领导使下属更关注其个人利益。区分交易型和变革型领导行为,并不意味着两者是不相关的。变革型领导是建立在交易型领导基础上的,会对下属有额外的影响效果。变革型领导与下属的有效性及满意度之间的关系要比交易型领导与这些变量之间的关系要强,优秀管理者在变革型领导上的得分要高于普通管理者的得分。交易型领导与变革型领导二者是共存的、互相补充的;交易型领导不一定过时,而变革型领导也并不是灵丹妙药,什么样的领导方式有效还必须因人、因时、因地采用灵活的方式加以处理。

(四)性别与领导

近年来在性别与领导风格方面进行了大量研究。总体的结论是:男性与女性确实采用不同的领导风格。女性相对于男性倾向于采用更为民主型或参与型的风格,而较少采用专制型的指导型的风格;女性更善于鼓励参与,共享权力与信息,并努力提高下属的自我价值;她们将领导视为通过人际关系技能和个人品质来激励下属,将下属的个人利益集成在公司整体利益的过程中。这种互动式领导风格需要与下属分享信息和权力,鼓励下属参与并让其感到他们存在的重要性。她们通过包容进行领导,并依赖她们的领袖魅力、专业知识、和人际交往技能来影响他们。

女性倾向于运用变革型的领导方式,通过将员工的自身利益转化为组织目标来激励他人。男性则更乐于使用指导型、命令加控制型的风格,他们更倾向于将领导视为一系列与其下属做交易的过程,他们更经常运用资源控制和职权来激励其下属。他们以自己岗位所赋予的正式权力作为影响基础。男性运用事务型领导方式,通过奖励优异工作和惩罚不良工作来进行领导。

有关上述发现还有一个十分有趣的补充说明。在男性主导的工作中,女性领导者更为民主的倾向性减弱了。显然,此时群体规范和男性角色的刻板印象大大超过了个人偏好,因而女性在这些工作中放弃了她们本质的风格而以更为专制的风格采取行动。由于男性在传统中一直处于组织中的主要领导岗位,因此人们可能会认为男性与女性的差异必定对男性更为有利。但是,事实并不尽然。性别并不必然意味着天生具有差异,并非所有的女性领导者都偏好民主型风格,也有不少男性采取变革型的领导方式。因此,当我们以性别来标识领导风格时应十分慎重。一些人比其他人在调整领导风格适应不同情境方面更为灵活。因此,如果认为性别因素在领导中提供了一种行为倾向可能最为恰当。比如,一个人可能偏向于参与型的风格却实际运用了专制型风格,是因为情境需要如此。

第三节　各种激励理论

在古典管理理论阶段,泰罗就已经发现"能干又愿意干"的"一流工人"对组织效率的重要性。切斯特·巴纳德在协作系统的三个构成要素中指出,组织成员"协作意愿"的产生的条件是"诱因≥贡献"。他认为,假如把所有那些被认为能对一个组织有所贡献的人们,按他们愿意为此组织服务的程度加以排队,那么他们对此组织的态度,可以排列成递减的序列:有强烈愿望的,中等程度或没有什么愿望的,强烈地毫无愿望或反感乃至憎恨的。在现代社会中,对任何一个现有的或要建立的组织来说,多数人总是站在消极的一面。

这些论述所揭示的是这样一个事实:个人虽然由于种种原因需要加入组织,但他对组织目标实现所做出的贡献则需要通过有效的激励。这意味着激励是领导者的重要职责之一。领导者利用有关需要和动机的知识来影响员工的行为,使他们积极为组织目标的实现做出贡献。本节简单地阐述有关激励的基本概念和基本理论。

一、激励的性质

激励的含义,我们引用贝雷尔森(Berelson)和斯坦纳(Steiner)的概念,那就是,一切内心要争取的条件——希望、愿望、动力等等都构成人的激励。激励是通过影响人们的内在动机或需求,从而加强、引导和维持行为的过程或活动。具体说,激励是指通过一定的手段使员工的需要和动机得到满足,以调动他们的工作积极性,使他们积极主动地发挥个人潜能从而实现组织目标的过程。

心理学家一般都持这种观点:人类的一切行为都是受到激励而产生的。人们做什么事情都是有理由的,不管他们是否意识到这一点。每种行为都包含一系列的连锁反应:从需要出发,引起欲望,未得到的需求产生一种不安和紧张的心理,从而推动人们去从事某种活动以达到目标,使欲望得到满足。这个连锁反应过程见图 11-7。

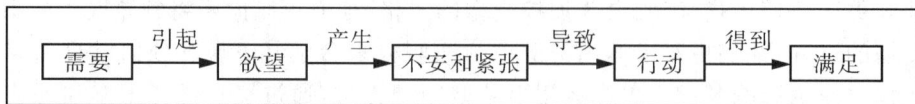

图 11-7　需要—行为的连锁示意图

对激励问题的研究可以分为激励内容型理论、激励过程型理论两大类。激励内容理论认为,人的需要就像一份暗藏的清单,上面罗列了人们既希望也愿意努力去获得的物品。管理者如果了解这份清单,就可以设计自己的奖励系统以满足这些需要,从而激发人们努力工作。激励内容型理论主要包括麦格雷戈的 X 理论与 Y 理论、马斯洛的需要层次理论、赫茨伯格的双因素理论、麦克利兰的需求论。激励过程理论解释员工如何选择其行为方式以满足他们的需要,并判定他们的选择是否成功。同样,如果管理者了解这个激励过程,就可以设计合适的激励方式,激励员工努力工作。激励过程型理论包括弗鲁姆的期望理论、波特和劳勒模式、洛克的目标设定理论、公平理论等。

二、激励内容型理论

20 世纪 50 年代是激励理论发展的黄金时代,在这一时期出现的三种有重大影响的理论是:麦格雷戈的 X 理论与 Y 理论、马斯洛的需要层次理论和赫茨伯格的双因素理论。这些理论基本上都属于激励内容型理论。激励内容型理论集中研究到底是什么引起人们的行为这一问题。我们在本书前面章节中已经详细地阐述了马斯洛的需要层次理论、麦格雷戈的 X 理论与 Y 理论和赫茨伯格的双因素理论,所以在这里就不重复说明。

(一)马斯洛的需要层次理论和赫茨伯格的双因素理论的比较

马斯洛认为,人是有需要的动物,只有尚未满足的需要才能影响人的行为,已经得到满足的需要不再起激励作用。人的需要有五个层次,某一层次的需要得到实质的满足后,这种需要的重要性就降低了,更高层次的需要就会出现和激活,成为主导需要。赫茨伯格提出在工作中影响人们行为的因素有两类:保健因素和激励因素。这两种理论有很大的类似性,马斯洛在其著作《人类激励的一种理论》中提出的五种人类基本需要可以说是赫茨伯格研究的基础,赫茨伯格等人正是在马斯洛的理论有效性的验证、补充和探讨中,发展了双因素理论,并使之更适用于工作环境之中。我们在图 11-8 对这两个理论做了比较。

(二)麦克利兰(Mcclelland)的激励需要论

在 1966 年《促使取得成就的事物》一书中,麦克利兰运用主体知觉测验(TAT,Thematic Apperception Test)来测度人类的需要,把人类的需要抽象归纳为三大类:(1)对权力的需要;(2)对社交的需要;(3)对成就的需要。在此基础上,把对不同需要有所侧重的人划分为三大类:高成就需要者、高权力需要者和高社交需要者。

高成就需要者追求成功,喜欢挑战,强烈的内驱动力促使他们把事情做得更为完美,使

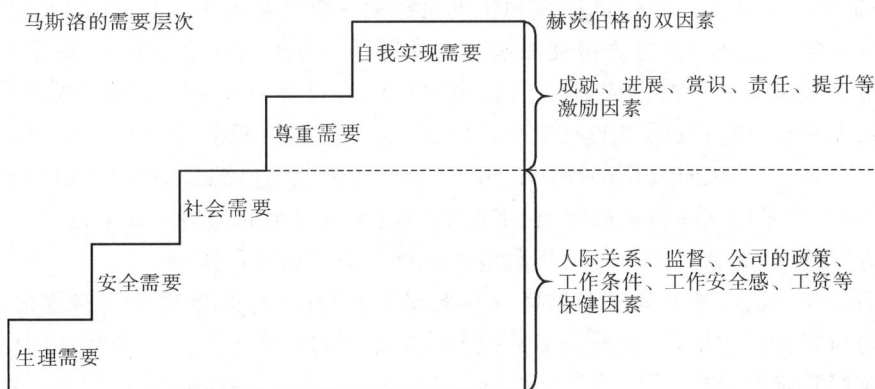

马斯洛的需要层次　　　　　　　　　　　赫茨伯格的双因素

自我实现需要

成就、进展、赏识、责任、提升等
激励因素

尊重需要

社会需要

安全需要

人际关系、监督、公司的政策、
工作条件、工作安全感、工资等
保健因素

生理需要

图 11-8　马斯洛模式与赫茨伯格模式的比较图

工作更有效率,对待风险采取现实主义的态度(不以投机、赌博作为做或不做某件事情的标准,而是建立在对问题的客观分析和估计的基础上)。高社交需要者追求友好亲密的、融洽的人际关系,设法避免被别人拒绝在门外带来的痛苦,渴望友谊,喜欢合作而不是竞争的环境,强调理解的重要性。高权力需要者喜欢承担责任,喜欢去影响、指挥别人,同时尽量避免被别人指挥和控制。

　　麦克利兰的早期研究主要集中在成就需要方面,指出高成就需要往往可以通过学习获得。这一点,从他的 76 个印度小企业的管理人员的高成就需要的培训结果可以得到验证。他的后期著作以权力需要为中心,提出出色的管理人员和出色的创业者受的是不同的激励。优秀的管理者对权力或影响他人有很高的要求,权力需要超过成就需要和社交需要。

　　总而言之,麦克利兰提出:(1)人们的成就需要是可以通过传授的方式获得的,而且这种传授不因地理、文化背景的不同而有所区别;(2)高成就需要的人适合成为一个创业家,而高权力需要的人则很有可能是优秀的管理者。创业家不一定是优秀的管理者为很多企业的成败提供了一种解释。

三、激励过程型理论

　　激励内容型理论使人们了解哪些是激发人们工作积极性的特定因素,但并不能对人们为什么选择某种特定的行为方式来完成工作目标做出透彻的分析。激励过程型理论则试图解释说明,人们的行为是怎样引起的,是怎样向一定方向发展的,是怎样持续下去的以及是怎样终止的这一整个过程。

(一)弗鲁姆的期望理论

　　由美国心理学家维克多·弗鲁姆在 1964 年发表的《工作与激励》一书中提出,认为激励应该以人们对自己完成工作任务的能力和能取得理想回报的期望值为基础。期望理论认为,人们只有在预期到他们的行动将有利于实现某个目标,而且该目标具有吸引力时,才会被激励起来去做某个特定的行动。用公式来表示就是:

　　　　激励力＝效价×期望值

　　激励力是指一个人受到激励的程度;效价是指个人通过努力而实现的目标对他的吸引

力或效用；期望值是指个人所估计的成功实现目标的可能性有多大，往往是指成功的概率。

期望理论实质上把个人是否接受激励这一问题具体分解为四个小的问题：第一，个人对效用的理解。效用是个人在完成所要求达到的目标后获得的结果。这些结果可能是积极的，如加薪、发奖金、提升及同事的友谊和信任等；也可以是消极的，如疲劳、挫折、严格的监督与约束等。第二，个人对效用的评价。第三，个人对为获得所想要的效用应该采取的行动的理解。第四，对采取这些行动的难度、成功的可能性或概率的预估。如果这四个小问题的答案都是肯定的话，那么我们就可以肯定该人受到了很大程度的激励。

与马斯洛需要层次理论和赫茨伯格双因素理论不同的是，弗鲁姆的期望理论强调协调个人目标与组织目标的结合，根据员工的差异化要求设计一个合适的工作环境。

(二)波特和劳勒模式

波特和劳勒主要是在弗鲁姆的期望理论基础上，发展了一个更为完善的激励模式。该模式如图 11-9 所示。

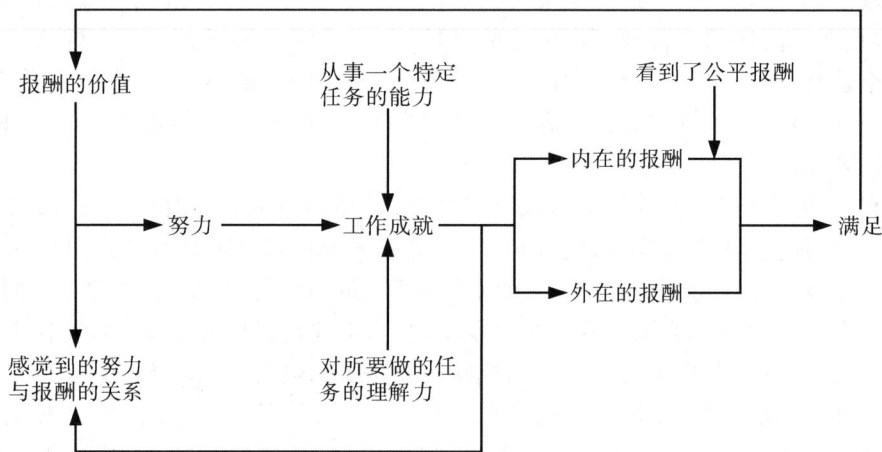

图 11-9　波特和劳勒的激励模式示意图

资料来源：[美]哈罗德·孔茨、西里尔·奥唐纳著：《管理学》，中国人民大学工业经济系外国工业管理教研室译校，贵州人民出版社 1982 年版，第 661 页。

从该模式图中，我们可以发现：努力（激励的强度和发挥出来的能力）取决于报酬的价值和人们所感觉到的努力与报酬之间的关系。员工实现组织目标与否则主要取决于努力程度、具备从事某一特定任务的能力（知识和技能）和正确理解所要完成的任务的能力（对目标和任务的理解程度）。员工的工作成绩决定其报酬水平（包括内在的报酬和外在的报酬），同时员工在实际工作中取得的成绩使他能更好地了解努力与报酬之间的关系。报酬和报酬的公平性又决定了员工满足的程度。满足与否同样也会影响他对报酬价值的理解。

该激励模式以努力——成绩——报酬——满足链，更充分地描述了员工受激励的整个过程，进一步完善了弗鲁姆的期望理论。

(三)公平理论

公平理论是由斯达西·亚当斯(Stacey Adams)提出的。公平理论主要是研究报酬的公平性、合理性对个人积极性的影响，即不仅研究报酬的绝对数，更重要的是报酬的相对比例的公平与否影响个人受激励的程度。

员工在一个组织中对自己是否受到公平的待遇往往选择以下几个"参照物":"他人"、"制度"和"自我"。"他人"包括同一组织中同一部门、不同部门、同一等级、不同组织层次的组织成员,也包括不属于同一组织的其他人,如邻居、朋友、同行等。"制度"是指组织中的报酬政策、程序以及其运作。"自我"是指员工对自己努力和所得到的报酬的比率。

在工作过程中,员工通过口头交谈、经验、报纸和杂志、职业中介机构等渠道获得有关工资标准、报酬等方面的信息,并在此基础上常常自觉或不自觉地把自己在工作中所付出的代价与取得的报酬同其他人进行比较,比较的结果影响其以后的行为。代价包括工作时间、资历、教育、经验、努力程度和负责精神等,报酬包括工资、奖金、提升、职位、组织对其承认和尊重的程度、人际关系等。权衡比较的结果出现三种情况,见表 11-3。

表 11-3 个人对公平评价的三种情况

运用的比较公式	员工的评价
$\dfrac{报酬(自己)}{付出的代价} < \dfrac{报酬(他人)}{付出的代价}$	不公平(报酬过低)
$\dfrac{报酬(自己)}{付出的代价} = \dfrac{报酬(他人)}{付出的代价}$	公平
$\dfrac{报酬(自己)}{付出的代价} > \dfrac{报酬(他人)}{付出的代价}$	不公平(报酬过高)

当员工感到不公平时,通常可能采取以下几种做法:(1)曲解自己或他人的付出或报酬;(2)采取某种行动以使公式相等;(3)选择另外一个参照对象;(4)辞职。所有这些可能的行动都可能会导致降低或提高生产效率,改善或降低产出质量,降低或提高缺勤率、员工流动率。公平理论提出公平与否与员工的激励的相关性,这是研究激励的一个很好的角度,但是跟期望理论一样,不太具有可操作性。员工对公平的评价以个人判断为基础,没有一个统一的标准。公平理论在这些关键的问题上没有充分的说明,影响了该理论的有效性。

(四)强化理论

强化理论又称为行为修正理论或行为改造理论,由美国哈佛大学心理学家斯金纳(B.F. Skinner)首先提出,它强调通过适当运用及时奖励与惩罚来改变或者修正员工的工作行为。如果员工的不同行为得到不同的强化,则员工会从中懂得自己的行为举止应该符合何种规范。

运用强化理论可以修正和改变人的行为,因为人的行为有一种结果律。结果律是假设人的行为是其所受刺激的函数。如果这种刺激对他有利,则这种行为就会重复出现,即通过奖励的方式刺激一种行为,这种行为就会重复出现;如果对他不利,则这种行为就会减弱直至消失,通过惩罚的方式刺激一种行为,这种行为就减弱直至消失。

因此,管理要采取各种强化方式,以使人们的行为符合组织的目标。强化是指使某一行为得以重复发生或者被禁止。强化可以分为正强化、负强化和自然消减。

正强化:通过奖励性认可来刺激那些符合组织目标的合意行为,以使这些行为得到进一步加强和重复。比如员工准时上班或者多做了一些份外的工作,管理者马上给予表扬。这种令人愉快的奖励会增加这种良好的工作行为重复出现的可能性。正强化的刺激物不仅包括奖金等物质奖励,还包括表扬、提升、改善工作关系、社会认同、受到关注等精神奖励。为了使强化达到预期的效果,必须注意:根据不同的背景和需要实施不同的强化方式;正强化应以间断的、不定期、不定量为主;要明确是什么样的行为得到奖励;奖励团队时也要奖励个人。

负强化:通过惩罚来刺激那些不符合组织目标的行为,以使这些行为削弱直至消失,从而保证组织目标的实现不受干扰。负强化的刺激物包括减少奖酬、罚款、批评、降级等。负强化应以连续、及时为主。

自然消减:对于不希望发生的行为,进行"冷处理"或"无为而治",以使这种行为自然消失或减少。表明组织对这种行为不予以强化或激励,因而通过忽视这种不合要求的行为来达到行为修正。当然,要慎用这种策略,因为它在很多情况下可能不起作用。如对一个上班经常迟到的人不闻不问,他可能把老板希望这种现象消失的本意视为宽恕这个行为。

(五)目标设置理论

目标设置理论认为工作目标的具体化、挑战性以及反馈信息对工作绩效有着十分重要的影响。

为了达到目标而工作的愿望是工作动机的主要源泉之一。目标通过提供具有挑战性的具体的标杆来指导和激发员工的工作绩效。作为激励力量,设置具体而有挑战性的目标具有优越性。不能设置泛泛如"尽力而为"这样的目标。目标要有挑战性,但根本完不成的、完全不现实的目标不仅起不到激励的作用,反而会使人丧失信心。

管理视野

德鲁克:什么样的领导才是卓有成效,值得一生追随的?

领导既不是魅力,也不是个人特质、性格或风格。那么,领导是什么?德鲁克认为,"领导是一项工作",一项需要脚踏实地,既不浪漫,也不稀奇的、无趣的工作。领导的定义又是什么?引用杜鲁门总统的那句名言"责任止于此(The bucks stop here)"再恰当不过了。换句话说,领导是责任,领导的本质则是"绩效",即领导的责任应该是"贡献"。

德鲁克回忆起自己高中时期学习军事战役时的情形,说道:"我们的历史老师很优秀,他本人也是受过重伤的退役军人。上课的时候,他让我们每个人从一些书中任意挑选几本仔细阅读,然后写一篇心得报告。老师就以这篇报告作为期中考试的试卷。当我们在课堂上讨论这些报告时,班上有位同学提出一个问题:'几乎每一本书都提到,这场壮烈的战争是从军事上而言完全不合格的战争,为什么?'我们的历史老师毫不犹豫,并且一针见血地指出:'因为将领牺牲得不够多,之所以如此,是因为这些将领只是让别人去冲锋陷阵,自己却待在安全的后方'。"

"将领牺牲得不够多"就代表着战争中不合格的将领牺牲了他人的性命,自己却苟延残喘地活了下来,为的是"一将功成万骨枯"。不合格的领导者要么不顾他人的死活,要么就清除异己,最终都会付出惨重的代价。如果不这样,将领亲自冲锋陷阵的话,就有可能会牺牲自己的性命,为国捐躯。但历史告诉我们,凡是打胜仗的战役中,将领死亡的人数远远低于失败的战争。由此可见,最危险的地方往往是最安全的,而安全的后方反而是危险的地方。

考察领导是否清楚如下四件事

不过,现今的高科技战争是否与历史上的战役完全是两回事呢?当然也不完全是。德鲁克观察卓有成效的领导者,发现他们都清楚四件事。

(1)"领导者"唯一的定义是拥有追随的属下,若没有遵循者,他们都不能成为领导者。这些领导者中,有些是思想家,有些是先知。所谓的"思想家",指的是他们有一套明确、简单、清晰、具体并且可操作的经营理论,而"先知"是指他们既能洞察先机,掌握人口统计学与人口结构的变化,采取行动,又能做出有效的重大决策影响组织。

(2)真正的"领导者"应该是引导属下做正确的事,因为领导才华是以领导者做事的成果来判定的。受欢迎、受爱戴、受仰慕甚至是受崇拜都不算是具有领导才能。

(3)言行一致,树立典范。信任领导者,未必就是喜欢他,也未必认同他所做的任何一件事,追随者的信任,是基于确信领导者能说到做到,也就是相信他具备"言行一致"的美德。领导者的行为必须和他所坚持的信念相符,不能相互矛盾,他的行为更不能背离了他的信念。卓有成效的领导者并不是基于个人的聪明才智(当然聪明才智也很重要),而是能保持前后一贯的作风。

(4)领导就是责任。领导并不是指阶级、头衔、特权或金钱。卓有成效的领导者清楚地知道,自己必须为最终的结果负起责任,无论好的结果或不好的结果,他都必须面对,并且全权负责。因此,他渴望有强而有力的团队,他自律甚严,并且要求属下百分百地付出和贡献,所以他不会担心属下的能力比自己强。但当属下不努力时,领导者也会不假辞色地给予提醒。领导者更会把他们的成功视为自己的成功,而不是看成对自己的威胁。

领导是一项工作,领导者必须承担责任,并协助属下做正确的事,以言行一致、树立典范为要求,做出重大的贡献,才能赢得部下的追随,实现组织的使命与愿景,真正成为一位思想家或先知,这也是德鲁克一生的最佳写照。他的著作很多,创建了很多新的概念,知行合一,开明管理,做出了伟大的贡献,成为改变世界的领导者,赢得了世人的尊崇和追随。

考察领导是否具有如下七大特质

我们从人类的行为来观察领导者,看看他们究竟有哪些共通性。在此基础上,德鲁克进一步概括出卓有成效的领导者的共同点,即他们都具有以下的特质。

(1)知道什么事是我必须要做的,而不是我想要做的。成熟的领导者由于心胸开阔,愿意接纳别人的意见,因此,他会兼听专家反对的建议,而不会偏信自己喜爱的说辞。甚至,他会选择对社会有益,对企业有利,但对自己而言压力更大的工作去做,因为这就是他必须要做的事。

(2)知道我应该做什么,才能让工作变得更出色。优秀的领导者常自问"我能做什么",而不是"我喜欢做什么"。往往喜欢做、有兴趣做的事大都不是自己的长处,更不是能有所贡献的事,这样,就容易一事无成,毫无成效可言。身为顶尖的领导者,要能发挥自己所长,让别人来补充自己所短,才能让工作变得更出色。因为顶尖的领导者会认清现实,认识自己,他清楚地知道,要成就一番大事业必须依赖团队的合作,绝对不能单打独斗。组织的目的,在于使一群平凡的人做出不平凡的事来。

（3）知道企业的使命和目标是什么。任何组织都有其成立的宗旨和目的，企业的宗旨反映了企业对社会与人类的正面价值的追求。找寻企业的使命和定位，再由市场和顾客给企业下定义，弄清楚顾客是谁，顾客应该是谁，并将此转换成企业的具体目标。当然，企业的使命是持久的，而目标是暂时的，为了实现企业的使命，必须具有策略的思维与方针，才能将目标落实，最终才能实现企业的使命。卓越的领导者深知，企业若要完成使命，必须依赖自身的核心能力，但更重要的是，若想成为卓越的领导者，要善于利用集体的智慧和创新，这样，才有可能在经济不景气或经济衰退时，使自己的企业立于不败之地。

（4）对人的多样化要有绝对的包容性。企业是集合不同个性、属性及各类专才的组织，为了实现企业的使命和目标，这是必要的做法。企业不是要找同样类型的员工来工作（更何况，这样的员工也是找不到的），企业的领导也不要刻意寻找与自己类似的人，因为有效的领导者对员工的多样化都有绝对的包容性，他们要做，并且能够做的是，发挥他们的长处，从而让他们对企业做出贡献，满足外界客户的需要。这是领导者之所以存在的唯一理由，而不是让企业成为"改造员工个性的工厂"。但当涉及个人的行为表现、价值标准及品行操守时，有效的领导者则完全不能容忍所谓的"多样化"。

（5）不担心员工的能力比自己强。刘邦之所以是刘邦，是因为他懂得知人善任，用人长才。虽然张良拥有超人的策略思维与规划才能，萧何具有财务的专精和安抚民心的专长，还有识才的本领，但是，刘邦还是找来了韩信。对于这些人才，刘邦不但不妒忌，反而让他们组成了高绩效的团队，建立了强大的国家。无独有偶，这句话也验证了钢铁大王卡内基的墓志铭上的那句话：一位知道选用比自己能力更强的人来为他工作的人安息于此。卓有成效的领导者也都是如此。

（6）每天"对镜检测"，自我觉察。卓有成效的领导者通常会养成自我省察的习惯。例如，当每天早上起床，站在镜子前面时，他们会自问：这个人，是否正是他们所要成为的人。通过这样的自我检测，他们能自我巩固，并且抵御身为领导者面临的外在诱惑。他们也会自问：我是否只是做一些讨人喜欢的事，而不是对的事，同时，也疏忽了更根本而长期的事。

（7）真正的领导者并不是传教士，而是笃实的实践者。领导者之所以能成为领导者，不是因为他们说了什么，而是要看他们做了什么。光说不练的领导者是无法获得属下信任的。只有通过有效的行动，才能经得起事实的检验。只有这样，才能成为一位真正的领导者。领导者，必须经得起事实的检验，具有自我省察的心智，能用人长才及做自己所能贡献的事。然而，今日卓有成效的领导者未必能在明日的环境变动下依然成功，为此，21世纪最大的挑战是使企业具有一位能够应对变革的领导者，企业要主动寻求变革，并且，视变革为企业的机会所在。

资料来源：摘选自詹文明著《管理未来：卓有成效的德鲁克》，东方出版社2012年10出版。

四、从理论到实践——激励理论的运用

我们在本节列举了若干激励理论,这些理论都是围绕如何激励职工的积极性的过程而展开的,虽然各有所侧重,但是许多理论观点事实上是互相补充的,甚至互相重叠、交叉。只有在融会贯通各种理论的基础上,才能更加深入地理解激励理论。

(一)激励员工的措施

对激励理论的考察,其目的是使人们在理论的指导下,运用恰当的激励方法,从而取得理想的成效。下面就提出一些主要的激励方法。至于如何组合运用这些方法,则取决于具体环境的要求和个人把握尺度的能力。

1.金钱

虽然在许多激励理论中很少考虑金钱对职工的激励作用,但不可否认的是:金钱常常不仅仅是金钱,往往可能是其他激励因素的一种反映。金钱虽然可能不是人所追求的目标,但它总是某一活动结果的形象的、具体的反映。

有一篇综述报告概括了 80 项激励方法及其对员工生产率影响的研究,得出的结论也证实了金钱的重要性:当仅仅根据生产情况来设定目标时,生产率平均提高了 16%;工作内容丰富化,使生产率提高了 8%~16%;让员工参与决策的方法,所提高的生产率不到 1%;而以金钱作为激励因素时,生产率水平提高了 30%。

在运用金钱作为激励方法时,需要注意如下几点:使职工相信工作成效越大,所得的金钱越多;使良好的工作成效所带来的消极效果减至最少;金钱的效用对不同年龄阶段、不同环境压力下的职工有所不同;体现公平性。

金钱激励的弊端也是很大的。如盖勒曼认为,只有当预期的报酬与一个人现在的收入相比差额较大时,金钱才能成为动力。这种只能上不能下的金钱激励作用的刚性,导致组织的维持费用和运营费用存在着很大的压力;此外,金钱激励也最容易导致破坏性竞争、冲突与不满。

2.职工参与管理

职工参与管理是激励理论和现实的管理实践中广为论证和运用的一种激励方法。让职工参与决策,让他们知道问题,既能发挥他们的长处,使决策更加合理,同时又使他们能正确了解如何解决问题。

职工参与管理意味着领导重视职工,这种重视满足了其社会的、受人赏识、尊敬等方面的需要和成就感。但是,假参与导致的负面效应也是极大的。假参与是指领导鼓励下属自由发表意见,但对他们的意见却听而不闻,下属会感到受到了愚弄而产生一些消极的思想甚至采取缺勤、辞职等消极行动。值得指出的是,职工参与管理往往由于职工参与决策的意愿因人而异,也给执行带来一定的难度。尤其困难的是,职工把参与管理当作打击管理当局的武器,而不是作为合理改革组织的工具。另外,风险转嫁问题也影响了职工参与管理的有效性。风险转嫁是由集体决策和个人负责的矛盾产生的,当职工作为团体成员之一时比作为个人时更愿冒风险,而当个人负有全部责任时,做决定会比较保守。

3.丰富工作内容

丰富工作内容和扩大工作范围经常容易混淆不清。赫茨伯格认为,丰富工作内容就是

为职工提供可以在工作中从心理上加以发展和成熟的机会,而扩大工作范围则仅仅通过增加任务的数目使工作结构扩大而已,试图消除重复操作的单调乏味来使工作变得多样化。丰富工作内容是"生活质量"呼吁的一种反映——用丰富工作内容使工作人道化。赫茨伯格对丰富工作内容是这样定义的:"……通过使职工在工作中具有更多的实现个人成就和得到表扬、奖励的机会,让工作富有挑战性和责任感,让职工有取得工作进展和发挥天才的更多的机会,从而一方面提高工作效率,同时另一方面又增进人们的满足感。它只是偶尔地关注到诸如工薪、工作环境、组织结构、组织沟通渠道和培训等问题。尽管这几件事本身有其重要性和必要性。"[①]

哈克曼等人提出了工作中的五个主要因素:多样化、任务整体性、任务意义(所做的工作对其他人所产生的影响作用)、自主权和反馈,通过对这些因素的排列组合就可以做到工作内容丰富化。同时,哈克曼提出,管理当局在研究丰富工作内容时,需要考虑以下几个问题:①职工会接受更大的责任吗? ②职工能更自主地工作吗? ③如果工作的变化可使职工有更大的自主权和更多的反馈信息的话,那么,管理者能接受这些变化吗?

运用丰富工作内容的激励方法在某些实践中获得了成功,而在其他一些实践中却遭到失败。所以,在具体运用该方法时,还存在一个艺术问题。

(二)战略远景激励

管理者在运用激励理论和手段时,还需要考虑以下策略性激励:

(1)稳定关键的少数。管理学界普遍认同短板理论和二八定律。短板理论认为一个桶的容量取决于组成木桶所有木板中最短的那块;二八理论是说一个企业往往是 20% 的人创造了 80% 的效益,剩余的 80% 的人只能创造 20% 的效益。因此,调动好关键的少数人的积极性是管理中的关键。

(2)不断完善环境。创造一个良好的工作和生活环境可以使员工心情舒畅、精神饱满地工作,同时要注意员工工作内容的丰富化。包括:提供一种自主的工作环境,使员工能够进行创造和革新;实行适度的弹性工作制,使工作方式更加灵活多样化。

(3)增进成就激励。向员工及时提供已经取得的成绩以及其他信息;提供取得成就的楷模;运用组织责任及权力对员工进行激励;利用工作任务本身激励员工;教育员工寻求自我发展空间。

(三)激励员工的一些建议

(1)认清个体差异。员工在需要、态度、个性以及其他重要的个人变量上各不相同。

(2)进行人与工作的匹配。当个体与工作匹配时,能够起到激励的作用。

(3)运用目标。目标设置理论告诉我们,管理者应确保员工拥有困难而具体的目标,并对他们工作的完成情况提供反馈。

(4)确保个体认为目标是可达到的。管理者必须保证员工充满自信,让他们感到只要努力,就可以实现绩效目标。

(5)个别化奖励。每位员工的需要不同,对某人有效的强化措施也不相同,管理者要充分了解员工的差异并对他们实施个别化奖励。管理者能够支配的奖励办法包括加薪、晋升、

---

① [美]小詹姆斯·H.唐纳利等著:《管理学基础》,李柱流、徐吉贵、苏沃涛、黄世积等译,中国人民大学出版社 1982 年版,第 216 页。

表扬、提供理想的工作任务、使工作有自主性、在工作中拥有参与权。

（6）奖励与绩效挂钩。管理者必须使奖励与绩效相联系，如果不对绩效因素进行奖励，则只会强化那些非绩效因素。

（7）检查体制是否公平。让员工感到在经验、能力、努力以及其他方面的明显付出应当使他们在收入、职责和其他所得方面体现出差异。

（8）不要忽视金钱的作用。别忘了大多数人工作主要是为了钱，因此不能沉湎在设置目标、创造工作的趣味性、提供参与机会这些因素上。在工作业绩基础上进行的加薪、计件奖金以及其他报酬奖励在决定工作积极性上起着重要作用。

管理争鸣

木桶理论和长板理论

以前有一个著名的木桶理论——一个木桶能装多少水，取决于最短的一块板。在工业化时代，这个理论的确非常有效。但是在全球互联网的时代，这个理论实际早已破产。

今天的公司实在没有必要精通一切，如果财务不够专业，可以聘用比自己更有优势的会计师事务所；如果在人力资源上欠缺，可以聘用猎头或者人力资源咨询机构；市场、公关如果是短板，有大量的优秀广告和宣传公司为你度身定做；同样的还有法律服务、战略咨询、员工心理服务……

当代的公司只需要有一块足够长的长板，以及一个有"完整的桶"的意识的管理者，就可以通过合作的方式补齐自己的短板。

所以今天的企业发展从短板原理，变成长板原理——当你把桶倾斜，你会发现能装最多的水决定于你的长板（核心竞争力），而当你有了一块长板，围绕这块长板展开布局，为你赚到利润。如果你同时拥有系统化的思考，你就可以用合作、购买的方式，补足你其他的短板。百事可乐在中国的战略就是这样：他们把所有的制作、渠道、发货、物流全部外包，只保留市场部的寥寥几个人运营百事可乐的品牌。仅仅做好品牌这个长板就好。

你今天喝到的青岛啤酒，都来自你附近方圆 100 公里的啤酒厂，瓶子和盖子来自另外一家专门做瓶盖的厂家，而青岛啤酒做的仅仅是拿出自己的配方，贴上自己的标签。GOOGLE 在 2014 年初宣布 29.1 亿美金把摩托罗拉移动出售给联想，出售一周，GOOGLE 股价上涨 8%，理由也基于长板理论——CEO 佩奇解释说："这笔交易谷歌将精力投入到整个安卓生态系统的创新中，从而使全球智能手机用户受惠。"翻译成这里的话就是：GOOGLE 就是做系统的，我们买回来个手机公司回来补短板（硬件），现在发现不如专注我们擅长的长板（系统）更好。伟大的公司也没必要每块板都强，而是把一块板做到极致——淘宝做好了交易平台；小米做好了粉丝互动；新东方做好了精神建设；腾讯则抓住了几乎 8 成的中国网民。

专业的细分让我们无法补齐所有的短板，互联网让企业内外信息流通的速度，都让合作的成本变得越来越低。这个时候，当一个工作做不好，你找到合作者的机会和成本都越来越小。

与其非得要花精力治愈自己的某些"顽疾",不如花同样的时间和精力,把自己的优势发挥出来。

现代很多经理人的工作方式,就是自己＋助理＋外脑＋导师的工作方式。

所以在职业生涯发展中,最好的能力策略是:"一专多能零缺陷","一专"指让自己有一项专长非常非常强直至才干;"多能"指有可能多储备几项能力可以搭配着使用;"零缺陷"指通过自身努力和对外合作,让自己的弱势变得及格即可。而最需要避免的情况是"性情大于才情"——你有些小优势,但是由于与你合作的成本太大,没有人愿意和你合作。

这与应对疾病的策略一样——先让自己别得快速致死的"急性病"(比如工作态度、诚信、合作能力、基本的综合能力),然后和自己的"慢性病"和平共处(比如某些方面的天赋与技能不足),专注发挥自己的优势去。

历史上不乏这样的例子:丘吉尔、罗斯福与林肯,都是著名的终生抑郁症患者。林肯的抑郁症甚至严重到在婚礼上临时发作,落跑而无法正常结婚。但即使是抑郁症发病的间隙,也足够让林肯发起南北战争、丘吉尔与罗斯福打赢二战。乔布斯是个扭曲现实、怪癖、不近人情和挑剔苛刻的家伙;周星驰是个出了名的坏脾气和反复无常的人;马云则以忽悠和出尔反尔著称。对于企业,他们意识到自己的问题,知道自己的企业有长板,短板也需要其他人弥补,对于他们自己,他们则始终关注自己的优势——这让我们看到了伟大的林肯、坚强的罗斯福、永不妥协的丘吉尔、追求完美的乔布斯、搞笑的周星驰和帮助了千万个生意人的马云。把白色一面发挥出来,就已经足够。

让我印象最深刻的长板选手是物理学家霍金。霍金1942年出生在英国剑桥,在21岁最自由的年龄患上肌肉萎缩症,一辈子被禁锢在轮椅上。43岁动的穿气管手术让他从此完全失去说话的能力,他全身只有三根手指能动,通过敲击一个按键,合成人工语音演讲、写作,一个一个字母地敲出《时间简史》。他被认为是在世的最伟大的科学家。普通人也许难以理解他物理学中的高度。但是从生涯来看,霍金拥有的仅仅是一个天才的大脑和三根手指,其他的每一个部分都比你我差太多太多,即使聚焦这样的资源,也能撑起来一个伟大的生命。

资料来源:古典:《你的生命有什么可能》,http://news.mbalib.com/story/88311.

本章小结

1.领导是上级影响下属行为并引导他们贯彻特定行为和方针的过程。领导者是群体中被赋予指导和协调与工作相关的群体活动这一任务的个人,或者是在任命的领导者缺席时主要负责这些职能的人。但领导只是管理的一个组成部分,与管理是有区别的。

2.法定权、强制权、奖励权是组织赋予领导者的影响权力,而专长权、个人影响权则是领导者个人所内在的、特有的影响权力。领导对冲突管理、职工压力缓解、下属人员活动的协调等方面都是有帮助的。

3.领导特质理论认为,有效的领导与领导个人的性格、品德、生理特征、价值系统、生活方式等密切相关。蒂德和吉赛利的研究是目前较有影响、较为完善的领导特质理论。但由于不同学者得出的领导特质不同,甚至互相冲突,影响了该理论的可信性和可行性。坦南鲍姆和施米特提出在以领导为中心和以下级为中心区间内存在七种领导方式。密执安大学研究、俄亥俄州立大学研究和布莱克、穆顿的管理方格图理论旨在寻找一种最适宜的领导方式。菲德勒根据上下级关系、任务结构和职权这三个变量,运用 LPC 划分任务型和关系型两大领导方式,得出结论:关系型领导方式适合于三个变量处在中间状态时的情况,而任务型领导则是适合于两端和接近两端的情况。由豪斯提出的途径—目标理论是较新的领导理论,该理论结合期望激励理论和俄亥俄州立大学的研究结论,认为能够为下级所接受并能调动下级积极性的领导方式,是好的领导方式;上级应该在下级确定目标、清除目标达成的障碍、选择目标实现方法等方面提供帮助。弗鲁姆和耶顿则将领导方式划分为五种,并提出应该因地制宜地来选择恰当的领导方式。参与式管理和团队领导、交易型领导理论和变革型领导理论,是当前领导学研究的热点。

4.团队又称为工作团队,是近年来在西方企业中普遍采用的一种组织方式。团队的特征是团队成员承诺共同的工作目标和方法,并且相互承担责任。因此,团队成员的共同努力能够产生积极的协同效应,使团队的绩效水平远大于个体成员绩效水平的总和。团队可以根据不同的标准划分为不同的类型。具备清晰目标、相关技能、相互信任、一致承诺、良好沟通、谈判技能、恰当领导、内部支持和外部支持的团队才能成为高效团队。西方企业之所以普遍采用团队组织形式有其相应的理论基础。团队建设一般要经过五个阶段。有效领导者能够让团队跟随自己共同度过最艰难的时期,因为他能为团队指明前途所在。

5.需要—行为连锁反应过程为理解激励理论提供了基础。马斯洛的需要层次理论、赫茨伯格的双因素理论、麦克利兰的激励需要论都属于激励内容型理论。弗鲁姆的期望理论、波特和劳勒模式则提出:职工的激励程度取决于职工对实现目标后所得到的内在和外在报酬的效用评价和实现目标的概率的预估。亚当斯的公平理论则认为,职工根据付出与报酬的比较,得出公平与否的结论,这一结论对其积极性有影响。金钱、职工参与决策和丰富工作内容都是主要的激励措施,但各有利弊,需要灵活运用。

复习思考题

1.什么叫领导?领导与管理有什么不同?

2.领导者应如何维持组织中成员的感情平衡?

3.领导者如何才能协调组织成员的活动?

4.领导者影响下级人员行为的权力来源于哪几个方面?

5.为什么说没有一种最好的领导方式?

6.领导者的领导行为与下属人员的行为之间有什么关系?

7.选择一个你认为有影响的领导者,判断该领导的领导风格是哪一种,是否有效。

8.何谓团队?团队与群体的区别在哪里?

9.高效团队的特征是什么?

10.团队建设包括哪几个阶段?

11.什么是交易型领导和变革型领导?它们之间的区别何在?各有什么优缺点?

12.内容型与过程型激励理论包括哪些具体理论？它们的内涵各有什么区别？

13.企业如何实现战略愿景激励？

技能练习

1.举例说明商界的一些卓越领袖身上表现出的领导特质和行为风格。

2.根据前面两章小组提出的行动任务和任务得以完成的组织框架,说明如何通过指挥、协调和激励等领导手段,保证成员行动统一和发挥成员积极性。

3.了解美国西点军校是如何培养领导力的。

课外阅读

稻盛和夫:管理是管理事务,领导是领导人心

张瑞敏说:海尔是"自主经营体",人人都是CEO,我们采取的是"倒三角"管理模式;稻盛和夫则表示他的企业是"阿米巴经营",要让每一位员工慢慢变成为神。二位企业家也都被他们的员工奉为神,而他们的员工也在源源不断地成为神。

无论是"自主经营体"、"人人都是CEO"、"倒三角"的海尔,还是稻盛和夫"阿米巴经营"、起死回生的日航,都是以员工为神的企业。员工创造神话,在于解决企业"有到更有"的问题;企业家创造神话,在于他们作为企业精神领袖引领一群神去创造更神的神话……

张瑞敏说:"企业家的神话是英雄主义,英雄主义靠创新和胆略引领前进,其本质还是人治。员工神话是制度文化主义,文化主义靠机制和体系规范前进,归根结底是法制。两个群体都要创造神话。企业家要解决企业'从无到有'的问题,员工要解决企业'从有到更有'的问题。实现这个跨越,企业家要有思想、理念、胆识和冲破一切阻碍的勇气和毅力;而员工队伍,则要有承载创造神话的能力和价值。"

稻盛和夫:"无论是执行,还是市场终端体现,都在员工二字上聚焦和展现。员工有多重要?你说多重要就有多重要。不妨打个比方:如把以上一切纳入一个圆,一切在圆中循环、一切相互关联,没有单独的重要,也无重要的单独。圆的起点是企业家,圆的落脚点是员工,再始于企业家。人们一向都是把企业家说成神话,其实更应神话的是员工。"

管理是管理事务,领导是领导人心。所以,当你知道如何跟别人沟通,事实上是在领导他人的心态的时候,这个时候,你的管理方法不一样,效果也会不一样。如果你一味地只是强调过多的自主,当然这些都非常重要,但是你要记住人不是机器,人是感性的动物。做一个成功的管理者,一个优秀的领导者,一个顶尖的世界级有影响力的人物,他们用的都是领导力。

什么是好的企业?

一心一意、死心塌地为员工着想的企业,就是好企业。

什么是好的文化?

能潜移默化,熏陶出"一心一意、死心塌地"的员工,就是好文化。

什么是好的制度?

能约束引导,塑造出"一心一意、死心塌地"的员工,就是好制度。

什么是好的员工？

一心一意、死心塌地为公司着想的员工，就是好员工。好的员工，是一切动力中的原动力，一切载体中的根载体，是一切中的"一切"。

公司、文化、制度、领导……都是"0"。"0"无大小、也无先后，但员工是"0"前的阿拉伯，他的能量决定整个团队的能量，他的大小（素质、能力、创新、风险等）决定着企业的大小和一切是否有效，他有否决权。

什么是好的领导？

能经营未来，培养出"一心一意、死心塌地"的员工，就是好领导。

好的公司，有好的文化、好的制度、好的领导……有好的一切，它是一切的载体。

好的文化，是"不做好、不努力、都不好意思"的向心力；

好的制度，是"想学坏、想不学，都难于上青天"的止动力；

好的领导，是"公司发展、制度设计、文化培养"的原动力；

员工到底有多重要？

我们不妨来看看

了解一个企业，不需要了解"他"的战略和规划；

了解一个领导，不需要了解"他"的思想和说法；

了解一个制度，不需要了解"他"的构思和框架；

了解这一切，只需要审视一下被称为员工的"他"。

有规划的企业，员工都有目标和计划；

有创新的文化，员工都有激情和动力；

有为下属着想的领导，一定会有处处为领导着想、为客户着想的员工；

有好的正能量制度，"他"的员工必然会规规矩矩、彬彬有礼。

员工满意是顾客满意的前提

员工不满意，这个企业执行走不远；

员工不满意，这个领导管理不完善；

员工不满意，企业文化设计有弊端；

要让员工满意，这一切都是要用心。

伤心的大厨，烧不出甜蜜的佳肴来；带有怨气的员工，做不出满意的产品。

员工能创造神话，前提和基础条件是企业和领导必须先做到："让员工一心一意、死心塌地"！

如何做才能让员工一心一意、死心塌地？

能让员工"一心一意、死心塌地"，必须明确一点员工工作的目的是什么？想要什么？解决了这两个问题，再辅以艺术化处理就能实现。员工工作的目的到底是什么？就连很多员工自己都没想清楚，是为挣钱吗？也不单单是。是为能力提升吗？是为养家糊口吗？还是寻求奢华生活？是为人生价值和理想吗？不管是为了什么，但最终都脱离不了现实。

但这一切丝毫不影响明确员工的目的是什么（明确目的的员工，不是一般的员工；能透析员工目的并为之经营管理的领导，绝非一般的小领导。很多员工，很多年都不知道自己想要什么，适合什么；很多管理者，经历很多，摸爬滚打多年，都不知如何管人管心。管理必须要管心，没有这个意识是最可怕的，与能力无关）。

员工的目的是什么？不好回答。那么员工想要什么？也变得模糊不清。员工想要舒适度，其实"下班洗个热水澡、中午喝杯咖啡、愤怒有个出气空间"就是一种舒适。不难理解，员工想要的有很多：

他们想自由办公、想休息就休息、想上班就拼命工作，员工想要旅游度假，员工想要一边工作一边带孩子，员工还想要房子和车子和女人或丈夫。员工想要"干得少拿得多"。其实，"优质高效、自由空间、设定目标"就是变相的干得少拿得多。

员工目的是什么？员工想要什么？其实我们管理者自己也想要。我们也经历过员工的过程。但管理者是"刚丢了要饭棍，转身就打乞丐"的不体谅。到底员工的目的是什么？到底想要什么？真要思考这些问题，细化具体回答，没人理得清楚。但一切"细微"无法解释的现象，都可以从宏观上另辟蹊径。

员工的"目的"和"想要"，管理者换位思考一下就可知道。其实，万物皆发自于"心"，中西方管理的不同点在于对"人心"的把握上。这样的一来，员工所有的愿望就很好理解了：一旦员工爱上企业，爱上了老板，企业再难的事情也就好办了。

文章来源：微信公众号"砺石商业评论"。

第十二章　管理的控制职能

1. 定义控制和控制系统
2. 描述控制过程
3. 掌握控制工作的基本原理
4. 从不同角度区分控制的类型
5. 了解组织控制工作的要素
6. 了解管理信息技术的最新发展

从管理过程看,管理者通过计划、组织和领导职能的发挥来协调组织成员的各种业务活动,可以说已经实现了一个单独的管理过程。这个过程能使组织实现一定的目标。这个目标或许与预期的目标要求相符,或许与预期的目标要求差距很大。当组织活动的结果与预期的目标要求存在着差异时,就不能说组织实现了有效的管理。因为组织总是要长期地存活下去,当组织预期的目标与实际目标产生偏差时,如果不把这个偏差消除掉,偏差的不断积累就会使组织的发展偏离预定的方向,最后导致组织的衰亡。因此,要保证组织的长期稳定发展,提高管理活动过程的有效性,就还要发挥管理的控制职能。通过管理控制职能的发挥,才能真正形成一个完整的管理过程,提高管理活动的有效性。因此,管理的控制职能,是对组织计划、组织、领导等管理活动及其效果进行衡量和校正,以确保组织的目标以及为此而拟订的计划得以实现。控制职能是每一位主管人员的主要职责,正确、因地制宜地运用控制原理和方法,是使控制工作更加有效的重要保证。

本章将在深入阐述控制与控制系统的内涵、类型和特质的基础上,系统分析控制的基本步骤、控制工作的基本原理、传统控制方法和现代控制方法的类型。通过本章学习,你将会了解到控制工作的重要知识点,如控制与控制系统、反馈控制、即时控制和前馈控制、直接控制和间接控制等基本概念。通过本章学习,你应该能够认识和掌握控制工作的基本原理,了解预算和非预算等传统控制方法,以及计划评审法、企业自我审计和管理信息系统等现代控制方法和技术。

章前案例

内部控制——企业可持续发展的基石

对于中国企业来说,2009 年是一个值得谨记的年份:中国经济经历了高速发展的"黄金六年"之后,遇到了经济大周期的拐点。在和很多企业家交流的过程中,笔者深刻地感受到,经济环境的变化的确给很多企业敲响了警钟:没有能够一直长盛不衰的市场环境,任何企业都可能遇到来自宏观大环境和微观小环境的挑战。而中国企业在面对这些挑战的时候,缺少的不仅仅是勇气,还有战胜困难的机制和能力。

从 2004 年中航油投资金融衍生品失败,到 2008 年的三鹿奶粉事件。近年来,中国企业的经营风险越来越多地暴露出来。企业内部控制已经越来越受到中国企业家的重视,同时也成为监管部门的重要管控手段之一。

一、内控体系建设会成为必需品吗?

几年前,企业家们遇到最多的困惑是如何才能快速地发展,"快一点、再快一点"是很多企业面对各种增长诱惑时的唯一可行选择。

增长既需要速度,更需要质量。如果说企业战略可以保障企业有正确的发展方向,那么内部控制则可以保障企业在前行的道路上不摔跟头。随着市场经济各项建设渐趋完备,新的游戏规则正在确立,其中最为重要的一点便是对企业风险与内控的要求在逐步加强,而企业市场竞争环境的日益复杂化,客观上也要求企业及其决策者能够关注风险管理。

的确,中国需要在发展中解决经济结构优化的问题,但是这种增长一定不再是粗放的无序增长,无论是中国经济发展到今天这个特定阶段还是中国企业发展到今天这个特定水平,都会更加关注增长所代表的质量。因此,加强企业内部控制体系建设可以说是应运而生!我们有理由关注,内部控制体系建设究竟会成为企业经营的奢侈品还是必需品呢?

事实上,很少有企业会把内控体系作为企业核心的竞争力!即便是最早意识到这个问题的企业,也都是出于极其偶然的原因:石油行业的人们一定会清晰地记得,在 2003 年到 2005 年里,中国的石油行业一直处于多事之秋。有两件事情最终对这个行业造成了非常深远的影响:一件是 2003 年发生的"12·23"重庆开县川东钻探公司井喷特大事故,事故夺走了 243 人的生命;另外一件是中航油新加坡公司发生的投资金融衍生品的巨亏事件,最终造成了一颗冉冉升起的新星——中航油新加坡公司总裁陈久霖黯然陨落。在后来对事情的进一步剖析中,发现内控体系建设和执行控制的缺失才是最大的诱因。这样两件看起来风马牛不相及的事情,都在撩动更多人的神经,促使人们深入思考:企业的内控体系究竟会怎样影响着企业的生存和发展?于是,很多企业把管理创新的视角转向了内部控制体系的建设和完善上。

也许一位企业管理者的话可以当作内控体系必将成为企业管理核心竞争力的注脚:"我们公司是最早意识到内控体系建设重要性的企业之一,企业做大之后,要及时从人治转到法治,很多方面要同步进行提升,否则一定会出问题。现在我们遇到的问题,相信未来一段时间,其他企业也会陆续遇到,我们今天所进行的探索,以及积累的在内控建设方面的经验,以后他们也会逐步使用到。也许现在内控体系建设这个领域在国内还很生僻,但我相信,要不了多久,内控体系建设将会成为更多企业和企业家的选择。"

果不其然,2006年,中国公布了《新会计准则》,同时新《公司法》、《证券法》和《物权法》等重要法律的修改,都要求公司从法人治理结构层面的内控环境营造到公司各级规章制度中的内控职能都需要进一步加强和完善,规范公司的经营行为;2008年,财政部、证监会、审计署、银监会、保监会联合发布了《企业内部控制基础规范》,首先要求上市公司在2009年7月1日前,必须建立企业内部控制体系;对内部控制的要求在国有企业及其他类型企业中逐步推进。

当内控体系建设正在成为上市公司的核心竞争力,成为国有企业的核心竞争力,成为民营企业的核心竞争力的时候,我们看到了内控体系建设的春天正在到来。

无论是中航油新加坡投资衍生品事件还是最近的三鹿事件,都给中国的企业家们敲响了警钟,企业走得慢一些会面临被竞争对手超越的问题,但是如果不关注风险控制的话,则可能面临企业生存的问题。

内部控制体系建设正在从过去的可有可无变成现在的不得不建。

二、内控建设"外因是急,内因是本"

我曾经在谈到中国企业海外并购的时候提出过一个观点:中国企业可以有选择地进行海外并购,但绝对不要因为所谓的人民币升值或者企业价值低估而去进行并购。这就好像你可以去谈朋友结婚但是绝对不要因为年龄大了而不得不去结婚。坦率地讲,对于推进企业内控建设,我也是有着这样的担心:会不会因为政府有关部门的强力推动,让很多企业忘记了推动内控建设的根本,只顾上满足一些合规性的要求了,最后劳命伤财却没有收到什么效果!

对此,我对企业家们有一个忠告:企业可以因为财政部等相关部门的要求而去加紧推进内控建设,但是,绝对不要"为建而建"。内控建设中"外因是急",但是"内因才是本"。

有三类企业应该借着推进内部控制体系建设的东风,真正关注企业的风险管理,完成企业的核心竞争力建设。

首先,是面临战略转型和产业转型的企业,这些企业的运营风险客观上会相应增大,对企业风险管理也会提出新的要求。一种情况是很多企业经历了一段时间的快速发展之后,积累了很多突出的矛盾和问题,需要在战略层面进行适时的调整,才能转危为安;还有一种情况是企业所处的产业遇到了重大的转折,供需状况的变化使得企业必须积极应对才能生存下来;还有一种情况是企业正处于集团化转型的关键阶段,管控模式也面临大的转变,是否能够实现规模经济将决定企业未来的发展。所有这些处于重大转型期的企业,战略风险尤其需要关注,千万不能走错,所以内部控制和风险管理便是帮助企业渡过难关的诺亚方舟。

其次,是自身业务结构存在重大缺陷或者资源与能力存在重大劣势的企业,这些企业要么是业务布局不够合理,重要的业务环节存在较大风险,要么是资源与能力方面存在重大不足,使得企业的持续发展能力严重不足。这些企业,如果不能在内部控制上进行重点建设,这些缺陷和劣势在外部环境出现重大变化的时候,便会成为企业的致命毒药。

最后,是深受经济周期影响的企业,应该在大调整中勤修内功,磨刀不误砍柴工。不同的企业在这场经济危机面前所受到的影响程度是不同的,例如出口导向型的企业和融资约束型的企业,受到危机的负面影响就会更大一些。这场危机对世界经济的影响是深远的,对一些行业的影响也会在未来持续较长一段时间。因此,这些行业内的企业必须打消侥幸心理,在大调整中首先是活下来,然后才是更好地发展。

三、国内企业推进内控建设的"五宗罪"

尽管是必需,但中国企业在内控建设方面的意识和积累毕竟还很薄弱,具体到推进企业内部控制的时候,往往会非常困惑。首先,当前中国企业对风险管理、对内部控制的认识还是比较浅显,要么理解成财务控制,要么理解成审计手段,很多企业都是在经营风险暴露之后才开始关注到这个问题。

国内企业在风险管理集中存在五个方面的问题:

一是风险管理意识薄弱。由于风险管理意识淡薄,片面追求发展速度,制定不切实际的目标或盲目扩展投资,使企业承受无谓的风险。

二是公司治理结构存在缺陷。因为公司治理结构不规范,不能有效制衡管理层的强大权力,董事会没有或者不能负起监督管理层的责任。

三是管控模式不合理。企业管控模式不合理,便无法有效控制企业风险。组织结构设计不合理,便不能建立有效的内控和相互制衡的机制。

四是风险管理组织不健全。缺乏包含决策、管理和具体执行层在内的完整的风险管理组织。内部审计限于财务报表审计和经济责任审计,缺乏对风险管理情况的检查和监督。

五是风险管理体制不健全。缺乏系统的成套风险管理体制,识别影响企业达标的风险进行监控及管理。没有将风险管理的手段和内控程序融入管理与业务的制度与流程中。

因此,做好内控首先需要有一个正确的内部控制理念。企业对内控的重视程度和主动程度决定了风险管理、内部控制的水平。其次,还要有具体的步骤和措施来进行内控建设,包括内控组织的建设、公司级内控风险的识别、流程风险识别、控制活动、措施等,要形成一个体系。制定工作规划,并扎实推进。

资料来源:作者崔自力,转引自世界经理人网站,http://www.ceconline.com.

第一节　控制与控制系统

组织如果能制订出切实可行的不需要修改的计划,并且能保证计划被完美无缺地贯彻执行,那么可以说,组织就没有进行控制的必要了。但实际上,由于人的认识能力有限,人们并不能制订出完全符合客观实际的计划,或者由于未来环境的变化使原来的计划不能有效地指导实际工作,因而产生了修改计划的问题。即使不存在修改计划的问题,在计划的贯彻执行过程中,也可能产生计划的执行结果与原来的计划要求发生偏差的现象,这就要求组织采取一定措施来纠正偏差。对计划本身的修正和对计划执行结果偏差的调整就是管理的控制职能。

一、控制的概念

所谓控制,是对组织中的所有活动进行衡量和纠正,以确保组织的目标和为此而制订的计划得以实现。换句话说,控制就是要消除计划与实际的正负偏差,使组织的一切活动都能按有利于实现组织目标的方向进行,使组织运行方式更加可靠、更加便利和更加经济。

　　这正如我们在本书前面介绍法约尔的贡献时所提到的:"在一个企业中,控制就是核实所发生的每一件事是否符合所规定的计划、所发布的指示以及所确立的原则。其目的就是要指出计划实施过程中的缺点和错误,以便加以纠正和防止重犯。控制在每件事、每个人、每个行动上都起作用。"一个有效的控制系统可以保证各项行动是朝着达到组织目标的方向推进的。

　　控制的本质是按照预定标准调整运营活动,控制的目的是保证组织各项活动朝着达成组织目标的方向进行,控制的基础是管理者手中掌握的信息。

二、控制职能与管理的其他职能的关系

　　管理过程是一个确定目标、提出计划、组织实施、有效领导和进行控制等几个环节的辩证统一过程。严密的计划、有效的组织结构、强有力的领导和激励不能保证组织的所有行动都按计划进行,好的计划常常偏离预计的轨道,难以保证管理者追求的目标一定能达到。因此,组织内建立有效的控制系统是非常重要的。

　　管理的控制职能,是管理职能环节中最后的一环,是对组织的计划、组织、领导等管理活动及其效果进行衡量和校正,以确保组织的目标以及为此而拟订的计划得以实现。

　　就控制与计划的关系来看,两者之间存在着紧密的关系。计划是管理的第一个职能,计划确定以后,要通过组织职能和领导职能的发挥来落实和执行计划。而计划执行的结果又需要通过管理的控制职能来纠正实际与计划之间的偏差。然后根据上一个管理过程控制职能的发挥所提供的信息,重新确定组织的下一个计划,开始新一轮的管理过程。

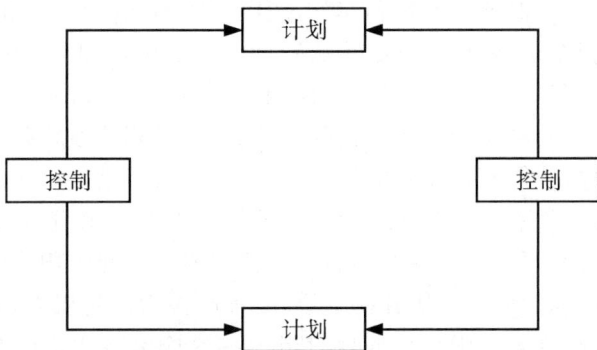

图 12-1　计划与控制循环图

资料来源:斯蒂芬·P.罗宾斯等著:《管理学》,孙建敏等译,中国人民大学出版社
2004 年第 7 版,引用时有修改。

　　从上面的循环图可以看出,计划是控制的基础,控制要根据计划所确定的标准来进行,通过控制使计划的执行结果与预定的计划相符合;控制为计划提供信息,如果计划与实际之间的偏差是由于外部环境的变化所致,那么,这时控制职能的发挥所采取的纠正措施可能就是要调整计划方案本身。因此,可以把计划和控制看成是一把双刃剪,缺任何一刃,剪刀就没有用了。未经计划就试图进行控制是徒劳的,控制工作的结果是人们可以确认他们是否正在走向他们要去的地方,而计划工作的结果是让人们首先知道他们去哪里。因此,计划有

助于确定控制标准。

从组织职能与控制职能的关系看,组织职能是通过建立一种组织结构框架,为组织成员提供适合于默契配合的各种环境。因此,组织职能的发挥不但为组织计划的贯彻执行提供了合适的组织结构框架,还为控制职能的发挥提供了人员配备和组织结构。而且组织结构的确定实际上也就规定了组织中信息联系的渠道,所以也就为组织的控制提供了信息系统。控制职能则通过对计划执行过程中产生偏差的原因进行分析,对由于组织职能的原因造成的偏差采取措施进行纠正,如调整组织结构,重新确定组织中的权责关系和工作关系等。

领导职能是通过领导者的影响力来引导组织成员为实现目标而做出积极的努力。领导职能的发挥既反映在计划方案的编制中,也反映在组织结构的建立上,同时也反映在控制职能的发挥中。这意味着领导职能的发挥影响到组织控制系统的建立和控制工作的质量。与此相应,控制职能的发挥又有利于改进领导者的领导工作,提高领导者的工作效率。

从以上对控制职能与其他管理职能的关系的分析可以看出,在整个管理过程中,控制职能是作为一个独立的职能发挥作用的。它使管理的过程成为一个完整的过程。但是,控制职能的发挥实际上又是管理其他各项职能的再运用过程。因此,控制实际上也是组织中所有管理者的职责。控制职能与其他管理职能的交错重叠不过说明了在管理者的职务中,各项职能是统一的,它说明了管理过程是一个完整的系统。

三、控制系统

为了能更深刻地理解控制的概念,我们把控制职能放在系统概念的框架中来理解。系统是由相互依赖、相互作用的若干要素和部分,按照一定的规律所组成的具有特定功能的整体。控制过程也是一个系统,处理控制必须从管理系统的整体出发:第一,要以组织整体目标为中心,以有利于实现目标为根本原则,使控制工作从全局、整体出发,统筹兼顾,对全局影响大的对象、关键环节和岗位予以重点控制。第二,要以调动系统各个要素的积极作用为原则。系统由要素构成,控制不是要束缚构成要素的作用,而是要控而不死,放而不乱,既纠正偏差,又保护积极性。第三,系统与子系统、子系统与要素之间存在地位、等级层次性,控制中要把握好分别控制和逐级控制的原则。分别控制要求不同的职能部门必须用不同的方式加以控制。逐级控制原则要求一级控制一级,决策层作为最高权力,重点对系统整体和宏观控制。第四,任何系统都与周围环境,即与其他系统处于相互联系、相互作用之中。在控制工作中要注意系统环境的变化,根据变化调整系统。

在现实生活中,我们可以找到许多控制系统的例子。如家庭用的电冰箱就是一个控制系统。在这个系统中,由于人们经常往电冰箱里存放东西,使得冰箱里的温度经常发生变化。当冰箱里的温度高于预先设定的数值时,指示器就会向制冷机发出工作的指令。当制冷机工作使冰箱里的温度低于预先设定的数值时,制冷机就停止工作,使冰箱里的温度能保持在预先设定的温度水平上。又如,楼道内的光控路灯也是一个控制系统。在这个系统中,当天黑到一个预定的亮度水平时,光电管就发出开灯指令;当天亮到一个预定的亮度水平时,光电管又指令关闭路灯的照明。

从上面两个例子可以看出控制系统应该具备的几个特征:

第一,每个控制系统都必须有一个预定的稳定状态,如电冰箱系统预定的温度水平和路灯系统的亮度水平。控制就是要使系统能保持在这个预定的水平上。

第二,每个控制系统必须是一个动态系统。由于系统与外部环境的相互影响,系统内部的状态处于经常变化之中。为了使系统实现平衡,也就是说为了使系统实现控制,就要通过系统的运转使系统能适应外部环境的变化。如经常放置食物到电冰箱就会使电冰箱里的温度很快超过预定的温度水平,电冰箱的制冷机就要经常处于工作的状态。

第三,每个控制系统必须是一个信息系统。控制工作需要两方面的信息为基础和条件:一类是控制信息,指由控制主体所发出的信息,这些信息规定了系统运行的方向、目标以及为达到目标而进行各项工作的时间、任务和指标。另一类是反馈信息,指在执行计划过程中,由控制主体随时收集到的有关实际工作情况的信息。为了使系统能实现有效的控制,系统必须对信息进行有效的及时的传递。如电冰箱的温度高于预定值时,指示器必须能及时地向制冷机发出工作的指令;当电冰箱的温度低于预定值时,指示器必须能及时地向制冷机发出停止工作的指令。这样才能使电冰箱里的温度实现有效的控制。错误的信息和延误的信息都会影响到系统的有效控制。

第四,每个控制系统都必须有一个可以对系统的偏差进行调整的装置。如电冰箱如果没有制冷机就不可能对温度进行有效的控制。

第五,每个控制系统必须是一个反馈系统。要进行有效的控制,必须把系统运行的结果返送到系统的输入端,与预定的标准进行比较,通过比较才能找出偏差。反馈系统如图 12-2 所示。

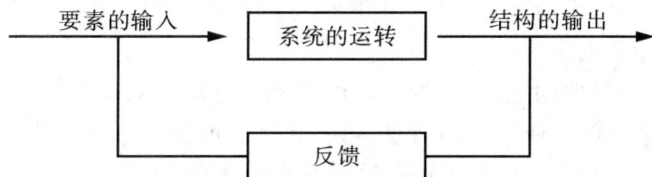

图 12-2　反馈系统示意图

管理学所要研究的是如何才能对组织系统实现有效的控制,因此每个组织系统也都必须是一个控制系统。这个控制系统同样要具备控制系统的几个基本特征:它要具备一个控制系统所要达到的稳定状态,这个稳定状态就是组织的计划目标;它也必须是一个动态平衡系统,即每个组织系统都必须与外部环境进行各种要素的交换,并通过组织的有效管理使组织能实现动态平衡。

在每个组织系统中还要建立有效的信息传递系统,及时地了解组织系统的运转情况。这个组织系统还必须有一个能纠正偏差的控制装置。这个装置包括组织中的管理者及其所应用的管理方法、管理手段和管理制度等。组织通过管理者应用各种管理方法、管理手段和管理制度,对组织运转中的偏差进行调整,以保证组织的运转能按计划有效地进行。

同样,组织系统也是一个反馈系统。组织通过检查、评比、统计报表、总结分析等形式对组织运行的情况进行反馈,以比较实际结果与预定标准之间的差异。组织调整偏差的控制系统就是根据这个差异对系统采取措施进行控制的。

四、控制的目的和作用

在现代管理活动中,无论采用哪种方法来进行控制,要达到的第一个目的(也就是控制的基本目的)是要"维持现状",即在变化着的内外环境中,通过控制工作,随时将计划的执行结果与标准进行比较,若发现有超过计划容许范围的偏差,则及时采取必要的纠正措施,使系统的活动趋于相对稳定,实现组织的既定目标。

控制要达到的第二个目的是要"打破现状"。在某些情况下,变化的内、外部环境会对组织提出新的要求。这时,就势必要打破现状,即修改已经制订的计划,确定新的现实目标和管理控制标准,使之更加合理。

在一个组织中,往往存在两类问题:一类是经常产生的,可迅速、直接地影响组织日常经营活动的"急性问题"(acute problem);另一类是长期存在、影响组织素质的"慢性问题"(chronic problem)。解决急性问题,多是为了维持现状,而打破现状,就必须解决慢性问题。在各级组织中,大量存在的是慢性问题,但人们往往只注意解决急性问题而忽视解决慢性问题。这是因为慢性问题是在长期的活动中逐渐形成的,产生的原因复杂多样。人们对于其存在已经"习以为常",以至适应了它的存在,不可能发现或者即使是已经发现也不愿意承认和解决由于慢性问题所带来的对组织素质的影响。而急性问题是经常产生的,对多数人的工作和利益会产生显而易见的影响,故容易被人们发现、承认和解决。因此,要使控制工作真正起作用,就要像医生诊治疾病那样,既要解决急性问题,更要重点解决慢性问题,这样才能保证组织的长期稳定的发展。

要打破现状,解决慢性问题,是需要一定时间的。这段时间就叫作"管理突破过程"。例如,在企业管理中,要分析企业的产品质量,可以将产品的优等品率作为考核评价指标之一。若一个企业要把产品的优等品率从原来的80%提高到95%,就需要一个过程,如图12-3所示。

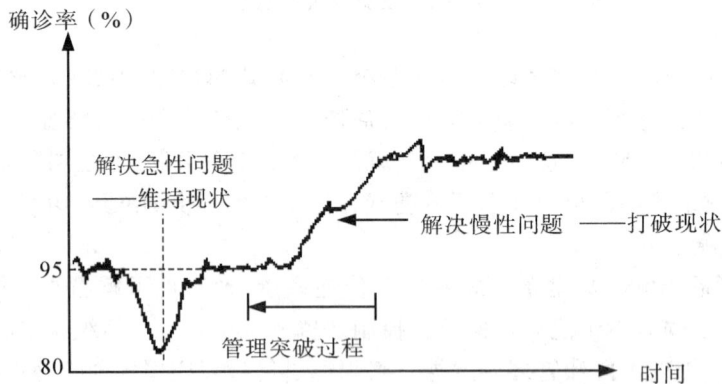

图 12-3 控制目的

资料来源:杨文士、焦书彬等:《管理学原理》,中国人民大学出版社 2004 年第 2 版,第 320 页。

尽管在日常活动中,控制工作的目的主要是前述两个,但进行控制工作的最佳目的是防止问题的发生。这就要求管理人员应当向前看,把控制系统建立在前馈而不是简单的信息反馈的基础上,在不应发生的偏离计划的情况出现以前就能预测到并能及时采取措施来加以防止。

五、控制的类型

控制职能在组织内部无处不在,控制的类型有多种划分方式,如按控制所涉及的领域,可以把控制分为物质资源控制、人力资源控制、信息资源控制和财务资源控制;按控制的层次可以分为运营控制、财务控制、结构控制和战略控制;等等。为了更好地理解控制,本书从两个角度对其进行划分:其一是按控制的时点,其二是按对管理者的素质要求。

(一)按控制的时点不同来分类

按照控制的时点或手段在行动开始之前、之中或之后进行,可以把控制的方法分为反馈控制、即时控制和前馈控制三种。

1.反馈控制

所谓反馈控制,是把组织系统运行的结果返送到组织系统的输入端,与组织预定的计划标准进行比较,然后找出实际与计划之间的差异,并采取措施纠正差异的一种控制方法。反馈控制主要以财务报告分析、标准成本分析、质量控制分析、员工业绩评定结果为依据。

例如,某企业在年初制订一年的生产计划。根据这个计划,企业投入了各种生产要素,并对这些生产要素进行了组织与管理。到了年底,企业把系统运行一年的结果与原来制定的计划标准进行比较,然后根据比较的结果来采取相应的控制措施:可能是调整第二年的计划方案,也可能是调整各种要素的投入量和投入比例,还可能是调整组织与管理的方式与方法。到了第二年年底,又对企业运行一年的结果与第二年年初制定的计划标准进行比较,这时的偏差可能比第一年年底的偏差小。然后企业又采取新的控制手段。如此循环往复,企业不断地进入新的管理过程和新的控制周期,使企业在运行过程中的偏差越来越小,企业在得到不断控制的同时也得到不断的发展。这一过程可以用模式图来表示,见图 12-4。

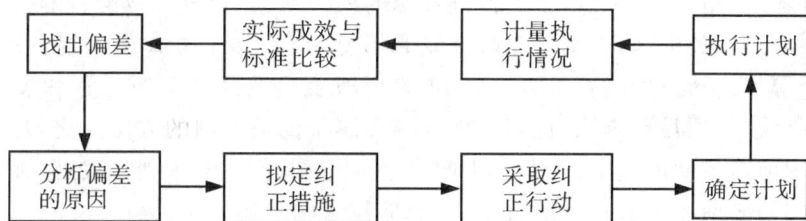

图 12-4 反馈控制的过程

资料来源:杨文士、焦书彬等:《管理学原理》,中国人民大学出版社 2004 年第 2 版,第 317 页,引用时有修改。

反馈控制的特点是把注意力集中在历史结果上,将其作为纠正将来行为的基础,从已经发生的事件中获得信息,运用这种信息来矫正今后的活动,即用历史指导未来。从一个比较长的时期看,采用反馈控制的方法,能通过不断调整使组织运行中的目标差不断地缩小。但是从一个控制周期看,采用反馈控制的方法却使组织系统对运转过程中产生的偏差的纠正滞后了一个周期,即它是一种等到问题发生后再进行纠正的控制方法,管理者获得信息时浪费或损失了。

显然,反馈控制并不是一种最好的控制方法,但目前它仍被广泛地使用,因为在管理工作中主管人员所能得到的信息,大部分是需要经过一段时间才能得到的延时信息。在控制中,为减少反馈控制带来的损失,应该尽量缩短获得反馈信息的时间,以弥补反馈控制方法的这种缺点,使造成的损失减少到最低程度。当然,反馈控制可以总结过去的经验和教训,为未来计划的制定和活动安排提供借鉴。我们看到,随着科学技术的发展,尤其是自动控制技术的发展和电子计算机的广泛运用,一些传统控制方法如反馈控制,得到了很大的改进,使得到的反馈信息在时间滞差上几乎可以做到忽略不计的程度。例如医院对一些重症患者使用自动监护系统,一旦监护对象病情出现变化,监护系统立即显示出变化的情况,并能自动调节给药量或启动氧气机,及时采取治疗措施。至于目前许多企业所运用的计算机集成制造系统(CIMS)、物料需求计划(MRP)系统、企业资源计划(ERP)系统等,不仅使得控制达到一个新的水平,而且还能够使得整个组织的管理水平得到很大的提高。

2.前馈控制

为了解决反馈控制的时滞问题,就产生了另一种控制方法,即前馈控制方法。与反馈控制不同,前馈控制在偏离标准的情况发生之前就对它进行预测或估计,它不是等问题发生后再采取控制的措施,而是把问题消灭在发生之前。由于问题没有发生,也就是说组织在运行过程中没有出现偏差,直接地实现了控制。有效的前馈控制有利于缩小将来的实际结果与计划标准的差距。

前馈控制的具体做法是对输入系统的各种要素进行控制,把输入系统的各种要素与预先确定的标准进行比较。如果输入系统的各种要素与预先确定的标准相符,则让其输入系统,如果不相符合,则调整输入的要素。前馈控制的中心问题是防止组织中所使用的资源在质和量上产生偏差。

因此,前馈控制是期望用来防止问题的发生而不是当出现问题时再补救。前馈控制首先要细致、全面、正确地理解计划本身和计划的具体要求,知道如何正确地执行计划。其次,对系统的各种输入进行预先控制,重点检查资源的筹备情况,检查企业能否筹措到在质和量上符合计划要求的各类资源,否则要修改计划和目标,改变加工方式或内容。最后,要预测将筹措到的资源加工转换后能否符合需要,否则要改变企业经营运行过程和投入。标准成本法、预算控制法、分项目预算法、计划评审法等都属于前馈控制的方法。比如,在企业管理中,有许多应用前馈控制的例子:企业在生产之前制定质量标准,在购买之前制定原材料或部件标准,在招聘之前制定雇员标准,都属于前馈控制的重要方法。

企业经常要从外部招收新的员工,控制的目标就是要使这些新的员工能符合企业生产过程的需要。为了实现控制的目标,可以采用反馈控制的方法,也可以采用前馈控制的方法。

如果采用反馈控制的方法,企业在招收新的员工时,可以不分性别与年龄,不管文化程度的高低与身体素质的好坏,只要按照企业所需要的人员数量招收进来即可,让这些新的员工在各个工作岗位上工作,然后再根据各人对工作的适应情况,把不符合工作要求的人员淘汰出去。通过不断地重复这个过程,最后留在企业中的必然是适合企业生产需要的合格员工。这种反馈控制的方式虽然也能实现控制的目标,但是实现控制目标所需的时间长,而且是以大量的人力、物力和财力的浪费为代价的。

如果采用前馈控制的方式,则是根据企业生产的具体情况,确定企业招收员工的标准和要求,然后按照这个标准和要求招收新的员工。由于新的员工是按企业生产的要求招收的,所以能较好地适应生产过程的需要。

从一个控制周期看,前馈控制是一种事前控制,它把问题消灭在发生之前。但从一个更大的周期看,前馈控制实质上也是一种反馈控制。因为前馈控制所根据的要素输入的标准也是过去经验的结果。

采用前馈控制可以避免实现控制过程中出现的滞后现象,有利于提高控制的成效。前馈控制的应用是建立在以下三个假设前提基础上的:

第一,过去的经验对今后的工作总是有效的。前馈控制的一个关键地方就是要预先确定输入系统的各种要素的标准与要求,这个标准与要求是根据本单位或其他单位过去的经验来确定的。而根据过去的经验确定的要素输入标准如果对今后的工作无效的话,则按这个标准和要求输入系统的要素就不能保证系统的有效运转,也就不可能实现控制的目标。

第二,系统将来运行的情况是可以预先估计的,而且这种估计是准确的。前馈控制根据对系统未来运行情况的估计来确定系统所需要输入的要素,并根据要素输入的标准来输入各种要素。但如果系统未来的运行情况不能预先予以估计,或者这种估计是不准确的,则按照这种估计向系统输入的各种要素就不能满足系统运行的需要,也就不可能实现有效的控制。如企业根据对未来生产发展的预测,认为应该增加企业的职工人数,然后根据企业的招工标准来招收新的员工。在这里,如果企业对未来生产发展的预测是错误的话,那么,即使所招收的都是合格员工,也不能真正有利于促进企业生产的发展。

第三,按照要素输入的标准所输入的要素能按预定的要求发挥作用。如企业按一定标准招收新的员工,是以这批员工能按企业的要求进行工作为假设前提的。如果这批员工进到企业后并不认真地工作,再合格的员工也是没有用处的。

但是,前馈控制的三个假设前提并不是经常地存在的。这是因为:

第一,过去的经验对今后的工作不是经常有效的。如企业按过去的经验制定的企业员工招募标准并不一定能保证所招收的员工的素质能符合未来生产发展的要求。

第二,对组织系统未来运行的情况并不一定能给予预先的估计,或者不能给予准确的预计。如企业并不一定能准确地预计未来生产的发展对员工的需求,因此采用前馈控制的方法招收到的企业的员工即使完全符合预定标准,也不一定能适应未来系统运行的要求。

第三,按照标准的要求输入系统的各要素并不一定能按预定的要求去发挥作用。即使前面两个假设都成立,按照标准要求输入系统的各个要素也并不一定能按预定的要求去发挥作用。如企业按预定的标准招收了一批新的员工,但是这些员工并没有按企业的要求去努力工作,企业仍然没有达到预期的控制目标。

由于前馈控制的三个前提条件并不能经常地存在,所以采用前馈控制的方法也就不能经常有效,即按预定的标准输入系统的要素并不能保证系统有效地运行,仍然会出现实际与计划之间的偏差。所以组织在应用前馈控制的同时,还应结合应用反馈控制。有效的前馈控制标准往往是无数次反馈控制的结果,因此,反馈控制可以说给前馈控制提供了基础。

3.即时控制

从上面两种控制方法来看,反馈控制是通过对系统运行的输出端进行监督和调整来实现控制的,前馈控制是通过对系统运行的输入端进行监督和调整来实现控制的。而即时控制是通过对系统运行过程中的情况进行监督和调整来实现控制的。即时控制包括管理人员指导下属的行动,如向下级指示恰当的方法以及监督他们的工作,以保证很好地完成工作。

在这种方法下,对系统在运行过程中各个阶段的情况进行检查和监督,把系统运行的具体情况与预定的标准进行比较,如果发现偏差就采取措施进行纠正。如企业根据在生产过程中的几个关键点对产品生产的情况进行抽查,发现产品质量出现异常情况就立即采取措施进行纠正,以保证生产出符合质量要求的产品。

即时控制的基础是获得正在进行的计划执行过程中的实时信息。在现代许多经营活动中,由于计算机信息技术和网络技术的发展,通过先进的技术手段就可以获得实时信息(事件一发生就出现的信息),从而实行实时控制,比如航班信息,生产信息等。此外,技术设备(计算机、数控机床等)可以设计成具有即时控制的功能。如超级市场和百货公司配备了供营业使用的电子收款机,它能立即把每一笔销售额输入数据储存中心,在那里能在销售货物的同时得到库存、销售额、毛利、纯利以及其他数据。

即时控制适用于管理人员在现场面对面地对正在进行的活动予以指导与监督,主要包括以下几个内容:首先,要指导下属掌握工作要领和技巧,纠正错误的作业方法与工作程序;其次,通过同期检查要随时发现下属在活动中与计划偏离的现象,保证计划的执行和目的的实现;最后,当发现有不合标准的偏差时,应立即采取纠偏措施。

从组织系统的运行周期看,即时控制也是一种事前控制。因为它不是等系统运行的结果产生以后再采取措施纠正偏差,而是对系统运行的过程进行控制,使系统运行的结果不会出现偏差。但是,从即时控制本身来看,它也是一种反馈控制。因为所谓的即时是指对系统运行的某个时点进行监督和调整。就这个时点来说,也是等问题发生后再采取措施来纠正偏差。

从上面的分析可以看出,就一个控制周期来说,前馈控制、即时控制和反馈控制是处于三个不同时点的控制方法,即分别表现为事前、事中和事后的不同控制。如果我们以一个计划周期作为一个控制周期,那么,对计划期初各种投入要素的监督与调整是前馈控制,在计划期间各个具体的时点上的监督与调整是即时控制,对计划执行的结果进行监督与调整是反馈控制。这种关系如图 12-5 所示。

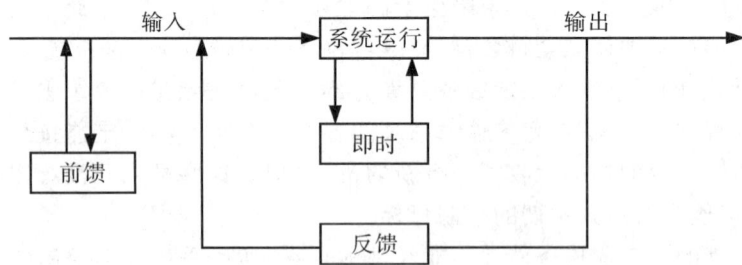

图 12-5　前馈控制、即时控制与反馈控制关系图

(二)按对管理者素质要求的不同来分类

按照对控制主体素质要求的不同,我们可以把控制分成直接控制和间接控制。

1.直接控制

所谓直接控制,是指通过对管理者的选择和培养,使管理者能成为合格的管理者,使管理者在管理过程中不犯或少犯错误,从而直接地实现控制。采用直接控制的一个前提条件是:合格的管理者可以不犯错误或少犯错误。J.P.摩根认为有才能的经理所做的决策有三分之二是正确的,这是该假设典型的支持观点。因此这种控制方法就把控制的重点放在对管理者的选择与培养上,使管理者都能成为合格的管理者,使他们能熟练地应用管理的原则、技术和方法,从而消除由于管理不善而造成的问题。

直接控制管理者的素质从而使其尽可能地减少决策失误,这种控制有以下几个优点:(1)有利于职务与人相匹配。通过选择合格的管理者,持续地评价管理者,揭示管理者在工作过程中的缺点,恰当地、有的放矢地对管理者进行培训,使管理者能与职务的提升同步发展。(2)减轻问题的严重程度,减少事后纠正行动的费用。直接控制从某种意义上来说,就是一种事前控制——前馈控制,是通过管理者的高素质或素质的提高来防止问题的发生。(3)直接控制鼓励自我控制,可以及时采取纠正措施,并使控制更有效。

但是,直接控制的假设前提并不能经常成立,而且,该前提成立的话,有一种现象是不容忽略的:错误的性质与错误的数量并不是等同的。也就是说,尽管合格的管理者能做到少犯错误,但不能保证所犯的错误的性质都是微不足道的,一旦这些错误的性质是致命的、灾难性的,后果就不堪想象。所以采用直接控制的方法并不能保证对组织的有效控制,因而在控制过程中还要采用间接控制的方法。

2.间接控制

所谓间接控制,是对管理者的工作结果进行检查和监督,分析管理者在管理过程中出现偏差的原因,然后采取措施来纠正偏差的一种控制方法。与直接控制把控制的重点放在对管理者的选择与培养上不同,间接控制把控制的重点放在对管理者管理活动的结果的监督与调整上。间接控制类似于反馈控制,缺点是费用支出很高,纠正措施的时间滞后等。

对于组织来说,不能只采用直接控制而不采用间接控制,因为合格的管理者仍然会犯错误;也不能只采用间接控制而不采用直接控制,因为通过对管理人员的选择与培养使他们在管理过程中少出差错,可以减少组织资源的损失与浪费。

六、控制工作要素

一个企业内部的控制工作,包括以下要素和内容:

1.人员控制:管理者要使员工按照他所期望的方式去工作,为了做到这一点,首先要观察员工的工作并纠正出现的问题,其次要对员工的工作进行系统化的评估。对组织中人员的行为控制还有甄选、职务设计、直接监督、培训、绩效评估等手段。

2.财务控制:是对组织的现金流量进行控制,即对资金的收入和支出进行控制。财务控制在企业控制系统中具有特殊的重要性,一方面因为企业的财务状况揭示了企业的经营业绩和长远战略,另一方面财务指标用货币表示,而货币比较容易测量和计算。

财务控制的目的是降低成本,实现资金充分利用。预算是一种财务控制工具,预算为管理者提供了一个比较与衡量支出的定量标准,据此能发现偏差。此外,资产负债表、损益表、现金流量表等财务报表是组织监控财务状况的基本工具,它监控企业三个方面的财务状况:(1)流动性,即将资产转变为现金以满足现期财务需要和偿债需要的能力;(2)总体财务状况,即负债和股本之间的长期平衡;(3)盈利能力,即在长期内获得稳定利润的能力。

3.作业控制:第一,监督生产活动以保证按计划进行;第二,评价购买能力,以尽可能低的价格获得所需质量和数量的原材料;第三,监督组织的产品或服务的质量,以保证满足预定的标准;第四,保证所有的设备得到良好的维护。

4.信息控制:通过管理信息系统,得到精确的、完整的、及时的信息。

5.组织绩效控制:为了改进或维持组织的整体效果,必须对组织绩效进行评价并关心控制。

6.质量控制:对产品的质量进行控制。

7.战略控制:对战略控制点进行系统监控,并以此为依据修正组织的战略。

管理常识

全面质量管理

全面质量管理(Total Quality Management,TQM)是指一个组织以质量为中心,以全员参与为基础,通过让顾客满意和本组织所有成员及社会受益而达到长期成功。20世纪50年代末,美国通用电气公司的费根堡姆和质量管理专家朱兰提出了"全面质量管理"(Total Quality Management,TQM)的概念,认为"全面质量管理是为了能够在最经济的水平上,并考虑到充分满足客户要求的条件下进行生产和提供服务,把企业各部门在研制质量、维持质量和提高质量的活动中构成为一体的一种有效体系"。20世纪60年代初,美国一些企业根据行为管理科学的理论,在企业的质量管理中开展了依靠职工"自我控制"的"无缺陷运动"(Zero Defects),日本在工业企业中开展质量管理小组(QC圈)活动,使全面质量管理活动迅速发展起来。

全面质量管理的基本方法可以概括为四个短语十八个字:一个过程,四个阶段,八个步骤,数理统计方法。

1.一个过程:企业管理是一个过程。企业在不同时间内,应完成不同的工作任务。企业的每项生产经营活动,都有一个产生、形成、实施和验证的过程。

2.四个阶段:根据管理是一个过程的理论,美国的戴明博士把它运用到质量管理中来,总结出"计划(plan)——执行(do)——检查(check)——处理(action)"四阶段的循环方式,简称PDCA循环,又称"戴明循环"。

3.八个步骤:为了解决和改进质量问题,PDCA循环中的四个阶段还可以具体划分为八个步骤。(1)计划阶段(四个步骤):分析现状,找出存在的质量问题;分析产生质量问题的各种原因或影响因素;找出影响质量的主要因素;针对影响质量的主要因素,提出计划,制定措施。(2)执行阶段(一个步骤):执行计划,落实措施。(3)检查阶段(一个步骤):检查计划的实施情况。(4)处理阶段(两个步骤):总结经验,巩固成绩,工作结果标准化;提出尚未解决的问题,转入下一个循环。

在应用PDCA四个循环阶段、八个步骤来解决质量问题时,需要收集和整理大量的书籍资料,并用科学的方法进行系统的分析。最常用的七种统计方法分别是排列图、因果图、直方图、分层法、相关图、控制图及统计分析表。这套方法是以数理统计为理论基础的,不仅科学可靠,而且比较直观。

资料来源:MBA智库,http://wiki.mbalib.com。

管理常识

六西格玛法

六西格玛(6σ)概念于 1986 年由摩托罗拉公司的比尔·史密斯提出。此概念属于品质管理范畴,西格玛(Σ,σ)是希腊字母,这是统计学里的一个单位,表示与平均值的标准偏差。6σ 旨在在生产过程中降低产品及流程的缺陷次数,防止产品变异,提升品质。

六西格玛于 20 世纪 90 年代中期开始被 GE 从一种全面质量管理方法演变成为一个高度有效的企业流程设计、改善和优化的技术,并提供了一系列同等地适用于设计、生产和服务的新产品开发工具。继而与 GE 的全球化、服务化、电子商务等战略齐头并进,成为世界上追求管理卓越性的企业最为重要的战略举措。六西格玛逐步发展成为以顾客为主体来确定企业战略目标和产品开发设计的标尺,追求持续进步的一种管理哲学。

20 世纪 90 年代发展起来的 6σ(西格玛)管理,在总结全面质量管理的成功经验的基础上,提炼了其中流程管理技巧的精华和最行之有效的方法,成为一种提高企业业绩与竞争力的管理模式。该管理法在摩托罗拉、通用、戴尔、惠普、西门子、索尼、东芝等众多跨国企业的实践中被证明是卓有成效的。为此,国内一些部门和机构在国内企业大力推行 6σ 管理工作,引导企业开展 6σ 管理。

6σ 管理法是一种统计评估法,核心是追求零缺陷生产,防范产品责任风险,降低成本,提高生产率和市场占有率,提高顾客满意度和忠诚度。6σ 管理既着眼于产品、服务质量,又关注过程的改进。"σ"是希腊文的一个字母,在统计学上用来表示标准偏差值,用于描述总体中的个体离均值的偏离程度,测量出的 σ 表征着诸如单位缺陷、百万缺陷或错误的概率,σ 值越大,缺陷或错误就越少。

6σ 是一个目标,这个质量水平意味的是所有的过程和结果中,99.99966% 是无缺陷的,也就是说,做 100 万件事情,其中只有 3.4 件是有缺陷的,这几乎趋近于人类能够达到的最为完美的境界。6σ 管理关注过程,特别是企业为市场和顾客提供价值的核心过程。因为过程能力用 σ 来度量后,σ 越大,过程的波动越小,过程以最低的成本损失、最短的时间周期满足顾客要求的能力就越强。6σ 理论认为,大多数企业在 3σ~4σ 间运转,也就是说每百万次操作失误在 6 210~66 800 之间,这些缺陷要求经营者以销售额的 15%~30% 的资金进行事后弥补或修正,而如果做到 6σ,事后弥补的资金将降低到约为销售额的 5%。

资料来源:MBA 智库,http://wiki.mbalib.com/wiki,下载日期:2008 年 6 月 19 日。

第二节　控制的过程

管理控制是一项系统的努力过程。首先要根据计划目标建立绩效标准,然后通过信息反馈系统衡量实际绩效,将实际工作绩效与设定的标准相比较,判断组织行为是否偏离标准并衡量偏离的程度,如果有必要就采取纠偏措施,确保所有的公司资源能够以对实现公司目标最有效率和最有效果的方式利用。控制的过程一般包括四个基本步骤。

一、建立标准

控制是要消除系统运转过程中所发生的偏差。因此要进行控制,首先就要有控制的标准。没有标准就无所谓控制。上面所说的电冰箱控制系统中的温度水平和路灯控制系统中的亮度水平就是预定的标准。对于组织系统来说,控制的标准就是计划或者说计划所确定的指标、各项工作要求、目标等。在实际工作当中,按照不同的依据,可以将标准分为不同的类型。例如,可以分为实物标准和财务标准:实物标准是非货币衡量标准,通常在原料消耗、劳动力雇佣、提供服务以及产生生产的操作层面上使用,包括产量、工时、单位耗材等;财务标准中又分为费用标准、资金标准和收入标准等。还可以分为有形标准和无形标准,或者定量标准和定性标准。又如根据标准规定的内容,可以通俗地将一个组织的标准分为管理标准、工作标准、技术标准等。无论采用哪类标准,都必须按照控制对象来决定。常用的拟定标准的方法有以下几种:

1.统计方法,相应的标准称为统计标准。它是根据企业的历史数据记录或是对比同类企业的水平,运用统计学方法确定的。最常用的有统计平均值、极大(或极小)值和指数等。统计方法常用于拟定与企业的经营活动和经济效益有关的标准。

2.经验估计法,它是由有经验的管理人员凭经验确定的,一般是作为统计方法和下面将要提到的工程方法的补充。

3.工程方法,相应的标准称为工程标准。它是以准确的技术参数和实测的数据为基础的,例如,确定机器的产出标准,就是根据设计的生产能力确定的。工程方法的重要应用是用来测量生产者个人或群体的产出定额标准。这种测量又称为时间研究和动作研究,它是由泰罗首创的,经过几十年乃至上百年的实践和完善,形成今天所谓的"标准时间数据系统"(Standard Data System,缩写为SDS)。这是一种计算机化的工时分析软件,使用者只要把一项作业所规定的加工方法分解成相应的动作元素,输入计算机,就可以立刻得出完成该项作业所需要的工时。SDS的特殊之处在于,它可以在待定工时的作业进行之前,就将整个作业的工时预先确定下来。SDS的这一特点,决定了它可以用于成本预算、决定一个特定零部件是自制还是外购以及决定一项业务是否应当承揽等工作。

4.标准化法,是指根据国际标准、国家标准、部颁标准、企业标准等,来选择确定技术标准和管理标准。

通常来讲,在计划中表述明确、易于衡量的目标更容易成为衡量绩效的控制标准。服务业中的绩效标准可能包括:顾客排队等候的时间、电话接通后顾客等候回答的时间或者新广告宣传所吸引的新客户数量。制造业中的绩效衡量标准大概包括:产量目标、销售量目标、投资回报率、顾客退货率、工人出勤率、废品率、返工率以及安全方面的记录(事故率)等。

二、衡量成效

控制就是要消除系统运转过程中产生的偏差。因此,首先要对系统运转的结果进行衡量,以找出系统实际运转的结果与预定的标准之间的差异。这就是衡量成效。从本质上说,衡量成效实际上就是对企业运行过程信息的收集、处理与传递的过程。这也就是前面说的控制系统必须是一个信息系统。可以说,控制系统的有效性在很大程度上取决于信息的收集、处理与传递的有效性。从控制的角度来衡量信息工作的好坏,有以下几个方面:

(一)信息的及时性

及时的控制要求有及时的信息。组织应及时地了解有关组织运转的实际情况及其与计划的差异的信息,并把这些信息及时地传递给有关的人员和部门。这就要在组织中建立一个迅速有效的信息系统。现代电子计算机技术、互联网、移动互联网、物联网、移动定位、传感器等技术的发展和应用使得组织有可能建立实时信息系统。如民航的订票系统通过电脑就可以使得每一个订票点及时了解各个航空公司各个航班的座位剩余情况,从而既能最大限度地满足顾客对购票的要求,又能使航空公司的载客能力得到最充分的利用。

及时的信息有利于组织的及时控制,它能给组织带来利益。但是,组织要取得及时的信息也要投入一定的费用。因此,在建立控制系统和信息系统时,就必须在利益与费用之间进行比较和衡量。只有当及时的信息使组织进行及时的控制所带来的好处大于取得及时信息的支出时,对组织来说才是有意义的。

(二)信息的可靠性

信息的可靠性是指信息的精确性,即所收集和传递的信息必须是反映实际情况的真实信息。如果信息不准确,组织调整偏差的控制装置据此所采取的控制行为就不能保证组织目标的有效实现。当然,在信息的可靠性与及时性之间,有时可能会存在矛盾。因为信息的可靠性往往与信息的完整性之间存在着正比关系,所收集的信息越是完整,就可能越可靠,但要收集到越是完整的信息,就需要更多的时间,从而影响信息收集的及时性。如企业不能根据某个时点或某个较短的时期内产品销售量下降的信息就草率地做出消费者的需求下降的判断。所以在进行控制时,要在信息的可靠性与及时性之间进行折中与协调。

(三)信息的有效性

有效性不等于可靠性。可靠的信息是指准确的信息。但准确的信息对组织进行控制不一定有用。所谓信息的有效性是指信息对进行有效的控制的有用程度。如企业要对产品的质量进行控制,但所收集到的却是有关企业产品销售情况的信息,尽管这些信息是十分完整、十分可靠的,但是对企业产品质量的控制却是没有用处的,因此就不是有效的信息。

那么,管理者如何获得及时、可靠和有效的信息呢?获取计划执行情况信息的方法有:组织内部正式提供的绩效报表,如统计报告、口头汇报、书面汇报等;个人实地观察,如管理人员深入组织内部和基层直接观察、检查来获得计划执行信息;计算机网络等方法收集信息等等。

获得相关信息后,管理者需要通过一定的方法来衡量工作绩效,这些方法有:(1)定性衡量和定量衡量。如果能用数据、数值等量化的手段衡量计划执行的绩效,衡量工作就比较容易。但有的工作绩效难以用量化方法来衡量,只能采用描述式的定性说明,如社会风气、企业文化等。(2)连续衡量和间断衡量。要根据控制工作的需要合理安排衡量绩效的时间间隔问题,以控制成本和不打断下属的安排。(3)执行中衡量和执行后衡量。这种衡量方式与控制的方式有关。(4)系统性衡量和局部性衡量。对组织系统运行情况的衡量既要注重全局系统性,也要注意局部性衡量,通常需要把二者结合起来。

三、偏差分析

把经衡量的实际绩效与确立的标准进行对照比较，一般有三种结果：实际绩效达到、超过、落后于绩效标准的要求。如果二者一致，不存在控制问题，无须采取行动。如果二者不一致，控制过程就要进行下一步：偏差分析。我们把在控制系统中绩效标准与真实结果之间的差距叫作偏差或目标差。

偏差常常是难免的，必须确定一个可以接受的偏差范围。如果超出偏差范围，管理人员就应对其进行深入调查和分析研究，找出偏差的原因和问题的症结所在，以便更好地理解影响员工绩效的因素。

组织系统运转所产生的偏差有两种情况：一是负偏差（逆差），即实际运行的结果低于预定的标准。产生负偏差的原因可能有两个。一个是组织预先确定的标准偏高，组织系统的运转结果不可能实现预定的目标。在这种情况下，组织采取的控制措施就是重新调整计划，使计划能符合实际的要求。另一个原因是系统在运转过程中出现了偏差，即由于组织的管理不善造成预定的目标不能实现。这时就要重新调整组织的各种输入要素，并对这些要素进行合理的组织与管理，以消除所出现的偏差。

偏差的另一种情况是正偏差（顺差），即实际的结果大大高于预定的计划目标。出现这种情况应该说是一件好事，但是也需弄清楚究竟是因为预定的标准太低，还是因为组织在运转过程中碰上了好运气，或是因为在管理上的出色表现所致。

四、纠正偏差

如果发现偏差超出范围，就必须采取管理行动予以纠正。控制过程到了这个环节，才真正起到控制的作用。纠偏行动要对症下药，有的放矢地解决问题。

根据以上分析，按照造成偏差的原因不同，组织系统纠正偏差可以从以下几个方面进行：

（1）调整原来的计划标准。通过对偏差的分析，若发现原来制定的计划标准偏高或偏低时，都应当对原来的计划标准进行调整和修正。

（2）调整组织系统的运行。若预定的计划标准是符合实际的，就应当通过调整组织系统的运行来纠正偏差，对系统输入的各种要素进行重新调整，并使其能以新的组合方式运行。具体来说，管理者可以通过改进组织工作、加强领导、更详细的工作说明、补救措施、重新分配员工工作、明确职责、增加人员、更妥善地选拔和培训下属人员，甚至解雇员工等措施，采取立即纠正行动或彻底纠正行动，以改进绩效不足之偏差，力求达到原定的计划标准。

第三节　控制工作的原理

任何一个负责任的主管人员，都希望有一个适宜的、有效的控制系统来帮助他们确保各项活动都符合计划要求。但是，主管人员却往往认识不到他们所进行的控制工作，是必须针对计划要求、组织结构、关键环节和下级主管人员的特点来设计的。他们往往不能全面了解设计控制系统的原理。因此,要使控制工作发挥有效的作用,在建立控制系统时必须遵循一些基本的原理。

一、反映计划要求原理

这条原理可表述为:控制是实现计划的保证,控制的目的是实现计划,因此,计划越是明确、全面、完整,所设计的控制系统越是能反映这样的计划,则控制工作也就越有效。每一项计划、每一种工作都各有其特点,所以,为实现每一项计划,完成每一种工作所设计的控制系统和所进行的控制工作,尽管基本过程是一样的,但在确定什么标准、控制哪些关键点和重要参数、收集什么信息、如何收集信息、采用何种方法评定成效,以及由谁来控制和采取纠正措施等方面,都必须按不同计划的特殊要求和具体情况来设计。例如,质量控制系统和成本控制系统尽管都在同一个生产系统中,但二者之间的设计要求是完全不同的。

二、组织适宜性原理

控制必须反映组织结构的类型。组织结构既然是对组织内各个成员担任什么职务的一种规定,因而,它也就成为明确执行计划和纠正偏差职责的依据。因此,组织适宜性原理可表述为:若一个组织结构的设计越是明确、完整和完善,所设计的控制系统越是符合组织结构中的职责和职务的要求,就越有助于纠正脱离计划的偏差。例如,如果产品成本不按制造部门的组织结构分别进行核算和累计,如果每个车间主任都不知道该部门产出的产成品或半成品的目标成本,那么他们就既不可能知道实际成本是否合理,也不可能对成本负起责任。这种情况下是谈不上成本控制的。

组织适宜性原理的另一层含义是,控制系统必须切合每个主管人员的特点。也就是说,在设计控制系统时,不仅要考虑具体的职务要求,还应考虑到担当该项职务的主管人员的个性。在设计控制信息的格式时,这一点特别重要。送给每位主管人员的信息所采用的形式,必须分别设计。例如,送给上层主管人员的信息要经过筛选,要特别标示出与设计的偏差、与去年同期相比的结果以及重要的例外情况。为了突出比较的效果,应把比较的数字按纵行排列,而不要按横行排列,因为从上到下要比横看数字更容易得到一个比较的概念。此外,还应把互相比较的数字用统一的足够大的单位来表示(例如万元、万吨等),甚至可将非零数字限制在两位数或三位数。

三、控制关键点原理

控制关键点原理是控制工作的一条重要原理。这条原理可表述为:为了进行有效的控制,需要特别注意那些在衡量工作成效时有关键意义的因素。对一个主管人员来说,随时注意计划执行情况的每一个细节,通常是浪费时间精力和没有必要的。因此,管理者要适度控制,即控制的范围、程度和频度恰到好处,要防止控制过多或控制不足,并且要处理好全面控制与重点控制的关系,还要注意控制成本和控制收益的权衡。他们应当也只能够将注意力集中于计划执行中的一些主要影响因素上。事实上,控制住了关键点,也就控制住了全局。

控制工作效率的要求,则从另一方面强调了控制关键点原理的重要性。所谓控制工作效率是指,控制方法如果能够以最低的费用或其他代价来探查和阐明实际偏离或可能偏离计划的偏差及其原因,那么它就是有效的。对控制效率的要求既然是控制系统的一个限定因素,自然就在很大程度上决定了主管人员只能在他们认为是重要的问题上选择一些关键因素来进行控制。

选择关键控制点的能力是管理工作的一种艺术,有效的控制在很大程度上取决于这种能力。迄今为止,已经开发出了一些有效的方法,如计划评审技术等,来帮助主管人员在某些控制工作中选择关键点。

四、控制趋势原理

这条原理可表述为:对控制全局的主管人员来说,重要的是现状所预示的趋势,而不是现状本身。控制变化的趋势比仅仅改善现状重要得多,也困难得多。一般来说,趋势是多种复杂因素综合作用的结果,是在一段较长的时期内逐渐形成的,并对管理工作成效起着长期的制约作用。趋势往往容易被现象所掩盖,它不易觉察,也不易控制和扭转。例如,一家生产高压继电器的大型企业,当年的统计数字表明销售额较去年增长 5%。这种低速的增长往往预示着一种相反的趋势。因为从国内新增的发电装机容量来推测高压继电器的市场需求,较上年增长了 10%,因而,该企业的相对市场地位实际上是在下降的。这就意味着这家企业经历了连续几年的高速增长后,开始步入一个停滞和低速增长的时期。尽管销售部门做出了较大的努力,但局面却仍未根本扭转。这就要求企业的上层主管人员从现状中摆脱出来,把主要精力从抓销售转向抓新产品开发和技术改造,才能从根本上扭转被动的局面。

通常,当趋势可以明显地描绘成一条曲线,或是可以描述为某种数学模型时,再进行控制就为时已晚了。控制趋势的关键在于从现状中揭示倾向,特别是在趋势刚显露苗头时就敏锐地觉察到。

五、例外原理

这一原理可表述为:主管人员越是只注意一些重要的例外偏差,也就是说越是把控制的主要注意力集中在那些超出一般情况的特别好或特别坏的情况,控制工作的效能和效率就越高。在质量控制中广泛地运用例外原理来控制工序质量。工序质量控制的目的是检查生产过程是否稳定。如果影响产品质量的主要因素,例如原材料、工具、设备、操作工人等无显著变化,那么产品质量也就不会发生很大差异。这时我们可以认为生产过程是稳定的,或者说工序质量处于控制状态中。反之,如果生产过程出现违反规律性的异常状态时,应立即查明原因,采取措施使之恢复稳定。

需要指出的是,只注意例外情况是不够的。在偏高标准的各种情况中,有一些是无关紧要的,而另一些则不然,某些微小的偏差可能比某些较大的偏差影响更大。例如,一个主管人员可能对利润率下降了一个百分点感到非常严重,而对"合理化建议"奖励超出预算的 20% 不以为然。

因此,在实际运用当中,例外原理必须与控制关键点原理相结合。仅仅立足于寻找例外情况是不够的,我们应把注意力集中在关键点的例外情况的控制上。这两条原理有某些共同之处。但是,我们应当注意到它们的区别在于,控制关键点原理强调选择控制点,而例外原理则强调观察在这些点上所发生的异常偏差。

六、直接控制原理

直接控制,是相对于间接控制而言的。一个人,无论他是主管人员还是非主管人员,在工作过程中常常会犯错误,或者往往不能觉察到即将出现的问题。这样,在控制他们的工作时,就只能在出现了偏差后,通过分析偏差产生的原因,然后才去追究其个人责任,并使他们在今后的工作中加以改正。已如前述,这种控制方式,我们称之为"间接控制"。显而易见,这种控制的缺陷是在出现了偏差后才去进行纠正。针对这个缺陷,直接控制原理可表述为:主管人员及其下属的工作质量越高,就越不需要进行间接控制。这是因为主管人员对他所负担的职务越能胜任,也就越能在事先觉察出偏离计划的误差,并及时采取措施来预防它们的发生。这意味着任何一种控制的最直接方式,就是采取措施来尽可能地提高主管人员的素质与能力。

第四节　控制方法

控制的目的是消除偏差。组织为了实现控制的目的,可以采用各种不同的控制方法。我们把这些方法归为两大类:传统的控制方法和现代的控制方法。无论是传统的控制方法还是现代的控制方法,都有利于提高控制工作的绩效。所有这些控制的方法往往也是编制计划所使用的方法,计划与控制是密不可分的,控制必须反映计划,而计划工作必须先于控制。

一、传统的控制方法

按照控制方法与预算的关系,可把传统控制方法分为预算控制方法与非预算控制方法。

(一)预算控制

1.预算的意义

预算是一种数量化的计划。从预算的范围看,有整个组织的预算,也有部门预算甚至个人预算。从预算的时间看,有月度预算、季度预算,但更多的是年度预算。

作为计划的一种表现形式,预算又有与其他计划形式不同的地方。第一,预算为组织的控制提供了控制的标准,实际上这是组织编制预算的真正目的所在;第二,预算能帮助管理者协调组织的资源,因为通过编制整个组织和各个部门的预算,能清楚地反映组织资源的实际利用情况;第三,编制预算有利于对整个组织及各个部门的工作进行评价。

总之,通过预算把计划数字化,就可以使计划有条理,并把计划指标分解成各个部门的计划,管理者就可以清楚地看到组织中的各种收入、开支以及以实物表现的投入和产出计划与各个部门之间的关系。这样一方面能保证组织整体计划的实现,另一方面有利于对整个组织及组织中各部门的工作进行控制。

2.预算的种类

预算的种类很多,就企业来说,基本上可以分成五类:收支预算、现金预算、资本支出预算、资产负债预算和非货币式预算。

(1)收支预算。收支预算是以货币的形式表示的收入和支出的计划,具体又包括收入预算和支出预算。收入预算有时又称为销售预算,它实际上是对销售预测的一种正式的、详细的说明。通过收入预算的编制,就可以对企业的销售活动过程进行控制。支出预算是对企业未来期间各种费用支出的详细说明。为了使支出预算成为企业对费用支出的有效的控制手段,应该按费用支出的项目来编制支出预算,并且要把费用项目在组织的各个单位中进行分配。这样就可以清楚地了解各个单位和部门的费用支出情况,从而对组织的支出进行有效的控制。

(2)现金预算。现金预算是以收支预算为基础编制的预算。它是组织在预算期内所需要的现金的详细说明。通过现金预算的编制,企业就可以据此对现金流动情况进行控制。当企业的现金数额降到预算要求的水平以下时,表明企业的应收账款可能过高。反之,表明企业有多余的现金。

(3)资本支出预算。资本预算是对未来时期用于厂房、机器、设备、库存及其他一些项目的资本支出的详细计划。如果企业对收支预算和现金预算的计划和控制取得成功,企业的收入就应超过支出。这个超过部分就可以用于投资,以保证企业的生存与发展。对投资支出的预算就是资本支出预算。通过资本支出预算的编制,可使企业各方面的工作得到协调发展,能对企业的各项投资活动的费用开支进行有效的控制。

(4)资产负债预算。资产负债预算是一种对预算期的最后一天,通常是会计年度的最后一天的资产、负债和财务状况的预测。它是上述各种预算的汇总和综合。通过编制资产负债预算,可以检查其他各项预算的准确程度,起到对企业的各项活动进行有效控制的作用。

(5)非货币式预算。企业除了编制以货币形式表现的预算外,还有许多预算是用非货币的实物形式来表示的。如采用时间、面积、体积、工时和产量等单位来编制预算,如产量预算、劳动力需求预算等。

3.预算的缺陷

预算是一种被广泛应用的控制方法。但是,作为一种控制方法,预算控制既有它的优点,也有它固有的缺点。实际上,预算控制本身的优点正好是它的缺点之一。预算控制的优点就是它把组织各个方面的活动和成效都转换成一个单一的可比较的计量单位,这就使组织对各项活动的控制有了明确的标准。

但是,这种优点本身正好也是缺点,因为它使得组织把控制的注意力只集中于那些可以计量的东西,从而忽视了对其他方面工作的控制。

预算控制的第二个缺点是缺乏灵活性。计划一旦数量化成为预算后,就会给人一种计划不可更改的感觉,从而使得预算控制缺乏灵活性。细致化的预算详细地列出了细枝末节的项目,以致限制了管理者本应有的自由,对长期的工作情绪、效率和有效性来说是具有负面影响的。

预算控制的第三个缺点是会使人们把预算的目标当成企业的目标。预算是实现企业目标的一种手段。但是,组织中各个部门和成员在执行预算时,往往把实现预算的目标作为自己所追求的唯一目标。这就会造成计划执行过程中各个部门之间及局部利益与整体利益之间的协调困难。

第四个缺点是预算控制往往会成为某些效率低下的管理人员的保护伞。在应用预算控制时,人们往往把上一期的费用作为下期预算的基数。因此在编制预算时,有些人就会大大加大所需费用的申请数,即使这个申请数在审批时会被削减,也会使列入预算的费用数高于实际所需的数量。这就会造成组织费用支出的增加,同时也掩盖了某些人效率低下的问题。

4.预算的革新

针对传统的预算缺点的认识,产生了两种革新的预算形式:弹性预算和零基预算。

收入弹性预算主要是对影响销售量变化的各种因素给出一个变动区间,在变动区间内不同的变化如销售价格、销售量的变化导致销售收入的波动。弹性预算最多的是应用于支出预算中,对各项支出按销售量预测、趋势判断、市场等因素给予一定的浮动区间。弹性预算增加了传统预算的灵活性。

零基预算是为了避免人们在编制预算时只注意前期的预算开支,造成组织资金浪费的现象。美国德州仪器公司的彼得·派尔(Peter Pyhrr)于1970年12月在《哈佛商业评论》杂志上发表了《零基预算》一文,正式提出了零基预算这种新的预算方法。传统的预算方法以基期的各项费用支出为基础,再根据计划期间的各种变动因素来确定计划期各项费用的预算。而零基预算则是:对任何一个预算期、任何一种费用项目的开支,都不是从原有的基础出发,即完全不考虑基期各项费用的开支情况,而是一切从零出发来考虑各项费用的必要开支与预算,并对此进行充分的、必要的论证。采用零基预算不受现行和传统预算的框框束缚,所以能充分调动各级管理人员的积极性,同时,还能促进各级管理人员精打细算,节约开支,合理地利用资金。

(二)非预算控制的方法

非预算控制的方法很多,有亲自观察法、统计分析法、专题报告法、盈亏平衡分析法等方法。下面对这些方法作简要的介绍。

1.亲自观察法

亲自观察法是一种适合于各级管理人员对一切领域的活动进行了解,从中获得必要的控制信息的控制方法。各级管理人员可以通过对下级人员的工作进行观察,与下级人员进行交谈,听取下级人员的意见等来获得有关组织运行情况的第一手资料。这些资料就可能成为各级管理人员做出控制决策的根据。采用这种方法还有利于增进组织中上下级之间的沟通和了解。亲自观察法有时被称为"走动管理"。

当然,亲自观察法应用的效果取决于观察者本人的观察能力和理解能力,并且,它是一种耗费时间的方法。

2.统计分析法

统计分析法是一种用各种图解或表格的形式反映组织运行的实际情况的控制方法。采用统计分析法能使人们一目了然地了解组织运行的实际情况与预定计划之间的差异,而且统计报表也可以反映一种趋势,以便管理者能推测组织结构中的哪个环节发生问题,从而有利于组织采取有效的控制措施。

3.专题报告法

这是一种对组织中的某一个专门问题进行深入的研究分析,以提供可作为采取措施依据的信息的一种控制方法。这种方法的特点在于它是一种非例行的控制方法,能发现采用日常的统计分析方法所不能发现的问题。它的另一个特点是能对组织在运行中存在的问题进行深入的分析,这样有利于组织的控制。当然,采用这种方法可能要花比较多的时间和精力。

4.盈亏平衡分析法

这种方法是根据使企业的收入等于支出的原理,找出使企业达到盈亏平衡的产量点,再根据企业的目标利润要求确定企业达到目标利润的产量。企业据此可以对产量进行控制,以确保目标利润的实现。

管理案例

狄加:成本控制关键在细节

"电信制造已经不再是一个高利润的行业了。"狄加常常这样提醒他的员工们,因为他要每个人都转变心态,谨慎控制成本。

去年年初,狄加(Gerard Dega)就任上海贝尔阿尔卡特股份有限公司(Alcatel Shanghai Bell, ASB)的总裁,负责公司整体业务和运营。这是一份颇不轻松的工作,因为这家拥有数十亿美元规模的电信设备制造商,当时正和它所有的竞争对手一样,面临着中国电信市场的低潮。"市场总量在缩小,而运营商又在不断压低采购价格。"

狄加上任后,除了帮助ASB提升在阿尔卡特全球架构中的地位,使它拥有更丰富的产品线和研发资源之外,一项重要的举措,就是在公司的采购、生产、研发、销售以及日常运营的各个领域全面推行成本控制,以求在低迷的市场中保持盈利和持续发展的能力。"成本控制应该成为一种文化。"他曾在一封公开信中请求全体员工对这种文化全力支持。

经过一年多的努力,ASB的一些关键产品,如光通信产品、DSL、基站等成本已经下降了30%以上,成本竞争力正在体现。同时,拥有50亿元现金流的稳健财务状况,也让狄加对ASB在即将到来的3G时代的竞争前景满怀自信。

记者问:与中国本土的电信设备制造商相比,跨国公司以往通常强调自己的竞争力来自技术优势,而非价格优势。现在您强调成本控制对ASB的重要性,是否源于这个行业的价格战压力?

狄加答:以前人们认为,跨国公司有比较明显的技术优势,中国企业则有低价的优势。其实这种差别正在减小,中国企业不断提高技术水平,而我们也同样需要成本竞争力。

特别是这两年,中国电信业的整体投资处于一种下滑趋势,再加上一些不确定的因素,比如电信运营商重组局势不明朗,以及3G牌照一直没有发放等等,让国内的各大运营商,也就是我们的主要客户投资越来越谨慎,越来越关注产品的价格。所以,降价成了所有人争取份额的武器。我们在价格方面,必须有能力和本土的竞争对手保持在同一水平上。

其实不管市场大环境走强还是走弱,成本控制总是存在的。但是遇到了市场低迷期,业务量缩水,成本控制就格外重要。

记者问:在您看来,ASB的成本结构中,哪些部分存在比较大的缩减空间?

狄加答：有两个部分。一是与产品相关的成本。ASB 现在纳入了阿尔卡特全球采购体系里，可以享受国际供应商的集团采购优势，这对我们降低产品成本非常有利。另外，ASB 要和中国企业保持同等水平的价格，就要以中国的成本来运营。这意味着采购、生产、研发各种工作都要本地化，这里可以压缩的成本空间很大。

第二个部分是固定成本，覆盖了公司日常运营开支的各个层面，这里存在不少浪费。我希望员工对花出去的每一笔钱都非常谨慎。我们已经采取了一些行动，从流程上更严格地审核公司各类支出，让成本基础得到控制。

举个例子，ASB 现在推行的"E—reimbursement"电子报销系统，包括日常花费、差旅费、客户接待费在内所有的费用，审核报销的流程都通过这个网络系统进行。每个团队、每位员工发生的费用都可以很容易地统计和控制，避免了以往许多不合理的支出。而且，全面实行电子支付，也避免了公司内部大量的现金流动。

记者问：在通过本地化来控制产品成本方面，ASB 都有哪些具体的做法？

狄加答：原材料和配件尽可能实现本地采购，去年 ASB 在国内的采购额已经将近5 亿美元。此外，更多阿尔卡特的优势产品，比如微波产品、信号系统等等从法国、加拿大这些地区被转入上海生产，成本下降，交货周期也缩短了。另外，我们今年在成都成立了新的研发中心，承担全球架构中更多的研发设计。

研发本地化，一方面由于阿尔卡特以往很多产品是针对欧洲或北美市场设计的，有一些中国市场不需要的功能，又造成价格的昂贵。现在可以很方便地根据本土客户的需要去掉那些多余的部分，或者量身定做新产品。另一方面，你知道，相比于华东，中国西部的商业成本和人力资源成本都要低得多，选择成都建立全新的研发中心，本身也是出于成本控制的考虑。

记者问：在中国的电信制造行业，各公司为了争取客户订单，付出的销售成本都非常高。比如以大笔经费去维护客户关系，常常被认为是不可缺少的。您现在对 ASB 控制销售成本持什么样的态度？

狄加答：这是我们必须面对的一个问题。做生意，和客户建立并且保持良好的沟通很重要，这部分的花费难以避免。但现在 ASB 的原则是尽量减少，把钱用在刀刃上，销售人员必须时刻把为公司节约成本放在心上。

和中国的竞争对手比起来，ASB 在海外市场的销售成本比较有竞争优势，费用要少很多。因为我们可以利用阿尔卡特在全球既有的客户关系网络。过去几十年，阿尔卡特几乎在每一个国家都建立了办事处，有很多市场资源的积累。ASB 不需要像刚刚进入国际市场的中国企业那样，再去投入高额的市场开发费用。我们会尽量利用这个优势，明年，海外市场占全公司业务的比重会从现在的 30% 提升到 50%。

资料来源：Celine Wei，世界经理人.发表时间：2005-11-08.

二、现代的控制方法

现代的控制方法越来越多地借助运筹学、数学等自然科学中早已运用或新开发的一些方法。在这里主要简单地介绍计划评审法(PERT)和着眼于整个组织的控制方法——企业自我审计。

(一)计划评审法(PERT)

计划评审法是传统的生产进度控制方法的发展。最早用图表来表示组织生产进度的是甘特提出的方法,这种方法被命名为"甘特图"。

甘特用水平线在图上绘制各个不同但又相互联系的工序之间的关系,用水平线的长短来表示各工序所需要的时间。这样,组织的所有任务和工序都可以在一张图上清晰地表现出来,每个工序实际完成的情况用其他颜色在图上注明,就可以进行控制了。如图 12-6 所示。

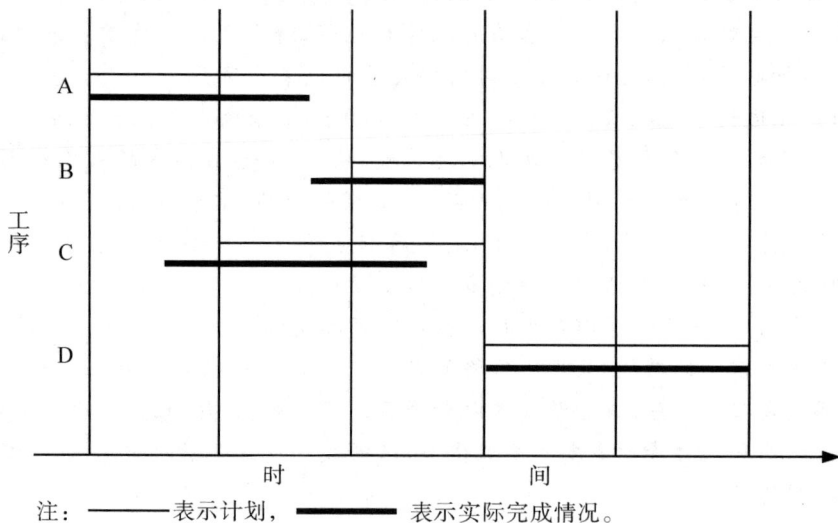

注: ——表示计划, ━━ 表示实际完成情况。

图 12-6 甘特图

在图 12-6 中,纵轴表示完成工作所需要的工序,横轴表示每一道工序各自所需要的时间。结合横轴和纵轴就可以清楚不同工序之间的相互关系,如图 12-6 中,表示 A 工序最早开始,B、C 工序都结束后,D 工序才开始。不同粗细的线条表示计划与实际完成情况。这样,控制也就可以进行了。

在组织规模小,生产工艺、生产流程简单的情况下,工序少、工序之间的相互关系比较清晰,也容易理解。但随着组织规模的扩大,工序的增加,繁多的工序互相交织在一起,甘特图就无法清楚地表明这些工序之间的关系和生产进度,计划评审法就在此基础上产生了。

计划评审法是由美国海军特别项目局开发的,在 1958 年首次正式应用于北极星武器系统的计划和控制,既节省了费用,又缩短了时间。现在,计划评审技术已成为一些大项目计划和控制的一种必要工具。

计划评审法也是根据完成整个任务所需要的工序、每个工序的时间、工序之间的相互关系进行计划和控制的。它是借助网络图来表示工序、工序所需时间和各工序之间的关系,分析完成计划的关键工序,根据组织可利用的人力、物力、财力资源和时间限制,不断优化网络图来安排计划。如果用网络图来表示图 12-6 则非常简单,见图 12-7。

计划评审法的编制是否科学合理是该方法成功的前提,但成功的关键是在于准确分析

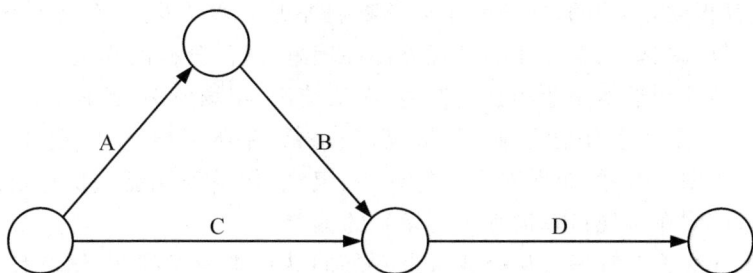

图 12-7　网络图

完成计划所需的工序、工序所需的时间以及各工序之间的关系。

计划评审法的优点是：第一，迫使管理者制订计划，明确整个组织结构各组成部分的职责；第二，关键路线所确定的关键工序给管理者提出了控制的关键点，节省了控制的成本；第三，迫使管理者运用动态的、系统的思维来考虑问题，关键工序时间的变动影响整个任务的竣工，每个工序之间环环相扣。

计划评审法的缺点是：其成功与否取决于工序时间长短的判断、工序之间相互关系的判断的准确度，而模糊不清的计划使得这两项判断都不可能是完美无缺的。

(二)企业自我审计(Management Self-Audit)

审计是对组织各项工作的审核，包括对管理工作的审核、人事工作的审核以及对企业会计工作的审核。审计分为外部审计、内部审计和管理审计。

外部审计，是指由非组织内部的、独立的公共注册会计师或会计师事务所等外部审计人员对企业会计工作和财务报表及其反映的财务状况的真实性、完整性和准确性进行独立评估。外部审计人员要抽查企业的基本财务记录，以验证其真实性和准确性，并分析这些记录是否符合公认的会计准则和记账程序。外部审计具有公正性和独立性，但缺乏对企业的熟悉了解。

内部审计，是指由组织内部的审计人员所进行的审计工作，可以从财务角度评价各部门工作是否符合既定规则和程序，评估企业财务记录是否健全、正确，从而提供改进企业政策、工作程序和方法的建议。

管理审计，是对企业所有管理工作及其绩效进行全面系统的评价和鉴定。它是利用公开信息，从反映企业管理绩效及其影响因素的若干方面，将企业与同行业其他企业或其他行业的著名企业进行比较，以判断企业经营与管理的健康程度。

企业自我审计是由著名的美国管理咨询顾问公司——麦肯锡公司(McKinsey)公司提出的：一个企业应该定期地"管理审计"当前和未来可能出现的环境，从各方面对企业做出评价。

企业自我审计是全面评价企业的现状，确定企业的竞争优势和劣势、发展方向、目标，并根据企业目前所面临的机会和威胁，来判断这些目标是否符合需要，是否需要修改计划以适应环境的变化从而有效实现目标，等等。企业自我审计可以每年进行一次，常见的是每隔三年至五年进行一次。

企业自我审计的基本程序是：第一步，研究企业所在行业总的情况、发展趋势与前景。主要是分析外部宏观环境的变化对该行业的影响，如技术的变化、发展情况，人口年龄结构、地区分布、受教育程度,政治的、社会的变化及影响等等。第二步,评价企业当前和未来在本行业中所处的地位。主要结合企业的微观外部环境来分析,分析内容包括:企业竞争对手的数量、竞争力、产品区别于本企业的独特性能、淘汰情况、市场份额、顾客的评价,本企业的市场份额等。第三步,重新审查企业内部的情况,如宗旨、基本目标、主要政策和方针等,为企业未来决策提供依据。这样,企业对自己的计划、组织、领导等职能的执行情况有清楚的了解,在此基础上,辨明在实现目标过程中所发生的偏差。

企业自我审计法迫使管理者从企业未来发展的观点来考虑问题,结合长期目标来评价全面的工作成效,谋求一种总体性的方式去发现并纠正管理工作中的错误,适应未来的变化,因而是一种对总体管理质量进行估测的控制方法。这种自我审计被戈茨评价为在很多探索问题的方法中最综合而又最有力的一种。

企业自我审计法最大的缺点是耗费的时间长,容易流于形式,由管理者对自己作评价过于主观等。这些问题如果聘用管理咨询顾问公司来负责,就或多或少地能得到解决。

美国管理学协会曾经提出一套考评方法。该协会设计了一份包含 301 个项目的问卷,用来审核一个企业的经济职能、公司结构、收入稳定性、对股东的公正、研究与开发、董事会、财务政策、生产效率、销售力量等等。

三、信息技术

信息的及时获得是有效控制的重要前提,信息技术的发展大幅度地降低了组织控制的成本。信息技术包括各种技术,涉及各种硬件、软件、计算和通信技术。例如 3G(第三代无线技术)、4G(第四代技术)等新技术的发展,极大地扩展和提高了信息技术的能力。

信息技术促进了"管理信息系统"(Management Information System,简称 MIS)的开发。管理信息系统是一个旨在向组织内各级主管部门(人员)、其他相关人员,以及组织外的有关部门(人员)提供信息的系统。具体来说,管理信息系统是一个以人为主导,利用计算机硬件、软件、网络通信设备以及其他办公设备,进行信息的收集、传输、加工、储存、更新、拓展和维护的系统。管理信息系统的基本功能包括实测企业的各种运行情况,提供各职能部门的计划,利用过去的数据预测未来,从企业全局出发辅助企业进行决策,利用信息控制企业的行为,帮助企业实现其规划目标等。

MIS 出现至今,产生了各种管理思想和模式的管理信息系统,对社会各个方面产生的影响十分巨大。近几年,在移动技术、互联网技术、人工智能技术等技术进步和社会发展的推动下,MIS 正朝着水平更高、应用更广的方向发展。

(一)ERP

企业资源规划(Enterprise Resource Planning,ERP)是由美国 Gartner Group 咨询公司在 1993 年首先提出的,它在体现当今世界最先进的企业管理理论的同时,也提供了企业信息化集成的最佳解决方案。它把企业的物流、人流、资金流、信息流统一起来进行管理,以求最大限度地利用企业现有资源,实现企业经济效益的最大化。ERP 系统旨在对企业所拥有的人、财、物、信息、时间和空间等综合资源进行综合平衡和优化管理,协调企业各管理部门,围绕市场导向开展业务活动,提高企业的核心竞争力,从而取得最好的经济效益。所以,ERP 首先是一个软件,同时是一个管理工具。它是 IT 技术与管理思想的融合体,也就是先进的管理思想借助电脑,来达成企业的管理目标。

ERP 系统的功能模块主要包括供应链管理、销售与市场、分销、客户服务、财务管理、制造管理、库存管理、工厂与设备维护、人力资源、报表、制造执行系统、工作流服务和企业信息系统等。此外,还包括金融投资管理、质量管理、运输管理、项目管理、法规与标准和过程控制等补充功能。

(二)OA

办公自动化(Office Automation,OA)是将现代化办公和计算机技术结合起来的一种新型的办公方式。办公自动化没有统一的定义,凡是在传统的办公室中采用各种新技术、新机器、新设备从事办公业务,都属于办公自动化的领域。通过实现办公自动化,或者说实现数字化办公,可以优化现有的管理组织结构,调整管理体制,在提高效率的基础上,增加协同办公能力,强化决策的一致性,最后实现提高决策效能的目的。

OA 软件的核心应用包括流程审批、协同工作、公文管理、沟通工具、文档管理、信息中心、电子论坛、计划管理、项目管理、任务管理、会议管理、关联人员、系统集成、门户定制、通讯录、工作便签、问卷调查等。

(三)CRM

客户关系管理(Customer Relationship Management,CRM)是指企业利用相应的信息技术以及互联网技术来协调企业与顾客间在销售、营销和服务上的交互,从而提升其管理方式,向客户提供创新式的个性化的客户交互和服务的软件系统。它的目标是通过提高客户的价值、满意度、赢利性和忠实度来缩减销售周期和销售成本,增加收入,寻找扩展业务所需的新的市场和渠道。CRM 是选择和管理有价值客户及其关系的一种商业策略,要求有以客户为中心的企业文化来支持有效的市场营销、销售与服务流程。

CRM 主要模块包括客户资料管理、客户联系人管理、市场活动信息管理、商业机会管理、使用人员日程管理、销售分析系统、用户管理、工作移交等内容。

(四)SCM

供应链管理(Supply Chain Management,SCM)是围绕核心企业,主要通过信息手段,对供应的各个环节中的各种物料、资金、信息等资源进行计划、调度、调配、控制与利用,形成用户、零售商、分销商、制造商、采购供应商的全部供应过程的功能整体。从单一的企业角度来看,是指企业通过改善上、下游供应链关系,整合和优化供应链中的信息流、物流、资金流,以获得企业的竞争优势。供应链管理是一种集成的管理思想和方法,它执行供应链中从供应商到最终用户的物流的计划和控制等职能。

供应链管理包括计划、采购、制造、配送、退货五大基本内容。

(五)EC

电子商务(Electronic Commerce,EC)是指利用计算机技术、网络技术和远程通信技术,实现整个商务(买卖)过程中的电子化、数字化和网络化。人们通过网络上的商品信息、完善的物流配送系统和方便安全的资金结算系统进行交易(买卖)。总的来说,电子商务可以包括企业对企业客户(Business to Business)的电子商务(即 B2B)、企业对终端(Business to Customer)的电子商务(B2C)、消费者对消费者(Consumer to Consumer)之间的电子商务(即 C2C)、企业对"职业经理人"(Business to Manager)之间的电子商务(即 B2M)、企业与政府机构(Business to Administrations/Government)之间进行的电子商务(即 B2A/G)、线上和线下结合(Online to Offline)的电子商务(O2O)、消费者对企业(Customer to Business)的电子商务(C2B)等模式。

(六)DSS

决策支持系统(Decision Support System,DSS)是管理信息系统(MIS)向更高一级发展而产生的先进信息管理系统。它为决策者提供分析问题、建立模型、模拟决策过程和方案的环境,调用各种信息资源和分析工具,帮助决策者提高决策水平和质量。DSS 服务于组织管理、运营和规划管理层(通常是中级和高级管理层),并帮助人们对可能快速变化并且不容易预测结果的问题做出决策。

(七)BD

大数据(Big Data,BD)指一种规模大到在获取、存储、管理、分析方面大大超出了传统数据库软件工具能力范围的数据集合,具有海量的数据规模、快速的数据流转、多样的数据类型和价值密度低四大特征。

大数据的价值体现在以下几个方面:第一,对大量消费者提供产品或服务的企业可以利用大数据进行精准营销;第二,做小而美模式的中小微企业可以利用大数据做服务转型;第三,互联网压力之下必须转型的传统企业需要与时俱进充分利用大数据的价值。

(八)SAAS

软件即服务(Software-as-a-Service,SaaS)是一种通过 Internet 提供软件的模式,厂商将应用软件统一部署在自己的服务器上,客户可以根据自己的实际需求,通过互联网向厂商订购所需的应用软件服务,按订购的服务多少和时间长短向厂商支付费用,并通过互联网获得厂商提供的服务。用户不用再购买软件,而改用向提供商租用基于 Web 的软件,来管理企业经营活动,且无须对软件进行维护,服务提供商会全权管理和维护软件,软件厂商在向客户提供互联网应用的同时,也提供软件的离线操作和本地数据存储,让用户随时随地都可以使用其定购的软件和服务。对于许多小型企业来说,SaaS 是采用先进技术的最好途径,它消除了企业购买、构建和维护基础设施和应用程序的需要。

本 章 小 结

控制是一个监测计划执行情况、发现偏差的过程,目的在于纠正偏差并防止偏差再现,以确保达到组织目标。控制包括四个基本步骤:建立标准、衡量成效、分析偏差和纠正偏差。这四个步骤与管理的其他职能如计划、组织与控制是密不可分的。控制职能结合计划职能、组织职能、领导职能,使管理过程成为一个完整的过程。

前馈控制是面向未来的控制,通过对即将发生的问题的预测,提出预防措施,从而减少不当的错误。反馈控制是用历史的结果指导未来,历史结果的不断积累给有效的前馈控制提供了保证。即时控制主要是指管理者对下属工作的现场进行指导与监督,把一些偏差控制在萌芽阶段。而直接控制则是通过提高管理者的素质、管理知识等来预防偏差,间接控制是对管理者的结果进行检查和监督。直接控制与间接控制是按管理者的素质要求不同分类的,区别于按时点划分的前馈控制、反馈控制和即时控制。

控制工作要素包括人员控制、财务控制、信息控制、绩效控制、质量控制、战略控制等。

预算是运用最广泛的传统控制方法。预算的种类很多,如收支预算、现金预算、资本支出预算等。其他传统控制方法还有亲自观察法、统计分析法、专题报告法和盈亏平衡分析法。计划评审法和企业自我审计是两种现代控制方法。

信息的及时获得是有效控制的重要前提,信息和网络技术的日新月异大幅度地降低了组织控制的成本。

复习思考题

1.什么叫控制?

2.控制职能与管理的其他职能有什么关系?

3.为什么说控制系统又是一个信息系统?

4.预算控制有什么优缺点?

5.零基预算与传统的预算有什么不同?

6.前馈控制、反馈控制与即时控制有什么区别与联系?

7.控制工作的要素包括哪些?

8.信息和网络技术的发展如何降低了组织控制的成本?

技能练习

1.根据公开披露的信息,介绍一家上市公司的内部控制体系。

2.针对小组提出的行动任务,提出如何监视各项活动以保证任务按计划进行。

课外阅读

美的集团股份有限公司 2014 年度内部控制评价报告

美的集团股份有限公司全体股东:

根据《企业内部控制基本规范》及其配套指引的规定和其他内部控制监管要求(以下简称企业内部控制规范体系),结合本公司(以下简称公司)内部控制制度和评价办法,在内部控制日常监督和专项监督的基础上,我们对公司 2014 年 12 月 31 日的内部控制有效性进行了评价。

一、重要声明

按照企业内部控制规范体系的规定,建立健全和有效实施内部控制,评价其有效性,并如实披露内部控制评价报告,是公司董事会的责任。监事会对董事会建立和实施内部控制进行监督。经理层负责组织领导企业内部控制的日常运行。公司董事会、监事会及董事、监事、高级管理人员保证本报告内容不存在任何虚假记载、误导性陈述或重大遗漏,并对报告内容的真实性、准确性和完整性承担个别及连带法律责任。

公司内部控制的目标是合理保证经营管理合法合规、资产安全、财务报告及相关信息真实完整,提高经营效率和效果,促进实现发展战略。由于内部控制存在固有的局限性,故仅能为实现上述目标提供合理保证。此外,由于情况的变化可能导致内部控制变得不恰当,或对控制政策和程序遵循的程度降低,根据内部控制评价结果推测未来内部控制的有效性具有一定的风险。

二、内部控制评价结论

根据公司财务报告内部控制重大缺陷的认定情况,于内部控制评价报告基准日,不存在财务报告内部控制重大缺陷,董事会认为,公司已按照企业内部控制规范体系和相关规定的要求在所有重大方面保持了有效的财务报告内部控制。

根据公司非财务报告内部控制重大缺陷认定情况,于内部控制评价报告基准日,公司未发现非财务报告内部控制重大缺陷。

自内部控制评价报告基准日至内部控制评价报告发出日之间未发生影响内部控制有效性评价结论的因素。

三、内部控制评价工作情况

(一)内部控制组织体系

公司董事会授权内控项目小组负责内部控制评价的具体组织实施工作,对 2014 年度纳入评价范围的风险领域和单位进行内部控制评价。内控项目小组包括内控项目领导小组、执行小组两个层次。

内控项目领导小组是内控项目的领导和决策机构,负责整个内控项目实施策略制订、重大事项决策、项目实施情况监督。公司董事长兼总裁方洪波先生担任领导小组组长。内控项目领导小组就内部控制建设和评价的总体情况向董事会负责。

内控项目执行小组是内控项目的组织实施机构,完成内控项目的具体实施。包括确定2014 年度纳入评价的单位;记录重要业务单元、重要业务流程及交易的内部控制;评价内部控制设计及执行的有效性;维护更新内部控制评价文件;监察内部控制问题的发现以及经管理层确认的整改建议是否按计划进度落实执行;定期就项目进度、质量及重大问题及时汇报内控项目领导小组。

被纳入评价范围的风险领域和单位流程负责人为各项控制活动内部控制建设和评价的具体责任人。流程负责人在内控项目执行小组的指导下描述业务流程、有关控制点及其他有关流程的信息,确认流程记录文件,识别重要控制措施,整改内控缺陷。公司聘请天健会计师事务所有限公司对公司内部控制有效性进行独立审计。

(二)内部控制评价范围

公司按照风险导向原则确定纳入评价范围的主要单位、业务和事项以及高风险领域,并对母公司及下属重要子公司 2013 年度的资产总额、净利润、营业收入进行了分析,将以下单位的内部控制纳入 2014 年度的评价范围:美的集团股份有限公司(母公司)、广东美的制冷设备有限公司、广东美的暖通设备有限公司、广东美芝制冷设备有限公司、合肥美的电冰箱有限公司、广东威灵电机制造有限公司、广东美的厨房电器制造有限公司、佛山市顺德区美的电热电器制造有限公司、宁波美的联合物资供应有限公司、美的集团财务有限公司、安得物流股份有限公司、安徽美芝压缩机销售有限公司、无锡小天鹅股份有限公司(母公司)、合肥美的洗衣机有限公司、小天鹅(荆州)三金电器有限公司、无锡飞翎电子有限公司以及无锡小天鹅通用电器有限公司。纳入评价范围单位 2013 年资产总额和营业收入占公司合并财务报表对应项目均超过 70%。纳入评价范围的主要业务和事项包括:组织结构、发展战略、企业文化、社会责任、内部信息沟通、风险评估、内部监督、财务报告、营销管理、服务管理、供应链管理(包含供应链规划/计划、寻源采购、生产制造与仓储 物流)、财务管理(包含财务会计/管理会计管理、资金管理、预算管理与税务管理)、研究与开发管理、资产管理(包含工程项目)、人力资源管理、信息系统、对子公司管理、重大投资、关联方管理、募集资金管理、信息披露、研究与开发、票据业务、结算业务、存款及账户管理、自营贷款、担保业务等。重点关注的高风险领域主要包括:营销管理、服务管理、供应链管理、财务管理、资产管理等。

上述纳入评价范围的单位、业务和事项以及高风险领域涵盖了公司经营管理的主要方面,不存在重大遗漏。

(三)内部控制评价工作依据及内部控制缺陷认定标准

公司依据企业内部控制规范体系及结合企业内部控制制度和评价办法,在内部控制日常监督和专项监督的基础上,对母公司及选取的重要子公司截至 2014 年 12 月 31 日内部控制的设计与运行的有效性进行评价。

公司董事会根据企业内部控制规范体系对重大缺陷、重要缺陷和一般缺陷的认定要求,结合公司规模、行业特征、风险偏好和风险承受度等因素,区分财务报告内部 控制和非财务报告内部控制,研究确定了适用于本公司的内部控制缺陷具体认定标准,并与以前年度保持一致。公司确定的内部控制缺陷认定标准如下:

1.财务报告内部控制缺陷认定标准

公司确定的财务报告内部控制缺陷评价的定量标准如下:

	重大缺陷	重要缺陷	一般缺陷
定量标准	缺陷影响大于或等于 2014 年 12 月 31 日合并财务报表税前净利润的 1%	缺陷影响大于或等于 2014 年 12 月 31 日合并财务报表税前净利润的 1%的 20%	缺陷影响小于 2014 年 12 月 31 日合并财务报表税前净利润的 1%的 20%

公司确定的财务报告内部控制缺陷评价的定性标准如下:

(1)是否涉及管理层任何舞弊;

(2)是否存在会计基础缺陷;

(3)是否存在财务报告相关的关键信息系统缺陷;

(4)是否对公司的经营管理造成重大影响,例如对以下因素的影响:生产安全、质量、合规性,以及可能需要高级管理层介入处理;

(5)该项控制与其他控制的相互作用或关系,该项缺陷与其他缺陷之间的相互作用;

(6)控制缺陷在未来可能产生的影响。

2.非财务报告内部控制缺陷认定标准

公司确定的非财务报告内部控制缺陷评价的定量标准如下:

	重大缺陷	重要缺陷	一般缺陷
品牌及市场份额	在全国范围内造成较大影响(品牌、形象、竞 争力、市场份额等方面),这种影响需要公司通过长时间的努力消除,且付出巨额代价。	在所在区域(省份/地区)造成较大影响(品牌、形象、竞争力、市场份额等方面),这种影响需要 由公司在较长时间内 消除,并需要付出较 大代价。	在事件发生当地(市/县)造成一定影响(品牌、形象、竞争 力、市场份额等方面),但这种影响可以由公司自行在短期内消除。

续表

	重大缺陷	重要缺陷	一般缺陷
垄断或不正当竞争行为	被主管监督执法单位认定存在垄断或不正当竞争行为的,且构成犯罪并追究刑事责任。	被主管监督执法单位认定存在垄断或不正当行为,仅被处以罚款,但未构成犯罪;或给他人造成损失且承担民事赔偿责任。	垄断或不正当的行为导致企业形象受到明显影响,并导致未来可能产生诉讼或罚款等
生产安全	生产环节存在重大安全隐患造成严重后果,构成犯罪的,依照刑法有关规定被追究刑事责任。	生产环节存在重要安全隐患被主管安全监督机构通报批评,责令限期改正或者逾期未改正被责令停止建设或者停产停业整顿,并处以罚款。	被各级媒体曝光重大生产安全隐患,对企业形象造成明显。

公司确定的非财务报告内部控制缺陷评价的定性标准如下:

(1)公司是否缺乏民主决策程序或决策程序效率不高;

(2)是否违犯国家法律、法规;

(3)是否存在内部控制评价的结果特别是重大或重要缺陷未得到整改的情况;

(4)重要业务是否缺乏制度控制或制度系统性失效。

(5)是否对公司的经营管理造成重大影响,例如对以下因素的影响:生产安全、质量、合规性,以及可能需要高级管理层介入处理;

(6)该项控制与其他控制的相互作用或关系,该项缺陷与其他缺陷之间的相互作用;

(7)控制缺陷在未来可能产生的影响。

对于财务报告内部控制及非财务报告内部控制重大缺陷,管理层还关注以下可能存在重大缺陷的迹象:

(1)董事、监事和高级管理人员舞弊;

(2)重述以前公布的财务报表,以更正由于舞弊或错误导致的重大错报;

(3)发现当期财务报告存在重大错报,而内部控制在运行过程中未能发现该错报;

(4)企业审计委员会和内部审计机构对内部控制的监督无效;

(5)针对同一重要账户、列报及其相关认定或内部控制要素存在多项缺陷;

(6)本年度内受到监管机构的处罚;

(7)发生重大损失,能够合理证明该损失是由于一个或多个控制缺陷而导致。

内部控制缺陷影响程度评价还需考虑以下影响:

(1)关注和分析对其他控制的影响,充分考虑不同控制点的缺陷组合的风险叠加效应。

(2)补偿性控制的作用。补偿性控制是其他正式或非正式的控制对某一控制缺陷的遏制或弥补。

(四)内部控制缺陷认定及整改情况

1.财务报告内部控制缺陷认定及整改情况

根据上述财务报告内部控制缺陷的认定标准,报告期内公司不存在财务报告内部控制重大缺陷、重要缺陷。

2.非财务报告内部控制缺陷认定及整改情况

　　根据上述非财务报告内部控制缺陷的认定标准,报告期内未发现公司非财务报告内部控制重大缺陷、重要缺陷。

　　四、其他内部控制相关重大事项说明不适用。

美的集团股份有限公司

2015 年 3 月 31 日

资料来源:美的官网,http://www.midea.com